知识产权司法案例

应用研究

【上卷】

Research on the Application of
Judicial Cases of Intellectual Property

宋北平 薛琦 余晖 等◎编著

人民出版社

编　撰　说　明

一、项目研究的因缘际会

党的十八大以来,以习近平同志为核心的党中央高度重视司法案例对于推进法治、实现社会公平正义和教育公民的示范作用。党的十八届四中全会深刻指出,要加强和规范司法解释和案例指导,统一法律适用标准。

加强和深化司法案例研究,是贯彻党的二十大报告中提出的全面落实司法责任制要求,统一法律适用和裁判标准,促进严格公正司法、实现审判体系与审判能力现代化的重要举措。因此,在坚持走中国特色社会主义法治道路的前提下,顺应世界两大法系融合发展的趋势,在不影响制定法作为我国主要法源的前提下,通过继承和汲取中华法系司法文明中的精华,同时吸收和借鉴西方特别是大陆法系判例制度的具体做法,是司法案例应用研究的必由之路。

为此,2016 年最高人民法院成立司法案例研究院,邀请我去筹备,主要负责研究方面的工作。我们按照周强院长"边筹备、边研究"的要求,主要展开了"域外网约车司法案例研究"和"中华法系司法案例研究"两大项目。

前者研究了优步在全世界主要国家所发生的司法案例,多洲、多国家、多语言,国内外100 多个专家学者全情投入,结晶了 200 多万字的成果,为我国网约车第一案的裁判提供了强力有力支撑。

后者汇集成《中华法系司法案例》丛书之第一编《秋审案例》18 册,由社会科学文献出版社出版。虽然该书早已售罄,但周强院长在其"序言"中阐述的,"充分依靠大数据、云计算等信息化手段","不断创新案例研究方法",是本研究进行的路径。

司法案例研究院筹备阶段,人力、物力有限,展开前述两大项目的同时,已无暇他顾。可是,围绕司法案例研究却有很多问题迫切地需要解决,比如,司法案例的概念很不清晰,司法案例的范围没有明确的边界,司法案例的已然状态怎样,司法案例的应然状态如何,等等。为此,我决定借用司法案例研究院院外资源,暂时放下在认识上容易产生分歧的第一、第二个问题,直奔第三、第四个问题展开研究。

由于大数据、云计算、创新研究方法运用到研究工作中需要探索,不宜贸然以之展开司法案例的全域研究,所以我计划先选择某个方面的司法案例做示范性研究,待成熟后再全面展开。在成果的表现形式上,将该探索性研究方面的智慧以文字出版后,再陆续汇集成丛书的形式。

知识产权乃社会发展、文明进步而催生的新型权利,在司法实践中容易出现新型、疑难、热点案件,其司法案例的研究比其他方面的同类研究更有代表性,所以我决定从这里入手。

司法案例的基础材料是法官的"作品"——裁判文书,由第三方将其升华为案例,能褪去法官的习惯性思维方式,更易于为其余法律人所接受。但是,远离司法实践的专家学者去研究又易于发生隔靴搔痒之感,所以我决定由熟悉司法案例的律师作为研究团队的主体。在对研究团队的遴选中,经多方考察和交流,上海弼兴律师事务所最终成功获选。我与薛琦主任首先进行了多次远程交流。

2016 年 7 月 30 日,我飞抵上海。弼兴所在薛琦主任的带领下,精锐尽出。我从研究对象至范围,从宏观至微观,从纵向至横向,从静态到动态,从案例到裁判,从制订研究计划、纲要,到研究报告编制,畅谈了 4 个小时。薛琦同志在会上确立了以"数据说话、动静结合、总分体例"的研究模式。

要研究司法案例的应用,首先得弄清楚最高人民法院已经发布的这些案例在司法实践中的状态,但个例的、局部的和临时的、短时的应用,都不能说明整体司法案例的状态。于是,我们形成了基本的研究思路:先研究自 2011 年首批指导性案例发布以来 2016 年司法案例研究院成立这 5 年间的司法案例的应用状态,以后在这个基础上进一步研究该以何种形式如何应用。

2011 年最高人民法院发布第一批指导性案例,确立了指导性案例在司法案例中的领头羊地位。其形式自然也成了司法案例的模板。但是,指导性案例也只是司法案例的一种,且该形式的应用适合度如何,还需要考察。因此,我们确定了研究的基本目标,是查明知识产权司法案例在已有裁判中所发生作用的状态,为探究应当如何发生作用打下基础。为了避免争议,谨慎起见,我们把司法案例的范围缩小到最高人民法院发布的案例——无疑也是最有代表性的。

如此,这个研究成果由"已然性"和"应然性"两个部分组成。前者是对现有知识产权司法案例所处的状态研究,将其作为本书的上篇——状态篇;后者是对知识产权司法案例应以怎样的表现形式去应用的研究,作为本书的下篇——应用篇。

二、状态篇的形成

弼兴团队率先展开知识产权司法案例的状态研究。

团队以静态研究与动态研究相结合的方式对知识产权司法案例的规律性进行探究。静态研究是对知识产权司法案例本身进行研究、分析。动态研究是通过直接引用率、正向应用率、反向应用率三个评价指标,对知识产权司法实践的适用情况进行研究分析。

(一) 司法案例的静态研究

以司法案例为对象,研究知识产权案件的审理及司法保护状况。按法院审级、所在地、文书类型、案由、裁判结论、法条适用情况等作出标记,并从中提取法律关系、争议焦点、总结关键词,并根据案件类型等进行多方分析、深度分析。

知识产权司法案例形成的法院地域,主要集中在最高人民法院及东部地区的法院,来源于中西部地区的知识产权司法案例的相对较少。在各类知识产权案例中,来自北京市的案例数量几乎都位于首位,而其他地区则各有侧重,其中,广东省在专利方面较为突出;商标、著作权方面则以江苏较为突出;上海在不正当竞争方面独占鳌头。这些数据反映了越是经济发达的地区,知识产权侵权纠纷越多。

审理知识产权案件的法院级别,占比最高的为高级人民法院,将近一半,最少的基层法院,反映了法院级别越高,审理的疑难、复杂与典型的知识产权案例越多。对级别法院审理的司法案例在各个知识产权领域的占比进行汇总,其中基层法院在专利分报告中占比几乎为零,这可能是因为专利案件审理在2013年《最高人民法院关于审理专利纠纷案件适用法律问题的若干规定》进行修正后,部分基层法院才具备专利纠纷的管辖权。由于专利纠纷专业性强,难度较大,最高院、高院的审理影响力更大。

知识产权案件类型分布数据显示,各类知识产权司法案例均体现民事为主的特征,但是在行政、刑事案件的分布上差异较大。专利权、商标权并非自动取得,需要依申请或注册才能授予,且专利权、商标权的维持也会涉及较多的行政纠纷,故专利、商标中行政案例占一定比例。专利案件多为与专利复审委员会的行政纠纷,商标案多为与商标评审委员会的行政纠纷,行政案件多来自北京。刑事案件数量最少。

(二) 司法案例的动态研究

通过司法案例在司法实践中的适用,分析司法案例对司法实践的影响度及适用情况,分析最高院颁布的知识产权保护案件在司法实践中的指导或引用作用,以及司法案例对司法实践的影响程度。

关于知识产权司法案例的动态适用情况,通过检索分析在454件知识产权司法案例中,直接引用率0.44%。正向引用率12.56%,专利、商标、著作权三大知识产权正向应用率占比较高。通过检索分析,共有13件案件存在不同程度被反向应用之情形,反向应用率为2.86%。知识产权司法案例包括指导案例、五十大典型案例、十大司法保护案例及十大创新性案例,应该对同类案件的审理具有价值,但在司法审判类似案件时参考借鉴度不高,没有真正发挥作用。如何对指导案例的效力予以明确化、对效力进行合理配置,完善司法案例的编撰体例,进一步利用与发挥指导案例的价值,都是需要提上日程并尽快解决的。

在团队全体人员夜以继日的努力下产生的这些成果,撰写成了《专利司法案例状态研究报告》。我审阅一次,团队又修改一稿。从数据获取到数据分析,从案例分析到经济社会分析,从研究的篇章结构,到遣词造句,直到标点符号的使用,他们不厌其烦,都按照我提出的意见,再三斟酌修改,先后形成了四稿。

其间,还邀请了著名知识产权法学专家徐家力、孙国瑞教授进行指导,他们从不同角度提出了宝贵的意见。孙教授详细审改了第二稿、第三稿。我应邀到最高人民法院知识产权案例研究基地进行科研交流时携带的第二稿,得到了北京市知识产权法院院长的高度评价。最高人民法院知识产权庭原副庭长金克胜、北京大学教授武树臣,对研究提出了建设性意见。

（三）团队的分工与协作

顾问:李明德

主持人:宋北平

组织实施人:薛琦

协助实施人:李炜(大成律师事务所李炜律师)

综合协调组:组长,王聪;副组长,杨东明、李梦园、王卫彬

专利案例组:组长,尹若元;组员,王聪、杨东明、王雯吉

商标案例组:组长,赵禹涵;组员,周秦红、王瑞芝

著作权案例组:组长,李梦园;组员,徐晶、严绿臆

反不正当竞争、垄断案例组:组长,严绿臆;组员,李梦园、徐晶

项目组各研究阶段分工如下:

1. 基础数据库建设

案例检索及分类存档:尹若元、王雯吉、赵禹涵、周秦红、王瑞芝、徐晶、严绿臆

数据整理及基础标引:王聪、杨东明、李梦园

2. 数据清理及深度标引

专利案例组(包括植物新品种、集成电路布图设计):尹若元、王聪、杨东明、王雯吉

商标案例组:赵禹涵、周秦红、王瑞芝

著作权案例组:李梦园、徐晶、严绿臆

反不正当竞争、垄断案例组:严绿臆、李梦园、徐晶

3. 数据分析及数据图表

专利案例组(包括植物新品种、集成电路布图设计):王聪、尹若元、王雯吉、杨东明

商标案例组:赵禹涵、周秦红、王瑞芝

著作权案例组:李梦园、徐晶

反不正当竞争、垄断案例组:严绿臆、李炜

4. 文稿提纲与样章

文稿提纲:宋北平、薛琦

文稿样章:严绿臆、王聪、李炜

5. 文稿撰写与统稿

第一章:李梦园、王聪、王雯吉

第二章:尹若元、王聪、杨东明、王雯吉

第三章:赵禹涵、周秦红、王瑞芝

第四章:李梦园、徐晶

第五章:严绿臆、李炜

第六章:王聪、李梦园

第七章:王聪、王雯吉

统稿:王聪、李梦园、王雯吉

三、应用篇的形成

状态篇完稿后,我着力物色能够承担应用研究的团队,以接续"状态篇"截止的 2016 年至 2021 年这 5 年间的知识产权司法案例当如何应用的研究。

专业从事知识产权的远见知识产权创新研究院进入我们的视线,我与余晖院长就知识产权司法案例的形式、应用,以及全书的架构、上下篇的关系等方面进行了多次交流,并认同其观点,最终确定了由远见知识产权创新研究院来承担下篇的研究、撰写。

我们为了对今后在其他方面司法案例的应用研究起到示范性作用,规范研究成果的表现形式,直接提出应用篇的《撰写规范》,主要内容如下。

(一)案例名称及编号的拟定

案例名称要便于应用,因而应直接点明该案例能为以后的司法裁判和对法律的诠释可以发生作用之处。应特别注意三点:

第一,彻底抛弃传统案例名称的体例,不得使用传统的"某某诉某案""某某与某什么纠纷案"之类的案例名称。案例名称应直接显示该案例解决了什么问题。

例如,关于商业秘密的保密措施方面的案例,如果拟定案例名称为"某某商业秘密案例",虽然点出了案例类别,但读者仍然不清楚究竟解决了什么问题。所以,应拟定为"商业秘密保密措施认定标准"。

第二,要显示该案例解决问题的"点",不能以点带面,以特别代一般,以个性代共性。

例如,商业秘密保密措施,不同情形有不同的认定标准。载于商品的技术秘密之保密措施,其认定标准有别于其他情形。这时,案例名称应拟定为"商品所含技术秘密的保密措施认定标准"。

第三,案例的原裁判文书所解决的问题,应完全按本意改写,不得缩小或扩大。

例如,原案争议焦点——商品所含技术秘密的保密措施,裁判文书如果没有比较明晰的认定标准,而是阐明了如何认定,则不应使用"认定标准"之类的词语为案例名称,而应以"如何认定"为案例名称,拟定为"商品所含技术秘密的保密措施如何认定"。

中国所有的司法案例应当有一个体系性编号系统。2016年,我参与筹备最高法院司法案例研究院时曾计划编制这样一个系统,因时间匆促,憾未奏功。

案例编号,为了应用时简便起见,省略案例名称而又不致混乱而设置。

案例编号首先应依诉讼性质而非案件性质分类,即刑事、民事、行政三大类。各大类再依最高法院颁布的案由细分小类。虽然依案由未必是最科学合理的方法,但案由不仅系统地区分了各类案件,而且以之为据分类更便利案例应用于司法裁判。

最高人民法院审判委员会第1821次会议通过的《最高人民法院关于修改〈民事案件案由规定〉的决定》(法〔2020〕346号)第二次修正,民事诉讼案由共分11个部分54类473种。其中关于知识产权的案由是第五部分"知识产权与竞争纠纷"。

由于案由的确定采取了双重标准,且有第三、第四级案由并存的情形,因而以之编号案例也需区别处理。

编号应当尽量简约明了,因而第一、第二级案由,编号中略而不提,直接表现第三级。如果第三级案由中列明了包含的第四级案由,则需一并编入。

我们以阿拉伯数字编号,刑事、民事、行政三大类,分别用1/2/3代表,其后加下脚点,是为第一层次。其代码分别是1、2、3。

由于民事案由从第一部直至最后部分均以阿拉伯数字一贯到底排序表示第三级案由,所以案例编号直接以第三级案由的序号编入,其后加下脚点,是为第二层次。例如,特殊标志合同纠纷的案由排序是153,知识产权质押合同纠纷案由排序是157,那么,153、157分别是这两种案由相应的司法案例编号的第二个层次代码。

当第三级案由有列明的第四级案由时,即以阿拉伯数字加括号表示的部分,第四级案由序号附在第三级案由相应的编号代码之后。因为其并非独立的编号代码,第二个层次的下脚点应在括号之后。例如,序号176的案由,是"侵害商业秘密纠纷"。其下列有:(1)侵害技术秘密纠纷,(2)侵害经营秘密纠纷。此种情形的第二个层次编号的代码应分别为176(1)、176(2)。

一个案由,因诉讼标的或争议焦点等不同,往往有多种不同的案件,因而会有多种不同的案例。其裁判,恰恰是以后的参照,也正是案例的落脚点,也是编号的核心。

不同案例的代码,只能以生效裁判发生的时间先后编排。例如,176(1)侵害技术秘密,其中,该案例之生效裁判时序最早,则代码为"1",余类推。

综上可知,"载于商品的技术秘密之保密措施认定标准"之案例的编号应当是2.176

（1）．1。

案例编号应置于案例名称之后，与案例名称空一个字距，文字是"编号////"。

（二）裁判参考

案例名称是裁判参考的高度概括，案例编号是其数字表达，而裁判参考是案例名称的含义展示，是案例编号的文字说明。裁判参考是司法案例的核心内容。去掉该部分，司法案例价值所剩无几。

撰写裁判参考，须遵循如下四个原则：

第一，应准确提炼原裁判所揭示的普遍意义，作为此后同类案件裁判参考的学理基础。

第二，概括原裁判能为今后同类案件的裁判提供参考之处，以达成"类案同判"之目标。

上述第一、第二点只写结论，无须论证。论证性文字应在后面的"案例说明"部分体现，使读者明白原来裁判参考是如此这般形成的。

第三，从该案例应用者的角度对上述两点进行表述，无论直接还是间接引用，都能与进入的语言环境无缝对接，浑然一体。

第四，文字应凝练、庄重，所谓增一字则多，减一字则少，控制在100—200字。

下面以"载于商品的技术秘密之保密措施认定标准"案例的"裁判参考"分析之：

技术秘密的载体具有市场流通性时，权利人设置的保密措施应与商业秘密及其载体具有对应性，应能对抗不特定第三人通过反向工程获取其技术秘密。因产品具有市场流通性，当对抗不特定第三人通过反向工程获取其技术秘密，权利人仅设置对内保密措施，如员工《劳动合同》《保密协议》《公司保密管理制度》等；对外保密措施如《设备购销合同》中约定的保密义务，产品特定位置的禁止私拆的标签等均不能直接对抗第三人。针对具有市场流通性的产品，权利人可采取的保密措施，一是应根据技术秘密本身的性质，他人即使拆解了载有技术秘密的产品，亦无法通过分析获知该技术秘密；二是采取物理上的保密措施，以对抗他人的反向工程，如采取一体化结构，拆解将破坏技术秘密等。

第一句，"技术秘密的载体具有市场流通性时，权利人设置的保密措施应与商业秘密及其载体具有对应性，应能对抗不特定第三人通过反向工程获取其技术秘密"，揭示了原裁判关于"产品"进入市场成为商品后，其"携带"的技术秘密具有认知的普遍性，为后文提出认定其保密措施打下了基础，做好了铺垫。

这符合前述第一、第三项原则。

第二句，"因产品具有市场流通性，当对抗不特定第三人通过反向工程获取其技术秘密，权利人仅设置对内保密措施，如员工《劳动合同》《保密协议》《公司保密管理制度》

等;对外保密措施如《设备购销合同》中约定的保密义务,产品特定位置的禁止私拆的标签等均不能直接对抗第三人",是对第一句展开论述,而意义上重复了。这违反了前述第四项原则。

修改的方式,如果第一句的意思表达很充分了,第二句悉行删除,如果第一句意思不甚丰满,则合二为一进行改写。

最后一句,"针对……技术秘密等",提出了商品之技术秘密保密措施的标准,作为同类裁判的参考,实现了撰写司法案例的目的。符合前述第二项原则。

（三）案例说明

这部分本质上是论证裁判参考的结论是怎么成立的,阐明裁判参考是如何形成的,因此应有如下四个方面的内容。

1. 案例来源

案例来源,指该案例所依据的原裁判文书,由作出生效判决的法院名称、文书名称和案号组成。不得用"×××法院某法庭"的表述,如不得表述为"最高人民法院行政庭"。

2. 案例认定

案例认定,指该案例之所以称为案例的依据,证明其为案例的正当性,因而应写明根据哪个文件、材料确定为案例的。例如:本案再审判决入选最高人民法院 2017 年中国法院十大知识产权案件之一。

如果有多个不同的文件证明其为案例,则应逐一列明。如上例应写成:本案再审判决入选最高人民法院 2017 年中国法院十大知识产权案件之一,并被收录于《最高人民法院知识产权案件年度报告（2017）》和《中华人民共和国最高人民法院公报（2018年卷）》。

3. 案情简介

案情简介,主要介绍裁判文书确认,且与前述裁判参考有关的法律事实,为"案例分析"中论证"裁判参考"提供论据。

不同程序、审级法院认定的不同事实,如果后文"案例分析"需要以之为据,则逐一列明,如果无须涉及,则略而不提。

应当注意,法院根据事实所作出的判断,即"本院认为"部分,不属于案件事实,不应写入"案情简介",而应写入"案例分析"。

4.案例分析

案例分析,本质上是逻辑论证"裁判参考"的结论,因而是"案例说明"部分的核心。至少应包含以下两个方面:

第一,该案例存在的必要性,即司法裁判中还有什么问题需要解决。以下是"载于商品的技术秘密之保密措施认定标准"案例的"案例分析"之第一部分,可以作为样板:

秘密性、保密措施和价值性构成商业秘密的三要件。关于"相应保密措施"要件,最高人民法院《关于审理不正当竞争民事案件应用法律若干问题的解释(2020 修正)》第十一条 及《最高人民法院关于审理侵犯商业秘密民事案件适用法律若干问题的规定》第五、六条均进行了解释,列举了认定权利人是否采取保密措施时应当考虑的因素,并明确了应当认定权利人采取了保密措施的七种具体情形。最高人民法院发布的典型案例对于"保密措施"要件曾多次释义 。然而,何为"相适应的合理保护措施"在司法实践中仍存有很大争议,各地各级法院的判断标准不统一,甚至同一案件的一二审程序关于"是否采取保密措施的认定"也常常出现互相冲突和矛盾。

第二,本案是怎么解决司法中需要解决的这个问题的。以下是前述"案例分析"的第二部分,同样可以作为样板:

> 本案件的特殊价值在于,该判决全面地阐释了"保密措施"与涉案技术信息及其载体应当存在对应性:技术秘密的载体为市场流通产品的,因该产品在物理上脱离权利人的控制,权利人为实现保密目的所采取的保密措施应能对抗不特定第三人通过反向工程获知该技术秘密。思克公司主张保护的技术秘密的载体是其产品 GTR-7001 气体透过率测试仪。虽然思克公司举出了大量的"对内保密措施",如与员工签署包含保密条款的《劳动合同》《保密协议》,制定并施行《公司保密管理制度》,对研发厂房、车间、机器等加设门锁,限制来访者进出、参观等,但均与其主张保密的涉案技术秘密及其载体不具有对应性。思克公司还举证了"对外保密措施",如与客户签订的外销设备合同列有保密条款,外销设备粘贴有严禁私自拆卸的防撕毁标签,并附有包含保密要求的《产品说明书》,但这些对外保密措施,或仅具有约束合同相对人的效力,或未体现出思克公司的保密意愿,故不属于反不正当竞争法规定的"相应保密措施"。

值得注意的是,本案例的原裁判文书生效前,其他法院已有相似裁判,应写入第二点内,不要写在"类案应用"之中,因为很显然,该"相似判决"不是该案例"类案应用"的结果。

(四) 类案应用

类案应用,指本案例应用在以后同类案件裁判之中。这是案例撰写的目的所在,也是我们撰写的司法案例与传统司法案例的最大区别。

本案例的原裁判生效后,如果已有同类案件,但该案件的裁判文书显示并未应用该案例,则应摘录该文书相关段落,以"裁判参考"置换其中相应部分(前后文字可稍加修改以便衔接),以彰显司法案例如何恰到好处地应用之。

如果该案例原裁判文书生效后没有同类案件,而此前有同类案件的裁判文书,也可以"逆时"应用。易言之,摘录该文书相关段落,以"裁判参考"置换其中相应部分,再分析因此所产生的裁判结果。

应当注意的是,与本案相关但不同的案例的"类案援引"之类的,不应写入这个部分,以免喧宾夺主或越俎代庖。例如,样稿《载于商品的技术秘密之保密措施认定标准》案例中"类案援引"之第一段:

> 一般认为,司法实践中不宜对保密措施提出过高的要求,权利人在劳动合同或保密协议中对商业秘密范围有明确界定且与其在诉讼中所主张的秘密范围相符的,应当认定采取了合理保密措施。例如,2011 年最高人民法院审结的上海富日案是就商业秘密之"保密措施要件"认定标准的典型案例,其确定了保密措施的主观性和客观性两方面的标准,即(1)主观性:应当表明权利人保密的主观愿望,和(2)客观性:在正常情况下足以防止涉密信息泄漏。类似案例还有:2012 年 7 月江苏省高院审结的"恒春案"、2014 年 12 月江苏省高院审结的"麦格昆磁案"、2015 年 4 月浙江省高院审结的"山田冲床案"、2016 年 12 月山东省高院审结的"量子科技案"、2017 年 7 月无锡市中院审结的"蒋光辉案"、2017 年 8 月河南省高院审结的反光材料案、2017 年 11 月北京知产法院审结的"恰行者案"、2019 年 12 月最高人民法院审结的"华阳案"、2021 年广东省高院审结的"广东联力案"。

这一段论述了一般商业秘密保密措施认定之类案援引的情形。虽然能够为下文关于本案例的应用起到陪衬作用,但从该"案例援引"的全文看,容易产生喧宾夺主的效果,因而"去"比"留"的作用更好。

需要注意到的是:如果案例的原生效裁判之后应用的裁判,且能够在"类案应用"部分表述清楚的,无须附录《类案检索表》。如果引用的裁判文书较多,在"类案应用"本书不能全部表述的,可以附表。

（五）诠释法律

诠释法律,是将案例名称、编号录于相应的法律法规、司法解释的条款之下,以起到与条款相互印证的作用。其行文方式如下:

第一,列出该案例中适用法律、司法解释的全名,以及案例所诠释的条、款、项。例如,

《中华人民共和国反不正当竞争法》第九条:

> 经营者不得实施下列侵犯商业秘密的行为:
>
> ……
>
> (三)违反保密义务或者违反权利人有关保守商业秘密的要求,披露、使用或者允许他人使用其所掌握的商业秘密。

最高人民法院《关于审理侵犯商业秘密民事案件适用法律若干问题的规定》(2020 年 9 月 12 日起施行)第六条:

> 具有下列情形之一,在正常情况下足以防止商业秘密泄露的,人民法院应当认定

权利人采取了相应保密措施：

......

（四）以标记、分类、隔离、加密、封存、限制能够接触或者获取的人员范围等方式，对商业秘密及其载体进行区分和管理的；

（五）对能够接触、获取商业秘密的计算机设备、电子设备、网络设备、存储设备、软件等，采取禁止或者限制使用、访问、存储、复制等措施的。

应当注意的是：

首先，案例诠释的，当是与其密切相关的条款，尤其是原裁判所适用的条款。与其相关但无密切关系的条款，不得"诠释"之。如上述案例对《反不正当竞争法》第九条第一款的第一、二项，对最高人民法院《关于审理侵犯商业秘密民事案件适用法律若干问题的规定》第六条第一款的第一、二、三项，或相关的第三、四、五、七条，即如此。

原则上，一个案例只诠释某法律的一个条款项，因而需要研究清楚究竟适合哪条哪款哪项。如上述案例，究竟主要诠释的是最高人民法院《关于审理侵犯商业秘密民事案件适用法律若干问题的规定》第六条的第四还是第五项。

第二，将案例置于该条（款、项）之下。例如：

载于商品的技术秘密之保密措施认定标准 编号 2.176(1).1

技术秘密的载体具有市场流通性时，权利人设置的保密措施应与商业秘密及其载体具有对应性，应能对抗不特定第三人通过反向工程获取其技术秘密。针对具有市场流通性的产品，权利人可采取的保密措施，一是应根据技术秘密本身的性质，他人即使拆解了载有技术秘密的产品，亦无法通过分析获知该技术秘密；二是采取物理上的保密措施，以对抗他人的反向工程，如采取一体化结构，拆解将破坏技术秘密等。

第三，对案例是如何诠释法律的，作必要的说明。尤其，案例对条款项从其"背面"诠释时，必须说明。如本例：

本项"保守商业秘密的要求"，当该商业秘密为技术秘密且载于商品中的情形下，权利人有义务设置相应的保密措施，否则其权利自动丧失。

在此基础上，由余晖院长主任主持召开该课题研讨会。我介绍了《撰写规范》的主要内容，各位参加的律师代表逐一发言，共同讨论通过该《撰写规范》。接着，侯玉静、戈晓美等律师撰写了多份样稿。

我们按照《撰写规范》，逐一审阅了样稿。集佳律所、允天律所召开了编审会议，我在充分肯定样稿优点的同时，详细地说明了存在的问题及其解决方法。随之，团队全面展开工作，形成了"应用篇"初稿。以下是应用篇的人员分工：

组织实施人：余晖

主持人：宋北平

协助实施人：侯玉静

专利案例组:组长,张秋林、李德宝、孙长龙

商标案例组:组长,侯玉静

著作权案例组:组长,闫春德

反不正当竞争、垄断案例组:组长,周丹丹、李科峰

组织协调人:韩瑞琼、周昌岐

其后,我与潘传平审阅了初稿,认为贯彻了《撰写规范》的要求,又对其不尽完善之处提出了多条修改意见,具体到格式、引文、注释、字体、字号,乃至遣词造句、标点符号等等。作者们再次修改,形成了现在这个定稿,因为按照文责自负的原则,该篇每个案例由作者署名,我未加修改。

当然,读者总是比作者高明,看了"应用篇"就会发现遗憾之处:其一,案例编号没有。这是因为我们再三考虑,编号仅仅起样板作用,仅仅编在本篇没有实际价值,最终还是割爱了。其二,"类案应用"的关键,本来是希望以我们这种案例形式即"裁判参考",应用于此后同类案件的说理作出示范,但作者们不是法官,手中没有案件,巧妇难为无米之炊,只得留给他日"能者居上"了。

宋北平

2023 年 6 月 1 日

目　录

下篇　应　用

上篇　状　　态

第一章　总　论

导　语

一、研究背景

（一）知识产权制度

政治、经济、科技、文化的发展与变化，是促进新型法律制度产生的土壤，是催动新型权利诞生的港湾。知识产权制度起源于西方，是商品经济繁荣和科技革新下的产物，并随着国与国之间经济交往的深入，不断在世界范围内达成保护之共识。1474 年，威尼斯共和国颁布了世界上第一部专利法，并依法颁发了世界上第一号专利。1710 年，英国议会通过了世界上第一部真正意义上的版权法《安娜女王法》。1857 年，法国颁布了世界上第一部具有现代意义的商标法《制造标志和商品标志法》。1948 年 12 月 10 日，联合国大会通过《世界人权宣言》，其第二十七条第（二）款即明确将"知识产权"作为基本的一项权利，"人人以由于他所创作的任何科学、文学或艺术作品而产生的精神的和物质的利益，有享受保护的权利"。1967 年 7 月 14 日《建立世界知识产权组织（WIPO）公约》（以下简称《WIPO 公约》）在斯德哥尔摩签订，《WIPO 公约》第二条第（viii）款规定"知识产权"包括有关下列项目的权利："文学、艺术和科学作品，表演艺术家的表演以及唱片和广播节目，人类一切活动领域内的发明，科学发现，工业品外观设计，商标、服务标记以及商业名称和标志，制止不正当竞争，以及在工业、科学、文学或艺术领域内由于智力活动而产生的一切其他权利。"

我国的知识产权制度始于 20 世纪 80 年代初，是改革开放后从西方移植而来，故这一"舶来品"在一定时期还存在着些"水土不服"。不过随着这 40 多年来不断的实践与修正，我国已基本形成以"专利、商标、著作权"三大知识产权法为核心、"反不正当竞争法"为兜底的知识产权立法保护体系。当然，目前诸如集成电路布图设计、植物新品种这些知识产权新客体，其保护层级尚处于行政法规阶段，还有待在未来的不断完善。

改革开放初期,我国经济发展主要依靠低成本战略获取竞争优势,而现在"创新驱动发展"已成为时代之主流,这一政策风向使得知识产权司法保护又迈上了新的起点。2008 年国务院制定并颁布了《国家知识产权战略纲要》(国发〔2008〕18 号,以下简称《纲要》),即确立了建设"创新型国家"的目标,并明确指出要"发挥司法保护知识产权的主导作用"。纵观世界知识产权格局,我国在专利、商标等知识产权申请量上已跃居世界第一,已是知识产权大国,如何从"量"变到"质"变,从"大"国到"强"国,是当前阶段的重要任务,而知识产权司法保护将是其中必不可少的重要一环。

(二) 案例指导制度

司法案例是法律在实践中形成的重要资源,在促进立法、指导司法、宣传法治及法学研究中起着重要作用。在奉"法律为绝对权威"的成文法制体系框架下,我国知识产权案例指导制度尚处于萌芽状态,我国法院不像判例法国家那样以"遵循先例"为原则,但是我国人民法院长久以来一直非常注重以典型案例指导审判工作,早在 1962 年 12 月颁布《关于人民法院工作若干问题的规定》中就明确要求"总结审判工作经验,选择案例,指导工作"。2008 年 12 月,《中央政法委员会关于深化司法体制和工作机制改革若干问题的意见》将案例指导制度作为国家司法改革的重要内容。2010 年 11 月 26 日,最高人民法院制定颁布《关于案例指导工作的规定》(以下简称《案例指导规定》),"为总结审判经验,统一法律适用,提高审判质量,维护司法公正"正式建立案例指导制度。

《案例指导规定》对指导性案例的编选条件、编选程序、公布方式进行了原则性规定,值得注意的是《案例指导规定》明确了"最高人民法院发布的指导性案例,各级人民法院审判类似案例时应当参照"。2015 年 5 月 13 日,最高人民法院颁布《〈最高人民法院关于案例指导工作的规定〉实施细则》(以下简称《案例指导细则》)进一步规定,"各级人民法院正在审理的案件,在基本案情和法律适用方面,与最高人民法院发布的指导性案例相类似的,应当参照相关指导性案例的裁判要点作出裁判""在办理案件过程中,案件承办人员应当查询相关指导性案例。在裁判文书中引述相关指导性案例的,应在裁判理由部分引述指导性案例的编号和裁判要点"。值得注意的是,《案例指导细则》强调指导性案例只能作为裁判理由引述,而不作为裁判依据引用,这也是成文法国家以"法律为准绳"之必然要求。

案例指导制度在我国具有重大意义及作用。首先,法律的适用应当遵循一定的框架与逻辑,从而确保裁判的公正性,案例指导制度,为统一法律适用,维护司法正义提供了有力支持,在一定程度也可解决"同案不同判"之现状。其次,不同于适用法律条文需从"抽象到具体"进行适用,指导案例可以进行"具体到具体"的参照,这样也有助于缩短办案时间,提高司法效率。最后,相比法律法规的晦涩难懂,案例是法制宣传教育的"活教材",通过公布指导性案例和其他案例,可以增强全民法治意识,使公众从案例中直观领悟法律原则和精神,促进在全社会形成办事依法、崇尚法治的良好氛围。

二、研究对象和方法

(一) 研究对象

知识产权作为民法权利体系之下的年轻成员在经济交往、社会发展、市场竞争中扮演着越来越重要角色,同时因其特有属性及浓厚的专业性,也一直成为司法实践之新型、疑难案例。

本研究收集了从 2009 年到 2015 年最高人民法院公布的《中国法院知识产权司法保护十大案件》(以下简称"十大司法保护案例")、《中国法院知识产权司法保护 50 件典型案例》(以下简称"五十大典型案例")、《中国法院知识产权十大创新性案件》(以下简称"十大创新性案例")、《指导案例》(以下简称"指导案例",与十大司法保护案例、五十大典型案例、十大创新性案例统称"知识产权司法案例"),以其作为样本分别从静态和动态分析,研究知识产权司法案例直接引用、正向应用及反向应用之情况,从而切实分析知识产权司法案例在实践中的影响力及作用。

依据前期检索、收集与整理,得到的知识产权司法案例研究样本情况如下:

第一,指导案例,共计 10 件。其中包括 2013 年公布的指导案例 20 号;2014 年公布的指导案例 29 号、30 号;2015 年公布的指导案例 45 号、46 号、47 号、48 号、49 号、55 号;以及 2016 年公布的指导案例 58 号。

第二,十大司法保护案例、五十大典型案例、十大创新性案例,共计 450 件。

第三,上述两者重复案例,共计 6 件,分别为指导案例 20 号与 2011 年五十大典型案例之一重复;指导案例 29 号与 2012 年五十大典型案例之一重复;指导案例 30 号与 2013 年五十大典型案例之一重复;指导案例 45 号与 2010 年十大司法保护案件之一重复;指导案例 46 号与 2009 年十大司法保护案件之一重复;指导案例 55 号与 2012 年十大创新性案例之一重复。

综上,本书知识产权司法案例研究样本共计 454 件,下文均以此为基础进行分析。

(二) 研究方法

1. 数据"说话"

本研究着眼于以"数据"作为分析之基础,用"数据"还原客观事实指明问题,并借以探讨"数据"呈现之客观现象背后之本质、以数据"说话",主要分如下三个阶段:

第一阶段,基础数据库建立。

依据年份、来源、公布日期、类型、名称、审理法院、法院级别、法院地域、审结日期、审理程序、案号、文书类型、案件类型、案由、原告名称、被告名称、第三人名称等数据标签对

454 件知识产权司法案例进行基础数据录入,作为研究的基础数据库。

第二阶段,数据挖掘。

依据基础数据库的案件类型、案由标签,将整体数据分为专利、商标、著作权、反不正当竞争、垄断、集成电路布图设计、植物新品种六个模块,每一模块成立专门项目组,各项目组依据各自领域案件特点进行数据挖掘并增加进一步深度的数据标签,增加诸如:

第一,"深度分类"类标签,如一级分类、二级分类,特殊分类(如著作权按照作品类型和权利内容划分);

第二,"裁判规则"类的标签,如争议焦点、裁判要旨、核心法条等;

第三,"裁判结果"类标签,如侵权责任、赔偿数额等。

第三阶段,数据图表与数据分析。

依据上述标签数据结果,进行筛选、统计、分析制作成各类图表揭示数据呈现的状态和趋势,并以图文结合的方式进行论述。

2. 动静结合

本研究以静态研究与动态研究相结合的方式对知识产权司法案例进行研究分析。

静态研究,是指对知识产权司法案例本身进行分析,从而得出知识产权司法案例年度、地域、审级、类型、核心法条等多维度静态分布情况,进而分析解释出现这样分布情况可能的原因及相关对策。

动态研究,旨在对知识产权司法案例实践中的适用情况进行研究分析,进而揭示司法指引之现实状况。在动态研究中分如下几个评价指标:

第一,直接引用率,如学术期刊以影响因子作为评估其价值方式,对于司法案例来说直接援引率无疑是评价其应用状况的重要指标。本研究以知识产权司法案例的案号及指导案例的编号为检索关键词,在选定的数据库(中国裁判文书网或北大法宝)中进行检索,查询直接引用结果并以样本总量为基数得出直接引用率。

第二,正向应用率,考虑到我国的司法案例不是正式的法律渊源,即便是指导案例也只能"参照"适用,所以可能存在法官在类似案件中并未直接援引案例号,但是却暗自在判决中体现知识产权司法案例的裁判要旨,由此本研究将此种"暗引"方式归类为正向应用作为评价指标。

第三,反向应用率,是指在司法案例颁布之后,法官在碰到类似案件之时,非但没有"直引"或者"暗引"司法案例,反而作出了与司法案例截然不同的判决,本研究将以此类检索结果作为反向应用进行计算。

3. 总分体例

本研究在整体体例设计上分为总论及各分类研究,总论起统领作用,将从知识产权司法案例整体出发,呈现知识产权司法案例之总体的静态及动态情况。

各分类研究为各类别知识产权司法案例状态之研究,本研究依据基础数据分析分为如下六个研究：

专利司法案例状态研究；

商标司法案例状态研究；

著作权司法案例状态研究；

不正当竞争、垄断司法案例状态研究；

植物新品种司法案例状态研究；

集成电路布图司法案例状态研究。

总分体例的模式可以在展现知识产权司法案例全局状态的同时，兼顾不同领域知识产权之差异性所导致的不同研究侧重点。由此，在"求同存异"中更好地呈现我国知识产权司法案例之现状。

第一节 概 况

一、知识产权司法案例形成的法院地域分布

知识产权司法案例依据案例形成的法院地域进行统计，其分布情况如图一-1所示。其中来自最高院的案例居于榜首，117件，占比约25.8%。排在第二位的为北京市，54件，占比约11.9%。第一名是第二名的两倍多，足证最高院占比之宏大，在数量上具有绝对的优势。数量较多的省区市还有江苏省、广东省、上海市、山东省和浙江省，来自这些省区市的案例量分别为37件、36件、32件、21件和20件，占比分别约为8.1%、7.9%、7.0%、4.6%和4.4%。

根据国家知识产权局发布的《2015年中国知识产权发展状况报告》，2015年全国各地区知识产权综合发展指数从高到低依次为（仅摘取部分数据）：广东省，综合指数89.13；北京市，综合指数86.24；上海市，综合指数84.83；浙江省，综合指数82.71；江苏省，综合指数82.34；山东省，综合指数79.15。且上述六个地区多年均排名位居前列。这知识产权综合发展指数前六的地区恰与知识产权司法案例数量前六的地区相重合。由此可见，一方面知识产权综合发展指数较高的地区知识产权纠纷案件较多，另一方面这些地区的知识产权纠纷解决机制探索更加深入，案例所具备的指导意义更高。

此外，来自湖北省和湖南省的分别有19件、12件，占比分别约为4.2%、2.6%；选自福建省的也有11件，占比约2.4%；选自重庆市的有10件，占比约2.2%。上述案例已经占据总案例数量的80%以上。其余各省、自治区、直辖市所提供案例数量均不足10件，所占总案例数量不足20%。其中，安徽省和天津市各有9件，各占比约2.0%；陕西省有8件，

占比约1.8%;四川省、河南省各有7件,各占比约1.5%;广西壮族自治区、黑龙江省各有6件,各占比约1.3%;云南省有5件,占比约1.1%。接下来其余各省、自治区所提供案例占总量的比例均不足1%。其中,海南省、甘肃省、辽宁省、新疆维吾尔自治区各有4件,各占比约0.9%;吉林省有3件,占比约0.7%;江西省、山西省、贵州省各仅有2件,各占比仅约0.4%;内蒙古自治区、宁夏回族自治区、河北省各仅有1件,各占比仅约0.2%。

综上数据分布可见,知识产权司法案例主要集中在最高人民法院及东部发达地区的法院,来源于中西部地区的知识产权司法案例相对较少。

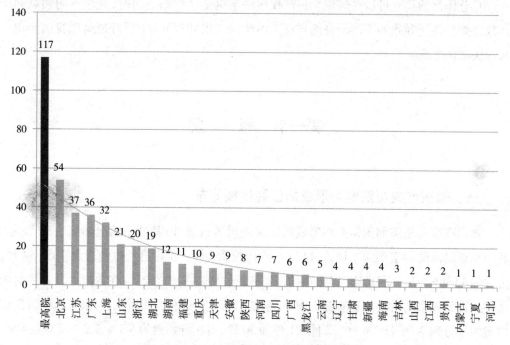

图一—1　知识产权司法案例法院地域分布图

结合各分类研究数据,对位于第一梯队的北京市、江苏省、广东省、上海市、山东省、浙江省这六个省市案例情况进行分析,其中,北京市在专利研究、商标研究、著作权研究中均位居第一,在不正当竞争研究中位居第二;江苏省在专利研究中位居第五,在商标研究、著作权研究中均位居第二,在不正当竞争研究中位居第四;广东省在专利研究中位居第二,在商标研究、著作权研究中均位居第四,在不正当竞争研究中位居第三;上海市在专利研究中位居第八,在商标研究中位居第四(与广东省并列),在著作权研究中位居第三,在不正当竞争研究中位居第一;山东省在四个研究中分别位居第四、第三、第十一、第五;浙江省的排名则分别为第三、第九、第五、第八(具体请见各研究的法院地域分布情况统计)。

从上述排名可以看出,在各类知识产权中,来自北京市的案例数量几乎位于首位,而其他地区则各有侧重,其中,广东省在专利方面较为突出;商标、著作权方面则以江苏较为突出;上海在不正当竞争方面独占鳌头,在专利方面排名则略微靠后。

二、知识产权司法案例形成的法院级别分布

知识产权司法案例依据案例形成的法院级别进行统计,其分布情况如图一-2所示。占比最高的为高级人民法院,约47%,接近一半。其次为最高人民法院,占比约26%。再次为中级人民法院,占比约21%。最少的为基层人民法院,仅有6%。

值得注意的是,来自基层人民法院的案例有超过50%为著作权司法案例。来自最高人民法院的案例有50%左右为专利司法案例。来自中级人民法院的案例以著作权、商标司法案例居多,不正当竞争司法案例其次,专利司法案例较少。来自高级人民法院的案例以商标居多,专利、著作权、不正当竞争的数量基本持平。

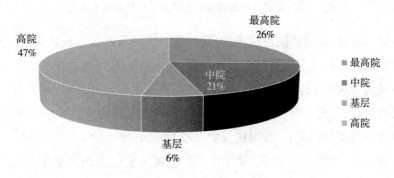

图一-2 知识产权司法案例法院级别分布图

对基层法院、中级人民法院、高级人民法院、最高人民法院司法的案例在各个分类研究中的占比进行汇总。其中基层法院在专利研究中占比约0%,在商标研究中占比约2%,在著作权研究中占比约16%,在不正当竞争研究中占比约5%;中级人民法院在前述四大主要研究中各占约7%、20.5%、33%、23%;高级人民法院则分别占约42%、55.6%、41%、49%;最高人民法院占比分别约为:51%、21.9%、10%、23%(具体分析可参见各分类研究的法院级别分布情况)。

对上述数据进一步分析,得出如下结论:

第一,基层人民法院案例在著作权司法案例中的占比最大,在专利司法案例中占比为零。因为实践中著作权的案件大多都是由各地高级人民法院指定的基层人民法院一审,而对于专利案件,直至2013年对《最高人民法院关于审理专利纠纷案件适用法律问题的若干规定》进行修正后,部分基层人民法院才具备专利纠纷一审案的管辖权。

第二,专利司法案例中最高院的占比远高于最高院在其他三类知识产权案中的占比,说明专利纠纷处理中,最高院的影响力更大。

此外,对上述基层法院的法院地域进一步进行统计,其分布情况如图一-3所示。其中,北京市最多,上海市其次。

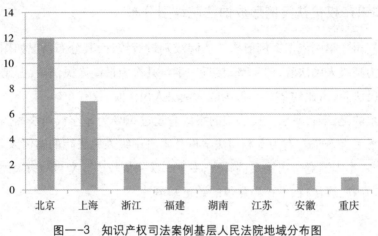

图一—3 知识产权司法案例基层人民法院地域分布图

进一步地,对具体基层法院进行统计,发现上海市浦东新区人民法院、北京市海淀区人民法院在知识产权司法案例数量上遥遥领先,具体可见图一—4。

这可能是因为这两个地区均坐落有国家级高新技术产业开发区,北京市海淀区内坐落有中关村科技园区,而上海市浦东新区内则坐落有张江高科技园区,由此这两个地区的知识产权发展较为蓬勃,知识产权司法保护也较为活跃。

值得注意的是,如图一—3所示,北京市基层人民法院的案例数量几乎为上海市基层人民法院的两倍,但北京市的案例分散于北京市海淀区、东城区、朝阳区、昌平区四个基层法院,而上海市则仅涉及上海市浦东新区、普陀区两个基层法院,且绝大部分集中在浦东新区人民法院,故最后统计结果:上海市浦东新区人民法院的知识产权司法案例数目略多于北京市海淀区人民法院。上海市浦东新区人民法院的6个司法案例中3个为著作权案,2个为不正当竞争案,1个为商标案。北京市海淀区人民法院的5个司法案例中,著作权案有3个,不正当竞争案和商标案各有1个。此外,北京市东城区人民法院、北京市朝阳区人民法院在基层法院范畴内的司法案例数量排名并列第三。

同样地,对中级人民法院的法院地域进行统计,如图一—5所示,排在前列的依次为上海市、广东省、北京市、江苏省。

对具体中级法院进行统计,如图一—6所示(数量较少的中院不完全显示)。排在首位的为上海市第一中级人民法院,其管辖上海市徐汇、长宁、闵行、浦东、松江、奉贤、金山7个辖区基层法院。陕西省西安市中级人民法院、上海市第二中级人民法院并列第二,其中上海市第二中级人民法院下辖上海市杨浦、虹口、黄浦、静安、普陀、宝山、嘉定、青浦、崇明等9个区县。江苏省南京市中级人民法院和北京市第二中级人民法院并列第四。来自中院的司法案例中广东省虽然所占总数较多,仅次于上海市,但由于较为分散,散布于广东省东莞市、佛山市、广州市、深圳市、中山市、珠海市中级人民法院以及广州市知识产权法院等,故无单个中级法院名列前茅。

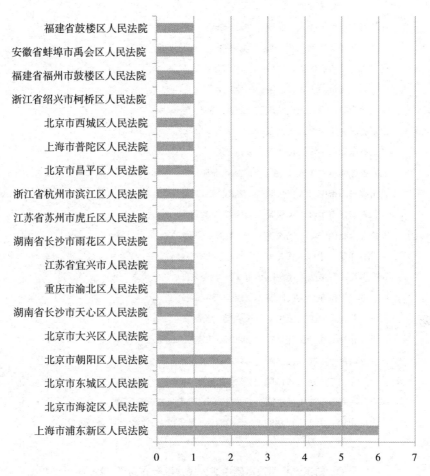

图一-4 知识产权司法案例基层人民法院分布图

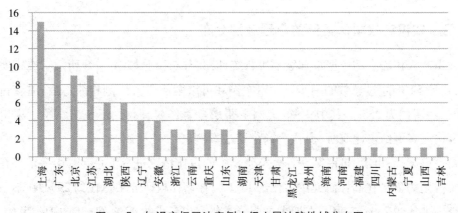

图一-5 知识产权司法案例中级人民法院地域分布图

对高级人民法院进行统计,如图一-7所示,排在前列的依次为北京市高级人民法院、江苏省高级人民法院、广东省高级人民法院、山东省高级人民法院以及浙江省高级人民

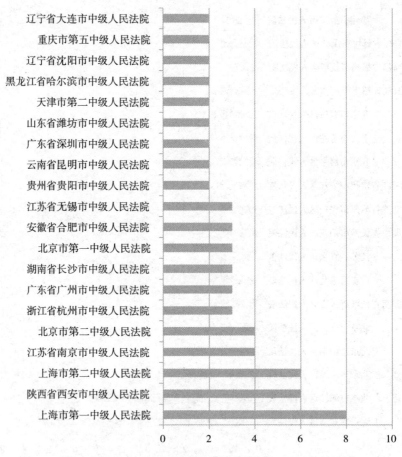

图—-6　知识产权司法案例中级人民法院分布图(不完全显示)

法院。

三、知识产权司法案例的审理级别分布

知识产权司法案例依据审理级别进行统计,其分布情况如图一-8所示。二审案例最多,占比约54%,超过总数的一半。一审案例和再审案例所占比例相差不大,前者占比约为21%,后者约为25%。其中,一审案例主要来自著作权、商标、不正当竞争。再审案例中专利司法案例约占比50%,其次为商标司法案例。

对一审案、二审案、再审案在各分类研究中的占比情况进行汇总。其中一审案在专利研究中占比约7%,在商标研究中占比约17.2%,在著作权研究中占比约29%,在不正当竞争研究中占比约23%;二审案在四大主要分类研究中各占约43%、60.3%、61%、58%;再审案则分别占约50%、22.5%、10%、19%。由此可以明显看出,商标案、著作权案、不正当竞争案中均是二审案最多且过半,专利案中则是再审案最多,达总量的一半左右;且著作权案中再审案的比例显得尤其少。一定程度上说明专利司法案例争议较大,原被告之间的

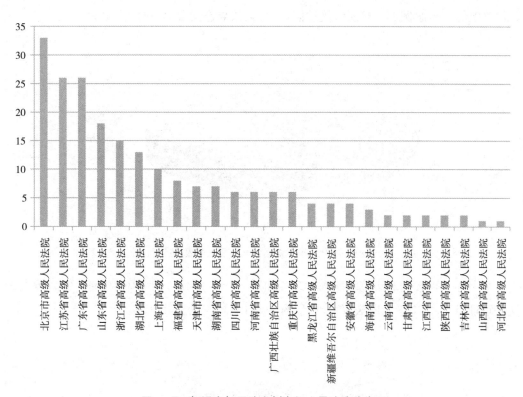

图一—7　知识产权司法案例高级人民法院分布图

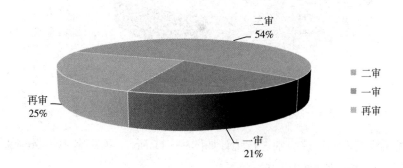

图一—8　知识产权司法案例审理级别分布图

竞争关系更为激烈(具体分析可参见各分类研究的审理级别分布情况)。

　　此外,对上述一审案例的法院级别进行统计,如图一—9所示,约68%由中级人民法院审理;约31%由基层人民法院审理;另有约1%由高级人民法院审理,该案为"宝马诉世纪宝马驰名商标案",由湖南省高级人民法院一审。知识产权案件的一审法院究竟为何级别,取决于知识产权类型、诉讼标的额的大小等因素。2010年公布的最高人民法院调整地方各级人民法院管辖第一审知识产权民事案件标准规定:对于专利、植物新品种、集成电路布图设计和涉及驰名商标认定以及垄断纠纷等特殊类型的第一审知识产权民事案件,还应依据最高人民法院有关上述案件管辖的特别规定确定管辖。图一—9显示,中级人民法院的一审案例相较基层人民法院而言,其指导意义更高,影响力更大。

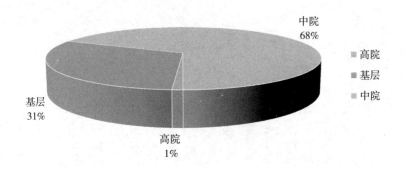

图一-9　知识产权司法案例一审案法院级别分布图

对上述二审案例的法院级别进行统计如图一-10所示,二审案中约84%由高级人民法院审理,12%由中级人民法院审理,仅有4%由最高人民法院审理。

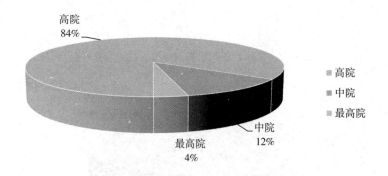

图一-10　知识产权司法案例二审案法院级别分布图

对上述再审案例的法院级别进行统计如图一-11所示,再审案中约96%来自最高人民法院,仅有4%来自高级人民法院。

四、知识产权司法案例的文书类型分布

知识产权司法案例依据文书类型进行统计,其分布情况如图一-12所示。判决书最多,占比高达约81.9%。其次为裁定书,占比约为15.2%。其余为约2.0%的调解书,约0.7%的驳回再审申请通知书,以及约0.2%的处罚决定书。处罚决定数仅有1份,来自"江苏大象东亚制漆有限公司与广东华润涂料有限公司等不正当竞争纠纷再审案"。驳回再审申请通知书共有3份,1份来自商标案,2份来自专利案。调解书过半来自不正当竞争案,2份来自专利案,另商标案与著作权案各有1份。一般而言,调解书更多地体现双方当事人的意志,原则上不公开,不具有普遍适用的意义,故而知识产权司法案例中调

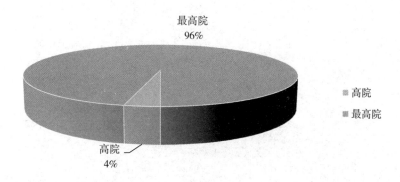

图一—11 知识产权司法案例再审案法院级别分布图

解书所占比例很小。当然,某些案件虽然以调解结案,但诉讼过程社会关注度很高,最后也带来较大的社会影响,入选知识产权司法案例有一定的指导意义。

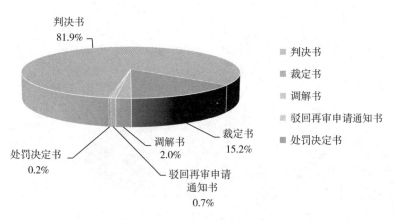

图一—12 知识产权司法案例文书类型分布图

将判决书、裁定书在各分类研究中的占比情况进行汇总。其中判决书在专利研究中占比约74%,在商标研究中占比约86%,在著作权研究中占比约86%,在不正当竞争研究中占比约81%;裁定书在四大主要分类研究中则各占约22%、12%、13%、13%。总体而言,裁判比例在各类型知识产权案例中差异不大,均体现判决为主、裁定为辅这一特征(具体分析可参见各分类研究的文书类型分布情况)。

对上述裁定书的法院级别进行统计,如图一—13所示,可知约77%的裁定书来自最高人民法院,高级人民法院以及中级人民法院作出的裁定书各占约9%、13%,仅有约1%的裁定书由基层人民法院作出。大部分裁定书针对再审申请作出,而知识产权司法案例中,再审申请一般是向最高人民法院提出的,故而裁定书中最高人民法院所占的比例最高也合乎情理。

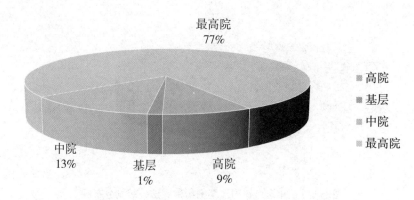

图一-13　知识产权司法案例裁定书法院级别分布图

　　同样,对上述判决书的法院级别进行统计,如图一-14所示,可知超过半数的判决书由高级人民法院作出,其次约22%的判决书由中级人民法院作出,在此约16%由最高人民法院作出,最少约8%由基层法院作出。基层法院、中级人民法院在判决书中占比较少,主要是由于它们的案例基数较少。

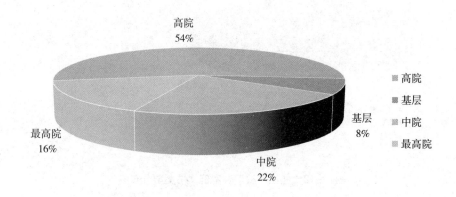

图一-14　知识产权司法案例判决书法院级别分布图

五、知识产权司法案例的案件类型分布

　　知识产权司法案例依据案件类型进行统计,其分布情况如图一-15所示。民事案件最多,占比约81%。其次为行政案件,占比约13%。最少的为刑事案件,仅占约6%。且刑事案件主要来自商标案、著作权案、不正当竞争案。

　　据最高人民法院研究室公布的2015年全国法院审判执行情况统计:2015年全国法院(指地方各级人民法院、军事法院等专门人民法院)新收知识产权民事一审案件109386件,同比上升14.51%;知识产权刑事一审案件10975件,同比下降1.02%;知识产权行政一审案件3132件,同比下降68.42%。这一数据表明,在知识产权案件构成上,民事案件

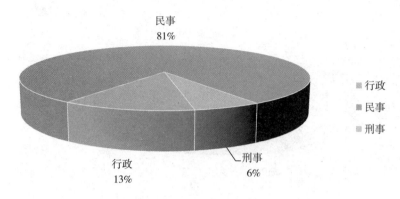

图一-15 知识产权司法案例案件类型分布图

的数量一直占据头筹,且远多于刑事和行政案件,故而知识产权司法案例中收录的最多的也是民事案件。

汇总民事案件、行政案件、刑事案件在各分类研究中的占比情况:民事案件在专利研究中占比约72%,在商标研究中占比约72%,在著作权研究中占比约88%,在不正当竞争研究中占比约96%;行政案件在专利研究、商标研究中各占约28%、19%,而著作权研究和不正当竞争研究均不涉及;刑事案件在专利研究中未有涉及,而在其余三个研究中各占约9%、12%、4%。

上述数据显示,各类知识产权司法案例均体现民事为主这一特征,但是在行政、刑事案件的分布上差异较大。专利权、商标权并非自动取得,需要依申请或注册并经过相关管理部门许可才能授予,且专利权、商标权的维持也会涉及较多的行政纠纷,故专利、商标中行政案例占一定比例。

对上述刑事案件的法院地域分别进行统计如图一-16所示,值得注意的是,刑事案件来自最高人民法院的为零,此外在地域分布方面并无太多规律;江苏省最多,约占21%;其次为北京市,约占17%;上海市、湖北省、福建省、广东省,各占约10%。

对上述行政案件的法院地域分别进行统计如图一-17所示,发现有较强的规律可循,主要集中在最高人民法院和北京市,其余仅共9%来自江苏省和湖北省。其中最高院占比约65%;北京市占比约26%;江苏省占比约5%,主要涉及工商行政处罚纠纷以及商标侵权行政处罚;湖北省占比约4%,主要涉及专利侵权行政处理决定纠纷以及工商行政处罚纠纷。行政案件大部分来自专利案和商标案,专利案多为与专利复审委员会的行政纠纷,商标案多为与商标评审委员会的行政纠纷,专利复审委和商评委所在地均为北京,故而就地区而言,行政案多来自北京。

对上述民事案件的法院地域分别进行统计如图一-18所示(部分民事案件数量较少的地域不完全显示),最高院最多,接下来依次为北京市、广东省、上海市和江苏省。

对最高院、高院、中院、基层法院的案例的类型进行统计对比,如图一-19所示,可知

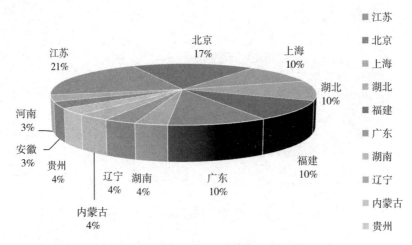

图一-16　知识产权司法案例刑事案件法院地域分布图

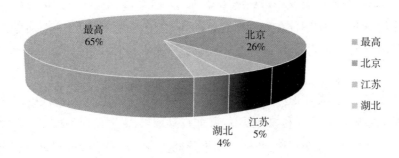

图一-17　知识产权司法案例行政案件法院地域分布图

它们的民事、行政、刑事案件分布比例相差很大。其中来自最高院仅有民事案件和行政案件,内部分别占比约68%、32%。来自基层法院的仅有民事案件和刑事案件,内部分别占比约59%、41%。高院和中院三种类型的案件均有涵括。从基层法院至最高院,行政案件所占比例逐步增高,而刑事案件所占比例则逐步减少。

近年发布的最高人民法院知识产权案件年度报告对最高人民法院知识产权审判庭新收的知识产权案件进行了统计,其中,2013年行政案件137件,占全部新收案件的23.06%;2014年行政案件145件,占全部新收案件的30.15%;2015年行政案件378件,占全部新收案件的49.80%。表明行政案件在最高院的案件中所占的比例一向较高。

对北京市、江苏省、广东省、上海市四个提供司法案例较多的省、直辖市的案件类型进行统计对比,如图一-20所示。它们之间的差异也较大,北京市所有案例中行政案件高达约28%,江苏省所有案例中行政案件有约8%。此外,民事案件约占北京市总案例的63%,刑事案件约占9%。民事案件约占江苏省总案例的76%,刑事案件约占总案例的

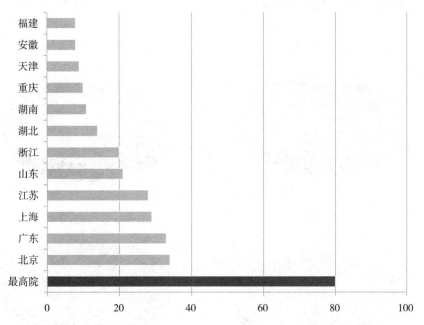

图一-18 知识产权司法案例民事案件法院地域分布图(不完全显示)

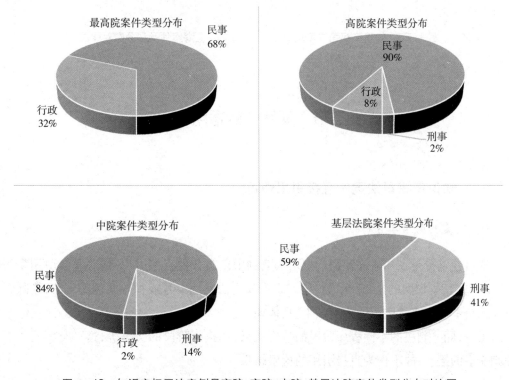

图一-19 知识产权司法案例最高院、高院、中院、基层法院案件类型分布对比图

16%。广东省案例与上海市案例的案件类型分布较为相似,超过90%为民事案件,其余不

足 10%均为刑事案例,不涉及行政案件。

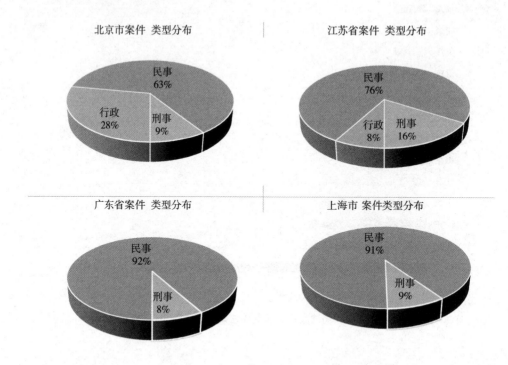

图—-20　知识产权司法案例北京、江苏、广东、上海案件类型分布对比图

第二节　实践中的适用情况

一、知识产权司法案例直接引用情况

（一）直接引用率分析

通过检索分析在 454 件知识产权司法案例中仅有 2 件直接引用案例,直接引用率为 0.44%。需特别说明的是,在全文检索知识产权司法案例案号或指导案例编号时,排除了下述两类不属于直接引用的检索结果,具体如下:

第一,同一判决的不同程序阶段的裁判文书,如执行阶段的文书等,这一类不属于对裁判文书的援引,故不作为直接引用的检索结果。

第二,当事人在主张权益时将知识产权司法案例作为证据提交,或者在陈述理由时提及知识产权司法案例的裁判要旨,但法院并未在判决时候直接援引案号并抄录裁判要旨,由于此为当事人之主张,法院在判决时虽然进行了相似的裁判,但是未明引,故将此类宜归类为正向应用,不作为直接引用的检索结果。

如依据知识产权不同类型进行统计,直接引用率如表三-1所示:

表三-1 知识产权司法案例直接引用率

类型	直接引用率
专利	0
商标	0.67%
著作权	0.91%
不正当竞争、垄断	0
植物新品种	0
集成电路布图设计	0

依据上表显示,专利、不正当竞争、垄断、植物新品种、集成电路布图设计均没有直接引用之情况,仅商标、著作权各有1例且仅占商标、著作权领域总司法案例的0.67%和0.91%。由此可见,知识产权司法案例直接引用情况不容乐观,整体适用率低下。

(二) 直接引用案例分析

被直接引用司法案例(以下简称"被引司法案例")及直接引用司法案例的案例(以下简称"直接引用案例")如表三-2所示:

表三-2 知识产权司法案例直接引用案例

被引司法案例来源	被引司法案例	直接引用案例
五十大典型案例	〔2012〕高民终字第58号	(2015)京知民终字第991号
五十大典型案例	(2010)民提字第199号	(2015)京民知终字第679号

综上数据显示,被引司法案例来自最高人民法院和北京高级人民法院,可见北京地区的法院裁判具有较高指引性,而直接引用案例均来自北京知识产权法院,可见北京知识产权法院为案例指导司法工作之积极的"实践者"和创新的"先行者"。

值得注意的是,上述两件被引司法案例均来源于五十大典型案例,2015年最高人民法院颁布《案例指导细则》只规定指导案例应当参照适用,对于五十大典型案例并没有明确类案的参照适用,由此可见北京知识产权法院走在探索司法案例指导工作、发扬"司法保护知识产权的主导作用"之前列。

(三) 直接引用方式分析

商标司法案例〔2012〕高民终字第58号(以下简称"被引司法案例1")被其后的类似

案件(2015)京知民终字第991号(以下简称"直接引用案例1")进行了直接引用(具体引用情况请见《商标司法案例状态研究》)。

著作权司法案例(2010)民提字第199号(以下简称"被引司法案例2")被其后的类似案件(2015)京民知终字第679号(以下简称"直接引用案例2")进行了直接引用(具体引用情况请见《著作权司法案例状态研究》)。

通过上述两对判决书对比,得出其直接引用方式如下:

1. 裁判规则上的直接援引

两对直接引用案例的引用方式如下,与《案例指导细则》第十一条要求基本保持一致。

第一,注明被引司法案例1的"判决法院+法院案号"。

第二,简述被引司法案例1裁判规则或者直接用双引号援引法院原文裁判规则部分之内容。如直接引用案例1在"证明商标的权利边界和禁用边界"直接援引了被引司法案例1的原文,在"关于地理标志证明商标举证责任分配问题"援引了转述的司法案例1的裁判要旨;直接引用案例2在说明"图片权利人主张著作权时的举证责任"时直接援引了被引司法案例2的原文。

2. 法律适用上的间接援引

直接引用案例1虽未在法律适用中直接标注被引司法案例1,但是其就适用《集体商标、证明商标注册和管理办法》第十八条第二款及《商标法实施条例》第六条第二款说理时原文照抄了被引司法案例1的观点,即"证明商标是用来标示商品原产地、原料、制造方法、质量或其他特定品质的商标。证明商标是为了向社会公众证明某一产品或服务所具有的特定品质,证明商标注册人的权利以保有、管理、维持证明商标为核心,应当允许其商品符合证明商标所标示的特定品质的自然人、法人或者其他组织正当使用该证明商标中的地名"。

二、知识产权司法案例正向应用情况

(一) 正向应用率分析

通过检索分析在454件知识产权司法案例中,共有57件在不同类别上有不同程度被正向应用之情形,正向应用率为12.56%。

依据不同知识产权类型进行统计,正向应用率如表三-3所示。

表三-3 知识产权司法案例正向应用率

类型	正向应用率
专利	15.31%

类型	正向应用率
商标	16.67%
著作权	11.82%
不正当竞争、垄断	2.41%
植物新品种	22.22%
集成电路布图设计	0

其中植物新品种司法案例的正向应用率最高占 22.22%,这主要原因可能有三:第一,植物新品种立法相对薄弱,司法案例起到很好填补空白之作用;第二,植物新品种作为知识产权领域的新型案件,其司法实践的经验资源相对较少,法官在判决时也会愿意去寻求相似判例进行裁判;第三,植物新品种案件大多集中在农业大省,案件量不大,主体大多均来自同一行业,由此出现类似案件的几率也相对较高,所以很容易被参考进行正向应用(具体请见《植物新品种司法案例状态研究》)。

值得注意的,集成电路布图设计也大致同时具备上述三点,但是其正向应用率却为零,主要原因是集成单路布图设计本身在全国范围的案件量不多,仅为寥寥几件,从而导致这一领域司法保护活跃度不高之原因(具体请见《集成电路布图设计司法案例状态研究》)。

专利、商标、著作权这三大知识产权其正向应用率也相对较为乐观。其中商标以16.67%占据榜首,这主要原因可能是商标案件中大多为行政确权案件,此类案件之争议焦点大多雷同,且均为北京地区的法院审理(第一中级人民法院、北京知识产权法院、北京高院、最高人民法院),由此裁判口径相对较为统一,故而正向适用率就相对较高(具体请见《商标司法案例状态研究》)。

至于同样是存在一定行政案件的专利案件相较于商标的正向应用率略低,为15.31%,这主要是因为专利行政案件虽然也为北京地区的法院审理,但其行政案件相较于商标来说案件总量较少,且专利案件因领域不同其特异性也较强,所以类案参照的可能性也就越小(具体请见《专利司法案例状态研究》)。

著作权因为鲜有行政类案件,所以相比上述两大知识产权正向应用率略低,为11.82%。不正当竞争、垄断类案件往往作为除专利、商标、著作权之外之"兜底",其案件相对纷繁多杂,因而其正向应用率不高,仅为 2.41%(具体请见《著作权司法案例状态研究》)。

(二) 正向应用案例分析

通过对 57 件被正向应用的案例进行数据分析,得出如下结论:

第一,被正向应用的案例一半以上来自最高人民法院,一如既往凸显最高人民法院在案例指导方面的特殊地位及作用。北京、上海分别以14%、7%位居第二、第三,可见北京、上海地区的司法案例指导的影响力较高,在全国的司法案例之中名列前茅,这也与北京、上海两地的经济、科技、文化和法制的建设与繁荣分不开,具体分布请见图二-1。

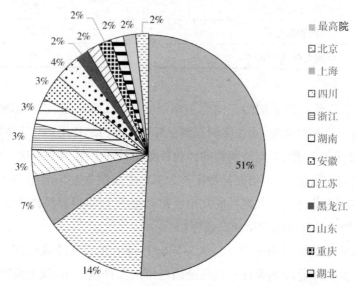

图二-1 知识产权司法案例正向应用案例法院地域分布图

第二,被正向应用的案例90%以上来自再审和二审程序,由此可见二审终审判决及通过再审进行纠错的案例其影响范围更大,更易被在后案例正向应用,具体分布请见图二-2。

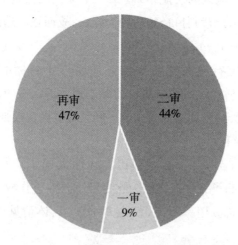

图二-2 知识产权司法案例正向应用案例审理程序分布图

被正向应用案例清单如下,具体适用请见各分类研究。

类型	来源	被正向应用案例
专利	五十大典型案例	（2008）民申字第 980 号
专利	十大司法保护案例	（2009）民三终字第 6 号
专利	五十大典型案例	（2013）民申字第 309 号
专利	五十大典型案例	（2010）民申字第 978 号
专利	五十大典型案例	〔2010〕知行字第 6 号
专利	五十大典型案例	（2011）民提字第 259 号
专利	十大创新性案例	〔2012〕民申字第 1544 号
专利	五十大典型案例	（2013）知行字第 92 号
专利	五十大典型案例	（2010）粤高法审监民再字第 44 号
专利	十大司法保护案例	（2010）行提字第 3 号
专利	五十大典型案例	（2011）行提字第 1 号
专利	五十大典型案例	（2011）民申字第 1406 号
专利	五十大典型案例	（2013）民申字第 29 号
专利	五十大典型案例	（2013）民提字第 187 号
专利	五十大典型案例	（2011）高行终字第 1733 号
商标	五十大典型案例	（2010）知行字第 52 号
商标	五十大典型案例	（2014）高行终字第 1696 号
商标	十大司法保护案例	（2013）行提字第 24 号
商标	五十大典型案例	（2009）行提字第 2 号
商标	五十大典型案例	（2014）高行终字第 485 号
商标	十大司法保护案例	〔2010〕知行字第 55 号
商标	十大司法保护案例	（2013）高行终字第 1767 号
商标	五十大典型案例	（2011）行提字第 9 号
商标	五十大典型案例	（2011）知行字第 50 号
商标	五十大典型案例	〔2012〕高行终字第 1283 号
商标	五十大典型案例	（2012）行提字第 28 号
商标	五十大典型案例	（2015）知行字第 116 号
商标	十大司法保护案例	〔2012〕湘高法民三终字第 61 号
商标	五十大典型案例	（2013）川民终字 665 号
商标	五十大典型案例	（2013）鲁民三终字第 32 号
商标	五十大典型案例	（2011）杭滨初字第 11 号

类型	来源	被正向应用案例
商标	五十大典型案例	（2011）苏知民终字第 0033 号
商标	十大司法保护案例	（2009）湘高法民三初字第 1 号
商标	五十大典型案例	（2009）沪一中民五（知）初字第 34 号
商标	十大司法保护案例	（2011）沪一中民五（知）终字第 40 号
商标	十大创新性案例	〔2012〕苏知民终字第 183 号
商标	五十大典型案例	（2008）民提字第 52 号
商标	五十大典型案例	（2011）沪高民三（知）终字第 93 号
商标	五十大典型案例	（2014）民申字第 1182 号
商标	五十大典型案例	（2009）民申字第 1310 号
著作权	五十大典型案例	（2013）民申字第 1049 号
著作权	五十大典型案例	〔2012〕川民终字第 472 号
著作权	五十大典型案例	（2009）皖民三终字第 0014 号
著作权	十大司法保护案例	〔2012〕海民初字第 5558 号
著作权	五十大典型案例	（2009）二中民终字第 15423 号
著作权	五十大典型案例	（2009）民三终字第 4 号
著作权	五十大典型案例	（2013）高民终字第 2619 号
著作权	五十大典型案例	（2010）哈知初字第 49 号
著作权	五十大典型案例	（2010）浙知终字第 107 号
著作权	五十大典型案例	（2012）鄂民三终字第 23 号
著作权	十大司法保护案例	（2010）民三终字第 6 号
著作权	十大司法保护案例	（2011）沪二中民五（知）终字第 62 号
著作权	五十大典型案例	（2013）渝高法民终字第 261 号
不正当竞争、垄断	五十大典型案例	（2008）民申字第 758 号
不正当竞争、垄断	十大司法保护案例	（2010）民提字第 113 号
植物新品种	五十大典型案例	（2009）陕民三终字第 42 号
植物新品种	十大司法保护案例	（2012）皖民三终字第 81 号

（三）正向应用方式分析

为论述之便，被正向应用的司法案例以下简称"被正向应用案例"，正向应用司法案例的在后案例以下简称"正向应用案例"。

经过分析对比,正向应用案例在适用被正向应用案例时存在如下几种形态:(1)直接复制被正向应用案例的裁判要旨原文;(2)转述被正向应用案例的裁判要旨原文;(3)参照被正向应用案例的法条适用。

其中第一种方式是最为明显的正向应用方式,也是相对没有争议的正向应用,不过相对来说占比较少,这一正向适用方式与直接引用的区别是没有注明司法案例的案号。第二种、第三种在本研究的检索数据中较为常见,且往往存在交叉,即一个正向应用案例转述了裁判要旨原文同时也参照被正向应用案例的法条适用。值得注意的是,第二种、第三种正向应用的案例,特别是第三种,其究竟是属于对于司法案例之参照,还是基于属于对于法条的适用,还存在一定争议性,本研究在统计分析时暂且将其囊括在内。

三、知识产权司法案例反向应用情况

(一) 反向应用率分析

通过检索分析在 454 件知识产权司法案例中,共有 13 件在不同类别上有不同程度被反向应用之情形,反向应用率为 2.86%。

依据不同知识产权类型进行统计,反向应用率如表三-4 所示.

表三-4 知识产权司法案例反向应用率

类型	反向适用率
专利	0
商标	5.33%
著作权	1.82%
不正当竞争、垄断	2.41%
植物新品种	11.11%
集成电路布图设计	0

其中植物新品种以 11.11% 占据反向适用率头名,所谓"成也萧何,败也萧何",其主要领域是该类案件立法相对薄弱、案件较为新型疑难,且就部分问题尚未形成普适之经验资源导致前后出现反向适用高之情形。不过值得说明的是,导致这一比率高的原因,也在于植物新品种司法案例总量较低,实际上植物新品仅 1 例存在反向适用(具体请见《植物新品种司法案例状态研究》)。

商标虽以 5.33% 屈居亚军,但是其总共有 8 项反向适用案例,在数量上位于众类别之首,主要来源新旧法交替产生的一定时间内司法适用之动荡(具体请见《商标司法案例状态研究》)。

不正当竞争、垄断和著作权,各有两例,分列第三名、第四名,不正当竞争、垄断以其司法案例总量上的优势占比2.41%,著作权以1.82%紧随其后,不正当竞争、垄断产生反向应用的主要原因源自类案中裁判关注点的差异性(具体请见《不正当竞争、垄断司法案例状态研究》),而著作权主要来源于著作权领域就部分事实的界定其裁判标准本身存在相对模糊性,比如著作权对于"思想"与"表达"的界限原本就很模糊,故而存在了知识产权司法案例本身存在反向适用之情形(具体请见《著作权司法案例状态研究》)。

值得可喜的是专利领域未见反向应用案例,一定程度上也可见专利领域司法案例指引性相对较强之特点。集成电路布图设计亦未有反向应用,也是与其本身案件之体量有关。

（二）反向应用案例分析

通过对反向应用案例进一步分析,发现西部甘肃、宁夏地区的法院有较多被反向适用之情形,由此可见相对来说司法案例的指引性高度还是与地区的经济水平呈一定正相关关系。

需要特别说明的,如图二-3所示的法院地域分布来看,其主要来源为最高院及北京地区的法院,江苏地区也有一定数量,这一排比恰与知识产权司法案例总量的排比相适应,因为最高院、北京、江苏地区法院原本在司法案例总量中就名列前三甲,由此在基数较大的基础上被反向应用之可能性也越大。不过这一反向适用比率也在一定程度上反映出知识产权司法指导案例还应在"质"上多下点工夫。

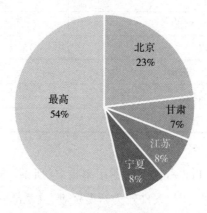

图二-3　知识产权司法案例反向应用案例法院地域分布图

被反向应用案例清单如下,具体适用请见各分类研究。

类型	来源	被反向应用案例
商标	五十大典型案例	（2010）知行字第52号

类型	来源	被反向应用案例
商标	十大司法保护案例	〔2010〕知行字第 55 号
商标	十大创新性案例	〔2012〕苏知民终字第 183 号
商标	十大司法保护案例	(2013)行提字第 24 号
商标	五十大典型案例	(2014)高行终字第 1696 号
商标	十大司法保护案例	(2010)高行终字第 1118 号
商标	五十大典型案例	(2011)行提字第 7 号
商标	十大创新性	(2012)知行字第 9 号
著作权	十大司法保护案例	(2015)高民(知)终字第 1039 号
著作权	五十大典型案例	(2009)银民知初字第 41 号
不正当竞争、垄断	五十大典型案例	(2010)民提字第 16 号
不正当竞争、垄断	五十大典型案例	(2013)民提字第 16 号
植物新品种	五十大典型案例	〔2012〕张中民初字第 83 号

（三）反向应用方式分析

为论述之便，被反向应用的司法案例以下简称"被反向应用案例"，反向应用司法案例的在后案例以下简称"反向应用案例"。

经过分析对比，反向应用案例主要出现在如下几种情况：

第一，成文法本身之新旧更替冲淡了立法指引性，导致一定时间内裁判准则及尺度的差异性；

第二，成文法之空白导致一定时间内就特定问题的裁判规则滞空，由此产生不同规则和观点；

第三，类案本身事实存在一定差异性，导致裁判法官关注点不同，从而判决结果不同；

第四，裁判规则本身存在模糊性，导致适用结果的差异性。

第三节 结 语

一、知识产权司法案例之特点

本研究用"数据"来呈现当前知识产权司法案例之现状，以期知识产权司法案例在未来能更好地发挥其应有的作用。依据统计分析数据显示，当前的知识产权司法案例呈现如下特点：

（一）东部经济发达地区为司法案例之重要来源

知识产权案例来源除最高人民法院之外，主要来源于北京市、江苏省、广东省、上海市、山东省和浙江省等东部经济发达地区的各级人民法院，由此体现经济发展与法治发展相适应之特点。

（二）司法案例大多采自高院二审终审判决

知识产权司法案例大多采自二审终审判决，从法院级别分布看，主要来源为高级人民法院，因为知识产权案件大多为中级人民法院一审，故而大多均在高级人民法院完成终审程序。

（三）高新技术产业开发区所在基层法院有突出表现

基层法院相对来说法院级别低，其案件影响力较小，不过本研究在数据分析时发现北京、上海地区的基层法院还是较为活跃的，其中尤以北京市海淀区人民法院和上海市浦东区人民法院为代表，其在案例数量上遥遥领先。这主要原因，可能是两个国家高新技术产业开发区"中关村"和"张江"分别坐落在这两个区域，从而促使这一地区知识产权司法保护较为繁荣。

（四）文书类型以"判决为主、裁定为辅、结合调解"

从文书类型分布看，知识产权司法案例以判决书为主，裁定书为辅，并存在一定调解书。这主要体现了知识产权司法案例中以实体判决要旨为主，程序判决要旨为辅，并且结合调解之特点。

（五）案件类型"民事为先、行政次之、少量刑事"

从案件类型分布看，民事案件最多，其次为行政案件，只有少量的刑事案件。这也与知识产权案件主要以民事侵权为主的现状相适应。其中著作权及不正当竞争案件均不涉及行政案件，这主要与专利权和商标权非自动取得，需要经过相关部门审批程序才能取得之特点有关。

二、知识产权司法案例之困境与出路

法治之进步离不开立法与司法之良性互动。立法铸造法治之基石，司法为立法提供材料之源泉。通过数据分析当前作为"源泉"的我国知识产权司法案例尚存在如下问题：

就知识产权司法案例本身而言,其存在数量不充分,覆盖不均匀,裁判规则不够明晰,发布体例不利于法官对应查找类案,宣传力度不够等问题,而在知识产权司法案例之适用情况上又出现了直接引用率不到1%,正向适用率不理想,且正向应用状况在不同领域及同领域之间的适用也参差不齐,同时甚至出现超过直接引用率的反向应用率,由此足见知识产权司法案例制度还任重道远,目前在实践中的影响力及指引性相对低下之困境。

对此本书在结合德国判例制度的对我国知识产权司法案例制度之建设与完善提出如下对策。

(一) 冲破僵化保守的思想禁锢

根深蒂固的成文法思想是禁锢法官们在大胆实践司法案例之枷锁。故而第一步,应当解放思想,改变因循守旧之态度。大陆法系之代表德国,作为成文法国家之典范,虽然没有赋予判例在法律上的效力,但在不论司法实务及学界都高度肯定判例具有"事实上的约束力",承认判例在司法实践中的指导作用以及推动立法的促进作用。我国要想发挥好司法案例之效能,首先就是要从学界、实务界全面地认可及接受司法案例之地位及作用,司法案例指导并非为成文法之冲击,而是成文法之助力,是现代成文法体系国家促进法制建设的有益司法机制。

(二) 提高司法案例的采集质量

依据本研究数据显示,知识产权司法案例非但没有良好被直接引用或者正向应用,反而出现了一定程度被反向应用之情形。原因除了当前审判实务中缺乏司法案例参照之思潮外,其很大的一块原因还在于知识产权司法案例本身质量不够高、指引性不够强。

通过分析显示,当前的知识产权司法案例主要有如下几种类型:

第一种,为单纯法律适用类司法案例,此类是通过具体案例展现法条具体适用的方式。也就是说其未对法律进行解释,仅仅提供了法条具体适用的例子。这一司法案例严格意义上不具备"释法"功能,所以其参照指引的效能不高,在新法颁布的特定时期或者法律适用存在模糊点或者难点的时候可以选取一定司法案例用以指导法律适用,但归根到底此类司法案例存在时效性,当此类案件法律适用清晰明确之后,此类司法案例之作用也就慢慢淡化了,所以本研究建议减少此类司法案例采集的比例。我国之所以会出现这样一批案例主要也是考虑到我国幅员辽阔,需要平衡各省区市的法制水平不一、审判人员素质存在差异的原因。另外,此类案件中甚至有一部分回应社会热点问题的案例,本研究认为此类司法案例不应选编进司法案例,毕竟司法案例公布之根本目的是指引司法实践,不应模糊了司法案例的定位与作用。

第二种,为司法解释类司法案例,此类司法案例具备一定释法功能,在法律框架内为现有立法提供了有益的补充,裁判规则供给量越高,其司法案例的含金量就越高,指引价值就越高,故而建议在遴选司法案例时,应多多采集此类的司法案例,从而能够充分体现司法案例真正价值所在。在未来还可以构建起此类司法案例与立法的良性互动程序,在此类司法案例积累到一定程度,就可以集中颁布司法解释,这样此类司法案例也就起到了积极推动作用,随着司法解释走上舞台,也就可以慢慢地光荣离场。

第三种,为法官造法类司法案例,此类司法案例存在对于成文法体制之冲击,在遴选时应当慎之又慎。在成文法体系之下,如何在禁止"法官造法"与立法的滞后性之间选取平衡,将是未来实践中不断探寻之方向。

（三）完善司法案例的编撰体例

质量为本,体例为表。不可否认在知识产权司法案例中存在一定含金量较高的案例,但是却大多处于"沉睡"状态、无人问津,这主要是我们的司法案例没有在"表面上做好功夫"。

德国民间最具权威及代表性判例汇编《新法学周刊》值得我们借鉴。

首先,在标题上《新法学周刊》高度概括了核心法律问题,而我国公布的司法案例采用"案号、当事人名称及案由"结合的方式,导致标题冗长而不能"一针见血"。建议今后颁布时能够以核心的争议焦点或者裁判规则简述来作为名称,由此让法官判案时候能够依据问题快速找到可以参照适用的案例。

其次,在内容上《新法学周刊》增加了"引导语"对案例的规则进行了抽象的概括,同时在适用范围、适用情况上予以明确,由此可以起到良好的指引法官如何适用司法案例的作用。而我国的指导案例虽有裁判要旨对于规则进行了提炼,但是并未对该司法案例如何适用给予明确指向,由此造成可操作性不强、适用率不佳之现状。

（四）明确司法案例的适用效力

司法案例实际的引用、应用率低之源头在于"效力",故而要加大司法案例实践中之影响力,还要在源头上为司法案例戴上"效力"的帽子。

知识产权司法案例包括指导案例、五十大典型案例、十大司法保护案例及十大创新性案例,《案例指导规定》表述中的"指导性案例"应当参照,那么这四类案例是否属于《案例指导规定》所述之"应当参照"范围?

指导案例公布文件中明确写明"供在审判类似案件时参照",而五十大典型案例和十大司法保护案例的公布文件中的措辞为"供各级人民法院在知识产权审判工作中参考借鉴"。由此,理论上《案例指导规定》所指范围应当仅限于指导案例,但是实践中我们可以发现出现法官直接引用五十大典型案例之情况,正向应用案例上也皆为五十大典型案例、十大司法保护案例及十大创新性案例,指导案例无一被直接引用或者正向应用。这一现象揭示了法官对于司法案例适用效力尚认识不清,从而导致真正的"指导案例"被束之高阁,完全没有发挥其应有作用。

在未来应当进一步对指导案例的效力予以明确化,对于五十大典型案例、十大司法保护案例及十大创新性案例是否将其囊括进"指导性案例"或者制定一定的"晋升"机制使其在达到一定条件时候升级成为"指导性案例"将是未来拟解决的一个重要问题。

明确了司法案例的范围和界限之后,应对其效力进行合理配置,比如是否如法律一样设置不同位阶的司法案例,或者在功能上区别指引性案例和规范性案例,指引性案例可以参照适用,而规范性案例则应当适用,同时也应为应当适用而没有适用之情形提供一定救济手段,从而彰显司法案例之影响力和权威性。

(五) 明晰司法案例的适用规则

目前司法案例在使用中存在如下几个问题。

第一,适用条件不明确,《案例指导规定》指导性案例的类似案件参照适用,但是何谓类似案件不够明确。《案例指导细则》虽然进一步明确类似案件是指"基本案情"和"法律适用"方面类似,但是其指导意义不强,法官在裁判时也不易掌握,有待在未来进一步明晰。

第二,适用方式不明确。《案例指导细则》规定在"在裁判文书中引述相关指导性案例的,应在裁判理由部分引述指导性案例的编号和裁判要点"。这一规定仅写明了指导案例直接引用之方式,但是依据本研究数据显示,知识产权指导案例无一被引用。同时,这也仅仅是针对指导案例,对于五十大典型案例、十大司法保护案例及十大创新性案例该如何引用,实践中不出现案例号的"暗引"是否可以,还有待进一步明晰。

总而言之,我国判例制度还尚在起步阶段,如何建设及完善具有中国特色之知识产权案例指导制度还有待未来社会各界法律工作者、专家学者、审判人员不断探索与发现。本研究仅为冰山一角,意在抛砖引玉,旨在为推进法治之昌明尽以绵薄之力。

第二章 专利司法案例状态研究

导 语

专利权是一种对自己的发明创造独立占有的知识产权,是国家行政机关赋予发明创造者在一定期间内使用的垄断性权利。我国的专利制度始于20世纪80年代,1984年3月12日第六届全国人民代表大会常务委员会第四次会议通过《中华人民共和国专利法》,这是新中国成立以来的首部专利法,此后在1992年、2000年、2008年和2020年经过四次修正,形成目前的专利法。专利法制定的目的在于保护专利权人的合法权益,鼓励发明创造,推动发明创造的应用,提高创新能力,促进科学技术进步和经济社会发展。此外,国务院于2002年公布了《中华人民共和国专利法实施细则》第一次修订方案,在2010年公布了第二次修订方案,从而形成了目前的专利法实施细则。本章中所出现的法条为判决书中所引用的当时有效的法律条文。

我国现行专利法规定的专利共有三种类型,分别为发明专利、实用新型专利、外观设计专利,其中发明专利和实用新型专利保护新的技术方案,外观设计专利则保护新设计,它们有类似之处、也有差异之处,可谓各有特点。

随着市场竞争越来越激烈,各商业主体的创新意识不断增强,对专利的重视程度也愈加强烈,一个明显的现象就是近几年我国的专利申请量以及授予专利权的数量突飞猛进。据国家知识产权局统计数据显示,2009年我国专利申请受理97.7万件;2010年首次突破百万大关,达122.2万件;2011年申请量快速增长,达163.3万件;2012年这一数据为205.1万件,较上一年度同比增长25.5%;2013年申请受理量达237.7万件,较之2012年增长15.9%;2014年为236.1万件,保持较高水平;2015年再创新高,达到279.9万件。截至2015年底,仅发明专利拥有量就已达147.2万件。

随之而来的专利侵权行为以及专利确权行为也逐年增加,由此带来的专利侵权案件和专利确权案件数量也大幅攀升,难度逐渐加大,这一点在历年发布的最高人民法院知识产权案件年度报告中可见一斑。2011年知识产权案件年度报告中指出:专利行政案件增长迅猛、专利案件数量持续上升;2012 年报告中提到:专利案件涉及领域越来越广,涉案技术的含金量和市场价值越来越高,所涉法律问题日趋广泛深入,疑难案件比重增加;2013—2015 年报告则给出了最高人民法院知识产权审判庭全年新收的专利案件数量,分别为:186 件、192 件、257 件,整体上呈上升趋势。

本研究从 2009 年至 2015 年最高人民法院颁布的《中国法院知识产权司法保护 10 大案例》《中国法院知识产权司法保护 50 件典型案例》《中国法院知识产权 10 大创新性案例》《指导案例》挑选案由为"专利"的案例共 98 件(剔除重复案例,见下表案例清单),一一按地域、审级、所在地、文书类型、次级案由、主体类型、裁判结论、法条适用情况等进行标记,并从中提取争议焦点、总结关键词,再利用中国裁判文书网的案例大数据,结合北大法宝,分析该些涉及专利的知识产权典型案例在同类别案例中的直接引用、间接应用的情况,从而分析得出专利司法案例静态之概况及动态之实践应用情况。

案例清单

年份	来源	名称	案号	审理法院
2009	中国法院知识产权司法保护 10 大案件	正泰诉施耐德"小型断路器"实用新型专利案	(2007)浙民三终字第 276 号	浙江省高级人民法院
2009	中国法院知识产权司法保护 10 大案件	武汉晶源"烟气脱硫"方法专利案	(2008)民三终字第 8 号	最高人民法院
2009	中国法院知识产权司法保护 50 件典型案例	临海金利隆鞋业有限公司诉国家知识产权局专利复审委员会、第三人浙江省三门县胶带制品厂、临海市保田履带制造有限公司专利无效行政纠纷申请再审案	(2006)行监字第 32-2 号	最高人民法院
2009	中国法院知识产权司法保护 50 件典型案例	(日本)泉株式会社诉广州美视晶莹银幕有限公司、北京市仁和世纪科技有限公司侵犯实用新型专利权纠纷上诉案	(2008)高民终字第 941 号	北京市高级人民法院
2009	中国法院知识产权司法保护 50 件典型案例	美国 3M 公司诉山东双球防护器材有限公司侵犯专利权纠纷上诉案	(2008)鲁民三终字第 158 号	山东省高级人民法院
2009	中国法院知识产权司法保护 50 件典型案例	OBE-工厂·翁玛赫特与鲍姆盖特纳有限公司诉浙江康华眼镜有限公司侵犯发明专利权纠纷申请再审案	(2008)民申字第 980 号	最高人民法院
2009	中国法院知识产权司法保护 50 件典型案例	阿文蒂斯药物股份有限公司诉中华人民共和国国家知识产权局专利复审委员会、第三人江苏恒瑞医药股份有限公司发明专利无效行政纠纷上诉案	(2009)高行终字第 1148 号	北京市高级人民法院

年份	来源	名称	案号	审理法院
2009	中国法院知识产权司法保护50件典型案例	北京英特莱摩根热陶瓷纺织有限公司诉北京德源快捷门窗厂侵犯发明专利权纠纷上诉案	（2009）高民终字第4721号	北京市高级人民法院
2009	中国法院知识产权司法保护50件典型案例	王世昌、河北伟达建筑设计有限公司诉双鸭山市晨光房地产开发有限公司侵犯发明专利权纠纷上诉案	（2009）黑知终字第41号	黑龙江省高级人民法院
2010	中国法院知识产权司法保护10大案件	上海世博会法国馆"高架立体建筑物"发明专利案	（2010）沪高民三（知）终字第83号	上海市高级人民法院
2010	中国法院知识产权司法保护10大案件	伊莱利利公司吉西他滨及吉西他滨盐酸盐专利案	（2009）民三终字第6号	最高人民法院
2010	中国法院知识产权司法保护10大案件	本田汽车外观设计专利无效案	（2010）行提字第3号	最高人民法院
2010	中国法院知识产权司法保护50件典型案例	成都优他制药有限责任公司诉江苏万高药业有限公司、四川科伦医药贸易有限公司侵犯发明专利权纠纷再审案	（2009）民提字第158号	最高人民法院
2010	中国法院知识产权司法保护50件典型案例	澳诺（中国）制药有限公司诉湖北午时药业股份有限公司、王军社侵犯发明专利权纠纷再审案	（2009）民提字第20号	最高人民法院
2010	中国法院知识产权司法保护50件典型案例	张喜田诉石家庄制药集团欧意药业有限公司、石家庄制药集团华盛制药有限公司等侵犯发明专利权纠纷再审案	（2009）民提字第84号	最高人民法院
2010	中国法院知识产权司法保护50件典型案例	浙江新安化工集团股份有限公司诉浙江金帆达生化股份有限公司侵犯发明专利权纠纷上诉案	（2009）浙知终字第187号	浙江省高级人民法院
2010	中国法院知识产权司法保护50件典型案例	广州市兆鹰五金有限公司诉黄冈艾格尔五金制造有限公司侵犯实用新型专利权纠纷上诉案	（2010）鄂民三终字第15号	湖北省高级人民法院
2010	中国法院知识产权司法保护50件典型案例	济南建工总承包集团有限公司与山东天齐置业集团股份有限公司侵犯发明专利权纠纷上诉案	（2010）鲁民三终字第52号	山东省高级人民法院
2010	中国法院知识产权司法保护50件典型案例	蔡少兴诉刘建金侵犯实用新型专利权纠纷申请再审案	（2010）民申字第184号	最高人民法院
2010	中国法院知识产权司法保护50件典型案例	浙江黄岩塑料机械厂、俞晟诉深圳市恒泰达实业有限公司侵犯实用新型专利权纠纷申请再审案	（2010）民申字第672号	最高人民法院

年份	来源	名称	案号	审理法院
2010	中国法院知识产权司法保护50件典型案例	好孩子儿童用品有限公司诉广州中威日用品企业有限公司、广州市上威贸易有限公司、南京中央商场股份有限公司侵犯发明专利权纠纷申请再审案	（2010）民申字第 978 号	最高人民法院
2010	中国法院知识产权司法保护50件典型案例	北京先行新机电技术有限责任公司诉广州智光电气股份有限公司侵犯发明专利权纠纷上诉案	（2010）粤高法民三终字第 271 号	广东省高级人民法院
2010	中国法院知识产权司法保护50件典型案例	程润昌诉龚举东、桂林合鑫实业有限责任公司侵犯实用新型专利权纠纷再审案	（2010）粤高法审监民再字第 44 号	广东省高级人民法院
2011	中国法院知识产权司法保护10大案件	"抗 β-内酰胺酶抗菌素复合物"发明专利无效案	（2011）行提字第 8 号	最高人民法院
2011	中国法院知识产权司法保护10大案件	空调器"舒睡模式"专利侵权纠纷案	（2011）粤高法民三终字第 326 号	广东省高级人民法院
2011	中国法院知识产权司法保护50件典型案例	株式会社普利司通与浙江杭廷顿公牛橡胶有限公司、北京邦立信轮胎有限公司侵害外观设计专利权纠纷申请再审案	〔2010〕民提字第 189 号	最高人民法院
2011	中国法院知识产权司法保护50件典型案例	郑亚俐与精工爱普生株式会社、中华人民共和国国家知识产权局发明专利复审委员会专利无效行政纠纷申请再审案	〔2010〕知行字第 53 号	最高人民法院
2011	中国法院知识产权司法保护50件典型案例	福建多棱钢业集团有限公司与厦门市集美区联捷铸钢厂、国家知识产权局专利复审委员会、福建泉州市金星钢丸有限公司发明专利无效行政纠纷申请再审案	〔2010〕知行字第 6 号	最高人民法院
2011	中国法院知识产权司法保护50件典型案例	爱立信股份有限公司与中华人民共和国国家知识产权局专利复审委员会发明专利权无效行政纠纷上诉案	（2011）高行终字第 693 号	北京市高级人民法院
2011	中国法院知识产权司法保护50件典型案例	珠海格力电器股份有限公司与广东美的电器股份有限公司、国家知识产权局专利复审委员会外观设计专利权无效行政纠纷申请再审案	（2011）行提字第 1 号	最高人民法院
2011	中国法院知识产权司法保护50件典型案例	青岛华盾纸制品有限公司、瑞安市应氏机械有限公司与青岛众和恒业蜂窝纸板制品有限公司侵害发明专利权纠纷上诉案	（2011）鲁民三终字第 117 号	山东省高级人民法院

年份	来源	名称	案号	审理法院
2011	中国法院知识产权司法保护50件典型案例	新疆天元建设有限责任公司与新疆岳麓巨星建材有限责任公司侵害发明专利权纠纷上诉案	（2011）民三终字第26号	新疆维吾尔自治区高级人民法院
2011	中国法院知识产权司法保护50件典型案例	中山市君豪家具有限公司与中山市南区佳艺工艺家具厂侵害外观设计专利权纠纷申请再审案	（2011）民申字第1406号	最高人民法院
2011	中国法院知识产权司法保护50件典型案例	江西银涛药业有限公司与陕西汉王药业有限公司、西安保赛医药有限公司侵害发明专利权纠纷申请再审案	（2011）民申字第1490号	最高人民法院
2011	中国法院知识产权司法保护50件典型案例	张镇与扬州金自豪鞋业有限公司、包头市同升祥鞋店侵害实用新型专利权纠纷申请再审案	（2011）民申字第630号	最高人民法院
2011	中国法院知识产权司法保护50件典型案例	深圳市坑梓自来水有限公司与深圳市斯瑞曼精细化工有限公司、深圳市康泰蓝水处理设备有限公司侵害发明专利权纠纷申请再审案	（2011）民提字第259号	最高人民法院
2011	中国法院知识产权司法保护50件典型案例	徐永伟与宁波市华拓太阳能科技有限公司侵害发明专利权纠纷申请再审案	（2011）民提字第64号	最高人民法院
2011	中国法院知识产权司法保护50件典型案例	佛山市嘉俊陶瓷有限公司与广东东鹏陶瓷股份有限公司、广州市天和家园建材有限公司、马杰华侵害发明专利权纠纷上诉案	（2011）粤高法民三终字第373号	广东省高级人民法院
2011	中国法院知识产权司法保护50件典型案例	国家知识产权局专利复审委员会与江苏先声药物研究有限公司、南京先声药物研究有限公司、李平发明专利无效行政纠纷申请再审案	（2011）知行字第17号	最高人民法院
2011	中国法院知识产权司法保护50件典型案例	户谷技研工业株式会社与中华人民共和国国家知识产权局专利复审委员会、无锡市铁民印刷机械有限公司、江阴市汇通包装机械有限公司、上海高沁包装机械有限公司发明专利无效行政诉讼申请再审案	（2011）知行字第25号	最高人民法院
2012	中国法院知识产权司法保护10大案件	CDMA/GSM双模式移动通信方法专利侵权纠纷案	〔2009〕浙知终字第64号	浙江省高级人民法院
2012	中国法院知识产权司法保护10大创新性案件	柏万清与成都难寻物品营销服务中心、上海添香实业有限公司侵害实用新型专利权纠纷申请再审案	〔2012〕民申字第1544号	最高人民法院

年份	来源	名称	案号	审理法院
2012	中国法院知识产权司法保护10大创新性案件	无锡市隆盛电缆材料厂、上海锡盛电缆材料有限公司与西安秦邦电信材料有限责任公司、古河电工(西安)光通信有限公司侵害发明专利权纠纷申请再审案	〔2012〕民提字第3号	最高人民法院
2012	中国法院知识产权司法保护50件典型案例	亚什兰许可和知识产权有限公司、北京天使专用化学技术有限公司与北京瑞仕邦精细化工技术有限公司、苏州瑞普工业助剂有限公司、魏星光侵害发明专利权纠纷案	〔2010〕苏中知民初字第0301号	江苏省苏州市中级人民法院
2012	中国法院知识产权司法保护50件典型案例	河南省正龙食品有限公司与国家知识产权局专利复审委员会、第三人陈朝晖外观设计专利权无效行政纠纷上诉案	(2011)高行终字第1733号	北京市高级人民法院
2012	中国法院知识产权司法保护50件典型案例	淄博诺奥化工有限公司与南京荣欣化工有限公司、南京乌江化工有限公司、淄博金博科贸有限公司侵害发明专利权纠纷案	(2011)淄民三初字第15号	山东省淄博市中级人民法院
2012	中国法院知识产权司法保护50件典型案例	YKK株式会社与中华人民共和国国家知识产权局专利复审委员会、第三人广州嘉绩拉链机械有限公司发明专利权无效行政纠纷上诉案	〔2012〕高行终字1088号	北京市高级人民法院
2012	中国法院知识产权司法保护50件典型案例	赢创德固赛有限责任公司与中华人民共和国国家知识产权局专利复审委员会发明专利申请驳回复审行政纠纷上诉案	〔2012〕高行终字第1486号	北京市高级人民法院
2012	中国法院知识产权司法保护50件典型案例	鲜乐仕厨房用品株式会社与上海美之扣实业有限公司、北京惠买时空商贸有限公司侵害发明专利权纠纷上诉案	〔2012〕高民终字第3974号	北京市高级人民法院
2012	中国法院知识产权司法保护50件典型案例	哈尔滨工业大学星河实业有限公司与江苏润德管业有限公司侵害发明专利权纠纷上诉案	〔2012〕苏知民终字第0021号	江苏省高级人民法院
2012	中国法院知识产权司法保护50件典型案例	上海倍安实业有限公司与首安工业消防有限公司侵害实用新型专利权纠纷上诉案	〔2012〕渝高法民终字第00071号	重庆市高级人民法院
2012	中国法院知识产权司法保护50件典型案例	李健开与黄泽凤侵害外观设计权纠纷上诉案	〔2012〕粤高法民三终字第298号	广东省高级人民法院
2012	中国法院知识产权司法保护50件典型案例	湖南高雷同层排水科技有限公司与张超专利权权属纠纷案	〔2012〕长中民五初字第0334号	湖南省长沙市中级人民法院

年份	来源	名称	案号	审理法院
2013	中国法院知识产权司法保护10大案件	新材料技术领域等同判定专利侵权案	（2011）苏知民再终字第1号	江苏省高级人民法院
2013	中国法院知识产权司法保护10大创新性案件	卡比斯特制药公司与中华人民共和国国家知识产权局专利复审委员会发明专利权无效行政纠纷申请再审案	（2012）知行字第75号	最高人民法院
2013	中国法院知识产权司法保护10大创新性案件	中山市隆成日用制品有限公司与湖北童霸儿童用品有限公司侵害实用新型专利权纠纷提审案	（2013）民提字第116号	最高人民法院
2013	中国法院知识产权司法保护50件典型案例	精工爱普生株式会社与中华人民共和国国家知识产权局专利复审委员会、郑亚俐、佛山凯德利办公用品有限公司、深圳市易彩实业发展有限公司发明专利权无效行政纠纷申请再审案	（2010）知行字第53-1号	最高人民法院
2013	中国法院知识产权司法保护50件典型案例	大连大金马基础建设有限公司与大连北兴构件吊装运输有限公司侵害发明专利权纠纷案	（2011）大民四初字第23号	辽宁省大连市中级人民法院
2013	中国法院知识产权司法保护50件典型案例	北京世纪联保消防新技术有限公司与国家知识产权局专利复审委员会、山西中远消防设备有限公司发明专利权无效行政纠纷提审案	（2012）行提字第20号	最高人民法院
2013	中国法院知识产权司法保护50件典型案例	本田技研工业株式会社与江门气派摩托车有限公司、力帆实业（集团）股份有限公司、湘潭瑞骑力帆摩托车销售有限公司侵害外观设计专利权纠纷案	（2012）长中民五初字第620号	湖南省长沙市中级人民法院
2013	中国法院知识产权司法保护50件典型案例	新日铁住金不锈钢株式会社与中华人民共和国国家知识产权局专利复审委员会、李建新发明专利权无效行政纠纷上诉案	（2013）高行终字第1754号	北京市高级人民法院
2013	中国法院知识产权司法保护50件典型案例	株式会社岛野与中华人民共和国家知识产权局专利复审委员会、宁波赛冠车业有限公司发明专利权无效行政纠纷提审案	（2013）行提字第21号	最高人民法院
2013	中国法院知识产权司法保护50件典型案例	北京市捷瑞特弹性阻尼体技术研究中心与北京金自天和缓冲技术有限公司、王菡夏侵害实用新型专利权纠纷申请再审案	（2013）民申字第1146号	最高人民法院

年份	来源	名称	案号	审理法院
2013	中国法院知识产权司法保护50件典型案例	马培德公司与阳江市邦立贸易有限公司、阳江市伊利达刀剪有限公司侵害外观设计专利权纠纷申请再审案	（2013）民申字第29号	最高人民法院
2013	中国法院知识产权司法保护50件典型案例	宜宾长毅浆粕有限责任公司与潍坊恒联浆纸有限公司、成都鑫瑞鑫塑料有限公司侵害发明专利权纠纷申请再审案	（2013）民申字第309号	最高人民法院
2013	中国法院知识产权司法保护50件典型案例	桂林南药股份有限公司与三门峡赛诺维制药有限公司侵害外观设计专利权和擅自使用知名商品特有包装、装潢纠纷提审案	（2013）民提字第163号	最高人民法院
2013	中国法院知识产权司法保护50件典型案例	陈顺弟与浙江乐雪儿家居用品有限公司、何建华、温士丹侵害发明专利权纠纷提审案	（2013）民提字第225号	最高人民法院
2013	中国法院知识产权司法保护50件典型案例	陈锡奎与晋江市凯达石材机械有限公司侵害实用新型专利权纠纷上诉案	（2013）闽民终字第482号	福建省高级人民法院
2013	中国法院知识产权司法保护50件典型案例	江门市亚泰机电科技有限公司与雷炳全侵害实用新型专利权纠纷上诉案	（2013）粤高法民三终字第15号	广东省高级人民法院
2013	中国法院知识产权司法保护50件典型案例	塞伯股份有限公司与浙江爱仕达电器股份有限公司侵害发明专利权纠纷上诉案	（2013）浙知终字第59号	浙江省高级人民法院
2013	指导案例20号	深圳市斯瑞曼精细化工有限公司诉深圳市坑梓自来水有限公司、深圳市康泰蓝水处理设备有限公司侵害发明专利权纠纷案	（2011）民提字第259号	最高人民法院
2014	中国法院知识产权司法保护10大案件	"治疗乳腺增生性疾病的药物组合物及其制备方法"发明专利权无效行政纠纷案	（2013）知行字第77号	最高人民法院
2014	中国法院知识产权司法保护10大创新性案件	苹果公司与中华人民共和国国家知识产权局专利复审委员会外观设计专利申请驳回复审行政纠纷上诉案	（2014）高行（知）终字第2815号	北京市高级人民法院
2014	中国法院知识产权司法保护10大创新性案件	(瑞士)埃利康亚洲股份公司与中华人民共和国国家知识产权局专利复审委员会、刘夏阳等发明专利权无效行政纠纷提审案	（2014）行提字第11、12、13号	最高人民法院

年份	来源	名称	案号	审理法院
2014	中国法院知识产权司法保护10大创新性案件	孙俊义与郑宁侵害实用新型专利权纠纷申请再审案	（2014）民申字第1036号	最高人民法院
2014	中国法院知识产权司法保护10大创新性案件	怀化正好制药有限公司与湖南方盛制药股份有限公司确认不侵害专利权纠纷上诉案	（2014）湘高法民三终字第51号	湖南省高级人民法院
2014	中国法院知识产权司法保护10大创新性案件	国家知识产权局专利复审委员会与白象食品股份有限公司、陈朝晖外观设计专利权无效行政纠纷申请再审案	（2014）知行字第4号	最高人民法院
2014	中国法院知识产权司法保护50件典型案例	张晶廷与衡水子牙河建筑工程有限公司等侵害发明专利权纠纷提审案	（2012）民提字第125号	最高人民法院
2014	中国法院知识产权司法保护50件典型案例	欧瑞康纺织有限及两合公司与北京中丽制机化纤工程技术有限公司、北京中丽制机工程技术有限公司、杭州翔盛纺织有限公司侵害发明专利权纠纷上诉案	（2012）浙知终字第331号	浙江省高级人民法院
2014	中国法院知识产权司法保护50件典型案例	广东雅洁五金有限公司与杨建忠、卢炳仙侵害外观设计专利权纠纷提审案	（2013）民提字第187号	最高人民法院
2014	中国法院知识产权司法保护50件典型案例	范俊杰与亿辰公司侵犯专利权纠纷提审案	（2013）民提字第223号	最高人民法院
2014	中国法院知识产权司法保护50件典型案例	法国SEB公司与广东旗峰公司侵害发明专利权纠纷上诉案	（2013）粤高法民三终字第279号	广东省高级人民法院
2014	中国法院知识产权司法保护50件典型案例	国家知识产权局专利复审委员会与王伟耀、福田雷沃国际重工股份有限公司实用新型专利权无效行政纠纷申请再审案	（2013）知行字第92号	最高人民法院
2014	中国法院知识产权司法保护50件典型案例	覃德元与宜昌市知识产权局等不服专利侵权行政处理决定纠纷上诉案	（2014）鄂知行终字第1号	湖北省高级人民法院
2014	中国法院知识产权司法保护50件典型案例	洛阳晨诺电气有限公司与天津威科真空开关有限公司、张春江、天津市智合电器有限公司侵害外观设计专利权纠纷提审案	（2014）民提字第193号	最高人民法院

年份	来源	名称	案号	审理法院
2014	中国法院知识产权司法保护50件典型案例	蔡绍基与温瀚泉侵害外观设计专利权纠纷上诉案	（2014）粤高法民三终字第37号	广东省高级人民法院
2014	中国法院知识产权司法保护50件典型案例	惠州强宏达塑胶用品有限公司与泛爵投资有限公司侵害外观设计专利权纠纷上诉案	（2014）粤高法民三终字第513号	广东省高级人民法院
2014	中国法院知识产权司法保护50件典型案例	斯倍利亚株式会社与中华人民共和国国家知识产权局专利复审委员会专利无效行政纠纷申请再审案	（2014）知行字第84号	最高人民法院
2015	中国法院知识产权司法保护10大案件	"阿托伐他汀"发明专利权无效行政纠纷案	（2014）行提字第8号	最高人民法院
2015	中国法院知识产权司法保护10大案件	确认不侵犯本田汽车外观设计专利权及损害赔偿案	（2014）民三终字第7号	最高人民法院
2015	中国法院知识产权司法保护10大案件	"手持淋浴喷头"外观设计专利侵权案	（2015）民提字第23号	最高人民法院
2015	中国法院知识产权司法保护10大案件	电子商务平台承担专利侵权连带责任案	（2015）浙知终字第186号	浙江省高级人民法院
2015	中国法院知识产权司法保护50件典型案例	武汉科兰金利建材有限公司与武汉市黄陂区水利建筑安装工程公司、武汉九州兴建设集团有限公司、阮永红侵害发明专利权纠纷案	（2014）鄂武汉中知初字第8号	湖北省武汉市中级人民法院
2015	中国法院知识产权司法保护50件典型案例	李晓乐与国家知识产权局专利复审委员会、郭伟、沈阳天正输变电设备制造有限责任公司发明专利权无效行政纠纷再审案	（2014）行提字第17号	最高人民法院
2015	中国法院知识产权司法保护50件典型案例	上海星客特汽车销售有限公司与天津世之源汽车销售有限公司侵害外观设计专利权纠纷上诉案	（2014）津高民三终字第19号	天津市高级人民法院
2015	中国法院知识产权司法保护50件典型案例	甘肃中顺石化工程装备有限公司与遵义广力环保工程有限公司、云南驰宏锌锗股份有限公司侵害发明专利权纠纷案	（2014）昆知民初字第384号	云南省昆明市中级人民法院
2015	中国法院知识产权司法保护50件典型案例	华为技术有限公司与中兴通讯股份有限公司、杭州阿里巴巴广告有限公司侵害发明专利权纠纷上诉案	（2014）浙知终字第161号	浙江省高级人民法院

年份	来源	名称	案号	审理法院
2015	中国法院知识产权司法保护50件典型案例	陕西银河消防科技装备股份有限公司与山东省天河消防车辆装备有限公司侵害发明专利权纠纷上诉案	（2015）鲁民三终字第 151 号	山东省高级人民法院
2015	中国法院知识产权司法保护50件典型案例	刘鸿彬与北京京联发数控科技有限公司、天威四川硅业有限责任公司侵害实用新型专利权纠纷申请再审案	（2015）民申字第 1070 号	最高人民法院
2015	指导案例 55 号	柏万清诉成都难寻物品营销服务中心等侵害实用新型专利权纠纷案	（2012）民申字第 1544 号	最高人民法院

第一节　概　　况

一、整体概况

（一）专利案例的发展趋势（数量）

在最高院公布的 2009 年至 2015 年知识产权司法保护案例中,涉及专利领域的相关案例共计 98 件,按照年度分布如图一—1 所示。从图中可以看出,专利司法案例 2009 年到 2011 年呈大幅上升趋势,可对应于专利申请量从 2009 年的 97.7 万件一跃至 2011 年的 163.3 万件。2012 年小幅回落后,2013 年、2014 年专利案例数量连续两年保持 17 件之多。2015 年虽然较前两年较少,但也保持在 10 件以上。这一方面是由于国内企业专利意识的不断增强,在企业运营、发展过程中对专利价值的重视越来越突出;另一方面离不开国家对专利这一重要的知识产权的保护。

（二）专利案例的分布情况

1. 法院地域分布情况

对最高院公布的涉及专利的 98 个案例按照形成的法院地域分布进行统计分析,结果如图一—2 所示。从图中可以看出,共有 50 件专利案例来自于最高院,在数量上独树一帜,占据绝对统治地位,这也表明这些专利案例的争议较大,需要最高院给出最终的判决或裁定。

参照国家知识产权局发布的《2015 年中国知识产权发展状况报告》,其指出:知识产

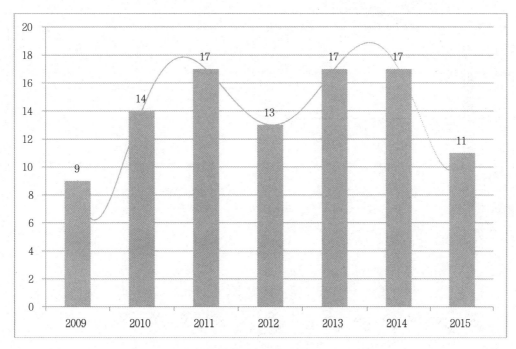

图一-1　专利案例发展趋势示意图(按年度)

权综合发展水平较高的地区主要集中在东部,而广东、北京、上海、浙江、江苏、山东等多年排名位居前列。专利司法案例也较多地分布于上述地区。

从图一-2可知,在最高院之后,来自北京的专利案例数量位居第二位,达到10件之多;排在第三位的是来自广东的专利司法案例,共有9件;排在第四、五位的是来自浙江和山东的专利案例,分别为7件和5件;来自江苏、湖北、湖南的专利案例数量均为3件;此外来自黑龙江、福建、天津、上海、云南、新疆、重庆和辽宁的专利案例均有1件。

本研究认为,具体而言:北京知识产权法院和北京高院直接负责专利行政案例的一审和二审,绝大部分专利行政案例都来自北京,它也是大部分大型企业的总部所在地,专利相关案例多是以总部的名义提起的,故北京司法案例数量除最高院外最多;广东素来以专利等知识产权纠纷多发地著称,同时广东的知识产权保护也走在国内的前列,尤其是广州知识产权法院成立以来在专利保护和侵权案例方面提供了许多有益的探索和案例,故广东省司法案例数量仅次于北京;此外,由于浙江、山东等属于沿海经济发达省份,故其专利纠纷案例也相对较多。

2. 法院级别分布情况

对上述涉及专利的98个案例按照形成的法院级别分布进行统计分析,结果如图一-3所示。

2001年公布的《最高人民法院关于审理专利纠纷案件适用法律问题的若干规定》第二条规定:"专利纠纷第一审案件,由各省、自治区、直辖市人民政府所在地的中级人民法

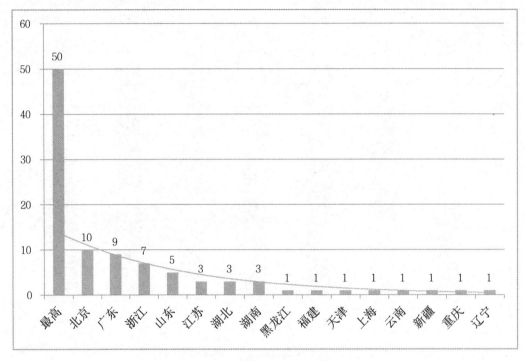

图一-2 专利案例地域分布图

院和最高人民法院指定的中级人民法院管辖";因此,只有部分中级人民法院具备专利纠纷第一审案件的管辖权。直至 2013 年对《最高人民法院关于审理专利纠纷案件适用法律问题的若干规定》进行修正,第二条规定增加一款:"最高人民法院根据实际情况,可以指定基层人民法院管辖第一审专利纠纷案件",部分基层人民法院才具备第一审专利纠纷案件的管辖权。

本研究的统计结果也印证了上文所述,51%的专利司法案例都是由最高人民法院审理的,其次 42%来源于高院,最后仅有 7%来源于中院,而来源于基层法院的专利司法案例数量为零。

专利纠纷案例不仅要涉及法律知识,还要考虑技术发展给专利案例带来的影响,因此最高院审理了比较多的疑难复杂、有争议的专利案件。同样由于专利案件的专业性、复杂性,大多数案例都经历了二审裁判,也就意味着来自高级人民法院的专利司法案例远多于来自中级人民法院的案例。

其中,来自中级人民法院的案例分别为:2012 年的江苏省苏州市中级人民法院 1 件、山东省淄博市中级人民法院 1 件、湖南省长沙市中级人民法院 1 件,2013 年的辽宁省大连市中级人民法院 1 件、湖南省长沙市中级人民法院 1 件,以及 2015 年的湖北省武汉市中级人民法院 1 件、云南省昆明市中级人民法院 1 件,这说明中级法院审理专利等复杂案件的审判水平、业务能力不断处于提升之中。

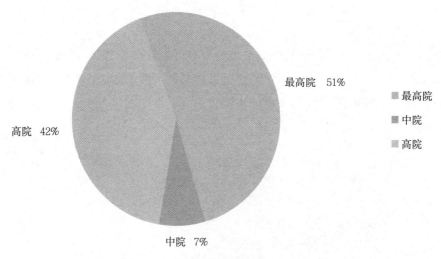

图一-3 专利案例审理法院级别分布图

3. 审理级别分布情况

将上述 98 个案例按照审理级别分布进行统计分析,结果如图一-4 所示。从图中可以看出,再审的案例占据一半,达到 50%,其次有 43% 的案例是二审案例,前两者共计占比达到 93%,最后仅有 7% 的案例是一审案例。

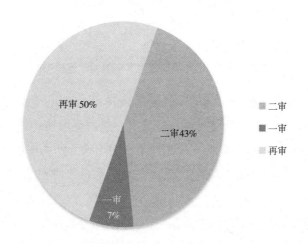

图一-4 专利案例审级分布图

上述再审的案例基本都是原告或被告不服各省(直辖市)高级人民法院的判决提起的再审申请,司法案例再审、二审比例之高,进一步印证了专利案件的专业性、复杂性。此外,一审案例分别是 2012 年的江苏省苏州市中级人民法院的 1 件一审案例、山东省淄博市中级人民法院的 1 件一审案例、湖南省长沙市中级人民法院的 1 件一审案例,2013 年的辽宁省大连市中级人民法院的 1 件一审案例、湖南省长沙市中级人民法院的 1 件一审案例,以及 2015 年的湖北省武汉市中级人民法院的 1 件一审案例、云南省昆明市中级人民法院的 1 件一审案例,与上述中院审理的案例相一致。

4.文书类型分布情况

对上述 98 个案例按照裁判文书的类型分布进行统计分析,结果如图一-5 所示。从图中可以看出,判决书占据 2/3 以上的文书,占总量的 74%;裁定书占据总量的 22%;各有 2% 的案例涉及调解书、驳回再审申请通知书。

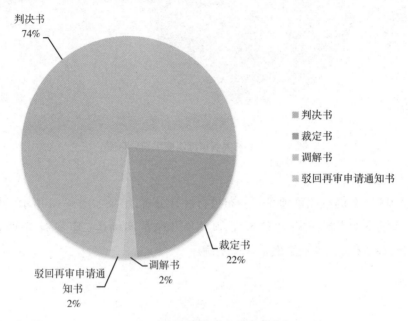

判决书
74%

■ 判决书
■ 裁定书
■ 调解书
■ 驳回再审申请通知书

裁定书
22%

驳回再审申请通
知书
2%

调解书
2%

图一-5　专利案例裁判文书类型分布图

其中,判决书主要是对涉及实体的问题进行裁判,尤其是在专利领域,其主要是解决专利纠纷中的技术方案带来的争议问题。裁定书一般都是解决纠纷案件中的程序问题,仔细阅读上述裁定书可以发现,它们主要是法院针对申请人的再审申请而发出的裁定书,而且发出上述裁定书的均为最高人民法院,由此也表明最高院对上述再审申请也给出了实质性的判断。

调解书则分别为 2009 年的"正泰诉施耐德'小型断路器'实用新型专利案"【(2007)浙民三终字第 276 号】、2012 年的"亚什兰许可和知识产权有限公司、北京天使专用化学技术有限公司与北京瑞仕邦精细化工技术有限公司、苏州瑞普工业助剂有限公司、魏星光侵害发明专利权纠纷案"【〔2010〕苏中知民初字第 0301 号】,这两个专利侵权案的索赔侵权额都比较大,分别为 3.3 亿和 2000 万,尤其是 2009 年的"正泰诉施耐德'小型断路器'实用新型专利案"在当年引起了知识产权界广泛的关注,其诉讼标的额创造了专利侵权赔偿额之最,至今仍未有能出其右者,最终该案是以最后和解而告终。

驳回再审申请通知书则分别为 2009 年的"临海金利隆鞋业有限公司诉国家知识产权局专利复审委员会、第三人浙江省三门县胶带制品厂、临海市保田履带制造有限公司专利无效行政纠纷申请再审案"【(2006)行监字第 32-2】,以及 2011 年的"福建多棱钢业集团有限公司与厦门市集美区联捷铸钢厂、国家知识产权局专利复审委员会、福建泉州市金星钢丸有限公司发明专利无效行政纠纷申请再审案"【〔2010〕知行字第 6 号】,这两个案例均为专利无效行政纠纷案,最高院均是认为原审判决认定事实清楚,适用法律正确,申请人的再审申请不符合《中华人民共和国行政诉讼法》第六十三条第二款、《最高人民法院关于执行〈中华人民共和国行政诉讼法〉若干问题的解释》第七十二条规定的再审条件,依据《最高人民法院关于执行〈中华人民共和国行政诉讼法〉若干问题的解释》第七十四条的规定,发出驳回再审申请通知书。

5. 案例类型分布情况

对上述涉及专利的 98 个案例按照案例类型分布进行统计分析,结果如图一-6 所示。从图中可以看出,民事案例占总量的 72%,约有 3/4;而行政案例占总量的 28%,约有 1/4。可谓:民事案件为主,行政案件为辅。

上述民事案例主要涉及专利侵权纠纷,而行政案例主要涉及专利确权纠纷。由此可见,在专利纠纷相关案例中,专利侵权涉及的民事案例占据绝大多数,专利侵权纠纷案例涉及的争议问题及解决方案更需要最高院以颁布案例的方式予以公布。

上述行政案例中,绝大部分为与专利复审委的行政纠纷案,而以专利复审委为被告的专利行政诉讼一般有两类,一为申请过程中针对复审决定的行政诉讼,二为无效过程中针对无效决定的行政诉讼。本书中专利司法案例主要为专利无效案例,即申请人不服专利复审委的无效审查决定而提起的行政诉讼,在专利被驳回进行复审后提起的行政诉讼案件很少。这表明国家知识产权局对专利审查的质量把控和业务水平也越来越得到了申请人的认可。

值得一提的是,在上述最高院公布的涉及专利的 98 个案例中,并没有出现刑事案件,主要取决于涉及专利侵权纠纷的刑事案件不多,专利侵权纠纷多以民事案件为主。事实上,专利法中关于刑事责任的法条并不多,如专利法第六十三条,假冒专利的,除依法承担民事责任外,……,构成犯罪的,依法追究刑事责任。在现实生活中,确实很少出现假冒专利构成刑事犯罪的,除非特别严重的情形,因而导致上述最高院公布的涉及专利的 98 个案例中并没有刑事案件。

6. 专利类型分布情况

在最高院颁布的 2009 年至 2015 年知识产权司法保护案例涉及专利的相关案例中,发明专利案例占据超过了半壁江山,共计 61 件,占总量的 62%;实用新型案例和外观设计案例则基本平分秋色,实用新型专利案例共计 19 件,约占总量的 20%,外观设计专利案例共计 18 件,约占总量的 18%(如图一-7 所示)。

从三种专利保护客体的角度来看,发明专利所保护的技术方案比实用新型专利所保护的技术方案和外观设计专利所保护的设计都要复杂,其涉及的知识点较多,且对发明专

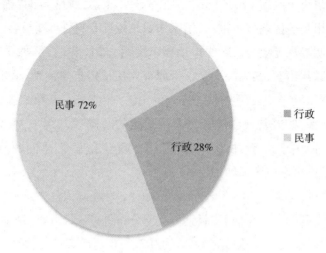

图一—6　案例类型分布比例图

利的创新高度要求更严格,发明专利的蓬勃发展也更能体现我国作为创新主体的创新水平。因此关于发明专利纠纷的案例也就相对较多,最高院公布的典型案例和指导案例大部分也都集中于发明专利案例,这也符合专利的现状和发展趋势。

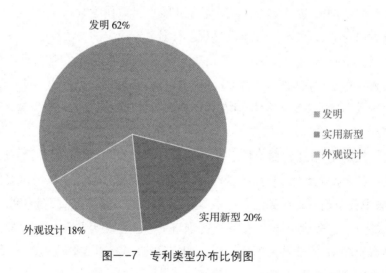

图一—7　专利类型分布比例图

二、发明专利案例概况

(一)发明专利案例的发展趋势

如前阐述,在最高院公布的 2009 年至 2015 年知识产权司法保护案例中,涉及发明专利的相关案例共计 61 件,将这 61 件发明专利案例按照年度分布进行分析,结果如图一—8 所示。

从图中可以看出,发明专利案例数量呈现先增长后减少的趋势,数量在 2011 年达到峰值,高达 13 件;随后逐渐回落,在 2013 年达到 10 件,而后继续走低,在 2014 年与 2015 年发明专利案例数量仅为 7 件。

参照国家知识产权局公布的发明专利申请的数量:2011 年 52.6 万件,2012 年 65.3 万件,2013 年 82.5 万件,2014 年 92.8 万件,2015 年 110.2 万件,申请数量呈逐年递增的趋势,说明我国创新能力不断提升,发明专利的受重视程度也逐步加强,但发明专利司法案例的数量变化与发明专利申请的数量变化并未完全对应。

本研究认为,这可能是由于近几年国家加大了发明专利等知识产权的保护,从而导致相应的具备典型意义或创新意义的发明专利侵权纠纷以及发明专利权属纠纷案例较之往年未有增长,从而相应的发明专利司法案例数量也随之减少。

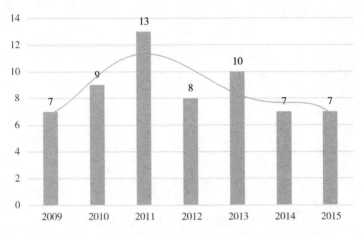

图—-8 发明专利司法案例发展趋势示意图(按年度)

（二）发明专利案例的分布情况

1. 法院地域分布情况

对上述涉及发明专利的 61 个案例按照法院的地域分布进行统计分析,结果如图—-9 所示。从图中可以看出,发明专利司法案例的地域分布与前述所有专利司法案例的地域分布基本一致,来自最高院的发明专利司法案例最多,占据绝对统治地位,共有 29 件,其他则主要集中在北京、浙江、山东、广东和江苏等知识产权综合发展水平较高的地区。

根据国家知识产权局统计数据,截至 2015 年底我国发明专利拥有量排名前六分别为广东省 138878 件、北京市 133040 件、江苏省 113160 件、浙江省 70981 件、上海市 69982 件、山东省 47694 件,这些地区的发明专利司法案例数量同样居前列。

最高院之后,来自北京的发明专利司法案例数量位居第二,达到 7 件之多,排在第三、四、五、六位分别为浙江、山东、广东和江苏,各为 6 件、5 件、4 件和 3 件;此外,来自湖南、湖北、黑龙江、云南、新疆、上海和辽宁的专利案例均 1 件。

本研究认为,具体而言,最高院最多表明这些发明专利案例的争议较大,需要最高院给出最终的判决或裁定;北京知识产权法院和北京高院直接负责专利行政案例的一审和二审,绝大部分专利行政案例都来自于北京,而专利司法案例中行政案例大部分属于发明专利纠纷,同时北京也是大部分大型企业的总部所在地,发明专利相关案例多是以总部的名义提起的,故北京发明专利司法案例数量除最高院外最多;此外,浙江、山东、广东和江苏属于沿海经济发达省份,故其专利纠纷案例也相对较多;其他省份也属于发明专利保护较为完善的地区。

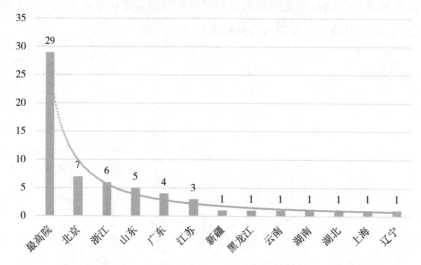

图一—9 发明专利司法案例地域分布图

2.法院级别分布情况

对上述 61 个案例按照法院的级别分布进行统计分析,结果如图一—10 所示。从图中可以看出,接近一半的案例都是由最高人民法院审理的,共计 29 件;其次约有 1/3 的案例来源于高院;最后仅有 5 件案例来源于中院。法院级别的分布情况与专利司法案例基本一致,且上文已经提及,受专利案件第一审法院级别要求所限,本研究专利司法案例中来自基层法院的为零。

由于发明专利案例的复杂性,发明专利纠纷案例不仅要涉及法律知识,还要考虑技术发展给发明专利案例带来的影响,因此最高院审理了比较多的疑难复杂、有争议的发明专利案件。同样,取决于发明专利案例的复杂性,大多数案例都经历了二审裁判。此外,来自中院的案件分别是 2012 年的江苏省苏州市中级人民法院 1 件、山东省淄博市中级人民法院 1 件,2013 年的辽宁省大连市中级人民法院 1 件,以及 2015 年的湖北省武汉市中级人民法院 1 件、云南省昆明市中级人民法院 1 件,来源于中级法院的案例也是逐渐增多,这说明中级法院审理发明专利等复杂案件的审判水平、业务能力不断处于提升之中。

3.审理级别分布情况

对上述 61 个案例按照审理级别分布进行统计分析,结果如图一—11 所示。从图中可

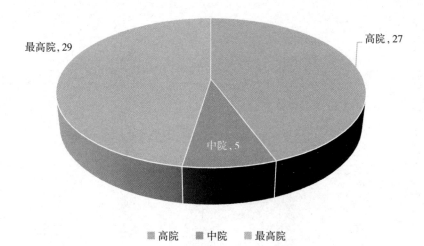

图一--10 发明专利案例审理法院级别分布图

以看出,再审案例和二审案例的数量相同,均为 28 件,一审案例仅有 5 件。再审案、二审案也分别与前述最高院、高院审理的案例数目基本一致,上述二审基本都是高院审理的案件,再审的案例基本都是原告或被告不服各省(直辖市)高级人民法院的判决提起的再审申请,一审案均为各省市中级人民法院审理的案件。发明专利司法案例再审、二审比例之高,进一步印证了发明专利案件的复杂性。

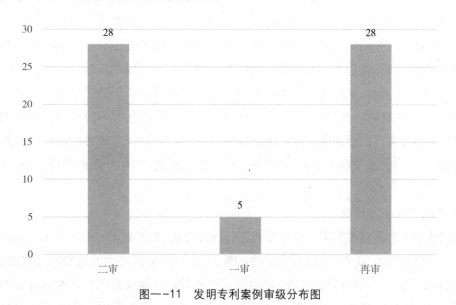

图一--11 发明专利案例审级分布图

4. 文书类型分布情况

对上述 61 个案例按照裁判文书的类型分布进行统计分析,结果如图一--12 所示。从图中可以看出,判决书共计 47 件,裁定书共有 13 件,另外还有 1 件民事调解书。

判决书中民事判决书和行政判决书分别为 36 件和 11 件,在所有的裁判结果中 78%

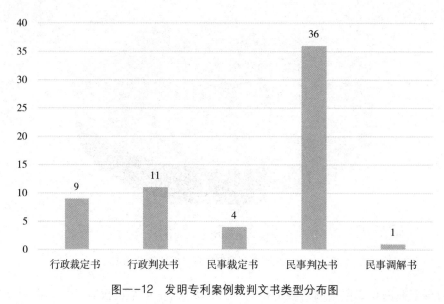

图一-12 发明专利案例裁判文书类型分布图

的典型性案例以判决书的形式结案,即对涉及发明专利纠纷的实体问题进行了裁判。

裁定书中民事裁定书为4件、行政裁定书为9件,占据总文书数量的20%,其中需要注意的是上述裁定书主要是法院针对申请人的再审申请而发出的裁定书,且所有这些裁定书均是由最高人民法院作出的。

唯一的1件调解书为江苏省苏州市中级人民法院审理的"亚什兰许可和知识产权有限公司、北京天使专用化学技术有限公司与北京瑞仕邦精细化工技术有限公司、苏州瑞普工业助剂有限公司、魏星光侵害发明专利权纠纷案"【〔2010〕苏中知民初字第0301号】,在该案在诉讼的同时,亚什兰公司依据本案证据保全及被告提供的证据材料在北京市第一中级人民法院针对三被告提起侵害商业秘密纠纷诉讼,苏州市中级人民法院将两案合并调解,在经过多日的斡旋后双方终达成调解方案,瑞普公司、瑞仕邦公司及魏某某承诺不使用涉案专利方法及商业秘密,并同意支付亚什兰公司2200万元的补偿金,该案圆满解决。

5. 案例类型分布情况

对上述61个案例按照案例类型分布进行统计分析,结果如图一-13所示。从图中可以看出,民事案例为41件,占案例总量的67%,上述民事案例均为发明专利侵权案例;行政案例为20件,占案例总量的33%,发明专利行政案例的数量占比相较专利行政案例的数量占比而言较大,说明行政案例中发明专利纠纷相较实用新型专利纠纷、外观设计专利纠纷均较多。

上述行政案例均为发明专利确权案例,且多为无效案例,即申请人不服专利复审委的无效审查决定而提起的行政诉讼,而在专利被驳回进行复审后提起的行政诉讼案件较少,表明国家知识产权局的复审案件基本都得到了当事人的认可。如前所述,上述最高院公

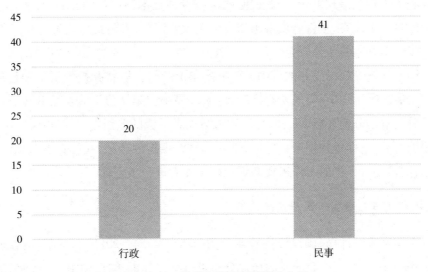

图一—13 发明专利案例类型分布图

布的涉及发明专利的 61 个案例并没有出现刑事案件,这表明涉及发明专利侵权纠纷的刑事案件很少,发明专利侵权纠纷多以民事案件为主。

6. 案例原告类型分布情况

对上述 61 个案例按照原告类型分布进行统计分析,结果如图一—14 所示。从图中可以看出,内资企业为原告的比例为 51%,外资企业为原告的占比为 35%,而个人为原告的占比为 14%。根据国家知识产权局统计数据显示,2015 年,我国企业发明专利申请占国内发明专利申请受理量的 60.2%,获得发明专利授权占国内发明专利授权量的 60.5%,内资企业在自主创新中发挥着决定性的作用。

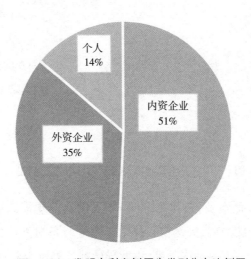

图一—14 发明专利案例原告类型分布比例图

尤其需要关注的是,外资企业为原告的大部分为专利侵权案件,即外资企业对我国境内的企业和个人提起侵权诉讼,由此说明我国在专利技术领域仍然较为落后。而在统计被告类型的过程中发现,被告并没有出现外资企业的情形,表明我国境内企业在专利方面的知识产权优势并未强于外资企业。

参照国家知识产权局发布的《2015年中国知识产权发展状况报告》,放眼国际,我国知识产权发展水平于2014年成功超越瑞典,从世界排位第9位上升至第8位,知识产权发展状况总指数得分提升至55.38,总体实力与世界一流的差距进一步缩小。不过,在国家大力提倡专利、商标等知识产权保护、管理、运营、维护的今天,我国在这方面的意识还需要加强,同样还有大量的工作需要知识产权工作者进一步完善。

(三) 发明专利案例涉及行业的情况

根据中国国家统计局《国民经济行业分类(GB/T 4754—2011)》,对最高院公布的涉及发明专利的61个案例按照涉及的行业分布进行统计分析,结果如图一-15所示。从图中可以看出,上述61个案例主要涉及制造业,建筑业,电力、热力、燃气及水生产和供应业,批发和零售业,信息传输、软件和信息技术服务业5个行业。

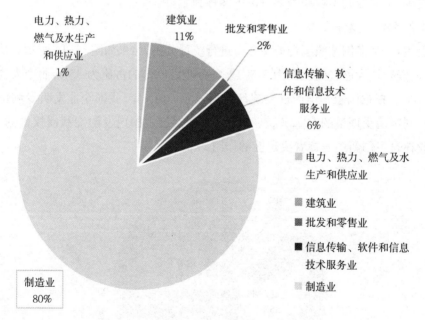

图一-15 发明专利案例涉及行业分布比例图

其中,大部分集中在制造业,占比为80%;中国制造业规模跃居世界第一位,但是制造业大而不强,自主创新能力弱,关键核心技术与高端装备对外依存度高,以企业为主体的制造业创新体系不完善、产品档次不高,由此导致前述外资企业为原告的案件占有相当大的比例,因此,中国制造业从大到强的过程中,可能出现较多专利侵权纠纷,我国在制造业方面的知识产权积累还有待加强。其次是建筑业,占比为11%;排在第三位的是信息传输、软件和信息技术服务业,占比为6%,这与近年来计算机技术、互联网快速发展导致的侵权案件有关。

此外,根据国家知识产权局统计数据显示,在光学、发动机、运输、半导体、基础通信程序、音像技术、医学技术7个领域中,国内发明专利拥有量与国外来华发明专利拥有量仍存在差距,在这些领域,仍需要不断努力,发扬自主创新的精神。

制造业涉及范围很广,在其排名前十名的细分领域中(如图一-16所示),医药制造业的专利案例最多,约有20件,医药专利一直是国内外药企重点布局的一项知识产权,尤其是新药化合物专利的市场价值巨大,在药物开发越来越困难的今天,一件新药化合物专利价值高达数十亿美元,因此医药领域的专利案例也一直是知识产权从业者重点关注的对象。电气机械和器材制造业的发明专利案例数量位居第二位,共有6件,主要涉及电机开关设备制造。发明专利案例数量位于第三位的是汽车零部件及配件制造,共有4件,主要涉及发动机驱动装置、制动器等。另外在金属工具制造方面也有3件发明专利案例,剩余的案例主要平均分布在家用电力器具制造、纺织带和帘子布制造、家具制造业、造纸和纸制品业、原油加工及石油制品制造、合成纤维制造6个领域。

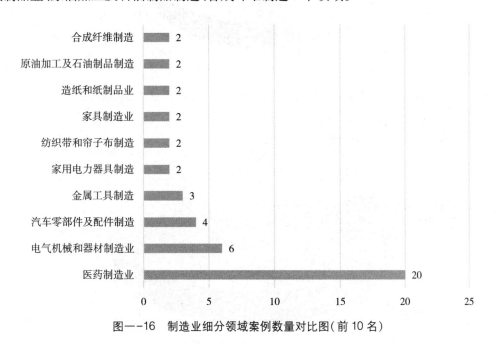

图一-16　制造业细分领域案例数量对比图(前10名)

(四) 发明专利司法案例的法条适用情况

对上述发明专利司法案例的法条适用情况进行统计,旨在总结发明专利司法案例中的常用法条。

截至2016年,由于专利法共计有三次修改,而上述案例在法律适用上对于三次修改的专利法都有涉及适用。为方便统计分析,本研究将涉及的三次修改的专利法分别统计分析。上述发明专利案例所涉及的法律法规主要有《中华人民共和国专利法》(1992年修正)、《中华人民共和国专利法》(2000年修正)、《中华人民共和国专利法》(2008年修正),具体如图一-17、图一-18、图一-19所示。此外,也有部分案例在文书中引用了最高人民法院《关于审理专利纠纷案件适用法律问题的若干规定》(以下简称《规定》)以及最高人民法院《关于审理侵犯专利权纠纷案件应用法律若干问题的解释》(以下简称《解释一》)。

其中"法11(1992)"即代表《中华人民共和国专利法》(1992年修正)第十一条,"法22.3(2000)"即代表《中华人民共和国专利法》(2000年修正)第二十二条第三款,以此类推。

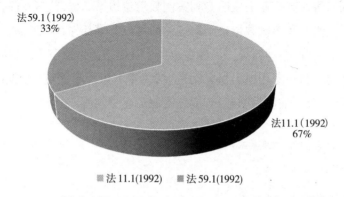

图一-17 《中华人民共和国专利法》(1992年修正)法条适用情况图

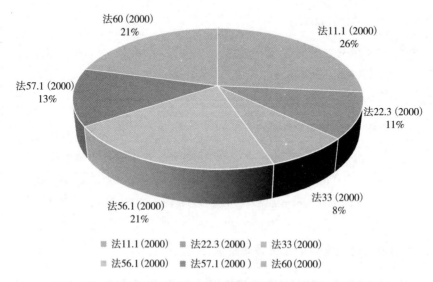

图一-18 《中华人民共和国专利法》(2000年修正)法条适用情况图

根据图一-17、图一-18、图一-19的统计发现,发明专利典型案例的裁判法律依据中适用的高频法条为"法11.1(1992)""法11.1(2000)""法11.1(2008)"以及"法56.1

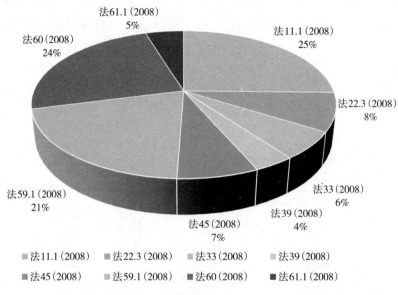

图一—19 《中华人民共和国专利法》(2008 年修正)法条适用情况图

(2000)""法 60(2000)""法 59.1(2008)""法 60(2008)"。其中,"法 11.1(2008)"与"法 11.1(2000)"的规定一致,"法 11.1(2000)"由"法 11.1(1992)"修改而得;"法 59.1(2008)"由"法 56.1(2000)"修改而得,"法 56.1(2000)"与"法 59.1(1992)"的规定一致。从上述适用的高频法条内容来看,发明专利典型案例主要涉及的是如何确定权利要求的保护范围,被诉侵权技术方案是否落入该权利要求的保护范围,以及发生专利侵权诉讼后如何进行赔偿等问题。

此外还有相当多的案例适用了《规定》以及《解释一》,例如青岛华盾纸制品有限公司、瑞安市应氏机械有限公司与青岛众和恒业蜂窝纸板制品有限公司侵害发明专利权纠纷上诉案(案号为〔2011〕鲁民三终字第 117 号)的裁判文书即同时涉及了最高人民法院《关于审理专利纠纷案件适用法律问题的若干规定》(2001 年颁布)第十七条第二款、和《最高人民法院关于审理侵犯专利权纠纷案件应用法律若干问题的解释》第七条的适用。

另外由于最高人民法院颁布的《最高人民法院关于审理侵犯专利权纠纷案件应用法律若干问题的解释(二)》(以下简称《解释二》)自 2016 年 4 月 1 日起正式施行,而目前颁布的所有的发明专利典型性案例的审结日期均早于 2016 年 4 月 1 日,所以还没有任何一件典型性案例适用《解释二》。

三、实用新型专利案例概况

(一) 实用新型专利司法案例的发展趋势

在最高院公布的 2009 年至 2015 年知识产权司法保护十大案件、五十件典型案例、十大创新性案件以及指导案例中,涉及实用新型专利的相关案件共计 20 件,其中指导案例为 1 件,且与创新性案件之一重复,故下文均以 19 件计。其数量变化趋势如图一-20 所示。

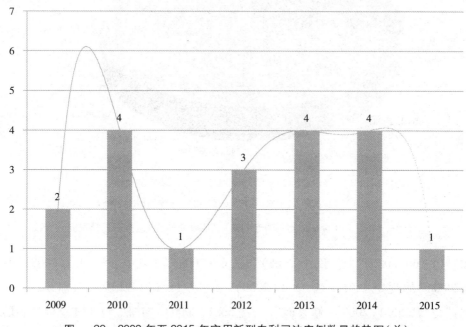

图一-20 2009 年至 2015 年实用新型专利司法案例数量趋势图(总)

参照国家知识产权局公布的实用新型专利申请的数量:2011 年 58.5 万件,2012 年 74 万件,2013 年 89.2 万件,2014 年 86.8 万件,2015 年 112.8 万件,实用新型专利申请数量一直保持较高水平,说明我国的创新能力不断提升。由下图可知,虽然实用新型专利相关的案件或案例总体数量不多,但每年都会有所涉及,其中 2010 年、2013 年与 2014 年较多,均为 4 件;2011 年与 2015 年较少,仅有 1 件。

将它们按照司法保护案件、典型案例、创新性案件分类,司法保护案件仅有 1 件,来自 2009 年;创新性案件共有 3 件,分别来自 2012 年、2013 年、2014 年;其余 15 件均为典型案例。该司法保护案件为:"正泰诉施耐德'小型断路器'实用新型专利案",该案以调解告终,创知识产权案件补偿额之最,为中外企业知识产权纠纷树立了标杆。3 个创新性案件则分别涉及:如何准确界定专利权的保护范围、如何确定专利侵权损害赔偿数额、合法来源抗辩中如何判断销售者的主观过错。

具体年度分布如图一-21 所示。

(二) 实用新型专利司法案例分布情况

1. 法院地域分布情况

对上述实用新型专利司法案例按照法院地域进行统计,共有 10 件来自最高院;另广

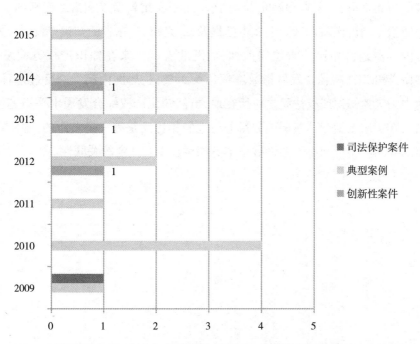

图—-21 2009 年至 2015 年实用新型专利司法案例数量趋势图（按公布来源）

东省、湖北省各有 2 件；其余北京市、重庆市、湖南省、浙江省、福建省各有 1 件，如图—-22 所示。最高院案例之多，说明了实用新型司法案例的专业性、复杂性，以及它们的影响之大。

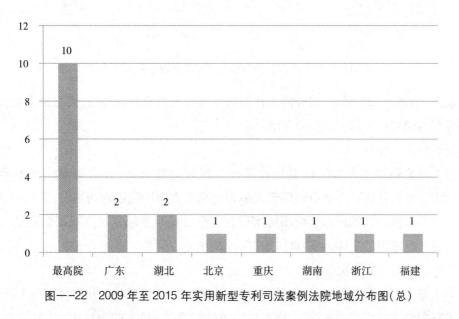

图—-22 2009 年至 2015 年实用新型专利司法案例法院地域分布图（总）

由于实用新型专利司法案例总体数量较少，各地区分布规律并不明显。进一步地，对上述实用新型专利司法案例按照一审法院地域进行统计，具体参见图—-23。结果显示数量最多的为北京市、广东省和湖北省,它们均属于实用新型专利活跃度高的地域,同时也是实用新型专利诉讼高发区。上文也已提及,北京市、广东省的知识产权综合发展水平排名与国内其他地区相比一直位居前列;而湖北省近年来在知识产权方面发展迅猛,2010—2015年知识产权综合发展指数增幅达5.28%,位居国内第二。反过来看,上海市同样作为中国三大知识产权法院之一所在地,虽然知识产权综合发展水平不逊色于北京市、广东省,在实用新型专利案例的数量上与它们相比还是有一定差距的,本研究认为这与上海市的实用新型专利诉讼案件数量本身相对较少有一定的关联性。

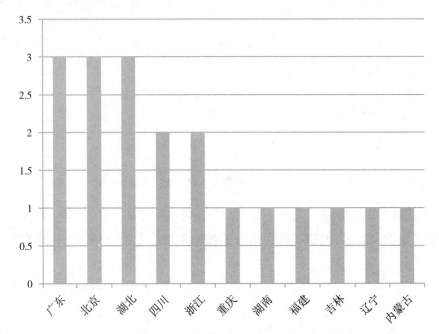

图一-23 2009年至2015年实用新型专利司法案例一审法院地域分布图(总)

此外,如图一-24所示,仅有的3件创新性案件全部来自最高院,可见最高院在实用新型专利诉讼案件上的创新引领作用。

2. 法院级别分布情况

对上述实用新型专利司法案例按照法院级别进行统计,来自最高院的案例超过50%;此外,来自各省或直辖市的案例大多为由高级人民法院审理的案件;来自中级人民法院的仅有1件,为"湖南高雷同层排水科技有限公司与张超专利权权属纠纷案";而由基层人民法院审理的案件为零,具体如图一-25所示。

3. 审理级别分布情况

对上述实用新型专利司法案例按照审理级别进行统计,其中一审案件仅有1件,即上文中来自中级人民法院的案例;二审案件约占比约37%;最多的为再审案(包括提审案、申请再审案),约占58%。一定程度上说明实用新型专利司法案例所涉及的事实较为复

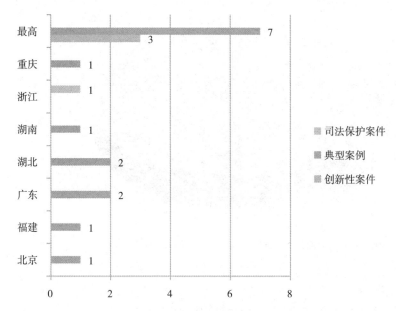

图—-24 2009 年至 2015 年实用新型专利司法案例法院地域分布图(按公布来源)

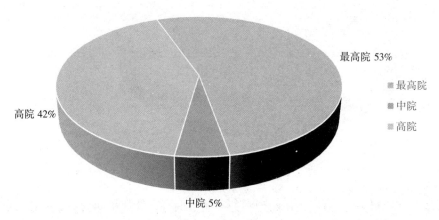

图—-25 2009 年至 2015 年实用新型专利司法案例法院级别分布图

杂、争议点较多。如图一-26 所示。

4. 文书类型分布情况

对上述实用新型专利司法案例按照文书类型进行统计,判决书过半,裁定书也占据42%之多,如图一-27 所示。

在此基础上,再根据审理级别进行分类统计,如图一-28 所示,所有的裁定书均来自再审案,二审案件中作出实质判决的有 6 件。

5. 案件类型分布情况

对上述实用新型专利司法案例按照案件类型进行统计,如图一-29 所示。诚如上文专利司法案例总体概况所提及,专利纠纷本身涉及的刑事案件便较少,本研究专利司法案

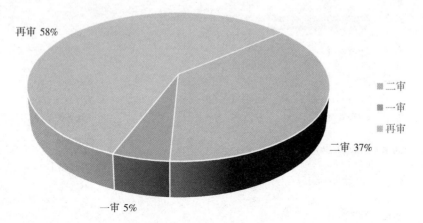

图—-26 2009 年至 2015 年实用新型专利司法案例审理级别分布图

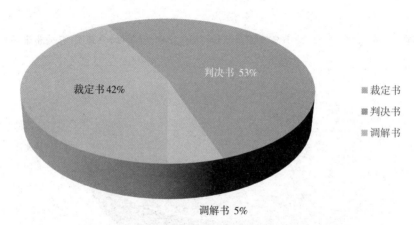

图—-27 2009 年至 2015 年实用新型专利司法案例文书类型分布图(总)

例中刑事案件数量为零,自然实用新型专利案例中刑事案件数量同为零。而且,其中绝大部分为民事案件,行政案件占比较少,仅有 2 件,一为"国家知识产权局专利复审委员会与王伟耀、福田雷沃国际重工股份有限公司实用新型专利权无效行政纠纷案",该案以驳回国家知识产权局专利复审委员会的再审申请告终;二为"覃德元与宜昌市知识产权局等不服专利侵权行政处理决定纠纷案",此案最终判决宜昌市知识产权局重新作出处理决定。

实用新型专利授权的审查标准相较发明专利而言较为宽松,仅有初步审查阶段,对明显实质性缺陷进行审查,因此授权过程中的争议较少,针对复审决定的行政诉讼也较少,上述司法案例中的行政案件即不包括针对复审决定的行政诉讼案。

此外,实用新型专利与发明专利同样保护新的技术方案,评判专利性的实质性条款大多相同或类似,实用新型无效行政纠纷处理也可参考涉及发明专利无效行政纠纷的司法

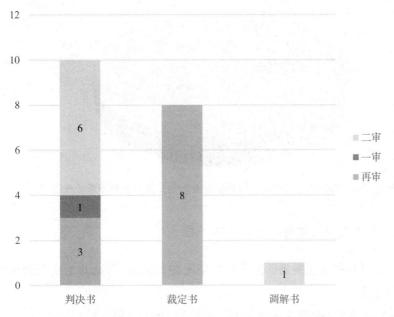

图一-28　2009年至2015年实用新型专利司法案例文书类型分布图(按审理级别)

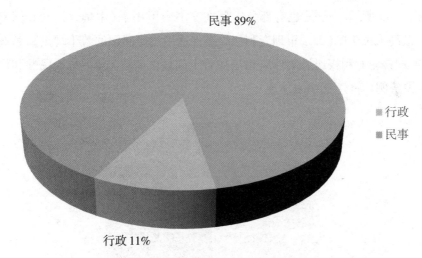

图一-29　2009年至2015年实用新型专利司法案例文书类型分布图

案例。

6.裁判结果分布情况

对上述涉及裁判的二审、再审案件的审理结果进行统计,如图一-30所示。可知,撤销原审判决的比例最高,约37%;驳回再审申请所占比例也较高,约为31%;另有约19%为驳回上诉,维持原判;约13%为指令再审。数据表明,实用新型专利司法案例中,二审、再审不认可原审判决的比例与认可原审判决的比例相当。说明选入最高院司法案例的实用新型专利案整体而言争议较多,典型意义或指导意义较高。

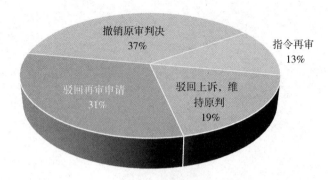

图一-30　2009 年至 2015 年实用新型专利司法案例裁判结果分布图

（三）实用新型专利司法案例的法条适用情况

对上述实用新型专利司法案例的法条适用情况进行统计,旨在总结实用新型专利司法案例中的常用法条。

所涉及的法律主要有《中华人民共和国专利法》(1992 年修正),《中华人民共和国专利法》(2000 年修正),《中华人民共和国专利法》(2008 年修正)。具体如图一-31、图一-32、图一-33 所示。此外,也有部分案例在文书中引用了《中华人民共和国专利法实施细则》,最高人民法院《关于审理专利纠纷案件适用法律问题的若干规定》,最高人民法院《关于审理侵犯专利权纠纷案件应用法律若干问题的解释》,《中华人民共和国知识产权海关保护条例》等(下图中未体现)。

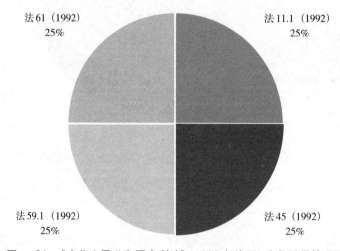

图一-31　《中华人民共和国专利法》(1992 年修正)法条适用情况图

其中"法 45(1992)"即代表《中华人民共和国专利法》(1992 年修正)第四十五条,"法 22.2(2000)"即代表《中华人民共和国专利法》(2000 年修正)第二十二条第二款,以此类推。

"法 11.1(1992)"涉及实用新型专利权人对其实用新型专利产品所享有的专有权。

"法 45(1992)"涉及实用新型专利的保护期限,专利权是否仍在保护期内,是判断是否侵犯专利权的前提,某些案件从当事人起诉到最后终审判决可能持续十年以上,那么不同的阶段判断的结果也会有所差异,不过其判断原则较为简单,一般不会有过多争议。如"程润昌"一案中,涉案专利申请日至终审判决时已经超过十年保护期,该专利已经成为社会公共财富,任何人均可免费自由使用,因此程润昌申诉要求判令合鑫公司"停止侵权"的诉讼请求已失去了权利基础和法律依据,法院不予支持。

"法 59.1(1992)"涉及如何界定实用新型专利权的保护范围,实用新型专利权的基础依据是权利要求书,说明书和附图只能起到从属作用。

"法 61(1992)"则涉及侵犯实用新型专利权的诉讼时效,为两年。

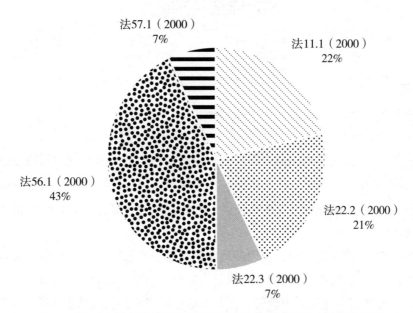

图一-32 《中华人民共和国专利法》(2000 年修正)法条适用情况图

"法 11.1(2000)"由上文中"法 11.1(1992)"修改而得,主要增加了"许诺销售"的内容。

"法 22.2(2000)"和"法 22.3(2000)"分别涉及实用新型专利的新颖性、创造性的定义。诉讼过程中,判断涉案专利是否具有新颖性往往与现有技术抗辩能否成立有关,可参见"蔡少兴诉刘建金侵犯实用新型专利权纠纷案"。

"法 56.1(2000)"与上文中"法 59.1(1992)"的规定一致。

"法 57.1(2000)"涉及实用新型专利权侵权纠纷的处理方式,包括协商解决、向人民法院起诉、行政处理和行政调解等。

"法 9(2008)"为"一发明创造一专利"原则的体现,如"陈锡奎与晋江市凯达石材机械有限公司侵害实用新型专利权纠案"中,审理法院指明:对同一专利权人就相同的技术

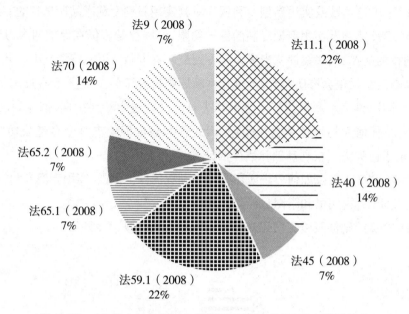

图—-33 《中华人民共和国专利法》(2008年修正)法条适用情况图

方案申请的两项专利,法律应该只保护其一项专利。

"法11.1(2008)"与上文中"法11.1(2000)"的规定一致。

"法40(2008)"涉及实用新型专利权的生效时间,如"刘鸿彬与北京京联发数控科技有限公司、天威四川硅业有限责任公司侵害实用新型专利权纠纷案"中,被告京联发公司生产、销售被诉侵权产品的行为发生在涉案专利的授权公告日之前,该生产、销售行为被认定不构成侵权。

"法45(2008)"涉及请求宣告实用新型专利权无效的规定。请求原则是无效过程中的基本原则,如上文已提及的"国知局专利复审委与王、福田雷沃实用新型专利权无效行政纠纷案"中,专利复审委员会主动引入诉争无效宣告理由被法院认定不符合法律规定。

"法59.1(2008)"由上文中"法56.1(2000)"修改而得,由"用于解释权利要求"修改为"用于解释权要求的内容",以更明确地规定说明书和附图进行解释的对象。

"法65.1(2008)""法65.2(2008)"涉及实用新型专利权侵权赔偿数额的计算方法。当然,计算侵权赔偿数额要在侵犯专利权成立的前提下进行,如"上海倍安实业有限公司与首安工业消防有限公司侵害实用新型专利权纠纷案"中,一审法院以"法65.2(2008)"为依据,综合考虑涉案专利类型(实用新型)、被告倍安公司行为性质(销售侵权产品)、涉案产品数量及价格酌情确定其应当赔偿的金额为7万元;二审法院审理后认定原审被告的销售行为不构成侵权,那么双方当事人争议的其他问题也就不需再评述,不会进入计算侵权赔偿数额的环节。

"法70(2008)"则涉及非恶意的专利侵权行为不承担赔偿责任的规定。值得注意的是,其针对的是使用者、许诺销售者或者销售者,并不包括生产者。诉讼过程中,当事人可进行合法来源抗辩,证明己方不存在恶意以免除赔偿责任,不过在司法实践中,如何判断被控侵权者是否具有主观恶意依然有一定难度。如"孙俊义与郑宁侵害实用新型专利权纠纷案"中,审理法院结合被控侵权人实际收到的由权利人发出的侵权警告函中记载的内容,推定被控侵权人是否知道其销售的为专利侵权产品,即被控侵权人是否存在主观恶意,由于该案中侵权警告函记载有涉案专利和被诉侵权产品基本情况、侵权比对结果及联系方式等较为明确的内容,最后推定被控侵权人知道其销售的为专利侵权产品。

通过统计发现,高频法条为"法 11.1(1992)""法 11.1(2000)""法 11.1(2008)"以及"法 59.1(1992)""法 56.1(2000)""法 59.1(2008)"。

此外,"广州市兆鹰五金有限公司诉黄冈艾格尔五金制造有限公司侵犯实用新型专利权纠纷案"涉及被控侵权产品的海关扣押,文书中引用了《中华人民共和国知识产权海关保护条例》(2003 年颁布)第二十九条第二款。最高人民法院《关于审理专利纠纷案件适用法律问题的若干规定》(2001 年颁布)第二十一条的适用频率也较高。

(四) 实用新型专利司法案例的争议焦点

1. 部分实用新型专利司法案例简单分析

"正泰诉施耐德'小型断路器'实用新型专利案"主要涉及:a. 在先专利抗辩/公知技术抗辩:施耐德公司仅依据对比文件 D1 中的说明书附图 5 来推测公开了被控侵权产品中所涉的部分技术特征,而这些技术特征在对比文件 D1 的权利要求书与说明书中没有任何的文字描述,也不能从附图中直接、毫无疑义地确定,法院认定所涉技术特征不应作为已公开的内容,施耐德的在先专利抗辩不能成立;b. 判断被控侵权产品是否落入涉案实用新型专利权的保护范围:被控侵权产品具备涉案专利权利要求的所有必要技术特征,法院认定落入了涉案实用新型专利权的保护范围。

"(日本)泉株式会社诉广州美视晶莹银幕有限公司、北京仁和世纪科技有限公司侵犯实用新型专利权纠纷案"主要涉及:a. 判断被控侵权产品是否落入涉案实用新型专利权的保护范围:被控侵权产品具备了涉案专利原权利要求 12(即修改后的权利要求 6)的全部技术特征,法院认定构成侵权;b. 侵权赔偿数额计算:一审法院综合考虑涉案专利的类别、美视晶莹公司侵权的性质和情节等因素,酌情确定赔偿数额,二审法院认为并无不妥并予以维持。

"广州市兆鹰五金有限公司诉黄冈艾格尔五金制造有限公司侵犯实用新型专利权纠纷案"主要涉及:a. 判断被控侵权产品是否落入涉案实用新型专利权的保护范围:涉案专利权利要求 1 记载的必要技术特征构成本案专利权的保护范围,被控侵权产品不具备涉案专利具有的空腔技术特征,法院认定不侵权;b. 请求海关扣押的产品被认定不侵权后专利权人赔偿损失:兆鹰公司请求海关扣留被控侵权产品,造成艾格尔公司迟延交货达35 天,法院认定所造成损失作为艾格尔公司的预期损失应当纳入赔偿范围,由兆鹰公司承担赔偿责任。

"蔡少兴诉刘建金侵犯实用新型专利权纠案"涉及:a. 现有技术抗辩:被告所提供的证据并非公开出版物,不能构成现有技术,法院认定现有技术抗辩不成立;b. 判断被控侵权产品是否落入涉案实用新型专利权的保护范围:有争议的"切刀"这一技术特征在被控侵权产品中与在涉案专利中相比,起到相同的作用,属于以基本相同的手段,实现基本相同的目的,达到基本相同的效果,并且是所属本领域普通技术人员不需经过创造性的劳动所能联想到的技术特征,应构成等同技术特征,法院认定刘建金销售的被控侵权产品已落入涉案专利的保护范围。

"浙江黄岩塑料机械厂、俞晟诉深圳市恒泰达实业有限公司侵犯实用新型专利权纠纷案"主要涉及现有技术抗辩:恒泰达公司主张的"SnTO"牌 XT-100/1 型自动吹瓶机的技术方案被认定属于现有技术,被控侵权产品与其相比,两者的技术特征相同,被控侵权人现有技术抗辩成立。

"程润昌诉龚举东、桂林合鑫实业有限责任公司侵犯实用新型专利权纠纷案"主要涉及:a. 判断被控侵权产品是否落入涉案实用新型专利权的保护范围;b. 从属专利判断;c. 禁止反悔原则适用;d. 现有技术抗辩;e. 民事责任承担/侵权赔偿数额计算等。

"张镇与扬州金自豪鞋业有限公司、包头市同升祥鞋店侵害实用新型专利权纠纷案"主要涉及判断被控侵权产品是否落入涉案实用新型专利权的保护范围:被控侵权产品的弧形勾心片与鞋跟立柱为一个弯折并带有凹槽的整体结构,不具有涉案专利弧形勾心片与鞋跟立柱通过插头连接的技术特征,法院认定被控侵权产品未落入涉案专利权的保护范围,不侵犯涉案专利权。

"柏万清与成都难寻物品营销服务中心、上海添香实业有限公司侵害实用新型专利权纠纷案"主要涉及判断被控侵权产品是否落入涉案实用新型专利权的保护范围:法院认为由于涉案实用新型专利权的保护范围无法准确界定,无法将被诉侵权技术方案与之进行有意义的侵权对比,自然无法合理判断被控侵权产品是否落入其的保护范围,应认定不侵权。

"上海倍安实业有限公司与首安工业消防有限公司侵害实用新型专利权纠纷案"主要涉及判断被控侵权产品是否落入涉案实用新型专利权的保护范围:法院审理认为被控侵权产品既未全面覆盖专利独立权利要求中记载的全部必要技术特征,又不构成等同特征,没有落入专利的保护范围,不构成侵权。

"中山市隆成日用制品有限公司与湖北童霸儿童用品有限公司侵害实用新型专利权纠纷案"主要涉及侵权赔偿数额计算:最高人民法院明确认定可直接以权利人与侵权人的事先约定作为确定侵权损害赔偿数额的依据。

"北京市捷瑞特弹性阻尼体技术研究中心与北京金自天和缓冲技术有限公司、王菡夏侵害实用新型专利权纠纷案"主要涉及判断被控侵权产品是否落入涉案实用新型专利权的保护范围:法院认定被诉侵权产品在单向限流装置的安装方式上与涉案专利权利要求1限定的安装方式既不相同,也不等同,没有落入涉案专利权的保护范围。

"陈锡奎与晋江市凯达石材机械有限公司侵害实用新型专利权纠纷案"主要涉及同一专利权人就相同的技术方案拥有两项专利如何保护:上文法条适用部分已经提及,法院指明对同一专利权人就相同的技术方案申请的两项专利,法律应该只保护其一项专利。

"江门市亚泰机电科技有限公司与雷炳全侵害实用新型专利权纠纷案"主要涉及实用新型专利授权日之前实施不构成侵权。

"孙俊义与郑宁侵害实用新型专利权纠纷案"主要涉及合法来源抗辩:上文法条适用部分已提及,审理法院结合侵权警告函中记载的内容,推定销售者知道其销售的为专利侵权产品,合法来源抗辩不成立。

"国家知识产权局专利复审委员会与王伟耀、福田雷沃国际重工股份有限公司实用新型专利权无效行政纠纷案"则主要涉及实用新型专利无效:同样上文法条适用部分已提及,复审委主动引入诉争无效宣告理由不符合法律规定。

"刘鸿彬与北京京联发数控科技有限公司、天威四川硅业有限责任公司侵害实用新型专利权纠纷"主要涉及实用新型专利授权日之前实施不构成侵权。

2. 实用新型专利司法案例的焦点总结

对上述案例的争议焦点进行总结,主要有:a. 判断被控侵权产品是否落入涉案实用新型专利权的保护范围:可能包括保护范围的准确界定、全面覆盖原则、等同特征判断、禁止反悔原则、捐献原则等;b. 在先专利抗辩/公知技术抗辩/现有技术抗辩是否成立;c. 侵权赔偿数额如何计算;d. 请求海关扣押的产品被认定不侵权后专利权人应赔偿损失;e. 实用新型专利授权日之前实施不构成侵权;f. 合法来源抗辩是否成立;g. 无效过程复审委主动引入诉争无效理由是否符合法律规定等。下文将选取部分案例及焦点,对司法案例的应用情况进行分析。

（五）小结

在最高院公布的2009年至2015年知识产权司法保护十大案件、五十件典型案例、十大创新性案件以及指导案例中,实用新型专利司法案例数量占比较少,但每年均有涉及,共有1件司法保护案件、15件典型案例、3件创新性案件(1件指导案例与创新性案件之一重复)。其中来自于最高人民法院的案例超过50%,再审案超过50%,判决书占比过半,仅2件为行政案件,绝大多数为民事案件。高频适用法条主要有"法11.1(1992)""法11.1(2000)""法11.1(2008)"以及"法59.1(1992)""法56.1(2000)""法59.1(2008)"。案例覆盖多个类别,为实用新型专利诉讼中判断被控侵权产品是否落入涉案实用新型专利权的保护范围、判断在先专利抗辩/公知技术抗辩/现有技术抗辩是否成立、计算侵权赔偿数额等多方面提供了指导。

四、外观设计专利案例概况

（一）外观设计专利案件的发展趋势

最高人民法院（以下简称"最高院"）自 2009 年至 2015 年颁布的《中国法院知识产权司法保护 10 大案件》《中国法院知识产权司法保护 50 件典型案例》《中国法院知识产权 10 大创新性案件》（以下简称"知识产权司法保护案例"）中案由涉及"专利权权属、侵权纠纷"的外观设计类的案例的数量趋势如图一-34 所示。

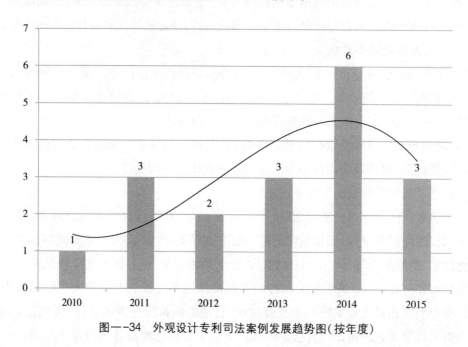

图一-34　外观设计专利司法案例发展趋势图（按年度）

参照国家知识产权局公布的外观设计专利申请的数量：2011 年 52.1 万件，2012 年 65.8 万件，2013 年 66 万件，2014 年 56.5 万件，2015 年 56.9 万件，近年来虽然外观设计专利申请数量增长放缓，甚至小幅回落，但是随着社会经济的发展，专利权人维权意识的增强，外观设计纠纷案件数量未见减少。

从图一-34 中可以看出，外观设计类的典型性案例的数量基本处于一个上升的趋势，尤其是在 2014 年典型性案例的数量达到一个高峰，典型性案例的增长趋势与外观设计专利案件数量的增长趋势基本一致。

（二）外观设计专利案件的分布情况

1. 法院地域分布情况

如图一-35 所示，外观设计司法案例中由最高院审理的案件的数量比例达到了 56%，北京和广东审理的案件比例也分别达到了 17%，而且北京和广东属于经济发达地区，正是外观设计专利活跃度高的市场所在地,基本上实际审理地域在广东和北京的比例就达到了90%,所以典型性案例的主要来源地域为北京(包括最高院)和广东。与上文列出北京市、广东省的知识产权综合发展水平排名与国内其他地区相比一直位居前列相对应。

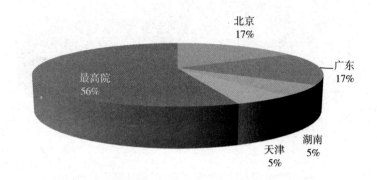

图一-35 外观设计专利司法案例地域分布图

其中如图一-36所示,外观设计专利司法案例中,每年各地区法院审理案件的比例比较平均,每年的典型性案例之中最高院占据了大部分的比例,尤其是在2010年度和2011年度,所有典型性案例均来自最高院,更加不用说,每年实际审理地域在北京的典型性案例占据了绝对大的比例。

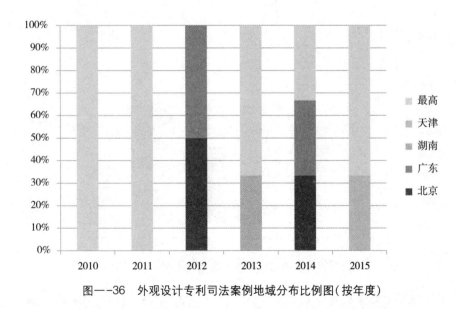

图一-36 外观设计专利司法案例地域分布比例图(按年度)

2. 法院级别分布情况

如图一-37所示,外观设计专利司法案例中,61%的典型性案例是由最高院审理,高级法院占33%,中级法院仅占6%。外观设计最高院案例所占比例与发明专利、实用新型专利相比都要高,说明在外观设计专利方面,最高院更倾向于给出具备参考引导作用的典型性案例。

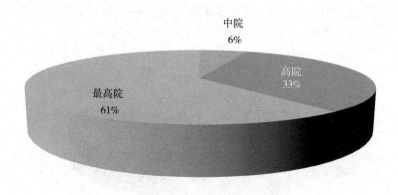

图一-37　外观设计专利司法案例审理法院级别分布图

其中如图一-38 所示,外观设计专利司法保护案例中,基本上每年各审级法院审理案件的比例以最高院为主,尤其是在 2010 年度和 2011 年度所有典型性案例均来自最高院,需要注意的是近些年高级法院和中级法院入选的典型性案例也占据了一定的比例。说明来自高级法院、中级法院外观设计专利案例的社会影响力也在不断加强。

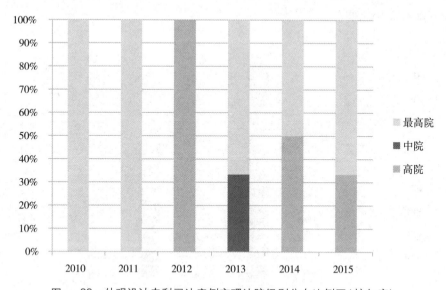

图一-38　外观设计专利司法案例审理法院级别分布比例图(按年度)

3. 审理级别分布情况

如图一-39 所示,外观设计专利司法案例中,56% 的典型性案例是再审案件,二审案件比例在 39%,一审案件的比例仅有 5%。外观设计类型的案件中争议分歧往往很大,因而导致再审审级的比例很大。此外,如图一-40 所示,每年各审级案件的比例波动很大,在 2010 年度和 2011 年度所有典型性案例均来自再审案件,但是近些年来二审和一审的案件,尤其是二审案件入选的典型性案例的比例在不断地上升。

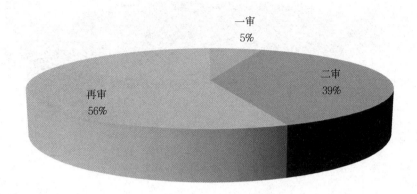

图一-39　外观设计专利司法案例审级分布图

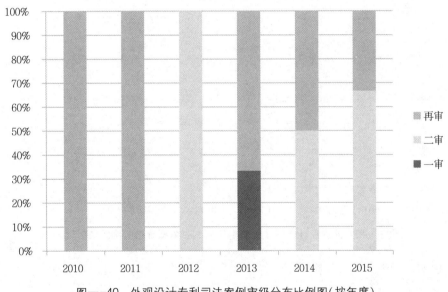

图一-40　外观设计专利司法案例审级分布比例图(按年度)

4. 文书类型分布情况

如图一-41 所示,外观设计专利司法案例中,约 83% 以判决书的形式结案,以裁定书的形式结案的比例仅约 17%。判决书为主,裁定书为辅。而且需要注意裁定书均由最高院针对再审申请作出,最高院的典型性案例中以判决书结案的比例也很高。因此,虽然上文已述,外观设计司法案例中再审案的比例较高,超过 50%;但外观设计专利司法案例中以判决书结案的案例所占的比例在三种类型的专利中最高。

同样,如图一-42 所示,外观设计专利司法案例中,大多数年份的典型性案例均以判决书的形式作出。只有 2011 年度、2013 年度和 2014 年度的典型性案例裁定书才具有约

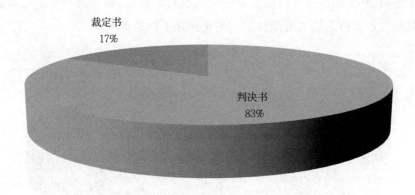

图—41　外观设计专利司法案例裁判文书类型分布图

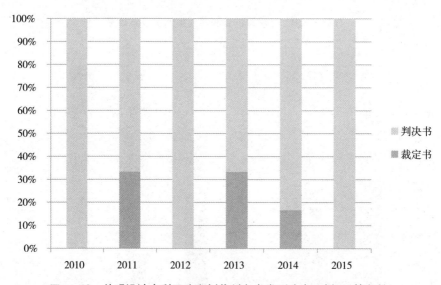

图—42　外观设计专利司法案例裁判文书类型分布比例图（按年份）

30%的比例。

5. 案件类型分布情况

如图—43 所示,外观设计专利司法案例中,72%属于民事案件,行政案件的比例在 28%,没有刑事案件。在外观设计类别的典型性案例中主要集中在指引和规范设计外观设计的民事行为。

如图—44 所示,外观设计专利司法案例中,2010 年度的均为行政案件,从 2012 年以后每年的典型性案例的行政案件的比例不断降低,2013 年度和 2015 年度,典型性案例全部都是民事案件。2010 年度,外观设计类别的典型性案例还是在指引和规范外观设计专利权的行政确权,此后在外观设计类别的典型性案例将重心慢慢转移到指引和规范设计外观设计的民事行为。

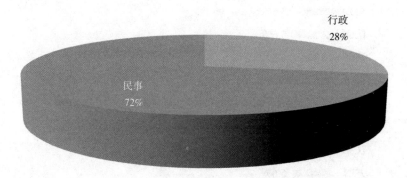

图一-43　外观设计专利司法案例类型分布图

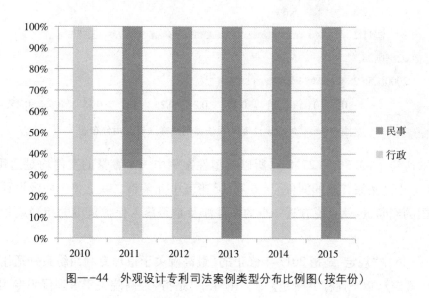

图一-44　外观设计专利司法案例类型分布比例图(按年份)

（三）外观设计专利案件的法条适用情况

图一-45 中,"法"是指 2008 年修正的《中华人民共和国专利法》(以下简称"《专利法》")，"2000 法"是指 2000 年修正的《中华人民共和国专利法》(以下简称"2000 年《专利法》")，"2002 细则"是指 2002 年修正的《中华人民共和国专利法实施细则》(以下简称"2002 年《细则》")，其中在知识产权司法保护案例中,外观设计类别所有典型性案例的裁判法律依据中使用到《专利法》第二条第四款、第三条第一款、第十一条第二款、第二十三条、第四十条、第四十二条、第五十九条第二款、第六十二条、第六十五条、第六十九条和第七十条,以及 2000 年《专利法》第五十六条第二款(相当于《专利法》第五十九条第二款)和 2002 年《细则》第二十八条第二款。

其中适用《专利法》第五十九条第二款的案件(包括适用 2000 年《专利法》第五十六条第二款的案件)比例高达 50%,此外《专利法》第十一条第二款和第二十三条的案件比

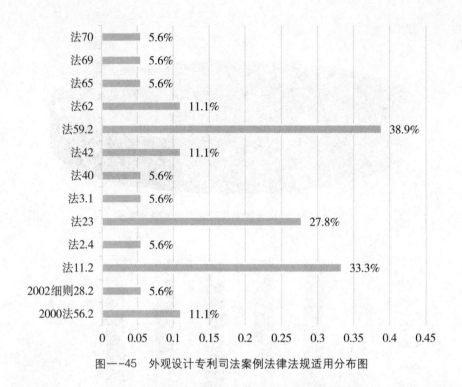

图—-45　外观设计专利司法案例法律法规适用分布图

例也分别达到了 33.3% 和 27.8%,所以典型性案例中一半数量的案件均是适用到《专利法》第五十九条第二款的案件。《专利法》第五十九条第二款是关于外观设计专利的保护范围的判断,也就是说有近一半的案件涉及是否落入保护范围的相同或相近似的判断。

图—-46 中"规定"是指 2013 年修正的《最高院关于审理专利纠纷案件适用法律问题的若干规定》(以下简称"规定")"解释一"是指《最高院关于审理侵犯专利权纠纷案件应用法律若干问题的解释》(以下简称《解释一》)。

由于自 2016 年 4 月 1 日起施行最高院颁布的《最高院关于审理侵犯专利权纠纷案件应用法律若干问题的解释(二)》(以下简称"《解释二》"),而目前颁布的所有的外观设计类别的典型性案例的审结日期均早于 2016 年 4 月 1 日,所以还没有任何一件典型性案例适用《解释二》。

因此图中适用的司法解释只有《规定》和《解释一》,其中典型性案例中至少 38.9% 的案件均适用了《解释一》,仅有少量的案件适用了《规定》,如图中所示,适用到的《规定》的每一条的比例均小于 6%。

其中适用《解释一》的案件适用《解释一》第八条、第十条、第十一条和第十四条。适用《规定》的案件适用《规定》第二十条、第二十一条、第二十二条和第二十四条。其中《规定》第二十条、第二十一条和第二十二条主要围绕赔偿数额问题。《解释一》第八条、第十条、第十一条和第十四条主要围绕相同或相近似的判断。所以适用司法解释的案件争议焦点涉及赔偿数额问题和是否落入外观设计专利权的保护范围的相同或相近似的判断问题。但是需要注意的是虽然部分典型性案件中涉及了赔偿数额问题,但是典型性案例中并没有任何一个案例的裁判要旨以及典型性要点等在于赔偿数额问题。因此在典型性案例分类时没有赔偿数额问题的分类。

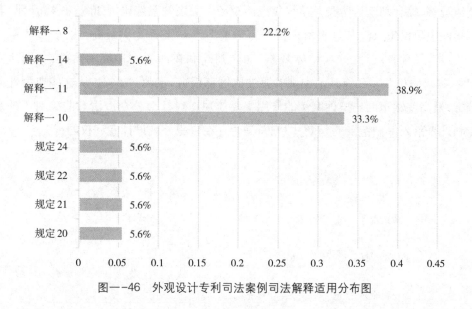

图一-46　外观设计专利司法案例司法解释适用分布图

如图一-47 所示,司法解释是指《规定》和《解释一》,法律法规是指《专利法》、2000年《专利法》和 2002 年《细则》。汇总所有典型性案例所依据的法律依据后,使用的司法解释的内容的比例与使用法律法规的内容的比例平衡,其中使用司法解释的内容的比例略小于使用法律法规的内容的比例。

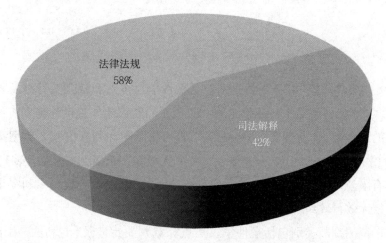

图一-47　外观设计专利司法案例法条和司法解释适用分布比例图

（四）外观设计专利案件的特点

外观设计专利司法案例中,通过归纳案件争议焦点和裁判要旨的内容,将典型性案例分为保护客体、合法来源、确认不侵权、在先权利冲突、现有设计抗辩、落入保护范围判断和整体观察、综合判断这 7 类。争议焦点涉及各个类别的案件比例如图一-48 所示,其中所有案件中争议焦点涉及是否落入保护范围的判断的案件比例最高,达到了 44.4%,其次是焦点涉及现有设计抗辩、整体观察、综合判断和在前权利冲突的案件,分别达到了22.2%、11.1% 和 11.1%。其他类别的案件比例都很低,不超过 6%。从这些典型性案例来分析,最高院颁布的典型性案例的作用主要体现在对社会公众澄清和明确对于外观设计专利是否落入保护范围的判断,即判断是否存在侵犯外观设计专利权的行为。

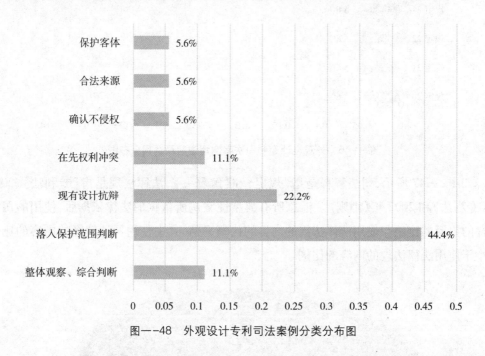

图一-48　外观设计专利司法案例分类分布图

图一-48 中整体观察、综合判断类别包括案件争议焦点和裁判要旨涉及外观设计专利确权程序,《专利法》第二十三条第二款,即"授予专利权的外观设计与现有设计或者现有设计特征的组合相比,应当具有明显区别"的判断原则和判断方式。典型案例可以参考(2010)行提字第 3 号"本田汽车外观设计专利无效案"和(2011)行提字第 1 号"珠海格力电器股份有限公司与广东美的电器股份有限公司、国家知识产权局专利复审委员会外观设计专利权无效行政纠纷申请再审案"。

落入保护范围判断类别包括案件争议焦点和裁判要旨涉及《专利法》第十一条第二款和第五十九条第二款、2000 年《专利法》第五十六条第二款、2002 年《细则》第二十八条第二款以及《解释一》第八条、第十条和第十一条等关于外观设计专利权的保护范围的确定和落入外观设计专利保护范围的认定方式。典型案例可以参考(2011)民申字第1406号"中山市君豪家具有限公司与中山市南区佳艺工艺家具厂侵害外观设计专利权纠纷申请再审案"、(2012)长中民五初字第620号"本田技研工业株式会社与江门气派摩托车有限公司、力帆实业(集团)股份有限公司、湘潭瑞骑力帆摩托车销售有限公司侵害外观设计专利权纠纷案"和(2013)民申字第29号"马培德公司与阳江市邦立贸易有限公司、阳江市伊利达刀剪有限公司侵害外观设计专利权纠纷申请再审案"等。

现有设计抗辩类别包括案件争议焦点和裁判要旨涉及《专利法》第六十二条以及《解释一》第十四条第二款关于现有设计抗辩的认定方式,典型案例可以参考(2010)民提字第189号"株式会社普利司通与浙江杭廷顿公牛橡胶有限公司、北京邦立信轮胎有限公司侵害外观设计专利权纠纷申请再审案"、(2012)粤高法民三终字第298号"李健开与黄泽凤侵害外观设计权纠纷上诉案",以及(2014)民提字第193号"洛阳晨诺电气有限公司与天津威科真空开关有限公司、张春江、天津市智合电器有限公司侵害外观设计专利权纠纷提审案"等。

在先权利冲突类别包括案件争议焦点和裁判要旨涉及外观设计专利确权程序,《专利法》第二十三条,即"授予专利权的外观设计不得与他人在申请日以前已经取得的合法权利相冲突"的判断原则,典型案例可以参考(2011)高行终字第1733号"河南省正龙食品有限公司与国家知识产权局专利复审委员会、第三人陈朝晖外观设计专利权无效行政纠纷上诉案"以及(2014)知行字第4号"国家知识产权局专利复审委员会与白象食品股份有限公司、陈朝晖外观设计专利权无效行政纠纷申请再审案"。

确认不侵权类别包括案件争议焦点和裁判要旨涉及《专利法》第五十九条第二款以及《解释一》第十条和第十一条关于确认不侵权和侵权警告的合理审慎义务,典型案例可以参考(2014)民三终字第7号"确认不侵犯本田汽车外观设计专利权及损害赔偿案"。

合法来源类别包括案件争议焦点和裁判要旨涉及《专利法》第十一条第二款和第七十条关于侵权产品的合法来源认定,典型案例可以参考(2013)民提字第187号"广东雅洁五金有限公司与杨建忠、卢炳仙侵害外观设计专利权纠纷提审案"。

保护客体类别包括案件争议焦点和裁判要旨涉及《专利法》第二条第四款关于外观设计保护的客体内容,典型案例可以参考(2014)高行(知)终字第2815号"苹果公司与中华人民共和国国家知识产权局专利复审委员会外观设计专利申请驳回复审行政纠纷上诉案"。

（五）小结

知识产权司法保护案例中,涉及外观设计专利的司法案例数量相较于涉及专利法所保护的其他类型的专利的司法案例所占比例较低。但是大部分涉及外观设计专利的司法案例的审级和审理法院的等级都很高,而且很多案例中使用的原则,尤其是关于相近似判断的原则,都体现到了 2016 年 4 月 1 日起施行的《解释二》中。所以虽然案例的总数量不多,但是每个案例的质量都很高,并且案例还覆盖了实践中社会公众非常关心的确权和侵权的问题,所以具有很强的参考和指引的作用和意义。

第二节 实践中的应用情况

一、发明专利案例应用情况

（一）检索过程

1. 关键字信息

一级关键字默认为知识产权权属、侵权纠纷。

二级关键字(也即具体案由)如下:专利权权属、侵权纠纷、侵害发明专利权纠纷。

三级关键字是在熟悉每个案例的基础上提取如下:侵权、权属、职务、职务行为、必要技术特征、权利要求、保护范围、等同特征、等同原则、禁止反悔原则、公共利益、修改超范围、临时保护期、新颖性、创造性、新产品、制造方法,《中华人民共和国专利法》第十一条、第二十二条、第二十六条、第三十三条、第五十六条、第五十七条、第六十条,《最高人民法院关于审理专利纠纷案例适用法律问题的若干规定》第十七条、第二十条、第二十二条,《最高人民法院关于审理专利纠纷案例应用法律若干问题的解释》第二条、第三条、第七条。

2. 检索数据库和时间节点

将以上关键字按级分别在中国裁判文书网和北大法宝中检索相关裁判文书,搜索结果截止时间为 2016 年 8 月 16 日。

（二）检索结果

1. 涉及方法步骤顺序的案件

检索条件:

案由:专利权权属、侵权纠纷、侵害发明专利权纠纷

裁判日期:2009 年 4 月 14 日至 2016 年 8 月 16 日

检索关键词:步骤 顺序

检索结果共 160 件裁判文书

汇总检索结果后,经过梳理和分析裁判文书的争议焦点和裁判理由,从检索结果中选取出在典型性案例颁布后审结的 67 件争议焦点和裁判理由中涉及发明专利的保护范围

关于步骤顺序的裁判文书。

检索结果审级分布如图二-1所示,其中一审案件占比达到了49%,接近总量的一半,虽然部分案件可能会进入二审程序和再审,但是仅就当前裁判文书中的审级来看,有相当比例的案件都是一审生效。

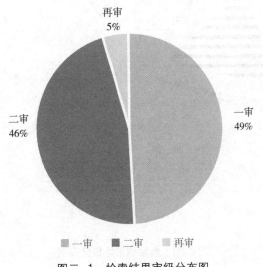

图二-1　检索结果审级分布图

上述检索结果按照审理地域分布结果如图二-2所示,其中山东、江苏和广东审理关于发明专利方法涉及步骤顺序的案件位于前三位,分别为14件、10件和10件,这也从侧面说明上述三个省份关于发明专利方法涉及步骤顺序的案件是多发地带,此外其他全国各省均有审理类似案件。

典型性案例应用情况分析

基于检索结果分析直接引用的情形为0,也就是说没有案件在裁判文书中直接引用典型案例。

并且通过对检索结果分析,67件争议焦点和裁判理由中涉及发明专利方法的步骤顺序的裁判文书的案件事实大都与典型性案例的案件事实不相同,不具有可比性。

其中有2件裁判文书所记载的案件事实与典型案例之一(2008)民申字第980号"OBE-工厂·翁玛赫特与鲍姆盖特纳有限公司诉浙江康华眼镜有限公司侵犯发明专利权纠纷申请再审案"存在相似之处,这2件案件是:

(2015)民申字第3189号"赵春友、辽阳星德大型钢管厂与辽宁鸿象钢管有限公司、辽宁威尔玛大型钢管制造有限公司等侵害发明专利权纠纷申请再审民事裁定书",以及(2014)鲁民三终字第241号"烟台市天腾工贸有限责任公司与烟台安达金属制品有限公司侵害发明专利纠纷案"。

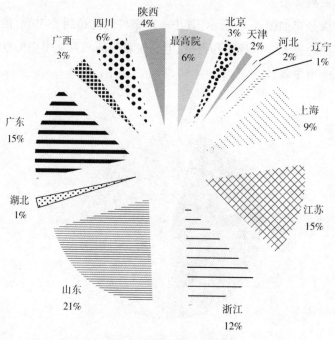

图二-2　检索结果地域分布图

　　典型案例(2008)民申字第980号的观点是:涉案专利权利要求1中的4个步骤应当按照供料步骤、切割步骤、冲压步骤或冲孔步骤的顺序依次实施,各个步骤之间具有特定的实施顺序,故申请再审人有关"权利要求1仅仅是对专利方法的步骤进行描述,没有对步骤的顺序进行限定,权利要求1的保护范围包括所述步骤的各种顺序的组合"的申请再审理由缺乏事实依据和法律依据,不予支持。

　　(2015)民申字第3189号的观点是:被诉侵权设备与权利要求1的技术特征不同,且不构成侵权,被诉侵权方法缺少该技术特征;且被诉侵权方法开坡口与焊接的步骤顺序与涉案专利权利要求2的顺序也不相同,因此,被诉侵权方法不落入权利要求2的保护范围,不构成侵权。

　　(2014)鲁民三终字第241号的观点是:权利要求1记载的整体技术方案各个步骤之间的逻辑关系是确定的,在实际加工过程中,11个步骤的顺序只能依次进行,步骤本身以及步骤之间的顺序均应对专利权的保护范围起到限定作用。专利权人在专利审查意见陈述中也明确其各生产工艺步骤的先后顺序有较大差异,其产生的作用和积极效果完全不同,而专利权人的陈述应当对其专利权的保护范围起限定作用,即涉案专利的"冲切"和"打磨"的生产工艺步骤应有先后顺序且不能够相互替代,"冲切"和"打磨"应是各自独立的技术特征,天腾公司主张"打磨"包含"冲切"技术特征依据不足,安达公司的涉案被控侵权生产工艺缺少涉案专利权利要求1中的"(5)冲切焊接处的侧边"这一技术特征,没有落入天腾公司涉案专利权的保护范围。

上述两个案件与最高院公布的典型案例的裁判理由是比较接近的,尤其是(2014)鲁民三终字第 241 号案件基本间接应用了最高院典型案例中的观点:确定专利权的保护范围时,一方面应当充分尊重权利要求的公示和划界作用,另一方面应当注重权利要求解释规则的合法性、合理性和可预见性,有效维护社会公众与专利权人的利益平衡。在方法专利的权利要求没有限定步骤顺序的情况下,并不因为权利人在权利要求没有对各个步骤的实施顺序进行限定,而权利保护范围解释为可以以任意顺序实施各个步骤,应当综合考虑说明书和附图中记载的发明所要解决的技术问题、实现的技术效果、具体实施方式,以及权利要求的整体技术方案和各步骤之间的逻辑关系,查明各步骤之间是否存在特定的实施顺序,并在此基础上合理地确定专利权的保护范围。

关于步骤顺序对方法专利的保护范围是否有限定作用,国外也有过类似的判例,例如美国联邦巡回上诉法院在 Interative Gift Express,Inc. v. Compuserve Inc. 256 F. 3d 1323 案中指出:"除非方法中确实限定了步骤顺序,各步骤通常不应当解释为需要一个顺序,但该结论亦有例外,即方法步骤隐含地限定了需要以撰写的顺序实施。"显然该案采用了一种分两步的测试方法,以确定如果一项方法权利要求没有对步骤顺序进行限定,各步骤是否必须以撰写的顺序实施:首先,需要查看权利要求的撰写,从语法上或逻辑上确定该方法权利要求限定的保护范围是否必须以撰写的顺序方式实施;其次,如果上一步的结论是否定的,则需要阅读说明书的其他部分,以确定其中是否直接或者隐含地表明步骤顺序对该方法的限定作用。如果仍然不是,则不应当将步骤的撰写顺序作为专利权保护范围的限定条件。

美国的专利审查、审判实践表明,对于权利要求没有明确限定步骤顺序的方法专利,在确定专利权保护范围时强调既不能将不属于权利要求的限定补入权利要求,也不能不考虑步骤间可能存在的特定顺序,以及该顺序对专利权保护范围的限定作用。在确定步骤顺序时,权利要求的文字含义、步骤间的逻辑关系,以及专利权人在说明书中对步骤顺序的明确限定是重要的考量因素。也就是说,如果从逻辑上或者语法上无法确认权利要求记载的用语并没有要求以特定的顺序实施方法步骤,并且说明书也没有直接或隐含地要求一个特定的实施顺序,则不应当将步骤的撰写顺序作为专利权保护范围的限定条件。

2. 涉及新产品制造方法的案件

检索条件:

案由:专利权权属、侵权纠纷、侵害发明专利权纠纷

裁判日期:2010 年 4 月 14 日至 2016 年 8 月 16 日

检索关键词:新产品 制造方法

检索结果共 144 件裁判文书

汇总检索结果后,经过梳理和分析裁判文书的争议焦点和裁判理由,从检索结果中选取出在典型性案例颁布后审结的 42 件争议焦点和裁判理由中涉及新产品制造方法的发

明专利的裁判文书。

检索结果审级分布如图二-3所示,其中一审案件与二审案例数目相同,均为20件,共计占比达到了95%,其余为再审案件,仅占总量的5%,由此也说明,案件的双方当事人对一审和二审的裁判结果的认可程度比较高。

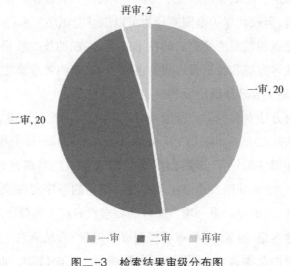

图二-3　检索结果审级分布图

上述检索结果按照审理地域分布结果如图二-4所示,其中浙江、山东和江苏审理关于新产品制造方法的发明专利的案件位于前三位,分别为10件、7件和6件,这也从侧面说明上述三个省份关于新产品的制造方法的发明专利较多,与上述三个省份的经济快速发展密不可分,其新产品制造走在全国前列。

典型性案例应用情况分析

基于检索结果分析直接引用的情形为0,也就是说没有案件在裁判文书中直接引用典型案例。

并且通过对检索结果分析,42件争议焦点和裁判理由中涉及新产品制造方法的发明专利的裁判文书的案件事实大都与典型性案例的案件事实不相同,不具有可比性。

其中,有1件裁判文书所记载的案件事实与典型案例之一(2009)民三终字第6号"伊莱利利公司吉西他滨及吉西他滨盐酸盐专利案"存在相似之处,这1件案件是:

(2015)民三终字第1号"礼来公司与常州华生制药有限公司侵害发明专利权纠纷二审民事判决书"。

典型案例(2009)民三终字第6号的观点是:根据专利法的规定,被诉侵权人对新产品的制造方法承担倒置举证责任是有条件的,即专利权人首先应当证明被诉侵权方法所生产的产品与涉案专利方法所生产的产品属于相同的产品;同时,还应当证明依据专利方

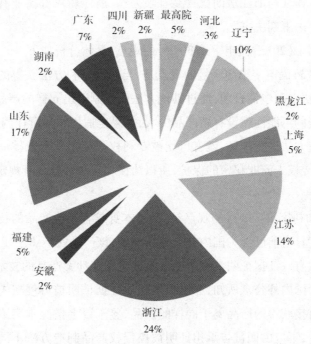

图二-4　检索结果地域分布图

法直接获得的产品是新产品。上诉人伊莱利利公司提起本案诉讼时提交了豪森公司生产的盐酸吉西他滨药品,但并没有证明豪森公司实际生产了β异头物富集的核苷,而且,在二审中双方均认可,并非只有β异头物富集的核苷可以制备得到盐酸吉西他滨,盐酸吉西他滨可以用β异头物富集的核苷以外的其他物质制备。因此,即使根据《中华人民共和国专利法》(1992年修正)第六十条第二款的规定,对合成步骤的举证责任也应当由伊莱利利公司负担,而不应当倒置由豪森公司承担。伊莱利利公司上诉主张豪森公司应当举证证明甲磺酸酯$10\alpha/\beta$的比例的理由,本院不予支持。

(2015)民三终字第1号的观点是:专利法规定:"专利侵权纠纷涉及新产品制造方法的发明专利的,制造同样产品的单位或者个人应当提供其产品制造方法不同于专利方法的证明。"本案中,双方当事人对奥氮平为专利法中所称的新产品不持异议,华生公司应就其奥氮平制备工艺不同于涉案专利方法承担举证责任。具体而言,华生公司应当提供证据证明其实际使用的奥氮平制备工艺反应路线未落入涉案专利权保护范围,否则,将会如前案二审判决所述因其举证不能而承担推定礼来公司侵权指控成立的法律后果。

上述案件与典型性案例均由最高人民法院作出,可见最高人民法院始终保持相同的观点。

此外还有1件裁判文书所记载的案件事实和理由与典型案例之一(2013)民申字第309号"宜宾长毅浆粕有限责任公司与潍坊恒联浆纸有限公司、成都鑫瑞鑫塑料有限公司侵害发明专利权纠纷申请再审案"存在相似内容,该案是(2014)浙杭知初字第769号"三门富达果蔬专业合作社与浙江法朗德食品有限公司、浙江新农都实业有限公司等侵害发明专利权纠纷一审民事判决书"。

该案正向应用了(2013)民申字第 309 号的观点,具体分析如下:

典型案例(2013)民申字第 309 号的观点是:当使用专利方法获得的产品不属于新产品时,意味着在方法专利申请日前,通过其他方法已经制造出同样的产品,因此,同样产品经由专利方法制造的可能性就没有新产品的大,如果也适用举证责任倒置规则,一律由被诉侵权人对其制造方法进行举证,就有可能被专利权人滥用来套取被诉侵权人的商业秘密,不利于对被诉侵权人商业秘密的保护,所以法律和司法解释没有规定适用举证责任倒置规则。

(2014)浙杭知初字第 769 号的观点是:产品本身或者制造产品的技术方案中有一项在方法专利的申请日之前已经为国内外公众所知的,该产品就不属于新产品。本案中,富达合作社既未提供有效证据证明涉案产品本身或者制造涉案产品的技术方案在涉案专利的申请日之前未为国内外公众所知,亦未提供相应证据证明被诉侵权人制造的产品与依照涉案专利方法直接获得的产品属于同样的产品,鉴于以上情况本案不具备适用举证责任倒置的前提条件,不应由四被告承担证明被控侵权产品制造方法不同于专利方法的举证责任,富达合作社应承担举证不能的责任,富达合作社要求四被告承担停止侵权、赔偿损失的民事责任无事实和法律依据,本院不予支持。

上述案件与最高院公布的典型案例的裁判理由是比较接近的,基本上沿用了最高院的裁判理由,在侵权纠纷中,若该发明专利是一项新产品的制造方法,由被诉侵权人承担证明责任,即实行举证责任倒置。但是,根据我国《专利法》的规定,被诉侵权人对新产品的制造方法承担倒置举证责任应满足以下条件:第一,专利权人应当证明被诉侵权方法所生产的产品与涉案专利方法所生产的产品属于相同的产品;第二,专利权人还应当证明依据专利方法直接获得的产品是新产品。由此可见,在专利侵权举证责任中,对于新产品制造方法的举证责任倒置是有严格的限制条件的,专利权人不能滥用。

美国 Aventis Pharmaceuticals, Inc. , AMR TECHNOLOGY, Inc. , v. TEVA Pharmaceuticals USA, Inc. , and Amino Chemicals, Ltd. , 411 F. Supp. 2d 490 一案也详细地阐述了美国审判实践中关于新产品制造方法中的举证责任问题:该案中,原告 A&A 就一种抗过敏药物的制造方法享有发明专利,而被告 T&A 生产并销售了一种药品,该药品中含有上述抗过敏药物的成分,原告 A&A 认为被告 T&A 在生产药品的过程中,使用了其专利方法,侵权了其专利权,并为此提起诉讼。在该案审理过程中,原告 A&A 举证证明使用其专利方法制造上述抗过敏药物时,会产生一种特殊的杂质,而被告 T&A 的药品中含有该杂质,因此满足"很大的可能",主张适用美国专利法第 295 条规定的举证责任倒置。然而法官根据原告的专家证人的证词认为,并不是仅有原告 A&A 的专利方法会产生上述杂质,其他的制造方法也有可能产生相同的杂质,因此,原告的证据不足以证明"高度盖然性",不应当适用美国专利法第 295 条的规定。就该案可以看出,由于原告提出的特殊杂质与制造方法专利不是唯一对应的,因此,达不到"很高的可能"的程度,不应当适用举证责任倒置。

3. 涉及变更权利要求的案件

检索条件:

案由:专利权权属、侵权纠纷、侵害发明专利权纠纷

裁判日期:2010 年 4 月 14 日至 2016 年 8 月 16 日

检索关键词:权利要求　变更

检索结果共 231 件裁判文书

汇总检索结果后,经过梳理和分析裁判文书的争议焦点和裁判理由,从检索结果中选取出在典型性案例颁布后审结的 49 件争议焦点和裁判理由中涉及发明专利的权利要求变更的裁判文书。

详细阅读这 49 件案件后发现仅有 6 件涉及在诉讼过程中变更其主张的权利要求以及举证期限的问题,这 6 件案件分别为:(2013)粤高法民三终字第 776 号"梁钟山,中山市东凤镇环博电器厂与余泰成,四川成泰科技有限责任公司侵害发明专利权纠纷二审民事判决书"、(2014)长中民五初字第 00419 号"陈洪波与永州世纪之星文化传媒有限公司侵害实用新型专利权纠纷一审民事判决书"、(2015)长中民五初字第 01182 号"龙立与娄底市娄星区佳恒港源百货商行侵害实用新型专利权纠纷一审民事判决书"、(2014)长中民五初字第 00675 号"吴建国与王东毅侵害发明专利权纠纷一审民事判决书"、(2014)长中民五初字第 01299 号"柯惠忠与张华刚侵害实用新型专利权纠纷一审民事判决书",以及(2014)长中民五初字第 00389 号"四川省宜宾惠美线业有限责任公司与邵阳合盛纺织有限公司侵害实用新型专利权纠纷一审民事判决书"。

典型性案例应用情况分析

基于检索结果分析直接引用的情形为 0,也就是说没有案件在裁判文书中直接引用典型案例。

上述判决书的主要内容是援引《最高人民法院关于审理侵犯专利权纠纷案件应用法律若干问题的解释》第一条的规定,即人民法院应当根据权利人主张的权利要求,依据专利法第五十九条第一款的规定确定专利权的保护范围。权利人在一审法庭辩论终结前变更其主张的权利要求的,人民法院应当准许。

而最高院公布的典型案例(2010)民申字第 978 号中的观点是:在专利侵权之诉中,当事人可以选择其认为适当的权利要求主张权利,其选择的每一个权利要求都构成独立的诉讼理由。当事人在一审法庭辩论终结前变更其选择的权利要求的,应属诉讼理由的变更。与诉讼请求的变更相比,诉讼理由变更通常更可能涉及新的事实或者新的证据,更容易打乱对方当事人的诉讼防御安排,影响诉讼程序的稳定。因此,在诉讼理由变更的情

况下,一审法院可以参照诉讼请求变更的处理原则,根据案件具体情况考虑给予对方当事人以适当的答辩期并重新指定举证期限。

通过上述比较分析,上述案件与最高院公布的典型案例的裁判理由是基本接近的,即当事人变更其主张的权利要求后,法院应根据案件具体情况考虑给予对方当事人适当的答辩期并重新指定举证期限。专利权人在庭审中变更专利权利要求后,虽然法院未重新指定举证期限而继续开庭审理,但只要法院给予被控侵权人一定的答辩机会,就应当认为当事人的基本程序利益已经能够得到保障。因此,上述案件基本上间接应用了最高院公布的典型案例。

4.涉及商业成功能否判断创造性的案件

案例范围:

检索条件:

案由:专利权权属、行政管理范围、行政作为专利、行政行为种类行政裁决

裁判日期:2010 年 4 月 14 日至 2016 年 8 月 16 日

检索关键词:创造性 商业

检索结果共 206 件裁判文书

汇总检索结果后,经过梳理和分析裁判文书的争议焦点和裁判理由,从检索结果中选取出在典型性案例颁布后审结的 65 件争议焦点和裁判理由中涉及发明专利的创造性判断与商业成功的裁判文书。

仔细阅读这 65 件案件后,发现共有 10 件裁判文书涉及能否将发明产品在商业上获得成功作为判断发明具有创造性的因素,这 10 件案件分别为(2014)知行字第 52 号案件、(2014)知行字第 70 号案件、(2014)高行终字第 91 号案件、(2013)高行终字第 1602 号案件、(2015)高行(知)终字第 810 号案件、(2014)高行终字第 1274 号案件、(2015)高行(知)终字第 3411 号案件、(2014)高行终字第 619 号案件、(2014)高行终字第 969 号案件、(2014)高行(知)终字第 2418 号案件。其中,最高人民法院有两件再审案件,北京高级人民法院有 8 件二审案件,由此说明仍有部分申请人希望通过阐述发明产品在商业上获得成功作为判断发明具有创造性的理由。

典型性案例应用情况分析

基于检索结果分析直接引用的情形为 0,也就是说没有案件在裁判文书中直接引用典型案例。

上述案件基本上正向应用了〔2010〕知行字第 6 号的观点,具体分析如下:

典型案例〔2010〕知行字第 6 号的观点是:发明因其技术特征直接导致其在商业上获得成功,只是判断发明是否具备创造性的一个辅助考虑因素。集团公司钢砂销售收入、利税总额、产量等方面均居行业第一位仅能证明该产品在商业上获得了成功,但不能证明这

种成功是由于发明的技术特征直接导致的。而且,集团公司钢砂产品在商业上获得的成功有多种影响因素,不排除与其钢砂生产方法受到本专利保护有一定关系。集团公司提交的证据尚不能证明本专利产品由于发明的技术特征直接导致其在商业上获得了成功,进而证明本专利具备创造性。

此后最高人民法院的两个案件(2014)知行字第 52 号、(2014)知行字第 70 号的观点是:并无充分证据证明专利取得了预料不到的技术效果或者获得了商业成功,虽提出专利取得了预料不到的技术效果或者获得了商业成功的主张,但其提供的证据与此并无关联性,不足以证明其主张。且商业成功亦不是判断发明创造是否具有创造性的决定性条件,因而对其关于本专利获得商业成功的申请再审理由,本院不予支持。

北京高级人民法院在审理此类案件中的观点是:例如在(2014)高行终字第 969 号一案中提到:如果发明在商业上获得成功,则在判断发明是否具备创造性时应予以考虑,但对发明在商业上获得成功这一因素予以考虑时,不仅要考虑商业上客观实际取得了成功,更主要的是要判断该商业成功是否基于发明技术方案本身所取得的。若仅为营销手段、策略上的效果,亦不能认定为前述的"商业上获得成功"。根据申请人所提交的证据,并不足以证明其所称商业成功系基于本专利的技术方案所产生的,故申请人此部分上诉理由缺乏事实依据,本院不予采信。

由此可见,北京高级人民法院与最高人民法院的裁判理由是一致的,也即间接应用了典型案例〔2010〕知行字第 6 号的观点,如果商业上的成功是由于其他原因所致,例如由于销售技术的改进或者广告宣传造成的,则不能作为判断创造性的依据。因此,法院在审理专利行政案件时可以将发明产品在商业上获得成功作为判断发明具有创造性的一个辅助考虑因素,且申请人需要举证这种商业上的成功是由于发明的技术特征直接导致的。

5. 涉及专利临时保护期的案件

案例范围:

检索条件:

案由:专利权权属、侵权纠纷、侵害发明专利权纠纷

裁判日期:2011-04-14 TO 2016-08-16

检索关键词:专利 临时保护期 授权

检索结果共 124 件裁判文书

汇总检索结果后,经过梳理和分析裁判文书的争议焦点和裁判理由,从检索结果中选取出在典型性案例颁布后审结的 21 件争议焦点和裁判理由中涉及发明专利临时保护期的裁判文书。

典型性案例应用情况分析

基于检索结果分析直接引用的情形为 0,也就是说没有案件在裁判文书中直接引用

典型案例。

其中,有 1 件案件与最高院公布的典型案例〔2011〕民提字第 259 号裁判理由虽然相左,但却是由于案件事实不同导致判决结论不同,该案件为(2012)浙知终字第 129 号"蔡朗春与佛山市家家卫浴有限公司、江门市新力五金塑料制品厂有限公司等知识产权纠纷二审民事判决书",具体分析对比如下:

典型案例〔2011〕民提字第 259 号的裁判要旨是:发明专利申请公布后,申请人可以要求实施其发明的单位或者个人支付适当的费用。专利临时保护期是指发明专利申请公布后至专利权授予之前的一段时期。申请人享有向在这段时间内实施其发明的单位或者个人请求给付发明专利临时保护期使用费的权利,但对于专利临时保护期内实施其发明的行为并不享有请求停止实施的权利。因此,其后续的销售、使用该产品的行为,即使未经专利权人许可,也应当得到允许。而对于在专利临时保护期内销售、使用他人专利产品的,在销售者、使用者提供了合法来源的情况下,即正当、合法的商业渠道,销售者、使用者不应承担支付适当费用的责任。

而(2012)浙知终字第 129 号的裁判要旨是:家家卫浴公司成立于 2002 年 11 月,涉案专利系 2001 年 12 月 5 日被授予,家家卫浴公司显然不可能存在涉案专利公布后至专利授予前使用该发明专利的情形。蔡朗春以家家卫浴公司与佛山市浪鲸洁具有限公司是一套班子、两块牌子为由,要求家家卫浴公司承担涉案发明专利被授予前使用涉案专利的责任,没有法律依据。因此,蔡朗春在本案中主张新力公司及家家卫浴公司支付涉案专利申请公布后至专利权授予前的使用费,缺乏事实及法律依据,本院不予支持。其次家家卫浴公司与新力公司的供需协议书载明新力公司根据家家卫浴公司提供的样品进行生产供货,双方在江海区法院(2007)江经初字第 195 号调解书中亦明确双方往来产生的款项系定作款而非购销款,原审法院据此认定家家卫浴公司与新力公司就侵权产品供需关系系定作而非购销关系,进而认定双方为蔡朗春 2006 年购买的侵权产品的共同生产者正确。家家卫浴公司称其提供给金达公司的蔡朗春于 2009 年购买的侵权产品系新力公司 2006 年之前提供,但家家卫浴公司对此并没有证据予以证实;产品本身亦未反映生产者及出厂日期;也没证据证实家家卫浴公司对该侵权产品具有合法来源,原审法院综合家家卫浴公司系卫生洁具的生产、销售企业,认定该侵权产品为家家卫浴公司生产并无不当。家家卫浴公司并没提出证据否定蔡朗春提交的 2008 年函件的真实性、合法性,其否认收到该函件显然理由不足,故其以此为由主张诉讼时效已过,本院不予采信。因此家家卫浴公司依法应当承担停止侵权、赔偿损失的法律责任。金达公司销售的侵权产品系家家卫浴公司提供,在不知道是侵权产品而予以销售的情形下,原审法院认为其可以不承担赔偿责任适当。

当然两者案件在案件事实方面仍然有些许不同之处,典型案例〔2011〕民提字第 259 号中是针对临时保护期内实施专利申请的技术方案、而后再进行后续使用、销售的行为,而对于(2012)浙知终字第 129 号一案,虽然在临时保护期内家家卫浴公司支付了使用费,但在专利申请授权后却没有证据证实家家卫浴公司对该侵权产品具有合法来源,因此家家卫浴公司系卫生洁具的生产、销售企业,认定制造、销售该侵权产品并无不当。

即使如此,对于最高院中关于"临时保护期间内实施申请的技术的行为不为专利法所禁止,且其后续使用、销售、许诺销售、进口行为也是合法的"的观点仍有部分异议,部分观点认为发明专利申请的临时保护是有时效性的,即在专利申请公开日至授予日期间提出,必须在授予日前实施完毕。专利授予后,从专利申请日始,专利权人即享有专利权,针对专利申请日至授予日整个申请期间的侵权行为,依法均可主张专利权保护。如按最高院公布的该指导案例裁判,对发明专利权人在专利申请日至公开日期间遭受的侵权行为只能主张支付适当费用,对专利权授予日后的侵权行为才能主张专利权保护,那么专利权的期限就应调整为从授予日起计算,而不应是专利法所规定的从申请日起计算。

美国在关于临时保护期的后续的销售、使用该产品的行为没有明确的判例,但从以往的判决来看,美国关于临时保护的规定是比较严格的,例如在 Vitronics Corp. v. Conceptronic,Inc.,90 F. 3d 1576,1582(Fed. Cir. 1996)案中,判决表明,对是否实质性相似的判断,首先需要分析专利申请文件里记录的内部证据,包括,专利权利要求书、修改记录、现有技术文件。如果很明显最终被授予专利权的发明与专利申请公开时的发明不是实质性相似,那么也就没必要查看权利要求修改、构建的具体文件。由此可见,美国对于临时保护的规定显得严苛多了,这种做法比欧洲专利公约更加注重公共利益的保护,并且在美国要获得临时保护,必须要求最终被授予专利权的发明与专利申请公开时的发明是实质性相似,不管保护范围变大、变小还是替换,核心观点就是公众没有义务猜测在审查阶段对于权利要求的修改而导致的不同权利要求保护范围。

（三）小结

从上述的数据分析,发明专利这一知识产权保护司法案例在实践中的指导或引用情况情形较为乐观,虽然没有直接引用最高院公布的典型案例的情形,但大部分案件都沿用了最高院公布的典型案件中的裁判理由,属于间接应用的情况;并且基本没有出现与最高院公布的典型案例中意见相左的观点,甚至与典型案例应用完全相反的情形。所以在发明专利案件领域,最高院公布的典型案例基本能够发挥足够的参考引导作用。

二、实用新型专利案例应用情况

（一）检索过程

1. 关键字信息
一级关键字默认为民事案由或行政案由。

二级关键字(也即具体案由)如下：侵害实用新型专利权纠纷、实用新型专利权无效纠纷。

三级关键字是在熟悉每个案例的基础上提取如下：侵权、必要技术特征、权利要求、保护范围不清楚、全面覆盖原则、等同原则、等同特征、禁止反悔原则、捐献原则、现有技术抗辩、海关扣押、合法来源抗辩、主动引入、无效理由，《中华人民共和国专利法》第九条、第十一条、第二十二条、第四十条、第四十五条、第五十九条、第六十五条、第七十条，最高人民法院《关于审理专利纠纷案件适用法律问题的若干规定》，《中华人民共和国知识产权海关保护条例》等。

2. 检索数据库和时间节点

将以上关键字按级分别在中国裁判文书网和北大法宝中检索相关裁判文书，搜索结果截止时间为 2016 年 8 月 16 日。

（二）检索结果

1. 涉及保护范围不清楚的案件

案件范围：检索结果共 1316 件裁判文书。

检索条件：案由：侵害实用新型专利权纠纷；裁判日期：2013 年 4 月 15 日至 2016 年 8 月 16 日；全文检索：实用新型专利。

汇总检索结果后，经过梳理和分析裁判文书的争议焦点和裁判理由，从检索结果中选取出在典型案例颁布后审结的 17 篇涉及保护范围不清楚的裁判文书。

对检索结果进行分析，所得 17 篇均为判决书。它们的法院审级分布统计如图二-5 所示，其中 71% 为中级人民法院作出的一审文书，29% 为高级人民法院作出的二审文书。

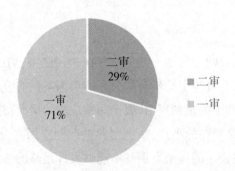

图二-5　保护范围不清楚案件检索结果审级分布图

对它们的地域分布进行统计，如图二-6 所示。其中 53% 来自山东省，为"九阳股份有限公司与三联商社股份有限公司济南家电分公司等专利权侵权纠纷系列案件"，以及"九阳股份有限公司与济南天桥大润发商业有限公司等专利权侵权纠纷系列案件"；17% 来自河南省，分别为"崔刚明与中国平煤神马能源化工集团有限责任公司天成实业分公司、中国平煤神马能源化工集团有限责任公司、河南平禹煤电有限责任公司侵害实用新型专利权纠纷案","崔刚明与平顶山天安煤业股份有限公司、平顶山天安煤业股份有限公司十三矿等侵害实用新型专利权纠纷案",以及"崔刚明与平顶山市晟源电器有限公司、河南省许昌新龙矿业有限责任公司专利权权属、侵权纠纷案";另各有6%分别来自广东省、上海市、浙江省、湖北省、湖南省。

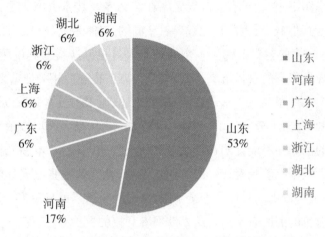

图二-6　保护范围不清楚案件检索结果地域分布图

典型性案例应用情况分析

直接引用情况：

在裁判文书网全文检索司法案例的案号,所得直接引用情况为零(截止日期为2016年8月16日)。

应用情况：

(1)典型案例的观点

2012年《中国法院知识产权司法保护10大创新性案件》中的〔2012〕民申字第1544号案件的争议焦点为"1. 专利权利要求的撰写存在明显瑕疵,本领域技术人员难以确定权利要求中技术术语的具体范围或者具体含义,无法准确确定专利权的保护范围的,能否认定被诉侵权技术方案构成侵权?"研究该问题,势必需要将涉案专利的权利要求理解清楚,具体权利要求如下：

【1. 一种防电磁污染服,它包括上装和下装,其特征在于所述服装在面料里设有由导磁率高而无剩磁的金属细丝或者金属粉末构成的起屏蔽保护作用的金属网或膜。】

关于该争议焦点,最高院认为,准确界定专利权的保护范围,是认定被诉侵权技术方案是否构成侵权的前提条件。如果权利要求的撰写存在明显瑕疵,结合涉案专利说明书、本领域的公知常识以及相关现有技术等,仍然不能确定权利要求中技术术语的具体含义,无法准确确定专利权的保护范围的,则无法将被诉侵权技术方案与之进行有意义的侵权对比。因此,对于保护范围明显不清楚的专利权,不应认定被诉侵权技术方案构成侵权。

关于涉案专利权利要求 1 中的技术特征"导磁率高"。首先,根据柏万清提供的证据,虽然磁导率有时也被称为导磁率,但磁导率有绝对磁导率与相对磁导率之分,根据具体条件的不同还涉及起始磁导率 μi、最大磁导率 μm 等概念。不同概念的含义不同,计算方式也不尽相同。磁导率并非常数,磁场强度 h 发生变化时,即可观察到磁导率的变化。但是在涉案专利说明书中,既没有记载导磁率在涉案专利技术方案中是指相对磁导率还是绝对磁导率或者其他概念,也没有记载导磁率高的具体范围,亦没有记载包括磁场强度 h 等在内的计算导磁率的客观条件。本领域技术人员根据涉案专利说明书,难以确定涉案专利中所称的导磁率高的具体含义。其次,从柏万清提交的相关证据来看,虽能证明有些现有技术中确实采用了高磁导率、高导磁率等表述,但根据技术领域以及磁场强度的不同,所谓高导磁率的含义十分宽泛,从 80gs/oe 至 83.5×104gs/oe 均被柏万清称为高导磁率。柏万清提供的证据并不能证明在涉案专利所属技术领域中,本领域技术人员对于高导磁率的含义或者范围有着相对统一的认识。最后,柏万清主张根据具体使用环境的不同,本领域技术人员可以确定具体的安全下限,从而确定所需的导磁率。该主张实际上是将能够实现防辐射目的的所有情形均纳入涉案专利权的保护范围,保护范围过于宽泛,亦缺乏事实和法律依据。

综上所述,根据涉案专利说明书以及柏万清提供的有关证据,本领域技术人员难以确定权利要求 1 中技术特征"导磁率高"的具体范围或者具体含义,不能准确确定权利要求 1 的保护范围,无法将被诉侵权产品与之进行有意义的侵权对比。

该典型案例给我们的启示在于以下几点:

①在认定保护范围清楚的具体操作方式上,首先结合涉案专利说明书,其次是本领域的公知常识以及相关现有技术等。究其原因,一是专利说明书和附图是用于解释权利要求的,说明书中的背景技术、发明内容以及具体实施方式中会从不同的角度对权利要求中出现的技术术语进行描述,并且结合发明创造自身的特点进行针对性地解释。因为发明创造都是相对于现有技术的改进,有些技术特征在现有技术中并没有出现过,所以不能期望所有的技术特征都能在现有技术中找到对应的术语,此时就需要对本发明创造的术语进行定义,而这一定义也就是将来发生侵权诉讼时,法院认定权利要求保护范围时最直接最明确的一个解释的基础。

二是从专利的授权确权程序来看,权利要求是否清楚,是实用新型专利申请初步审查、发明专利申请实质审查的内容。权利要求不清楚,既是专利申请的驳回理由,也是专利申请授权后的无效理由。对于发明专利而言,由于在授权前经过了实质审查,授权后仍然存在权利要求不清楚的缺陷的可能性相对较小。但不排除由于审查疏漏等各种原因,仍然有部分发明专利在授权后存在权利要求不清楚的缺陷。对于实用新型专利申请而言,由于仅作初步审查而不进行实质审查,而且在初步审查中审查员对权利要求是否清楚仅作明显实质性缺陷审查,即仅在实用新型专利申请中存在明显不符合专利法第二十六条第四款规定的情形的,审查员才会发出审查意见通知书。因此,对于获得授权的实用新型专利,难以避免地仍然会存在权利要求不清楚的情形。

所以,侵权判定时首先基于专利说明书对权利要求的保护范围进行解释,解释的方式和标准也能够和专利授权确权过程中的解释的方式和标准保持一致。在专利的授权确权过程中,审查员首先也是从专利说明书中找依据对权利要求的保护范围是否清楚进行判断,这就保证了在专利局进行的专利审查程序和之后在法院进行的侵权判定程序两者的标准的一致性。避免了申请人两头得利的现象的出现,维护了社会公众的利益。

②对于权利要求中出现的"高""薄""强""弱"的术语,一般情况下权利要求很可能被认定为不清楚,除非在说明书中有非常具有说服力的解释说明,并且达到了本领域技术人员具有统一的理解,不会出现歧义的程度;或者是申请人能够提供公知常识性的证据,比如技术手册、教科书、技术词典等。究其原因,权利要求清楚是一个法律概念,应当在专利法的整体法律框架下加以理解。在我国专利法中,通常情形下,权利要求中如果使用了含义不确定的技术术语,例如"高""薄""强""弱"等,往往会导致权利要求限定的权利边界模糊,权利要求保护范围不清楚。但是对于那些从形式上看含义不确定的技术术语,实质上在本技术领域中具有普遍认可的技术含义或者范围的,则应当以本技术领域中的通常理解或者普遍认可的含义为准,不宜认定其导致权利要求的保护范围不清楚。例如技术术语高频放大器,又如无线电领域的短波段、长波段等,均在其所属技术领域中具有普遍认可的含义或者范围。关于技术术语在本技术领域中是否具有普遍认可的技术含义的相关事实,可以通过当事人举证进行查明,重点可放在当事人提交的技术手册、技术词典、国家或者行业标准等本领域的公知常识性证据之上。本案中,最高人民法院综合考虑了涉案专利说明书和附图、技术词典等公知常识性证据、柏万清提交的有关科技文献等证据,仍然无法确认本领域技术人员对于权利要求1中的高导磁率的含义或者范围有着相对统一的认识,故认定不能准确确定权利要求1的保护范围,无法将被诉侵权产品与之进行有意义的侵权对比。

以下,选取两件常见类型的案件判决书进行分析,这两件案件代表了现在司法实践中的多数的类似案例,从这两件案件的判决中可以侧面反映上述典型案例的公布影响力。

(2)案件1

被选取的代表案件之一为(2014)鄂武汉中知初字第01794号案件,同样,有必要先对其权利要求进行阅读,以作为后续探讨的基础和前提。涉案专利的权利要求如下:

【1. 一种开关,其特征在于:它包括固定座、复位组件和滑块;

固定座内开有滑块安装孔和复位组件安装孔;

复位组件包括压块和弹簧,压块设有限位扣部,压块与复位组件安装孔之间通过限位扣部活动连接,弹簧被压制在压块与复位组件安装孔之间,使压块在限位扣部的距离内受弹簧的反向力相斥；

滑块底部设有导向支脚,滑块通过导向支脚与滑块安装孔活动连接,滑块底部紧贴于压块表面,并由复位组件承托滑块的整体重量。】

关于权利要求保护范围是否清楚的问题,武汉中院认为,涉案专利所要解决的技术问题是实现一种与现有跷板结构按压式开关不同的电源开关,具体实现方式则是通过压块在受到外力按压的情况下,向复位组件底部垂直移动,接通或切断电源,外界压力消失后,压块在弹簧反向力的作用下实现复位。而涉案专利权利要求1中明确记载了实现上述技术效果所需要的部件,以及部件之间的位置关系及连接结构,清楚地限定了要求专利保护的范围。而滑块是否设置有防脱部件、是否会存在复位时被弹出的可能,则是实际应用中是否存在瑕疵的问题,并不会影响压块受到外力按压工作及压块受到弹簧反向力复位。

该案例中,被告混淆了权利要求保护范围清楚和技术方案本身是否具有瑕疵的概念,好在法院能够明察秋毫,明确指出权利要求保护范围是否清楚指的是权利要求限定的技术方案是否清楚,对于实用新型产品来讲,也即是产品包括哪些零部件是否清楚,零部件之间的连接关系位置关系是否清楚,而产品本身是否还有功能不完善之处,需要改进之处,这不是保护范围清楚与否需要考虑的问题。任何产品都是有需要改进和完善之处的,不能因为产品本身不完善,就说产品技术方案不清楚,这是对法条的理解不深入从而想当然地去理解法条造成的。

所以,典型案例对该类型的案件的影响在于,在机械领域中,对于零部件名称和连接关系、位置关系,要结合权利要求的技术方案要解决的技术问题考虑,权利要求本身的技术方案如果能够解决技术问题,则该权利要求的保护范围是清楚的,如果能够清楚权利要求的保护范围,技术方案的实现方式比较明确,则轻易不会被认定为保护范围不清楚。

(3)案件2

被选取的另一代表案件为(2014)湘高法民三终字第101号案件,同样,有必要先对其权利要求进行阅读,以作为后续探讨的基础和前提。涉案专利的权利要求如下:

【1. 一种交通指示牌与广告牌的复合结构,其特征在于,包括支架(1)、交通指示牌(2)和广告牌(3),支架(1)分别与交通指示牌(2)和广告牌(3)相连接,广告牌(3)固定于交通指示牌(2)的背面。】

关于权利要求保护范围是否清楚的问题,湖南省高院认为,准确界定专利权的保护范围,是认定被诉侵权技术方案是否落入专利权保护范围的前提条件。只有专利权的保护范围明确的情况下,人民法院才能将被诉侵权的技术方案与涉案专利的技术方案进行比对,在专利权保护范围不明确的情况下,人民法院无法对专利权给予保护。由于本案涉案专利为实用新型专利,根据《中华人民共和国专利法》第二条第三款"实用新型是对产品的形状、构造或者其结合所提出的适用于实用的新技术方案"的规定,实用新型是针对产品的形状和/或构造所提出的技术改进,实用新型专利权的保护范围以形状和/或构造来限定。根据权利要求记载,涉案专利技术方案由(1)支架、(2)交通指示牌、(3)广告牌、(4)支架分别与交通指示牌和广告牌相连接、(5)广告牌固定于交通指示牌的背面共5个技术特征组成。通过权利要求描述,能够明确的构造(结构之间的关系)为支架与交通指示牌和广告牌的连接关系,以及交通指示牌与广告牌的位置及连接关系,而对于(1)支架、(2)交通指示牌和(3)广告牌三个技术特征,权利要求书未对其形状和构造进行说明。根据《中华人民共和国专利法》第五十九条第一款"发明或者实用新型专利权的保护范围以其权利要求的内容为准,说明书及附图可以用于解释权利要求的内容",以及《最高人民法院关于审理侵犯专利权纠纷案件应用法律若干问题的解释》第二条"人民法院应当根据权利要求的记载,结合本领域普通技术人员阅读说明书及附图后对权利要求的理解,确定专利法第五十九条第一款规定的权利要求的内容"、第三条第二款"可以结合工具书、教科书等公知文献以及本领域普通技术人员的通常理解进行解释"的规定,对于涉案专利的(1)支架、(2)交通指示牌和(3)广告牌可以结合说明书和附图进行解释,还可以结合工具书、教科书和本领域普通技术人员的通常理解进行解释。由于涉案专利解决的是交通指示牌背后的资源利用问题,对于交通指示牌与其支撑件的形状及构造,有相应的国家标准予以确定。国家标准GB/T23827—2009《道路交通标志板及支撑件》对"交通标志板"的定义为"为标志底板、板面以及滑槽、铆钉等构成的组件",对"支撑件"的定义为支撑和连接紧固樽板的构件,包括立柱、横梁、法兰盘抱箍和紧固件等。根据该国家标准规定,所属领域的普通技术人员通过阅读权利要求书和说明书就可以知道交通指示牌和支架的形状和结构。而广告牌位于交通指示牌背面,系与交通指示牌平行的结构,在交通指示牌的结构明确的情况下,广告牌的结构也是明确的。且涉案专利附图中对于交通指示牌和广告牌的形状和结构亦已明确。因此,可以认定涉案专利的保护范围是清晰的,原审法院关于涉案专利的保护范围不清楚的认定错误,本院予以纠正。

　　该案中,由于说明书中的技术内容很少,尤其是具体实施方式只有一段,所以难以从说明书中找出对(1)支架、(2)交通指示牌和(3)广告牌的进一步解释和说明,所以法院从公知常识性证据中寻找出路,在国家标准中有对交通标志板和支撑件的明确的定义,并且国家标准的权威性很高,是该领域公认的技术人员熟悉的能够达成统一的认识的依据。所以从该案例的这种处理方式上来看,和上述的典型案例中的处理方式相同,也间接说明了典型案例在面对专利的权利要求保护范围不清楚这个问题上,给各级法院树立了一个较被认可的、能够被普遍接受的、可操作性强的一个示范。

　　从实质性的标准上来看,该案和典型案例的情况有所不同,所以从另一个侧面说明了对于保护范围不清楚的认定,尤其是机械领域中,也采取了谨慎的态度。也就是说,在机械领域中,对于零部件名称和连接关系、位置关系,如果结合说明书和附图,并且辅之以公知常识性证据,比如教科书、技术手册、技术词典等,如果能够清楚权利要求的保护范围,技术方案的实现方式比较明确,则轻易不会被认定为保护范围不清楚。毕竟,零部件名称和连接关系、位置关系的不清楚,与"高""薄""强""弱"这种词汇的含义不同,前者是实体的,只要是客观存在就能够通过某种方式证明,并且结合后续的侵权判定,可以在和侵权产品比对中进一步阐明。而"高""薄""强""弱"本身就不是数值量化的概念,放到任何技术方案中单纯从字面来看都是不明确的,除非本领域中有通常的统一的理解,或者说明书中有明确的界定。

国外在 Decision of the Federal Court of Justice, dated 12 March 2002-Case No. X ZR 168/00-Schneidmesser I (Cutting Blade I), on the examination of equivalence and the three questions to be asked before. 一案中涉及关于保护范围的阐述,该案中法官援引《德国专利法》第 14 条和《欧洲专利公约》(EPC)第 69(1)条的相同规定,专利的保护范围由专利权利要求书决定,并配有说明书和附图来解释权利要求书。根据法院已经形成的原则,专利权利要求书的解释不仅仅可以改正模棱两可的情况,还可以解释专利中用到的技术术语,更清楚地描述发明的含义和范围。如果本领域技术人员不能判断出不同的图表和权利要求书中的图表是等同的,那么专利受保护范围不能超过权利要求书的字面意思。在这种情况下,受图表限制的特征效果只有在本领域技术人员的解释以及图表完全一致的情况下才能确定。

2. 涉及主动引入无效理由的案件

案件范围:检索结果共 32 件裁判文书

检索条件:案由:行政案由;裁判日期:2015 年 4 月 15 日至 2016 年 8 月 16 日;全文检索:实用新型专利。

汇总检索结果后,经过梳理和分析裁判文书的争议焦点和裁判理由,从检索结果中选取出在典型案例颁布后审结的 5 篇涉及专利复审委主动引入无效理由的裁判文书。

典型性案例应用情况分析

直接引用情况:

在裁判文书网全文检索司法案例的案号,所得直接引用情况为零(截止日期为 2016 年 8 月 16 日)。

应用情况:

(1)典型案例的观点

2014 年《中国法院知识产权司法保护 50 件典型案例》中的(2013)知行字第 92 号案件的争议焦点为"专利复审委员会主动引入诉争无效宣告理由是否符合法律规定"。

关于该争议焦点,最高院认为,福田雷沃公司并未提出过本专利相对于对比文件 3、对比文件 2 和公知常识的结合不具有创造性的无效宣告理由,且在口头审理中明确放弃对比文件 3 结合公知常识评价本专利创造性的无效宣告理由。在请求人未提出且明确放弃对比文件 3 的情形下,专利复审委员会主动引入请求人放弃的证据并引入请求人未提出的证据组合方式,这种做法并不属于《审查指南》规定的可以依职权审查的范围。专利复审委员会主动引入诉争无效宣告理由进行审查并据此宣告本专利无效,缺乏相应的法律依据。至于听证原则是在符合请求原则或者依职权审查原则之下的程序要求,不能因给予当事人陈述意见的机会就使得本没有法律依据的主动审查行为合法化。

该案件给我们的启示在于,请求原则意味着请求人有权处分自己的请求,可以放弃全部或者部分无效宣告理由及证据。对于请求人放弃的无效宣告理由和证据,在没有法律依据的情况下,通常专利复审委员会不应再作审查。《审查指南》规定了依职权审查原则,并对专利复审委员会可以依职权审查的具体情形作了列举规定。这些依职权审查的情形是请求原则的例外,一方面赋予专利复审委员会依职权审查的职权,给予公众相应的预期,另一方面限定了专利复审委员会可以依职权审查情形的范围。专利复审委员会关于《审查指南》的规定仅是"对依职权审查情形的列举而非对依职权审查情形的限制"的主张没有法律依据。

以下,选取两件常见类型的案件判决书进行分析,这两件案件代表了现在司法实践中的多数的类似案例,从这两件案件的判决中可以侧面反映上述典型案例的公布影响力。

(2)案件 1

被选取的代表案件之一为(2014)高行终字第 381 号案件。关于该争议焦点,北京高院的判决书记载,伊莱利利公司不服第 11435 号决定,向北京市第一中级人民法院提起行政诉讼。在该诉讼举证期,伊莱利利公司提交了反证 17(UDerewenda 等,×××ofinsulin:Theinsulinmonolneranditsassembly,BrMedBul(1989)Vol45,第 4—18 页,英文复印件共 15 页,及其部分中文译文 6 页),但庭审中又放弃使用该反证 17。北京市第一中级人民法院于 2009 年 3 月 17 日作出第 1290 号判决。该判决维持了第 11435 号决定,同时,认为反证 17 属于客观存在现有技术,公开日早于附件 2,其反映了胰岛素鱼精蛋白晶体含有苯酚衍生物的客观事实,因此,附件 2 中所述胰岛素鱼精蛋白晶体同样含有苯酚衍生物。

伊莱利利公司不服一审判决,向本院提起上诉。本院于 2009 年 10 月 20 日作出第 724 号判决,认定:第 11435 号决定对权利要求 3 中是否含有苯酚衍生物的事实认定错误,第 1290 号判决主动引入原告主动放弃的反证 17,在改变第 11435 号决定所认定事实的基础上维持该决定确有不当,遂撤销第 1290 号判决和第 11345 号决定。

该案中,一审法院主动引入了一份证据,并且该证据并非是公知常识性证据,二审法院予以纠正。可见,一般情况下,不仅是复审委员会不能主动引入非公知常识性证据,而且对于法院是同样的规定。从该案例中也可看出,法院对于能否引入非公知常识性证据也是没有形成成熟的正确的统一的处理标准。尤其是一审法院的这种做法,是和前述最高院的典型案例树立的处理标准背道而驰的。可见,最高院有必要对自己通过典型案例树立的处理标准进行宣传贯彻,能够让各级法院在审理类似案件中得以发扬光大,这样就会形成正向的循环反馈,各级法院处理案件时都能够按照典型案例的处理标准来审判,从而使这一标准在法律界形成共识,甚至具体明确到能够写入法律法规,最终实现各个相似案件处理结果的一致,保障公平正义。

(3)案件2

被选取的另一代表案件为(2014)高行终字第453号案件。关于该争议焦点,北京高院的判决书记载到,本专利说明书第3页第18段载明,本发明的目的在于,克服现有的冷轧生产线存在的缺陷,而提供一种新型结构的以白皮钢卷制产品钢卷的冷轧连续生产线。该页第19段载明,本发明的目的及解决其技术问题是采用以下技术方案来实现的。依据本发明提出的一种以白皮钢卷产制品钢卷的冷轧连续生产线,其依序包含一座解卷电焊设备等装置。由此可知,本专利是提供以白皮钢卷制产品钢卷的冷轧连续生产线,并通过选取不同设备并设定相应顺序,从而实现提供一种具有高稼动率且可生产表面品质高的产品钢卷的冷轧连续生产线。同时,证据1公开了平整机和拉矫机两个设备,根据本领域技术人员的认知及专利复审委员会的陈述,该两个设备应为本专利申请日前现有技术中的公知设备,其功能亦应当为本领域技术人员普遍知晓,应为公知常识。虽然联众公司对此提出异议,但并未充分说明或举证证明其主张,结合专利复审委员会所提交《板带车间机械设备设计下册》(即太钢公司在无效程序中所提交的证据8)和《板带冷轧生产》(劳动和社会保障部培训就业司推荐冶金行业职业教育培训规划教材),印证了平整机和拉矫机在本专利申请日前属于现有技术,其功能亦构成公知常识。因此,专利复审委员会在一审诉讼中所出示的图书并未实质性损害联众公司的合法权益,亦未实质影响本专利权利要求1创造性地评价,故联众公司此部分上诉理由缺乏事实及法律依据,本院不予支持。

该案件中,专利复审委员会不但引入了公知常识,而且对引入的内容为什么是公知常识进行了充分的论证,并且辅之以本领域的技术手册,给出的说理非常让人信服,法院也维持了复审委员会的决定。

值得欣慰的是,北京高院在这一问题的处理上又向前迈进了一步,其认为对于公知常识是否应当提供证据,可以根据其所被知悉的范围以及在诉争专利中的功效进行考量。

一种情况,即若该公知常识仅为本领域普通技术人员所知晓,不为其他主体所知悉,那么主张构成公知常识的主体有义务对此进行举证。因为本领域普通技术人员为法律上为拟制的主体,其知识范围会根据判断主体的主观差异性存在区别,若权利人对公知常识的认定提出了合理质疑,为确保行政相对人的合法权益,对公知常识的认定应当确保为准确、清楚;然而,若该公知常识可以为不特定领域的普通技术人员或社会公众所知悉,则该公知常识符合最高人民法院《关于行政诉讼证据若干问题的规定》第六十八条所规定的情形,则专利复审委员会可以直接对相关公知常识进行认定,除非行政相对人有证据证明所认定的公知常识有误。

另一种情况,关于诉争专利中公知常识的认定,可以从该技术特征在专利整体性中的贡献进行考量,即若专利的贡献仅为对现有设备的选取及排列顺序的设定,从而能够在工作效率及其他方面产生有益的技术效果,且对现有设备的含义并未在说明书中予以特别设定,即无须对现有技术中已知设备的改进即可实现诉争专利的技术效果,那么无效请求人及专利复审委员会基于诉争专利申请日(含优先权日)前本领域技术人员对现有技术中已有设备(或技术术语、技术名词)的理解,径行直接认定并未实质性损害行政相对人的合法权益,但行政相对人有证据证明或能够充分说明公知常识认定错误的除外。

　　这种观点突破了审查指南中对于公知常识性证据,仅仅是简单列举了教科书技术手册技术词典的束缚,使得复审委、法院在认定公知常识时有了更大更广阔的思考空间和柔性处理的手段,可以从专利文件出发,结合其具体的技术方案的技术问题去考虑,判断某一技术特征在专利整体性中的贡献,从而认定其是否为公知常识。另外,这种观点也从行政诉讼证据的角度对何种情况下应该对公知常识进行举证进行了分析,法院在本领域技术人员的基础上引入了"不特定领域的普通技术人员或社会公众"的概念,从而得出"若该公知常识可以为不特定领域的普通技术人员或社会公众所知悉,则该公知常识符合最高人民法院《关于行政诉讼证据若干问题的规定》第六十八条所规定的情形,则专利复审委员会可以直接对相关公知常识进行认定,除非行政相对人有证据证明所认定的公知常识有误"的结论。

　　可见,这种创新性的思路应该得到最高院的重视和肯定,如果法院的结论经过最高院的论证也是具有指导意义的,则也是可以考虑经过适当修正作为指导案例,给各级法院进行参考的,以形成统一的司法审判标准,保证每一个案件的公平正义。

　　3. 涉及捐献原则的案件

　　案件范围:检索结果共 1395 件裁判文书

　　检索条件:案由:侵害实用新型专利权纠纷;裁判日期:2011 年 4 月 19 日至 2016 年 8 月 16 日;全文检索:实用新型专利。

　　汇总检索结果后,经过梳理和分析裁判文书的争议焦点和裁判理由,从检索结果中选取出在典型案例颁布后审结的 28 篇涉及捐献原则的裁判文书。

　　典型性案例应用情况分析

　　直接引用情况:

　　在裁判文书网全文检索司法案例的案号,所得直接引用情况为零(截止日期为 2016 年 8 月 16 日)。

　　应用情况:

　　(1)典型案例的观点

　　2010 年《中国法院知识产权司法保护 50 件典型案例》中的(2010)粤高法审监民再字第 44 号案件的争议焦点为"仅在说明书或者附图中描述而在权利要求中未记载的技术方案能否纳入专利权的保护范围"。

　　关于该争议焦点,广东省高院在审理过程中认定,一审法院就合鑫公司生产销售的

"隔膜式龙头(阀门)"产品与程润昌涉案专利的技术方案是否相同或等同问题,委托鉴定机构进行技术鉴定,鉴定结论为:合鑫公司的"隔膜式龙头(阀门)"产品与程润昌的涉案专利的技术方案不相同亦不等同。因此,本案首先要解决该鉴定结论能否作为认定本案事实的依据的问题,而这一问题又涉及对专利权利要求的解释。分析该鉴定结论时就会发现:首先,该委员会在解释程润昌涉案专利权的权利要求时违反了《专利法》的上述规定,将仅在说明书或者附图中描述而在权利要求中未记载的技术方案纳入了专利权的保护范围,主要表现在鉴定意见将程润昌专利仅在说明书以及附图中描述而未在权利要求中记载的具体实施方式纳入了权利要求1的技术方案,对阀体、阀盖、封头、盖帽式操作环等技术特征做了进一步的限定,错误地缩小了专利权利要求1的保护范围,必然导致其鉴定结论缺乏客观性和公正性。因此,该鉴定结论不能作为认定本案事实的依据。

该案给我们的启示在于,"解释"不同于"限定",一般来说,"限定"的结果是导致范围的缩小,而"解释"既有可能缩小保护范围,也有可能扩大保护范围。因此,如何使用说明书或者附图来正确解释权利要求而不是限定权利要求,是审判实践中的难点。而广东高院通过该案例的判决做出了前瞻性的分析,和具有可操作性的指导。一般来说,在下列情况下,需要用说明书或者附图对权利要求进行解释:(1)当权利要求书中技术术语的表述含糊不清,或者对该术语可能存在多义理解时,应当根据说明书或者附图的描述对该术语进行解释;(2)当权利要求书中使用自造词时,需要说明书对其含义进行澄清性的解释;(3)权利要求书在文义上看是清楚的,但说明书对权利要求书中某一技术特征的解释与一般技术人员对该技术特征的通常理解不同,并且说明书的文义也是清楚的,这时应按照说明书中的解释确定专利保护范围;(4)说明书明确排除对确定权利要求保护范围的作用。

另外,从该案例中也可看出,审判实践中对于捐献原则,各种案例的具体情况不尽相同,这就需要法官在审判中能够掌握捐献原则的精髓,以及如何精确地界定"解释"和"限定"的区别。比如在该案中,一是在鉴定结论中将权利要求的保护范围进行了错误的限定,不是通常理解的法官在侵权判定时对权利要求的保护范围进行限定。这就需要法官在面对该鉴定结论时能够明察秋毫,不被错误的鉴定结论所误导。二是"仅在说明书或者附图中描述而在权利要求中未记载的技术方案纳入了专利权的保护范围"中,未记载的技术方案可能是导致权利要求保护范围缩小也可能是导致扩大的技术方案。比如上面的案例,权利要求书中用的技术特征是上位概念,也并没有对连接关系的细节进行限定,而说明书中用了零部件的具体名称,也对连接关系做了更细节的说明。所以如果把说明书中的细化方案放到权利要求中,进而确定保护范围,则导致权利要求保护范围的缩小。另一种情况是,权利要求中用的零部件是A,说明书中有两个实施例,一个用的零部件是A,另一个实施例用的零部件是B,并且假定A与B不等同,是两种不同的构思,这种情况下,就是通常意义上的捐献原则,也就是把零部件为B的实施例捐献给了社会公众。在侵权判定时,不能将零部件为 B 的技术方案纳入到权利要求的保护范围之中了。

以下,选取两件常见类型的案件判决书进行分析,这两件案件代表了现在司法实践中的多数的类似案例,从这两件案件的判决中可以侧面反映上述典型案例的公布影响力。

(2)案件 1

被选取的一代表案件为(2013)粤高法民三终字第 615 号案件。关于该争议焦点,广东省高院认为,根据专利复审委的无效宣告请求审查决定,涉案专利得以维持有效的创新点就是"实现挡板的可拆装"。因此,涉案专利"可拆装"这一功能性技术特征,在进行侵权判断时不能忽略。涉案专利的"可拆装"包含"可拆卸"和"可安装"两个功能,按照本领域普通技术人员的理解,这种拆卸和安装应在不破坏产品基本结构和使用功能的情况下进行。由于被诉侵权的安装挡板安装到空调主机之后,在拆卸过程中卡爪被破坏,无法正常使用,因此不具有涉案专利"可拆卸"的功能性技术特征。根据《最高人民法院关于审理侵犯专利权纠纷案件应用法律若干问题的解释》第五条的规定,对于仅在说明书或者附图中描述而在权利要求中未记载的技术方案,权利人在侵犯专利权纠纷案件中将其纳入专利权保护范围的,人民法院不予支持。因此,虽然涉案专利说明书并不支持"可拆卸"这一功能性技术特征。但由于专利权人在撰写专利权利要求时,明确增加了"可拆卸"的功能,客观上缩小了专利保护范围。按照上述捐献原则,在侵权案件中,专利权人不能再随意将已经捐献的技术方案再纳入专利保护范围。

在该案件中,权利要求中的技术特征是"可拆卸"这一具体的连接方式,而说明书中的实施例是没有强调"可拆卸"连接方式的,是不局限于"可拆卸"连接方式的。而恰好涉案产品的技术方案的对应部分的连接方式,不是"可拆卸"的,从而涉案产品被判定为不侵权。所以,该案例的审判标准是和典型案例的标准相一致的,因为关于捐献原则的规定,在 2009 年的"司法解释一"中就已经有规定了,并且经过了迄今为止多年的司法实践,已经行为了较为达成共识的标准,所以各级法院在审理该类型案件中一般不会出现反向应用的情况,能够做的就是对近年来出现的各类型案件进行细化分类和深入地开拓。

该案件中,法官并没有机械地适用捐献原则,而是对涉及的技术特征还进行了是否是"专利得以维持有效的创新点"的分析判断,这样的操作方式使得判决书的说理更加充分,能够让当事人双方信服。并且同时也限制了对于该技术特征的等同原则的适用,从而也更加符合专利法的立法本意,避免从其他角度被钻了空子,规避掉该专利的漏洞。

(3)案件 2

被选取的另一代表案件为(2014)粤高法民三终字第 384 号案件。关于该争议焦点,广东省高院认为,本案 SEB 公司主张保护的权利要求范围均未限定盖的技术特征及其与主体的关系,专利权利要求 1 记载:"该干煎炸锅还包括安装在所述主体上的主加热装置",限定的是主加热装置与主体的关系,没有限定主体与盖的位置关系。结合专利说明书的记载,主体包括基部、侧裙部和盖,以及"主加热装置 24 的安装位置可以是煎炸锅的内部",并没有作出盖是独立于主体的另一装置的解释。同时本案专利说明书亦未明确记载一主加热装置安装在盖上的技术方案,金朗宝公司提出本案专利技术方案排除了盖安装在主体上的技术特征,说明书又恰恰记载了这一特征,与事实不符。其所述捐献原则的适用前提不存在。

从司法解释的规定来看,根据《最高人民法院关于审理侵犯专利权纠纷案件应用法律若干问题的解释》第五条规定,"对于仅在说明书或者附图中描述而在权利要求中未记载的技术方案,权利人在侵犯专利权纠纷案件中将其纳入专利权保护范围的,人民法院不予支持。"该条规定的是捐献原则。捐献原则是基于衡平公共利益和专利权人个人利益的结果,要求严格专利权利要求的公示性和划界作用,也是对等同原则的限制。该原则适用的前提是技术方案未在权利要求书中记载,却清晰记载在说明书或者附图中,不可任意扩大。

本案件中,被告想利用捐献原则进行抗辩以混淆视听,因为事实上权利要求中对技术方案的描述,和说明书中的描述是一致的,并没有出现说明书中描述了而权利要求中没有保护的技术方案。之所以被告从这一角度抗辩,是因为说明书和权利要求对于同一技术方案的描述用的方式和技术术语不一致,所以容易被人误以为两者描述的保护范围也是不同的。所以,从该案例中可以看出,在专利领域因为每一件专利的技术方案都是不一样的,所以在适用捐献原则时,需要针对各案件的具体的技术方案进行仔细研究分析。首先明确权利要求的保护范围在哪里,以及说明书中对于对应技术方案的描述如何,而落脚点在于说明书中是否有权利要求没有保护到的技术方案。之后分两种情形,如果说明书中事实上根本就没有权利要求没有保护到的技术方案,则就不需要讨论捐献原则的适用了;如果相反说明书中有权利要求没有保护到的技术方案,则需要结合涉案专利的技术方案以及等同原则来综合考量是否适用捐献原则。

美国是最早提出捐献原则的概念的国家,在1881年 Miller v. Brass Co. 一案中,美国联邦最高法院在判决中指出:"如果要求保护某一种装置,但对于从专利表面来看非常明显的其他装置没有要求保护,从法律上看,没有要求保护的就捐献给了公众。"1989年的 Environmental Instruments, Inc. v. Sutron Corp. 案中,联邦巡回上诉法院将捐献原则应用于字面侵权认定之中。其后,美国联邦巡回上诉法院在2004年的 PSC Computer Prods., Inc. v. Foxconn Int'l, Inc. 案中明确规定了捐献原则的适用标准:"捐献原则仅适用于专利权人将在说明书中披露的主题作为专利权利要求中某一技术特征的替代方案进行特定化的情形",概括地说,该适用标准包括如下两个方面。客观方面:强调被披露主题的特定化,只有那些明确作为某一权利要求声明保护的化合物或物质的替代物在说明书中被特定化披露时,才能视为将其捐献给了社会。主观方面:强调专利法理论中常用的"理性科技人"的主观判断,也就是说,本领域的普通技术人员通过阅读说明书就可以理解该技术特征已被披露,但是在专利权利要求书中尚未要求明确保护的情况。

4.其他案例的直接引用情况

在裁判文书网全文检索其他司法案例的案号,所得直接引用情况均为零(截止日期为2016年8月16日)。

（三）小结

通过以上分析发现,实用新型专利司法案例的直接引用情况为零,这与我国属于成文法而非判例法国家有必然的联系。在间接应用方面,以上选取的几类,所检索分析的大部分案件的裁判观点与司法案例的裁判观点基本一致,只是针对不同的案件事实可能会有不同的裁判结果。当然,可能也与以上几个观点争议相对不多,评判规则目前较为成熟有关。部分案件一审的观点与司法案例的观点有所冲突但在二审中被及时纠正,说明对司法案例的审判观点的推广仍有提升空间。不过应该指出的是,上述应用情况分析未完全覆盖本批案例的所有焦点问题,有待进一步完善。

三、外观设计专利案例应用情况

（一）检索过程

1.关键字信息

一级关键字默认为外观设计

二级关键字如下:侵权纠纷侵害外观设计专利权纠纷、行政裁决、行政确认、行政作为专利、确认不侵害专利权纠纷

三级关键字是在熟悉每个案件的基础上提取如下:相近似、侵权行为、现有设计抗辩、在先权利、确认不侵权、合法来源、保护客体、保护范围、整体判断、综合判断、侵权警告、区别设计特征、《中华人民共和国专利法》、第二条第四款、第三条第一款、第十一条第二款、第二十三条、第四十条、第四十二条、第五十九条第二款、第六十二条、第六十五条、第六十九条、第七十条、《最高院关于审理侵犯专利权纠纷案件应用法律若干问题的解释》、第八条、第十条、第十一条、第十四条、《最高院关于审理专利纠纷案件适用法律问题的若干规定》、第二十条、第二十一条、第二十二条、第二十四条

2.检索数据库和时间节点

将以上关键字按级分别在中国裁判文书网和北大法宝中检索相关裁判文书,搜索结果截止时间为2016年8月16日。

（二）检索结果

1.整体观察、综合判断类别

案件范围:检索结果共108件裁判文书

检索条件:案由:行政案由;裁判日期:2011 年 4 月 18 日至 2016 年 8 月 16 日;关键词:专利;全文检索:外观设计。

汇总检索结果后,经过梳理和分析裁判文书的争议焦点和裁判理由,从检索结果中选取出在典型性案例颁布后审结的 35 件争议焦点和裁判理由中涉及《专利法》第二十三条第二款"授予专利权的外观设计与现有设计或者现有设计特征的组合相比,应当具有明显区别"的判断原则和判断方式的裁判文书。

检索结果审级分布如图二-7 所示,其中二审案件占比达到了 66%,虽然还有部分一审案件可能会进入二审程序,但是仅就当前裁判文书中的审级来看,有相当比例的案件都是二审生效。

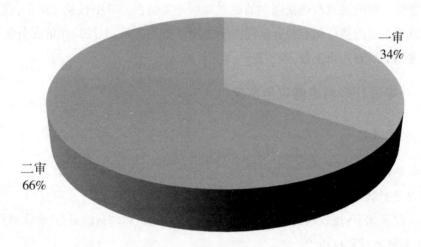

图二-7 检索结果审级分布图

此外所有上述行政案件的审理地均在北京,这是由于国家知识产权局位于北京,而且由于所有行政案件的审级仅是一审和二审,所以裁判文书类型均是判决书。

典型性案例应用情况分析

基于检索结果分析直接引用的情形为 0,也就是没有案件在裁判文书中直接引用典型案例。

并且通过对检索结果分析,35 件争议焦点和裁判理由中涉及《专利法》第二十三条第二款的判断原则和判断方式的案件均正向应用典型性案例的(2010)行提字第 3 号和(2011)行提字第 1 号,具体分析如下:

典型案例(2010)行提字第 3 号的观点是:基于被比设计产品的一般消费者的知识水平和认知能力,对被比设计与在先设计进行整体观察,综合判断两者的差别对于产品外观设计的视觉效果是否具有显著影响,是《专利审查指南》规定的判断外观设计是否相同或者相近似的基本方法。根据《专利审查指南》的规定,一般消费者的特点是,对被比设计产品的同类或者相近类产品的外观设计状况具有常识性的了解,对外观设计产品之间在形状、图案以及色彩上的差别具有一定的分辨力,但不会注意到产品的形状、图案以及色彩的微小变化。所谓"常识性的了解",是指通晓相关产品的外观设计状况而不具备设计的能力,但并非局限于基础性、简单性的了解;所谓"整体",包括产品可视部分的全部设计特征,而非其中某特定部分;所谓"综合",是指对能够影响产品外观设计整体视觉效果的所有因素的综合。

典型案例(2011)行提字第1号的核心观点是:对外观设计进行相近似判断时,应当基于外观设计专利产品的一般消费者的知识水平和认知能力,对外观设计专利与在先设计的整体视觉效果进行整体观察、综合判断。一般消费者是为了使得判断结论更为客观、准确而确立的抽象判断主体,其具有特定的知识水平和认知能力。从知识水平的角度而言,一般消费者对于与外观设计专利产品相同或者相近类别的产品具有常识性的了解,其通晓申请日之前相关产品的外观设计状况,熟悉相关产品上的惯常设计。从认知能力的角度而言,一般消费者对于形状、色彩、图案等设计要素的变化仅具有一般的注意力和分辨力,其关注外观设计的整体视觉效果,不会关注外观设计专利与对比设计之间的局部细微差别。所谓整体观察、综合判断,是指一般消费者从整体上而不是仅依据局部的设计变化,来判断外观设计专利与对比设计的视觉效果是否具有明显区别;在判断时,一般消费者对于外观设计专利与对比设计可视部分的相同点和区别点均会予以关注,并综合考虑各相同点、区别点对整体视觉效果的影响大小和程度。

上述检索结果中的35件案件均使用了与上述典型性案例相同的以一般消费者的观察能力为准,并整体观察、综合判断的观点,甚至有些案件直接引用了典型性案例裁判文书中的文字,例如(2014)高行(知)终字第3485号"敏华家具制造(深圳)有限公司与中华人民共和国国家知识产权局专利复审委员会其他二审案"中理由部分记载了"在进行外观设计相同和相近似判断时,一般应采用整体观察、综合判断的方法,以一般消费者为判断主体进行认定。'一般消费者'是一种法律上拟制的'人',其是为了使得判断结论更为客观、准确而确立的抽象判断主体,其具有特定的知识水平和认知能力。从知识水平的视角分析,一般消费者对于与外观设计专利产品相同或者相近类似的产品具有常识性的了解,其通常对外观设计专利申请日之前相同种类或者相近种类产品的外观设计及其常用设计手法具有常识性的了解。从认知能力的角度而言,一般消费者对外观设计产品之间的形状、图案以及色彩等设计要素的变化仅具有一般的注意力和分辨力,其关注外观设计的整体视觉效果,不会注意到外观设计专利与对比设计之间的局部微小变化"。

又例如(2014)高行终字第1692号"武长夫与国家知识产权局专利复审委员会其他二审案"中理由部分也记载了"在进行外观设计是否属于现有设计判断时,一般应采用整体观察、综合判断的方法,以一般消费者为判断主体进行认定。'一般消费者'是一种法律上拟制的'人',其是为了使得判断结论更为客观、准确而确立的抽象判断主体,其具有特定的知识水平和认知能力。从知识水平的视角分析,一般消费者对于与外观设计专利产品相同或者相近类似的产品具有常识性的了解,其通常对外观设计专利申请日之前相同种类或者相近种类产品的外观设计及其常用设计手法具有常识性的了解。从认知能力的角度而言,一般消费者对外观设计产品之间的形状、图案以及色彩等设计要素的变化仅具有一般的注意力和分辨力,其关注外观设计的整体视觉效果,不会注意到外观设计专利与对比设计之间的局部微小变化。"

行政确权案件中,涉及相同的争议焦点,所有案件均采用了相同的观点,甚至还有部分案件的裁判文书直接引用了典型性案例裁判文书理由部分的文字。一方面体现了典型性案例对后续司法审判工作的指引参考作用,另一方面司法审判工作充分地参考了典型性案例,所以才会出现所有案件均采用了相同的观点。

当然也需要注意到,专利行政确权案件的特殊性,即所有案件均在北京中院和北京高院审判,所以裁判结果容易实现观点的统一,因此案件均正向应用典型性案例。

美国外观设计以普通观察者对设计的视觉印象来判断设计是否相近似。在 2008 年的 Egyptian Goddess, Inc. v. Swisa, Inc., No. 2006-1562, 2008 WL 4290856 (Fed. Cir., 2008) 一案中,巡回法院指出:"不应过分重视设计中的某一个特征,或者将重点集中在外观设计中的各个文字描述的各特征而非将设计作为整体。"显然,美国的外观设计应以授权或者申请设计整体引发的视觉印象作出分析,在具体进行整体对比时,应考虑设计的整体装饰特征。首先应基于申请或者授权设计整体作为基础,而非设计中的某一个特征或者将重点集中在设计中各个文字描述的特征。由于外观设计最终是否相近似是普通观察者对设计视觉效果的比较,普通观察者观察设计过程中不会只看到设计中的某一特征。其次,美国外观设计整体比较是基于文字描述或者图片所产生的视觉印象的整体比较。最后,美国外观设计的整体比较是在设计细节分析的基础上作出的整体对比分析。

2. 落入保护范围判断类别

案件范围:检索结果共 2825 件裁判文书

检索条件:案由:侵害外观设计专利权纠纷;裁判日期:2012 年 4 月 11 日至 2016 年 8 月 16 日;关键词:外观设计专利。

汇总检索结果后,经过梳理和分析裁判文书的争议焦点和裁判理由,从检索结果中选取出在典型性案例颁布后审结的 297 件争议焦点和裁判理由中涉及关于外观设计专利权的保护范围的确定和落入外观设计专利保护范围的认定方式的裁判文书。

检索结果审级分布如图二-8 所示,其中一审案件占比达到了 70.37%,虽然部分一审案件可能会进入二审程序,但是仅就当前裁判文书中的审级来看,有相当比例的案件都是一审生效。也就是说,案件的双方当事人对一审的裁判结果的认可程度比较高。

检索结果审理地域分布如图二-9 所示,其中广东省关于外观设计专利侵权案件的数量的比例达到了 56.23%,这说明广东省是外观设计市场活动活跃,也是外观设计专利侵

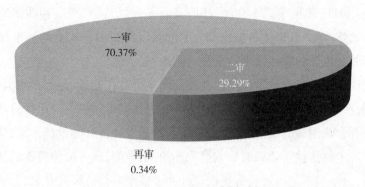

图二-8　检索结果审级分布图

权案件高发的地区。其次是浙江省,外观设计专利侵权案件的数量的比例也达到了28.28%,同样说明浙江省也是外观设计专利侵权案件高发的地区。而且需要注意的是广东省和浙江省的外观设计专利侵权案件的数量的比例之和达到了84.51%,全国大部分的涉及关于外观设计专利权的保护范围的确定和落入外观设计专利保护范围的认定方式外观设计专利侵权案件均发生在广东省和浙江省。

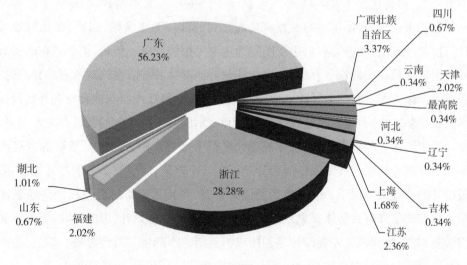

图二-9　检索结果地域分布图

典型性案例应用情况分析

基于检索结果分析直接引用的情形为0,也就是没有案件在裁判文书中直接引用典型案例。

并且通过对检索结果分析,共有215件争议焦点和裁判理由中涉及关于外观设计专利权的保护范围的确定和落入外观设计专利保护范围的认定方式的案件正向应用典型性案例的(2011)民申字第1406号等,具体分析如下。

典型案例(2011)民申字第1406号核心观点是:被诉侵权产品和涉案专利产品的外观设计在柜体的整体形状、柜体各组成部分的形状以及布局方式上的基本相同相比其他设计特征对于外观设计的整体视觉效果更具有影响。

被诉侵权设计与涉案专利设计虽然在装饰图案上存在差异,但二者均为花卉图案,图案的题材相同,在柜体上的装饰布局也基本相同,因此被诉侵权设计以牡丹花图案替换涉案专利设计的百合花图案的做法,实质是采用了涉案专利设计的设计方案,这种简单替换所导致的差异对于整体视觉效果的影响是局部的、细微的,以一般消费者的知识水平和认知能力来判断,该差异不足以将被诉侵权设计和涉案专利设计区分开来,对于判断被诉侵权设计和涉案专利设计在整体视觉效果上构成近似无实质性影响。

上述检索结果中的215件案件均使用了与上述典型性案例相同的观点:在与外观设计专利产品相同或者相近种类产品上,以一般消费者的观察能力为准,并整体观察、综合判断以判断外观设计是否相同或者近似,例如(2014)粤高法民三终字第147号"卢丽冰与惠州市新视觉汽车电子有限公司侵害外观设计专利权纠纷案"的观点同样是"在比对被诉侵权设计与授权外观设计是否相同或者相近似时,并不能将惯常设计予以完全排除并不予考虑,而是在整体观察时,该惯常设计不是主要考虑的因素,但亦应予以考虑。对于汽车音响来说,正常使用时容易被直接观察到的部位为主视图,因此,在比对被诉侵权设计与授权外观设计的异同时,主视图应为主要考虑的部分。但是,消费者在购买汽车音响或者安装人员在安装汽车音响时,也会注意其他部分,因此,在比对两者的异同时,其他视图亦应予以考虑。根据上述比对原则,本案中,被诉侵权产品与涉案专利外观设计的控制面板布局基本相同,虽然其电源键的位置和显示屏幕下方按键的数量存在差别,但这些差别均属于细微的差别,不能对整体视觉效果产生显著影响;此外,虽然被诉侵权产品与涉案专利外观设计除主视图以外的部分还存在若干差别,对于汽车音响产品而言,除控制面板以外的部分均不属于一般消费者关注的重点,并且无论是被诉侵权产品还是涉案专利均未在该部位具有对整体视觉效果产生显著影响的独特设计,因此,这些差别亦属于局部细微差别,对判断两者外观设计是否构成相近似并不产生实质性影响。综上,被诉侵权设计与授权外观设计在整体视觉效果上无实质性差异,应当认定两者近似。"

而且通过对检索结果分析,共有15件争议焦点和裁判理由中涉及关于外观设计专利权的保护范围的确定和落入外观设计专利保护范围的认定方式的案件正向应用典型性案例的(2013)民申字第29号等,具体分析如下。

典型案例(2013)民申字第29号的核心观点是:正确界定外观设计专利权的保护范围,是进行外观设计专利侵权判断的基础。因此,在确定外观设计专利权的保护范围以及侵权判断时,应当以图片或者照片中的形状、图案、色彩设计要素为基本依据。其次,色彩要素不能脱离形状、图案单独存在,必须依附于产品形状、图案存在,色彩变化本身也可形成图案。简要说明中未明确请求保护色彩的,不应以图片、照片中的色彩限定外观设计专利权的保护范围,在侵权对比时应当不予考虑。但产品上明暗、深浅变化形成图案的,应当视为图案设计要素,不应将其归入色彩设计要素。

上述检索结果中的 15 件案件与典型性案例的案情事实相似,并均使用了与上述典型性案例相同的关于界定外观设计专利权的保护范围的原则以及色彩是否限定外观设计专利权的保护范围的观点,例如(2014)粤高法民三终字第 212 号"中山市美日洁宝有限公司,佛山市宝芳亭化妆品有限公司与佛山市南海区自由美化妆品厂,陆国民侵害外观设计专利权纠纷案"中法院的观点也是:当事人提出涉案专利是天蓝色,而被诉侵权产品是乳白色,两者显著特征不同,被诉侵权设计未落入涉案专利外观设计,故其行为不构成侵权的主张,法院认为,在本案中专利权人在申请外观设计专利权的保护范围时,并未要求保护色彩,故在本案外观设计专利权的侵权判定过程中,则运用的是整体观察、综合判断原则,而无须将颜色作为单独考量的因素,只要整体外观构成相同或相近似,即认定被诉侵权设计落入涉案专利权的保护范围。

又如,(2014)浙湖知初字第 215 号"广州市好媳妇日用品有限公司与麻克琳侵害外观设计专利权纠纷案"中法院的观点同样是:本案中外观设计专利请求保护的内容包含有色彩,被诉侵权的是用于拖把上的包装物,其与涉案专利产品均为地拖纸托包装……但从整体来看,两者的设计特征均体现了上部的二维设计和下部的三维包装的结合,色彩上均是深红色与较淡的粉红色搭配,两者的组成图案、布局方式等也相近似。……因此两者在整体视觉效果上无实质性差异,应属于相近似的外观设计。

这些正向应用的案件从不同的角度适用了典型性案例关于界定外观设计专利权的保护范围的原则以及如何确定色彩是否限定外观设计专利权的保护范围的观点。

此外,通过对检索结果分析,还有 3 件争议焦点和裁判理由中涉及关于外观设计专利权的保护范围的确定和落入外观设计专利保护范围的认定方式的案件中案件事实与典型性案例的(2014)民提字第 193 号等近似,但这 3 件案件的观点与典型性案件(2014)民提字第 193 号等的观点不同,既未正向应用也未反向应用典型性案件(2014)民提字第 193 号等,而是部分应用了典型性案件的观点。

这 3 件案件是(2015)浙杭知初字第 1194 号"邱顺建与上海域金澜优电子商务有限公司、浙江天猫网络有限公司侵害外观设计专利权纠纷案"、(2015)浙湖知初字第 100 号"徐敏与安吉县丰运办公家具厂侵害外观设计专利权纠纷案"和(2015)辽民三终字第 81 号"上诉人晋江市安海美尔奇儿童用品有限公司与被上诉人袁建立、原审被告魏军侵害外观设计专利权纠纷案"。

具体分析如下:

典型案例(2014)民提字第 193 号的核心观点是:"在确定被诉侵权设计与涉案专利设计的上述相同点与不同点后,判断被诉侵权设计是否与涉案专利设计相同或者相近似,须遵循整体观察、综合判断的原则。对于极柱式接触器、断路器这类产品而言,产品整体由等大极柱和类似立方体的箱体组成是惯常设计,且受其功能影响,极柱表面均有凸起的波纹。因此,被诉侵权设计与涉案专利设计在上述方面的相同点不会对产品的整体视觉效果产生显著影响,对该类产品的整体视觉效果具有显著影响的应是极柱区和箱体的具体设计,这也是该类产品通常可以进行设计变化的部位。"也就是说,功能决定的技术特征不会对产品的整体视觉效果产生显著影响。

然而,上述检索结果中的 3 件案件与典型性案例的案情事实相似,但是均认为功能决定的设计特征对外观设计的影响不应考虑。

在(2015)浙杭知初字第 1194 号的裁判文书中法院观点是:"被控侵权产品所采用的由圆柱瓶体、漏斗形瓶肩、圆柱瓶盖构成的整体外形设计,以及瓶盖上所采用的沿侧壁均匀分布纵向加强筋的设计属于本领域在先设计。又因各方当事人在庭审中均确认瓶盖顶部的尖刺状突起属功能性设计,本院对此亦予以确认。故对前述设计特征本院不予考虑。同时,因该类产品在正常使用时其底部属于不容易被直接观察到的部位,故其设计特征对整体视觉效果影响较小。又因授权外观设计瓶肩部的字母标识占整体比例极小,且与产品本身形状无涉,故本院认为该差异未对整体视觉效果产生实质性影响。"

在(2015)浙湖知初字第 100 号的裁判文书中法院观点是:"本案中,被控侵权产品为组装关系唯一的椅子,被控侵权产品与涉案专利产品均系椅子,属同类产品,可以进行对比。将组装后的被控侵权产品的外观设计与涉案专利的外观设计进行比对,除了气杆节数及底座五爪上有无水滴形状的差别外,其余均相同。由于气杆节数主要系由被控侵权产品的升降功能决定的,对外观设计的影响不应考虑;底座五爪上有无水滴形状的差异,相对于椅子整体外观设计而言,属于细微的差别,以该产品的一般消费者的判断而言,两者的整体视觉效果并无显著性差异,应属于相近似的外观设计,因此被控侵权产品落入了涉案外观设计专利的保护范围。"

在(2015)辽民三终字第 81 号的裁判文书中法院观点是:"本案授权外观设计产品与被诉侵权产品都是视力矫正器,属于同一种产品。通过比对,虽然被诉侵权产品下巴支托与桌夹的长度以及桌夹的扇形外沿与授权外观设计不同,但属于微小差异,一般消费者很难注意;下巴支托与升降杆之间的前后位置关系不同、升降杆的可折叠性特征以及桌夹调整螺丝,属于由技术功能决定的设计特征以及对整体视觉效果不产生影响的产品内部结构等特征,应当不予考虑。

通常情况下综合判断的考虑因素中,主视部分及设计创新部分对外观设计的整体视觉效果更具有影响力。授权外观设计的主视图及设计要点是其整体外形,即略带弧形的下巴支托、可调节的立杆及桌夹构成的整体外形,而被诉侵权产品的整体也是由这三部分组成,以一般消费者的知识水平和认知能力判断,涉案被诉侵权产品的视觉效果与授权外观设计相近似。"

由此可见这3个案件在面对包含功能决定的设计特征的外观设计,在进行整体视觉效果判断时,均是认为功能决定的设计特征对整体视觉效果不产生影响,甚至是可以不予考虑。而典型性案例中认为功能决定的设计特征不会对产品的整体视觉效果产生显著影响,在进行整体视觉效果判断时必然还是要考虑功能决定的设计特征对外观设计的影响。

而且在2016年颁布的典型性案例(2015)民提字第23号"'手持淋浴喷头'外观设计专利侵权案"中进一步澄清了功能决定的设计特征大多数情况下均兼具功能性和装饰性,进行整体视觉效果判断时必然还是要考虑功能决定的设计特征对外观设计的影响,即功能性与装饰性兼具的设计特征对整体视觉效果的影响需要考虑其装饰性的强弱,装饰性越强,对整体视觉效果的影响相对较大,反之则相对较小。

此外,汇总检索结果后,经过梳理和分析裁判文书的争议焦点和裁判理由,检索结果中没有在典型性案例(2014)津高民三终字第0019号颁布后审结的争议焦点和裁判理由中涉及外观设计是否相同或者近似判断中产品的设计空间作用的案件。

外观设计专利权的保护范围的确定和落入外观设计专利保护范围的认定是外观设计专利侵权判断的核心,从上面的检索结果分析结果看,虽然有少部分案件裁判观点不同于典型性案例的裁判观点,大部分案件都适用典型性案例的裁判观点,所以还是能够充分体现典型性案例对司法审判工作的指引参考作用。

3. 现有设计抗辩类别

案件范围:检索结果共2825件裁判文书

检索条件:案由:侵害外观设计专利权纠纷;裁判日期:2012年4月11日至2016年8月16日;关键词:外观设计专利。

汇总检索结果后,经过梳理和分析裁判文书的争议焦点和裁判理由,从检索结果中选取出在典型性案例颁布后审结的281件争议焦点和裁判理由中涉及现有设计抗辩审查原则的裁判文书。

检索结果审级分布如图二-10所示,其中一审案件占比达到了63%,虽然部分一审案件可能会进入二审程序,但是仅就当前裁判文书中的审级来看,有相当比例的案件都是一审生效。可见案件的双方当事人对一审的裁判结果的认可程度还是比较高的。

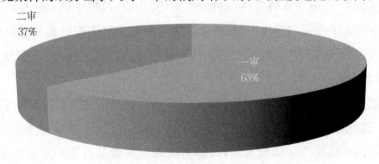

图二-10 检索结果审级分布图

检索结果审理地域分布如图二-11所示,其中广东省关于外观设计专利侵权案件的数量的比例达到了51.26%,这说明广东省是外观设计市场活动活跃,也是外观设计专利侵权案件高发的地区。其次是浙江省,外观设计专利侵权案件的数量的比例也达到了23.83%,同样说明浙江省也是外观设计专利侵权案件高发的地区。而且需要注意的是广东省和浙江省的外观设计专利侵权案件的数量的比例之和达到了75.09%,全国3/4的涉及现有设计抗辩的外观设计专利侵权案件均发生在广东省和浙江省。

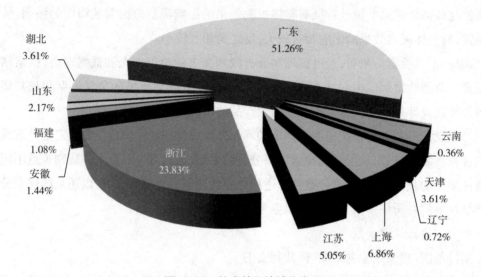

图二-11 检索结果地域分布图

典型性案例应用情况分析

基于检索结果分析直接引用的情形为0,也就是没有案件在裁判文书中直接引用典型案例。

通过对检索结果分析,共有124件争议焦点和裁判理由中涉及现有设计抗辩审查原则的案件与典型性案例的(2010)民提字第189号,以及(2012)粤高法民三终字第298号等的案件事实相似,但这124件案件与典型性案件(2010)民提字第189号以及(2012)粤高法民三终字第298号等的观点不同,既未正向应用也未反向应用典型性案件(2010)民提字第189号以及(2012)粤高法民三终字第298号等,而是部分应用了典型性案例的观点,具体分析如下:

典型案例(2010)民提字第189号以及(2012)粤高法民三终字第298号等关于现有设计抗辩审查原则的核心观点是:判断被控侵权人的现有设计抗辩是否成立,当然首先应将被控侵权产品的设计与一项现有设计相对比,确定两者是否相同或者无实质性差异。如果被控侵权产品的设计与一个现有设计相同,则可以直接确定被控侵权人所实施的设计属于现有设计,不落入涉案外观设计专利保护范围。如果被控侵权产品的设计与现有设计并非相同,则应进一步判断两者是否无实质性差异,或者说两者是否相近似。实质性差异的有无或者说近似性的判断是相对的,如果仅仅简单地进行被控侵权产品设计与现有设计的两者对比,可能会忽视二者之间的差异以及这些差异对二者整体视觉效果的影响,从而导致错误判断,出现被控侵权产品设计与现有设计和外观设计专利三者都相近似的情况。因此,在被控侵权产品设计与现有设计并非相同的情况下,为了保证对外观设计专利侵权判定作出准确的结论,应以现有设计为坐标,将被控侵权产品设计、现有设计和外观设计专利三者分别进行对比,然后作出综合判断。在这个过程中,既要注意被控侵权产品设计与现有设计的异同以及对整体视觉效果的影响,又要注意外观设计专利与现有设计的区别及其对整体视觉效果的影响力,考虑被控侵权产品的设计是否利用了外观设计专利与现有设计的区别点,在此基础上对被控侵权产品设计与现有设计是否无实质性差异作出判断。

而且(2010)民提字第189号的裁判文书中还明确指出:"原审判决在被控侵权产品的设计与现有设计并不相同的情况下仅对二者进行对比即作出现有设计抗辩成立的结论,该侵权对比判断方法有所失当,应予纠正。申请再审人关于原审判决对现有设计抗辩的法律适用错误的申请再审理由成立,予以支持。"

也就是说,现有设计抗辩审查原则除了被控侵权产品的设计与现有设计相同之外,被控侵权产品的设计与现有设计是否实质相同,应该将被控侵权产品设计、现有设计和外观设计专利三者分别进行对比,然后作出综合判断。

上述检索结果中的124件案件与上述典型性案例(2010)民提字第189号等的现有设计抗辩的判断模式并不完全相同。上述检索结果中的124件案件所使用现有设计抗辩原则是先判断被控侵权产品的设计是否落入涉案外观设计专利的保护范围,仅在被控侵权产品的设计落入涉案外观设计专利的保护范围,再通过判断被控侵权产品的设计与现有设计是否实质相同,来确定现有设计抗辩是否成立。也就是说,都是单独地将被控侵权产品的设计与现有设计进行比对,例如在(2014)粤高法民三终字第45号"珠海市蓝琦电器有限公司与珠海市泰东电器有限公司侵害外观设计专利权纠纷案"的裁判文书中法院观点是:"将ZL201030199976.9号专利与被控侵权产品进行比对,两者的相同点主要在于:1.均由底座、支杆、固定结构、灯罩与支杆的连接软管、灯罩、放大镜六部分组成;2.底座均为圆形设计,并与一细长支杆相连;3.支杆上均有一固定结构,用于连接支轩与带有横纹的软管;4.灯罩均呈环状,灯罩中心有一放大镜。两者的不同点主要在于:1.底座表面略有不同,前者底座表面为圆形弧面,而后者底座表面为圆形平面;2.前者的灯罩为圆形环状,而后者的灯罩为椭圆环状。经比对,两者仅存在局部细微差别,整体设计并无实质性差异,故原审法院认为泰东公司的现有设计抗辩成立并认定被控侵权产品没有侵犯涉案专利权符合法律规定。"

又如,在(2015)粤高法民三终字第 45 号"东莞市富凯工艺品有限公司与深圳市基本生活用品有限公司侵害外观设计专利权纠纷案"的裁判文书中法院观点是:"……一份名称为'水壶(圆柱)'、申请号为 200930005484.9 的外观设计专利作为其现有设计抗辩的对比文件。经审查,该专利的公开日为 2009 年 12 月 16 日,早于涉案专利的申请日,该专利可作为现有设计抗辩的对比文件。将对比文件与型号为 6059 的被诉侵权产品进行比对,两者的显著差异主要在于:1. 前者由杯盖、杯身凸环、杯身以及杯底凸环四部分组成,后者由杯盖、杯身凸环与杯身三部分组成;2. 前者杯身呈上下等直径的圆柱状,后者杯身则呈顶部较宽底部较小的倒圆台状;3. 前者杯身凸环一侧的环扣为半圆形,后者杯身凸环一侧的环扣为矩形。经比对,对比文件与型号为 6059 的被诉侵权产品在杯体组成结构、整体形状等的区别,已对整体视觉效果产生显著影响,两者之间的差别构成实质性差异。因此,对比文件不足以支持富凯公司的现有设计抗辩,富凯公司的现有设计抗辩不成立。"

由此可见,上述检索结果中的 124 件案件所使用的现有设计抗辩原则虽然与上述典型性案例(2010)民提字第 189 号等的现有设计抗辩原则在部分内容上具有相同之处,但整体还是不同的判断原则,现有设计抗辩类别的典型性案例还不能够充分体现典型性案例对司法审判工作的指引参考作用。

国外关于现有技术抗辩的判决如 Arc'teryx Equipment, Inc. v. Westcomb Outerwear, Inc., No. 2:07-CV-59 TS, 2008 WL 4838141 一案,该案中,被控侵权人以被诉产品更为接近现有设计为由进行抗辩,认为不侵权,该案是以现有设计为参照物判断是否侵权。在判断是否侵权时,首先比较授权涉及和被诉产品,进而找出两者间的差异点。在此基础上,根据现有设计分析这些差异点对整体视觉效果是否具有显著影响。该案中分析现有设计时,原被告均认同在先德国外观设计和 Lowe Alpine 已经出售的夹克衫上的拉链设计是现有设计。德国外观设计的拉链在接近中部开始延伸到领口之前为一段长的直线;Lowe Alpine 出售的户外服上的拉链几乎是直的,但在接近领口处有弯曲的部分。在考虑现有设计的基础上,认定被诉产品更接近现有设计,从而该案最终判决为不侵权。

4. 合法来源类别

案件范围:检索结果共 1092 件裁判文书

检索条件:案由:侵害外观设计专利权纠纷;裁判日期:2015 年 4 月 14 日至 2016 年 8 月 16 日;关键词:外观设计专利。

汇总检索结果后,经过梳理和分析裁判文书的争议焦点和裁判理由,从检索结果中选取出在典型性案例颁布后审结的 114 件争议焦点和裁判理由中涉及合法来源审查原则的裁判文书。

检索结果审级分布如图二-12 所示,其中一审案件占比达到了 66%,虽然部分一审案件可能会进入二审程序,但是仅就当前裁判文书中的审级来看,有相当大比例的案件都是一审生效。可见案件的双方当事人对一审的裁判结果的认可程度还是比较高。

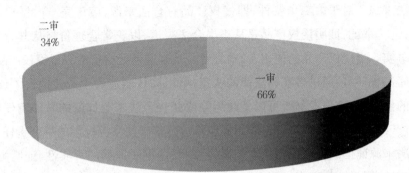

图二-12　检索结果审级分布图

　　检索结果审理地域分布如图二-13所示,其中外观设计专利侵权案件使用合理来源抗辩的数量最多的是广东省,比例达到了52.63%。其次是浙江省,数量的比例也达到了19.30%。而且需要注意的是广东省和浙江省的外观设计专利侵权案件的数量的比例之和达到了71.93%,全国大半的涉及合理来源抗辩的外观设计专利侵权案件均发生在广东省和浙江省。这同样说明了广东省不但是外观设计市场活动活跃,也是外观设计专利侵权案件高发的地区。

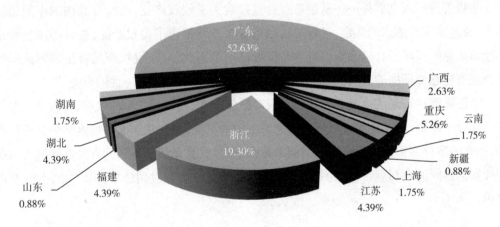

图二-13　检索结果地域分布图

典型性案例应用情况分析

　　基于检索结果分析直接引用的情形为0,也就是没有案件在裁判文书中直接引用典型案例。

　　通过对检索结果分析,所有114件争议焦点和裁判理由中涉及合理来源抗辩审查原则的案件正向应用典型性案例的(2013)民提字第187号,具体分析如下。

　　典型案例(2013)民提字第187号关于合理来源抗辩审查原则的核心观点是合法来

源抗辩需要同时满足两个成立要件：一是侵权产品使用者、销售者的主观善意，二是侵权产品有合法来源。对于第二个要件，即侵权产品有合法来源，应该完全由侵权产品使用者、销售者进行举证，证明侵权产品是从正规合法渠道、以正常合理价格从其直接的供货方购进的事实。当侵权产品的使用者、销售者是从制造者处直接购买了侵权产品，而没有其他的中间销售环节，通过事实和法律的认定，可以确认制造者生产并销售了侵权产品，那么被诉的使用者、销售者是否可以就此免除或减轻合法来源抗辩的举证责任呢？本院认为，侵权产品的使用者、销售者不能因此免除或减轻合法来源抗辩的举证责任。对于侵权产品合法来源证据的审查应当从严把握，特别要注重对证据的真实性、证明力、与侵权产品的关联性、同一性的审查。

也就是说，使用者、销售者的合法来源抗辩的举证责任不因可以确认制造者生产而免除或减轻，对于侵权产品合法来源证据的审查应当从严把握。上述检索结果中的 114 件案件均使用了与上述典型性案例相同的合理来源审理原则和从严的举证责任的要求，甚至有些案件直接引用了典型性案例裁判文书中的文字，例如（2015）粤高法民三终字第415 号"刘成先，深圳市好顺锁业有限公司，陈唤强与广东雅洁五金有限公司侵害外观设计专利权纠纷案"中理由部分记载了"外观设计侵权案件中，销售者合法来源抗辩成立需要同时满足两个成立要件：一是侵权产品销售者的主观善意，二是侵权产品有合法来源。对于主观善意的成立要件……从制造者处直接购买了侵权产品，而没有其他的中间销售环节，通过事实和法律的认定，可以确认制造者生产并销售了侵权产品，被诉的销售者也不能就此免除或减轻合法来源抗辩的举证责任……因此，对于侵权产品合法来源证据的审查应当注意对证据的真实性、证明力、与侵权产品的关联性、同一性的审查。"

合法来源抗辩是法律赋予善意的侵权产品使用者、销售者的一种权利，应服从一般举证责任分配原则，不能免除或减轻合法来源抗辩的举证责任，从上面的检索结果分析结果看，所有的案件都正向应用典型性案例的裁判观点，尤其是多个不同的省份都保持了与典型性案例相同的裁判观点，殊为难得，充分体现典型性案例对司法审判工作的指引参考作用。

5. 确认不侵权类别

案件范围：检索结果共 1 件裁判文书

检索条件：案由：确认不侵害专利权纠纷；裁判日期：2016 年 4 月 21 日至 2016 年 8 月 16 日；全文：外观设计。

该案件是（2016）苏民辖终 57 号"上诉人陈静与被上诉人南京金兰湾贸易有限公司、浙江天猫网络有限公司确认不侵犯专利权纠纷案"。

汇总检索结果后，经过梳理和分析裁判文书的争议焦点和裁判理由，检索结果的 1 件案件与典型性案例（2014）民三终字第 7 号的发送侵权警告应尽到合理审慎注意义务的原则无关，所以在该类别中不存在案件引用或应用典型案例的情形。

6. 在先权利类别

案件范围:检索结果共 86 件裁判文书

检索条件:案由:行政案由;裁判日期:2013 年 4 月 15 日至 2016 年 8 月 16 日;关键词:外观设计。

汇总检索结果后,经过梳理和分析裁判文书的争议焦点和裁判理由,从检索结果中选取出在典型性案例颁布后审结的 12 件争议焦点和裁判理由中涉及《专利法》第二十三条第三款"授予专利权的外观设计不得与他人在申请日以前已经取得的合法权利相冲突"的判断原则和判断方式的裁判文书。

检索结果审级全部是二审案件,这是由于 12 个案件的上诉人均为同一个人,所以导致所有案件审级相同,并且所有上述行政案件的审理地均在北京。

典型性案例应用情况分析

基于检索结果分析直接引用的情形为 0,也就是没有案件在裁判文书中直接引用典型案例。

并且通过对检索结果分析,所有 12 件争议焦点和裁判理由中涉及关于在先权利冲突的时间点审查原则的案件正向应用典型性案例的(2011)高行终字第 1733 号。

具体地说,典型案例(2011)高行终字第 1733 号关于在先权利冲突的时间点审查原则的观点是:外观设计在先权利的时间起算点应当以专利申请日为准。

上述检索结果中的 12 件案件均使用了与上述典型性案例相同的在先权利的时间起算点应当以专利申请日为准的观点,例如(2014)高行(知)终字第 3068 号"曾庆松与中华人民共和国国家知识产权局专利复审委员会专利权无效行政纠纷"的法院观点,同样认定涉案商标于 2004 年 1 月 14 日被核准注册,涉案专利 CN201030295040.6 的申请日为 2010 年 8 月 30 日,所以涉案商标构成在先商标。所以所有的案件都应用典型性案例(2011)高行终字第 1733 号的裁判观点。

此外,由于所有 12 件案件的争议焦点和裁判理由都只涉及在先权利冲突的时间点审查原则,所以没有案件应用典型性案例的(2014)知行字第 4 号。这是因为该案的观点是:只要商标申请日在外观设计专利申请日之前,且提起无效宣告请求时商标已被核准注册并仍然有效,该注册商标专用权就能够用于评述在后外观设计专利权是否与之构成权利冲突。虽然上述 12 件案件涉及在先商标的权利冲突,但在先商标均在外观设计专利申请日前已是注册商标,所以没有案件应用典型性案例的(2014)知行字第 4 号。

7. 保护客体类别

案件范围:检索结果共 14 件裁判文书

检索条件:案由:行政案由;裁判日期:2013 年 4 月 15 日至 2016 年 8 月 16 日;关键词:外观设计。

汇总检索结果后,经过梳理和分析裁判文书的争议焦点和裁判理由,检索结果中没有任何案件与典型性案例(2014)高行(知)终字第 2815 号的图形用户界面是外观设计专利的保护客体,所以在该类别中不存在案件引用或应用典型案例。

由于在该典型性案例审结后,2014 年 3 月 17 日,国家知识产权局颁布了修改《专利审查指南》的第 68 号局令,即从 2014 年 5 月 1 日起开始对电子产品的图形用户界面给予外观设计专利的保护,所以在该案之后,不会再出现关于图形用户界面是否是外观设计专利的保护客体的争议,因此该类别中不存在案件引用或应用典型案例的情形。

(三) 小结

从上述的数据分析,知识产权司法保护案件中的外观设计领域的典型案例在实践中的指导或应用情况情形很好,援引案例的情形,除了直接引用完全不存在之外,正向应用的情形非常多,在部分类别中甚至出现了全部正向应用的情形。虽然没有反向应用的情形,但是还有一部分案件与典型性案例的观点不相同,既未正向应用也未反向应用典型性案例,甚至在某个类别所有案件与典型性案例的观点都不相同。但是从整体上来说,知识产权司法保护案件在外观设计领域的实践中正向应用的比例很高,比较充分地发挥典型性案例的参考引导作用。

第三节 结 语

在最高院公布的 2009 年至 2015 年知识产权司法保护案例中,涉及专利领域的相关案例共计 98 件,其中,发明专利共计 61 件、实用新型专利共计 19 件、外观设计专利共计 18 件;有 72% 的案例属于民事案件,主要涉及专利侵权纠纷案件,剩余 28% 的案例属于行政案件,主要涉及专利确权纠纷案件;而上述专利案例中并不涉及刑事案件。

根据前述的数据分析,发明专利这一知识产权保护司法案例在实践中的指导或引用情况情形较为乐观,虽然没有直接引用最高院公布的典型案例的情形,但大部分案件都沿用了最高院公布的典型案件中的裁判理由,属于正向应用的情况;并且基本没有出现与最高院公布的典型案例中意见相左的观点,甚至与典型案例应用完全相反的情形。所以在发明专利案件领域,最高院公布的典型案例基本能够发挥足够的参考引导作用。国外的专利案件采用的关于步骤顺序对方法专利的保护范围是否具有限定作用的判断原则、新产品的制造方法的举证责任倒置的原则基本与最高院颁布的典型案例判断原则类似,美国关于发明专利临时保护期的规定要更加严格,更加注重公共利益的保护。

实用新型专利司法案例的直接引用情况为零,这与我国属于成文法而非判例法国家

有必然的联系。在间接应用方面,以上选取的几类,所检索分析的大部分案件的裁判观点
与司法案例的裁判观点基本一致,只是针对不同的案件事实可能会有不同的裁判结果。
当然,可能也与以上几个观点争议相对不多,评判规则目前较为成熟有关。部分案件一审
的观点与司法案例的观点有所冲突但在二审中被及时纠正,说明对司法案例的审判观点
的推广仍有提升空间。国外的专利案件关于权利要求书的保护范围的确定原则,以及捐
献原则的适用与我国最高院颁布的典型案例适用情形类似。

　　知识产权司法保护案件中的外观设计领域的典型案例在实践中的指导或应用情况情
形很好,援引案例的情形,除了直接引用完全不存在之外,对于正向应用的情形非常多,在
部分类别中甚至出现了全部正向应用的情形。虽然没有反向应用的情形,但是还有一部
分案件与典型性案例的观点不相同,既未正向应用也未反向应用典型性案例,甚至在某个
类别所有案件与典型性案例的观点都不相同。但是从整体上来说,知识产权司法保护案
件在外观设计领域的实践中正向应用的比例很高,比较充分地发挥典型性案例的参考引
导作用。美国在外观专利侵权判定中也是以普通观察者对设计的视觉印象来判断设计是
否相近似,同时以外观设计整体引发的视觉印象作出分析比对。关于现有设计抗辩,美国
法院认为在考虑现有设计的基础上,如果认定被诉产品更接近现有设计,则认定被诉产品
不侵犯外观涉及的专利权。

附录(法条)

　　《专利法》(1992年修正)第十一条第一款:发明和实用新型专利权被授予后,除法律
另有规定的以外,任何单位或者个人未经专利权人许可,不得为生产经营目的制造、使用、
销售其专利产品,或者使用其专利方法以及使用、销售依照该专利方法直接获得的产品。

　　《专利法》(1992年修正)第四十五条:发明专利权的期限为二十年,实用新型专利权
和外观设计专利权的期限为十年,均自申请日起计算。

　　《专利法》(1992年修正)第五十九条第一款:发明或者实用新型专利权的保护范围
以其权利要求的内容为准,说明书及附图可以用于解释权利要求。

　　《专利法》(1992年修正)第六十一条:侵犯专利权的诉讼时效为两年,自专利权人或
者利害关系人得知或者应当得知侵权行为之日起计算。

　　《专利法》(2000年修正)第十一条第一款:发明和实用新型专利权被授予后,除本法
另有规定的以外,任何单位或者个人未经专利权人许可,都不得实施其专利,即不得为生
产经营目的制造、使用、许诺销售、销售、进口其专利产品,或者使用其专利方法以及使用、
许诺销售、销售、进口依照该专利方法直接获得的产品。

　　《专利法》(2000年修正)第二十二条第二款:新颖性,是指在申请日以前没有同样的
发明或者实用新型在国内外出版物上公开发表过、在国内公开使用过或者以其他方式为
公众所知,也没有同样的发明或者实用新型由他人向国务院专利行政部门提出过申请并

且记载在申请日以后公布的专利申请文件中。

《专利法》(2000 年修正)第二十二条第三款:创造性,是指同申请日以前已有的技术相比,该发明有突出的实质性特点和显著的进步,该实用新型有实质性特点和进步。

《专利法》(2000 年修正)第三十三条:申请人可以对其专利申请文件进行修改,但是,对发明和实用新型专利申请文件的修改不得超出原说明书和权利要求书记载的范围,对外观设计专利申请文件的修改不得超出原图片或者照片表示的范围。

《专利法》(2000 年修正)第五十六条第一款:发明或者实用新型专利权的保护范围以其权利要求的内容为准,说明书及附图可以用于解释权利要求。

《专利法》(2000 年修正)第五十六条第二款:外观设计专利权的保护范围以表示在图片或者照片中的该外观设计专利产品为准。

《专利法》(2000 年修正)第五十七条第一款:未经专利权人许可,实施其专利,即侵犯其专利权,引起纠纷的,由当事人协商解决;不愿协商或者协商不成的,专利权人或者利害关系人可以向人民法院起诉,也可以请求管理专利工作的部门处理。管理专利工作的部门处理时,认定侵权行为成立的,可以责令侵权人立即停止侵权行为,当事人不服的,可以自收到处理通知之日起十五日内依照《中华人民共和国行政诉讼法》向人民法院起诉;侵权人期满不起诉又不停止侵权行为的,管理专利工作的部门可以申请人民法院强制执行。进行处理的管理专利工作的部门应当事人的请求,可以就侵犯专利权的赔偿数额进行调解;调解不成的,当事人可以依照《中华人民共和国民事诉讼法》向人民法院起诉。

《专利法》(2000 年修正)第六十条:侵犯专利权的赔偿数额,按照权利人因被侵权所受到的损失或者侵权人因侵权所获得的利益确定;被侵权人的损失或者侵权人获得的利益难以确定的,参照该专利许可使用费的倍数合理确定。

《专利法实施细则》(2002 年修正)第二十八条第二款:外观设计的简要说明应当写明使用该外观设计的产品的设计要点、请求保护色彩、省略视图等情况。简要说明不得使用商业性宣传用语,也不能用来说明产品的性能。

《专利法》(2008 年修正)第二条第四款:外观设计,是指对产品的形状、图案或者其结合以及色彩与形状、图案的结合所作出的富有美感并适于工业应用的新设计。

《专利法》(2008 年修正)第三条第一款:国务院专利行政部门负责管理全国的专利工作;统一受理和审查专利申请,依法授予专利权。

《专利法》(2008 年修正)第九条:同样的发明创造只能授予一项专利权。但是,同一申请人同日对同样的发明创造既申请实用新型专利又申请发明专利,先获得的实用新型专利权尚未终止,且申请人声明放弃该实用新型专利权的,可以授予发明专利权。

《专利法》(2008 年修正)第十一条第一款:发明和实用新型专利权被授予后,除本法另有规定的以外,任何单位或者个人未经专利权人许可,都不得实施其专利,即不得为生产经营目的制造、使用、许诺销售、销售、进口其专利产品,或者使用其专利方法以及使用、许诺销售、销售、进口依照该专利方法直接获得的产品。

《专利法》(2008年修正)第十一条第二款：外观设计专利权被授予后,任何单位或者个人未经专利权人许可,都不得实施其专利,即不得为生产经营目的制造、许诺销售、销售、进口其外观设计专利产品。

《专利法》(2008年修正)第二十二条第三款：创造性,是指同申请日以前已有的技术相比,该发明有突出的实质性特点和显著的进步,该实用新型有实质性特点和进步。

《专利法》(2008年修正)第二十三条：授予专利权的外观设计,应当不属于现有设计;也没有任何单位或者个人就同样的外观设计在申请日以前向国务院专利行政部门提出过申请,并记载在申请日以后公告的专利文件中。

授予专利权的外观设计与现有设计或者现有设计特征的组合相比,应当具有明显区别。

授予专利权的外观设计不得与他人在申请日以前已经取得的合法权利相冲突。

本法所称现有设计,是指申请日以前在国内外为公众所知的设计。

《专利法》(2008年修正)第三十三条：申请人可以对其专利申请文件进行修改,但是,对发明和实用新型专利申请文件的修改不得超出原说明书和权利要求书记载的范围,对外观设计专利申请文件的修改不得超出原图片或者照片表示的范围。

《专利法》(2008年修正)第四十条：实用新型和外观设计专利申请经初步审查没有发现驳回理由的,由国务院专利行政部门作出授予实用新型专利权或者外观设计专利权的决定,发给相应的专利证书,同时予以登记和公告。实用新型专利权和外观设计专利权自公告之日起生效。

《专利法》(2008年修正)第四十二条：发明专利权的期限为二十年,实用新型专利权和外观设计专利权的期限为十年,均自申请日起计算。

《专利法》(2008年修正)第四十五条：自国务院专利行政部门公告授予专利权之日起,任何单位或者个人认为该专利权的授予不符合本法有关规定的,可以请求专利复审委员会宣告该专利权无效。

《专利法》(2008年修正)第五十九条第一款：发明或者实用新型专利权的保护范围以其权利要求的内容为准,说明书及附图可以用于解释权利要求的内容。

《专利法》(2008年修正)第五十九条第二款：外观设计专利权的保护范围以表示在图片或者照片中的该产品的外观设计为准,简要说明可以用于解释图片或者照片所表示的该产品的外观设计。

《专利法》(2008年修正)第六十一条第一款：专利侵权纠纷涉及新产品制造方法的发明专利的,制造同样产品的单位或者个人应当提供其产品制造方法不同于专利方法的证明。

《专利法》(2008年修正)第六十二条：在专利侵权纠纷中,被控侵权人有证据证明其实施的技术或者设计属于现有技术或者现有设计的,不构成侵犯专利权。

《专利法》(2008 年修正)第六十五条第一款:侵犯专利权的赔偿数额按照权利人因被侵权所受到的实际损失确定;实际损失难以确定的,可以按照侵权人因侵权所获得的利益确定。权利人的损失或者侵权人获得的利益难以确定的,参照该专利许可使用费的倍数合理确定。赔偿数额还应当包括权利人为制止侵权行为所支付的合理开支。

《专利法》(2008 年修正)第六十五条第二款:权利人的损失、侵权人获得的利益和专利许可使用费均难以确定的,人民法院可以根据专利权的类型、侵权行为的性质和情节等因素,确定给予一万元以上一百万元以下的赔偿。

《专利法》(2008 年修正)第六十九条:有下列情形之一的,不视为侵犯专利权:

(一)专利产品或者依照专利方法直接获得的产品,由专利权人或者经其许可的单位、个人售出后,使用、许诺销售、销售、进口该产品的;

(二)在专利申请日前已经制造相同产品、使用相同方法或者已经作好制造、使用的必要准备,并且仅在原有范围内继续制造、使用的;

(三)临时通过中国领陆、领水、领空的外国运输工具,依照其所属国同中国签订的协议或者共同参加的国际条约,或者依照互惠原则,为运输工具自身需要而在其装置和设备中使用有关专利的;

(四)专为科学研究和实验而使用有关专利的;

(五)为提供行政审批所需要的信息,制造、使用、进口专利药品或者专利医疗器械的,以及专门为其制造、进口专利药品或者专利医疗器械的。

《专利法》(2008 年修正)第七十条:为生产经营目的使用、许诺销售或者销售不知道是未经专利权人许可而制造并售出的专利侵权产品,能证明该产品合法来源的,不承担赔偿责任。

《中华人民共和国知识产权海关保护条例》(2003 年颁布)第二十九条第二款:知识产权权利人请求海关扣留侵权嫌疑货物后,海关不能认定被扣留的侵权嫌疑货物侵犯知识产权权利人的知识产权,或者人民法院判定不侵犯知识产权权利人的知识产权的,知识产权权利人应当依法承担赔偿责任。

最高人民法院《关于审理专利纠纷案件适用法律问题的若干规定》(2001 年颁布)第二十一条规定:被侵权人的损失或者侵权人获得的利益难以确定,有专利许可使用费可以参照的,人民法院可以根据专利权的类别、侵权人侵权的性质和情节、专利许可使用费的数额、该专利许可的性质、范围、时间等因素,参照该专利许可使用费的 1 倍至 3 倍合理确定赔偿数额;没有专利许可使用费可以参照或者专利许可使用费明显不合理的,人民法院可以根据专利权的类别、侵权人侵权的性质和情节等因素,一般在人民币 5000 元以上 30 万元以下确定赔偿数额,最多不得超过人民币 50 万元。

最高人民法院《关于审理专利纠纷案件适用法律问题的若干规定》(2001 年颁布)第

二十条规定："人民法院依照专利法第五十七条第一款的规定追究侵权人的赔偿责任时，可以根据权利人的请求，按照权利人因被侵权所受到的损失或者侵权人因侵权所获得的利益确定赔偿数额。

权利人因被侵权所受到的损失可以根据专利权人的专利产品因侵权所造成销售量减少的总数乘以每件专利产品的合理利润所得之积计算。权利人销售量减少的总数难以确定的，侵权产品在市场上销售的总数乘以每件专利产品的合理利润所得之积可以视为权利人因被侵权所受到的损失。

侵权人因侵权所获得的利益可以根据该侵权产品在市场上销售的总数乘以每件侵权产品的合理利润所得之积计算。侵权人因侵权所获得的利益一般按照侵权人的营业利润计算，对于完全以侵权为业的侵权人，可以按照销售利润计算。"

最高人民法院《关于审理专利纠纷案件适用法律问题的若干规定》（2001 年颁布）第二十一条规定："被侵权人的损失或者侵权人获得的利益难以确定，有专利许可使用费可以参照的，人民法院可以根据专利权的类别、侵权人侵权的性质和情节、专利许可使用费的数额、该专利许可的性质、范围、时间等因素，参照该专利许可使用费的 1 倍至 3 倍合理确定赔偿数额；没有专利许可使用费可以参照或者专利许可使用费明显不合理的，人民法院可以根据专利权的类别、侵权人侵权的性质和情节等因素，一般在人民币 5000 元以上 30 万元以下确定赔偿数额，最多不得超过人民币 50 万元。"

最高人民法院《关于审理专利纠纷案件适用法律问题的若干规定》（2001 年颁布）第二十二条规定："人民法院根据权利人的请求以及具体案情，可以将权利人因调查、制止侵权所支付的合理费用计算在赔偿数额范围之内。"

最高人民法院《关于审理专利纠纷案件适用法律问题的若干规定》（2001 年颁布）第二十四条规定："专利法第十一条、第六十三条所称的许诺销售，是指以做广告、在商店橱窗中陈列或者在展销会上展出等方式作出销售商品的意思表示。"

《最高人民法院关于审理侵犯专利权纠纷案件应用法律若干问题的解释》（2009 年颁布）第八条规定："在与外观设计专利产品相同或者相近种类产品上，采用与授权外观设计相同或者近似的外观设计的，人民法院应当认定被诉侵权设计落入专利法第五十九条第二款规定的外观设计专利权的保护范围。"

《最高人民法院关于审理侵犯专利权纠纷案件应用法律若干问题的解释》（2009 年颁布）第十条规定："人民法院应当以外观设计专利产品的一般消费者的知识水平和认知能力，判断外观设计是否相同或者近似。"

《最高人民法院关于审理侵犯专利权纠纷案件应用法律若干问题的解释》（2009 年颁布）第十一条规定："人民法院认定外观设计是否相同或者近似时，应当根据授权外观设计、被诉侵权设计的设计特征，以外观设计的整体视觉效果进行综合判断；对于主要由技术功能决定的设计特征以及对整体视觉效果不产生影响的产品的材料、内部结构等特征，应当不予考虑。

下列情形,通常对外观设计的整体视觉效果更具有影响:

(一)产品正常使用时容易被直接观察到的部位相对于其他部位;

(二)授权外观设计区别于现有设计的设计特征相对于授权外观设计的其他设计特征。

被诉侵权设计与授权外观设计在整体视觉效果上无差异的,人民法院应当认定两者相同;在整体视觉效果上无实质性差异的,应当认定两者近似。"

《最高人民法院关于审理侵犯专利权纠纷案件应用法律若干问题的解释》(2009 年颁布)第十四条规定:"被诉落入专利权保护范围的全部技术特征,与一项现有技术方案中的相应技术特征相同或者无实质性差异的,人民法院应当认定被诉侵权人实施的技术属于专利法第六十二条规定的现有技术。

被诉侵权设计与一个现有设计相同或者无实质性差异的,人民法院应当认定被诉侵权人实施的设计属于专利法第六十二条规定的现有设计。"

第三章　商标司法案例状态研究

导　语

为了加强商标管理,国务院于 1963 年 4 月 10 日颁布了《商标管理条例》,1982 年 8 月 23 日,第五届全国人大常委会第 24 次会议通过了《中华人民共和国商标法》,原《商标管理条例》废止。《中华人民共和国商标法》自 1983 年 3 月 1 日起施行,分总则、商标注册的申请、商标注册的审查和核准、注册商标的续展、变更、转让和使用许可、注册商标的无效宣告、商标使用的管理、注册商标专用权的保护、附则 73 条等。此后于 1993 年、2001 年、2013 年、2019 年进行了四次修改,商标法实施以来,对保护商标专用权,推动我国经济社会发展发挥了重要作用。

随着我国社会经济的不断发展,商标法出现了不适应实践需要的情况,主要是:商标注册程序比较烦琐,商标确权时间过长;驰名商标保护制度在实践中出现偏差;恶意抢注商标情况比较常见,商标代理活动不够规范,商标领域的不正当竞争现象比较严重;商标侵权尚未得到有效遏制,注册商标专用权保护有待加强,等等。为此,2013 年、2019 年对商标法进行了两次修改,进一步细化商标申请程序、注册条件、归属、期限、争议以及侵权的处理办法等,删减及修改了五十三项具体法条内容,新《商标法》于 2014 年 5 月 1 日正式实施。

另外,随着我国国民知识产权意识的增强和国家知识产权大环境的建设和优化,在商标各类侵权案件高发的同时,关于商标方面的确权案件也日渐增多,这些情形都是社会公众开始产生维权意识的良好体现。

为了给人民法院,律师等法律人办理知识产权案件提供参考,最高人民法院自 2009 年起每年颁布《中国法院知识产权司法保护十大案件》《中国法院知识产权司法保护 50 件典型案例》《中国法院知识产权十大创新性案件》,另外最高人民法院自 2011 年起发布的《指导性案例》也对参考案例给予了进一步的补充,其中涉及商标的各类侵权和确权案件总结了经典实务的审判要点,为知识产权法律工作者提供了良好的指导作用。

　　为了分析该些商标典型案例在案件的参考意义和实际应用情况,为此从 2009 年至 2015 年最高人民法院颁布的《中国法院知识产权司法保护 10 大案件》《中国法院知识产权司法保护 50 件典型案例》《中国法院知识产权 10 大创新性案件》和《指导性案例》中挑选案由与商标相关的案例共 150 件(以下简称"2009—2016 商标司法保护案例"),按审级、所在地、文书类型、次级案由、主体类型、裁判结论、法条应用情况等进行标记,并提取争议焦点、总结关键词,利用中国裁判文书网的案例大数据,结合北大法宝的相关案例数据,分析该些商标典型案例在同类别案件中的正向应用、反向应用和直接应用的情况,从而得出结论,本章中所出现的法条为判决书中所引用的当时有效的法律条文。

本章研究对象(2009—2016 年商标司法保护案例)

年份	来源	名称	案号	审理法院
2009	中国法院知识产权司法保护 10 大案件	"采乐"商标撤销行政诉讼案	(2008)行提字第 2 号	最高人民法院
2009	中国法院知识产权司法保护 10 大案件	"鲁锦"商标及不正当竞争案	(2009)鲁民三终字第 34 号	山东省高级人民法院
2009	中国法院知识产权司法保护 10 大案件	"吴良材"商标及不正当竞争案	(2009)苏民三终字第 0181 号	江苏省高级人民法院
2009	中国法院知识产权司法保护 10 大案件	宝马诉世纪宝马驰名商标案	(2009)湘高法民三初字第 1 号	湖南省高级人民法院
2009	中国法院知识产权司法保护 50 件典型案例	米其林集团总公司诉天津米其林电动自行车有限公司侵犯商标专用权纠纷案	(2008)二中民三初字第 3 号	天津市第二中级人民法院
2009	中国法院知识产权司法保护 50 件典型案例	狗不理集团有限公司诉济南市大观园商场天丰园饭店侵犯商标专用权纠纷申请再审案	(2008)民三监字第 10-1 号	最高人民法院
2009	中国法院知识产权司法保护 50 件典型案例	山东泰和世纪投资有限公司、济南红河饮料制剂经营部诉云南城投置业股份有限公司侵犯商标专用权纠纷再审案	(2008)民提字第 52 号	最高人民法院
2009	中国法院知识产权司法保护 50 件典型案例	福建省白沙消防工贸有限公司诉南安市白沙消防设备有限公司侵犯企业名称(商号)权及不正当竞争纠纷上诉案	(2008)闽民终字第 514 号	福建省高级人民法院
2009	中国法院知识产权司法保护 50 件典型案例	古丈茶业发展研究中心诉湖南省华茗茶业有限公司、湖南平和堂实业有限公司侵犯商标专用权纠纷案	(2008)天民初字第 2500 号	湖南省长沙市天心区人民法院

续表

年份	来源	名称	案号	审理法院
2009	中国法院知识产权司法保护50件典型案例	路易威登马利蒂(法国)诉时间廊(广东)钟表有限公司、雄腾(上海)贸易有限公司、深圳市金光华商业有限公司侵犯商标专用权纠纷上诉案	(2008)粤高法民三终字第345号	广东省高级人民法院
2009	中国法院知识产权司法保护50件典型案例	四川滕王阁制药有限公司诉四川保宁制药有限公司侵犯商标专用权纠纷上诉案	(2009)川民终字第155号	四川省高级人民法院
2009	中国法院知识产权司法保护50件典型案例	江西蚂蚁物流有限公司、成都蚂蚁物流有限公司诉南昌市蚂蚁搬家服务有限公司侵犯商标专用权及不正当竞争纠纷上诉案	(2009)赣民三终字第20号	江西省高级人民法院
2009	中国法院知识产权司法保护50件典型案例	拜耳消费者护理有限公司诉国家工商行政管理总局商标评审委员会、第三人西南药业股份有限公司商标行政纠纷再审案	(2009)行提字第1号	最高人民法院
2009	中国法院知识产权司法保护50件典型案例	路易威登马利蒂(法国)诉林益仲、上海仲雯贸易有限公司、吴蓓雯侵犯商标专用权纠纷案	(2009)沪一中民五(知)初字第34号	上海市第一中级人民法院
2009	中国法院知识产权司法保护50件典型案例	雪佛龙全球能源公司诉济南加德士润滑油有限公司、济南腾飞达石化有限责任公司不正当竞争及侵犯商标专用权纠纷上诉案	(2009)鲁民三终字第194号	山东省高级人民法院
2009	中国法院知识产权司法保护50件典型案例	漳州片仔癀药业股份有限公司诉漳州市宏宁家化有限公司侵犯商标专用权纠纷申请再审案	(2009)民申字第1310号	最高人民法院
2009	中国法院知识产权司法保护50件典型案例	辉瑞有限公司、辉瑞制药有限公司诉上海东方制药有限公司破产清算组、北京健康新概念大药房有限公司、广州威尔曼药业有限公司不正当竞争、侵犯未注册驰名商标权纠纷申请再审案	(2009)民申字第313号	最高人民法院
2009	中国法院知识产权司法保护50件典型案例	上海长正物资有限公司、谭天销售假冒注册商标的商品罪案	(2009)浦刑初字第1824号	上海市浦东新区人民法院
2009	中国法院知识产权司法保护50件典型案例	陈国明诉海南省人民医院侵犯商标专用权纠纷上诉案	(2009)琼民三终字第25号	海南省高级人民法院
2009	中国法院知识产权司法保护50件典型案例	中国贵州茅台酒厂有限责任公司诉重庆南方君临酒店有限公司侵犯商标专用权纠纷上诉案	(2009)渝高法民终字第159号	重庆市高级人民法院

年份	来源	名称	案号	审理法院
2009	中国法院知识产权司法保护50件典型案例	卡地亚国际有限公司诉云南卡地亚婚纱摄影有限公司侵犯商标专用权及不正当竞争纠纷上诉案	（2009）云高民三终字第35号	云南省高级人民法院
2009	中国法院知识产权司法保护50件典型案例	王美燕诉浙江杭州市新华书店有限公司、广东中凯文化发展有限公司侵犯商标专用权纠纷上诉案	（2009）浙知终字第98号	浙江省高级人民法院
2010	中国法院知识产权司法保护10大案件	"鳄鱼"商标案	（2009）民三终字第3号	最高人民法院
2010	中国法院知识产权司法保护10大案件	"杏花村"商标异议复审案	（2010）高行终字第1118号	北京市高级人民法院
2010	中国法院知识产权司法保护10大案件	制售假冒洋酒案	（2010）大刑初字第320号	北京市大兴区人民法院
2010	中国法院知识产权司法保护50件典型案例	（香港）德士活有限公司诉国家工商行政管理总局商标评审委员会、第三人广东苹果实业有限公司商标异议复审行政纠纷再审案	（2009）行提字第2号	最高人民法院
2010	中国法院知识产权司法保护50件典型案例	莱雅公司诉上海美莲妮化妆品有限公司、杭州欧莱雅化妆品有限公司、南通通润发超市有限公司侵犯商标专用权及不正当竞争纠纷上诉案	（2009）苏民三终字第168号	江苏省高级人民法院
2010	中国法院知识产权司法保护50件典型案例	株式会社尼康诉西安太华电动自行车批发市场有限公司、朱国平、浙江尼康电动车业有限公司侵犯商标专用权及不正当竞争案	（2009）西民四初字第302号	陕西省西安市中级人民法院
2010	中国法院知识产权司法保护50件典型案例	阿迪达斯国际经营管理有限公司诉京固国际通商有限公司、东莞金固复合材料有限公司侵犯商标专用权纠纷案	（2010）东中法民三初字第142号	广东省东莞市中级人民法院
2010	中国法院知识产权司法保护50件典型案例	杨昌君销售假冒注册商标的商品罪案	（2010）二中刑终字第682号	北京市第二中级人民法院
2010	中国法院知识产权司法保护50件典型案例	镇江市醋业协会诉安徽腾飞食品有限公司侵犯商标专用权纠纷案	（2010）阜民三初字第22号	安徽省阜阳市中级人民法院
2010	中国法院知识产权司法保护50件典型案例	劲牌有限公司诉国家工商行政管理总局商标评审委员会商标驳回复审行政纠纷再审案	（2010）行提字第4号	最高人民法院

年份	来源	名称	案号	审理法院
2010	中国法院知识产权司法保护50件典型案例	仇海营、崔留芷等六被告假冒注册商标罪案	（2010）呼刑知初字第2号	内蒙古自治区呼和浩特市中级人民法院
2010	中国法院知识产权司法保护50件典型案例	北面服饰股份有限公司诉梅朝辉、上海皓柏服饰有限公司、杭州柏尔豪工贸有限公司、安吉县白天鹅制衣有限公司侵犯商标专用权纠纷上诉案	（2010）沪高民三（知）终字第14号	上海市高级人民法院
2010	中国法院知识产权司法保护50件典型案例	雅培制药有限公司诉汕头市雅培食品有限公司、朱春兰侵犯商标专用权及不正当竞争纠纷案	（2010）沪一中民五（知）初字第9号	上海市第一中级人民法院
2010	中国法院知识产权司法保护50件典型案例	青岛红领集团有限公司诉枣庄矿业集团新安煤业有限公司、枣庄矿业(集团)有限责任公司侵犯商标专用权纠纷上诉案	（2010）鲁民三终字第188号	山东省高级人民法院
2010	中国法院知识产权司法保护50件典型案例	李惠廷诉王将饺子(大连)餐饮有限公司侵犯商标专用权纠纷再审案	（2010）民提字第15号	最高人民法院
2010	中国法院知识产权司法保护50件典型案例	常熟市聚满仓食品有限公司诉无锡工商行政管理局北塘分局、第三人无锡市洁雷副食品商行工商行政处罚纠纷上诉案	（2010）锡知行终字第1号	江苏省无锡市中级人民法院
2010	中国法院知识产权司法保护50件典型案例	四川绵竹剑南春酒厂有限公司诉深圳市宝松利实业有限公司、四川省绵竹绵窖酒厂侵犯商标专用权及不正当竞争纠纷上诉案	（2010）湘高法民三终字第11号	湖南省高级人民法院
2010	中国法院知识产权司法保护50件典型案例	开平味事达调味品有限公司诉雀巢产品有限公司确认不侵权注册商标专用权纠纷上诉案	（2010）粤高法民三终字第418号	广东省高级人民法院
2010	中国法院知识产权司法保护50件典型案例	山西康宝生物制品股份有限公司诉国家工商行政管理总局商标评审委员会、第三人北京九龙制药有限公司商标争议行政纠纷申请再审案	（2010）知行字第52号	最高人民法院
2011	中国法院知识产权司法保护10大案件	"卡斯特"商标三年不使用撤销行政纠纷案	（2010）知行字第55号	最高人民法院
2011	中国法院知识产权司法保护10大案件	淘宝网商标侵权纠纷案	（2011）沪一中民五（知）终字第40号	上海市第一中级人民法院
2011	中国法院知识产权司法保护10大案件	"大运"与"江淮"汽车商标纠纷案	（2011）民申字第223号	最高人民法院

年份	来源	名称	案号	审理法院
2011	中国法院知识产权司法保护10大案件	"拉菲"商标纠纷案	（2011）湘高法民三终字第55号	湖南省高级人民法院
2011	中国法院知识产权司法保护50件典型案例	山东新华医药集团有限责任公司与青州新华包装制品有限公司侵害商标权、不正当竞争纠纷案	（2010）潍知初字第336号	山东省潍坊市中级人民法院
2011	中国法院知识产权司法保护50件典型案例	湖北周黑鸭食品有限公司与湖北汉味周黑鸭饮食文化管理有限责任公司侵害商标权、不正当竞争纠纷上诉案	（2011）鄂民三终字第25号	湖北省高级人民法院
2011	中国法院知识产权司法保护50件典型案例	熊四传、熊雅梦假冒注册商标罪上诉案	（2011）鄂知刑终字第1号	湖北省高级人民法院
2011	中国法院知识产权司法保护50件典型案例	长沙沩山茶业有限公司与国家工商行政管理总局商标评审委员会、湖南宁乡沩山沩名茶厂等商标争议行政纠纷申请再审案	（2011）行提字第7号	最高人民法院
2011	中国法院知识产权司法保护50件典型案例	佳选企业服务公司与中华人民共和国国家工商行政管理总局商标评审委员会商标驳回复审行政纠纷申请再审案	（2011）行提字第9号	最高人民法院
2011	中国法院知识产权司法保护50件典型案例	杭州盘古自动化系统有限公司与杭州盟控仪表技术有限公司、北京百度网讯科技有限公司侵害商标权纠纷案	（2011）杭滨初字第11号	浙江省杭州市滨江区人民法院
2011	中国法院知识产权司法保护50件典型案例	卡地亚国际有限公司（Cartier International N. V.）与佛山市三水区铭坤陶瓷有限公司、佛山市金丝玛装饰材料有限公司、章云树侵害商标权及不正当竞争纠纷上诉案	（2011）沪高民三（知）终字第93号	上海市高级人民法院
2011	中国法院知识产权司法保护50件典型案例	佛山市合记饼业有限公司与珠海香记食品有限公司侵害商标权纠纷申请再审案	（2011）民提字第55号	最高人民法院
2011	中国法院知识产权司法保护50件典型案例	上海梅思泰克生态科技有限公司与无锡安固斯建筑科技有限公司侵害商标权纠纷上诉案	（2011）苏知民终字第0033号	江苏省高级人民法院
2011	中国法院知识产权司法保护50件典型案例	英国太古集团有限公司与汇通国基房地产开发有限责任公司、汇通国基房地产开发有限责任公司西安分公司侵害商标权、不正当竞争纠纷案	（2011）西民四初字第528号	陕西省西安市中级人民法院
2011	中国法院知识产权司法保护50件典型案例	喻静与米其林集团总公司、何丽芳侵害商标权、不正当竞争纠纷上诉案	（2011）粤高法民三终字第163号	广东省高级人民法院

年份	来源	名称	案号	审理法院
2011	中国法院知识产权司法保护50件典型案例	杭州奥普电器有限公司与浙江凌普电器有限公司、浙江阿林斯普能源科技有限公司、王文华、林珠、杭州鸿景装饰材料有限公司侵害商标权、不正当竞争纠纷上诉案	（2011）浙知终字第200号	浙江省高级人民法院
2011	中国法院知识产权司法保护50件典型案例	北京华夏长城高级润滑油有限责任公司与中华人民共和国国家工商行政管理总局商标评审委员会、日产自动车株式会社商标争议行政纠纷申请再审案	（2011）知行字第45号	最高人民法院
2011	中国法院知识产权司法保护50件典型案例	北京台联良子保健技术有限公司与国家工商行政管理总局商标评审委员会、山东良子自然健身研究院有限公司商标争议行政纠纷申请再审案	（2011）知行字第50号	最高人民法院
2012	中国法院知识产权司法保护10大案件	"乐活"商标侵权行政处罚案	（2011）苏知行终字第4号	江苏省高级人民法院
2012	中国法院知识产权司法保护10大案件	"三一"驰名商标保护案	〔2012〕湘高法民三终字第61号	湖南省高级人民法院
2012	中国法院知识产权司法保护10大案件	"IPAD"商标权属纠纷案	〔2012〕粤高法民三终字第8、9号	广东省高级人民法院
2012	中国法院知识产权司法保护10大创新性案件	联想(北京)有限公司与国家工商行政管理总局商标评审委员会、第三人福建省长汀县汀州酿造厂商标异议复审行政纠纷上诉案	（2011）高行终字第1739号	北京市高级人民法院
2012	中国法院知识产权司法保护10大创新性案件	利莱森玛公司、利莱森玛电机科技（福州）有限公司与利玛森玛（福建)电机有限公司侵害商标权、擅自使用他人企业名称纠纷上诉案	〔2012〕闽民终字第819号	福建省高级人民法院
2012	中国法院知识产权司法保护10大创新性案件	徐斌与南京名爵实业有限公司、南京汽车集团有限公司、北京公交海依捷汽车服务有限责任公司等侵害商标专用权纠纷上诉案	〔2012〕苏知民终字第183号	江苏省高级人民法院
2012	中国法院知识产权司法保护50件典型案例	河南杜康酒业股份有限公司与汝阳县杜康村酒泉酒业有限公司、河南世纪联华超市有限公司侵害商标权及不正当竞争纠纷案	（2011）郑民三初字第74号	河南省高级人民法院

年份	来源	名称	案号	审理法院
2012	中国法院知识产权司法保护50件典型案例	成都科析仪器成套有限公司与成都新世纪科发实验仪器有限公司、成都市时代科发实验仪器有限公司、上海精密科学仪器有限公司侵害商标权纠纷上诉案	〔2012〕川民终字第208号	四川省高级人民法院
2012	中国法院知识产权司法保护50件典型案例	深圳市李金记食品有限公司与国家工商行政管理总局商标评审委员会、第三人李锦记有限公司商标异议复审行政纠纷上诉案	〔2012〕高行终字第1283号	北京市高级人民法院
2012	中国法院知识产权司法保护50件典型案例	同济大学与国家工商行政管理总局商标评审委员会、第三人华中科技大学同济医学院附属同济医院商标争议行政纠纷上诉案	〔2012〕高行终字第703号	北京市高级人民法院
2012	中国法院知识产权司法保护50件典型案例	株式会社迪桑特与北京今日都市信息技术有限公司、深圳走秀网络科技有限公司侵害商标权纠纷上诉案	〔2012〕高民终字第3969号	北京市高级人民法院
2012	中国法院知识产权司法保护50件典型案例	舟山市水产流通与加工行业协会与北京申马人食品销售有限公司、北京华冠商贸有限公司侵害商标权纠纷上诉案	〔2012〕高民终字第58号	北京市高级人民法院
2012	中国法院知识产权司法保护50件典型案例	宝马股份公司与广州世纪宝驰服饰实业有限公司、北京方拓商业管理有限公司、李淑芝侵害商标权及不正当竞争纠纷上诉案	〔2012〕高民终字第918号	北京市高级人民法院
2012	中国法院知识产权司法保护50件典型案例	陈建良假冒注册商标罪案	〔2012〕鼓刑初字第399号	福建省鼓楼区人民法院
2012	中国法院知识产权司法保护50件典型案例	法国轩尼诗公司与郑维平、昌黎轩尼诗酒庄有限责任公司、上海华晋贸易有限公司、秦皇岛玛歌葡萄酿酒有限公司侵害商标专用权及不正当竞争纠纷案	〔2012〕合民三初字第29号	安徽省合肥市中级人民法院
2012	中国法院知识产权司法保护50件典型案例	吕秋阳与哈尔滨银行侵害商标权纠纷上诉案	〔2012〕黑知终字第50号	黑龙江省高级人民法院
2012	中国法院知识产权司法保护50件典型案例	立邦涂料(中国)有限公司与上海展进贸易有限公司、浙江淘宝网络有限公司等侵害商标权纠纷上诉案	〔2012〕沪一中民五(知)终字第64号	上海市第一中级人民法院
2012	中国法院知识产权司法保护50件典型案例	美国威斯康星州花旗参农业总会与浙江淘宝网络有限公司、吉林市参乡瑰宝土特产品有限公司侵害商标权纠纷上诉案	〔2012〕吉民三涉终字第3号	吉林市高级人民法院

年份	来源	名称	案号	审理法院
2012	中国法院知识产权司法保护50件典型案例	海门市晨光照明电器有限公司与青岛莱特电器有限公司侵害商标权纠纷上诉案	〔2012〕鲁民三终字第80号	山东省高级人民法院
2012	中国法院知识产权司法保护50件典型案例	鳄鱼恤有限公司与青岛瑞田服饰有限公司侵害商标专用权纠纷上诉案	〔2012〕鲁民三终字第81号	山东省高级人民法院
2012	中国法院知识产权司法保护50件典型案例	年年红国际食品有限公司与德国舒乐达公司、厦门国贸实业有限公司侵害商标权纠纷上诉案	〔2012〕闽民终字第378号	福建省高级人民法院
2012	中国法院知识产权司法保护50件典型案例	周志坚与厦门山国饮艺茶业有限公司侵害商标专用权纠纷上诉案	〔2012〕闽民终字第498号	福建省高级人民法院
2012	中国法院知识产权司法保护50件典型案例	南京圣迪奥时装有限公司与周文刚、南京奥杰制衣有限公司侵害商标权纠纷上诉案	〔2012〕苏知民终字第218号	江苏省高级人民法院
2012	中国法院知识产权司法保护50件典型案例	博乐市赛里木酒业酿造有限责任公司与新疆赛里木湖大酒店有限责任公司侵害商标权纠纷上诉案	〔2012〕新民三终字第6号	新疆维吾尔自治区高级人民法院
2012	中国法院知识产权司法保护50件典型案例	胡君良假冒注册商标罪、销售假冒注册商标的商品罪案	〔2012〕宜知刑初字第9号	江苏省宜兴市人民法院
2012	中国法院知识产权司法保护50件典型案例	广东欧珀移动通讯有限公司与深圳市星宝通电子科技有限公司、郑关笑侵害商标权纠纷上诉案	〔2012〕粤高法民三终字第79号	广东省高级人民法院
2013	中国法院知识产权司法保护10大案件	"威极"酱油侵害商标权及不正当竞争纠纷案	（2012）佛中法知民初字第352号	广东省佛山市中级人民法院
2013	中国法院知识产权司法保护10大案件	"金骏眉"通用名称商标行政纠纷案	（2013）高行终字第1767号	北京市高级人民法院
2013	中国法院知识产权司法保护10大案件	"圣象"驰名商标保护案	（2013）行提字第24号	最高人民法院
2013	中国法院知识产权司法保护10大案件	假冒食用油注册商标犯罪案	（2013）豫法知刑终字第2号	河南省高级人民法院
2013	中国法院知识产权司法保护10大创新性案件	北京鸭王烤鸭店有限公司与上海淮海鸭王烤鸭店有限公司、国家工商行政管理总局商标评审委员会商标异议复审纠纷申请再审案	（2012）知行字第9号	最高人民法院

年份	来源	名称	案号	审理法院
2013	中国法院知识产权司法保护10大创新性案件	李隆丰与中华人民共和国国家工商行政管理总局商标评审委员会、三亚市海棠湾管理委员会商标争议行政纠纷申请再审案	（2013）知行字第41号	最高人民法院
2013	中国法院知识产权司法保护50件典型案例	王文利、张剑毅、陈邦取生产、销售伪劣产品罪案	（2011）厦刑初字第62号	福建省厦门市中级人民法院
2013	中国法院知识产权司法保护50件典型案例	河南杜康酒业股份有限公司与汝阳县杜康村酒泉酒业有限公司、河南世纪联华超市有限公司侵害商标权纠纷上诉案	（2011）豫法民三终字第194号	河南省高级人民法院
2013	中国法院知识产权司法保护50件典型案例	北京王致和(桂林腐乳)食品有限公司与桂林花桥食品有限公司侵害商标权纠纷上诉案	（2012）桂民三终字第19号	广西壮族自治区高级人民法院
2013	中国法院知识产权司法保护50件典型案例	博内特里塞文奥勒有限公司与中华人民共和国国家工商行政管理总局商标评审委员会、佛山市名仕实业有限公司商标争议行政纠纷提审案	（2012）行提字第28号	最高人民法院
2013	中国法院知识产权司法保护50件典型案例	兰建军、杭州小拇指汽车维修科技股份有限公司与天津市小拇指汽车维修服务有限公司、天津市华商汽车进口配件公司侵害商标权及不正当竞争纠纷上诉案	（2012）津高民三终字第46号	天津市高级人民法院
2013	中国法院知识产权司法保护50件典型案例	北京大宝化妆品有限公司与北京市大宝日用化学制品厂、深圳市碧桂园化工有限公司侵害商标权及不正当竞争纠纷提审案	（2012）民提字第166号	最高人民法院
2013	中国法院知识产权司法保护50件典型案例	宜宾五粮液股份公司与江西精彩生活投资发展有限公司侵害商标权纠纷上诉案	（2013）川民终字665号	四川省高级人民法院
2013	中国法院知识产权司法保护50件典型案例	湖北十堰武当山特区仙尊酿酒有限公司与湖北神武天滋野生葡萄酒业有限公司、武汉天滋武当红酒业销售有限公司侵害商标权纠纷上诉案	（2013）鄂民三终字第132号	湖北省高级人民法院
2013	中国法院知识产权司法保护50件典型案例	周开忠、蔡细漂假冒注册商标罪案	（2013）鄂宜昌中知刑初字第1号	湖北省宜昌市中级人民法院
2013	中国法院知识产权司法保护50件典型案例	广州市芳奈服饰有限公司与李菊红侵害商标权纠纷上诉案	（2013）赣民三终字第21号	江西省高级人民法院

年份	来源	名称	案号	审理法院
2013	中国法院知识产权司法保护50件典型案例	陕西茂志娱乐有限公司与梦工场动画影业公司、派拉蒙影业公司侵害商标权纠纷上诉案	（2013）高民终字第3027号	北京市高级人民法院
2013	中国法院知识产权司法保护50件典型案例	环球股份有限公司与青岛际通文具有限公司、青岛际通铅笔有限公司、青岛永旺东泰商业有限公司侵害商标权纠纷上诉案	（2013）鲁民三终字第32号	山东省高级人民法院
2013	中国法院知识产权司法保护50件典型案例	路易威登马利蒂与三亚宝宏实业有限公司宝宏大酒店、三亚宝宏实业有限公司、潘小爱侵害商标权纠纷上诉案	（2013）琼民三终字第80号	海南省高级人民法院
2013	中国法院知识产权司法保护50件典型案例	普拉达有限公司与陕西东方源投资发展有限公司、华商报社侵害商标权及不正当竞争纠纷案	（2013）西民四初字第227号	陕西省西安市中级人民法院
2013	中国法院知识产权司法保护50件典型案例	成都同德福合川桃片食品有限公司与重庆市合川区同德福桃片有限公司、余晓华侵害商标权及不正当竞争纠纷案	（2013）渝一中法民初字第273号	重庆市第一中级人民法院
2013	中国法院知识产权司法保护50件典型案例	广州饮食服务企业集团有限公司与广州市西关世家园林酒家有限公司商标及老字号品牌使用许可合同纠纷上诉案	（2013）粤高法民三终字第123号	广东省高级人民法院
2014	中国法院知识产权司法保护10大案件	"宝庆"商标特许经营合同及商标侵权纠纷案	（2012）苏知民终字第154号	江苏省高级人民法院
2014	中国法院知识产权司法保护10大案件	"竹家庄避风塘及图"商标争议纠纷案	（2013）行提字第8号	最高人民法院
2014	中国法院知识产权司法保护10大案件	"稻香村"商标异议复审行政纠纷案	（2014）高行终字第1103号	北京市高级人民法院
2014	中国法院知识产权司法保护10大创新性案件	东阳市上蒋火腿厂与浙江雪舫工贸有限公司侵害商标权纠纷上诉案	（2013）浙知终字第301号	浙江省高级人民法院
2014	中国法院知识产权司法保护50件典型案例	江苏祥和泰纤维科技有限公司与江苏省工商行政管理局工商行政处罚纠纷上诉案	（2013）苏知行终字第4号	江苏省高级人民法院
2014	中国法院知识产权司法保护50件典型案例	希杰(青岛)食品有限公司与延吉美笑食品有限公司等侵害商标纠纷案	（2013）延中民三知初字第14号	吉林省延边朝鲜族自治州中级人民法院

年份	来源	名称	案号	审理法院
2014	中国法院知识产权司法保护50件典型案例	腾讯科技（深圳）有限公司与国家工商行政管理总局商标评审委员会、奇瑞汽车股份有限公司商标争议行政纠纷上诉案	（2014）高行终字第1696号	北京市高级人民法院
2014	中国法院知识产权司法保护50件典型案例	上海城隍珠宝有限公司与国家工商行政管理总局商标评审委员会、上海豫园旅游商城股份有限公司商标争议行政纠纷上诉案	（2014）高行终字第485号	北京市高级人民法院
2014	中国法院知识产权司法保护50件典型案例	采埃孚转向系统有限公司与中华人民共和国国家工商行政管理总局商标评审委员会、台州汇昌机电有限公司商标争议行政纠纷提审案	（2014）行提字第2号	最高人民法院
2014	中国法院知识产权司法保护50件典型案例	路易威登马利蒂与安徽白马商业经营管理有限公司、合肥盛装物业管理有限公司、董党伟、丁姝珣等侵害商标权纠纷上诉案	（2014）合民三初字第203号	安徽省合肥市中级人民法院
2014	中国法院知识产权司法保护50件典型案例	美商NBA产物股份有限公司与特易购商业（青岛）有限公司侵害商标权纠纷上诉案	（2014）鲁民三终字第143号	山东省高级人民法院
2014	中国法院知识产权司法保护50件典型案例	浙江喜盈门啤酒有限公司与百威英博（中国）销售有限公司等侵害商标权纠纷案	（2014）民申字第1182号	最高人民法院
2014	中国法院知识产权司法保护50件典型案例	深圳歌力思服饰股份有限公司、王碎永、杭州银泰世纪百货有限公司侵害商标权纠纷提审案	（2014）民提字第24号	最高人民法院
2014	中国法院知识产权司法保护50件典型案例	谢汝周等假冒注册商标罪案	（2014）穗中法知刑终字第21号	广东省广州市中级人民法院
2014	中国法院知识产权司法保护50件典型案例	拉芳家化股份有限公司与潍坊雨洁消毒用品有限公司侵害商标权纠纷案	（2014）潍知初字第341号	山东省潍坊市中级人民法院
2015	中国法院知识产权司法保护10大案件	"星河湾"侵害商标权及不正当竞争案	（2013）民提字第102号	最高人民法院
2015	中国法院知识产权司法保护10大案件	"毕加索"商标许可使用合同案	（2014）沪高民三（知）终字第117号	上海市高级人民法院
2015	中国法院知识产权司法保护10大案件	假冒调味品注册商标案	（2015）鄂知刑终字第1号	湖北省高级人民法院

年份	来源	名称	案号	审理法院
2015	中国法院知识产权司法保护10大案件	"启航考研"在先使用不侵权案	（2015）京知民终字第588号	北京知识产权法院
2015	中国法院知识产权司法保护50件典型案例	烟台张裕卡斯特酒庄有限公司与上海卡斯特酒业有限公司、李道之确认不侵犯商标权纠纷上诉案	（2013）鲁民三终字第155号	山东省高级人民法院
2015	中国法院知识产权司法保护50件典型案例	广州市睿驰计算机科技有限公司与北京小桔科技有限公司侵害商标权纠纷案	（2014）海民（知）初字第21033号	北京市海淀区人民法院
2015	中国法院知识产权司法保护50件典型案例	维多利亚的秘密商店品牌管理公司与上海麦司投资管理有限公司侵害商标权及不正当竞争纠纷上诉案	（2014）沪高民三（知）终字第104号	上海市高级人民法院
2015	中国法院知识产权司法保护50件典型案例	宁波广天赛克思液压有限公司与邵文军侵害商标权纠纷再审案	（2014）民提字第168号	最高人民法院
2015	中国法院知识产权司法保护50件典型案例	浦江亚环锁业有限公司与莱斯防盗产品国际有限公司侵害商标权纠纷再审案	（2014）民提字第38号	最高人民法院
2015	中国法院知识产权司法保护50件典型案例	熊克生与武汉市江岸区工商行政管理局、武汉蔡林记商贸有限公司工商行政处罚纠纷上诉案	（2015）鄂武汉中知行终字第1号	湖北省武汉市中级人民法院
2015	中国法院知识产权司法保护50件典型案例	南宁市新华书店有限责任公司与中国新华书店协会确认不侵害商标权纠纷上诉案	（2015）桂民三终字第58号	广西壮族自治区高级人民法院
2015	中国法院知识产权司法保护50件典型案例	韩晶与哈尔滨报达家政有限公司侵害商标权纠纷上诉案	（2015）黑知终字第9号	黑龙江省高级人民法院
2015	中国法院知识产权司法保护50件典型案例	开德阜国际贸易（上海）有限公司与阔盛管道系统（上海）有限公司、上海欧苏贸易有限公司商标侵权及不正当竞争纠纷上诉案	（2015）沪知民终字第161号	上海知识产权法院
2015	中国法院知识产权司法保护50件典型案例	大闽食品（漳州）有限公司与北京新华商知识产权代理有限公司、傅发春商标代理合同纠纷申请再审案	（2015）民申字第1272号	最高人民法院
2015	中国法院知识产权司法保护50件典型案例	南京同舟知识产权事务所有限公司与江苏省广播电视总台、长江龙新媒体有限公司侵害商标专用权纠纷申请再审案	（2015）苏审三知民申字第00001号	江苏省高级人民法院
2015	中国法院知识产权司法保护50件典型案例	上海柴油机股份有限公司与江苏常佳金峰动力机械有限公司侵害商标权纠纷上诉案	（2015）苏知民终字第00036号	江苏省高级人民法院

年份	来源	名称	案号	审理法院
2015	中国法院知识产权司法保护50件典型案例	中国港中旅集团公司与张家界中港国际旅行社有限公司侵害商标权及不正当竞争纠纷上诉案	(2015) 湘高法民三终字第4号	湖南省高级人民法院
2015	中国法院知识产权司法保护50件典型案例	新疆农洋洋国际贸易有限公司与新疆农资(集团)有限责任公司侵害商标权纠纷上诉案	(2015) 新民三终字第16号	新疆维吾尔自治区高级人民法院
2015	中国法院知识产权司法保护50件典型案例	郭明升、郭明锋、孙淑标假冒注册商标罪案	(2015) 宿中知刑初字第4号	江苏省宿迁市中级人民法院
2015	中国法院知识产权司法保护50件典型案例	四川省古蔺郎酒厂有限公司与张晓莉侵害商标权纠纷上诉案	(2015) 渝高法民终字第00509号	重庆市高级人民法院
2015	中国法院知识产权司法保护50件典型案例	三全食品股份有限公司与山东威海市鹏得利食品有限公司确认不侵害商标权纠纷上诉案	(2015) 豫法知民终字第62号	河南省高级人民法院
2015	中国法院知识产权司法保护50件典型案例	珠海格力电器股份有限公司与广东美的制冷设备有限公司、珠海市泰锋电业有限公司侵害商标权纠纷上诉案	(2015) 粤高法民三终字第145号	广东省高级人民法院
2015	中国法院知识产权司法保护50件典型案例	法国皮尔法伯护肤化妆品股份有限公司与长沙慧吉电子商务有限公司侵害商标权及不正当竞争纠纷案	(2015) 长中民五初字第280号	湖南省长沙市中级人民法院
2015	中国法院知识产权司法保护50件典型案例	3M公司、3M中国有限公司与常州华威新材料有限公司等侵害商标权纠纷上诉案	(2015) 浙知终字第152号	浙江省高级人民法院
2015	中国法院知识产权司法保护50件典型案例	贵州赖世家酒业有限责任公司与国家工商行政管理总局商标评审委员会、中国贵州茅台酒厂(集团)有限责任公司商标异议复审行政纠纷申请再审案	(2015) 知行字第115号	最高人民法院
2015	中国法院知识产权司法保护50件典型案例	北京福联升鞋业有限公司与国家工商行政管理总局商标评审委员会、北京内联升鞋业有限公司商标异议复审行政纠纷申请再审案	(2015) 知行字第116号	最高人民法院
2016	指导案例58号	成都同德福合川桃片有限公司诉重庆市合川区同德福桃片有限公司、余晓华侵害商标权及不正当竞争纠纷案	(2013) 渝高法民终字00292号	重庆市高级人民法院
2014	指导案例30号	兰建军、杭州小拇指汽车维修科技股份有限公司诉天津市小拇指汽车维修服务有限公司等侵害商标权及不正当竞争纠纷案	(2012) 津高民三终字第0046号	天津市高级人民法院

年份	来源	名称	案号	审理法院
2015	指导案例46号	山东鲁锦实业有限公司诉鄄城县鲁锦工艺品有限责任公司、济宁礼之邦家纺有限公司侵害商标权及不正当竞争纠纷案	（2009）鲁民三终字第34号	山东省高级人民法院

第一节　概　况

一、整体概况

（一）商标案件的发展趋势

最高人民法院自2009年至2015年颁布的《中国法院知识产权司法保护10大案件》《中国法院知识产权司法保护50件典型案例》《中国法院知识产权10大创新性案件》以及2016年颁布的《指导案例30号》（以下简称"司法保护案例"）中案由涉及"商标"的纠纷案例的数量趋势如图一-1所示，由图可见，历年来涉及商标的纠纷案件在最高院发布的司法保护案例中所占数量居高不下，商标权属纠纷、商标侵权纠纷、商标刑事犯罪一直以来都是知识产权纠纷案件较为频发的领域，这与商标权本身作为商业活动中区分商品或服务来源的标志的属性密不可分。同时，侵犯商标专用权的成本相对低廉，在法律意识薄弱的市场地区，行为人甚至无法意识到可能需要承担的商标侵权责任，当然，从积极的角度而言，商标诉讼案件的占比增加，也反映了作为商标权人的企业和个人的商标保护意识正在不断增强，在企业运营、发展过程中对商标价值的重视越来越突出；这也从一定程度上得益于近年来国家对商标管理工作的大力支持和完善。

（二）商标案件的分布情况

1. 法院地域分布情况

对最高人民法院公布2009年至2016年知识产权司法保护案例中涉及商标的151个案件按照法院的地域分布进行统计分析，结果如图一-2、图一-3所示。从图中可以看出，在2009年至2016年知识产权司法保护案例公布的151件案件中，涉及全国23个省、自治区、直辖市（占34个省级行政区的67.6%），由此可见商标权属纠纷、商标侵权纠纷、商标刑事犯罪案件在全国各地均属于知识产权案件的频发领域，同时北京、上海、江苏、广

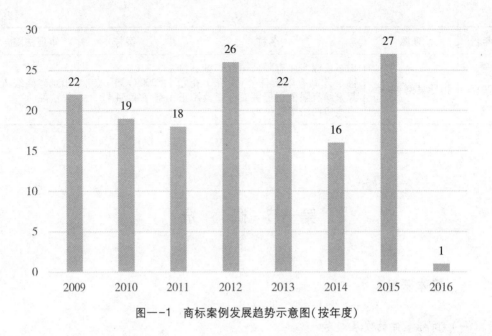

图一-1 商标案例发展趋势示意图(按年度)

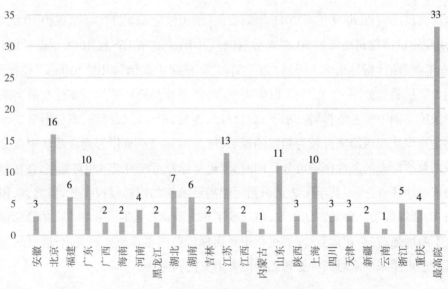

图一-2 商标案件地域分布图(数量)

东的案件量均超过 10 件以上,也说明了商标案件的频发程度与经济发展的趋势和当地知识产权的保护力度具有密切关联。另外,在公布的 151 个案件中最高人民法直接审理的有 33 件,北京法院审理的有 16 件,位列地域分布图的前两位。北京能有如此之多的商标案件主要得益于:(1)北京自身的经济发展和知识产权保护状况;(2)北京的法院和北京高院直接负责商标行政授权、确权案件的一审和二审,绝大部分商标行政案件都来自北京,而最高院的审理的案件多达 33 件则说明了商标领域内具有比较多的疑难复杂、有争

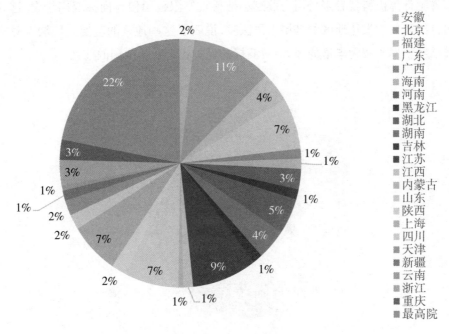

图——3　商标案件地域分布图

议的案件,需要最高人民法院从这些具有典型性的争议案件中凝练出相应的司法裁判规则,供下级法院以及社会公众参考。

2. 法院级别分布情况

对最高人民法院公布 2009 年至 2016 年知识产权司法保护案例中涉及商标的 151 个案件按照法院的级别分布进行统计分析,结果如图——4、图——5 所示。从图中可以看出,84 个案件(在总案件中占比为 55.6%)都是由高级人民法院审理的,一方面这说明了商标案件标的额较大,且具有较强的专业性,大多数案件都经历了二审裁判;另一方面说明了当事人的法律意识在不断增强,对司法机关的信任感在不断增强,当事人愿意通过司法途径解决争议。其次 33 个案件(在总案件中占比为 21.9%)由最高人民法院审理,说明了商标领域内具有比较多的疑难复杂、有争议的案件,最高院需要对这些案件进行阐释、说明相应的裁判规则,以便指引今后同类型案件的裁判。再次有 31 个案件(在总案件中占比为 20.5%)由中级人民法院(或知识产权法院)审结,这说明了中级法院审理商标等复杂案件的审判水平、业务能力不断处于提升之中,相应的裁判得到了当事人的认可。特别值得注意的是有 3 个案件(在总案件中占比为 2%)是基层人民法院直接审理的,分别是 2011 年浙江省杭州市滨江区人民法院审理的〔2011〕杭滨初字第 11 号杭州盘古自动化系统有限公司与杭州盟控仪表技术有限公司、北京百度网讯科技有限公司侵害商标权纠纷案、2012 年福建省鼓楼区人民法院审理的〔2012〕鼓刑初字第 399 号陈建良假冒注册商标罪案、2015 年北京市海淀区人民法院审理的(2014)海民(知)初字第 21033 号广州市睿驰计算机科技有限公司与北京小桔科技有限公司侵害商标权纠纷案,这 3 个案例均出自经济较为发达地区的基层人民法院,说明了这些地区的基层人民法院对审理商标案件已经积累了较为丰富的经验,对商标的保护也走在了全国的前列。

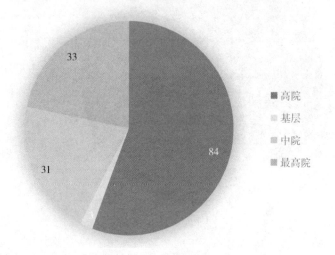

图一—4　商标案件审理法院级别分布图

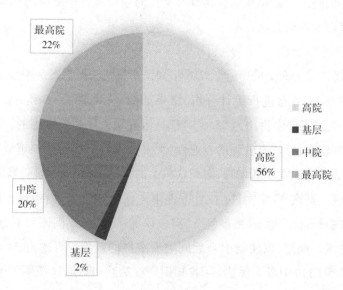

图一—5　商标案件审理法院级别分布图

3. 审理级别分布情况

对最高人民法院公布 2009 年至 2016 年知识产权司法保护案例中涉及商标的 151 个案件按照审理级别分布进行统计分析,结果如图一—6、图一—7 所示。从图中可以看出,二审案件为 91 件(在总案件中占比为 60. 26%),因为高级人民法院还承担着高标的额的一审案件和部分再审案件;所以这也基本与上述高级人民法院审理的有 80% 左右的案例相一致,体现了高级人民法院及二审程序在处理商标纠纷方面重要作用。其次有 34 件案例是再审案件(在总案件中占比为 22.53%),上述二审案例与再审案例共计占比达到82.79%,这正是由于商标案件的专业性、复杂性,绝大多数案件都经历了二审程序。最后有 26 件案例是一审案件(在总案件中占比为 17.21%),这与由只有 3 件由基层人民法院审理的案件入选 2009 年至 2016 年知识产权司法保护案例,具有入出较大,说明了目前虽然有部分基层人民法院具有审理商标案件的资格,但基层人民法院入选的案例较少,基层法院审理商标案件的审判水平、业务能力仍有较大的进步空间,目前仍然是由中级以上的人民法院主要承担商标案件的审判任务。

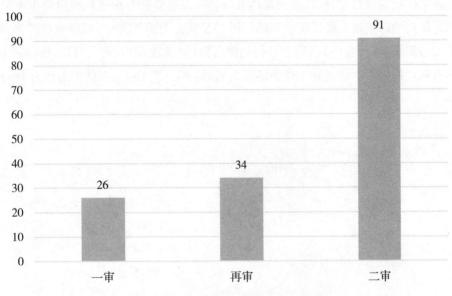

图一-6 商标案件审理级别分布情况

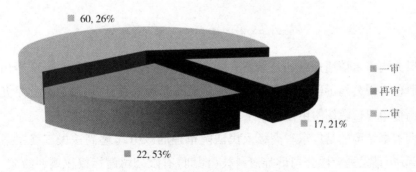

图一-7 商标案件审理级别分布情况

4. 文书类型分布情况

对最高人民法院公布 2009 年至 2016 年知识产权司法保护案例中对涉及商标的 151个案件按照文书类型分布进行统计分析,结果如图一-8、图一-9 所示。从图中可以看出，商标案例中以判决书作为结案文书的案件有 130 件（在总案件中占比为 86%），实体审理的案件多于程序审理的案件，一方面说明了在商标领域实体问题的争议较多需要一些指导案例来明确审判方向，指导审判活动，所以绝大多数结案文书均为判决书；另一方面说明了最高人民法院侧重实体问题的审理。商标案例中以裁定书作为结案文书的案件有 19 件（在总案件中占比为 12%），所有裁定书均由高级人民法院或最高人民法院发出，且由高级人民法院审理的仅有以下 3 个案件：（1）江西省高级人民法审理的（2013）赣民三终字第 21 号广州市芳奈服饰有限公司与李菊红侵害商标权纠纷上诉案；（2）江苏省高级人民法院审理的（2015）苏审三知民申字第 00001 号南京同舟知识产权事务所有限公司与江苏省广播电视总台、长江龙新媒体有限公司侵害商标专用权纠纷申请再审案；（3）新疆维吾尔自治区高级人民法院审理的（2015）新民三终字第 16 号新疆农洋洋国际贸易有限公司与新疆农资（集团）有限责任公司侵害商标权纠纷上诉案。另外，在商标案件中以调解书和驳回再审申请通知书作为结案文书的各有 1 件（在总案件中占比为 1%）。

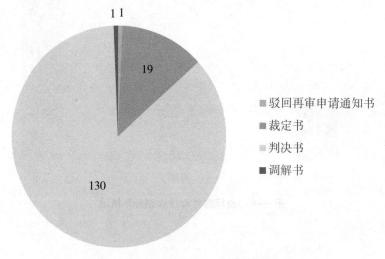

图一-8　商标案件文书类型分布情况

以驳回再审申请通知书的是最高人民法院审理的（2010）知行字第 52 号山西康宝生物制品股份有限公司诉国家工商行政管理总局商标评审委员会、第三人北京九龙制药有限公司商标争议行政纠纷申请再审案。

以调解书结案的是广东省高级人民法院审理的〔2012〕粤高法民三终字第 8、9 号苹果公司、ip 申请发展有限公司诉唯冠科技（深圳）有限公司商标权权属纠纷案，引起了知识产权界及社会大众的广泛关注。该案在二审诉讼期间，经法院主持调解，苹果公司、ip 公司与唯冠深圳公司达成调解协议，苹果公司、ip 公司向法院账户汇入 6000 万美元，由法院依法处置，以解决有关争议商标登记到苹果公司名下所面临的各种实际问题，深圳唯冠公司完全配合争议商标登记到苹果公司名下的所有手续。此后双方撤销境内外所有司法

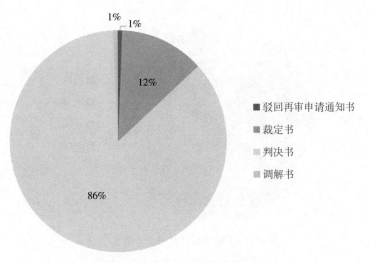

图——9　商标案件文书类型分布情况

诉讼和行政投诉,并不再围绕争议商标发起司法诉讼和行政投诉,并请求二审法院出具民事调解书,达到了快速解决纠纷并避免了执行难等问题,帮助苹果公司快速取得了"IPAD"商标的专用权,并摆脱在部分地区下架 IPAD 的困境,也使唯冠深圳公司解决了面临破产的难题。该案说明了以调解作为解决商标争议的方式在部分情况下具有较为明显的优势。

5. 案件类型分布情况

对最高人民法院公布的 2009 年至 2016 年知识产权司法保护案例中涉及商标的 151 个案件按照案件类型分布进行统计分析,结果如图——10、图——11 所示。从图中可以看出,商标民事案件一共有 109 件(在总案件中占比为 72%);商标行政案件一共有 29 件(在总案件中占比为 19%),其中 5 件为行政处罚案件,其余的是商标确权类案件;商标刑事案件一共有 13 件(在总案件中占比为 9%)。

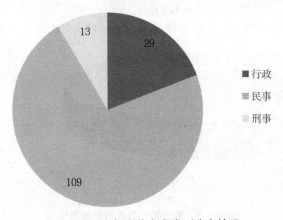

图——10　商标案件文书类型分布情况

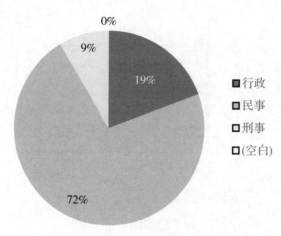

图—-11 商标案件文书类型分布情况

二、商标案件分类概况

（一）商标案件分类分布情况

对最高人民法院公布 2009 年至 2016 年知识产权司法保护案例中对涉及商标的 151 个案件按照案由进行分类，如图—-12 所示，其中商标民事确权侵权案件共计 109 件（在总案件中占比为 72%）；商标行政确权案件共计 24 件（在总案件中占比为 16%）；商标刑事侵权案件共计 13 件（在总案件中占比为 9%）；商标行政处罚共计 5 件（在总案件中占比为 3%）。该比例应当与目前我国整体的商标纠纷案件类型相适应，民事侵权依旧是商标纠纷案件的核心，商标侵权对于商标权人的民事损害影响最为明显，商标权人在民事侵权案件中也大多同时主张停止侵权以及损害赔偿两项责任；另外，受商标局在商标注册申请中的审查标准日益严格的影响，商标被驳回概率也明显

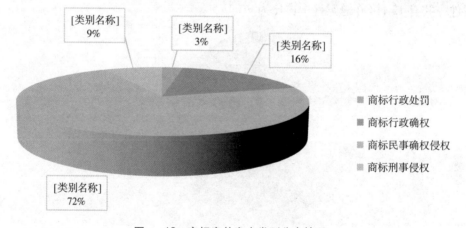

图—-12 商标案件案由类型分布情况

提高,直接导致了商标行政确权案件也成为了排名第二位的案件类型,北京知识产权法院设立后,原由北京一中院管辖的商标行政确权案件也都将由北京知识产权法院管辖,鉴于商标驳回复审纠纷诉讼案件量较多,北京知识产权法院目前也特别设立了速审程序来提高司法效率。

(二) 商标案件关键字分布情况

1. 商标民事确权侵权案件关键词分布情况

对最高人民法院公布 2009 年至 2016 年知识产权司法保护案例中对与商标民事确权侵权相关的 109 个案件按照关键词进行分类,如图一-13 所示,其中驰名商标 9 件(在总案件中占比为 8%);定牌加工 4 件(在总案件中占比为 4%);反向假冒 1 件(在总案件中占比为 1%);合法来源 4 件(在总案件中占比为 4%);竞价排名 2 件(在总案件中占比为 2%);企业名称权 11 件(在总案件中占比为 10%);侵权责任 18 件(在总案件中占比为 17%);权利用尽 1 件(在总案件中占比为 1%);商标近似 6 件(在总案件中占比为 6%);商标性使用 7 件(在总案件中占比为 6%);商品服务类似 5 件(在总案件中占比为 5%);显著性 1 件(在总案件中占比为 1%);在先权利 3 件(在总案件中占比为 3%);在先使用 7 件(在总案件中占比为 6%);正当使用 7 件(在总案件中占比为 6%);证明商标 2 件(在总案件中占比为 2%);其他 21 件(在总案件中占比为 19%)。从关键词分布比例来看,本次旨在分析的关键词案件中,与"侵权责任"相关的案件占比最高,达到了 17%,也可见目前司法保护案例中,解决的核心问题之一是如何判定具体行为是否构成侵权、是否承担侵权责任以及承担怎样的侵权责任。另外,"企业名称权"也是司法保护案例中出现频率较

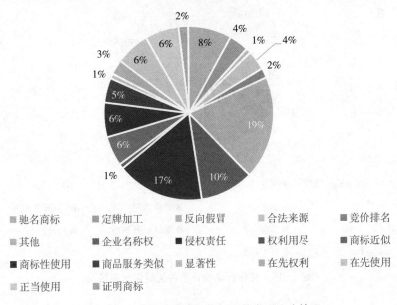

图一-13 商标民事确权侵权案件类型细分情况

高的关键词,申请商标损害他人企业名称权以及企业名称攀附他人商标都是实践中常见现象,企业名称与商标间是否构成权利冲突也就个案有所不同,这一难点和热点也在司法保护案例中得到了体现。

2. 商标行政确权案件关键字分布情况

对最高人民法院公布 2009 年至 2016 年知识产权司法保护案例中与商标行政确权案件相关的 26 个案件按照关键词进行分类,如图一—14 所示,其中不得作为商标使用 2 件(在总案件中占比为 7%);不正当手段 1 件(在总案件中占比为 4%);撤三 1 件(在总案件中占比为 4%);诚实信用 1 件(在总案件中占比为 4%);程序违法 1 件(在总案件中占比为 4%);驰名商标 6 件(在总案件中占比为 23%);共存协议 1 件(在总案件中占比为 4%);基础注册商标 1 件(在总案件中占比为 4%);利害关系人 1 件(在总案件中占比为 4%);商标近似 1 件(在总案件中占比为 4%);商品服务类似 1 件(在总案件中占比为 4%);溯及既往 1 件(在总案件中占比为 4%);显著性 2 件(在总案件中占比为 7%);在先权利 6 件(在总案件中占比为 23%)。商标行政确权案件中,与“驰名商标”和“在先权利”相关的案件占最大比例,这与商标行政确权案件中当事人的主张不无关系,由于“驰名商标”的保护力度相对其他商标更强,“在先权利”也属于商标法未明确列举的权利类型,这两点是在当事人寻求法律救济时被最多采用的手段,“驰名商标”的认定标准和“在先权利”的成立与否也是商标行政确权案件的热点和难点所在。

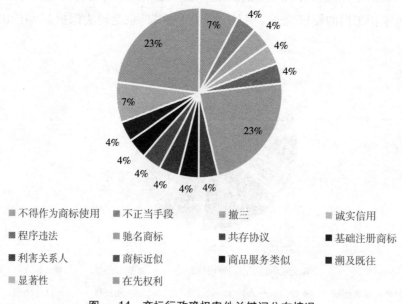

图一—14　商标行政确权案件关键词分布情况

第二节　实践中的应用情况

一、商标行政确权案件应用情况

（一）检索过程及检索结果

1. 关键字信息

一级关键字（案由）：商标行政管理

二级关键字（当事人）：商标评审委员会

三级关键字是在熟悉每个案件的基础上提取如下：溯及既往、在先权利、驰名商标、不得作为商标使用（国家名称、不良影响等）、撤三、显著性（通用名称等）、程序违法、共存协议、不正当手段（《中华人民共和国商标法》第四十四条等）、商标近似、商品类似、服务类似、基础注册商标、利害关系人、诚实信用等。

裁判日期：2010 年 4 月 14 日至 2016 年 8 月 27 日

2. 检索结果

通过一级、二级关键字以及裁判日期检索后，共获得检索结果 3516 件。

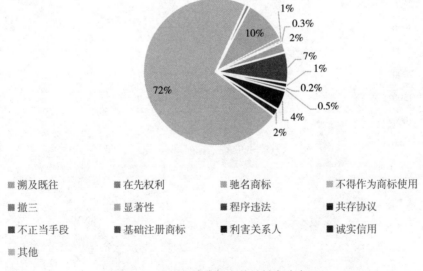

图二-1　商标行政确权案件关键字分布图

如图二-1 所示，对于这 3516 件案件再以三级关键字检索后，占比例前三的分别为驰名商标（337 件，占比 10%）、程序违法（234 件，占比 7%）和利害关系人（152 件，占比

4%），可见越来越多的商标权利人倾向于在商标纠纷中主张驰名商标以获取更高的保护力度。

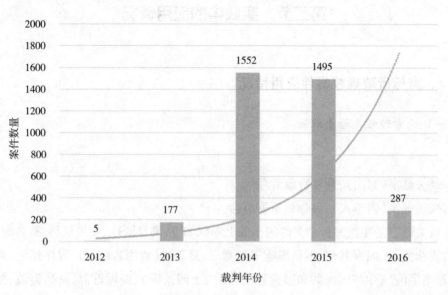

图二-2　案件数量分布图

如图二-2所示，可以看出一个现象，那就是依据官方数据，从2012年开始，商标行政管理案件的数量才开始正式予以统计并官方公布，2012年的数量只有5件。从2014年到2015年，商标行政管理数量呈现爆发式增长的现象。相较于2013年，数量上升了8倍至9倍。

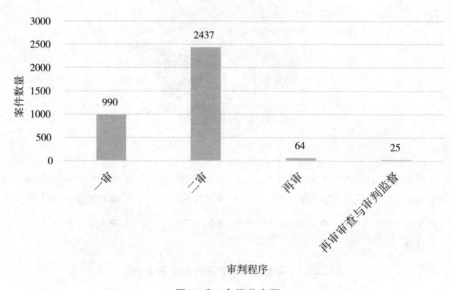

图二-3　审级分布图

如图二-3所示，在这3516个行政案件中，在一审就能结案的数量为990件；进入二审程序的数量最多,为2437件;进入再审和再审审查与审判监督程序的案件比较少,分别为64件和25件。

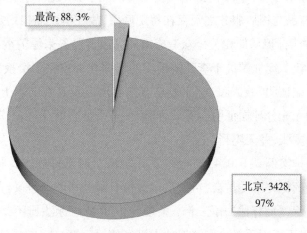

图二-4　地域分布图

如图二-4所示,在这3516件商标行政管理案件中,最终由最高院进行审判的案件占了所有数量的3%,为88件,而其他案件分别由北京其他法院进行审理,占总数量的97%,共有3428件。

（二）应用情况分析

1.直接应用情况

直接输入每个司法案例的案号进行查找,查看相关结果后,未发现直接应用的情况。

2.正向应用情况

（1）在先权利

司法保护案例1:（2010）知行字第52号山西康宝生物制品股份有限公司诉国家工商行政管理总局商标评审委员会、第三人北京九龙制药有限公司商标争议行政纠纷申请再审案。

裁判要旨:《商标法》第三十一条规定,申请商标注册不得损害他人现有的在先权利,也不得以不正当手段抢先注册他人已经使用并有一定影响的商标。对于本条所规定的"在先权利",应当理解为包括《民法通则》《商标法》及其他法律规定的民事权利和民事权益,即属于应予保护的合法权益的,应当作为本条规定的"在先权利"予以保护。他人已经使用并产生一定影响的商品名称,一方面能起到区别该商品来源的目的,另一方面其"影响力"对企业具有较大的经济价值,且该名称的使用并未侵犯任何人的权益,故应当属于法律保护的合法权益,因此,当事人不能将其注册为相同产品的注册商标。

正向应用案例:（2014）知行字第94号庞立黔与国家工商行政管理总局商标评审委

员会、李建卿其他申诉行政裁定书。

法院观点：争议商标申请注册在第 33 类白酒等商品上，由汉字"牧人嘎查"组成，与李建卿的"牧人嘎查"字号完全相同。通常情况下，在饭店等餐饮企业销售白酒商品较为普遍，白酒商品与饭店服务之间存在特定联系，故在争议商标指定使用的白酒等商品上使用"牧人嘎查"标识易使相关公众造成对商品或者服务来源的混淆或误认，损害了李建卿的在先字号权。庞立黔关于李建卿提交的证据在评审中未交换给其质证、李建卿未提交证据原件不能证明"牧人嘎查"字号具有知名度以及其在白酒上在先使用"牧人嘎查"标识的主张均无充分证据证明。鉴此，商标评审委员会以及一、二审法院支持李建卿保护在先字号权的主张，并无不当。

司法保护案例 2：（2014）高行终字第 1696 号腾讯科技（深圳）有限公司与国家工商行政管理总局商标评审委员会、奇瑞汽车股份有限公司商标争议行政纠纷上诉案。

裁判要旨：《商标法》第三十一条规定，"申请商标注册不得损害他人现有的在先权利，也不得以不正当手段抢先注册他人已经使用并有一定影响的商标。"申请人明知或者应知他人已经使用并有一定影响的商标而予以抢注，即可认定其采用了不正当手段。通常情况下，在先使用商标已经有一定影响，即可以推定后申请人明知或者应知该商标，而其申请注册行为是为侵占他人在先使用商标权。抢注行为即便是对在先商标的延续性注册或者防御注册，由于无法律可依据，仍然构成抢注，具有不正当性。

正向应用案例：（2014）高行终字第 2010 号国家工商行政管理总局商标评审委员会与苏国荣其他二审行政判决书。

法院观点：基于原注册人沂水县永乐糖果厂未实际使用该注册商标及怠于制止香港荣华公司使用"荣华"商标行为的事实，以及香港荣华公司商标于 1997 年被核准转让前已经在珠三角地区大量实际使用的事实，包括在被异议商标申请注册前香港荣华公司在包括珠三角在内的中国内地持续大量使用"荣华"商标行为并持续至今的事实，认定香港荣华公司实际使用的"荣华"商标在被异议商标申请注册前属于《商标法》第三十一条规定的"他人已经使用并有一定影响的商标"，香港荣华公司实际使用"荣华"商标的行为能够形成合法权益并且应当受到法律保护。而且，被异议商标实际使用的糕点、月饼等商品与香港荣华公司实际使用"荣华"的月饼商品构成相同或类似商品，且被异议商标与香港荣华公司实际使用的"荣华"构成相同或近似标志，二者若使用在相同或类似商品上必然造成消费者的混淆误认。商标评审委员会与香港荣华公司有关被异议商标违反《商标法》第三十一条规定的上诉理由成立，本院予以支持。

（2）驰名商标

司法保护案例 1：（2013）行提字第 24 号"圣象"驰名商标保护案。

裁判要旨：注册商标具有公示性，故《商标法》保护的主要是注册商标，未经注册的商标原则上不受法律保护，以此促使商标所有人申请商标注册。但是，如果僵化地执行该原则,将会出现恶意抢注商标等不公平情形。尤其是对于一些存在历史久、知名度高的非注册商标,这种抢注行为的损害更加严重。2001年《商标法》第十三条规定,就相同或者类似商品申请注册的商标是复制、模仿或者翻译他人未在中国注册的驰名商标,容易导致混淆的,不予注册并禁止使用。据此,引证商标权人有权以其在争议注册商标申请日前构成驰名商标为由,申请撤销争议注册商标,但前提条件是两者应用于相同或类似商品,且容易导致混淆。

正向应用案例1:(2016)最高法行申305号北京百利豪眼镜有限公司、法拉力公司与法拉力公司、国家工商行政管理总局商标评审委员会行政裁决申诉行政裁定书。

法院观点:本案中,根据一、二审法院查明的事实,在争议商标申请注册日之前,法拉利汽车已于1993年5月进入中国大陆市场,国内有关报纸及行业期刊对法拉利汽车进行了广泛的新闻报道,法拉利汽车在相关公众中已具有较高的知名度,因此,一、二审法院认定引证商标构成商标法第十三条第二款规定的驰名商标,并无不当。

正向应用案例2:(2014)高行(知)终字第3643号陈鲲与中华人民共和国国家工商行政管理总局商标评审委员会其他二审行政判决书。

法院观点:被异议商标指定使用的商品与引证商标核定使用的"起重机"具有一定关联,且上述商品及被异议商标指定使用的"保险柜"与引证商标核定使用的商品均为专业性较强的商品,而非日常消费品。因此,当被异议商标使用在上述指定商品上时,可能使相关公众认为被异议商标与引证商标之间具有某种联系,或不正当地利用引证商标在起重机商品上的市场声誉,进而损害振华公司的利益。

司法保护案例2:(2009)行提字第2号(香港)德士活有限公司诉国家工商行政管理总局商标评审委员会、第三人广东苹果实业有限公司商标异议复审行政纠纷再审案。

裁判要旨:驰名商标,是指为相关公众广为知晓并享有较高声誉的商标。在我国,驰名商标被赋予了比较广泛的排他性权利。《商标法》第十三条第二款规定,就不相同或者不相类似商品申请注册的商标是复制、摹仿或者翻译他人已经在中国注册的驰名商标,误导公众,致使该驰名商标注册人的利益可能受到损害的,不予注册并禁止使用。据此,要判断被异议商标是否构成对驰名商标的侵害从而不应予以核准注册并禁止使用,首先应该确定被异议商标是否构成对驰名商标的模仿、复制;在能够认定的情况下,才需要进一步判断其注册和使用是否会误导公众。如果前两项都得出肯定的结论,则异议商标构成对驰名商标的侵害从而不应予以核准注册并禁止使用。

正向应用案例1:(2015)高行(知)终字第60号利惠公司与中华人民共和国国家工商行政管理总局商标评审委员会其他二审行政判决书。

法院观点:被异议商标指定使用的办公家具、家具等商品与引证商标一、二核定使用的服装、牛仔裤、裙子、裤子等商品,在功能、用途、生产部门、销售渠道、消费对象等方面存在很大差异,所属行业跨度较大,即便引证商标一、二在所核定的服装等商品上达到驰名程度,被异议商标使用在指定商品上亦不足以误导公众,进而导致利惠公司的利益可能受到损害。因此,原审法院认定被异议商标不属于 2001 年《商标法》第十三条第二款规定情形并无不当。

正向应用案例 2:(2014)一中知行初字第 1081 号沙驰新加坡私人有限公司与中华人民共和国国家工商行政管理总局商标评审委员会其他一审行政判决书。

法院观点:沙驰公司提交的大部分证据或未显示形成时间,或未显示其商标,抑或为其自行制作,整体不足以证明沙驰公司所主张的商标在被异议商标申请日之前已达到驰名程度。同时,被异议商标不构成对原告所主张的驰名商标的复制、模仿。故被异议商标的注册和使用不会造成相关公众的混淆误认,进而使沙驰公司的合法权益受到损害。因此,被异议商标的申请注册未违反《商标法》第十三条第二款的规定。

正向应用案例 3:(2014)一中知行初字第 4844 号 美国雅培制药有限公司与国家工商行政管理总局商标评审委员会其他一审行政判决书。

法院观点:雅培公司提交的证据尚不足以证明第 1324114 号、第 325443 号商标在被异议商标申请日前,经过使用在中国大陆地区已经达到广为消费者熟知的驰名程度,且被异议商标指定使用的布、毛巾布、被子等商品与雅培公司主张驰名的牛奶制品、人用药品存在较大差异,被异议商标的注册和使用不会造成相关公众的混淆误认,进而使雅培公司的合法权益受到损害。因此,被异议商标的申请注册未违反《商标法》第十三条第二款的规定。

(3)不得作为商标使用

司法保护案例 1:(2014)高行终字第 485 号 上海城隍珠宝有限公司与国家工商行政管理总局商标评审委员会、上海豫园旅游商城股份有限公司商标争议行政纠纷上诉案。

裁判要旨:在商标授权确权行政案件中,虽然应当考虑相关商业标志的市场知名度,尊重相关公众已在客观上将相关商业标志区别开来的市场实际,注重维护已经形成和稳定的市场秩序,但这种对市场客观实际的尊重不应违背《商标法》的禁止性规定。在争议商标违反《商标法》第十条第一款第(八)项的情况下,即使争议商标经使用具有了较高知名度甚至曾被商标局认定为驰名商标,也不应因此而损害法律规定的严肃性和确定性。

正向应用案例 1:(2015)高行(知)终字第 963 号 维克迪品牌公司与国家工商行政管理总局商标评审委员会其他二审行政判决书。

法院观点:随着时代的发展,市场上已经出现以骷髅图形为设计元素的商品,并被年轻的消费群体接受,但骷髅图形尚未成为全社会所普遍接受的图形,仍然会有部分人群见到骷髅会联想到死亡,并产生恐惧、不适之感。维克迪公司提交的现有证据不足以证明申请商标不会产生不良社会影响,因此,维克迪公司相关上诉理由缺乏事实及法律依据,本院不予支持。

（4）撤三

司法保护案例：（2010）知行字第 55 号"卡斯特"商标三年不使用撤销行政纠纷案。

裁判要旨：注册商标长期搁置不用，该商标不仅不会发挥商标功能和作用，而且会妨碍他人注册、使用，从而影响商标制度的良好运转。因此《商标法》第四十四条第（四）项规定，注册商标连续三年停止使用的，由商标局责令限期改正或者撤销其注册商标。应当注意的是，该条款的立法目的在于激活商标资源，清理闲置商标，撤销只是手段，而不是目的。因此只要在商业活动中公开、真实地使用了注册商标，且注册商标的使用行为本身没有违反《商标法》的规定，则注册商标权利人已经尽到法律规定的使用义务，不宜认定注册商标违反该项规定。因此，在司法实践中，法院应当按照上述原则认定注册商标是否构成连续三年未使用的情形。

正向应用案例 1：（2015）高行（知）终字第 963 号 维克迪品牌公司与国家工商行政管理总局商标评审委员会其他二审行政判决书。

法院观点：康尼皮具公司在诉讼阶段提交的证据能证明该市场主体对表中所列商标的使用事实，也能够印证复审商标在指定期间使用的事实。此外，康尼皮具公司在提交的证据中有对中文"康尼"和复审商标中图形部分的实际宣传使用。虽然上述实际使用的标识存在与复审商标不完全一致的情况，但均反映了复审商标中相同文字和图形，尚未改变复审商标的显著特征。因此，原审法院认定在案证据可以证明复审商标在指定期间进行了真实、合法、有效的商业使用并无不当。

正向应用案例 2：（2015）京知行初字第 3259 号 宝洁捷克公司诉国家工商行政管理总局商标评审委员会其他一案。

法院观点：本案中，第三人在撤销阶段提交的证据显示的交易时间均在三年指定期间内，且能够体现诉争商标的显著识别部分，同时具有真实性。关于吴爱玉、金进国、马传刚等三人的真实身份解释合理，本院予以采信。因此，在案证据已经形成了完整的证据链，证明诉争商标在三年指定期间内在刀片商品上进行了商标法意义上的使用，故诉争商标在"剃须刀、刮胡刀片"商品上的注册应予维持。鉴于修指甲工具与剃须刀、刮胡刀片为类似商品，即使因三年不使用被撤销，他人亦不能在该商品上申请注册相同或近似商标，故诉争商标在修指甲工具商品的注册也应予以维持。商标评审委员会的相关认定并无不当，本院予以确认。

正向应用案例 3：（2015）京知行初字第 1311 号 花生漫画公司诉国家工商行政管理总局商标评审委员会其他一案。

法院观点：台湾娇娃公司提交的证据载明，台湾娇娃公司许可上海优生婴儿用品有限公司在 2007 年 1 月 1 日至 2010 年 8 月 31 日在第 3 类肥皂等商品上使用诉争商标，因此可以视为台湾娇娃公司的使用。台湾娇娃公司提交的 5 本杂志的出版时间均在三年规定期间内，该杂志内页有诉争商标在清洁液、洗衣精、洗发精、爽身粉、宠物洗毛精等商品上使用的广告,故该证据能够证明诉争商标在肥皂等六项商品上在规定期间内存在多次实际使用行为。虽然杂志上实际使用的商标与诉争商标不同,但未改变诉争商标的显著特征,可以视为诉争商标的使用。同时,结合上海华丰广告有限公司于2009—2010年出具给上海优生婴儿用品有限公司的广告费发票,已经可以认定台湾娇娃公司提交的证据能够形成完整的证据链,证明诉争商标在规定期间在"肥皂、香皂及其他人用洗洁用品、化妆品、清洁、去渍用制剂、动物洗涤剂"六项商品上进行了公开、真实、合法有效的商业使用。

(5)显著性

司法保护案例:(2013)高行终字第1767号"金骏眉"通用名称商标行政纠纷案

裁判要旨:第53057号裁定作出时,"金骏眉"已作为一种红茶的商品名称为相关公众所识别和对待,成为特定种类的红茶商品约定俗成的通用名称。因此,基于第53057号裁定作出时的实际情况,应当认定被异议商标的申请注册,违反了《商标法》第十一条第一款第(一)项的规定。

正向应用案例:(2014)一中行(知)初字第8776号株式会社好丽友与国家工商行政管理总局商标评审委员会其他一审行政判决书

法院观点:"提拉米苏"为一种意大利甜点,在制作方法、工艺、原料等方面都有独特的要求,属于一类"蛋糕"的通用名称,争议商标核定使用在"蛋糕"商品上缺乏显著性,"提拉米苏"核定使用在饼干、巧克力、甜食、面包等"蛋糕"之外的其他商品上,亦因表示了商品的口味、工艺等特点,缺乏显著性,无法起到区分商品来源的作用。被告商标评审委员会关于争议商标指定使用在其核定使用的商品上缺乏显著性,从而违反了《商标法》第十一条第一款的规定的认定,并无不当。

(6)程序违法

司法保护案例1:〔2011〕行提字第9号 佳选企业服务公司与中华人民共和国国家工商行政管理总局商标评审委员会商标驳回复审行政纠纷申请再审案。

裁判要旨:在作出不利裁决之前,给予当事人陈述意见和提交证据的机会,是正当程序的基本要求,也是商标评审程序应当遵循的原则。在针对商标局驳回决定的复审程序中,如果商标评审委员会在商标局驳回决定所应用法律之外,欲引入新的理由驳回商标注册申请的,则应当给予商标申请人就新的理由陈述意见和提交证据的机会,否则会损害申请人的申辩、举证的权利,构成程序违法。因此,商标局驳回商标注册申请后,商标评审委员会在复审过程中以新的理由驳回商标注册申请的,其应当给予申请人陈述意见的权利。

正向应用案例1:(2014)高行(知)终字第3192号 北京奇虎科技有限公司与中华人民共和国国家工商行政管理总局商标评审委员会其他二审行政判决书。

法院观点:奇虎公司并没有怠于举证的故意或重大过失,根据《最高人民法院关于行政诉讼证据若干问题的规定》第五十九条的规定,对于奇虎公司在诉讼阶段补充提交的证据应当予以考虑,原审法院完全不予采纳的做法不妥。商标评审委员会、原审法院的相关认定结论有误,应予纠正。奇虎公司的相关上诉理由成立,本院予以支持。

正向应用案例2:(2013)高行终字第627号　国家工商行政管理总局商标评审委员会上诉苏富比拍卖行等其他二审行政判决书。

法院观点:苏富比拍卖行在商标评审阶段为支持其相关主张,提交了45份证据,其中包括第1179号裁定和第1182号裁定的复印件。但商标评审委员会对上述人民法院生效裁判所认定的事实未予认定,在此情形下,苏富比拍卖行补充提交了包括相关案件一审卷宗的全部材料在内的12份证据,作为对其在商标评审阶段提交的证据的补强,原审法院采纳上述证据并不违反法律规定。商标评审委员会的相关上诉理由不能成立,本院不予支持。

(7)共存协议

司法保护案例:〔2011〕知行字第50号　北京台联良子保健技术有限公司与国家工商行政管理总局商标评审委员会、山东良子自然健身研究院有限公司商标争议行政纠纷申请再审案。

裁判要旨:《商标法》第二十八条规定,申请注册的商标,同他人在同一种商品或者类似商品上已经注册的或者初步审定的商标相同或者近似的,由商标局驳回申请,不予公告。但是,如果当事人约定均放弃对对方带有特定字样的商标提出异议的权利,则该约定属于处分自身民事权利的行为,应当合法有效,当事人应当善意履行约定。如果达成约定后,一方违反约定提出异议申请导致对方商标被撤销的,则该行为违反了诚实信用原则。因此,法院可以判决撤销商标局的撤销决定。

正向应用案例:(2014)高行(知)终字第2561号　国家工商行政管理总局商标评审委员会与四川呈祥东馆酒店有限公司其他二审行政判决书。

法院观点:本案中,鉴于呈祥公司已提交其与引证商标二所有人签署的共存协议,该协议中引证商标二所有人明确允许使用在"日间托儿所(看孩子)"服务上的申请商标与使用在"幼儿园"服务上的引证商标二共存,并对双方使用各自商标的范围、地域进行了明确约定,可以排除消费者产生混淆的可能性,故原审法院认定申请商标在"日间托儿所(看孩子)"服务上的注册已不存在障碍,应予初步审定,并无不妥。

(8)不正当手段

司法保护案例:〔2012〕高行终字第1283号　深圳市李金记食品有限公司与国家工商行政管理总局商标评审委员会、第三人李锦记有限公司商标异议复审行政纠纷上诉案。

裁判要旨:商标授权确权程序的总体原则是保护在先商标,尽可能消除商业标志混淆的可能性。在申请商标与引证商标构成使用在相同或者类似商品上的近似商标的情况下,申请商标的使用行为属于违反2001年《商标法》相关规定的行为,原则上此种行为在引证商标权利人已提出明确主张的情况下,不因持续时间长而获得正当性。同时,当事人主张其尚未获准注册的申请商标经过使用已经形成稳定的市场秩序能够与引证商标相区分的,应证明其申请商标在引证商标申请日前已经持续使用。

正向应用案例1:(2014)高行(知)终字第3363号 广西万寿堂药业有限公司与国家工商行政管理总局商标评审委员会其他二审行政判决书。

法院观点:万寿堂公司提交的全部证据中有关申请商标使用的证据时间均晚于引证商标的申请日,故在案证据尚不足以证明申请商标通过使用已经产生与引证商标相区分的客观情况,并形成稳定市场秩序。万寿堂公司有关申请商标通过长期、广泛的使用可与引证商标相区分,不会造成相关公众的混淆的上诉理由,依据不足,本院对此不予支持。

正向应用案例2:(2014)高行(知)终字第2364号 河南双汇投资发展股份有限公司与国家工商行政管理总局商标评审委员会其他二审行政判决书。

法院观点:双汇公司提交的全部证据中有关被异议商标使用的证据时间均晚于引证商标的申请日,除其向原审法院提交的经销商证明外,其余使用证据的时间也晚于被异议商标申请日,故在案证据尚不足以证明被异议商标通过使用已经产生与引证商标相区分的客观情况,并形成稳定市场秩序。双汇公司有关被异议商标通过长期、广泛的使用可与引证商标相区分,不会造成相关公众的混淆,以及原审判决违反最高人民法院相关政策精神的上诉理由,依据不足,本院对此不予支持。

(9)商品服务类似

司法保护案例:(2012)行提字第28号博内特里塞文奥勒有限公司与中华人民共和国国家工商行政管理总局商标评审委员会、佛山市名仕实业有限公司商标争议行政纠纷提审案。

裁判要旨:依照《商标法》第二十八条的规定:"申请注册的商标,凡不符合本法有关规定或者同他人在同一种商品或者类似商品上已经注册的或者初步审定的商标相同或者近似的,由商标局驳回申请,不予公告。"申请商标注册是否违反以上条文的规定、是否具有合法性的判断,需要从相关商标的知名度、显著性、关联度等因素考虑是否容易使消费者对不同商品产生混淆。引证商标是用来驳回商标注册申请的相关商标,引证商标的知名度直接影响商标专用权的排斥力。在实践中,对于不同类别上注册的不同商品,且引证商标的知名度不高,相关公众可以在客观上进行区分的,表明该商标已建立较高市场声誉和形成相关公众群体,已具有稳定的市场秩序,可以申请商标注册。

正向应用案例:(2015)高行(知)终字第61号 赵庆云其他二审行政判决书。

法院观点:被异议商标指定使用的服务属于国际分类第41类,引证商标核定使用的服务属于国际分类第35类,分属不同类别。同时,被异议商标指定使用的"课本出版(非广告材料);录像带制作;翻译;娱乐;体操训练"服务与引证商标核定使用的全部服务,在服务的目的、内容、方式、对象等方面存在较大差异,不构成类似服务。因此,商标评审委员会认为被异议商标在全部复审服务上均违反2001年《商标法》第二十八条的规定有误。原审法院的相关认定正确,应予维持。

(10)诚实信用

司法保护案例:(2015)知行字第 116 号 北京福联升鞋业有限公司与国家工商行政管理总局商标评审委员会、北京内联升鞋业有限公司商标异议复审行政纠纷申请再审案。

裁判要旨:根据商标法的规定,申请注册的商标同他人在同一种或者类似商品上已经注册的商标相同或者近似的,其注册申请将予以驳回。引证商标具有较高的知名度和显著性,由此要求同业竞争者相应地应具有更高的注意和避让义务。申请人未尽到注意和避让义务,在引证商标具有较高的知名度和显著性,被异议商标与引证商标标识近似的情形下,申请注册上述被异议商标,若准予其注册,则以相关公众的一般注意力,容易对引证商标和被异议商标的商品来源产生混淆误认,或者误认为被异议商标与引证商标所指代的商品存在特定联系。故而此种情形下,申请注册被异议商标将被驳回。

正向应用案例:(2016)京行终 557 号黄达青与中华人民共和国国家工商行政管理总局商标评审委员会其他二审行政判决书。

法院观点:在被异议商标申请注册之日前,"灯都"作为灯饰产品产地已具有较高知名度,黄达青同处广东省,对此理应知晓。在此情况下,黄达青在灯等产品上注册"灯都"商标,将直接导致古镇的众多灯饰生产企业不能正常使用"灯都"名称,破坏了同业经营者之间的公平有序竞争。另外,在案证据可以证明广东省中山市小榄镇的五金行业、广东省佛山市西樵镇的纺织业在全国均享有较高知名度,黄达青对此亦应知晓,无疑具有主观恶意,违反了诚实信用原则,扰乱了正常的商标注册管理秩序,损害了公平竞争的市场秩序。参照《商标法》第四十一条第一款关于禁止以欺骗手段或者其他不正当手段取得商标注册的立法精神,黄达青的前述系列商标注册行为应当予以禁止,故本案被异议商标的申请注册不应予以核准。被诉裁定结论正确,原审法院相关认定并无不妥。黄达青的该项上诉理由,依据不足,本院不予支持。

3. 反向应用情况

(1)在先权利

司法保护案例 1:(2012)知行字第 9 号 北京鸭王烤鸭店有限公司与上海淮海鸭王烤鸭店有限公司、国家工商行政管理总局商标评审委员会商标异议复审纠纷申请再审案。

裁判要旨:《商标法》第三十一条规定:"申请商标注册不得损害他人现有的在先权利,也不得以不正当手段抢先注册他人已经使用并有一定影响的商标。"申请人明知或者应知他人已经使用并有一定影响的商标而予以抢注,即可认定其采用了不正当手段。通常情况下,在先使用商标已经有一定影响,即可以推定后申请人明知或者应知该商标,而其申请注册行为是为侵占他人在先使用商标的声誉。但是,不排除存在后申请人无侵占他人在先使用商标声誉的恶意,而是依靠自身经营形成了自己的声誉的情况。因此,抢先注册他人已经使用并有一定影响的商标,如果无侵占他人在先使用商标声誉的恶意,也未给他人造成实际损害,不能认定为侵犯他人在先权利。

反向应用案例 1:(2015)高行(知)终字第 1259 号 天津市美林投资管理有限公司与中华人民共和国国家工商行政管理总局商标评审委员会其他二审行政判决书。

法院观点:根据美林集团向商标评审委员会提交的证据足以认定,在被异议商标申请日前,美林集团的商号"美林"已经在中国大陆地区的金融、投资咨询等行业具有较高知名度。在被异议商标申请时,美林集团的主体资格仍然存在,商标评审委员会作出第103441 号裁定时,美国银行公司表示"美林集团"作为其公司的一个事业部仍使用"美林"的商事呼叫从事金融保险等业务。因此,商标评审委员会和原审法院的相关认定是正确的。天津美林公司有关原审法院认定"美林"是美林集团的商号,且该商号已经在中国大陆地区具有较高知名度错误的上诉理由,依据不足,不能成立。

反向应用案例 2:(2014)高行(知)终字第 2670 号 孙永建与中华人民共和国国家工商行政管理总局商标评审委员会其他二审行政判决书。

法院观点:本案中,台电公司提供的证据能够证明其"台电"商号在被异议商标申请日前,已经在电线、电缆、麦克风、扩音机等商品上进行了生产和销售,而且其所经营的主要由电线、电缆、麦克风、扩音机等构成的会议系统经过长期的宣传、推广,已经在相关公众中形成了一定影响,具有了一定知名度。而台电公司"台电"商号据以知名的上述商品与被异议商标指定使用的电源材料(电线、电缆)等商品属于同类商品或具有较为密切的关联。因此,被异议商标容易使相关公众认为使用被异议商标的商品与台电公司存在特定联系,进而损害台电公司的利益。孙永建不能证明其在电线、电缆等商品上具有一定知名度的上诉理由,缺乏事实和法律依据,本院对此不予支持。

司法保护案例 2:(2014)高行终字第 1696 号 腾讯科技(深圳)有限公司与国家工商行政管理总局商标评审委员会、奇瑞汽车股份有限公司商标争议行政纠纷上诉案。

裁判要旨:《商标法》第三十一条规定:"申请商标注册不得损害他人现有的在先权利,也不得以不正当手段抢先注册他人已经使用并有一定影响的商标。"申请人明知或者应知他人已经使用并有一定影响的商标而予以抢注,即可认定其采用了不正当手段。通常情况下,在先使用商标已经有一定影响,即可以推定后申请人明知或者应知该商标,而其申请注册行为是为侵占他人在先使用商标权。抢注行为即便是对在先商标的延续性注册或者防御注册,由于无法律可依据,仍然构成抢注,具有不正当性。

反向应用案例 1:(2015)高行(知)终字第 57 号 上海工具厂有限公司与国家工商行政管理总局商标评审委员会其他二审行政判决书。

法院观点:认定诉争商标损害他人在先商号权通常以诉争商标与在先商号相同或无实质差异,且该在先商号在与诉争商标所指定的相同、类似商品或服务上的使用已在中国大陆地区具有一定知名度为前提。本案中,虽然上海工具厂提交的证据能够证明其企业简称"上工"具有一定知名度,但其使用该商号所从事且据以知名的经营业务限于金属切削工具,与争议商标核定使用的教育、培训等服务差异显著,并非相同或类似的商品/服务。因此,商标评审委员会和原审法院有关争议商标的注册未损害上海工具厂"上工"商号权的认定并无不当。

反向应用案例2:(2014)一中知行初字第3909号 纳爱斯集团有限公司与国家工商行政管理总局商标评审委员会其他一审行政判决书。

法院观点:纳爱斯公司在商标评审阶段提交的证据虽然可以证明其在被异议商标申请日前就开始使用其企业名称,但其证据主要是在肥皂、香皂、洗涤用品等商品上使用相关商标和企业名称,不能证明在被异议商标申请日前在洗衣机、压力机等商品或类似商品上使用了"纳爱斯"字号,并通过在上述商品上的使用使该字号具有了一定的市场知名度而为相关公众所知悉。纳爱斯公司字号实际使用的肥皂、香皂、洗涤用品等商品与被异议商标指定使用的洗衣机、压力机等商品不存在特定联系,不易造成相关公众混淆。故纳爱斯公司主张被异议商标的注册侵犯了其企业字号权,缺乏相应的事实依据。因此,被异议商标的注册未违反《商标法》第三十一条的规定。

司法保护案例3:(2010)知行字第52号 山西康宝生物制品股份有限公司诉国家工商行政管理总局商标评审委员会、第三人北京九龙制药有限公司商标争议行政纠纷申请再审案。

裁判要旨:《商标法》第三十一条规定,申请商标注册不得损害他人现有的在先权利,也不得以不正当手段抢先注册他人已经使用并有一定影响的商标。对于本条所规定的"在先权利",应当理解为包括《民法通则》《商标法》及其他法律规定的民事权利和民事权益,即属于应予保护的合法权益的,应当作为本条规定的"在先权利"予以保护。他人已经使用并产生一定影响的商品名称,一方面能起到区别该商品来源的目的,另一方面其"影响力"对企业具有较大的经济价值,且该名称的使用并未侵犯任何人的权益,故应当属于法律保护的合法权益,因此,当事人不能将其注册为相同产品的注册商标。

反向应用案例1:(2014)一中行(知)初字第6960号好婴美有限公司与中华人民共和国国家工商行政管理总局商标评审委员会其他一审行政判决书。

法院观点:好婴美公司在异议复审阶段提交的该部分证据,均为域外证据,且未经公证认证,亦未提交在"豆奶(牛奶替代品)、可可油、蔬菜色拉"等商品上的使用证据,故不能认定其所述商号以及被抢注的商标"Humana"在中国大陆范围内已经过广泛宣传和使用,因此本案不能认定被异议商标的注册构成《商标法》第三十一条所指情形。

(2)驰名商标

司法保护案例1:(2013)行提字第24号"圣象"驰名商标保护案。

裁判要旨:注册商标具有公示性,故《商标法》保护的主要是注册商标,未经注册的商标原则上不受法律保护,以此促使商标所有人申请商标注册。但是,如果僵化地执行该原则,将会出现恶意抢注商标等不公平情形。尤其是对于一些存在历史久、知名度高的非注册商标,这种抢注行为的损害更加严重。2001年《商标法》第十三条规定,就相同或者类似商品申请注册的商标是复制、模仿或者翻译他人未在中国注册的驰名商标,容易导致混淆的,不予注册并禁止使用。据此,引证商标权人有权以其在争议注册商标申请日前构成驰名商标为由,申请撤销争议注册商标,但前提条件是两者应用于相同或类似商品,且容易导致混淆。

反向应用案例1:(2014)高行(知)终字第3683号 北京百利豪眼镜有限公司与法拉力公司、国家工商行政管理总局商标评审委员会行政裁决申诉行政裁定书。

法院观点:即便法拉力公司主张驰名的商标在被异议商标申请日前已达到驰名的程度,如果被异议商标不是复制、模仿或翻译该驰名商标,或者被异议商标指定使用的商品或服务与引证商标核定使用的商品或服务相去甚远,则被异议商标同样不构成2001年《商标法》第十三条第二款所规定的不予注册并禁止使用的商标。

司法保护案例2:(2010)高行终字第1118号"杏花村"商标异议复审案。

裁判要旨:驰名商标,是中国国家工商行政管理局商标局,根据企业的申请,官方认定的一种商标类型,在中国国内为公众广为知晓并享有较高声誉。《驰名商标认定和管理暂行规定》第八条规定,将与他人驰名商标相同或者近似的商标在非类似商品上申请注册,且可能损害驰名商标注册人的权益,从而构成《商标法》第八条第(9)项所述不良影响的,由国家工商行政管理局商标局驳回其注册申请;申请人不服的,可以向国家工商行政管理局商标评审委员会申请复审;已经注册的,自注册之日起五年内,驰名商标注册人可以请求国家工商行政管理局商标评审委员会予以撤销,但恶意注册的不受时间限制。可见,驰名商标注册人发现他人使用与其商标相同或者近似的商标在非类似商品上申请注册时,向工商行政管理机关提出制止要求的条件是,他人的该注册行为可能损害驰名商标注册人的权益。如果他人的行为不会造成对驰名商标注册人利益损害的,则工商行政管理机关应当准予注册。

反向应用案例1:(2014)高行终字第1537号 亨氏公司与国家工商行政管理总局商标评审委员会其他二审行政判决书。

法院观点:被异议商标指定使用的"医用体温计;失禁用垫;避孕套",与引证商标一据以驰名的"婴儿食品"关联性较弱,但当相关公众看到使用在上述商品上的被异议商标时,可能联想到驰名的引证商标一,并误认为二者的提供者之间存在投资、合作等关联关系,弱化驰名的引证商标一与亨氏公司之间的对应关系,在客观上利用了驰名的引证商标一的市场声誉,从而损害亨氏公司的利益。

(3)撤三

司法保护案例:〔2010〕知行字第55号"卡斯特"商标三年不使用撤销行政纠纷案。

裁判要旨:注册商标长期搁置不用,该商标不仅不会发挥商标功能和作用,而且会妨碍他人注册、使用,从而影响商标制度的良好运转。因此《商标法》第四十四条第(四)项规定,注册商标连续三年停止使用的,由商标局责令限期改正或者撤销其注册商标。应当注意的是,该条款的立法目的在于激活商标资源,清理闲置商标,撤销只是手段,而不是目的。因此只要在商业活动中公开、真实地使用了注册商标,且注册商标的使用行为本身没有违反《商标法》的规定,则注册商标权利人已经尽到法律规定的使用义务,不宜认定注册商标违反该项规定。因此,在司法实践中,法院应当按照上述原则认定注册商标是否构成连续三年未使用的情形。

反向应用案例1:(2014)高行(知)终字第3647号 泰克尼卡有限公司与中华人民共和国国家工商行政管理总局商标评审委员会其他二审行政判决书。

法院观点:美特公司提交的在案证据均不足以证明复审商标在指定期间在核定商品上进行了公开、真实、合法的商业使用。鉴于美特公司认可网页证据超出了指定期间,故该证据亦不足以证明复审商标在指定期间使用的事实。综上,商标评审委员会和原审法院认为美特公司在2006年2月10日至2009年2月9日期间对复审商标进行了有效的商业使用是错误的,依法应予纠正。

反向应用案例2:(2015)高行(知)终字第1959号 国家工商行政管理总局商标评审委员会与李翠姗其他二审行政判决书。

法院观点:本案中,对于金利成公司在商标评审阶段提交的证据中显示的日期虽在三年期限期间,但证据的证明效力均不足,无法证明复审商标的实际使用。因此,原审法院认定金利成公司提交的在案证据尚不足以证明复审商标在指定期间内在指定商品上进行实际使用是恰当的,商标评审委员会在被诉决定中认定复审商标在复审商品上三年内进行了使用的证据不足,故其有关金利成公司提交的证据可以证明复审商标在三年期间已经实际使用的上诉理由缺乏依据,本院不予支持。

反向应用案例3:(2015)京知行初字第3797号 毕卡索国际开发有限公司诉国家工商行政管理总局商标评审委员会其他一案。

法院观点:原告毕卡索国际开发有限公司许可厦门市湖里区冬日贸易商行使用诉争商标的证据存在瑕疵且毕卡索国际开发有限公司在规定期限内未对瑕疵作出解释,本院不予认可。原告毕卡索国际开发有限公司提供的产品照片、产品标贴缺乏真实性。因此,原告毕卡索国际开发有限公司提交的在案证据尚不足以证明诉争商标在三年期间在核定使用的第16类"绵纸、宣纸、色纸、复写纸、包装纸、瓦楞纸、铜版纸、玻璃纸、打字纸、印刷纸、记录纸、面纸、纸巾、卫生纸、化妆纸、餐巾纸、马桶卫生纸垫、纸桌巾、纸手帕、贴纸、书籍、地图、照片、说明书、旅行指南、海报、图章、打印台、白黑板、日期印戳、印章箱、砚台、印色、水彩盒、调色板、切割垫板、英文打字机、电动打字机、地球仪、曲线板、符号板、椭圆板、图形板"上进行了商标法意义上的使用。

(4)显著性

司法保护案例:〔2011〕行提字第7号 长沙沩山茶业有限公司与国家工商行政管理总

局商标评审委员会、湖南宁乡沩山湘沩名茶厂等商标争议行政纠纷申请再审案。

裁判要旨：根据《商标法》第十一条第一款第（二）、（三）项的规定，仅仅直接表示商品的质量、主要原料、功能、用途、重量、数量及其他特点的标志，缺乏显著特征的标志不得作为商标注册，否则他人有权要求商标局撤销该注册商标。在具体判断涉案注册商标是否缺乏显著性时，应当从相关公众的一般认识出发，从整体上对商标的显著性进行综合判断。因此，注册商标显著性的判断并不能仅仅依赖于个别具体的因素，而是要从商标的表现形式、公众的认知等方面综合进行。综上，当事人不能仅仅因为注册商标含有描述性文字而主张缺乏显著性特征，要求商标局撤销该注册商标。

反向应用案例：（2014）高行（知）终字第 3796 号 芯源系统有限公司与国家工商行政管理总局商标评审委员会其他二审行政判决书。

法院观点：本案中，申请商标由英文"MONOLITHICPOWERSYSTEMS"组成，其中英文"MONOLITHICPOWERSYSTEMS"可以翻译为"单片能源系统"或"单片电路能力系统"，其使用在"数据处理设备"等指定商品上，整体缺乏商标应有的显著性。芯源公司虽然提交了一些证据来证明申请商标经其使用已经取得了显著性，特别是其向本院新提交了 8 份证据以证明申请商标的使用情况，但这 8 份证据中多数是针对中国大陆之外的其他地区发生的交易，且芯源公司在诉讼中提交的证据也不是商标评审委员会作出第 61053 号决定的依据，故商标评审委员会在原有证据的基础上作出的第 61053 号决定并无不当，同时芯源公司在诉讼中提交的证据也不足以证明申请商标经过使用取得了显著性，因此芯源公司有关申请商标具有显著性的上诉理由依据不足，本院不予支持

二、商标民事确权侵权案件应用情况

（一）检索过程及检索结果

1. 关键字信息

一级关键字（案由）：商标权权属纠纷、侵害商标权纠纷、确认不侵害商标权纠纷

二级关键字是在熟悉每个案件的基础上提取如下：驰名商标、定牌加工、反向假冒、合法来源、混淆、竞价排名、企业名称权、侵权责任、权利用尽、商标近似、商标性使用、商品服务类似、显著性、在先权利、在先使用、正当使用、证明商标等。

裁判日期：2010 年 4 月 14 日至 2016 年 8 月 27 日。

2. 检索结果

通过一级关键字以及裁判日期检索后，共获得检索结果 34252 件。

如图二-5 所示，对于这 34252 件案件再以二级关键字检索后，占比例前三的分别为商品服务类似（4426 件，占比 13%）、混淆（3846 件，占比 11%）和侵权责任（1169 件件，占比 3%），可见商标侵权判定的首要问题是商品服务类似的判定以及基于商品服务类似判

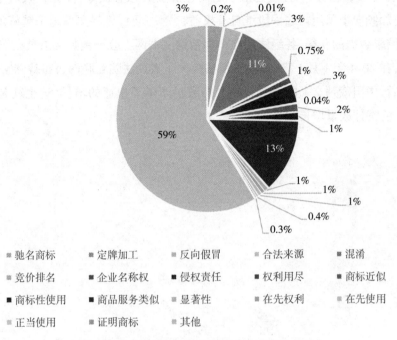

图二-5　商标民事确权侵权案件关键字分布图

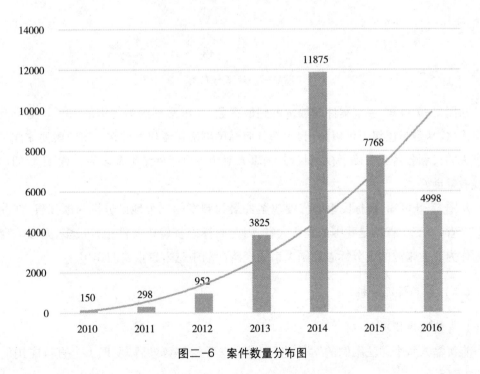

图二-6　案件数量分布图

定后的混淆分析,侵权责任亦是无可避免的争议焦点之一。

从图二-6 中可以看出,目前法院公开的商标民事确权侵权案件数量在 2010 年至

2016 年整体呈成长趋势,一方面是由于国民经济发展态势良好,商标权人对于商标权越发关注,更加倾向于采用司法手段维自身权益;另一方面,裁判文书越来越好的公开情况也有利于结果数据的获得,各级法院在中国裁判文书网上公开裁判文书早在 2013 年年底已经开始,在 2014 年 1 月 1 日《最高人民法院关于人民法院互联网公布裁判文书的规定》正式实施后,中国裁判文书网上的裁判文书数量产生了快速的增长,这也就是为何 2013 和 2014 年的案件数量增长明显。

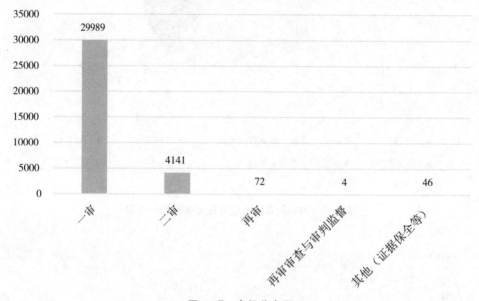

图二-7 审级分布图

从图二-7 可知,一审案件的数量占到最多数,二审案件约为一审的 13%。再审及其他更次之,从数量层级上可以看出,大部分商标民事确权侵权案件在一审阶段便完成了对当事人的权利救济或明确了权利状态,当事人对于一审案件结果都较为满意,法院的司法实践效果良好。

从图二-8 可知,商标民事确权侵权案件最为频发的三个地区分别为浙江省、江苏省和广东省,这三个省均是我国的经济大省,因此商标确权侵权案件量也最多,充分体现了商标作为商业来源的区分标志在国民市场经济活动中越来越重要的作用。

（二）应用情况分析

1. 直接应用情况

直接输入每个司法案例的案号进行查找,查看相关结果后,发现 1 个直接应用的案例,如下所示:

司法保护案例:〔2012〕高民终字第 58 号—舟山市水产流通与加工行业协会与北京申马人食品销售有限公司、北京华冠商贸有限公司侵害商标权纠纷上诉案。

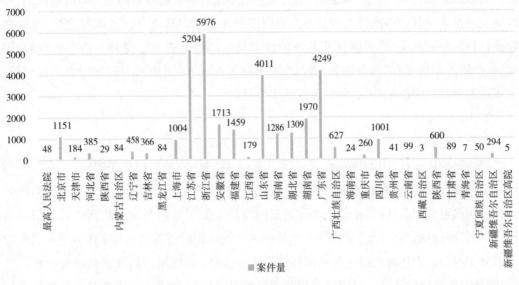

图二-8　地域分布图

裁判要旨:舟山水产协会作为舟山带鱼商标的注册人,对于其商品符合特定品质的自然人、法人或者其他组织要求使用该证明商标的,应当允许。而且,其不能剥夺虽没有向其提出使用该证明商标的要求,但商品确产于浙江舟山海域的自然人、法人或者其他组织正当使用该证明商标中地名的权利。但同时,对于其商品并非产于浙江舟山海域的自然人、法人或者其他组织在商品上标注该商标的,舟山水产协会则有权禁止,并依法追究其侵犯证明商标权利的责任。

直接应用案例:(2015)京知民终字第991号—杭州市西湖区龙井茶产业协会等侵害商标权纠纷。

法院观点:关于证明商标的权利边界和禁用边界,在北京市高级人民法院(2012)高民终字第58号生效判决中已经明确"舟山水产协会作为舟山带鱼商标的注册人,对于其商品符合特定品质的自然人、法人或者其他组织要求使用该证明商标的,应当允许。而且,其不能剥夺虽没有向其提出使用该证明商标的要求,但商品确产于浙江舟山海域的自然人、法人或者其他组织正当使用该证明商标中地名的权利。但同时,对于其商品并非产于浙江舟山海域的自然人、法人或者其他组织在商品上标注该商标的,舟山水产协会则有权禁止,并依法追究其侵犯证明商标权利的责任"。因此,一审法院关于"依照该商标的使用管理规则,凡使用'西湖龙井'地理标志证明商标的,须提出申请、获得审核批准后方被许可在其产品上或包装上使用。对于不符合上述管理规则的使用人,未经许可在茶叶上使用与该证明商标相同或近似标识的行为,龙井茶协会有权依法追究其侵害商标权的责任。"的论述错误,本院予以纠正。同时,关于地理标志证明商标举证责任分配问题,在北京市高级人民法院(2012)高民终字第58号生效判决中亦已明确由使用该注册商标的使用者承担举证证明责任。本案中,聚天茗公司主张其销售的涉案商品产自杭州西湖,但未提交证据证明其销售的涉案商品系产自西湖龙井茶保护基地,具有"西湖龙井"证明商标所标识商品的品质,亦未能证明其使用涉案商标的行为得到了龙井茶协会的许可,因此,其使用并销售带有"西湖龍井"及"西湖龙井"标志的涉案商品的行为构成商标侵权。一审法院对此认定结论并无不当,本院应予维持。

2. 正向应用情况

(1)驰名商标

司法保护案例:〔2012〕湘高法民三终字第 61 号"三一"驰名商标保护案。

裁判要旨:对驰名商标的保护主要体现在:禁止他人在非类似商品上申请注册与驰名商标相同或近似的商标;禁止他人在非类似的商品上使用与驰名商标相同或者近似的商标;自驰名商标认定之日起,禁止他人将与该驰名商标相同或近似的文字作为企业名称的一部分使用。就上述可能损害驰名商标注册人权益的,商标局可以驳回其注册申请。已经注册的,驰名商标注册人可以请求商标评审委员会予以撤销。经营者擅自使用他人的企业名称或者姓名,引人误认为是他人商品的,构成不正当竞争,给权利人造成损害的,应当承担损害赔偿责任。

正向应用案例:(2014)鲁民三终字第 174 号北京国美电器有限公司与泗水县国美商贸有限公司侵害商标权纠纷。

法院观点:上诉人经泗水县工商行政管理局核准注册的企业名称为"泗水县国美商贸有限公司",其经营范围与北京国美同属以商场形式销售电器等商品的相同行业。泗水国美在其经营场所的门头招牌、宣传标语、卖场海报上,将北京国美享有注册商标专用权的"国美"标识,作为其企业名称的字号突出使用,容易使相关消费者误认为泗水国美与北京国美存在某种关联关系。根据最高人民法院《关于审理商标民事纠纷案件应用法律若干问题的解释》第一条之规定:"将与他人注册商标相同或者相近似的文字作为企业名称的字号在相同或者类似商品上突出使用,容易使相关公众产生误认的,属于商标法规定的商标侵权行为"。原审判决泗水国美对其企业名称的上述使用行为,构成对被上诉人北京国美"国美"注册商标专用权的侵犯结果正确,本院予以维持。

关于泗水国美将"国美"用作企业字号的行为,是否构成不正当竞争问题。根据北京国美提交的有关"国美电器"商标受保护的记录,可以证明涉案"国美电器"商标具有相当高的知名度,泗水国美在后将他人知名商标作为企业字号使用,进行同业竞争,具有攀附他人商誉的主观恶意,违反了经营者应遵循的诚实信用原则。根据《中华人民共和国反不正当竞争法》第二条第一款的规定,构成不正当竞争。根据最高人民法院《关于审理注册商标、企业名称与在先权利冲突的民事纠纷案件若干问题的规定》第四条,被诉企业名称侵犯注册商标专用权或构成不正当竞争的,人民法院可以根据原告的诉讼请求和案件具体情况,确定被告承担停止使用、规范使用等民事责任。原审法院据此判令泗水国美停

止在其企业名称中使用"国美"字号正确,应予维持

（2）定牌加工

涉及对外定牌加工的司法保护案例有4件,这4个案件分别是1.〔2012〕鲁民三终字第81号鳄鱼恤有限公司与青岛瑞田服饰有限公司侵害商标专用权纠纷上诉案;2.（2014）民提字第38号浦江亚环锁业有限公司与莱斯防盗产品国际有限公司侵害商标权纠纷再审案;3.〔2012〕闽民终字第378号年年红国际食品有限公司与德国舒乐达公司、厦门国贸实业有限公司侵害商标权纠纷上诉案;4.（2015）苏知民终字第00036号上海柴油机股份有限公司与江苏常佳金峰动力机械有限公司侵害商标权纠纷上诉案。在这4个案件中案例1—案例2支持对外定牌加工行为不是《商标法》意义上的使用,不涉及商标侵权问题,但案例3—案例4认为对外定牌加工行为是《商标法》意义上的使用,属于商标侵权行为,与案例1—案例2的观点不一致。

案例1中山东省高级人民法院认为:商标具有地域性特点,即在一国注册的商标在该国范围内受法律保护。商标的基本功能为识别功能,即将商标权人的商品或服务与其他人的商品或服务区别开来。而商标的识别功能只有在商标法意义上的"商标使用行为"中才得以体现。商标法的商标使用,应当是为了实现商标功能的使用。商标最主要的功能是识别,只有商品进入流通领域,商标的识别功能才得以发挥;商品不进入流通领域,商标只不过是一种装饰,无所谓识别问题。因此商标法上的商标使用,应当是与商品流通相联系的使用行为。《中华人民共和国商标法实施条例》第三条规定,商标的使用,是指将商标用于商品、商品包装或者容器以及商品交易文书上,或广告宣传、展览以及其他商业活动中。由此从法律规定看,商标法意义上的商标使用行为也强调将商标贴附于商品进行销售或者进行其他交易,是与商品流通相联系的使用行为。本案中的贴牌加工行为,所加工产品全部销往国外而不在中国境内销售,属于对外"贴牌加工"行为。由于瑞田公司所加工产品全部出口,并不在中国市场上流通销售,因此,在中国境内,上述吊牌、领标不具有识别商品来源的功能。加工方按照委托方的要求,将商标贴附于加工之产品上,就其性质而言,属于加工行为,不是商标法意义上的商标使用行为。

案例2中最高人民法院认为:《中华人民共和国商标法》（2001年修订,以下简称"2001年商标法"）第八条规定,任何能够将自然人、法人或者其他组织的商品与他人的商品区别开来的标志,包括文字、图形、字母、数字、三维标志和颜色组合,以及上述要素的组合,均可以作为商标申请注册。《中华人民共和国商标法》（2013年修订,以下简称"2013年商标法"）第四十八条规定,本法所称商标的使用,是指将商标用于商品、商品包装或者容器以及商品交易文书上,或者将商标用于广告宣传、展览以及其他商业活动中,用于识别商品来源的行为。虽然前述商标法四十八条规定之"用以识别商品来源的行为"系2013年商标法修改时新增加,但并不意味着商标法对商标法关于商标的使用有了本质的变化,而是对商标的使用进行进一步的澄清,避免将不属于识别商品来源的使用行为纳入

商标使用范畴,进而导致商标法第五十二条的扩大应用。因此,虽然本案应当应用 2001 年商标法,但前述 2013 年商标法第四十八条关于商标的使用之规定对于理解《中华人民共和国商标法实施条例》(2002 年修订)第三条之规定具有重要参照意义。

本案中,根据原审法院查明的事实,储伯公司系墨西哥"pretul"或"pretul 及椭圆图形"注册商标权利人(第 6 类、第 8 类)。亚环公司受储伯公司委托,按照其要求生产挂锁,在挂锁上使用"pretul"相关标识并全部出口至墨西哥,该批挂锁并不在中国市场上销售,也就是该标识不会在我国领域内发挥商标的识别功能,不具有使我国的相关公众将贴附该标志的商品,与莱斯公司生产的商品的来源产生混淆和误认的可性能。商标作为区分商品或者服务来源的标识,其基本功能在于商标的识别性,亚环公司依据储伯公司的授权,上述使用相关"pretul"标志的行为,在中国境内仅属物理贴附行为,为储伯公司在其享有商标专用权的墨西哥国使用其商标提供了必要的技术性条件,在中国境内并不具有识别商品来源的功能。因此,亚环公司在委托加工产品上贴附的标志,既不具有区分所加工商品来源的意义,也不能实现识别该商品来源的功能,故其所贴附的标志不具有商标的属性,在产品上贴附标志的行为亦不能被认定为商标意义上的使用行为。

商标法保护商标的基本功能,是保护其识别性。判断在相同商品上使用相同的商标,或者判断在相同商品上使用近似的商标,或者判断在类似商品上使用相同或者近似的商标是否容易导致混淆,要以商标发挥或者可能发挥识别功能为前提。也就是说是否破坏商标的识别功能,是判断是否构成侵害商标权的基础。在商标并不能发挥识别作用,并非商标法意义上的商标使用的情况下,判断是否在相同商品上使用相同的商标,或者判断在相同商品上使用近似的商标,或者判断在类似商品上使用相同或者近似的商标是否容易导致混淆,都不具实际意义。本案中,一、二审法院以是否相同或者近似作为判断是否构成侵犯商标权的要件,忽略了本案诉争行为是否构成商标法意义上的商标使用之前提,应用法律错误,本院予以纠正。

此外,亚环公司还申请再审称许浩荣恶意抢注"pretul 及椭圆图形"商标。本院认为,储伯公司系墨西哥"pretul"或"pretul 及椭圆图形"注册商标权利人(第 6 类、第 8 类),许浩荣是否构成恶意抢注,取决于储伯公司是否向其主张权利及是否有恶意抢注的事实和法律依据等前提条件。本案中,亚环公司虽经储伯公司委托加工相关挂锁,亦举证证明许浩荣所在公司与储伯公司曾有相关贸易关系,但在储伯公司未参加本案诉讼,亚环公司亦未举证证明储伯公司是否向许浩荣主张权利的情况下,原审法院对其上诉理由不予支持并无不当。

案例 3 中福建省高级人民法院认为:商标具有严格的地域性,商标的使用应局限于法定区域。根据我国在加入《商标国际注册马德里协定》时的声明,通过国际注册取得商标的保护,只有经商标所有人进行国内申请时,才能扩大到中国。被告舒乐达公司 iska 商标虽然获得欧共体和马德里国际商标注册,但是被告没有证据证明其在中国国内进行申请,因此其根据《商标国际注册马德里协定》在世界知识产权组织国际局注册的 iska 商标并不自动获得我国保护,没有取得在中国的商标专用权。

根据《中华人民共和国商标法实施细则》第三条的规定,商标的使用,包括将商标用于商品、商品包装或者容器以及商品交易文书上,或者将商标用于广告宣传、展览以及其他商业活动中。商业活动包括商品的生产行为和商品的销售行为,贴牌加工作为商品的生产行为也应当严格禁止在同一种商品或类似商品上使用与他人注册商品相同或相近的商标。相关公众既包括产品的消费者,也应包括产品的生产者和销售者,因此即便贴牌加工的产品不在中国市场销售,也同样会引起产品生产和流通环节业者的混淆,从而损害商标的识别功能。

案例 4 中江苏省高级人民法院认为:虽然常佳公司的行为属于涉外贴牌加工行为,但常佳公司系明知上柴公司涉案"东风"商标为驰名商标,仍然接受境外委托,在被控侵权产品柴油机及柴油机组件上使用与上柴公司"东风"商标相同的商标,未尽到合理注意与避让义务,实质性损害了上柴公司的利益,侵犯了上柴公司注册商标专用权。

从这 4 件司法裁判案例的裁判结果我们可以看出:向外定牌加工行为本身在司法实务界就存在较大争议,值得关注的是,〔2012〕鲁民三终字第 81 号鳄鱼恤有限公司与青岛瑞田服饰有限公司侵害商标专用权纠纷上诉案与〔2012〕闽民终字第 378 号年年红国际食品有限公司与德国舒乐达公司、厦门国贸实业有限公司侵害商标权纠纷上诉案是最高人民法院发布的《2012 年中国法院知识产权司法保护 50 件典型案例》,(2014)民提字第 38 号浦江亚环锁业有限公司与莱斯防盗产品国际有限公司侵害商标权纠纷再审案与(2015)苏知民终字第 00036 号上海柴油机股份有限公司与江苏常佳金峰动力机械有限公司侵害商标权纠纷上诉案是最高人民法院发布的《2015 年中国法院知识产权司法保护 50 件典型案例》,这两对案件的发布时间完全相同,但裁判结果截然相反,却双双入选当年的典型案例,我们对这种情况需要高度注意,因为最高人民法院每年发布的《中国法院知识产权司法保护 50 件典型案例》,不仅应当关注当年发生的具有重大影响力的案件,更应注意入选典型案例的案件需对后续案件具有重要的指导、参考作用,尽量避免审判结果具有明显冲突的案件同时入选典型案例,以免削弱《商标法》的指引作用,损害《商标法》的公信力。

(3)反向假冒

司法保护案例:(2013)川民终字 665 号宜宾五粮液股份公司与江西精彩生活投资发展有限公司侵害商标权纠纷上诉案

裁判要旨:商标专用权受法律保护,商标权人具有支配商标并禁止他人侵害的权利。依据《中华人民共和国商标法》第五十二条第(四)项的规定,未经商标注册人同意,更换其注册商标并将该更换商标的商品又投入市场的,属于侵犯注册商标专用权。这种行为又称为反向假冒行为、撤换商标行为。构成这种侵权行为必须具备两个要件:一是行为人未经商标所有人同意而擅自更换商标;二是撤换商标的商品又投入市场进行销售。销售方未经商标权人同意,将具有宣传本公司内容的标贴覆盖原商标,行为的实质就是撤换商标又投入市场销售,致使消费者误认的,侵犯了商标权。

正向应用案例:(2015)浙甬知初字第 41 号万利达集团有限公司与北京仁歌视听科技有限公司、上海亿人通信终端有限公司等侵害商标权纠纷

法院观点:原告在自己制造的平板电脑上使用了享有专用权的"malata"商标,符合法律规定,发挥了商标识别商品来源的作用。现被告中天公司将"AOV"商标覆盖在"malata"商标之上,并将更换了商标的平板电脑又投入市场,剥夺了原告向相关公众展示其商标的权利,会使相关公众对于涉案平板电脑的来源产生误认,将原本来源于原告的商品误认为和"AOV"商标有特定联系的商品,使原告失去了通过市场创建品牌,获得商誉的机会,妨碍了"malata"注册商标发挥识别作用的功能,无法体现其品牌价值。被告中天公司的行为对原告依法享有的注册商标专用权造成损害,其行为构成商标侵权。

(4)合法来源

司法保护案例:(2013)鲁民三终字第 32 号环球股份有限公司与青岛际通文具有限公司、青岛际通铅笔有限公司、青岛永旺东泰商业有限公司侵害商标权纠纷上诉案

裁判要旨:《商标法》第五十六条第三款规定:"销售不知道是侵犯商标专用权的商品,能证明该商品是自己合法取得的并说明提供者的,不承担赔偿责任。"可见,销售商销售侵犯他人注册商标专用权的商品,免除其承担侵权损害赔偿责任需具备两个要件,一是主观要件,即不知道销售的商品是侵权商品;二是客观要件,即具有合法的进货渠道。销售商对上述构成要件负有举证责任。对于主观要件的认定,应结合销售商的经营方式、经营规模、商标知名度、侵权商品的侵权类型等因素判断;对于客观要件的认定,应结合供货合同、发票、出库单、入库单等证据判断。综上所述,销售者不知其销售的商品侵犯了他人商标权,并能够提供合法正规的进货票据的,符合上述两个要件,可免除赔偿责任。

正向应用案例:(2015)津高民三终字第 0015 号上海红双喜股份有限公司与天津金佰汇商厦有限责任公司侵害商标权纠纷

法院观点:关于金佰汇商厦所销售侵权商品是否具有合法来源及其是否应承担赔偿责任。《中华人民共和国商标法》第六十四条第二款规定:"销售不知道是侵犯注册商标专用权的商品,能证明该商品是自己合法取得并说明提供者的,不承担赔偿责任。"根据上述规定,认定销售了侵权商品的销售商是否应承担赔偿责任,应综合考虑以下因素:

首先,客观上,销售商能否证明其销售的商品具有合法来源。

证明有合法的进货来源,是销售商不承担赔偿责任的首要条件。对此,销售商既要证明商品的来源,即所销售商品的进货渠道及取得方式合法,又要指明向其提供商品的特定主体。

本案中,金佰汇商厦主张其销售的商品有合法的进货渠道。考虑到不同组织形式的

经营主体在财务制度、税款缴纳及经营特点、交易习惯等方面的差别,金百汇商厦虽然未能提供所销售商品的买卖合同及发票等税务机关认可的财务凭证,但提供了盖有供货方天津市红桥区北海实业公司文体用品分公司公章的销货单据及其销售被控侵权商品的销货票和财务账册等证据,供货方出具的销货单据上的商品名称、型号和时间等信息与金百汇商厦销售商品时开具票据上的内容和商品本身相互对应,足以证明其与供货单位之间的交易真实发生。

其次,主观上,销售商是否知道其所销售商品是侵权商品。

为切实有效地保护商标权人和消费者的合法利益,销售商即便从合法渠道进货,其在经营过程中亦应尽到合理的注意义务,以避免购进并销售明知或应知侵权商品的情况发生。对于是否"知道"的判断标准,则应从销售商的认知能力、所销售商品的具体状况及其对上游供货商授权手续的审核等方面加以考虑。

根据本案已查明事实,金百汇商厦并非专业经销体育器材的经营者,其以销售日常生活用品等商品为主,只是附带销售了涉案乒乓球等体育用品,进销货数量有限。即使涉案红双喜商标在体育器械领域具有较高的知名度,但金百汇商厦作为非专营体育器械的销售商,了解相关产品市场的可能性不大,其以较为合理的进货价格购进的侵权乒乓球,与红双喜公司提供的"红双喜"牌正品乒乓球外观差异不明显,且其已审核了供货方天津市红桥区北海实业公司文体用品分公司经红双喜公司的关联公司授权经销红双喜系列体育用品的相关手续,故在没有相反证据情况下,不能认定金百汇商厦明知或应知其所销售商品为侵权商品。

(5)竞价排名

司法保护案例1:(2011)杭滨初字第11号—杭州盘古自动化系统有限公司与杭州盟控仪表技术有限公司、北京百度网讯科技有限公司侵害商标权纠纷案

司法保护案例2:(2011)苏知民终字第0033号上海梅思泰克生态科技有限公司与无锡安固斯建筑科技有限公司侵害商标权纠纷上诉案

裁判要旨:商标具有区别商品来源的作用,任何人不得擅自将他人的注册商标用于自己商品,否则将导致消费者混淆商品的来源,既损害了商标权人的利益,又损害了消费者的权益。搜索引擎的竞价排名是互联网时代的重要商品推广方式,消费者通过搜索商品的文字商标寻找到商品,厂家通过向搜索引擎支付费用使自己的商品在搜索结果中排名靠前。因此,注册商标在搜索引擎竞价排名中的使用行为属于商标权的行使方式之一,当事人使用他人的注册商标用于搜索引擎的竞价排名的行为属于侵犯商标权的行为。

正向应用案例:(2012)渝一中法民初字第00430号成都新津汤姆叔叔鞋艺有限公司诉重庆芬尼斯皮革护理有限公司、百度在线网络技术(北京)有限公司侵害商标权纠纷

法院观点:第一被告将包含原告注册商标的"汤姆叔叔修鞋"作为搜索关键词,搜索结果链接到第一被告公司网站,其中的宣传推广内容均系第一被告公司的相关信息而与

原告无关,但该使用方式通过原告商标在网络搜索中拦截了原告的部分潜在客户,致使本拟通过"汤姆叔叔"关键词搜索原告公司网站的网络用户误入第一被告公司网站,从而提升第一被告及其产品和服务的曝光率,吸引网络用户对其公司及其产品和服务的注意力,为第一被告创造更多的商业交易机会。第一被告作为原告的同业竞争者,对于原告的"汤姆叔叔"注册商标是知晓或应当知晓的,其采用上述方式与原告争夺客户资源、抢占市场份额,致使本应属于原告的市场关注和交易机会被第一被告所获得。同时,该行为通过对原告"汤姆叔叔"注册商标"搭便车"的行为,不当攫取了本应属于原告基于其"汤姆叔叔"商标现有知名度所应享有的市场关注和商机,削弱了特定行业内注册商标"汤姆叔叔"与原告及其产品和服务的特定联系,属于给注册商标专用权造成其他损害的行为,因此构成侵犯注册商标专用权的行为。

（6）侵权责任

司法保护案例:(2009)湘高法民三初字第1号—宝马诉世纪宝马驰名商标案

裁判要旨:《最高人民法院关于贯彻执行〈中华人民共和国民法通则〉若干问题的意见(试行)》第一百四十八条规定,教唆、帮助他人实施侵权行为的人,为共同侵权人,应当承担连带民事责任。共同侵权的特征在于,行为人明知他人的行为构成侵权,仍然跟从他人实施侵权行为,或者为他人侵权行为的实现提供便利。《商标法实施条例》第五十条规定,故意为侵犯他人注册商标专用权行为提供仓储、运输、邮寄、隐匿等便利条件的,属于《商标法》所称的侵犯注册商标专用权的行为。因此,公司销售的产品侵犯他人的注册商标权,公司职员在明知的情况下提供个人账户供公司收取销售收入的,其为公司实现侵权行为提供了便利,构成商标侵权。

正向应用案例1:(2015)徐知民初字第242号—安徽金种子酒业股份有限公司与黄华侵害商标权纠纷案

法院观点:黄华明知黄锋生产、销售假冒金种子公司注册商标的白酒,仍为黄锋提供货款转让等帮助情形,属于法律规定的故意为侵犯他人注册商标专用权行为提供便利条件,属侵害金种子公司注册商标专用权的行为,应承担相应的侵权责任。

正向应用案例2:(2015)徐知民初字第243号—安徽金种子酒业股份有限公司与朱兴国侵害商标权纠纷案

法院观点:朱兴国对其帮助黄锋运输假冒种子酒的事实明确认可,其故意为黄锋侵害金种子公司注册商标专用权的行为提供运输等便利条件,显属侵害金种子公司注册商标专用权的行为,应承担相应的侵权责任。

正向应用案例3:(2015)徐知民初字第246号—安徽金种子酒业股份有限公司与张忠锋侵害商标权纠纷案

法院观点:张忠锋故意为黄锋侵害金种子公司注册商标专用权的行为提供运输等便利条件,显属侵害金种子公司注册商标专用权的行为,应承担相应的侵权责任。

司法保护案例：（2009）沪一中民五（知）初字第 34 号—路易威登马利蒂（法国）诉林益仲、上海仲雯贸易有限公司、吴蓓雯侵犯商标专用权纠纷案

裁判要旨：2001 年《商标法》第五十六条规定，侵犯商标专用权的赔偿数额，为侵权人在侵权期间因侵权所获得的利益，或者被侵权人在被侵权期间因被侵权所受到的损失，包括被侵权人为制止侵权行为所支付的合理开支。前款所称侵权人因侵权所得利益，或者被侵权人因被侵权所受损失难以确定的，由人民法院根据侵权行为的情节判决给予五十万元以下的赔偿。虽然法律规定该法定赔偿上限，但是为贯彻全面赔偿原则，如果确有证据表明原告的损失或者被告获利明显超出五十万元，则可以考虑超出法定赔偿限额来确定合理的赔偿数额。也就是说，法定赔偿上限处于补充性地位。因此，商标侵权案件中，权利人有权主张超过法定赔偿限额的赔偿数额。

正向应用案例 1：（2015）鲁民三终字第 70 号—贵州茅台酒股份有限公司与山东银座商城股份有限公司、山东银座配送有限公司侵害商标权纠纷案

法院观点：关于侵犯商标专用权赔偿数额的计算问题，《中华人民共和国商标法》第五十六条第一款规定："侵犯商标专用权的赔偿数额，为侵权人在侵权期间所获得的利益，或者被侵权人在被侵权期间因被侵权所受到的损失，包括被侵权人为制止侵权行为所支付的合理开支"。据此，如果有证据证明商标权人实际损失已经明显超过法定赔偿最高限额的，可以在法定赔偿最高限额以上合理确定赔偿额。酌定赔偿是人民法院在一定事实和数据基础上，根据具体案情酌定实际损失或侵权所得的赔偿数额，其不受法定赔偿最高或者最低限额的限制。

正向应用案例 2：（2013）普民三（知）初字第 234 号—原告上海平方经济发展有限公司（以下简称"平方公司"）与被告上海诺尔圣羊绒制衣有限公司（以下简称"诺尔圣公司"）侵害商标权纠纷案

法院观点：原告诉讼请求被告就其商标侵权行为赔偿原告包括合理费用在内的经济损失 160 万元，虽然原告难以证明侵权受损或侵权获利的具体数额，但原告有证据证明其损失数额明显超过法定赔偿最高限额 50 万元，本院综合全案的证据情况，在法定最高限额以上合理确定赔偿额，被告应赔偿原告包括合理费用在内的经济损失 112 万元。

司法保护案例：（2011）沪一中民五（知）终字第 40 号—淘宝网商标侵权纠纷案

裁判要旨：在网络时代，通过网络平台发生的侵权行为越来越多，必须对网络平台提供者施加必要的法律义务和责任。在网络侵权中，网络平台提供者并不是直接的侵权人，因此其侵权责任的承担应当以存在过错为前提，即其没有采取足够合理的措施阻止侵权行为发生或扩大。行为人通过第三方网络平台出售侵犯他人商标权的商品的，如果被侵权人向网络平台提供者进行了积极反馈，要求其采取必要措施阻止侵权行为继续发生，那么网络平台提供者就应当在审核相关事实的基础上采取必要技术手段进行干预，否则其应当与侵权者共同承担连带侵权责任。

正向应用案例：（2014）二中民初字第 02013 号—永利度假村（国际）集团股份有限公司与熊霞兵等侵害商标权纠纷

法院观点：拉手网络公司在《拉手网合作协议》中要求熊霞兵不得侵害任何第三方的知识产权，并审核了熊霞兵的相关经营资质，履行了合理的审查义务；在收到永利度假村公司的起诉状后及时审查了相关信息，并为避免相关损失的扩大，采取了屏蔽相关网页的技术措施，尽到了充分的注意义务。

司法保护案例：（2012）苏知民终字第 183 号—徐斌与南京名爵实业有限公司、南京汽车集团有限公司、北京公交海依捷汽车服务有限责任公司等侵害商标专用权纠纷上诉案

裁判要旨：被诉侵权行为发生于 2007 年 10 月 29 日至 2008 年 1 月 22 日，2008 年 1 月 22 日，南汽公司以商标权利人连续三年停止使用为由，向国家商标局申请撤销涉案商标在"小型机动车"商品上的注册。2008 年 6 月 11 日，国家商标局作出撤 200800217 号《关于第 3607584 号"名爵 mingjue+图形"注册商标连续三年停止使用撤销申请的决定》，以徐斌提供的商标使用证据无效为由，决定：撤销徐斌第 3607584 号（第 12 类）"名爵 mingjue 及图形"商标在"小型机动车"商品上的注册。法院认为，商标的作用在于标识商品的来源，使消费者能区别商品的生产者，从而自主地选择商品。商标权制度的目的在于保护注册商标的持有人的合法权益，维护正常的市场竞争秩序。商标权对持有人权利的保护，同时也是对他人的限制。因此，商标权人应当积极使用注册商标，发挥注册商标应有的作用。我国《商标法》第四十四条规定，注册商标连续三年无正当理由停止使用的，应予撤销。在注册商标停止使用期间，商标已经无法发挥区别商品来源的作用，因此商标权制度也失去了存在的基础。据此，商标权人连续三年以上未使用注册商标的，其他人在此期间使用近似商标的，并不能损害商标权人的利益，故不构成侵权。

正向应用案例：（2013）汕中法民三初字第 46 号—广东名流科技日化有限公司诉汕头市深特宝洁实业有限公司侵害商标权纠纷

法院观点：名流公司未能提供证据证明其在 2012 年 4 月 24 日前推三年内有使用名流公司商标，已构成商标法规定的连续三年停止使用的情形，可以不支持名流公司的损害赔偿请求。

正向应用案例分析：（2013）汕中法民三初字第 46 号案例中，法院认为涉案商标已连续三年停止使用，因而可不进行损害赔偿，但仍构成侵权；而〔2012〕苏知民终字第 183 号司法保护案例则认为商标权人连续三年以上未使用注册商标的，其他人在此期间使用近似商标的，并不能损害商标权人的利益，故不构成侵权。因此，正向应用案例观点属于部分应用了司法保护案例。

（7）商标近似

司法保护案例：（2008）民提字第 52 号—山东泰和世纪投资有限公司、济南红河饮料

制剂经营部诉云南城投置业股份有限公司侵犯商标专用权纠纷再审案(云南城投置业股份有限公司与山东泰和世纪投资有限公司等侵犯商标权纠纷再审案)

裁判要旨:判断是否构成侵犯注册商标专用权意义上的商标近似,不仅要比较相关商标在字形、读音、含义等构成要素上的近似性,还要考虑其近似是否达到足以造成市场混淆的程度。为此,要根据案件具体情况,综合考虑相关商标的显著性、实际使用情况、是否有不正当意图等因素,进行近似性判断。

正向应用案例:(2014)渝五中法民终字第04331号重庆雨迷家工贸有限公司与北京李宇春艺术工作室,北京红马传媒文化发展有限公司等侵害商标权纠纷

法院观点:判断是否构成侵犯注册商标专用权意义上的商标近似,不仅要比较相关商标在字形、读音、含义等构成要素上的近似,还要考虑其近似是否达到足以造成市场混淆的程度。为此,要根据案件具体情况,综合考虑相关商标的显著性、实际使用情况、是否有不正当意图等因素,进行近似性判断。

(8)商标性使用

司法保护案例:〔2011〕沪高民三(知)终字第93号—卡地亚国际有限公司(Cartier International N. V.)与佛山市三水区铭坤陶瓷有限公司、佛山市金丝玉玛装饰材料有限公司、章云树侵害商标权及不正当竞争纠纷上诉案

裁判要旨:一般来说,行为人直接将他人的注册商标印制于自己商品的行为,必然属于商标侵权;其将他人的驰名注册商标用于网站和宣传手册,关键不在于该行为本身,而在于判断该行为是否引起消费者混淆的后果。行为人将他人的驰名注册商标用于网站和宣传手册,虽未直接印制于其商品,但会给消费者造成其商品与驰名注册商标之间存在某种联系的印象,所以导致了消费者的混淆,构成了商标侵权。

正向应用案例:(2015)穗南法知民初字第184号 莱丹电气公司在"leister. net. cn"网站、宣传手册上使用"LEISTER"构成侵害注册商标专用权行为。

法院观点:关于网站,莱丹电气公司使用涉案"LEISTER"商标的方式属于直接、特定、唯一地指向"LEISTER"品牌,容易使相关公众误认为莱丹电气公司是经莱丹品牌公司合法授权许可,仅销售"LEISTER"品牌产品的代理商,容易导致相关公众对莱丹电气公司在涉案网站上销售的其他产品之来源产生混淆,即误认为其他产品亦来源于莱丹品牌公司,或认为二者之间存在特定联系,构成侵犯莱丹品牌公司第G7171301号"LEISTER"注册商标专用权的行为。关于宣传手册,莱丹电气公司在宣传手册上突出使用"LELSTER"字样,起到识别商品来源的作用,属于我国《商标法》第四十八条规定的商标使用行为。经对比,该"LELSTER"与涉案"LEISTER"商标的英文字母排列组合高度相似,易使相关公众对商品的来源产生误认或者认为其来源与莱丹品牌公司注册的商品有特定的联系。由于该宣传手册上宣传的对象均为电焊设备等,落入莱丹品牌公司注册在第7、9、11类商品上之第G7171301号"LEISTER"商标核定使用商品范围内,因此,构成我国《商标法》第五

十七条第(二)项规定之侵犯注册商标专用权行为。

司法保护案例:(2014)民申字第 1182 号—浙江喜盈门啤酒有限公司与百威英博(中国)销售有限公司等侵害商标权纠纷案

裁判要旨:一般情况下,如果仅仅是将回收的其他企业的专用瓶作为自己的啤酒容器使用,且在啤酒瓶的瓶身粘贴自己的商标和企业名称的瓶贴(包括包装装潢),与其他企业的瓶贴存在明显区别,使消费者通过不同的瓶贴即可区分啤酒的商标和生产商,不会产生混淆误认的,那么,该使用方式应属于以区分商品来源为目的正当使用,不构成侵权。但啤酒生产企业未采取正当方式使用回收啤酒瓶,侵害他人相关权利的,则应承担相应的法律责任。

正向应用案例:(2015)沪知民终字第 778 号—江苏恒顺醋业股份有限公司侵害商标权纠纷案

法院观点:回收利用旧瓶应当避免侵害他人的注册商标等权利。对市场中流通的符合安全标准的旧瓶进行回收再利用,符合物尽其用、资源节约的环保政策,应予鼓励和提倡。但在重复利用过程中应当注意避免侵害他人的注册商标等知识产权。如果经营者对回收的容器、包装上原有的商标标识没有采取遮蔽、消除等合理措施,或者没有附加其他区别性标识足以消除消费者发生混淆的可能性,回收再利用行为便可能侵害他人的注册商标权。

(9)正当使用

司法保护案例:(2009)民申字第 1310 号—漳州片仔癀药业股份有限公司诉漳州市宏宁家化有限公司侵犯商标专用权纠纷申请再审案

裁判要旨:《商标法实施条例》第四十九条规定,注册商标中含有的本商品的通用名称、图形、型号,或者直接表示商品的质量、主要原料、功能、用途、重量、数量及其他特点,或者含有地名,注册商标专用权人无权禁止他人正当使用。片仔癀是一种药品的名称,如果被控产品中含有片仔癀成分,生产者出于说明或客观描述商品特点的目的,以善意方式在必要的范围内予以标注,不会导致相关公众将其视为商标而导致来源混淆的,可以认定为正当使用。判断是否属于善意,是否必要,可以参考商业惯例等因素。宏宁公司如果是为了说明其产品中含有片仔癀成分,应当按照商业惯例以适当的方式予以标注,但是本案中,宏宁公司却是在其生产、销售商品的包装装潢显著位置突出标明"片仔癀""PIEN TZE HUANG"字样,该标识明显大于宏宁公司自己的商标及其他标注,并且所采用的字体与片仔癀公司的注册商标基本一致。该种使用方式已经超出说明或客观描述商品而正当使用的界限,其主观上难谓善意,在涉案商标已经具有很高知名度的情况下,客观上可能造成相关公众产生商品来源的混淆,因此宏宁公司关于其使用是正当使用的主张不能成立。

正向应用案例 1:(2015)榕民终字第 1850 号五常市兴国粮油工贸有限公司与福州米厂等侵害商标权纠纷上诉案

法院观点:根据五常公司提供的在案证据可以认定,在黑龙江省五常市这一特定的地理种植环境所产生的"稻花香"大米品种,能够反映出一类稻米与其他稻米的根本区别,具有其他产区的大米商品所不具有的特定品质。"稻花香"大米属于较为固定的,约定俗成的通用名称。被控侵权产品的外包装正面左上角印有"瑞"字的变体图形,其下标有"瑞米轩"三字,中间位置以扇形排列"稻花香"三个大字(字体中空,底色金黄色),其下以小字体标注"五常大米"四字,正面下方以较小字体标注有"五常市兴国粮油工贸有限公司[净含量:10kg]"字样。从使用的具体情况来看,五常公司在其生产销售的大米产品包装袋正面对"稻花香"文字进行了不当的突出性使用,未在醒目位置标注自有商标和企业全称,该突出性使用容易导致相关公众的混淆误认,不属于正当使用,依法构成商标侵权。

3. 反向应用情况

司法保护案例:(2012)苏知民终字第 183 号—徐斌与南京名爵实业有限公司、南京汽车集团有限公司、北京公交海依捷汽车服务有限责任公司等侵害商标专用权纠纷上诉案

裁判要旨:被诉侵权行为发生于 2007 年 10 月 29 日至 2008 年 1 月 22 日,2008 年 1 月 22 日,南汽公司以商标权利人连续三年停止使用为由,向国家商标局申请撤销涉案商标在"小型机动车"商品上的注册。2008 年 6 月 11 日,国家商标局作出撤 200800217 号《关于第 3607584 号"名爵 mingjue+图形"注册商标连续三年停止使用撤销申请的决定》,以徐斌提供的商标使用证据无效为由,决定:撤销徐斌第 3607584 号(第 12 类)"名爵 mingjue 及图形"商标在"小型机动车"商品上的注册。法院认为,商标的作用在于标识商品的来源,使消费者能区别商品的生产者,从而自主地选择商品。商标权制度的目的在于保护注册商标的持有人的合法权益,维护正常的市场竞争秩序。商标权对持有人权利的保护,同时也是对他人的限制。因此,商标权人应当积极使用注册商标,发挥注册商标应有的作用。我国《商标法》第四十四条规定,注册商标连续三年无正当理由停止使用的,应予撤销。在注册商标停止使用期间,商标已经无法发挥区别商品来源的作用,因此商标权制度也失去了存在的基础。据此,商标权人连续三年以上未使用注册商标的,其他人在此期间使用近似商标的,并不能损害商标权人的利益,故不构成侵权。

反向应用案例1:(2015)沪高民三(知)终字第 98 号—广州市指南针会展服务有限公司、广州中唯企业管理咨询服务有限公司等侵害商标权纠纷案

法院观点:指南针公司、中唯公司另主张,只要其在法律规定的三年内使用了商标,即使侵权时间发生在使用行为之前,侵权人都应承担赔偿责任。法院认为,根据《商标法》(2001 年修正),商标注册后连续三年停止使用的,可由国家商标局撤销该注册商标,该规定系考量注册商标是否应被依法撤销的情形,而本案是侵权之诉,根据侵权行为发生时所施行之商标法的相关规定,权利人在商标注册后三年内是否使用并非侵权索赔的法律依

据,故指南针公司、中唯公司该主张,本院不予支持。

注:同一法院在当事人相同、案情类似的(2015)沪高民三(知)终字第94号、(2015)沪高民三(知)终字第95号、(2015)沪高民三(知)终字第97号、(2015)沪高民三(知)终字第99号、(2015)沪高民三(知)终字第100号判决中也同样应用了与(2015)沪高民三(知)终字第98号案件相同的观点。

反向应用案例2:(2015)新民三终字第17号—罗丽华与劲霸男装(上海)有限公司侵害商标专用权纠纷案

法院观点:(侵权行为发生日:2013年8月16日)对于劲霸公司主张保护的涉案两项注册商标,一项为驰名商标,一项则为多年使用在皮具上的注册商标,且该两项注册商标并未因连续三年不使用而被撤销,劲霸公司对涉案注册商标的使用情况并不影响罗丽华的销售行为是否构成商标侵权的判定。

注:同一法院在原告相同、安全类似的(2015)新民三终字第71号判决中也同样应用了与(2015)新民三终字第17号案件相同的观点。

反向应用案例3:(2014)沪一中民五(知)终字第1号—琳德食品(上海)有限公司等诉林德和斯普伦杰利巧克力公司(Chokoladefabriken Lindt & Sprüngli Aktiengesellschaft)侵害商标权纠纷案

法院观点:法院认为,撤销第G839882号、第G839883号商标的决定并未发生法律效力,上述两注册商标仍处于权利有效的状态。即使上述两注册商标最终因"连续三年停止使用"被撤销,权利失效的状态也是自撤销之日起产生,对于撤销之前发生的侵权行为,注册商标专有权人仍然有权追诉。

分析:同样是侵权行为发生于《商标法》修改并实施之前,法院也都同样适用修改前《商标法》,但颁布在前的指导案例明显已经有与新《商标法》第六十四条相同的价值取向,即认为侵权行为发生前三年,涉案商标未使用的,不承担赔偿责任,指导案例甚至判定不构成侵权,但在后的部分案件依旧遵循修改前《商标法》的固有内容,认为根据侵权行为发生时所施行之商标法的相关规定,权利人在商标注册后三年内是否使用并非侵权索赔的法律依据。实际上,虽然修改前《商标法》未对连续三年停止使用的注册商标是否可以不进行侵权损害赔偿进行规定,但之后最高人民法院在2009年颁布的《关于当前经济形势下知识产权审判服务大局若干问题的意见》第七条已经规定注册商标已构成商标法规定的连续三年停止使用情形的,可以不支持其损害赔偿请求。对于未与司法保护案例保持完全相同观点的原因,一方面,尊重修改前《商标法》;另一方面,司法保护案例中涉案商标的权利状态与(2015)沪高民三(知)终字第98号等案件不同,指导案例中的涉案商标在案件审理之时已经被撤销而无效,而(2015)沪高民三(知)终字第98号等案件中的涉案商标在审理之时尚未被撤销,基于对注册商标的尊重,未就注册商标是否使用与侵权索赔间的关系进行评价。因而,部分案件在商标侵权裁判中,仍旧未对注册商标是否发生连续三年停止使用的情况进行考量。

三、中外商标司法案例适用比较分析

本章的研究对象中,涉及对外定牌加工的司法保护案例有 4 件,这 4 个案件分别是 1.(2012)鲁民三终字第 81 号鳄鱼恤有限公司与青岛瑞田服饰有限公司侵害商标专用权纠纷上诉案;2.(2014)民提字第 38 号浦江亚环锁业有限公司与莱斯防盗产品国际有限公司侵害商标权纠纷再审案;3.(2012)闽民终字第 378 号年年红国际食品有限公司与德国舒乐达公司、厦门国贸实业有限公司侵害商标权纠纷上诉案;4.(2015)苏知民终字第 00036 号上海柴油机股份有限公司与江苏常佳金峰动力机械有限公司侵害商标权纠纷上诉案。在这 4 个案件中案例 1—案例 2 支持对外定牌加工行为不是《商标法》意义上的使用,不涉及商标侵权问题,但案例 3—案例 4 认为对外定牌加工行为是《商标法》意义上的使用,属于商标侵权行为,与案例 1—案例 2 的观点不一致。结果如此大相径庭,究其原因还是由于目前《商标法》尚未对定牌加工问题给出明确的规定,为司法实践对定牌加工是否构成侵权留出了自由裁量空间。

实际上,定牌加工问题即便是在国外也并未得到一致的解决途径,各个国家在判例中对于定牌加工的看法也存在较大差异。

以我国 2000 年的"NIKE"案为例,西班牙 CIDESPORT 公司在西班牙拥有"NIKE"商标专用权,中国两企业接受该公司的委托从事标注"NIKE"商标的服装的生产,产品全部返回西班牙销售,美国耐克公司认为,CIDESPORT 公司对该商标的使用权只在西班牙有效,在中国境内无权使用,最后法院支持了美国耐克公司的诉求,认定:CIDESPORT 公司没有遵守知识产权的相关地域规定,在未经原告允许的情况下使用原告在中国境内已经取得商标使用权,侵犯了原告的权利,因此认定被告的涉外贴牌加工行为侵害了原告的"NIKE"注册商标专用权,商标侵权成立。无独有偶,在西班牙和荷兰,美国耐克公司与西班牙 CIDESPORT 公司同样进行的另外两场商标权诉讼,耐克公司却以失败告终。

在美国,针对涉外定牌加工行为在美国完全有可能因为涉案商标在国外构成商标侵权而受到美国兰哈姆法的规制。

最早可追溯到 1952 年,美国最高法院在 Steele v. Bulova Watch Co. 案(下称"Bulova"案)中,首次对美国兰哈姆法的域外适用情况作出确认,判决被告构成商标侵权的重要因素,是域外商标具有不正当性且对美国的商业具有实质性影响。后来美国各联邦巡回法院为了避免美国兰哈姆法域外效力的滥用,试图从被告的公民身份、被告行为对美国商业的影响、美国法律与外国法律可能发生的冲突等方面对"Bulova"案所确立的美国兰哈姆法域外效力给出具体的使用标准。

在 1956 年的 Vanity Fair Mills v. Eaton Co. 案中,美国联邦第二巡回法院引用了"Bulova"案中法院的观点,并首次对"Bulova"案中所确立的域外适用作出解释,对美国兰哈

姆法的域外适用设定了 3 个必要条件:被告是美国国民,且美国在该国有广泛权利规制本国国民行为;与外国法所确立的商标法不存在冲突;被告的行为对美国的贸易存在实质影响。

在 McBee v. Delica Co.,Ltd. 案中,美国联邦第一巡回上诉法院认为,对于美国兰哈姆法是否可以域外适用可以采取两个判断标准,首先被告是否具有美国国籍,如果被告拥有美国国籍,则可以使管辖权直接成立;如果没有美国国籍,则再判断被告的行为是否对美国的贸易产生实质性的影响。该案并没有对关于与其他国家的商标法是否存在冲突这一要件进行阐述,但美国法院在其他案件中曾指出,正在进行的诉讼和正在进行的商标注册申请都不足以造成美国法与外国法的冲突,只有外国法院已经作出的最终明确判决或已经注册的有效商标,才有可能排除美国法院的管辖权的成立。

通过美国的司法实践可以看出,美国兰哈姆法虽然可以适用于域外的侵权行为,但是这种适用受到很多限制。美国法院对判断兰哈姆法是否可以域外适用确立了不同标准,总体包括:被告是否是本国公民,若是本国公民,也可以直接受本国法律的规制;侵权产品是否会对本国商业造成实质性影响,如果侵权产品未进入本国,不会对本国商业造成实质性影响,美国法院仍然不会保护本国国民在国外的商标权,这是商标权地域性的表现;国外已经最终明确的法院判决或已经注册的有效商标可以排除美国兰哈姆法的域外适用。

在英国,Beautimatic International Ltd v. Mitchell International Pharmaceutical 案中,英国高等法院指出:要构成商标侵权,相关商标必须被用于相同或同类商品,而且使用必须发生英国境内,而制造商标标识,并将商标标识或贴有该标识的包装运到国外、用于相同商品的行为不能被认为是在英国境内用于相同商品。

可见,涉外定牌加工,由于涉及商标法的地域性问题,加之没有成文法的明确规定,法院在判定代为贴牌的企业是否构成商标侵权时,受考虑因素不同的影响,判定结果也差异明显。在裁判实践中,是仅以"使用""擅自制造"的行为进行判定,还是综合考虑行为人的主观故意、导致混淆的可能性、是否可能造成实质性损害进行综合判断,仍然需要法院在个案中加以具体判断。

第三节 结 语

自 2009 年开始,最高人民法院每年定期发布知识产权司法保护案件,这些案例已经成为最高人民法院指导知识产权审判工作的重要载体和社会公众了解最高人民法院知识产权审判发展动态的重要渠道之一,在近年来更是日益受到社会的普遍关注和有关方面的高度重视。

《中华人民共和国商标法》在近年来司法实践中应用的良好态势是有目共睹的,随着社会上对于知识产权保护的声音越来越大,对商标权利的关注和使用在近年来市场经济的发展中呈现出爆发性的增长态势。结合司法部发布的重要知识产权司法保护案件,与社会公众在商标案件中关系最为紧密的商标行政案件与商标民事案件也不断地出现各种新颖的、多样化的案件情况、法条解读和判决结果,这些数据的分析和探究对今后《中华人民共和国商标法》的发展方向的预测有着重要的积极推动作用,更有利于今后对《中华人民共和国商标法》的完善和解释。

商标案件年度报告在明晰法律规则、指导审判实践、统一法律应用方面的作用和意义也越来越大。基于这些条件和情况,加上从上述搜索所得的大数据统计和分析,指导性案例在商标行政案件和民事案件实践中的应用存在如下现象:

一、商标案件应用率总体趋势低迷

商标案件尽管在近年来飞速增长,但是在实践中的指导或应用情况其实不容乐观,正向应用情况不到1%,且以民事案件为主,直接应用的情况在实际检索的过程中只在民事案件中找到1件。

二、商标案例应用的不规范性

商标审判工作实践中就是否应用以及如何应用并没有统一规定或加以定义的标准,而是由各个审判商标案件的法官根据各自审判案件的特殊性自由裁量决定是否需要加以应用,而且援引案例的表述方式不一,不同的援引主题往往采用不同的表述方式,法官对指导性案例的应用大多数时候并不会直接在判决书中体现出来,而是暗含在判决书中。这种自由化的使用现状在当下的审判实践中,不仅不利于指导案例在审判实践中充分发挥其指导作用,也不利于其维护指导效力的权威性。

三、商标的审查实践缺少应用案例的裁判意识

目前我国在商标案件审判过程中,缺少应用指导性案例的裁判意识,对商标保护案例的意义没有加以分析透彻。在具体时间中,大部分审判商标案件的法官在遇到疑难案件时,首先想到的不是寻找已有的在先案例,而是在现有的法律条文或司法解释中寻到相应的裁判规则。尽管我国是大陆法系国家,其特点就是法官首先在成文法或司法解释中发现裁判规则,但是另一方面,在遇到少见的疑难案件或法律规范存在滞后性的时候,尤其当商标案件因与经济活动的紧密联系而日益复杂,极有可能因缺少成文法依据而难以作出合理的裁判。在这种情况下,最高人民法院发布的商标典型案例存在的意义就是鼓励法官能够多关注一些先前的类似的商标案例从而找到审判的依据和思路。如果仅将这些商标保护案例、典型案例作为普通的阅读资料,习惯于立足现有的成文法规定,通过应用

三段论式的逻辑推理,那么有可能会不利于商标保护案例存在的权威性和指导性。

四、缺乏应用商标案例的技术与方法

目前我国审判商标案件的法官更倾向习惯于运用抽象的定制法条或司法解释来裁判案件,因此,开发一套完整规范地运用具体的案例所需要的技术与方法能够提高法官运用典型案例的效率和准确性。在实践中,法官对商标指导性案例的充分、有效地运用,离不开对案例应用方法和技术的掌握。我国的司法系统还未注重案例运用方法和技术在法律人才培养中的作用,所以没有建立起较完善的训练法律技能的有效机制。

五、完善更为便捷的司法保护案例检索途径

最高人民法院虽然建立了"中国裁判文书网"可用于司法保护案例及其他商标案例检索,但仅以裁判文书的形式无法提高法院及其他法律工作者应用相关案例的效率和准确度,建议在公布司法保护案例的同时,对案件要旨、指导意义等核心内容加以明确。

综上所述,想要对我国根深蒂固的大陆法系体制现有的漏洞加以弥补,为了满足《中华人民共和国商标法》在当前以及今后的实践中存在或者将要出现的各类需求、及时预测并完善解决在市场经济飞速发展过程中在商标领域内可能出现的各类新问题、新纠纷,就需要有重视知识产权商标领域并具有开拓精神的法律实践者能够大胆地运用和探究先例。为了不让商标保护案例仅仅流于形式,需要巩固商标司法保护案例的权威性和重要性、最大限度地发挥在先商标案例在审判实践中的作用,这些仍需要下一阶段法律实践者的推进和努力。

第四章 著作权司法案例状态研究

导　　语

著作权法,乃为保护文学、艺术和科学作品,促进社会主义文化和科学事业之发展与繁荣而制定。《中华人民共和国著作权法》(以下简称"《著作权法》")自 1990 年颁布以来,经历了 2001 年、2010 年、2020 年三次修正,现行有效版本为《中华人民共和国著作权法》(2020)。本章中所出现法条为判决书中所引用的当时有效的法律条文。"著作权制度的产生和发展与复制和传播技术的进步有着密切关系。从印刷术、电子技术到网络技术,每一次巨大的技术进步都会催生出新的著作权客体和专有权利。"[1]立法层面的修改也是顺应时代之所需。

著作权案件数量历年来在全国范围内的知识产权案件中都占据重大比例,并呈不断上升之势。以 2015 年为例,山东各级法院共收知识产权一审案件 6852 件,其中著作权案件 3805 件,占 55.5%,同比增长 87.8%[2]。重庆各级法院共受理一、二审知识产权案件 2956 件,其中著作权案件占 71.95%[3]。

新时代下著作权领域的疑难、复杂、新类型的案件层出不穷,互联网信息技术的飞速发展,网络视频、数字图书馆、搜索引擎、音乐链接、微博、微信等新技术和经营模式的出现,也给著作权案件的审理带来了极大的挑战。

我国是成文法国家,尽管案例并不是我国法律体系的渊源,对其后案件的审理并不具备普遍使用效力,但毋庸置疑的是,司法案例是立法的有益补充,对统一法律适用和裁判尺度,促进司法公正,具有十分重要的现实意义。

我国法院历来重视通过案例总结审判经验,指导审判工作,各级法院、相关部门或专家学者编选的一些典型、疑难、指导案例也不断涌现,其中以最高人民法院选定公布的案

---

① 王迁:《著作权法》,北京,中国人民大学出版社,2015 年,第 1 页。

② 来源 http://news.iqilu.com/shandong/yuanchuang/2016/0425/2760379.shtml。

③ 来源 http://www.legaldaily.com.cn/zfzz/content/2016-04-28/content_6606519.htm?node=81130。

例最具典型、代表性和指引性。故本章即从 2009 年到 2015 年最高人民法院公布的《中国法院知识产权司法保护 10 大案件》《中国法院知识产权司法保护 50 件典型案例》《中国法院知识产权 10 大创新性案件》《指导案例》中抽取了案由为"著作权权属、侵权纠纷"的案例,共计 110 件(以下简称"著作权司法案例")作为样本进行静态和动态分析。在静态分析方面,从公布日期、审理法院、法院级别、法院所在省(市)、法院类型、审理程序、文书类型、争议焦点、焦点类型、焦点权利、作品类型、主体类型、责任承担、赔偿数额、核心法条等数据标签进行分析挖掘,拟探讨著作权司法案例分布情况,解读其背后蕴含的内在原因。在动态分析方面,则以中国裁判文书网并结合北大法宝的案例数据进行检索,查找著作权司法案例的直接引用、正向应用及反向应用之状况,洞察我国目前著作权司法案例适用的情况,切实分析著作权司法案例在实践中影响力及作用。

著作权司法案例列表

年份	来源	名称	案号	审理法院
2009	中国法院知识产权司法保护 10 大案件	"道道通"导航电子地图著作权案	(2008)粤高法民三终字第 290 号	广东省高级人民法院
2009	中国法院知识产权司法保护 10 大案件	"番茄花园"软件网络盗版案	(2009)虎知刑初字第 0001 号	江苏省苏州市虎丘区人民法院
2009	中国法院知识产权司法保护 50 件典型案例	上海地创网络技术有限公司、上海万格科学器材有限公司诉北京万户名媒科技有限公司、北京万户名媒科技有限公司上海分公司侵犯计算机软件著作权纠纷案	(2008)浦民三(知)初字第 453 号	上海市浦东新区人民法院
2009	中国法院知识产权司法保护 50 件典型案例	中国友谊出版公司诉浙江淘宝网络有限公司、杨海林侵犯著作权纠纷上诉案	(2009)二中民终字第 15423 号	北京市第二中级人民法院
2009	中国法院知识产权司法保护 50 件典型案例	(美国)微软公司诉北京思创未来科技发展有限公司侵犯计算机软件著作权纠纷上诉案	(2009)高民终字第 4462 号	北京市高级人民法院
2009	中国法院知识产权司法保护 50 件典型案例	黄天源诉内蒙古大学出版社、广西壮族自治区外文书店侵犯著作权纠纷上诉案	(2009)桂民三终字第 48 号	广西壮族自治区高级法院
2009	中国法院知识产权司法保护 50 件典型案例	宋氏企业公司诉珠海出版社、上海新华传媒连锁有限公司侵犯著作财产权纠纷案	(2009)沪二中民五(知)终字第 6 号	上海市第二中级人民法院
2009	中国法院知识产权司法保护 50 件典型案例	山东聚丰网络有限公司诉韩国 MGAME 公司、第三人天津风云网络技术有限公司网络游戏代理及许可合同纠纷管辖权异议上诉案	(2009)民三终字第 4 号	最高人民法院

年份	来源	名称	案号	审理法院
2009	中国法院知识产权司法保护50件典型案例	北京慈文影视制作有限公司诉中国网络通信集团公司海南省分公司侵犯著作权纠纷再审案	（2009）民提字第17号	最高人民法院
2009	中国法院知识产权司法保护50件典型案例	朱德庸诉辽宁东北网络台侵犯著作权纠纷案	（2009）沈中民四初字第97号	辽宁省沈阳市中级人民法院
2009	中国法院知识产权司法保护50件典型案例	吴思欧等诉上海书画出版社、江苏省苏州市新华书店侵犯著作财产权纠纷上诉案	（2009）苏民三终字第0101号	江苏省高级人民法院
2009	中国法院知识产权司法保护50件典型案例	徐州市淮海戏剧王音像有限公司诉新沂电视台、第三人丁相宇、刘汉飞、张银侠侵犯著作权纠纷上诉案	（2009）苏民三终字第0250号	江苏省高级人民法院
2009	中国法院知识产权司法保护50件典型案例	毕淑敏诉淮北市实验高级中学侵犯著作权纠纷上诉案	（2009）皖民三终字第0014号	安徽省高级人民法院
2009	中国法院知识产权司法保护50件典型案例	北京网尚文化传播有限公司诉银川阳光无限网络有限公司侵犯著作财产权纠纷案	（2009）银民知初字第41号	宁夏回族自治区银川市中级人民法院
2010	中国法院知识产权司法保护50件典型案例	北京世纪飞乐影视传播有限公司诉上海掌上灵通咨询有限公司、中国移动通信集团山西有限公司、第三人上海蔚蓝计算机有限公司侵犯著作权纠纷案	（2008）并民初字第42号	山西省太原市中级人民法院
2010	中国法院知识产权司法保护50件典型案例	何瑞东诉李向华、天津理想慧天科技发展有限有限公司侵犯著作权纠纷上诉案	（2009）津高民三终字第29号	天津市高级人民法院
2010	中国法院知识产权司法保护50件典型案例	微软公司诉大众保险股份有限公司侵犯著作权纠纷案	（2009）浦民三（知）初字第128号	上海市浦东新区人民法院
2010	中国法院知识产权司法保护50件典型案例	陈建诉富顺县万普印务有限公司侵犯著作权纠纷上诉案	（2010）川民终字第334号	四川省高级人民法院
2010	中国法院知识产权司法保护50件典型案例	白广成诉北京稻香村食品有限责任公司著作权权属、侵权纠纷案	（2010）东民初字第2764号	北京市东城区人民法院
2010	中国法院知识产权司法保护50件典型案例	株式会社万代诉汕头市澄海区泓利电子玩具实业有限公司、黄士成侵犯著作权纠纷上诉案	（2010）高民终字第1814号	北京市高级人民法院
2010	中国法院知识产权司法保护50件典型案例	中国音乐著作权协会诉于莹侵犯著作权纠纷案	（2010）哈知初字第49号	黑龙江省哈尔滨市中级人民法院

年份	来源	名称	案号	审理法院
2010	中国法院知识产权司法保护50件典型案例	李强诉于芬侵犯著作权纠纷案	（2010）海民初字第2197号	北京市海淀区人民法院
2010	中国法院知识产权司法保护50件典型案例	北京网尚文化传播有限公司诉海口正合网吧侵犯著作权纠纷案	（2010）海中法民三初字第32号	海南省海口市中级人民法院
2010	中国法院知识产权司法保护50件典型案例	保定双狐软件有限公司、保定恒泰艾普双狐软件技术有限公司诉三河环波软件有限公司、赵殿君计算机软件著作权权属纠纷上诉案	（2010）冀民三终字第52号	河北省高级人民法院
2010	中国法院知识产权司法保护50件典型案例	株式会社京滨诉福建省友力化油器有限公司、重庆凯尔摩托车制造有限公司、李艳超侵犯著作权纠纷上诉案	（2010）鲁民三终字第47号	山东省高级人民法院
2010	中国法院知识产权司法保护50件典型案例	李长福诉中国文史出版社侵犯著作权纠纷再审案	（2010）民提字第117号	最高人民法院
2010	中国法院知识产权司法保护50件典型案例	华盖创意（北京）图像技术有限公司诉中国外运重庆有限公司侵犯著作权纠纷再审案	（2010）民提字第199号	最高人民法院
2010	中国法院知识产权司法保护50件典型案例	叶兆言诉北京大学出版社、陈彤、南京先锋图书文化传播有限责任公司侵犯著作权纠纷上诉案	（2010）宁知民终字第8号	江苏省南京市中级人民法院
2010	中国法院知识产权司法保护50件典型案例	李兵侵犯著作权罪、贩卖淫秽物品牟利罪案	（2010）宁知刑终字第1号	江苏省南京市中级人民法院
2010	中国法院知识产权司法保护50件典型案例	张恒诉陕西攀峰实业有限公司、王建军侵犯著作权纠纷上诉案	（2010）陕民三终字第29号	陕西省高级人民法院
2010	中国法院知识产权司法保护50件典型案例	广州市喀什图制衣有限公司诉广州市杰晖服装有限公司、朱固民侵犯著作权纠纷上诉案	（2010）穗中法民三终字第106号	广东省广州市中级人民法院
2010	中国法院知识产权司法保护50件典型案例	丁运长诉常照荣侵犯著作权纠纷上诉案	（2010）豫法民三终字第46号	河南省高级人民法院
2010	中国法院知识产权司法保护50件典型案例	湖南快乐阳光互动娱乐传媒有限公司诉舟山市定海博缘网吧侵犯著作权纠纷上诉案	（2010）浙知终字第107号	浙江省高级人民法院
2011	中国法院知识产权司法保护10大案件	百度MP3搜索著作权纠纷案	（2010）高民终字第1694号、1700号、1699号	北京市高级人民法院

续表

年份	来源	名称	案号	审理法院
2011	中国法院知识产权司法保护10大案件	非法复制发行计算机软件侵犯著作权罪案	（2011）锡知刑终字第1号	江苏省无锡市中级人民法院
2011	中国法院知识产权司法保护50件典型案例	南京因泰莱电气股份有限公司与西安市远征科技有限公司、西安远征智能软件有限公司、南京友成电力工程有限公司侵害计算机软件著作权纠纷上诉案	（2008）苏民三终字第0079号	江苏省高级人民法院
2011	中国法院知识产权司法保护50件典型案例	国家体育场有限责任公司与熊猫烟花集团股份有限公司、浏阳市熊猫烟花有限公司、北京市熊猫烟花有限公司、北京市城关迅达摩托车配件商店侵害著作权纠纷案	〔2009〕一中民初字第4476号	北京市第一中级人民法院
2011	中国法院知识产权司法保护50件典型案例	李龙泉侵犯著作权罪案	（2011）昌刑初字第390号	北京市昌平区人民法院
2011	中国法院知识产权司法保护50件典型案例	谈笑靖与北京市新华书店王府井书店、珠海出版社有限公司著作权权属、侵权纠纷案	（2011）东民初字第05321号	北京市东城区人民法院
2011	中国法院知识产权司法保护50件典型案例	庄则栋、佐佐木墩子与上海隐志网络科技有限公司侵害作品信息网络传播权纠纷上诉案	（2011）沪一中民五（知）终字第33号	上海市第一中级人民法院
2011	中国法院知识产权司法保护50件典型案例	山西金玉泵业有限公司与山西临龙泵业有限公司侵害著作权纠纷上诉案	（2011）晋民终字第70号	山西省高级人民法院
2011	中国法院知识产权司法保护50件典型案例	张乐、黄谦、梁文宇、阮晓霞、刘阳侵犯著作权罪案	（2011）浦刑初字第3240号	上海市浦东新区人民法院
2011	中国法院知识产权司法保护50件典型案例	韩恒东、徐清华、沈思阳、武奇、苏喆、闫蕻、沈海侵犯著作权罪上诉案	（2011）沈刑二终字第510号	辽宁省沈阳市中级人民法院
2011	中国法院知识产权司法保护50件典型案例	叶根友与无锡肯德基有限公司、北京电通广告有限公司上海分公司侵害著作权纠纷上诉案	（2011）苏知民终字第0018号	江苏省高级人民法院
2011	中国法院知识产权司法保护50件典型案例	广东原创动力文化传播有限公司与陕西游久数码科技有限公司侵害作品信息网络传播权纠纷案	（2011）西民四初字第00336号	陕西省西安市中级人民法院
2011	中国法院知识产权司法保护50件典型案例	王学海、余艳平、陈细龙、余云长、何新兵、文献铭、单绪春侵犯著作权罪案	（2011）雨刑初字第546号	湖南省长沙市雨花区人民法院

年份	来源	名称	案号	审理法院
2011	中国法院知识产权司法保护50件典型案例	何吉与杭州天蚕文化传播有限公司著作权权属、侵权纠纷上诉案	（2011）浙杭知终字第 54 号	浙江省杭州市中级人民法院
2012	中国法院知识产权司法保护10 大案件	计算机中文字库著作权纠纷案	（2010）民三终字第 6 号	最高人民法院
2012	中国法院知识产权司法保护10 大案件	"葫芦娃"动画形象著作权权属纠纷案	（2011）沪二中民五（知）终字第 62 号	上海市第二中级人民法院
2012	中国法院知识产权司法保护10 大案件	涉及百度文库著作权纠纷案	（2012）海民初字第 5558 号	北京市海淀区人民法院
2012	中国法院知识产权司法保护10 大案件	网络游戏私服侵犯著作权罪案	（2012）苏知刑终字第 0003 号	江苏省高级人民法院
2012	中国法院知识产权司法保护10 大创新性案件	腾讯科技(深圳)有限公司与上海虹连网络科技有限公司、上海我要网络发展有限公司侵害计算机软件著作权及不正当竞争纠纷上诉案	（2011）武知终字第 6 号	湖北省武汉市中级人民法院
2012	中国法院知识产权司法保护10 大创新性案件	中国科学院海洋研究所、郑守仪与刘俊谦、莱州市万利达石业有限公司、烟台环境艺术管理管理办公室侵害著作权纠纷上诉案	（2012）鲁民三终字第 33 号	山东省高级人民法院
2012	中国法院知识产权司法保护10 大创新性案件	中国体育报业总社与北京图书大厦有限责任公司、广东音像出版社有限公司、广东豪盛文化传播有限公司著作权权属、侵权纠纷案	（2012）西民初字第 14070 号	北京市西城区人民法院
2012	中国法院知识产权司法保护50件典型案例	薛华克与燕娅娅、北京翰海拍卖有限公司侵害著作权纠纷案	（2011）朝民初字第 20681 号	北京市朝阳区人民法院
2012	中国法院知识产权司法保护50件典型案例	上海玄霆娱乐信息科技有限公司与王钟、北京幻想纵横网络技术有限公司著作权合同纠纷上诉案	（2011）沪一中民五（知）终字第 136 号	上海市第一中级人民法院
2012	中国法院知识产权司法保护50件典型案例	孙根荣与冯绍锦侵害复制权、发行权纠纷案	（2011）景民三初字第 16 号	江西省景德镇市中级人民法院
2012	中国法院知识产权司法保护50件典型案例	周传康、章金元等与浙江省戏剧家协会等侵害著作权纠纷案	（2011）浙杭知初第 967 号	浙江省杭州市中级人民法院

年份	来源	名称	案号	审理法院
2012	中国法院知识产权司法保护50件典型案例	中国电影集团公司电影营销策划分公司与成都市金牛区星空牧羊星网吧侵害信息网络传播权纠纷案	（2012）成民初字第1093号	四川省成都市中级人民法院
2012	中国法院知识产权司法保护50件典型案例	外语教学与研究出版社有限责任公司与王后雄、中国青年出版社、四川凯迪文化有限公司侵害著作权纠纷上诉案	（2012）川民终字第472号	四川省高级人民法院
2012	中国法院知识产权司法保护50件典型案例	上海世纪华创文化形象管理有限公司与湖北新一佳超市有限公司侵害著作权纠纷上诉案	（2012）鄂民三终字第23号	湖北省高级人民法院
2012	中国法院知识产权司法保护50件典型案例	上海激动网络股份有限公司与武汉市广播影视局、武汉网络电视股份有限公司侵害信息网络传播权纠纷案	（2012）鄂武汉中知初字第3号	湖北省武汉市中级人民法院
2012	中国法院知识产权司法保护50件典型案例	张弓与兰州市城关区人民政府、中共兰州市城关区委党史资料征集研究委员会办公室、马莉侵害著作权纠纷上诉案	（2012）甘民三终字第87号	甘肃省高级人民法院
2012	中国法院知识产权司法保护50件典型案例	游戏天堂电子科技（北京）有限公司与三亚鸿源网吧侵害著作权纠纷上诉案	（2012）琼民三终字第39号	海南省高级人民法院
2012	中国法院知识产权司法保护50件典型案例	燕亚航侵犯著作权罪上诉案	（2012）深中法知刑终字第35号	广东省深圳市中级人民法院
2012	中国法院知识产权司法保护50件典型案例	重庆帝华广告传媒有限公司与四川美术学院、周宗凯委托创作合同纠纷上诉案	（2012）渝高法民终字第00115号	重庆市高级人民法院
2013	中国法院知识产权司法保护10大案件	"奥特曼"著作权纠纷案	（2011）民申字第259号	最高人民法院
2013	中国法院知识产权司法保护10大案件	钱钟书书信手稿拍卖诉前行为保全案	（2013）二中保字第9727号	北京市第二中级人民法院
2013	中国法院知识产权司法保护10大创新性案件	谷歌公司与王莘侵害著作权纠纷上诉案	（2013）高民终字第1221号	北京市高级人民法院
2013	中国法院知识产权司法保护50件典型案例	哈尔滨秋林食品有限责任公司与哈尔滨秋林糖果厂有限责任公司、哈尔滨秋林里道斯食品有限责任公司侵害著作权纠纷上诉案	（2012）黑知终字第45号	黑龙江省高级人民法院

年份	来源	名称	案号	审理法院
2013	中国法院知识产权司法保护50件典型案例	吉林美术出版社与海南出版社有限公司、长春欧亚集团股份有限公司欧亚商都侵害著作权纠纷申请再审案	（2012）民申字第1150号	最高人民法院
2013	中国法院知识产权司法保护50件典型案例	景德镇法蓝瓷实业有限公司与潮州市加兰德陶瓷有限公司侵害著作权纠纷申请再审案	（2012）民申字第1392号	最高人民法院
2013	中国法院知识产权司法保护50件典型案例	北京汉仪科印信息技术有限公司与青蛙王子（中国）日化有限公司、福建双飞日化有限公司、苏果超市有限公司侵害著作权纠纷上诉案	（2012）苏知民终字第161号	江苏省高级人民法院
2013	中国法院知识产权司法保护50件典型案例	广州万唯建设工程顾问有限公司与广州市番禺交通建设投资有限公司、广东海外建设监理有限公司侵害著作权纠纷上诉案	（2012）穗中法民三终字第96号	广东省广州市中级人民法院
2013	中国法院知识产权司法保护50件典型案例	郑子罕与杭州市普通教育研究室著作权权属纠纷上诉案	（2012）浙知终字第105号	浙江省高级人民法院
2013	中国法院知识产权司法保护50件典型案例	北京中文在线数字出版股份有限公司与北京智珠网络技术有限公司侵害作品信息网络传播权纠纷案	（2013）朝民初字第8854号	北京市朝阳区人民法院
2013	中国法院知识产权司法保护50件典型案例	窦骁与北京新画面影业有限公司演出经纪合同纠纷上诉案	（2013）高民终字第1164号	北京市高级人民法院
2013	中国法院知识产权司法保护50件典型案例	尤艳、宋兵峰、马化涛侵犯著作权罪案	（2013）禹知刑初字第2号	安徽省蚌埠市禹会区人民法院
2013	中国法院知识产权司法保护50件典型案例	蒋友柏与周为军、江苏人民出版社有限公司、北京凤凰联动文化传媒有限公司侵害著作权纠纷上诉案	（2013）浙杭知终字第13号	浙江省杭州市中级人民法院
2014	中国法院知识产权司法保护10大案件	信息网络传播权诉前禁令纠纷案	（2014）鄂武汉中知禁字第5号、5-1号、5-2号	湖北省武汉市中级人民法院
2014	中国法院知识产权司法保护10大案件	周志全等7人侵犯著作权罪案	（2014）一中刑终字第2516号	北京市第一中级人民法院
2014	中国法院知识产权司法保护10大创新性案件	张俊雄侵犯著作权罪案	（2013）普刑（知）初字第11号	上海市普陀区人民法院

续表

年份	来源	名称	案号	审理法院
2014	中国法院知识产权司法保护10大创新性案件	杭州聚合网络科技有限公司与中国移动通信集团浙江有限公司、浙江融创信息产业有限公司侵害计算机软件著作权纠纷上诉案	（2013）浙知终字第289号	浙江省高级人民法院
2014	中国法院知识产权司法保护50件典型案例	苹果公司与麦家侵害信息网络传播权纠纷上诉案	（2013）高民终字第2619号	北京市高级人民法院
2014	中国法院知识产权司法保护50件典型案例	刘爱芳等与覃迅云等侵害著作权纠纷上诉案	（2013）桂民三终字第65号	广西壮族自治区高级人民法院
2014	中国法院知识产权司法保护50件典型案例	广州网易计算机系统有限公司与北京世纪鹤图软件技术有限责任公司等侵犯著作权、商标权及不正当竞争纠纷案	（2013）海民初字第27744号	北京市海淀区人民法院
2014	中国法院知识产权司法保护50件典型案例	张晓燕与雷献和、赵琪、山东爱书人音像图书有限公司侵害著作权纠纷申请再审案	（2013）民申字第1049号	最高人民法院
2014	中国法院知识产权司法保护50件典型案例	王巨贤与绍兴市水利局、绍兴神采印刷有限公司侵犯著作权纠纷提审案	（2013）民提字第15号	最高人民法院
2014	中国法院知识产权司法保护50件典型案例	乔天富与重庆华龙网新闻传媒有限公司侵害著作权纠纷上诉案	（2013）渝高法民终字第261号	重庆市高级人民法院
2014	中国法院知识产权司法保护50件典型案例	肇庆金鹏酒店有限公司与中国音像著作权集体管理协会侵害著作权纠纷上诉案	（2013）粤高法民三终字第615号	广东省高级人民法院
2014	中国法院知识产权司法保护50件典型案例	白先勇与上海电影（集团）有限公司等著作权权属、侵权纠纷案	（2014）沪二中民五（知）初字第83号	上海市第二中级人民法院
2014	中国法院知识产权司法保护50件典型案例	上海森乐文化传播有限公司与天津酷溜正元信息技术有限公司著作权许可使用合同纠纷上诉案	（2014）津高民三终字第10号	天津市高级人民法院
2014	中国法院知识产权司法保护50件典型案例	华盖创意（北京）图像技术有限公司与哈尔滨正林软件开发有限责任公司侵害著作权纠纷提审案	（2014）民提字第57号	最高人民法院
2014	中国法院知识产权司法保护50件典型案例	中国电信股份有限公司深圳分公司与乐视网信息技术（北京）股份有限公司等侵害信息网络传播权纠纷上诉案	（2014）深中法知民终字第328号	广东省深圳市中级人民法院

年份	来源	名称	案号	审理法院
2014	中国法院知识产权司法保护50件典型案例	章曙祥与江苏真慧影业有限公司导演聘用合同纠纷上诉案	（2014）苏知民终字第185号	江苏省高级人民法院
2015	中国法院知识产权司法保护10大案件	琼瑶诉于正案	（2015）高民（知）终字第1039号	北京市高级人民法院
2015	中国法院知识产权司法保护10大案件	涉及"魔兽世界"网络游戏诉中禁令案	（2015）粤知法著民初字第2-1号；（2015）粤知法商民初字第2-1号	广州知识产权法院
2015	中国法院知识产权司法保护50件典型案例	翁存兴侵犯著作权罪案	（2014）鼓刑初字第461号	福建省福州市鼓楼区人民法院
2015	中国法院知识产权司法保护50件典型案例	重庆世贸科技有限公司与重庆索鼎科技有限公司、吕晓波计算机软件著作权侵权案	（2014）渝北法民初字第5772号	重庆市渝北区人民法院
2015	中国法院知识产权司法保护50件典型案例	北京导视互动网络技术有限公司与湖北广播电视台、武汉卓讯互动信息科技有限公司侵害计算机软件著作权及不正当竞争纠纷上诉案	（2015）鄂民三终字第618号	湖北省高级人民法院
2015	中国法院知识产权司法保护50件典型案例	董黄明与桂林市犀灵文化传播广告有限公司、李时斌侵害著作权纠纷再审案	（2015）桂民提字第118号	广西壮族自治区高级人民法院
2015	中国法院知识产权司法保护50件典型案例	长春出版传媒集团有限责任公司与吉林大学出版社有限责任公司侵害著作权纠纷上诉案	（2015）吉民三知终字第68号	吉林省高级人民法院
2015	中国法院知识产权司法保护50件典型案例	深圳市盟世奇商贸有限公司与天津市宁河县泽安商贸有限公司侵犯著作权纠纷上诉案	（2015）津高民三终字第18号	天津市高级人民法院
2015	中国法院知识产权司法保护50件典型案例	周立英与王丽云侵害著作权纠纷案	（2015）昆知民初字第117号	云南省昆明市中级人民法院
2015	中国法院知识产权司法保护50件典型案例	福建侨龙专用汽车有限公司与陈猛侵害著作权纠纷上诉案	（2015）闽民终字第990号	福建省高级人民法院
2015	中国法院知识产权司法保护50件典型案例	傅敏与吉林音像出版社有限责任公司、无锡当当网信息技术有限公司侵害著作权纠纷案	（2015）锡知民初字第39号	江苏省无锡市中级人民法院

年份	来源	名称	案号	审理法院
2015	中国法院知识产权司法保护50件典型案例	中山市商房网络科技有限公司与中山市暴风科技有限公司著作权侵权纠纷上诉案	（2015）中中法知民终字第197号	广东省中山市中级人民法院
2015	中国法院知识产权司法保护50件典型案例	洪福远、邓春香与贵州五福坊食品有限公司、贵州今彩民族文化研发有限公司侵害著作权纠纷案	（2015）筑知民初字第17号	贵州省贵阳市中级人民法院
2015	指导案例49号	石鸿林诉泰州华仁电子资讯有限公司侵害计算机软件著作权纠纷案	（2007）苏民三终字第0018号	江苏省高级人民法院
2015	指导案例48号	北京精雕科技有限公司诉上海奈凯电子科技有限公司侵害计算机软件著作权纠纷案	（2006）沪高民三（知）终字第110号	上海市高级人民法院

第一节　概　　况

一、著作权司法案例整体概况

（一）著作权司法案例的发展趋势：历年颁布数量稳定

最高院发布的自2009年至2015年著作权司法案例共计110件,其历年颁布数量如图一-1所示,即平均每年在15—16件,约占历年颁布的知识产权司法案例的1/5,总体来说颁布的案件量相对较为稳定。

其中2010年、2012年皆有19例居于首位,该时间节点也与著作权法第二次修订决定发布的时间及著作权法第三次修订草案发布的年份相吻合:2010年全国人大常委会第13次会议通过了著作权法第二次修订的决议;2012年3月著作权法第三次修订草案发布。

由此,纵观著作权司法案例历年数量之趋势,可见司法案例与立法动态之良好互动与促进。司法是立法之实践,是将立法抽象化语言以具体鲜活的方式呈现的最好方式,立法层面对于法律的修订,也催生了司法案例之涌现。相较于司法解释的抽象性及滞后性,司法案例能够更为形象且更为及时地向公众传递立法之新旨,帮助公众更好地理解新法框架下法律适用,从而及时规范其行为之准则。

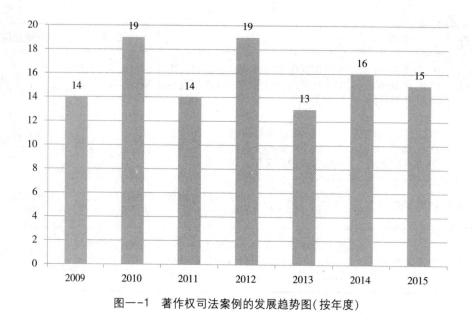

图一-1 著作权司法案例的发展趋势图(按年度)

（二）著作权司法案件的分布情况

1. 法院地域分布情况:京苏沪广领跑

著作权司法案例来源于最高人民法院及全国各级人民法院,本章对来源的各级人民法院的地域进行了数据分析,其按省级行政区划为单位的分布图如图一-2所示,其中最高人民法院的案例如深色部分所示为11件,最高人民法院位于北京,但其管辖为全国范围,故本章在统计时其数量不列在北京地区的统计数据中。

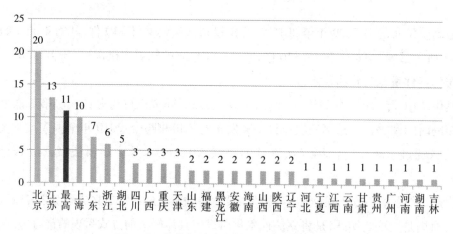

图一-2 著作权司法案例的地域分布图(省)

通过上述统计数据显示位于前四位的依次为:北京20件;江苏13件;上海10件;广东7件。由此可见经济发达地区著作权司法案例更具有指导意义。这可能和经济发达地区其科技进步更为迅速、文化更为繁荣、精神文明及法制建设更为健全有关。

随着互联网信息技术的发展,文学、艺术及科学领域不断涌现新商业模式及权利形态,从而产生了更多新时代背景下的侵权行为,著作权法不得不顺应时代的要求进行相应的变革。美国自从《千禧年数字著作权法案》通过之后,几乎每年都有新的修正案提交给国会,日本著作权法自 1976 年颁布至今,共有 28 次大大小小的修订。

依据国家知识产权局知识产权发展研究中心 2016 年 6 月 7 日发布《2015 年中国知识产权发展状况报告》对全国及各省级区域 2015 年知识产权发展状况的评价,京苏沪广为知识产权创造发展指数高于 80 的第一梯队的省级区域,作为经济发达的地区,其法院案例的颁布也为全国后发展起来的行政区域起到很好的"先例"作用,一定程度上弥补立法滞后性所产生的一定时期的立法空白。

2. 法院级别分布情况:高院占比近半数、高新技术开发区基层法院活跃

我国实行"四级两审"制的审判制度,人民法院有四个级别,即从低到高,为基层人民法院、中级人民法院、高级人民法院及最高人民法院,这一层级设置也基本与我国的行政区划相适应。依据本章的统计数据,著作权司法案例的审理法院级别分布如图一—3、图一—4所示,其中颁布的案例审理法院为全国各地高级人民法院的案例居于第一位,总共有 45 件,占 41%,全国各地中级人民法院的位列第二,总共 36 件,占 33%,基层人民法院位列第三,总共有 18 件,占 16%,比较值得注意的是审级为最高人民法院的仅为 11 件,占 10%。

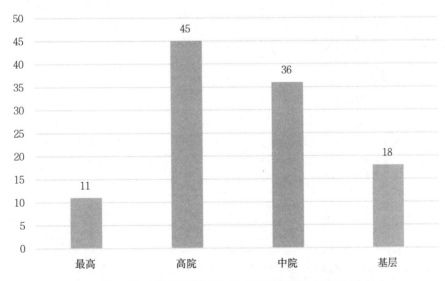

图一—3 著作权司法案例的审理法院级别分布图 1

依据《最高人民法院关于审理著作权民事纠纷案件适用法律若干问题的解释》第二条规定:"著作权民事纠纷案件,由中级人民法院管辖。各高级人民法院根据本辖区的实际情况,可以确定若干基层人民法院管辖第一审著作权民事纠纷案件。"实践中,著作权的案件大多都是由各地高级人民法院指定的基层人民法院一审,所以基本上大多著作权

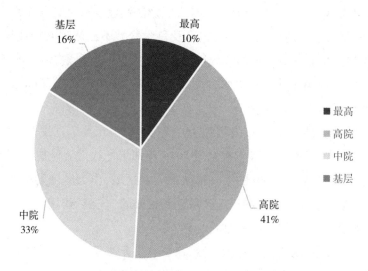

图一-4　著作权司法案例的审理法院级别分布图 2

案件都在各高级人民法院阶段就可以完成二审包括再审程序,所以最终落到最高人民院手里的司法案例自然就少了许多。

在各地高级人民法院的著作权司法案例,以江苏省高级人民法院 8 件,北京高级人民法院 7 件分列冠亚(如图一-5 所示),两院著作权司法案例的总和已超过最高院的 11 件。

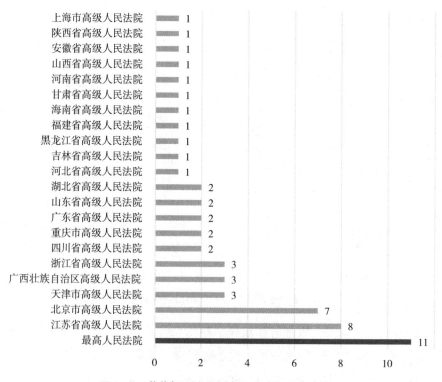

图一-5　著作权司法案例高级法院案件量分布图

在各地基层人民法院的著作权司法案例中,北京、上海的基层法院贡献近 3/4 的案例(如图一-6 所示),其中北京市海淀区人民法院和上海市浦东新区人民法院的著作权司法案例数量并列第一,两者总和占基层人民法院案例总数的 1/3。

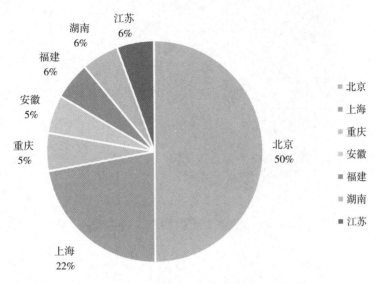

图一-6　著作权司法案例基层法院案件量分布图

截至 2016 年 8 月 24 日中华人民共和国科学技术部的官网数据①,目前全国高新技术产业开发区总数已达 129 家,其中起源于 20 世纪 80 年代初的中关村科技园是中国第一个国家级高新技术产业开发区,即位于北京市海淀区,90 年代初在上海设立的第一个国家级高新技术产业开发区张江高科技园,即位于上海市浦东新区,享有"中国硅谷"之称的这两个园区都有大量软件技术企业,由此也成为著作权司法案例的重要来源之地。

值得注意的是目前江苏省已有 13 个国家高新技术产业开发区,位列所有省市地区之首,由此恰可解释江苏省在著作权司法案例之突出贡献。

3. 审理级别分布情况:二审过半,再审占十分之一

人民法院审理案件奉行"两审终审"制,即一件案件经过第一审程序、第二审程序两级人民法院审判后即告终结。在此之下为了进一步保障司法正义,我国又为纠正已发生法律效力的错误裁判设置了"审判监督程序",即再审程序,再审程序是一种例外情况的"非常程序",并非像第一审程序和第二审程序那样频繁启用。依据本章著作权司法案例的统计数据,公布的著作权司法案例的审理级别分布情况如图一-7 所示,其中著作权司法案例来源于第二审程序的占 61%,位于首位,来源于第一审程序占 29%,来源于再审程序仅占 10%。这一比例可以看出著作权司法案件大多当事人都会穷尽二审终审的司法程序,且再审作为特别的纠错程序其比例不如前两者那么高。

① 来源 http://www.most.gov.cn/gxjscykfq/gxjsgxqml/。

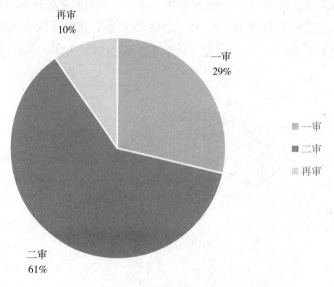

图—-7　著作权司法案例审理级别分布图

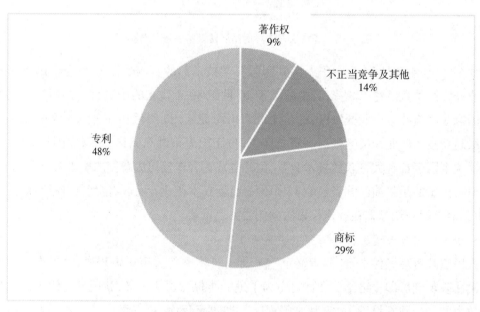

图—-8　2009—2015 年知识产权司法案例再审案件类型分布图

　　如果在整个知识产权司法案例中对比来源于再审程序的案件,不难发现著作权案例占 9%,占据最小的比例,专利的再审案件最多有 48%,商标其次占 29%,这可能与专利及商标案件涉及的案件标的相比著作权而言更为巨大,原被告之间相对竞争关系更为激烈有关。

　　4. 文书类型分布情况:判决为主,裁定为辅,结合调解

　　裁判文书是记载人民法院审理过程和结果的载体,依据 2014 年 1 月 1 日起实施的

《最高人民法院在互联网公布裁判文书的规定》,除下述情形之外,人民法院生效的裁判文书都应当在互联网予以公布:(1)涉及国家秘密、个人隐私的;(2)涉及未成年人违法犯罪的;(3)以调解方式结案的;(4)其他不宜在互联网公布的。

公布的裁判文书是司法公正透明的体现,让司法正义能在阳光下接受群众的监督,另外公布的裁判文书也具有一定行为指引性,帮助群众在阅读中规范自己的行为。

裁判文书按照诉讼类型分,有民事裁判文书、刑事裁判文书及行政裁判文书,按照文书种类分,可以分为解决实体问题的判决书、解决程序问题的裁定书,以及确认双方当事人协议内容的调解书。依据本章统计数据,著作权司法案例文书类型的分布如图一—9所示,其中不难发现民事判决书占79%占据绝对优势地位,其次是民事裁定书8%,刑事判决书7%,刑事裁定书5%,民事调解书1%;按照裁判文书的诉讼类型分,主要来源于民事裁判文书占88%,刑事裁判文书占12%,没有行政裁判文书;按照文书种类分,判决书占86%,裁定书占13%,调解书占1%。

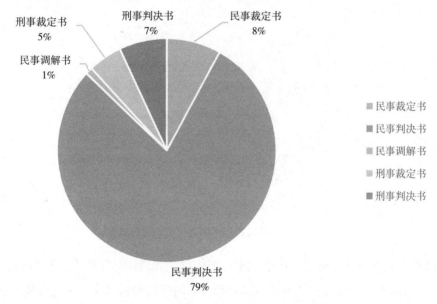

图一—9 著作权司法案例文书类型分布图

由此可见著作权司法案例"民为主,刑为辅""实体为先,程序为后,结合调解"之特点,这也与其他知识产权司法案件的状态相符合。

二、著作权司法案件之案件类型解析

(一) 按诉讼类型分:民诉为主,刑诉为辅,无行诉

诉讼是当今法治社会解决社会纠纷的最终解决手段,其基本分为三种类型:民事诉讼、刑事诉讼和行政诉讼。著作权作为一项民事的权利,其主要的纠纷为民事纠纷,在达

到一定程序,情节恶劣造成社会危害性的情况下可以上升为刑事案件,由于著作权权利的取得为自动取得,无须国家机构的审批,所以相对于商标和专利来说鲜有行政纠纷。

依据本章的研究数据,著作权司法案例按诉讼类型分的分布情况,如图一-10所示。其中民事案件占据主导地位,占88%。剩余12%均为刑事案件,没有行政案件。究其原因,如上所述是因为著作权不同于专利、商标,必须依申请(注册)所得。专利申请由国家知识产权局(以下简称"国知局")负责受理审查,专利行政案件大多来源于不服国知局的专利权无效决定而提起的行政诉讼。商标注册由国家工商管理总局商标局(以下简称"商标局")负责受理审查,商标行政案件大多来源于不服商标驳回复审的决定的行政诉讼。

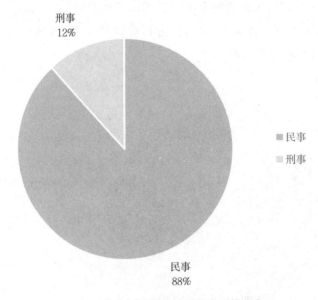

图一-10　著作权司法案例诉讼类型的分布图

我国著作权自作品完成之后就自动享有著作权,国家版权局(以下简称"版权局")虽然负责对作品登记的管理,但其不像国知局和商标局会对专利和商标进行实质的审查,版权局在著作权登记过程中,不会涉及对当事人是否享有著作权进行审查及决定,也就不易侵害到当事人的实体权利,从而其被列为被告的次数就比较少。依据中国裁判文书网2016年8月25日按"高级检索"在"当事人"一栏中检索关键词"版权局"的结果显示,仅有10个案例,涉及著作权纠纷的仅5件,其中仅有1件为著作权登记纠纷,其余4件均为著作权行政执法的纠纷。

(二)　按焦点类型分:网络信息技术及影视领域纠纷多

所谓争议焦点,简言之就是控辩双方纠纷之核心,矛盾之焦点。人民法院在审理案件过程中会依据双方当事人之陈述归纳案件的争议焦点。本章在分析统计时,即对数据库中采集的裁判文书的争议焦点进行归纳和整理,由此得出著作权司法案例按焦点类型分的分布情况如图一-11所示。

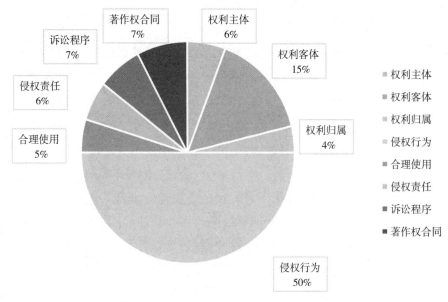

图一-11　著作权司法案例焦点类型的分布图

其中,本章在对基础数据进一步分析的基础上,提炼出案件的核心争议焦点,综合考量其裁判要旨的指引性,将著作权司法案例分成八类:权利主体、权利客体、权利归属、侵权行为、合理使用、侵权责任、诉讼程序及著作权合同,数据显示近年来著作权司法案例中涉及网络信息技术及影视领域的案件纠纷较多,具体分析如下:

1. 权利主体

争议焦点集中在"权利主体"的,占比6%,主要涉及一些特殊的主体争议,如音乐著作权协会是否为适格的诉讼主体[(2010)哈知初字第49号];卡通影视作品的权利人拥有影视作品的著作权,但没有卡通人物的美术作品权,是否可以主张要求侵权人停止制造卡通形象玩具[(2012)鄂民三终字第23号];被许可人是否有独立诉权[(2014)民提字第57号]等问题。

2. 权利客体

争议焦点集中在"权利客体"的,占比15%,主要涉及一些新型权利客体的涌现,如可以受保护的包括导航电子地图[(2008)粤高法民三终字第290号]、产品说明书[(2011)晋民终字第70号]、动画角色造型[(2011)晋民终字第70号]、图片新闻[(2013)渝高法民终字第261号]、专利附图[(2015)闽民终字第990号]、发型[(2011)浙杭知终字第54号]、景德镇瓷器茶具[(2012)民申字第1392号]等,不受保护的包括广播体操[(2012)西民初字第14070号]、合同文本[(2012)穗中法民三终字第96号]、答题卡[(2010)川民终字第334号]等。

3. 权利归属

争议焦点集中在"权利归属"的,占比 4%,主要涉及著作权权属的案件,此类案件基本集中在法人作品、职务作品和委托作品权属纠纷。

4. 侵权行为

争议焦点集中在"侵权行为"的,占比 50%,在著作权司法案例中占据最大的比例,其中主要集中在网络侵权行为及有关影视作品的侵权行为。网络侵权行为包括诸如百度文库[(2012)海民初字第 5558 号]、电子书[(2011)民申字第 259 号]、字库[(2011)苏知民终字第 0018 号]、MP3 搜索引擎[(2010)高民终字第 1694 号、1700 号、1699 号]、网络游戏[(2012)苏知刑终字第 0003 号、(2012)琼民三终字第 39 号、(2012)深中法知刑终字第 35 号]以及盗版软件[(2009)虎知刑初字第 0001 号]等,影视作品的侵权行为包括诸如盗版影视光碟[(2010)宁知刑终字第 1 号]、视频播放网站、电影(电视剧)剧本[(2010)宁知民终字第 8 号、(2010)陕民三终字第 29 号、(2013)民申字第 1049 号、(2015)高民(知)终字第 1039 号]等。其中著作权领域的"接触+实质性相似"判定标准、"避风港原则"也在判例中加以实践强化。

5. 合理使用

争议焦点集中在"合理使用"①的,占比 5%,主要涉及介绍性使用(《著作权法》第二十二条第二款);评论性、报道性使用(《著作权法》第二十二条第三款)教学研究性使用(《著作权法》第二十二条第六款)等。

6. 侵权责任

争议焦点集中在"侵权责任"的,占比 6%,主要涉及两个问题:

第一,"是否要赔",即是否需要承担赔偿责任,诸如"图书店出售的图书侵犯了他人著作权的,其是否应当承担赔偿责任?"[(2011)东民初字第 05321 号],"已尽到合理注意义务的网络服务提供者对服务对象侵犯信息网络传播权的行为是否应当承担赔偿责任?"[(2010)浙知终字第 107 号]等等;第二,"赔多少"的问题,即赔偿数额如何确定,主要涉及违法数额无法确定的情况如何确定赔偿数额。前者是"质"的判定,后者是"量"的界定。

7. 诉讼程序

争议焦点集中在"侵权行为"的,占比 7%,主要涉及诉讼前(中)禁令、举证责任、证据形式以及诉讼时效的问题。其中值得注意的是"律师见证书在没有其他证据予以佐证的

---

① 《著作权法》第二十二条　在下列情况下使用作品,可以不经著作权人许可,不向其支付报酬,但应当指明作者姓名、作品名称,并且不得侵犯著作权人依照本法享有的其他权利:……(二)为介绍、评论某一作品或者说明某一问题,在作品中适当引用他人已经发表的作品;(三)为报道时事新闻,在报纸、期刊、广播电台、电视台等媒体中不可避免地再现或者引用已经发表的作品;……(六)为学校课堂教学或者科学研究,翻译或者少量复制已经发表的作品,供教学或者科研人员使用,但不得出版发行;……

情况下,不能单独作为认定案件事实的依据"[(2012)成民初字第1093号]。

8.著作权合同

争议焦点集中在"侵权行为"的,占比7%,主要涉及著作权领域的一些合同,诸如涉及著作权权利处分的软件许可使用合同[(2008)浦民三(知)初字第453号、(2009)民三终字第4号]、软件著作权转让合同[(2010)冀民三终字第52号]等;涉及著作权权利归属的委托创作合同[(2012)渝高法民终字第00115号、[2011]沪一中民五(知)终字第136号];涉及著作权邻接权人的图书出版合同[(2009)苏民三终字第0101号];还有一些其他相关合同诸如导演聘用合同[(2014)苏知民终字第185号]、演出经纪合同[(2013)高民终字第1164号]等。

(三) 按作品类型分:软件及影视作品为时代新宠

1.一般作品类型

我国著作权法所称"作品",是指文学、艺术和科学领域内具有独创性并能以某种有形形式复制的智力成果①。《著作权法》第三条将作品分为如下九大类,《著作权法实施条例》第四条对不同作品的含义进行了说明:

(1)文字作品;

(2)口述作品;

(3)音乐、戏剧、曲艺、舞蹈、杂技艺术作品;

(4)美术、建筑作品;

(5)摄影作品;

(6)电影作品和以类似摄制电影的方法创作的作品;

(7)工程设计图、产品设计图、地图、示意图等图形作品和模型作品;

(8)计算机软件;

(9)法律、行政法规规定的其他作品。

本章将上述"作品"分类称为"一般作品类型",依据本章的统计数据,著作权司法案例按上述一般作品类型分的分布情况,如图一-12所示。文字作品占据第一位,共计有34件;计算机软件位列第二,共计24件,影视作品位列第三,共计22件;美术作品紧随其后,共有17件;接下去是图形作品4件;摄影作品3件;音乐作品3件;模型作品和建筑作品各1件。

因为一个案件之中可能存在多个作品类型或者各个作品类型存在相互交叉或者包容与被包容关系,本章在分析数据选定作品类型时,主要采用下述几种判定方法:1)吸纳法,即影视作品之中往往包含着音乐作品,故在统计时按照影视作品登记;2)择重法,即

① 《著作权法实施条例》第二条。

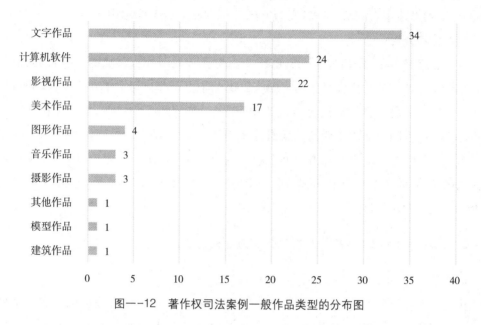

图一—12　著作权司法案例一般作品类型的分布图

游戏软件可能涉及美术作品、文字作品等,但其主要形态为计算机软件,故登记为计算机软件;3)并列法,有些不可吸纳并且不可择重的案件,比如有关摄影作品与美术作品之间冲突,以及影视作品及其剧本(文字作品)之间冲突,两种作品居于并列对立地位,在统计中就一同列进数据中。

从上述的统计数据中不难发现,文字作品、美术作品作为著作权领域中最为传统、历史最为久远的作品在新时代下依然保持着其司法实践中的地位,而数字时代下计算机软件著作权及影视作品也有着其绝对强势地位。

2. 特殊作品类型

除了上述一般作品类型之外,我国著作权法还规定了一些特殊作品,如汇编作品、演绎作品、合作作品、委托作品、法人作品、职务作品、民间艺术品、实用艺术品等,这些作品形态在实务中争议也较大,所以本章统计时也将其列出,称为特殊作品类型。

在最高院自 2009 年至 2015 年著作权司法案例发布的总共 110 件中,涉及特殊作品的有 19 件,其分布情况如图一—13,其中汇编作品、演绎作品各占 25%,并列第一;职务作品各占 15%,位列第二;法人作品和合作作品各占 10%,位列第三;实用性艺术品和委托作品各占 5%,位列第四。

汇编作品和演绎作品,主要涉及的争议一般为"是否达到独创性标准构成作品"或者是否侵犯原作品作者的权利。汇编作品,是指"汇编若干作品、作品的片段或者不构成作品的数据或者其他材料,对其内容的选择或者编排体现独创性的作品,其著作权由汇编人享有,但行使著作权时,不得侵犯原作品的著作权"①。演绎作品,是指"改编、翻译、注释、

---

① 《著作权法》第十四条。

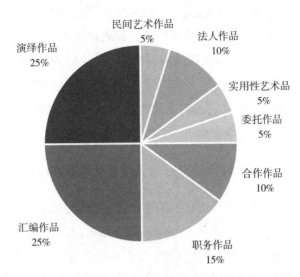

图——13 著作权司法案例特殊作品类型的分布图

整理已有作品而产生的作品,其著作权由改编、翻译、注释、整理人享有,但行使著作权时不得侵犯原作品的著作权"①。

　　法人作品、职务作品和合作作品主要的争议集中在著作权的权属纠纷上。法人作品,是指"由法人或者其他组织主持,代表法人或者其他组织意志创作,并由法人或者其他组织承担责任的作品,法人或者其他组织视为作者"②。职务作品,是指"公民为完成法人或者其他组织工作任务所创作的作品"③。合作作品,是指"两人以上合作创作的作品,著作权由合作作者共同享有。没有参加创作的人,不能成为合作作者。合作作品可以分割使用的,作者对各自创作的部分可以单独享有著作权,但行使著作权时不得侵犯合作作品整体的著作权"④。

　　民间文学艺术品和实用性艺术品,其案件中的主要争议在于其是否构成著作权法保护下的作品,受著作权法保护的问题。民间文学艺术品,是指"由特定的民族、族群或者社群内不特定成员集体创作和世代传承,并体现其传统观念和文化价值的文学艺术的表达"⑤,依据我国《著作权法》第六条将民间文学艺术品纳入著作权法的保护范围,但具体规定由国务院另行制定。依据国家版权局 2014 年 9 月 2 日公布的《民间文学艺术作品著作权保护条例(征求意见稿)》第二条第二款,民间文学艺术作品包括但不限于:民间故事、传说、诗歌、歌谣、谚语等以言语或者文字形式表达的作品;民间歌曲、器乐等以音乐形

――――――――――――

① 《著作权法》第十二条。
② 《著作权法》第十条第二款。
③ 《著作权法》第十六条。
④ 《著作权法》第十三条。
⑤ 国家版权局 2014 年 9 月 2 日公布的《民间文学艺术作品著作权保护条例(征求意见稿)》第二条第一款。

式表达的作品;民间舞蹈、歌舞、戏曲、曲艺等以动作、姿势、表情等形式表达的作品;民间绘画、图案、雕塑、造型、建筑等以平面或者立体形式表达的作品。

实用性艺术品,依据世界知识产权组织对其定义为:"具有实际用途的艺术作品,无论这种作品是手工艺品还是工业生产的产品",其兼具实用性及艺术性,所以其保护往往和其他知识产权(专利权、商标权)交叉,实用性艺术品在其功能所限之范围内是否达到独创性标准往往是此类案件的争议焦点。

(四) 按权利内容分:复制权位列第一,信息网络传播权位列第二

著作权法是保护著作权及其邻接权的法律。著作权即创造作品的人所享有的权利,包含人身权与财产权,邻接权(译自英文 neighboring right,是指与著作权相邻近的权利),即传播作品的人所享有的权利。《著作权法》第十条明确规定了著作权人的 4 项人身权及 14 项财产权。著作权人身权包括发表权、署名权、修改权及保护作品完整权;著作权财产权包括复制权、发行权、出租权、展览权、表演权、放映权、广播权、信息网络传播权、摄制权、改编权、翻译权、汇编权以及应当由著作权人享有的其他权利。当然还有包括许可他人行使前述财产权利的获酬权。

根据我国《著作权法》的相关规定,邻接权的种类主要包括以下四类:出版者权,指出版者对其出版的图书和期刊的版式设计享有的专有权;表演者权,是指表演者对其表演享有的权利;录音录像制作者权,是指录音制作者对其录制的录音制品依法;广播电视组织权,是指广播电视组织对其自己播放的节目信号享有的专有权利。

依据本章统计数据,著作权司法案例权利类型的分布情况如图——14 所示,其中著作权财产权占比 92%,处于绝对主要地位,著作权人身权占 6%,著作权邻接权仅占 2%。

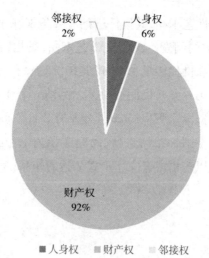

图——14 著作权司法案例权利类型的分布图

这主要原因在于经济发展迅猛的当今年代,著作权也作为一种有利财产资源在企业竞争中有着重要作用,由此在诉讼之中著作权财产权就成了企业战中兵家必争之物。

对上述三项权利类型进一步划分到具体的权利内容,其分布情况如图一-15所示,其中复制权占40%,位于第一;信息网络传播权占28%,位于第二;发行权占18%,位于第三。这三项权利中复制权、发行权是著作权领域最为传统和普遍的权利。信息网络传播权是新时下的新型权利,从数据中不难看出其强势之地位。信息网络时代的发展,让著作权的侵权渐渐从传统领域扩张到了互联网领域,相信在未来这一比例还会不断持续上升。

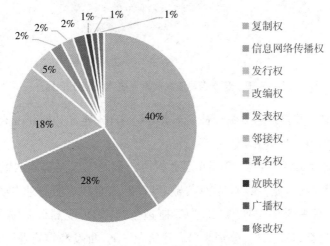

图一-15　著作权司法案例权利内容的分布图

三、著作权司法案件之诉讼主体解析

(一) 原告解析

1. 主体类型:法人及其他组织为主

原告为著作权的权利主体,依据数据,著作权司法案例原告主体类型的分布如图一-16所示,其中自然人占37%,法人及其他组织占63%。自然人起诉中尤以文字作品的著作权人为主,包括一些著名作家如韩寒[见(2012)海民初字第5558号民事判决书]、毕淑敏[见(2009)皖民三终字第0014号民事判决书)]等知名作家。

2. 行业类型:文化娱乐、信息技术行业为主

2011年第三次修订的《国民经济行业分类》(GB/T 4754—2011)的国民经济行业分类分为20个门类,具体包括:A. 农、林、牧、渔业;B. 采矿业;C. 制造业;D. 电力、热力、燃气及水生产和供应业;E. 建筑业;F. 批发和零售业;G. 交通运输、仓储和邮政业;H. 住宿和餐饮业;I. 信息传输、软件和信息技术服务业;J. 金融业;K. 房地产业;L. 租赁和商务服务业;M. 科学研究和技术服务业;N. 水利、环境和公共设施管理业;O. 居民服务、修

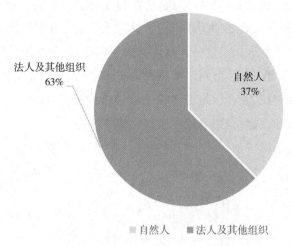

图—-16　著作权司法案例原告主体类型分布图

理和其他服务业；P. 教育；Q. 卫生和社会工作；R. 文化、体育和娱乐业；S. 公共管理、社会保障和社会组织；T. 国际组织。

如图—-17显示,2009年至2015年著作权司法案例中法人及其他组织的行业分布,以"R. 文化、体育和娱乐业"及"I. 信息传输、软件和信息技术服务业"为主,其中前者占38%位列第一,后者占35%位列第二。"C. 制造业"作为传统的行业位列第三,占17%。剩余还涉及五个门类,各占2%,分别为"E. 建筑业""F. 批发和零售业""M. 科学研究和技术服务业""P. 教育"及"S. 公共管理、社会保障和社会组织"。

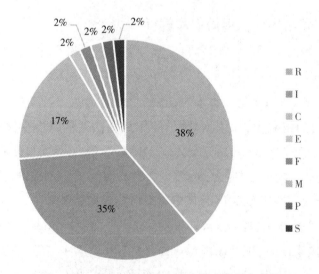

图—-17　著作权司法案例原告行业类型分布图

3. 涉外、涉(港澳台)主体：来自经济发达地区

全球化经济的时代,国际交往越来越密切,知识产权在当今社会也越来越被全球的商

业巨鳄视为是重要核心资产。从本章的统计数据中也可以看出,来自发达国家或地区对我国境内(大陆)发起著作权领域的战役。

如图一-18所示,著作权司法案例原告涉外、涉港澳台主体中,国内主体占87%,涉外主体占13%。如图一-19所示,涉外、涉港澳台主体中近一半46%来自美国,来自中国台湾和日本各有23%,其余为来自中国香港的。涉外、涉港澳台主体中大多来自经济发达的强势国家及地区,包含有国际知名软件公司美国微软公司(Microsoft Corporation)[见(2009)高民终字第4462号民事判决书]、美国知名的游戏公司暴雪娱乐有限公司(Blizzard Entertainment, Inc.)[见(2015)粤知法著民初字第2-1号民事判决书],日本知名玩具公司株式会社万代(株式会社ハンダィ)[见(2010)高民终字第1814号民事判决书]等,全球知名的唱片公司比如华纳唱片公司、环球唱片公司以及索尼唱片公司[见(2010)高民终字第1694号、1700号、1699号民事判决书]等。

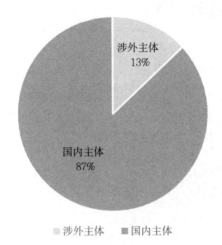

图一-18 著作权司法案例原告涉外主体比例图

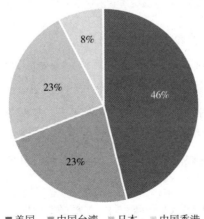

图一-19 著作权司法案例原告涉外主体国别分布图

其中需要说明的一点,本章在统计涉外、涉港澳台地区主体时并未将在国内依法设立的具有外资成分的企业考虑在内,而直接计算的是国外及我国港澳台地区的自然人或者在国外及我国港澳台地区设立的组织机构。故而所得的涉外、涉港澳台的比例并没有想象中的大,不过由于大多国外的企业都会有在我国境内的设立外资企业,所以国内维权事宜也一般授权境内的外资企业办理,这种间接的涉外、涉港澳台成分,据不完全统计也不占少数,

（二）被告解析

1. 主体类型:法人及其他组织为主

被告一般为著作权的侵权主体,依据数据被告主体类型的分布情况,如图一-20 所示,其中自然人占 19%,法人及其他组织占 81%。相于原告主体的类型,被告主体为自然人的较少,且大多均为刑事犯罪的被告人。

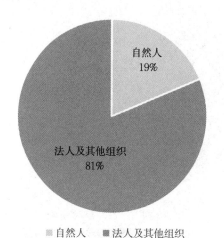

图一-20 著作权司法案例被告主体类型分布图

2. 行业类型:信息技术行业为主,行业类别广泛

依据本章的统计数据,著作权司法案例被告行业类型的分布情况如图一-21 显示,其中"I. 信息传输、软件和信息技术服务业"占据 40% 位列第一,"R. 文化、体育和娱乐业"占 30%,位列第二。传统行业"C. 制造业"位列第三,占 13%。"F. 批发和零售业"占 6%,位列第四,占 6%。剩余还涉及"S. 公共管理、社会保障和社会组织"占 4%,"P. 教育"占 3%,"G. 交通运输、仓储和邮政业"占 2%,剩余"H. 住宿和餐饮业""J. 金融业"各占 1%。

其中值得注意的是,同原告行业类型一样,主要是 I 类信息技术行业和 R 类文化娱乐行业居多,但差别是在被告行业类型中,I 类超过了 R 类位列第一位。这可能的原因是著作权的权利人大多来自文化娱乐行业,而网络侵权多发导致大多的侵权人来自信息技术

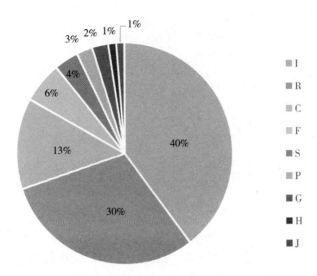

图—-21　著作权司法案例被告行业类型分布图

服务业。另外,相比原告行业类型,被告的行业类型中还有 G 类交通运输、仓储和邮政业、H 类住宿和餐饮业、J 类金融业,由此可见著作权侵权主体的行业类别相比著作权权利人的行业类别更为广泛。

3. 涉外、涉港澳台主体:比例仅 4%

依据本章统计数据,被告的涉外、涉港澳台主体中仅有 4% 为涉外、涉港澳台主体,远小于原告的涉外成分。出现此原因主要有二:第一,依据民事诉讼“原告就被告”原则,常规在我国境内提起的诉讼一般是被告在我国境内的主体。当然依据我国相关法律规定,可以提起诉讼的管辖地还包括侵权行为实施地、侵权复制品储藏地或者查封扣押地①,计算机网络著作权纠纷的侵权行为地还包括实施侵权行为的网络服务器、计算机终端等设备所在地,著作权合同纠纷还包括合同履行地、合同签订地及双方约定管辖的地方;第二,相对而言我国著作权权利人在国际交往中还未占据强势地位,由此在交易中能够将管辖权协议至由人民法院管辖的还尚为少数。

在涉外、涉港澳台的国别、地区上,也一如原告的涉外、涉港澳台主体一样,来自发达地区,美国占 50%;日本和韩国各占 25%。

四、著作权司法案例之责任承担解析

(一) 责任承担

在选取的 110 件著作权司法案例中,排除驳回原告诉讼请求、和解、调解以及裁定的情形,最终有生效判决的共 70 件,其中民事案例 57 件,刑事案例 13 件。

---

① 《最高人民法院关于审理著作权民事纠纷案件适用法律若干问题的解释》第四条。

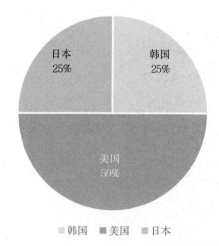

韩国　美国　日本

图一-22　著作权司法案例被告涉外主体国别、地区分布图

1. 民事案例

按照《著作权法》第四十七条和第四十八条的规定,著作权侵权的民事责任包括停止侵害、消除影响、赔礼道歉、赔偿损失等方式。如图一-23 所示,在 57 件民事案例中,法院同时判决停止侵权和赔偿损失的比重最大,为 29 件,占 51%。其次是判决同时承担停止侵权、赔偿损失和赔礼道歉的案例共 13 件,占 23%。而单独判决赔偿损失的为 12 件,占21%。采用支付报酬这一责任形式的有 3 件,占 5%。

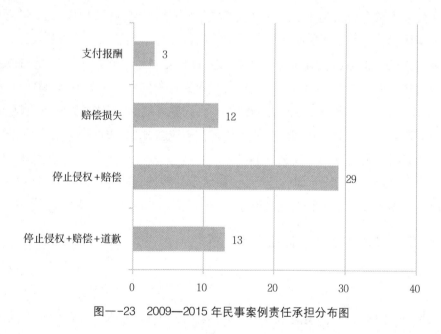

图一-23　2009—2015 年民事案例责任承担分布图

一般情况下,法院都会根据原告的诉讼请求同时判决侵权方停止侵权和赔偿损失,但在个别案例中,由于侵权方早就停止了侵权行为,或者原告放弃了要求对方停止侵权的诉

讼请求,所以法院没有必要判决停止侵权。司法实践中,许多著作权人在起诉侵权方时,都会一并提起赔礼道歉的主张。然而,赔礼道歉的适用有着严格的限制。除了要求必须是著作人身权遭受侵害外,还要证明侵权方对著作权人的社会声誉产生不良影响,抑或是社会公众对其作出负面评价。因此,在侵害著作财产权案件中,原告提出的赔礼道歉之诉讼请求通常会被法院驳回。

支付报酬这一责任承担方式并不是著作权法中明确罗列出来的,它只存在于争议双方之间存在合同关系或达成协议的情形。一般来说,即指被告将某作品的创作事宜全部或部分委托给原告,在作品完成后,被告拒不支付或者迟延支付劳动报酬。因此,这种情况下,法院处理的更像是合同纠纷,判决停止侵权或赔偿损失都没有实质意义。当然,如果双方约定了违约金条款,那么在性质上也就等同于赔偿损失的作用。

2. 刑事案例

由于刑事案件不存在赔偿数额一说,所以此处一并阐述侵犯著作权罪案件的责任方式,即自由刑和财产刑。就自由刑而言,《刑法》第二百一十七条规定了两个量刑幅度,一是违法所得数额较大或者有其他严重情节的,处三年以下有期徒刑或者拘役,二是违法所得数额巨大或者有其他特别严重情节的,处三年以上七年以下有期徒刑。根据2004年颁布的《知识产权刑事案件解释》,前者具体是指违法所得额在三万元以上,或者非法经营额在五万元以上,复制侵权品在一千张以上的犯罪行为,而后者指违法所得额在十五万元以上,或者非法经营额在二十五万元以上,复制侵权品在五千张以上的犯罪行为。就财产刑而言,侵犯著作权罪主要以罚金作为惩罚方式。《知识产权刑事案件解释》进一步明确了罚金刑适用的幅度,即罚金数额一般在违法所得的一倍以上五倍以下,或者按照非法经营数额的50%以上一倍以下确定。

如图一—24所示,判处3年以下有期徒刑的占62%,3年以上的占38%。如图一—25

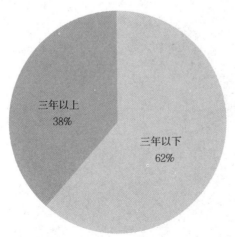

图一—24　2009—2015年刑事案例责任承担分布图(自由刑)

所示,罚金在 10 万以下的比重最大,占 46%,10 万到 50 万的占 31%,50 万以上的为 23%。一方面,这体现出我国侵犯著作权罪的犯罪程度不高;另一方面揭示出此罪的刑罚总体偏轻的特点。

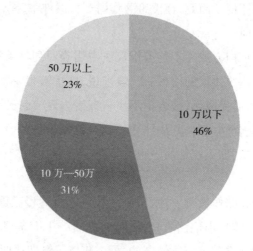

图一-25 2009—2015 年刑事案例责任承担分布图(罚金)

(二) 赔偿数额

如图一-26 所示,著作权司法案例中 54% 的赔偿数额都在 5 万元以下,其中 1 万元以下的又占 22%,而 50 万元以上的也仅有 14%。长期以来,知识产权损害赔偿数额低是困扰我国司法实践的难题之一,其中著作权侵权的赔偿标准又是所有知识产权中最低的。之所以会产生这样的现象,一方面,是因为我国大部分作品的本身商业价值不高,尚不足以构成大规模高赔偿额裁判的价值基础;另一方面,我国著作权损害赔偿的认定仍然适用

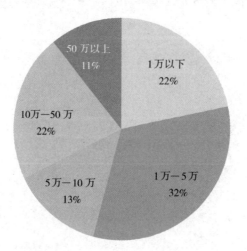

图一-26 2009—2015 年民事案例赔偿数额分布图

"填平原则",实际操作性不强,从而大大低估了受到侵害的作品的实际价值。例如,著作权人实际损失是否应包含间接损失以及因此而遭受的精神损失;侵权人的违法所得如何计算,是否单指使用被侵权作品给侵权人带来的实际利润,还是其使用该项侵权作品实际经营所得(包括使用该作品所付出的成本费用);在侵权人没有获得实际利润的情况下又如何确定损害赔偿数额;权利人为制止侵权行为所支付的合理开支又具体应包含哪些内容。从侵权案件不断发生的情形来说,以"填平原则"确定知识产权的损害赔偿数额,不仅不能有效补偿权利人的损失,还难以有效遏制侵权。因为侵权人是在利益驱动下从事侵权活动,如果侵权人感受到在支付损害赔偿后,还有利益空间,必然会继续从事侵权活动。

五、著作权司法案例之核心法条解析

(一) 民事案例

截至 2015 年底,我国共有 47 部规范著作权的法律、法规、司法解释、国家条约等。在法院审理著作权民事案件的过程中,普遍援引的为《著作权法》《著作权法实施条例》《最高人民法院关于审理著作权民事纠纷案件适用法律若干问题的解释》(以下简称"《著作权司法解释》")《计算机软件保护条例》《信息网络传播权保护条例》《最高人民法院关于审理侵害信息网络传播权民事纠纷案件适用法律若干问题的规定》(以下简称"《信息网络传播权规定》")等。而审理著作权刑事案件主要依据《刑法》《最高人民法院、最高人民检察院关于办理侵犯知识产权刑事案件具体应用法律若干问题的解释》(以下简称"《知识产权刑事案件解释》")《最高人民法院、最高人民检察院关于办理侵犯知识产权刑事案件具体应用法律若干问题的解释(二)》(以下简称"《知识产权刑事案件解释二》")和《最高人民法院、最高人民检察院、公安部关于办理侵犯知识产权刑事案件适用法律若干问题的意见》。以此为基础,本章进一步统计分析了重点法律法规中的核心法条,使著作权法律关系中的矛盾焦点得以清晰体现。

1.《著作权法》核心法条

最高院发布的 2009 年至 2015 年的 110 件著作权司法案例中,主要以《著作权法》作为争议焦点裁判依据的共 46 件。其中第十条的引用次数最多,占 19%,第二十二条和第四十八条各占 17% 和 10%,居于第二、三位。依据第十一条和第十六条的比例皆为 7%,第四十七、四十九和五十条各占 5%。而引用第五、六、八、九、十二、十九、二十一、二十九、三十六、四十、四十六的次数相同,均为 2%。

(1)第十条:著作权内容

第十条是关于著作权内容的规定,也是整个著作权制度的核心部分。根据此条,我国的著作权包括著作人身权和著作财产权。著作人身权是作者基于作品依法享有的以人身利益为客体的权利,包含发表权、署名权、修改权和保护作品完整权。而著作财产权是作者基于对作品的利用享有的财产收益权,包含复制权、发行权、出租权、展览权、表演权、放映权、广播权、信息网络传播权、摄制权、改编权、翻译权、汇编权 12 项权利。正是这些基础权利构成了每一个著作权法律关系的纽带。因此,几乎所有著作权案件的争议焦点都是围绕上述权利进行的,本条也成为了法院审理著作权案件最重要、最根本的法律依据。

(2)第二十二条:合理使用

第二十二条规定了合理使用作品的著作权限制机制,它是指在特定的条件下,法律允许他人自由使用享有著作权的作品,而不必征得权利人的许可,不向其支付报酬的合法行为。立法者设立合理使用制度的价值:公平和效率。即在保证公平的同时,兼顾效率,二者相辅相成,互为表里。一方面,知识是在不断累积中更新和发展的,创作活动不可能离开对已有作品的借鉴和利用,只有在适当的范围内让渡自己的权利,才能保证信息获取的畅通,为更多的创作活动营造良好的环境。另一方面,划出一个合理的权利区域供公众无偿使用省去了征得作者同意的繁琐手续,从而降低了交易成本,很好地实现了信息资源的优化配置。

值得注意的是,本条规定并未穷尽合理使用的全部情形,司法案例中也多是 12 种情形之外的当事人的行为究竟是否构成合理使用的争议。毫无疑问,法条中未列举的"合理使用"行为需要法官自由裁量,但有时对法条中明确规定的情形也会产生截然不同的解读方式。因此,司法裁判需要对这一概念的模糊地带予以确认和指引,这也是本条规定在司法案例中占据较高比重的原因之一。例如[(2009)皖民三终字第 0014 号]一案中,学校私自将著作权人的作品上传至校园网站的"数字图书馆"栏目下,双方就该行为是否违反《著作权法》第二十二条第一款第(六)项的规定①产生了争议。一审法院判决学校的行为属于合理使用,故驳回了著作权人的诉讼请求。但终审法院审理认为本条中"课堂教学"的范围只限于教师与学生在教师、实验室等处所进行现场教学,并且是为上述目的少量复制,而这样的复制不应超过课堂教学的需要,也不应对作者作品的市场传播带来损失,因此学校的行为不构成用于课堂教学的合理使用行为。从上述案例不难看出,不同法官对合理使用的概念可能会产生完全相反的理解,最高院公布此类案例的意义就在于它能够为后来法院审理类似的案件提供重要的参考价值。

(3)第四十七、四十八条:法律责任

第四十七、四十八条都是关于侵犯著作权以及与著作权有关的权益的行为及行为人应当承担的法律责任的规定。但与第四十七条相比,第四十八条规定的侵权行为不仅侵害了著作权人的权利以及与著作权有关的权益,同时损害了社会公共利益,破坏了国家的

---

① 为学校课堂教学或者科学研究,翻译或者少量复制已经发表的作品,供教学或者科研人员使用,但不得出版发行。

正常经济秩序,所以违反该规定的侵权行为人除了承担民事责任外,还可能承担行政责任和刑事责任。最高院发布的 2009 年至 2015 年的 110 件司法案例中,主要引用第四十八条的占 10%,而第四十七条为 5%,这也揭示出我国著作权侵权行为依然较为严重的形势。随着国家知识产权战略的深入实施,包括著作权在内的知识产权对推动文化和经济发展的作用越来越凸显,因此国家也逐渐加强了知识产权的保护力度。正如《著作权法》第四十八条在第四十七条的基础上,又增加了两种责任方式,使三大法律责任在著作权法中形成立体结构,体现了我国全面打击著作侵权行为的决心。

(4)第十一条和第十六条:著作权权属

第十一条和第十六条都是关于作品的著作权归属问题,但第十六条的规制对象主要是职务作品。第十一条基本奠定了"著作权属于作者"的一般原则,而作者就是指"创作作品的公民"。虽然此处法律规定自然人是作者,但对某些作品也赋予了法人和其他组织成为作者的资格,即法人作品。第十二条则规定了一般职务作品与特殊职务作品。法人作品和职务作品的区别:第一,作品体现的创作意志不同。法人作品体现的应当是法人或其他组织的意志,而职务作品体现的是工作人员的创作意志。第二,法律后果不同。法人作品由法人或其他组织承担责任,而职务作品一般由职工作者承担责任,法律特殊规定的除外。第三,署名权不同。法人作品的署名权归法人或其他组织,而所有职务作品的署名权均由职工作者享有,即使是单位享有著作权的两种特殊情形①也不例外。

因为法人作品与职务作品存在显著差异,所以实践中的困难并不在于二者之间的区分,而是它们的归属问题。认定法人作品的著作权归属相对简单,即在作品上署名的法人或其他组织为作者。然而,认定职务作品的著作权归属往往复杂得多。例如[(2011)沪二中民五(知)终字第 62 号]一案,上诉人胡进庆和吴云初在被上诉人上海美术电影厂工作期间,在单位主持下共同创作了"葫芦娃"角色造型,后双方就该作品的著作权归属产生了争议。首先,法院否认了其为法人作品的性质,因为法人意志不能简单地等同于单位指派工作任务、就创作提出原则性要求或提出修改完善意见等,该作品实际上体现了作者独特的思想、感情、意志和人格,故不属于法人作品。其次,终审法院进一步将作品归为"特殊职务作品",原因在于当时我国尚未建立著作权法律制度,社会公众也缺乏著作权保护的法律意识,所以完成工作任务所创作的成果归属于单位,是符合当时人们的普遍认知的。既然上诉人对此也予以认可,那么从诚信角度出发,上诉人便不得在事后作出相反的意思表示,主张角色造型作品的著作权。

从上述案例中可以得知,要判断某件作品的归属,仅仅依赖法律条文的规定是不够

---

① 《著作权法》第十六条第二款:有下列情形之一的职务作品,作者享有署名权,著作权的其他权利由法人或者其他组织享有,法人或者其他组织可以给予作者奖励:(一)主要是利用法人或者其他组织的物质技术条件创作,并由法人或者其他组织承担责任的工程设计图、产品设计图、地图、计算机软件等职务作品;(二)法律、行政法规规定或者合同约定著作权由法人或者其他组织享有的职务作品。

的。就特殊职务作品而言,如果现有证据无法表明作品是利用法人或其他组织的物质技术条件创作的,甚至在过去无法可依的情况下,那么此时法官的自由裁量权就显得非常重要。法官需要深入探究当事人行为时所采取的具体形式,及其真实意思表示,才可能做出最终正确的决定。

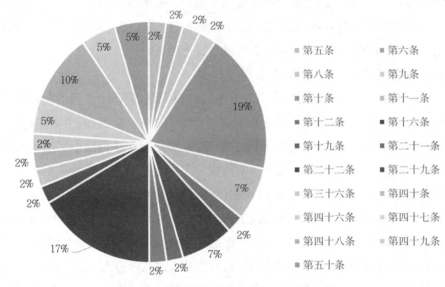

图一-27 《著作权法》核心法条引用分布图

2.《著作权法司法解释》核心法条

著作权司法案例中,主要以《著作权法司法解释》作为争议焦点裁判依据的共 12 件。其中第二十五条的引用次数最多,占 25%。第十九条的比重为 17%,位于第二。而引用第九、十二、十五、十七、二十二、二十四、二十六条的次数几乎相同,占 8% 到 9%。

(1)第二十五条:侵权赔偿数额

《著作权法》第四十九条第二款规定了权利人的实际损失或者侵权人的违法所得不能确定的,由人民法院根据侵权行为的情节,判决给予五十万元以下的赔偿。《著作权司法解释》第二十五条对此条作出了进一步的解释。为便于下级法院在司法实践中的操作,同时避免执法的随意性和不确定性,尊重当事人请求权,本解释第二十五条第一款规定了人民法院要根据当事人的请求适用法定赔偿,同时也可以依职权适用法定赔偿。该条第二款规定了法院在确定法定赔偿数额时,应当考虑作品的类型、合理使用费、侵权行为的性质、后果等情节综合情况。这样就使法定赔偿的适用比较规范,有统一的适用标准。

(2)第十九条:出版者、制作者的举证责任

随着图书出版业的日益繁荣,投稿人与出版社之间的纠纷也频繁发生。出版者在出版作品时,应当与委托人签订合同,取得授权,因此出版者需要证明其对委托人的资格进

行了审查,对委托人授权、稿件来源和署名、内容等都尽到了合理的注意义务。本解释第十九条正是关于出版者、制作者等市场传播者的举证责任的规定。这一规定对遏制市场中涉及出版、制作等中间环节的盗版等侵犯著作权行为,具有重要意义。通过事先为出版者等行为主体设置一定的法律义务,在这些义务未被履行时,他们就要承担相应的法律责任,从而解决了在司法实践中长期存在的难题,即当行为人以不知出版、发行的作品涉及侵权为由抗辩时,举证责任到底由谁来承担的问题。本条规定对保护著作权人的合法权益无疑有着举足轻重的作用。

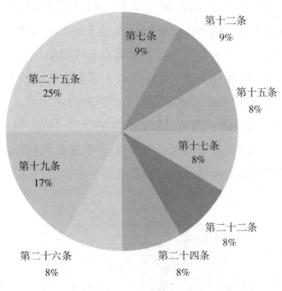

图一-28　《著作权司法解释》核心法条引用分布图

3.《计算机软件保护条例》核心法条

(1)第二十四条:侵犯软件著作权的行为类型及法律责任

随着计算机信息系统在社会经济领域的普及,人民法院受理的计算机软件侵权案件也呈上升趋势。本条即是关于侵犯软件著作权的行为及行为人应当承担的法律责任的规定。与普通作品相同,我国按照软件侵权行为的严重程度采用民事、行政和刑事三种责任承担方式。由于计算机软件相较文字作品、美术作品等具有科技化、电子化的特点,因此在司法实践中认定侵权事实更加困难。因为权利人无法进入侵权人的计算机系统查探,只能以侵权人的服务器反馈回的软件信息的代码网页作为证据提供。而侵权人往往以自己为了防止服务器被黑客攻击,修改了相关软件欢迎信息为由进行辩解,否认自己侵犯了权利人的软件著作权。所以这就对法院审理软件侵权案件提出了更高的专业要求。

(2)第二条:计算机软件的概念

本条是关于计算机软件概念的界定,即指计算机程序及其有关文档。虽然条例第三条对何为计算机程序及文档作了进一步的解释,但在具体案件中,要准确识别计算机软件并不容易。比如[(2010)民三终字第6号]一案,暴雪公司和九城公司未经权利人许可,在网络游戏中擅自复制、安装了权利人享有著作权的方正兰亭字库,于是双方就字库的作品性质发生了争议。一审法院审理认为字库制作通常经过字体设计、扫描、数字化拟合、人工修字、质检、整合成库等步骤,其中字形设计是指由专业字体设计师依字体创意的风格、笔形特点和结构特点,在相应的正方格内书写或描绘得清晰、光滑、视觉效果良好的字体设计稿。每款字库的字体必须采用统一的风格及笔形规范进行处理。因此,法院最终认定方正兰亭字库中的每款字体的字形是由线条构成的具有一定审美意义的书法艺术,符合著作权法规定的美术作品的条件,属于受著作权法及其实施条例保护的美术作品。但终审法院审理后认为字库中的字体文件的功能是支持相关字体字形的显示和输出,其内容是字形轮廓构建指令及相关数据与字形轮廓动态调整数据指令代码的结合,应当认定其是为了得到可在计算机及相关电子设备的输出装置中显示相关字体字形而制作的由计算机执行的代码化指令序列,因此判决其属于计算机程序。

一方面,法律条文不可能罗列所有计算机软件的类型、特征;另一方面,计算机网络技术在不断更新发展。所以当某种新型纠纷出现时,尽快将此类问题的判决结果公布于众,也能为将来其他法院实际审理提供明确的指引方向。

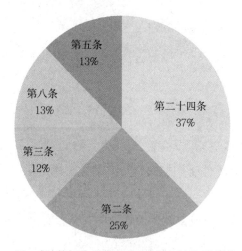

图一-29 《计算机软件保护条例》核心法条引用分布图

4.《信息网络传播权保护条例》核心法条

(1)第二十二条和第二十三条:网络服务提供者的侵权责任及免责事由

这两条分别规定了提供信息存储空间或搜索、链接服务的网络服务提供者的免责事由及侵权责任,即"避风港"原则。就前者而言,只要网络服务提供者标明是提供服务、不改变存储的作品、不明知或者应知存储的作品侵权、没有从侵权行为中直接获得利益、接到权利人通知书后立即删除侵权作品,就不承担赔偿责任。就后者而言,只要网络服务提供者在接到权利人通知书后立即断开与侵权作品的链接,就不承担赔偿责任。但是,如果明知或者应知所链接的作品侵权,应承担共同侵权责任。

"避风港"原则一经确定,在我国司法实践中便被大量引用,尤其是在视频网站、网络信息存储网站大量兴起之后。但根据第二十二条的条文表述,网络信息存储服务提供者需要同时满足 5 个条件才能免责,并不仅仅是遵守了"通知—删除"义务,实则加重了网络服务提供者的责任。而这点在司法实践中也得到了验证,据统计,在北京市法院受理的案件中,视频分享网站传播影视作品的侵权纠纷已经成为规模最大、最受关注的一类网络知识产权纠纷。而就是在上述大量的视频分享案件中,相当大的一部分是以视频网站的败诉进行判决的。究其原因,与人民法院在审理涉及视频分享网站的案件过程中对"避风港"原则的使用,尤其是对第二十二条规定判断标准的苛刻免责条件的使用不无关系。

"避风港"原则的实质与意义应是为平衡网络存储服务提供者与著作权人之间的利益而设立的,因此在司法实践中,需要为网络服务提供者的责任承担限定一个合理范围,在不降低著作权保护的水平下为网络服务提供商提供抗辩理由。

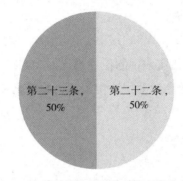

图——30　2009—2015 年《信息网络传播权保护条例》核心法条引用分布图

2. 刑事案例

目前我国关于著作权的罪名只有"侵犯著作权罪",因此法院在审理著作权刑事案件时,主要依据《刑法》第二百一十七条和《知识产权刑事案件解释二》第一条。

虽然《著作权法》第十条规定了 18 种侵犯著作权和与著作权有关权益的行为,但是根据《刑法》第二百一十七条,只有以下 4 种侵权行为可以构成犯罪:(一)未经著作权人许可,复制发行其文字作品、音乐、电影、电视、录像作品、计算机软件及其他作品的行为;(二)出版他人享有专有出版权的图书的行为;(三)未经录音录像制作者许可,复制发行其制作的录音录像的;(四)制作、出售假冒他人署名的美术作品的。在此基础上,还必须是违法所得数额较大或者有其他严重情节的才构成侵犯著作权罪。

在司法案例中,掌握数额标准是正确区分罪与非罪的关键。即使有侵犯著作权的行为,但没有达到违法所得数额较大或者情节并不严重的,属于一般民事侵权行为,不能作为犯罪处理。根据最高人民法院所作的司法解释,"违法所得数额较大"是指个人违法所得数额在 2 万张以上,单位违法所得在 10 万元以上。而 2007 年颁布的《知识产权刑事案件解释二》第一条进一步明确了"其他严重情节"和"其他特别严重情节"的标准,即复制品数量分别在 500 张以上和 2500 张以上。值得注意的是,《知识产权刑事案件解释二》规定的数量较之 2004 年出台的《知识产权刑事案件解释》缩减了一半,因此大大降低了此罪的量刑标准。

第二节　实践中的适用情况

一、评价原则与检索方法

通过对著作权司法案例的多维度静态的分析,我们对司法案例已经有了全面的了解。在此之下,本节将按照如下方式进一步研究这些司法案例在司法实践中作用。

（一）评价原则

本节在研究著作权司法案例在实践中的使用情况时,会逐一对如下三项指标进行评价,综合考量著作权司法案例其公布后对司法实践的指导情况及其影响力。

（1）直接引用

（2）正向应用

（3）反向应用

其中直接引用,为在各类裁判文书中直接援引著作权司法案例的案号或者指导案例的编号;正向应用,为虽没有在裁判文书中直接出现著作权司法案例的案号或者指导案例的编号,但是却在著作权司法案例公布之后依据其裁判要旨进行判决;反向应用,为虽与著作权司法案例属于相同或类似案情的案件,但是却出现了与著作权司法案例截然不同的判决。

（二）检索方法

1. 检索分类

本节采取对著作权司法案例按照利于研究、检索分析方式进行类型化处理,如上一节"二、著作权司法案例之案件类型解析"对著作权司法案例按照诉讼类型、焦点类型、作品类型、权利内容进行划分,在此研究阶段,经综合考量,决定以作品类型作为分类检索研究的主要分类依据,总共将著作权司法案例分为四大板块:文字作品类、计算机软件类、影视作品类及其他作品。注意此处其他作品为除文字作品、计算机软件、影视作品之外其他的作品,包括美术作品、图形作品、音乐作品、摄影作品、模型作品。四大检索分类的分布,如图二-1 所示。

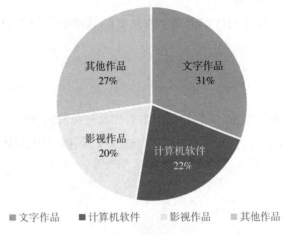

图二-1 著作权司法案例检索分类图

2.检索方法

确定一级、二级、三级的关键字,经综合对比检索效果的匹配度,决定选择中国裁判文书网作为数据库,截至2016年8月27日,中国裁判文书网共计有全国各级法院的各类裁判文书20400573篇。

一级关键字默认为著作权,检索结果为115482个。

二级关键字(也即具体案由)如下:著作权权属、侵权纠纷(检索结果为83610个);著作权合同纠纷(检索结果为1101个)。

三级关键字是在熟悉每个案件的基础上提取:作品类型、权利内容、核心法条等。

依据关键字的检索结果进行分析,对所得数据结果进行发掘,提炼有价值的信息作为分析论述的依据。

为论述之方便,在分析具体适用情况时,被间接或反向应用的《中国法院知识产权司法保护10大案件》《中国法院知识产权司法保护50件典型案例》《中国法院知识产权10大创新性案件》《指导案例》均简称为"典型案例",而引用典型案例的案件简称为"引用案例"。

二、著作权司法案例之文字作品类的实践适用情况

(一)案例范围

检索条件

裁判日期:2009年4月14日至2016年8月27日

检索关键词:著作权、文字作品

案由:著作权权属、侵权纠纷

检索结果共 1552 件裁判文书

这一检索结果为著作权司法案例文字作品类的总检索案例范围（以下简称"文字作品类总检索范围"）。

（二）次级分类

依据其争议焦点再次细分，文字作品类主要涉及侵犯的人身性权利包括署名权，财产性权利包括复制权、发行权、信息网络传播权、改编权，邻接权为出版者的版式设计权，由此，得出次级分类如下：

（1）复制权纠纷；

（2）发行权纠纷；

（3）信息网络传播权纠纷；

（4）改编权纠纷；

（5）邻接权纠纷。

（三）检索结果

案由：著作权权属、侵权纠纷

裁判日期：2009 年 4 月 14 日至 2016 年 8 月 27 日

第一组关键词：著作权、文字作品，复制权，检索结果共 810 件裁判文书；

第二组关键词：著作权、文字作品，发行权，检索结果共 721 件裁判文书；

第三组关键词：著作权、文字作品，信息网络传播权，检索结果共 1213 件裁判文书；

第四组关键词：著作权、文字作品，改编权，检索结果共 501 件裁判文书；

第五组关键词：著作权、文字作品，邻接权，检索结果共 8 件裁判文书。

其在文字作品类总检索范围的占比情况如图二-2 所示。

如图二-2 所示，通过检索文字作品类次级分类，所得结果中涉及侵犯信息网络传播权纠纷以 78.16%的占比位于首位，这也恰应当前网络侵权行为多发之现状。文字作品作为最为传统，其数量庞大，传播广泛，侵权手段也相对便捷容易，故而属于网络侵权泛滥的重灾区。传统复制权依然当仁不让占据第二位置，占比 52.19%，文字作品之抄袭之风依旧属于当前侵权行为之主旋律，发行权以 46.46%紧随其后，复制权与发行权在著作权侵权之中往往如影随形，盗版书籍常常以复制权为手段制作侵权物品，并以发行权为最终目的对外销售获利。位于第四位的是改编权，占 32.28%，这类侵权主要体现在将文字作品改编成电影，这种作品形态变化之间也产生了大量纠纷。最后一位的是邻接权，文字作品类案件涉及的主要为图书出版者的版式设计。

依据上述次级分类并结合著作权司法案例所涉的案情事实、争议焦点及裁判理由进一步提取关键字进行检索，由于个案检索关键词庞多在此不一一列举，主要关键词罗列如

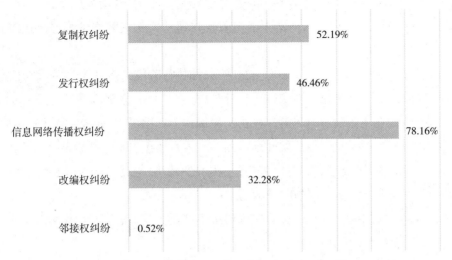

图二-2 著作权司法案例文字作品类检索案件分布图

下:博客、剧本、抄袭、题材、小说、出版、电影、话剧、企业公众号、侵权文章、教材、日常用语、学校、下载、电子书、百度文库、博客、APP、论坛、图书、书店、汇编作品、版式设计、接触、实质性相似、双重许可、合理使用、合法来源、主观过错、《著作权司法解释》第十五条、《著作权法》第三十六条第一款。

通过对所得的案例经汇总梳理、分析之后,得出著作权司法案例文字作品类案件的实践适用情况如下:

第一,直接引用率为零,通过全文检索文字作品类著作权司法案例的案号,在文字作品类总检索范围无直接引用情况。

第二,正向应用案例 14 件,其中信息网络传播权纠纷 11 件、复制权纠纷 2 件、发行权纠纷 1 件。由此可见,网络领域典型案件,在新时代下具有较高指引力。

第三,反向应用案例 1 件。该反向应用主要体现在典型案例与典型案例之间相似案件未有相同结果,究其原因是著作权案件在判定"表达"与"思想"的界限时存在一定模糊性,两案对认定"同一创作主题"的题材、情节主线是否具有独创性存在一定差别,故造成了不同的判决结果。

(四) 适用情况分析

1. 直接引用情况

在中国裁判文书网以文字作品类著作权司法案例的案号及最高人民法院指导案例的编号进行检索得出如下结果(检索截止日期为 2016 年 8 月 27 日):

(1)未见后续案例在裁判文书中直接引用文字作品类著作权司法案例案号;

（2）未见后续案例在裁判文书中直接引用文字作品类的指导案例编号；

（3）查询到部分在裁判文书全文中引用著作权司法案例案号之情形，经分析有如下几类：

第一，同一判决的不同程序阶段的裁判文书，如执行阶段的文书等，这一类，不属于对裁判文书的援引，故不作为检索对象进行统计分析；

第二，当事人在主张权益时将著作权司法案例作为证据提交，或者在陈述理由时提及著作权司法案例的裁判要旨，但法院并未在判决时候直接援引案号并抄录裁判要旨，由于此为当事人之主张，法院在判决时虽然进行了相似的裁判，但是未明引，故将此类归类为正向应用，将在下文"正向应用情况"中详述。

综上检索分析结果，文字作品类著作权司法案例在实践中的直接引用情况为零。

2. 正向应用情况

（1）剧本纠纷：同一题材创作的文字作品不构成侵权

在文字作品类复制权纠纷中，发现下述 2 件引用案例对典型案例（2013）民申字第 1049 号进行了正向应用：

北京第二中级人民法院的（2014）二中民终字第 01669 号民事判决书、（2014）二中民终字第 03742 号民事判决书均正向应用典型案例（2013）民申字第 1049 号。引用案例是电影剧本与小说之间是否构成侵权的认定，后者是电视剧剧本与电视剧剧本之间是否构成侵权的认定，两者皆为具有故事性文字作品的侵权认定，其核心的争议焦点均为就同一题材创作的文字作品是否构成侵权。

就同一题材创作的文字作品是否构成侵权，其判定核心在于明确"思想"与"表达"之界限，典型案例认为仅有主线题材相似不能认定两者构成实质相似，而（2014）二中民终字第 01669 号民事判决书亦采用了相同理由，即"抽象的题材和故事框架不能构成作品，还应有题材和主线下的具体故事情节和内容"。

（2）图书版权纠纷：若无相反证据，图书版权声明者即为作者

在文字作品类复制权纠纷中，发现下述 1 件引用案例对典型案例（2012）川民终字第 472 号进行了正向应用：

杭州市拱墅区人民法院的（2015）杭拱知初字第 352 号民事判决书正向应用典型案例（2012）川民终字第 472 号，两者均为未经权利人允许，出版发行图书，且两案的原告均为外语教学与研究出版社有限责任公司（以下简称"外研社"），但被告不同。

值得注意的是，在杭州市拱墅区人民法院审理时，原告外研社将典型案例（2012）川民终字第 472 号民事判决书作为证据提交给了法院。这一原因也导致了法院在最终认定外研社是否享有著作权上援引了典型案例的裁判要旨，即根据最高人民法院《关于审理著作权民事纠纷案件适用法律若干问题的解释》第七条的规定，当事人提供的涉及著作权的底稿、原件、合法出版物、著作权登记证书、认证机构出具的证明、取得权利的合同等，

可以作为证据。在作品或者制品上署名的自然人、法人或者其他组织视为著作权、与著作权有关权益的权利人,但有相反证明的除外。本案中,外研社提供的合法出版物《新标准英语学生用书第一册(必修1)》(供高中一年级上学期使用)标注的版权声明为外语教学与研究出版社及麦克米伦出版有限公司,在无相反证据的情况下,可以认定该书的著作权属于外研社和麦克米伦出版有限公司。同时,麦克米伦出版有限公司出具了《授权书》,将独自处理包括涉案图书在内的有关作品的任何侵犯版权问题的权利授予外研社,包括在中国大陆的法律诉讼和相关的法律问题,故外研社有权以自己的名义提起本案诉讼。

引用案例对典型案例的适用中虽然出现了典型案例的案号,但是该案号出现在原告提交的证据中,法院虽然依据典型案例判决书的裁判要旨进行了判决,但是未在本院认为处直接援引典型案例的案号,所以宜归类为正向应用。

另外,上述对典型案例的适用情形也具有一定特殊性,因为是相同原告,虽然时隔了三年,侵权的图书和侵权的被告皆不相同,但不可否认其案件具有高度类似性,况且原告还直接将典型案例作为证据提交了,给予法院强烈的暗示性,从而导致了这一正向应用的结果。

(3)毕淑敏案:学校网上图书馆不构成合理使用

在文字作品类信息网络传播权纠纷中,发现下述 10 件引用案例对典型案例(2009)皖民三终字第 0014 号进行了正向应用:

北京中文在线数字出版股份有限公司(以下简称"北京中文在线")诉诸学校的 10 个同类案件中,均正向应用典型案例(2009)皖民三终字第 0014 号毕淑敏诉淮北市实验高级中学侵犯著作权纠纷上诉案的裁判要旨。

北京中文在线作为中国中文数字出版服务领导者,与国内上百家出版社和千名知名作家签有协议,享有诸多文学作品的信息网络传播权,其在典型案例颁布之后起诉了诸多学校,包括东华理工大学[(2015)洪经民初字第 201 号]、江阴市晨光实验小学[(2015)澄知民初字第 00102 号]、昆山市大市中心小学校[(2014)昆知民初字第 0002 号],无锡文化艺术学校[(2015)锡滨知民初字第 00120 号]、苏州工业园区凤凰小学[(2016)京民申 1394 号、(2016)京民申 1395 号、(2016)京民申 1396 号、(2016)京民申 1397 号]、隆化县教师进修学校[(2014)承民初字第 00203 号]及南京市高淳区淳溪中心小学[(2014)宁铁知民初字第 2 号]。

这些案例的裁判要旨均间接援引了典型案例的裁判要旨,作为侵权主体的学校在其网站上提供侵权作品的电子件使得公众可以在选定时间进行下载,已经超过了《著作权法》第二十二条第一款第(六)项规定的"为学校课堂教学或者科学研究,翻译或者少量复制已经发表的作品,供教学或者科研人员使用"的合理使用的范围,构成对信息网络传播权的侵权行为。在案件过程中,各学校提出的一些抗辩理由虽有略微不同,但都大同小异,具体简述如下:

在江阴市晨光实验小学的案件中,其虽然对其官网中的侵权图书设置了下载的用户名和密码,但是因为其用户名和密码公众也可从其官网上获悉,所以认为仍构成了公众可以在选定时间地点下载作品,侵犯了权利人的信息网络传播权。

在昆山市大市中心小学校的案件中,其抗辩理由是其"作为公益性教育机构,建立的图书馆可以不经著作权人许可,通过信息网络向本馆馆舍内服务对象提供本馆收藏的合法出版的数字作品",但因为其在案件中并未提交相关证据证明其上传的涉案作品系合法出版的数字作品,同时也未对其学校网站中的"电子图书馆"采取身份验证、加密等技术性措施,以确保电子图书室中的数字作品仅向校内师生提供,从而导致涉案作品在开放的信息网络中,使公众可以通过下载、浏览方式获得涉案作品,故仍判定为侵权。

在无锡文化艺术学校的案件中,其抗辩称其为"公立学校,在学校网站使用涉案作品的目的是应付上级单位对图书数量的检查,同时也是扩展在校学生的阅读量,并非以营利为目的,其未获得相关经济利息,属于合理使用,不构成侵权",法院也不予采纳。

在苏州工业园区凤凰小学的案件中,其抗辩称网站网址是 www. sipfh. cn,公证书中提及的"oa. sipfh. cn/ebooks/"系其内部网络系统,公众不能通过其公开的网站 www. sipfh. cn进入 oa. sipfh. cn/ebooks/获得涉案作品,并且其就内部网络系统对外界访问用户有登录限制,对涉案作品权利保护已尽到合理义务。但因为公众仍旧可以通过 www. baidu. com搜索"E-learning&teaching 电子图书馆",点击第 17 页的第二个搜索结果,进入oa. sipfh. cn/ebooks/,点击下载涉案作品,故法院仍认定为侵权。

在隆化县教师进修学校的案件中,其辩称:(1)其上传是为了学习目的,具有公益性;(2)其未侵权且对该作品具有宣传性;(3)该网站访问量小,原告未进行风险提示,且原告没有损失;(4)2014 年 9 月 12 日被告收到原告风险侵权告函后即对该作品进行删除。但法院认为,"虽被告抗辩上传包括本案作品在内的文字作品系少数教学者使用,构成法律规定的合理使用,但被告的网站内容对外公开,任何网络用户均可通过被告的网站阅读、下载该涉案作品",该行为已超过法律规定的供教学使用的合理范围,故对其抗辩不予采纳。

由此可见,自典型案例(2009)皖民三终字第 0014 号颁布之后,该典型案例对其后的相同或类似案件具有良好指引性。学校虽然作为非营利性的公益机构,在教学中可以少量复制作品,但若其超过其合理使用范围使得公众可以在选定地点阅读和下载作品,则构成对作品著作权人的信息网络传播权的侵犯。

上述侵权学校大多来自小学及非知名院校,从中也可以看出这类院校相对来说其知识产权保护意识还较为薄弱,学校作为培育人才的场所更应当注重对知识的尊重和保护,也希望这类案件的出现能为全国各地的各级院校敲响警钟,能够在知识培养抚育的教学圣殿中更加地注重、提倡和发扬知识产权的保护精神,这样,我国未来的知识产权土壤才会更为健康,知识产权保护的未来才能更为宽广。

（4）韩寒案：网络服务提供者应当承担过错责任

在文字作品类信息网络传播权纠纷中，发现下述 1 件引用案例对典型案例（2012）海民初字第 5558 号进行了正向应用：

广州知识产权法院的（2015）粤知法著民终字第 33 号民事判决书正向应用典型案例（2012）海民初字第 5558 号。两者争议焦点均为网络服务提供者是否应当承担赔偿责任，其核心判定标准皆为网络服务提供者是否对侵权行为存在主观过错，即是否明知或者应知侵权行为的发生。网络服务提供者，一般不负有对网络用户上传的作品进行事先审查、监控的义务，但这不意味着网络服务提供者对其网站平台上的侵权行为可以不加任何干预和限制，如若网络服务提供者明知或应知他人在其网络平台的侵权行为，而未采取其预见水平和控制能力范围内制止侵权的必要措施，应认定其存在主观过错，应当承担赔偿责任。

在考虑网络服务提供者是否应知时，既要考虑到服务者提供服务的方式及管理能力等主体因素，又要考虑到所传播信息的知名度、侵权明显程度等一切可以明显感知其侵权的客体表象。由于在引用案例中，"网易公司作为大型的网络服务提供者，基于其长期的经营管理经验，对其提供开放型应用平台的服务方式，及开放式应用程序的服务内容，其引发侵权可能性的大小，应该有一定程度的预判和管理意识；同时，基于网易公司的身份和实力，以及现代信息化技术所能达到的程度，只要其主观上有管理意愿，对侵权可能性大的传播内容进行相应的预警和判断，是可能而且合理的，即网易公司也具备相应的信息管理能力"。"另一方面，本案涉案作品具有较高知名度，且处于出版后热度较高的销售期，涉案程序也明显地注明作者姓名信息，但网易网站上多个不同的涉案程序却由不同发布者上传，并供下载阅读"，这些客观表象在引发侵权可能性较大的开放型应用平台网络领域，足以达到可以明显感知相关作品为未经许可提供之情形，然而网易公司未对这一侵权高发领域的明显侵权表象采取合理措施，故应知网络用户侵害信息网络传播权，并承担赔偿责任。

互联网是一把双刃剑，其促进了作品传播的同时也滋生了多样化的侵权方式，不少网上的互动分享平台为网络用户提供信息便利之同时，也成了诸多侵权者盘踞的不法之地。早在 2012 年韩寒诉百度文库发动了维权战役，其中值得注意的是，其诉讼请求中有一条，要求关闭百度文库，但是该项请求最终未被法院支持。不过，法院最终还是判决了百度文库构成侵权，虽然其最终判决的赔偿金额为 39800 元，且其判决之后此类互动共享平台侵权也时有发生，但是不管怎么说，该案也是为后续类案提供了指引，也算以另一种形式为著作权人的利益铸造了一个隐形的栅栏。

3. 反向应用情况

值得注意的是，我们在研究中发现，同样是同一题材的创作，两个典型案例之间，也会有不同的结果。

中国法院知识产权司法保护 10 大案件(2015)高民(知)终字第 1039 号中,也就是轰动一时的电视剧《宫锁连城》抄袭琼瑶的《梅花烙》一案,该案本身作为典型案例就与在先的典型案例(2013)民申字第 1049 号产生了相反的判决结果。

通过对比分析两典型案例的案情,主要差异在于典型案例(2013)民申字第 1049 号权利人剧本所使用的题材属于共有领域的,不具有独创性,而典型案例(2015)高民(知)终字第 1039 号中权利人的题材、情节主线是部分具有独创性的,且在情节上被告几乎全盘抄袭了原告的情节设置,甚至在一些非常理的情节上保持一致性,由此法院认为"作品中的部分具体情节属于公共领域或者有限、唯一的表达,但是并不代表上述具体情节与其他情节的有机联合整体不具有独创性,不构成著作权法保护的表达",由此,认定两者构成实质相似,从而判决侵权。

三、著作权司法案例之计算机软件类的实践适用情况

(一) 案例范围

检索条件

裁判日期:2009 年 4 月 14 日至 2016 年 8 月 27 日

检索关键词:著作权、计算机软件

案由:著作权权属、侵权纠纷

检索结果共 2582 件裁判文书

这一检索结果为著作权司法案例计算机软件类的总检索案例范围(以下简称"计算软件类总检索范围")。

(二) 次级分类

依据其争议焦点再次细分,计算机软件类主要涉及侵犯的人身性权利包括修改权,财产性权利包括复制权、发行权、信息网络传播权,由此,得出次级分类如下:

1. 复制权纠纷;

2. 发行权纠纷;

3. 信息网络传播权纠纷;

4. 修改权纠纷。

(三) 检索结果

案由:著作权权属、侵权纠纷

裁判日期:2009 年 4 月 14 日至 2016 年 8 月 27 日

第一组关键词:著作权、计算机软件,复制权,检索结果共 1862 件裁判文书;

第二组关键词:著作权、计算机软件,发行权,检索结果共 1770 件裁判文书;

第三组关键词:著作权、计算机软件,信息网络传播权,检索结果共 1841 件裁判文书;

第四组关键词:著作权、计算机软件,修改权,检索结果共 1285 件裁判文书。

其在计算机软件类总检索范围的占比情况如图二-3 所示。

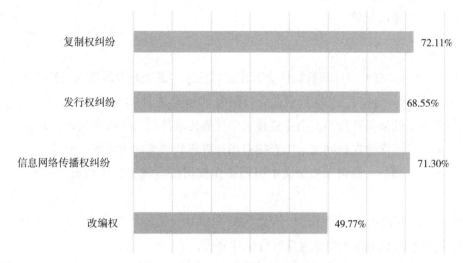

图二-3 著作权司法案例计算机软件类检索案件分布图

如图二-3 所示,通过检索案件关键词,所得结果显示复制权侵权纠纷以 72.11% 的比例位于首位,信息网络传播权纠纷以不到 1% 的差距占据第二位置,占比 71.30%,发行权纠纷作为复制权纠纷的老搭档,以 68.55% 的占比屈居第三,最后一位的是改编权纠纷 49.77%。

依据上述次级分类并结合著作权司法案例所涉的案情事实、争议焦点及裁判理由进一步提取关键字进行检索,由于个案检索关键词庞多在此不一一列举,主要关键词罗列如下:盗版软件、免费下载、非法获取、目标程序、破解、网络游戏、接触、实质相似、苹果公司、明显感知、源程序、部分对比、修改、软件功能、商业插件、《民法通则》第一百三十条。

通过对所得的案例经汇总梳理、分析之后,得出著作权司法案例计算机软件类案件的实践适用情况如下:

第一,直接引用率为零,通过全文检索文字作品类著作权司法案例的案号,在计算软件类总检索范围无直接引用情况。

第二,正向应用案例 40 件,其中涉及信息网络传播权纠纷 36 件,由此可见,同文字作品类著作权司法案例一样,网络侵权案例具有较高指引性和影响力。值得注意的是,1 件专利权纠纷及 2 件商标权纠纷案例在对于网络服务者是否应当承担共同侵权责任的问题时也正向应用了著作权司法案例的裁判,由此可见网络侵权案例的普遍指引效力已存在了跨领域适用之情形。另有 1 例,涉外合同管辖权条款效力认定问题的案例,也被其后的案例进行了适用,这也体现涉外案件特殊性。这一类案件的司法指导案例对于法条的深入解释,具有较高指导作用。

第三,反向应用案例为零,通过关键词检索,未发现有反向应用之情况。

(四) 适用情况分析

1. 直接引用情况

在中国裁判文书网以计算机软件类著作权司法案例的案号及最高人民法院指导案例的编号进行检索得出如下结果(检索截止日期为 2016 年 8 月 27 日):

(1)未见后续案例在裁判文书中直接引用计算机软件类著作权司法案例案号;

(2)未见后续案例在裁判文书中直接引用计算机软件类的指导案例编号;

(3)查询到部分在裁判文书全文中引用著作权司法案例案号之情形,经分析有如下几类:

第一,同一判决的不同程序阶段的裁判文书,如执行阶段的文书等,这一类,不属于对裁判文书的援引,故不作为检索对象进行统计分析;

第二,当事人在主张权益时将著作权司法案例作为证据提交,或者在陈述理由时提及著作权司法案例的裁判要旨,但法院并未在判决时候直接援引案号并抄录裁判要旨,由于此为当事人之主张,法院在判决时虽然进行了相似的裁判,但是未明引,故将此类归类为正向应用,将在下文"正向应用情况"中详述。

综上检索分析结果,计算机软件类著作权司法案例在实践中的直接引用情况为零。

2. 正向应用情况

(1)淘宝案:网络服务提供者是否应当承担共同侵权责任

2009 年中国法院知识产权司法保护 50 件典型案例中国友谊出版公司诉浙江淘宝网络有限公司(以下简称"淘宝")、杨海林侵犯著作权纠纷上诉案,对在后的相似案件具有良好的指引作用,其后有 26 件诉淘宝案件中均正向应用了该典型案例,这 26 件不仅限于著作权侵权纠纷,也包括侵犯专利权及商标权纠纷,侵权产品涉及图书、软件、服装、食品、化妆品、医疗器械等各个领域。

在审理法院上 23 件均为淘宝所在地浙江省杭州市余杭区人民法院,其中著作权纠纷均来自该法院,另外 3 件中,1 件为其上级人民法院浙江省杭州市中级人民法院审理的专利权纠纷,2 件来自北京市高级人民法院、广东省珠海市中级人民法院的商标权纠纷。

值得注意的是该 26 件案件中被告淘宝均提交了典型案例的判决书作为证据证明其不应承担赔偿责任,法院在判决指向也清一色地采用了典型案例的裁判方向。由此可见,虽然我国是成文法体系国家,但在诉讼中将已生效的判决书作为先例提交,对法院的最终判决也有重要的影响力。

关于 26 件案件的具体适用情况,简述如下:

1)侵犯著作权纠纷(21 件)

浙江省杭州市余杭区人民院的杭州古秀服饰有限公司诉淘宝的 3 份民事判决书(2010)杭余知初字第 30 号、(2010)杭余知初字第 31 号和(2010)杭余知初字第 31 号,其正向应用了典型案例,并将典型案例的民事判决书作为证据递交法院,"用以证明生效判例认定,现行法律、行政法规中并无明确的规定要求网络交易平台的提供者区分各种情况的义务,淘宝网未要求卖家提供其具有经营资质方面的证明没有违反相关规定的事实",法院在判决中采纳其观点。

浙江省杭州市余杭区人民法院的法律出版社诉淘宝的 2 份民事判决书(2011)杭余知初字和第 90 号(2011)杭余知初字第 91 号,其正向应用典型案例,并将典型案例的民事判决书作为证据递交法院,用以证明"法院生效判例认定淘宝网提供的仅是销售平台,仅承担合理注意义务的事实",法院在判决也采纳其观点。

浙江省杭州市余杭区人民法院的中国建筑工业出版社诉淘宝的盗版图书侵权纠纷的 13 份民事判决书(2011)杭余知初字第 180 号、(2011)杭余知初字第 181 号、(2011)杭余知初字第 182 号、(2011)杭余知初字第 183 号、(2011)杭余知初字第 186 号、(2011)杭余知初字第 187 号、(2011)杭余知初字第 189 号、(2011)杭余知初字第 192 号、(2011)杭余知初字第 193 号、(2011)杭余知初字第 194 号、(2011)杭余知初字第 195 号、(2011)杭余知初字第 196 号、(2011)杭余知初字第 318 号,正向应用了典型案例,并将典型案例的民事判决书复印件作为证据条件提交法院,用以证明"生效判决认定淘宝网提供的仅是销售平台,仅承担合理注意义务的事实"。法院判决认为"电子网络交易服务平台的提供者一般只提供在线平台作为交易市场,其本身并不参与网上商品交易,不是网络交易主体。由于本案侵权时的法律、行政法规中并未明确规定网络交易平台的提供者负有审查个人卖家经营资质的义务",故淘宝对网络卖家不具有法定的审查义务,且淘宝在本案起诉后对于侵权销售的信息也及时予以删除,履行了作为一个网络服务提供者的基本义务。因此,淘宝不应对网络卖家销售侵权图书的行为承担责任。

浙江省杭州市余杭区人民法院的上海百胜软件有限公司就软件产品诉淘宝 3 份民事判决书(2012)杭余知初字第 55 号、(2012)杭余知初字第 56 号和 2012 杭余知初字第 58 号,正向应用了典型案例,并将典型案例的民事判决书复印件作为证据条件提交法院,用以证明"生效判例认定淘宝网提供的仅是销售平台,仅承担合理注意义务的事实"。法院在判决也采纳这一判决指向,并且认为,首先,"淘宝网用户不会将淘宝卖家的销售行为视为淘宝公司的行为";其次,"淘宝在收到原告的起诉状的合理期限内,检查淘宝网上涉案的侵权链接,经搜索无涉案侵权商品的信息,履行了网络服务提供者的义务";最后,"百胜公司未提交有效证据证明其就侵权行为通知淘宝,淘宝对其平台上销售侵权商品并无明知、应知的情形。故淘宝无须承担责任"。

2) 侵害商标权纠纷(4件)

浙江省杭州市余杭区人民法院的深圳市莱特妮丝服饰有限公司诉淘宝侵害商标专用权纠纷一案的1份民事判决书(2011)杭余知初字第14号,正向应用了典型案例,并将典型案例的民事判决书复印件作为证据条件提交法院,用以证明"生效判例认定,淘宝网在接到警告信后,及时删除相关信息,尽到合理义务的情况下,不应承担侵权责任"。法院在判决中也采纳其主张。

浙江省杭州市余杭区人民法院的上海和味堂医疗器械有限公司诉淘宝侵害商标权纠纷一案的1份民事判决书(2012)杭余知初字第40号,正向应用了典型案例,并将典型案例的民事判决书复印件作为证据条件提交法院,用以证明"生效判例认定淘宝网提供的仅仅是销售平台,仅承担合理注意义务的事实"。法院采纳了典型案例的判决指向,认为原告提交的律师函显示,原告并未明确指出直接侵权人的侵权行为及提供相应依据,而直接侵权人发布在淘宝网上的商品信息亦不存在明显侵权情形,且淘宝在收到和原告的诉状后亦确认相关商品链接已经不存在,因此,淘宝公司对直接侵权人的侵权行为不存在明知或应知的过错,不构成帮助侵权。

广东省珠海市中级人民法院的美国威斯康星州花旗参农业总会诉淘宝侵害商标专用权纠纷一案的1份民事判决书(2012)珠中法知民初字第1号,正向应用了典型案例,并将典型案例的民事判决书复印件作为证据条件提交法院,用以证明"生效判决认定淘宝网提供的仅是销售平台,仅承担合理注意义务"。法院也采纳其观点,且结合本案事实,认为"在本案中淘宝两次回函要求原告提供判断侵权成立的初步证明资料以及侵权商品信息的具体网络链接地址时,原告仍未将其掌握的侵权网络链接地址提供给被告淘宝公司。因此,法院认为,被告淘宝在事后无法及时采取必要措施是因原告怠于履行通知义务而致,并且被告淘宝在收到本案起诉状及附随证据后及时删除涉案商品的信息,断开侵权网络链接地址,已履行了相应监管义务,不存在主观过错,不应承担连带责任"。

北京市高级人民法院的NISE加拿大公司诉淘宝公司侵害商标专用权纠纷一案的1份民事判决书(2013)高民终字第3999号,正向应用了典型案例,并将典型案例的民事判决书复印件作为证据条件提交法院,"用以证明已有在先判例认定其所经营的淘宝网提供的仅仅是销售平台,并且仅承担合理的注意义务",法院也采纳其观点认为浙江淘宝公司已尽到合理注意义务,其主观上不存在过失,不应承担共同侵权责任的民事责任。

3) 侵害专利权纠纷(1件)

浙江省杭州市中级人民法院的陈和诉被淘宝侵害发明专利权纠纷一案的1份民事判决书(2012)浙杭知重字第1号,正向应用典型案例,并将典型案例的民事判决书作为证据提交,用以证明"生效判例认定淘宝公司在接到警告信后,在及时删除相关信息、尽到合理义务的情况下不应承担侵权责任",法院在审判中也采纳其主张进行判决。

(2)涉外管辖权异议案

典型案例(2009)民三终字第 4 号对涉外合同或者财产性纠纷案件当事人协议选择法院的效力问题具有实践指导意义,在检索中我们发现有 1 件案例正向应用了该典型案例的裁判要旨。

典型案例的判决认为,依据《中华人民共和国民法通则》第一百四十五条规定:"涉外合同的当事人可以选择处理合同争议所适用的法律,法律另有规定的除外。涉外合同的当事人没有选择的,适用与合同有最密切联系的国家的法律。"《中华人民共和国民事诉讼法》第二百四十二条规定:"涉外合同或者涉外财产权益纠纷的当事人,可以用书面协议选择与争议有实际联系的地点的法院管辖。选择中华人民共和国人民法院管辖的,不得违反本法关于级别管辖和专属管辖的规定。"最高人民法院《关于审理涉外民事或商事合同纠纷案件法律适用若干问题的规定》第一条规定:"涉外民事或商事合同应适用的法律,是指有关国家或地区的实体法,不包括冲突法和程序法。"据此,涉外合同的当事人协议选择适用法律与协议选择管辖法院是两个截然不同的法律行为,应当根据相关法律规定分别判断其效力。对于协议选择管辖法院条款的效力,应当依据法院地法进行判断,与准据法所属国的法律规定无关并且应当坚持书面形式和实际联系原则。

广东省高级人民法院的(2015)粤高法立民终字第 619 号民事裁定书即间接引用了该典型案例,在诉讼中当事人在陈述理由时援引了典型案例的判决要旨,即"最高人民法院在(2009)民三终字第 4 号案例中明确指出","涉外合同当事人协议选择管辖法院时,应当选择与争议有实际联系的地点的法院,否则,该法院选择协议无效。因此,本案当事人是必须以实际联系的原则书面选择管辖法院"。在本案中,当事人仅存在适用"英国法"的约定不能认定英国法院"与争议有实际联系的地点"。在《最高人民法院民事诉讼法司法解释的理解与适用》一书中,对实际联系的理解是,"如果当事人仅仅是选择解决争议所应适用的法律,而并无其他连接点,不能以此认定为有实际联系"。因此,本案仅仅存在担保函中选择适用英国法的情况下,不能认定英国是"与争议有实际联系地点",就不能进而认定约定英国法院管辖的条款是有效的"。法院在判决中也采纳了其裁判观点。

(3)苹果公司案:应用程序在线商店 AppStore 应承担侵权责任

典型案例(2013)高民终字第 2619 号判决苹果公司作为应用程序在线商店 AppStore 的运营商应对其平台上第三方开发商的侵权行为承担责任,对其后的案例具有较强指引性,其裁判要旨如下:

作为网络开放平台应用程序商店 AppStore 的运营者,对该平台具有很强的控制力和管理能力,其通过该平台对第三方开发商上传的应用程序加以商业上的筛选和分销,并通过收费下载业务获取了直接经济利益,故对于该平台提供下载的应用程序,应负有较高的注意义务。而苹果公司在可以明显感知涉案应用程序为应用程序开发商未经许可提供的情况下,仍未采取合理措施,故苹果公司并未尽到上述注意义务,因此苹果公司对于开发商上传涉案侵权应用程序构成应知,具有主观过错,侵犯了麦家对涉案作品享有的信息网络传播权,应承担相应的法律责任。

最高人民法院的在该典型案例颁布之后的 13 件裁定书,就正向应用了该典型案例,具体为(2015)民申字第 1294 号、(2015)民申字第 1852 号北京磨铁数盟信息技术有限公司诉苹果公司的 2 件民事裁定书,(2015)民申字第 1520 号、(2015)民申字第 1293 号孔祥照诉苹果公司的 2 件民事裁定书、(2015)民申字第 1299 号北京开维文化有限责任公司诉苹果的 1 件,(2015)民申字第 1853 号,(2015)民申字第 1854 号、(2015)民申字第 1301 号韩瑷莲诉苹果公司的 2 件民事裁定书,(2015)民申字第 1300 号郝群诉苹果公司的 1 件民事裁定书,(2015)民申字第 1297 号、(2015)民申字第 1295 号李承鹏等诉苹果公司的 2 件民事裁定书,(2015)民申字第 3007 号王洋诉苹果公司的 1 件民事裁定书,(2015)民申字第 1296 号于卓诉苹果公司的 1 件民事裁定书,(2015)民申字第 2198 号中文在线数字出版集团股份有限公司诉苹果公司的 1 件民事裁定书,法院在判决中均有采用如下裁判理由之表述:"作为图书类的应用程序,苹果公司在可以明显感知涉案应用程序为应用程序开发商未经许可提供的情况下,仍未采取合理措施,故可以认定苹果公司并未尽到上述注意义务,具有主观过错,其涉案行为构成侵权"。

上述正向应用案例均来自最高人民法院,由此可见最高人民法院在类似案件上会保持较高的裁判统一,其在判决书也会参考相似的判例,从这 13 封判决书裁判要旨部分即可看出之间的相互参照性。

3. 反向应用情况

通过检索分析,在计算机软件类司法案件中未发现在后的案例对其有反向应用之情况,由此可见在这一新兴的作品领域,司法案例的指引情况相对良好。

四、著作权司法案例之影视作品类的实践适用情况

(一) 案例范围

检索条件

裁判日期:2009 年 4 月 14 日至 2016 年 8 月 27 日

检索关键词:著作权、电影作品

案由:著作权权属、侵权纠纷

检索结果共 10739 件裁判文书

这一检索结果为著作权司法案例影视作品类的总检索案例范围(以下简称"影视作品类总检索范围")。

关键词说明:影视作品,包括电影作品和以类似摄制电影的方法创作的作品,其中类似摄制电影的方式创作的作品包括电视剧、动画、视频等,但在裁判文书中一般均为援引

对于电影作品的规定,故在关键词中选取"电影作品",以确定范围。

（二）次级分类

依据其争议焦点再次细分,影视作品类主要涉及侵犯的权益包括包括复制权、发行权、信息网络传播权、放映权和广播权,由此,得出次级分类如下:

1. 复制权纠纷;

2. 发行权纠纷;

3. 信息网络传播权纠纷;

4. 放映权纠纷;

5. 广播权纠纷。

（三）检索结果

案由:著作权权属、侵权纠纷

裁判日期:2009 年 4 月 14 日至 2016 年 8 月 27 日

第一组关键词:著作权、电影作品、复制权,检索结果共 8363 件裁判文书;

第二组关键词:著作权、电影作品、发行权,检索结果共 2174 件裁判文书;

第三组关键词:著作权、电影作品、信息网络传播权,检索结果共 4235 件裁判文书;

第四组关键词:著作权、电影作品、放映权,检索结果共 8628 件裁判文书;

第五组关键词:著作权、电影作品、广播权,检索结果共 4869 件裁判文书。

其在影视作品类总检索范围的占比情况如图二-4 所示。

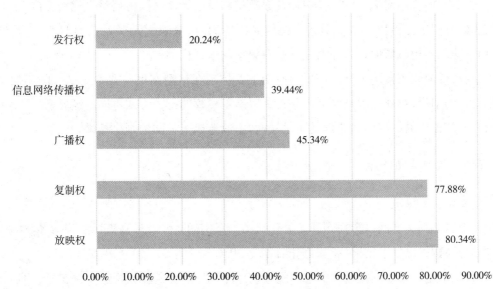

图二-4　著作权司法案例影视作品类检索案件分布图

如图二-4所示,通过检索影视作品类次级分类,所得结果中涉及侵犯放映权的占80.34%,居于首位,这与我国KTV等经营场所频繁播放侵权影视作品的社会现状相符。紧随其后的是复制权,占据了77.88%,因为在影视作品领域,生产、销售大量盗版光碟的行为一直屡禁不止,一方面这与我国过去不重视知识产权保护有关,另一方面反映出消费者法律意识的淡薄。而知识产权侵权中,复制权通常伴随着发行权,如果复制行为是侵权手段,那么发行行为就是侵权目的。广播权位于第三位,占45.34%,一般情况下该侵权主体为电视台,特殊情形下还有可能是网络视频播放平台。2013年央视公司正是以其《春晚》作品的广播权遭受侵害为由起诉百度和搜狐公司的。传统观念中,各大视频网站应该是侵犯信息网络传播权的重灾区,然而图二-4显示它只排在第四位,几乎为放映权的二分之一。究其原因,这与近年来国家大力打击视频网站、云存储软件不无关系。

依据上述次级分类并结合著作权司法案例所涉及的案情事实、争议焦点及裁判理由进一步提取关键字进行检索,由于个案检索关键词庞多,在此不一一列举,主要关键词罗列如下:影视作品、电视台、网络服务提供者、视频网站、信息网络传播权、授权、KTV、网吧、动画、影视光碟、回看、导演聘用合同、局域网侵权、委托创作合同、《著作权法》第四十六条等。

通过对所得的案例经汇总梳理、分析之后,得出著作权司法案例影视作品类案件的实践适用情况如下:

第一,直接引用率为零,通过全文检索影视作品类著作权司法案例的案号,在影视作品类总检索范围无直接引用情况。

第二,正向应用案例60件,其中涉及放映权纠纷的为45件,占据最大比重,其次是复制权和信息网络传播权。这说明就影视作品纠纷而言,放映权无疑是核心权利,而复制权、信息网络传播权依旧是著作权领域相对集中的争议权利。

第三,反向应用案例1件。该反向应用主要体现在典型案例与典型案例之间相似案件未有相同结果,究其原因是网络服务提供者涉及侵权的行为方式不同。经分析,两案不同点在于其提供的侵权网站是内网还是外网,由此造成了不同的判决结果。

(四) 适用情况分析

1. 直接引用情况

在中国裁判文书网以影视作品类著作权司法案例的案号及最高人民法院指导案例的编号进行检索得出如下结果(检索截止日期为2016年8月27日):

第一,未见后续案例在裁判文书中直接引用影视作品类著作权司法案例案号;

第二,未见后续案例在裁判文书中直接引用影视作品类的指导案例编号;

综上检索分析结果,影视作品类著作权司法案例在实践中直接引用情况为零。

2. 正向应用情况

(1)音乐电视作品:音著协经过授权可以作为诉讼主体

在影视作品类放映权纠纷中,发现下述案例对典型案例(2010)哈知初字第 49 号进行了正向应用:

广东省珠海市中级人民法院的(2016)粤 04 民终 539 号民事判决书、湖北省高级人民法院的(2015)鄂民三终字第 00454 号民事判决书均正向应用典型案例(2010)哈知初字第 49 号。上述案例都是中国音像著作权集体管理协会与卡拉 OK 经营行业之间的侵权纠纷,其争议焦点均集中于音著协是否有诉讼主体资格。

音著协是经国家版权局批准依法成立的音像著作权集体管理组织,依据《著作权法》第八条,著作权人和与著作权有关的权利人可以授权著作权集体管理组织行使著作权或者与著作权有关的权利。著作权集体管理组织被授权后,可以以自己的名义为著作权人和与著作权有关的权利人主张权利,并可以作为当事人进行涉及著作权或者与著作权有关的权利的诉讼、仲裁活动。《著作权司法解释》第六条进一步明确,依法成立的著作权集体管理组织,根据著作权人的书面授权,以自己的名义提起诉讼,人民法院应当受理。因此,只要音著协提交了取得涉案作品的著作权的授权合同,而侵权人又无相反证据证明合同无效,那么音著协就有权成为原告起诉侵权人。

(2)"快乐阳光"案:网吧的合理注意义务

典型案例(2010)浙知终字第 107 号中,原告湖南快乐阳光互动娱乐传媒有限公司起诉定海博缘网吧侵犯其享有的《丑女无敌》电视连续剧的信息网络传播权。在原告和诉讼请求基本相同的情况下,浙江省高级人民法院审理的(2010)浙知终字第 234 号民事判决正向应用了上述典型案例,它们的争议焦点都在于网吧是否侵犯了涉案影视作品的信息网络传播权。

网吧将第三方网站的快捷方式放置于用户计算机桌面上,为网吧用户与第三方网站提供连接的桥梁。对此行为的性质,法院普遍认为网吧仅仅是向上网者提供登录涉案网站的上网通道服务,并不具备对涉案网站的内容予以编辑、组织或修改的技术手段与能力。如果苛求其对涉案网站上的所有影视作品的著作权属逐一审查,与网吧之注意能力不符,显已超出合理注意义务的范畴,亦与网络产业发展政策相悖。网吧的合理注意义务应当只限于对其所提供的上网服务来源之合法性审查,即对涉案网站经营资质的合法性审查。在网吧已确认涉案网站是具有合法经营资质的网站,且未对涉案电视剧作品进行推荐或宣传的情形下,应认定网吧已尽到合理的注意义务,故其并未侵犯涉案影视作品的信息网络传播权。

(3)动画作品:角色造型与动画作品的关系

典型案例(2012)鄂民三终字第 23 号和(2011)沪二中民五(知)终字第 62 号的当事人都对动画作品中的角色造型之著作权归属发生了争议。在检索过程中,我们发现

（2015）浙杭知终字第 358 号、（2014）川知民终字第 6 号等案例均正向应用了这两个典型案例。

（2014）浙杭知终字第 358 号一案中，被告生产、销售了"喜羊羊"图案的墙贴，其在庭审中辩称不能将侵犯"喜羊羊"角色造型等同于对《喜羊羊与灰太狼》动画片的侵犯。然而权利人提交的《作品登记证》充分证明其享有动画片四个主角造型的著作权，而不仅限于动画作品本身，于是法院最终判决被告侵权事实成立。（2014）川知民终字第 6 号也采用了相似的裁判理由。依据《著作权法》第十五条第二款，电影作品和以类似摄制电影的方法创作的作品中的剧本、音乐等可以单独使用的作品的作者有权单独行使其著作权。影视角色造型本质上属于利用图案、色彩等表现方法形成的具有人物造型艺术的美术作品，因此具有独创性的角色造型可以构成一个独立于影视作品的单独作品。换言之，判定某部影视作品的著作权归属并不一定意味着判定了角色造型的作者。如果权利人同时主张上述作品的著作权，那么其必须分别提供证据证明。在无证据证明的情况下，不能简单地或当然地推定影视作品的著作权人享有影视角色形象的著作权。

3. 反向应用情况

值得注意的是，虽然上文"网吧的合理注意义务"的案由下发现了正向引用典型案例的情形，但在（2009）银民知初字第 41 号与（2010）浙知终字第 107 号两个典型案例之间，判决结果竟完全相反。

通过对比分析上述两个典型案例，主要差异在于网吧提供的侵权网站的属性。在（2010）浙知终字第 107 号一案中，网吧提供的是第三方网站的链接方式，即网站本身是独立于网吧的经营主体，网吧用户实际是在外网上搜索、播放涉案影视作品。而（2009）银民知初字第 41 号一案中，网吧提供的就是自身服务器上的链接地址，其实质是网吧将影视作品下载并储存于计算机中供消费者使用，该行为与单纯连接第三方网站有明显区别。因此，判断网吧是否承担侵权责任首先要考虑到它提供作品的行为方式，然后再进一步衡量其履行注意义务的程度，否则即是直接侵犯了著作权人的信息网络传播权。

五、著作权司法案例之其他作品类的实践适用情况

（一）案例范围

检索条件

裁判日期：2009 年 4 月 14 日至 2016 年 8 月 27 日

检索关键词：著作权

案由：著作权权属、侵权纠纷

检索结果共 83610 件裁判文书

这一检索结果为著作权司法案例总检索案例范围（以下简称"总检索范围"）。

（二）次级分类

依据其他作品的类型再次细分,得出次级分类如下:

1. 美术作品纠纷;

2. 图形作品纠纷;

3. 音乐作品纠纷;

4. 摄影作品纠纷;

5. 模型作品;

6. 建筑作品。

（三）检索结果

案由:著作权权属、侵权纠纷

裁判日期:2009 年 4 月 14 日至 2016 年 8 月 27 日

第一组关键词:著作权、美术作品,检索结果共 3981 件裁判文书;

第二组关键词:著作权、图形作品,检索结果共 447 件裁判文书;

第三组关键词:著作权、音乐作品,检索结果共 8640 件裁判文书;

第四组关键词:著作权、摄影作品,检索结果共 3999 件裁判文书;

第五组关键词:著作权、模型作品,检索结果共 362 件裁判文书;

第六组关键词:著作权、建筑作品,检索结果共 501 件裁判文书。

其在著作权司法案例总检索范围的占比情况如图二-5 所示。

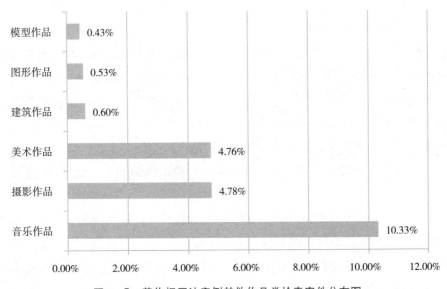

图二-5　著作权司法案例其他作品类检索案件分布图

如图二-5所示,在著作权其他作品类司法案例中,位于第一的是音乐作品,占10.33%,长期以来众多侵权音乐作品占据网络音乐平台的现象也充分佐证了这一数据。摄影作品和美术作品分别居第二、三位,各占4.78%和4.76%。而建筑作品、图形作品和模型作品均只占很低的比例。

依据上述次级分类并结合著作权司法案例所涉及的案情事实、争议焦点及裁判理由进一步提取关键字进行检索,由于个案检索关键词庞多,在此不一一列举,主要关键词罗列如下:摄影作品、美术作品、音乐作品、建筑作品、图形作品和模型作品、字库、抄袭、临摹、艺术风格、线条、独创性、合理使用、时事新闻、《著作权法》第二条、第二十二条、《著作权法实施条例》第四条、第五条等。

通过对所得的案例经汇总梳理、分析之后,得出著作权司法案例其他作品类案件的实践适用情况如下:

第一,直接引用案例1件。该案例在判决书中直接援引了其他作品类著作权司法案例[(2010)民提字第199号]的案号和裁判要旨。

第二,正向应用案例35件。其中涉及美术作品的共20件,居于首位。摄影作品也相对较多,共8件。而且,值得注意的是,美术作品通常情况下会伴随着影视作品或摄影作品一起出现,因为有时会难以区分它们的外在表现形式。随着信息网络技术的进步,美术作品也逐渐被应用于计算机操作中,因此这一类新型案件的司法指导案例对于作品概念的深入理解,具有较高的指导意义。

第三,反向应用案例为零。

(四)适用情况分析

1. 直接引用情况

在中国裁判文书网以其他作品类著作权司法案例的案号及最高人民法院指导案例的编号进行检索得出如下结果(检索截止日期为2016年8月27日):

(1)发现北京知识产权法院审理的(2015)京民知终字第679号一案在裁判文书中直接引用典型案例(2010)民提字第199号,具体分析见后。

(2)未见后续案例在裁判文书中直接引用其他作品类的指导案例编号。

(3)查询到部分在裁判文书全文中引用著作权司法案例案号之情形,经分析有如下几类:

第一,同一判决的不同程序阶段的裁判文书,如执行阶段的文书等,这一类,不属于对裁判文书的援引,故不作为检索对象进行统计分析;

第二,当事人在主张权益时将著作权司法案例作为证据提交,或者在陈述理由时提及著作权司法案例的裁判要旨,但法院并未在判决时候直接援引案号并抄录裁判要旨,由于此为当事人之主张,法院在判决时虽然进行了相似的裁判,但是未明引,故将此类归类为正向应用,将在下文"正向应用情况"中详述。

综上检索分析结果,文字作品类著作权司法案例在实践中的直接引用情况为 1 件。

引用案例分析如下:

(2015)京民知终字第 679 号一案中,上诉人正术富邦研究院在其所属网站中使用了被上诉人美好景象公司享有著作权的摄影作品,双方的争议焦点集中于正术富邦研究院的行为是否构成侵犯著作权。一般情况下,著作权侵权案件中,权利人不仅应提交权属的证据,还应当提交被控侵权人有接触其作品的可能并构成侵权的证据,因此,正术富邦研究院要求美好景象公司提供其网站建立之前(2010 年 10 月)涉案图片已经在合法出版物上公开发表的证据,以此否认其能够接触到涉案图片。但是,北京知识产权法院认为根据《最高人民法院关于民事诉讼证据的若干规定》第九条之规定,法律规定或者已知事实和日常生活经验法则,能推定出的另一事实,当事人无须举证证明,所以法院倾向于推定上诉人正术富邦研究院有接触涉案图片的可能。

为了进一步佐证上述观点,北京知识产权法院在其裁判理由中明确援引了最高人民法院(2010)民提字第 199 号民事判决书就该问题的论述,即"鉴于本案重庆外运公司使用的涉案图片与 Getty 公司享有著作权的图片完全相同,但重庆外运公司既未能提交证据证明涉案图片的著作权不属于 Getty 公司,亦未能证明其对涉案作品的使用有合法依据。据此,可以推定涉案图片在重庆外运公司 2006 年使用之前已经公开发表,至于涉案图片发表的具体时间已经不重要"。北京知识产权法院还称这一案例"不仅明确了图片权利人主张著作权时的举证责任还根据图片完全相同推定接触的事实存在"。由此,关于涉案图片上传至网站的时间以及何时公开发表的问题,北京知识产权法院根据《最高人民法院关于民事诉讼证据的若干规定》第九条之规定以及最高人民法院在上述案例中采取推定方式认定接触事实存在的判断方法,同样推定正术富邦研究院使用之前已经公开发表过,上诉人正术富邦研究院有接触涉案图片的可能。

虽然我国是成文法国家,无法直接将判例作为裁判依据,但是法院在判决理由部分可以引用其他案例的裁判文书内容进行参照。这不仅体现了司法审判的灵活性,加强了个案之间的联系,同时也证明最高人民法院公布的典型案例确实有其存在的价值和意义。

2. 正向应用

(1)美术作品:字库是著作权法意义上的作品

在其他作品类复制权、发行权纠纷中,发现北京市第三中级人民法院(2014)三中民(知)初字第 09233 号民事判决书对典型案例(2010)民三终字第 6 号进行了正向应用:

典型案例中原告起诉被告停止在其网络游戏中使用其创作的字库,因此如何认定字库的作品性质成为该案的争议焦点。而引用案例中也是由于侵权方在产品外包装上使用权利人的字库引发的纠纷。计算机字库字体是伴随着个人计算机等数字技术的兴起而发展起来的数字化印刷技术产物,其突破了以往的传统印刷技术,以计算机软、硬件作为有效支持。根据《著作权法实施条例》第二条的规定,著作权法意义上的作品是指文学、艺术和科学领域内具有独创性并能以某种有形形式复制的智力成果。因此,"独创性"是判断字库是否构成作品的关键。

虽然汉字在笔画和结构上逐步形成了固定书写结构,但由于汉字的表意文字的特性,汉字在字形上的创造空间很大。而字库企业书写者或字体设计人员在遵循整体设计风格情况下,在不改变单字固有书写结构基础上,对每一单字的笔画间架结构进行布置,对笔画粗细、曲直、长短等进行形态变化,从而设计出与现有字体完全不同、呈现一定特色的独特艺术风格的字库字体。因此,无论从创作过程还是创作结果来看,字库单字从设计字形原稿到最终形成字体单字,都离不开字库企业的投入和字体设计者们对字体美感的把握、设计形态的取舍等,无论从设计风格的创意、字库字体的设计完成还是最终计算机呈现出的字体单字,每一款字库字体单字的创作都已经不是一种简单的劳动投入,而是融入了设计者们的聪明才智、经验技巧等,体现了设计者们主观的个性化的创意活动,属于设计者们的智力活动的创作成果,因此,计算机字库单字可以满足著作权法规定的作品独创性要求。

(2)摄影作品:用于报道时事新闻时,不一定构成合理使用

典型案例(2013)渝高法民终字第 261 号中,原告起诉被告在报道时事新闻时,将其享有著作权的摄影作品作为配图,双方就该行为是否属于合理使用产生了争议。(2015)粤知法著民终字第 173 号民事判决、(2014)穗中法知民终字第 224 号民事判决均正向应用典型案例的判决结果。

依据《著作权法实施条例》第五条第(一)项的规定,时事新闻,是指通过报纸、期刊、广播电台、电视台等媒体报道的单纯事实消息。从新闻报道角度看,单纯事实消息应当是指仅仅由时间、地点、人物、事由和事件五要素之部分或全部构成的消息,属于单纯对新闻事实的直观记录,不涉及思想的表达方式。而上述案例中的新闻配图在取图的画面、角度方面都凝聚了拍摄者创造性的劳动,属于具有独创性的作品,受到著作权法保护。

法院确认了新闻配图的作品性质后,进一步审理认为涉案媒体的行为不构成合理使用。因为就报道时事新闻而引用新闻事件现场照片而言,一般情况下媒体可以至现场自行拍摄新闻照片,完全可以避免再现或引用他人已经拍摄的图片新闻作品,所以涉案媒体的行为不属于著作权法第二十二条规定的"不可避免地再现或者引用"之情形,不构成合理使用。

3. 反向应用情况

通过检索分析,在其他作品类司法案件中未发现在后的案例对其有反向应用之情况,由此可见在其他作品领域,司法案例的指引情况相对良好。

六、中外著作权司法案例适用比较分析

随着信息时代的来临,网络服务业正以迅猛态势蓬勃发展。一方面,网络服务提供者

提供的硬件和软件支持实现了全球资讯的共享;另一方面,正是这种便捷的服务导致网络著作权侵权行为泛滥成灾,使著作权人的利益受到极大的损害。而在网络著作权侵权案件中,"避风港"原则几乎成为网络服务提供者的责任屏障,是该领域内应用最为广泛、最为公众所熟知的一项原则。

我国《信息网络传播权保护条例》规定的"避风港"原则实际上来源于1998年美国《千禧年数字版权法》(DMCA)第512条,但它们在司法案例中的适用又有所不同。例如,韩寒诉百度公司一案中【(2012)海民初字第5558号】,百度能否享受"避风港"原则的保护在于其是否明知或应知百度文库中的作品侵犯韩寒的著作权。鉴于韩寒作品的知名度以及此前韩寒曾与百度就侵权事宜进行协商谈判,因此法院赋予了百度较高的注意义务,即应采取其预见水平和能力范围内的措施制止侵权。相比之下,IO Group Inc. v. Veoh Networks Inc. [1] 一案中,法院首先认为由于原告在起诉前并未向Veoh(视频网站)发送删除通知,因而Veoh对侵权行为并无实际的知晓。其次,关于控制的权利和能力这一问题,法院区分了网络服务提供者控制"其系统"的权利和能力以及控制"侵权行为"的权利和能力,认定Veoh并不具有控制侵权行为的权利和能力,最终判决Veoh有资格获得避风港保护。可以看出,控制侵权能力无论在国内外都是判断网络服务提供者存在过错的标准之一,不同的是美国对这一概念划分得更加精确、细致。

除此之外,美国法院还采用直接经济利益这一标准判断网络服务提供者是否承担侵权责任。例如,A&m Records, Inc. v. Napster, Inc. 一案中,法院发现Napster通过为用户提供对侵权材料的访问而增加其用户量,而Napster未来的收入与用户量的多少直接相关,因此法院判断有直接经济利益的存在。也就是说,如果网络服务提供者将提供侵权材料作为吸引顾客的手段,侵权与利益有直接关系,那么网络服务提供者的过错显而易见。

第三节 结 语

著作权是文学、艺术及科学领域智力成果的重要保障,作为老牌的知识产权类权利,在整个知识产权体系下占据重要位置。

最高院每年基本保持发布10—20件著作权司法案例来指引全国各级法院的著作权案件的审判,2009—2010年共计颁布了110件著作权案例。本章分别从静态、动态两个层面对其进行了分析,具体结果如下:

---

① 参见 IOGroupInc. v. VeohNetworksInc., court's decision available at http://docs. justia. com/cases/federal/district-courts/california/candce/5:2006cv03926/181461/117/.

一、著作权司法案例静态分析情况

著作权司法案例在法院地域分布上,其来源主要集中在京、苏、沪、广等经济发达地区。在法院级别分布上,近半数来自高级人民法院,值得注意的是高新技术开发区的基层法院也贡献了不少案例,北京市海淀区法院、上海浦东新区法院即为典型代表。在审理级别分布上,来自第二审程序的过半数,由此可见大多著作权案件的当事人都会穷尽二审终审的程序,而二审案件也往往是争议较为复杂、影响较为大的案件,由此,其可借鉴的典型作用及指引意义也就相对较高。在文书类型上,以判决书为主,裁定书为辅,并有少量的调解书,体现著作权司法案例"民为主,刑为辅""实体为先,程序在后,结合调节"之特点。

在对著作权司法案例的类型之解析上,依据诉讼类型划分,以民事诉讼为主,刑事诉讼为辅,并且无行政诉讼的案例,主要原因可能源自著作权相较于专利、商标其自动取得的特点较不易产生行政类的纠纷。依据焦点类型划分,本章在对基础数据挖掘分析的基础上,提炼出八大类核心争议焦点类型,即权利主体、权利客体、权利归属、侵权行为、合理使用、侵权责任、诉讼程序及著作权合同,其中侵权行为之认定为主要的核心争议焦点,网络信息技术及影视领域的案件纠纷较多。依据作品类型划分,可见文字作品作为传统的著作权保护的客体仍占据重要地位,但新时代下计算机软件和影视作品亦具有强势出击之势,此类案件也占据著作权司法案例之重大比例。此外,在特殊作品之中,演绎作品、汇编作品在著作权司法案例中也占据一定比例,为此类疑难案件提供指引。依据权利内容划分,复制权纠纷作为老牌的著作权财产权纠纷依然居于高位,信息网络传播权纠纷作为时代新宠位于第二。

在著作权司法案例诉讼主体之解析上,原告与被告均以法人及其他组织为主,其中原告类型以"R. 文化、体育和娱乐业"及"I. 信息传输、软件和信息技术服务业"为主,被告类型同样是 R 类和 I 类为主,但 I 类超过了 R 类位于第一位,这可能是网络侵权行为大多与侵权人来自信息技术服务业有关。同时相对原告的行业类型,被告的行业类型更为广泛,由此可见著作权侵权行为在行业间的广泛性。本章中涉外、涉港澳台主体均来自经济发达地区,包括美国、日本、韩国、中国香港、中国台湾等,其中被告为涉外、涉港澳台主体的比例较小,由此可见经济发达国家地区在国际知识产权争夺战的相对强制之地位。

在著作权司法案例责任承担之解析上,本章的研究数据显示,法院大多会依据原告诉讼请求同时判决侵权方停止侵权并赔偿损失。在赔偿数额上,54%的著作权司法案例均在 5 万元以下,其也暴露了我国著作权案例赔偿数额低之现状。

在著作权司法案例核心法条之解析上,《著作权法》第十条关于著作权权利内容的规定,首当其冲位于第一位;第二十二条合理使用,位于第二;接下去是第四十七、四十八条关于著作权侵权责任之规定。另外《著作权司法解释》中第二十五条关于法定赔偿数额的确认、第十九条关于出版者、制作者的合法来源的举证责任具有较高适用率,《计算机软件保护条例》中第二十四条关于侵权人责任承担、第二条关于计算机软件的界定具有较高适用率,《信息网络传播权保护条例》第二十二条和第二十三条"避风港原则"之规定具有较高适用率。刑事案件中主要依据《刑法》第二百一十七条和《解释二》第一条。

二、著作权司法案例动态分析情况

动态分析旨在解释著作权司法案例在实践中适用情况,本章从直接引用、正向应用和反向应用这三个方面分别就文字作品类、计算机软件类、影视作品类及除前述三种类型之外其他作品类进行了分析,分析结果如下:

第一,著作权司法案例直接引用量为1件。

这样的结果也在意料之中,作为成文法体系国家,法院作出的判决依据的是成文的立法,司法案例虽然具有一定指引作用,但是一般不会显现在裁判文书中直接引用。

我国虽然推行司法案例指导制度,鼓励法院在类似案件的判决是参照指导性案例。但是,参照指的是参照指导性案例确定的裁判规则或者价值精神,并非引用,所以人民法院在判决时往往不会指出具体的指导案例名称或案号,由此造成了在著作权司法案例中直接引用量仅为1件的结果。

第二,著作权司法案例正向应用良好。

本章在研究中虽然发掘直接引用的结果,但在检索分析中仍发现不少对于著作权司法案例正向应用的情况。特别是在信息互联网侵权领域,正向应用率更为高,这也可能是因为互联网信息领域作为新型案件较易获得关注,从而较易影响为在后之判决。

值得注意的是,我们发现当事人主体一致的案件,较易在类案中被正向应用;最高人民法院对于同类案件保持较高的统一裁判尺度;对于互联网领域的著作权司法案例裁判要旨也被衍生应用至知识产权其他领域(专利权、商标权),这种跨领域之间的应用,也可见此类之较强影响力。

第三,著作权司法案例反向应用较少。

本章在对比著作权司法案例本身时,找寻到两例司法案件之间存在反向应用的情况。但究其原因主要是案件部分事实部分可能存在细微差异,且著作权案件本身在侵权认定上具有模糊性所致。

不同于英美法系,判例中的裁判规则是由法院、律师、当事人或者专家学者从研究实践中挖掘出来的,我国指导性案例裁判要旨出于保持解释法律和适用法律之统一性与权威性之需要,原则上不被超越或者突破,这在一定程度上也抑制了司法之能动性。不过,对于成文法体系禁止"法官造法"之原则来说,这又在情理之中。

综上所述,著作权司法案例基本呈现与我国文化、科学、经济发展水平相一致的态势,其在分布上也与其自身特点及当前的社会环境相适应。著作权司法案例在实践中的适用情况良好,其正向适用率较高,直接引用与反向应用的情况也符合当前的法律框架体系。

至于未来直接引用和反向应用的情况是否会有改观,也有待司法改革动向之指引与催动。

附录(法条) 《中华人民共和国著作权法》

第十条著作权包括下列人身权和财产权:

(一)发表权,即决定作品是否公之于众的权利;

(二)署名权,即表明作者身份,在作品上署名的权利;

(三)修改权,即修改或者授权他人修改作品的权利;

(四)保护作品完整权,即保护作品不受歪曲、篡改的权利;

(五)复制权,即以印刷、复印、拓印、录音、录像、翻录、翻拍等方式将作品制作一份或者多份的权利;

(六)发行权,即以出售或者赠与方式向公众提供作品的原件或者复制件的权利;

(七)出租权,即有偿许可他人临时使用电影作品和以类似摄制电影的方法创作的作品、计算机软件的权利,计算机软件不是出租的主要标的的除外;

(八)展览权,即公开陈列美术作品、摄影作品的原件或者复制件的权利;

(九)表演权,即公开表演作品,以及用各种手段公开播送作品的表演的权利;

(十)放映权,即通过放映机、幻灯机等技术设备公开再现美术、摄影、电影和以类似摄制电影的方法创作的作品等的权利;

(十一)广播权,即以无线方式公开广播或者传播作品,以有线传播或者转播的方式向公众传播广播的作品,以及通过扩音器或者其他传送符号、声音、图像的类似工具向公众传播广播的作品的权利;

(十二)信息网络传播权,即以有线或者无线方式向公众提供作品,使公众可以在其个人选定的时间和地点获得作品的权利;

(十三)摄制权,即以摄制电影或者以类似摄制电影的方法将作品固定在载体上的权利;

(十四)改编权,即改变作品,创作出具有独创性的新作品的权利;

(十五)翻译权,即将作品从一种语言文字转换成另一种语言文字的权利;

(十六)汇编权,即将作品或者作品的片段通过选择或者编排,汇集成新作品的权利;

(十七)应当由著作权人享有的其他权利。

著作权人可以许可他人行使前款第(五)项至第(十七)项规定的权利,并依照约定或者本法有关规定获得报酬。

著作权人可以全部或者部分转让本条第一款第(五)项至第(十七)项规定的权利,并依照约定或者本法有关规定获得报酬。

第十一条著作权属于作者,本法另有规定的除外。

创作作品的公民是作者。

由法人或者其他组织主持,代表法人或者其他组织意志创作,并由法人或者其他组织承担责任的作品,法人或者其他组织视为作者。

如无相反证明,在作品上署名的公民、法人或者其他组织为作者。

第十六条公民为完成法人或者其他组织工作任务所创作的作品是职务作品,除本条第二款的规定以外,著作权由作者享有,但法人或者其他组织有权在其业务范围内优先使用。作品完成两年内,未经单位同意,作者不得许可第三人以与单位使用的相同方式使用该作品。

有下列情形之一的职务作品,作者享有署名权,著作权的其他权利由法人或者其他组织享有,法人或者其他组织可以给予作者奖励:

(一)主要是利用法人或者其他组织的物质技术条件创作,并由法人或者其他组织承担责任的工程设计图、产品设计图、地图、计算机软件等职务作品;

(二)法律、行政法规规定或者合同约定著作权由法人或者其他组织享有的职务作品。

第四十七条有下列侵权行为的,应当根据情况,承担停止侵害、消除影响、赔礼道歉、赔偿损失等民事责任:

(一)未经著作权人许可,发表其作品的;

(二)未经合作作者许可,将与他人合作创作的作品当作自己单独创作的作品发表的;

(三)没有参加创作,为谋取个人名利,在他人作品上署名的;

(四)歪曲、篡改他人作品的;

(五)剽窃他人作品的;

(六)未经著作权人许可,以展览、摄制电影和以类似摄制电影的方法使用作品,或者以改编、翻译、注释等方式使用作品的,本法另有规定的除外;

(七)使用他人作品,应当支付报酬而未支付的;

(八)未经电影作品和以类似摄制电影的方法创作的作品、计算机软件、录音录像制品的著作权人或者与著作权有关的权利人许可,出租其作品或者录音录像制品的,本法另有规定的除外;

(九)未经出版者许可,使用其出版的图书、期刊的版式设计的;

(十)未经表演者许可,从现场直播或者公开传送其现场表演,或者录制其表演的;

(十一)其他侵犯著作权以及与著作权有关的权益的行为。

第四十八条有下列侵权行为的,应当根据情况,承担停止侵害、消除影响、赔礼道歉、赔偿损失等民事责任;同时损害公共利益的,可以由著作权行政管理部门责令停止侵权行为,没收违法所得,没收、销毁侵权复制品,并可处以罚款;情节严重的,著作权行政管理部门还可以没收主要用于制作侵权复制品的材料、工具、设备等;构成犯罪的,依法追究刑事责任：

（一）未经著作权人许可，复制、发行、表演、放映、广播、汇编、通过信息网络向公众传播其作品的，本法另有规定的除外；

（二）出版他人享有专有出版权的图书的；

（三）未经表演者许可，复制、发行录有其表演的录音录像制品，或者通过信息网络向公众传播其表演的，本法另有规定的除外；

（四）未经录音录像制作者许可，复制、发行、通过信息网络向公众传播其制作的录音录像制品的，本法另有规定的除外；

（五）未经许可，播放或者复制广播、电视的，本法另有规定的除外；

（六）未经著作权人或者与著作权有关的权利人许可，故意避开或者破坏权利人为其作品、录音录像制品等采取的保护著作权或者与著作权有关的权利的技术措施的，法律、行政法规另有规定的除外；

（七）未经著作权人或者与著作权有关的权利人许可，故意删除或者改变作品、录音录像制品等的权利管理电子信息的，法律、行政法规另有规定的除外；

（八）制作、出售假冒他人署名的作品的。

第四十九条　侵犯著作权或者与著作权有关的权利的，侵权人应当按照权利人的实际损失给予赔偿；实际损失难以计算的，可以按照侵权人的违法所得给予赔偿。赔偿数额还应当包括权利人为制止侵权行为所支付的合理开支。

权利人的实际损失或者侵权人的违法所得不能确定的，由人民法院根据侵权行为的情节，判决给予五十万元以下的赔偿。

第五十条　著作权人或者与著作权有关的权利人有证据证明他人正在实施或者即将实施侵犯其权利的行为，如不及时制止将会使其合法权益受到难以弥补的损害的，可以在起诉前向人民法院申请采取责令停止有关行为和财产保全的措施。

人民法院处理前款申请，适用《中华人民共和国民事诉讼法》第九十三条至第九十六条和第九十九条的规定。

《最高人民法院关于审理著作权民事纠纷案件适用法律若干问题的解释》

第十九条　出版者、制作者应当对其出版、制作有合法授权承担举证责任，发行者、出租者应当对其发行或者出租的复制品有合法来源承担举证责任。举证不能的，依据著作权法第四十六条、第四十七条的相应规定承担法律责任。

第二十五条　权利人的实际损失或者侵权人的违法所得无法确定的，人民法院根据当事人的请求或者依职权适用著作权法第四十八条第二款的规定确定赔偿数额。

人民法院在确定赔偿数额时，应当考虑作品类型、合理使用费、侵权行为性质、后果等情节综合确定。

当事人按照本条第一款的规定就赔偿数额达成协议的,应当准许。

《计算机软件保护条例》

第二条本条例所称计算机软件(以下简称"软件"),是指计算机程序及其有关文档。

第二十四条除《中华人民共和国著作权法》、本条例或者其他法律、行政法规另有规定外,未经软件著作权人许可,有下列侵权行为的,应当根据情况,承担停止侵害、消除影响、赔礼道歉、赔偿损失等民事责任;同时损害社会公共利益的,由著作权行政管理部门责令停止侵权行为,没收违法所得,没收、销毁侵权复制品,可以并处罚款;情节严重的,著作权行政管理部门并可以没收主要用于制作侵权复制品的材料、工具、设备等;触犯刑律的,依照刑法关于侵犯著作权罪、销售侵权复制品罪的规定,依法追究刑事责任:

(一)复制或者部分复制著作权人的软件的;

(二)向公众发行、出租、通过信息网络传播著作权人的软件的;

(三)故意避开或者破坏著作权人为保护其软件著作权而采取的技术措施的;

(四)故意删除或者改变软件权利管理电子信息的;

(五)转让或者许可他人行使著作权人的软件著作权的。

有前款第一项或者第二项行为的,可以并处每件 100 元或者货值金额 1 倍以上 5 倍以下的罚款;有前款第三项、第四项或者第五项行为的,可以并处 20 万元以下的罚款。

《信息网络传播权保护条例》

第二十二条网络服务提供者为服务对象提供信息存储空间,供服务对象通过信息网络向公众提供作品、表演、录音录像制品,并具备下列条件的,不承担赔偿责任:

(一)明确标示该信息存储空间是为服务对象所提供,并公开网络服务提供者的名称、联系人、网络地址;

(二)未改变服务对象所提供的作品、表演、录音录像制品;

(三)不知道也没有合理的理由应当知道服务对象提供的作品、表演、录音录像制品侵权;

(四)未从服务对象提供作品、表演、录音录像制品中直接获得经济利益;

(五)在接到权利人的通知书后,根据本条例规定删除权利人认为侵权的作品、表演、录音录像制品。

第二十三条网络服务提供者为服务对象提供搜索或者链接服务,在接到权利人的通知书后,根据本条例规定断开与侵权的作品、表演、录音录像制品的链接的,不承担赔偿责任;但是,明知或者应知所链接的作品、表演、录音录像制品侵权的,应当承担共同侵权责任。

第二十四条因权利人的通知导致网络服务提供者错误删除作品、表演、录音录像制品,或者错误断开与作品、表演、录音录像制品的链接,给服务对象造成损失的,权利人应当承担赔偿责任。

第二十五条网络服务提供者无正当理由拒绝提供或者拖延提供涉嫌侵权的服务对象的姓名(名称)、联系方式、网络地址等资料的,由著作权行政管理部门予以警告;情节严重的,没收主要用于提供网络服务的计算机等设备。

《中华人民共和国刑法》

第二百一十七条【侵犯著作权罪】以营利为目的,有下列侵犯著作权情形之一,违法所得数额较大或者有其他严重情节的,处三年以下有期徒刑或者拘役,并处或者单处罚金;违法所得数额巨大或者有其他特别严重情节的,处三年以上七年以下有期徒刑,并处罚金:

(一)未经著作权人许可,复制发行其文字作品、音乐、电影、电视、录像作品、计算机软件及其他作品的;

(二)出版他人享有专有出版权的图书的;

(三)未经录音录像制作者许可,复制发行其制作的录音录像的;

(四)制作、出售假冒他人署名的美术作品的。

《最高人民法院、最高人民检察院关于办理侵犯知识产权刑事案件具体应用法律若干问题的解释(二)》

第一条以营利为目的,未经著作权人许可,复制发行其文字作品、音乐、电影、电视、录像作品、计算机软件及其他作品,复制品数量合计在五百张(份)以上的,属于刑法第二百一十七条规定的"有其他严重情节";复制品数量在二千五百张(份)以上的,属于刑法第二百一十七条规定的"有其他特别严重情节"。

第五章　不正当竞争、垄断司法
案例状态研究

导　语

我国法学理论界和司法实务界开展案例研究和探索构建案例指导制度,历程相当久远。新中国成立后,最高人民法院就很重视案例的作用,从 20 世纪 50 年代初开始,通过编选案例来总结审判经验,指导法院审判工作。

1985 年开始,最高人民法院公报就开始刊登具有指导意义的案例。最高人民法院于 2010 年 11 月 15 日出台了《最高人民法院关于案例指导工作的规定》,该规定全文不足 1000 字,却标志着案例指导制度在我国的初步确立,包括指导性案例的发布主体、遴选标准、遴选程序、指导性案例的效力等内容,具有里程碑式的重大意义。该规定第一条、第二条、第七条明确规定由最高人民法院确定并统一发布的、已经发生法律效力且符合以下条件的案例:(1)社会广泛关注的;(2)法律规定比较原则的;(3)具有典型性的;(4)疑难复杂或者新类型的;(5)其他具有指导作用的案例,各级人民法院审判类似案件时应当参照。

早在指导性案例之前,最高人民法院就定期颁发各类型的典型案例,虽然我国不是判例法国家,但这些典型案例总结了经典实务审判要点,为人民法院、律师等法律人办理案件提供参考,对审判工作还是有一定的指导作用。

不管是指导性案例还是典型案例,均是正确适用了法律和司法政策,切实体现了司法公正和司法高效,得到了当事人和社会公众一致认可,实现了法律效果和社会效果有机统一的案例。所以,典型案例和指导性案例一定是反映司法公正、受到人民群众称赞、经得起历史和实践检验的案例,它是案例中的精品案例、模范案例,是法官审判执行工作应当参照的楷模,是宣传法治活生生的实例,是树立法治和司法权威的典型,是理论研究的生动素材,是体现司法智慧与审判经验的载体。这与我们通常对国外判例的理解有很大不同,与我们以前想象的案例指导制度也有差别。

人民法院的指导性案例,从其性质上看是解释法律的一种形式,更准确地说,是解释宪法性法律以外的国家法律的一种形式,如有关刑法、刑事诉讼法、物权法方面的指导性案例,实际上起到了解释、明确、细化相关法律的作用。在此需要明确的是,指导性案例所具有的明确、具体和弥补法律条文原则、模糊乃至疏漏方面的作用,不是造法而是释法的作用。因此,指导性案例是法官释法而不是法官造法,是总结法律经验法则而不是创制法律经验法则。

案例指导制度,是中国特色社会主义司法制度的一个重要组成部分,是司法改革的一项重要成果,对于实现公正高效廉洁司法,具有十分重要的意义。建立这项制度,有赖于理论界和实务界的共同努力,而要把这项制度用好,使之切实发挥作用,更需要理论界和实务界的共同努力和相互配合。

就《最高人民法院关于案例指导工作的规定》本身,虽然确认了"应当参照"的标准,但对如何参照、怎么参照、参照什么、参照以后如何处理,虽然理论界和实践界从多角度对案例指导制度的功能、地位、必要性、可行性的比较和借鉴等相关问题都提出各自的看法和建设性的意见,但尚未达成一致,更无法统一适用到实践中,可操作性不强。因此,如要使案例指导制度良性运作、取得预期的效果,就需要对指导性案例的司法适用进行系统深入的研究,分析指导性案例司法适用的实践情况。

所谓反不正当竞争法,是"制止不正当竞争法"或者说"反不正当竞争法"的简称,是指通过制止市场交易中的不正当竞争行为来维护经济秩序的法律规范的总和。[①] 概括地说,我国知识产权法律体系主要是由知识产权专门法与反不正当竞争法架构的。[②]《中华人民共和国反不正当竞争法》于1993年9月2日颁布,1993年12月1日施行,并经2017年、2019年两次修订,现行版本为《中华人民共和国反不正当竞争法》(2019修正)(本章中所出现的法条为判决书中所引用的当时有效的法律条文),实践中,《反不正当竞争法》倾向于兜底适用。反不正当竞争法在有限的范围内提供知识产权的附加保护。

市场鼓励和保护公平竞争,《反不正当竞争法》开宗明义规定:"经营者在市场交易中,应当遵循自愿、平等、公平、诚实信用的原则,遵守公认的商业道德。"但随着经济的快速发展,市场竞争日益激烈,实践中出现了大量扰乱交易规则,损害其他经营者的不正当竞争情形。在维护市场秩序的过程中,《反不正当竞争法》发挥了不可替代的作用。

本章从2009年至2015年最高人民法院颁布的《中国法院知识产权司法保护10大案件》《中国法院知识产权司法保护50件典型案例》《中国法院知识产权10大创新性案件》《指导案例》挑选案由为"不正当竞争(含互联网不正当竞争)、垄断及其他"的案例共83件,一一按审级、所在地、文书类型、次级案由、主体类型、裁判结论、法条适用情况等进行

---

① 刘斌斌:《知识产权——法理论与战略》,北京大学出版社2011年版,第111页。
② 孔祥俊:《反不正当竞争法的创新性适用》,中国法制出版社2014年版,第232页。

标记,并从中提取争议焦点、总结关键词,对不正当竞争案件进行整体概况、特征等分析,利用中国裁判文书网的大数据,再结合北大法宝,分析该些知识产权典型案例在同类别案件中的正向适用、反向适用的情况,从而得出结论。

案例清单

年份	来源	名称	审理法院	案号
2009	中国法院知识产权司法保护10大案件	黄金假日诉携程机票预订不正当竞争案	最高人民法院	(2007)民三终字第2号
2009	中国法院知识产权司法保护10大案件	江汉石油"牙轮钻头"商业秘密案	湖北省高级人民法院	(2009)鄂民三终字第30号
2009	中国法院知识产权司法保护50件典型案例	上海避风塘美食有限公司诉上海东涌码头餐饮管理有限公司不正当竞争纠纷申诉案	最高人民法院	(2007)民三监字第21-1号
2009	中国法院知识产权司法保护50件典型案例	四川江口醇酒业(集团)有限公司诉泸州佳冠酒业有限公司、林锦泉不正当竞争及侵犯商标专用权纠纷上诉案	广东省高级人民法院	(2007)粤高法民三终字第318号
2009	中国法院知识产权司法保护50件典型案例	厦门正新橡胶工业有限公司诉天津豪文科技有限公司、正新轮胎(台湾)控股集团有限公司擅自使用他人企业名称纠纷案	天津市第二中级人民法院	(2008)二中民三初字第78号
2009	中国法院知识产权司法保护50件典型案例	嘉实多有限公司(英国)诉姚育新、美国嘉实多国际石油集团(香港)有限公司、宁波市鄞州嘉帅润滑油厂不正当竞争纠纷案	上海市第二中级人民法院	(2008)沪二中民五(知)初字第91号
2009	中国法院知识产权司法保护50件典型案例	山东起重机厂有限公司诉山东山起重工有限公司侵犯企业名称权纠纷申请再审案	最高人民法院	(2008)民申字第758号
2009	中国法院知识产权司法保护50件典型案例	大连瑞特建材有限公司、大连中德珍珠岩厂诉刘嘉旺不正当竞争纠纷案	辽宁省大连市中级人民法院	(2009)大民四初字第237号
2009	中国法院知识产权司法保护50件典型案例	安徽省华信生物药业股份有限公司诉江西草珊瑚药业有限公司、安徽百姓缘大药房连锁有限公司擅自使用知名商品特有名称、包装、装潢纠纷上诉案	安徽省高级人民法院	(2009)皖民三终字第0026号
2009	中国法院知识产权司法保护50件典型案例	新疆乌苏啤酒有限责任公司诉伊犁禹宫啤酒有限公司等擅自使用知名商品特有名称、包装、装潢纠纷上诉案	新疆维吾尔自治区高级人民法院	(2009)新民三终字第21号

年份	来源	名称	审理法院	案号
2009	中国法院知识产权司法保护50件典型案例	重庆银翼文化传媒有限公司诉重庆交通大学、重庆方特乐园旅游有限公司虚假宣传纠纷案	重庆市第五中级人民法院	（2009）渝五中法民初字第247号
2009	中国法院知识产权司法保护50件典型案例	世纪金源投资集团有限公司诉河南世纪金源置业有限公司不正当竞争纠纷案	河南省高级人民法院	（2009）豫法民三终字第12号；（2007）郑民三初字第274号
2010	中国法院知识产权司法保护10大案件	"天府可乐"配方及生产工艺商业秘密案	重庆市第五中级人民法院	（2009）渝五中法民初字第299号
2010	中国法院知识产权司法保护10大案件	干扰搜索引擎服务不正当竞争纠纷案	山东省高级人民法院	（2010）鲁民三终字第5-2号
2010	中国法院知识产权司法保护50件典型案例	广东伟雄集团有限公司、佛山市高明区正野电器实业有限公司、广东正野电器有限公司诉佛山市顺德区正野电器有限公司、佛山市顺德区光大企业集团有限公司不正当竞争纠纷再审案	最高人民法院	（2008）民提字第36号
2010	中国法院知识产权司法保护50件典型案例	山东省食品进出口公司、山东山孚日水有限公司、山东山孚集团有限公司诉青岛圣克达诚贸易有限公司、马达庆不正当竞争纠纷申请再审案	最高人民法院	（2009）民申字第1065号
2010	中国法院知识产权司法保护50件典型案例	上海中韩晨光文具制造有限公司诉宁波微亚达制笔有限公司宁波微亚达文具有限公司、上海成硕工贸有限公司擅自使用知名商品特有装潢纠纷再审案	最高人民法院	（2010）民提字第16号
2010	中国法院知识产权司法保护50件典型案例	苏州小羚羊电动车有限公司诉天津捷安达车业有限公司、高启萍侵犯企业名称权纠纷上诉案	江苏省高级人民法院	（2010）苏知民终字第161号
2011	中国法院知识产权司法保护10大案件	"3Q"之争引发的不正当竞争纠纷案	北京市第二中级人民法院	（2011）二中民终字第12237号
2011	中国法院知识产权司法保护10大案件	"开心网"不正当竞争纠纷案	北京市高级人民法院	（2011）高民终字第846号
2011	中国法院知识产权司法保护50件典型案例	宣达实业集团有限公司与孟莫克公司、孟山都(上海)有限公司商业诋毁纠纷案	上海市第一中级人民法院	〔2009〕沪一中民五(知)初字第228号

年份	来源	名称	审理法院	案号
2011	中国法院知识产权司法保护50件典型案例	镇江唐老一正斋药业有限公司与吉林一正药业集团有限公司、一正集团吉林省医药科技实业有限公司、江苏大德生药房连锁有限公司、江苏大德生药房连锁有限公司镇江新概念药房不正当竞争纠纷上诉案	江苏省高级人民法院	〔2009〕苏民三终字第91号
2011	中国法院知识产权司法保护50件典型案例	邹志坚与广西运德汽车运输集团有限公司、广西运德汽车运输集团有限公司崇左汽车总站、广西运德汽车运输集团有限公司崇左汽车客运服务中心不正当竞争、垄断纠纷上诉案	广西壮族自治区高级人民法院	(2011)桂民三终字第9号
2011	中国法院知识产权司法保护50件典型案例	北京一得阁墨业有限责任公司与高辛茂、北京传人文化艺术有限公司侵害商业秘密纠纷申请再审案	最高人民法院	(2011)民监字第414号
2011	中国法院知识产权司法保护50件典型案例	上海富日实业有限公司与黄子瑜、上海萨菲亚纺织品有限公司侵害商业秘密纠纷申请再审案	最高人民法院	(2011)民申字第122号
2011	中国法院知识产权司法保护50件典型案例	北京御生堂生物工程有限公司与厦门康士源生物工程有限公司、厦门康中源保健品有限公司、长春市东北大药房有限公司擅自使用知名商品特有名称、包装、装潢纠纷申请再审案	最高人民法院	(2011)民提字第60号
2012	中国法院知识产权司法保护10大案件	"泥人张"不正当竞争纠纷案	最高人民法院	(2010)民提字第113号
2012	中国法院知识产权司法保护10大案件	侵害姚明人格权及不正当竞争纠纷案	湖北省高级人民法院	(2012)鄂民三终字第137号
2012	中国法院知识产权司法保护10大创新性案件	衢州万联网络技术有限公司与周慧民等侵害商业秘密纠纷上诉案	上海市高级人民法院	(2011)沪高民三(知)终字第100号
2012	中国法院知识产权司法保护10大创新性案件	刘大华与湖南华源实业有限公司、东风汽车有限公司东风日产乘用车公司垄断纠纷上诉案	湖南省高级人民法院	(2012)湘高法民三终字第22号
2012	中国法院知识产权司法保护50件典型案例	美国通用能源公司与华陆工程科技有限责任公司、山东华鲁恒升化工股份有限公司、西北化工研究院侵害商业秘密纠纷案	陕西省西安市中级人民法院	(2008)西民四初字第419号

年份	来源	名称	审理法院	案号
2012	中国法院知识产权司法保护50件典型案例	岳彤宇与周立波域名权属、侵权纠纷案	上海市第二中级人民法院	（2011）沪二中民五（知）初字第171号
2012	中国法院知识产权司法保护50件典型案例	伍迪兵、李玉峰侵犯商业秘密罪、侵犯著作权罪案	北京市海淀区人民法院	（2012）海刑初字第3240号
2012	中国法院知识产权司法保护50件典型案例	天津市泥人张世家绘塑老作坊、张宇与陈毅谦、宁夏雅观收藏文化研究所、北京天盈九州网络技术有限公司擅自使用他人企业名称及虚假宣传纠纷上诉案	天津市高级人民法院	（2012）津高民三终字第0016号
2012	中国法院知识产权司法保护50件典型案例	天津中国青年旅行社与天津国青国际旅行社有限公司擅自使用他人企业名称纠纷上诉案	天津市高级人民法院	（2012）津高民三终字第3号
2012	中国法院知识产权司法保护50件典型案例	山东亿家乐房产经纪咨询有限公司与李袁燕特许经营加盟合同纠纷上诉案	山东省高级人民法院	（2012）鲁民三终字第233号
2012	中国法院知识产权司法保护50件典型案例	无锡市保城气瓶检验有限公司与无锡华润车用气有限公司拒绝交易纠纷上诉案	江苏省高级人民法院	（2012）苏知民终字第4号
2013	中国法院知识产权司法保护10大案件	树脂专利相关信息侵害商业秘密纠纷案	上海市高级人民法院	（2013）沪高民三（知）终字第93号
2013	中国法院知识产权司法保护10大创新性案件	北京锐邦涌和贸有限公司与强生（上海）医疗器材有限公司、强生（中国）医疗器材有限公司纵向垄断协议纠纷上诉案	上海市高级人民法院	（2012）沪高民三（知）终字第63号
2013	中国法院知识产权司法保护10大创新性案件	百度在线网络技术（北京）有限公司等与北京奇虎科技有限公司等不正当竞争纠纷上诉案	北京市高级人民法院	（2013）高民终字第2352号
2013	中国法院知识产权司法保护10大创新性案件	美国礼来公司、礼来（中国）研发公司与黄孟炜侵害技术秘密纠纷案	上海市第一中级人民法院	（2013）沪一中民五（知）初字第119号
2013	中国法院知识产权司法保护10大创新性案件	江西亿铂电子科技有限公司、中山沃德打印机设备有限公司、余志宏、罗石和、李影红、肖文娟侵犯商业秘密罪案	广东省珠海市中级人民法院	（2013）珠中法刑终字第87号
2013	中国法院知识产权司法保护50件典型案例	北京天道新源风电科技股份有限公司与哈尔滨空调股份有限公司技术合同纠纷案	黑龙江省哈尔滨市中级人民法院	（2011）哈知初字第59号

年份	来源	名称	审理法院	案号
2013	中国法院知识产权司法保护50件典型案例	天圣制药集团股份有限公司与海南国栋药物研究所有限公司、海南欣安生物制药有限公司技术转让合同纠纷申请再审案	最高人民法院	（2012）民申字第1542号
2013	中国法院知识产权司法保护50件典型案例	南京国资绿地金融中心有限公司与江苏紫峰绿洲酒店管理有限公司侵犯著作权、商标权及不正当竞争纠纷上诉案	江苏省南京市中级人民法院	（2012）宁知民终字第24号
2013	中国法院知识产权司法保护50件典型案例	江苏建华管桩有限公司与上海中技桩业股份有限公司虚假宣传纠纷上诉案	江苏省高级人民法院	（2012）苏知民终字第219号
2013	中国法院知识产权司法保护50件典型案例	襄阳市农业科学院与四川隆平高科种业有限公司植物新品种实施许可合同纠纷上诉案	湖北省高级人民法院	（2013）鄂民三终字第323号
2013	中国法院知识产权司法保护50件典型案例	兰州正丰石油化工技术装备有限责任公司与无锡奋图过滤材料有限公司、王京良、无锡奋图网业进出口贸易有限公司侵害商业秘密纠纷上诉案	甘肃省高级人民法院	（2013）甘民三终字第5号
2013	中国法院知识产权司法保护50件典型案例	曹彬与济南乾豪科技发展有限公司特许经营合同纠纷上诉案	山东省高级人民法院	（2013）鲁民三终字第223号
2013	中国法院知识产权司法保护50件典型案例	济川药业集团股份有限公司与北京福瑞康正医药技术研究所技术转让合同纠纷申请再审案	最高人民法院	（2013）民申字第718号
2013	中国法院知识产权司法保护50件典型案例	湖北洁达环境工程有限公司与郑州润达电力清洗有限公司、陈庭荣、吴祥林侵害商业秘密纠纷管辖权异议提审案	最高人民法院	（2013）民提字第16号
2013	中国法院知识产权司法保护50件典型案例	华为技术有限公司与IDC公司滥用市场支配地位纠纷上诉案	广东省高级人民法院	（2013）粤高法民三终字第306号
2014	中国法院知识产权司法保护10大案件	互联网市场领域滥用市场支配地位垄断纠纷案	最高人民法院	（2013）民三终字第4号
2014	中国法院知识产权司法保护10大案件	互联网市场领域商业诋毁行为认定不正当竞争纠纷案	最高人民法院	（2013）民三终字第5号
2014	中国法院知识产权司法保护10大案件	"quna. com"在先注册域名不正当竞争纠纷案	广东省高级人民法院	（2013）粤高法民三终字第565号

年份	来源	名称	审理法院	案号
2014	中国法院知识产权司法保护10大创新性案件	麦格昆磁(天津)有限公司诉夏某、苏州瑞泰新金属有限公司侵害技术秘密纠纷上诉案	江苏省高级人民法院	（2013）苏知民终字第159号
2014	中国法院知识产权司法保护10大创新性案件	深圳市周一品小肥羊餐饮连锁管理有限公司与内蒙古小肥羊餐饮连锁有限公司侵害商标权及不正当竞争纠纷上诉案	广东省高级人民法院	（2014）粤高法民三终字第27号
2014	中国法院知识产权司法保护50件典型案例	滚石国际音乐股份有限公司与武汉滚石娱乐有限公司不正当竞争纠纷上诉案	湖北省高级人民法院	（2013）鄂民三终字第395号
2014	中国法院知识产权司法保护50件典型案例	娄丙林与北京市水产批发行业协会垄断纠纷上诉案	北京市高级人民法院	（2013）高民终字第4325号
2014	中国法院知识产权司法保护50件典型案例	泉州市琪祥电子科技有限公司与胡国凤、泉州市南安特易通电子有限公司、林家卯侵害商业秘密纠纷上诉案	福建省高级人民法院	（2013）闽民终字第960号
2014	中国法院知识产权司法保护50件典型案例	派诺特贸易(深圳)有限公司与上海派诺特国际贸易有限公司、仇刚侵害商标权及不正当竞争纠纷案	上海市浦东新区人民法院	（2013）浦民三（知）初字第483号
2014	中国法院知识产权司法保护50件典型案例	杨汉卿、北京新范文化有限公司与恒大足球学校等侵害商标权及不正当竞争纠纷上诉案	广东省高级人民法院	（2013）粤高法民三终字第630号
2014	中国法院知识产权司法保护50件典型案例	浙江正泰电器股份有限公司与四川正泰电力电气成套有限公司侵害商标权及不正当竞争纠纷上诉案	四川省高级人民法院	（2014）川知民终字第5号
2014	中国法院知识产权司法保护50件典型案例	迪尔公司与九方泰禾国际重工(青岛)股份有限公司等侵害商标权及不正当竞争上诉案	北京市高级人民法院	（2014）高民终字第382号
2014	中国法院知识产权司法保护50件典型案例	河南金苑种业有限公司与甘肃泓丰种业有限公司植物新品种追偿权纠纷案	甘肃省兰州市中级人民法院	（2014）兰民三初字第12号
2014	中国法院知识产权司法保护50件典型案例	威尔德摩德公司与济南慧邦汉默实业有限公司等不正当竞争纠纷上诉案	山东省高级人民法院	（2014）鲁民三终字第98号
2014	中国法院知识产权司法保护50件典型案例	甘肃省敦煌种业股份有限公司与河南省大京九业有限公司等侵害植物新品种权纠纷申请再审案	最高人民法院	（2014）民申字第52号

年份	来源	名称	审理法院	案号
2014	中国法院知识产权司法保护50件典型案例	敦煌种业先锋良种有限公司、新疆新特丽种苗有限公司与新疆生产建设兵团农一师四团侵害植物新品种权纠纷提审案	最高人民法院	（2014）民提字第 26 号
2014	中国法院知识产权司法保护50件典型案例	北京永旭良辰文化发展有限公司与北京泽西年代影业有限公司、北京星河联盟影视传媒有限公司及泽西年代公司反诉永旭良辰公司不正当竞争纠纷案	北京市第三中级人民法院	（2014）三中民初字第 6412 号
2014	中国法院知识产权司法保护50件典型案例	合一信息技术（北京）有限公司与北京金山安全软件有限公司等不正当竞争纠纷上诉案	北京市第一中级人民法院	（2014）一中民终字第 3283 号
2014	中国法院知识产权司法保护50件典型案例	楚雄老拨云堂药业有限公司与云南龙发制药有限公司、楚雄彝族自治州中医院侵害技术秘密纠纷上诉案	云南省高级人民法院	（2014）云高民三终字第 89 号
2014	中国法院知识产权司法保护50件典型案例	叶俊东、赵小阳、宋涛侵犯商业秘密罪案	贵州省贵阳市中级人民法院	（2014）筑民三（知刑）初字第 1 号
2014	指导案例 29 号	天津中国青年旅行社诉天津国青国际旅行社擅自使用他人企业名称纠纷案	天津市高级人民法院	（2012）津高民三终字第 3 号
2015	中国法院知识产权司法保护50件典型案例	卡骆驰公司、卡骆驰鞋饰（上海）有限公司与厦门卡骆驰贸易有限公司、卡骆驰（晋江）商贸有限公司擅自使用知名商品特有名称、包装、装潢、虚假宣传、擅自使用他人企业名称纠纷案	上海市第二中级人民法院	（2013）沪二中民五（知）初字第 172 号、173号、174 号
2015	中国法院知识产权司法保护50件典型案例	江苏大象东亚制漆有限公司与广东华润涂料有限公司等不正当竞争纠纷再审案处罚决定书	最高人民法院	（2014）民提字第 196 - 1、196-2 号
2015	中国法院知识产权司法保护50件典型案例	浙江淘宝网络有限公司与上海载和网络科技有限公司、载信软件（上海）有限公司申请诉前停止侵害知识产权纠纷案	上海市浦东新区人民法院	（2015）浦禁字第 1 号
2015	中国法院知识产权司法保护50件典型案例	魏章莉与谢家兴恶意提起知识产权诉讼损害责任纠纷案	浙江省绍兴市柯桥区人民法院	（2015）绍柯知初字第 65 号

续表

年份	来源	名称	审理法院	案号
2015	中国法院知识产权司法保护50件典型案例	中粮集团有限公司与桐城市中粮福润肉业有限公司、安徽海一郎食品有限公司不正当竞争纠纷上诉案	安徽省高级人民法院	（2015）皖民三终字第00065号
2015	中国法院知识产权司法保护50件典型案例	李卫国与中国电信股份有限公司陕西分公司、中国电信股份有限公司西安分公司垄断定价及捆绑交易纠纷案	陕西省西安市中级人民法院	（2015）西中民四初字第261号
2015	中国法院知识产权司法保护50件典型案例	宁波畅想软件股份有限公司与宁波中源信息科技有限公司、宁波中晟信息科技有限公司不正当竞争纠纷上诉案	浙江省高级人民法院	（2015）浙知终字第71号
2015	中国法院知识产权司法保护50件典型案例	广州轻工工贸集团有限公司、广州市虎头电池集团有限公司与临沂华太电池有限公司擅自使用知名商品特有包装装潢纠纷上诉案	广东省高级人民法院	（2014）粤高法民三终字第100号
2015	指导案例45号	北京百度网讯科技有限公司诉青岛奥商网络技术有限公司等不正当竞争纠纷案	山东省高级人民法院	（2010）鲁民三终字第5-2号
2015	指导案例47号	意大利费列罗公司诉蒙特莎（张家港）食品有限公司、天津经济技术开发区正元行销有限公司不正当竞争纠纷案	最高人民法院	（2006）民三提字第3号

第一节 概　　况

一、整体概况

（一）不正当竞争（含垄断、其他）案件的发展趋势

不正当竞争（含垄断、其他）案件如图一—1所示，虽然最高人民法院每年发布的典型案例及指导性案例的数量并不固定，但总体上每年呈上升趋势，预计未来也是保持这个趋势。特别在2014年不正当竞争案件数量创新高，这一方面离不开《反不正当竞争法》《反垄断法》的作用，另一方面经济发展迅速，不正当竞争行为大量出现。另外，由于互联网发展的作用，导致互联网不正当竞争案件增多。

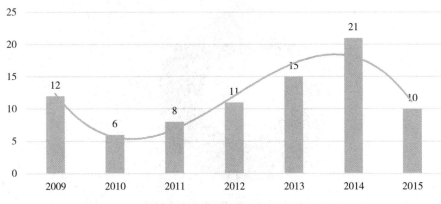

图一-1 不正当竞争、垄断及其他案件发展趋势图（按年度）

（二）不正当竞争案件的分布情况

1. 法院审理级别分布情况

在最高院颁布的 2009 年至 2015 年知识产权司法保护案例中,49%的案件是由各省高级人民法院审理的,最高人民法院与各省中级人民法院审理的案件均为 23%,特别值得注意的是 5%的案例出于基层法院（如图一-2 所示）,分别是 2012 年北京海淀区人民法院 1 件,2014 年、2015 年上海市浦东新区人民法院各 1 件,2015 年浙江省绍兴市柯桥区人民法院 1 件,说明基层法院的审判水平、业务能力不断处于提升之中,同时也说明了各个地区均有不正当竞争典型案例出现,指导性案例的遴选范围比较广泛,各种法院审理的案件均有所涉及。

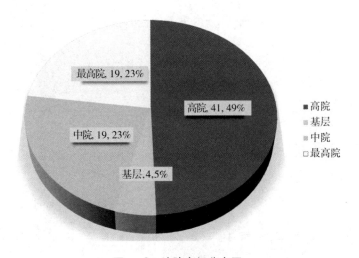

图一-2 法院审级分布图

2. 审理程序分布情况

一般审理程序可以分为一审、二审、再审、执行和其他。指导性案例和典型案例的审

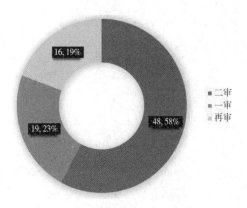

图一-3 审理程序分布情况

理程序以二审为主,其次是一审、再审,很少涉及其他审理程序。不正当竞争案件由于所涉标的价值高、争议大,审理往往经过一审、二审,甚至再审,审限拖延很长,法院要投入较大的司法资源。

3. 法院地域分布情况

在这 83 个典型案例中,如图一-4 所示,截至目前,司法案例主要来源于 23 个省区市,其中大部分案例出自最高人民法院、北京、上海、广州,江苏、山东、天津、湖北四省案例数量也比较突出,其他省市案例数量最少,均仅涉及 1—2 个案例。由此可以看出,案例的分布与地区的经济发展水平也有一定的联系。

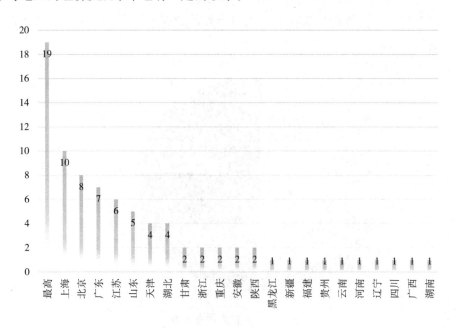

图一-4 地域分布图

4. 文书及案件类型分布情况

随着最高人民法院发布的案例数量的增加,其覆盖的法律领域也越来越广泛,从案由分类角度看,不仅包括民事案件,还包括刑事案件和行政案件,案例主要包括判决书、裁定书、调解书,如图一-5所示,民事案件的判决书占有主导地位。不正当竞争文书类型,主要以民事判决书为主,64件;民事裁定书其次,11件;民事调解书5件。刑事判决书最少,只有3件。不正当竞争知识产权纠纷案件性质以民事为主,也有涉刑案件,但相对很少,主要是商业秘密案件。另外,不正当竞争案件当事人争议较大,息诉困难,主要以判决为主。从该图我们也可以推出,实体审理的案件多于程序审理的案件,这也说明最高人民法院侧重实体问题的审理。

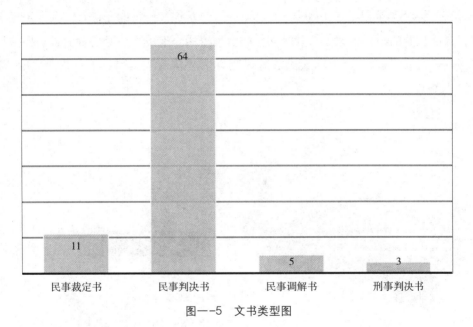

图一-5　文书类型图

5. 高频法条适用情况

从图一-6可以看出,《反不正当竞争法》第五条的适用频率较高。第五条主要内容是禁止仿冒,经营者不得采用下列不正当手段从事市场交易,损害竞争对手:假冒他人的注册商标;擅自使用知名商品特有的名称、包装、装潢,或者使用与知名商品近似的名称、包装、装潢,造成和他人的知名商品相混淆,使购买者误认为是该知名商品;擅自使用他人的企业名称或者姓名,引人误认为是他人的商品;在商品上伪造或者冒用认证标志、名优标志等质量标志,伪造产地,对商品质量作引人误解的虚假表示。上述法条的适用,印证了实践中存在大量恶意竞争者采取假冒注册商标、仿冒知名商品特有名称、包装、装潢等搭便车行为推销自己的产品等不正当竞争行为引发的纠纷。

高频法条《反不正当竞争法》第十条规定:"经营者不得采用下列手段侵犯商业秘密:(一)以盗窃、利诱、胁迫或者其他不正当手段获取权利人的商业秘密;(二)披露、使用或者允许他人使用以前项手段获取权利人的商业秘密;(三)违反约定或者违反权利人有关保守商业秘密的要求,披露、使用或者允许他人使用其所掌握的商业秘密。第三人明知或者应知前款所列违法行为,获取、使用或者披露他人的商业秘密,视为侵犯商业秘密。本条所称的商业秘密,是指不为公众所知悉、能为权利人带来经济利益、具有实用性并经权利人采取保密措施的技术信息和经营信息。"

从高频法条的适用上集中反映了实务中混淆行为、虚假宣传、侵犯商业秘密等都是不正当竞争行为主要侵权表现形式。

高频法条《反不正当竞争法》第二十条是赔偿条款,规定:"经营者违反本法规定,给被侵害的经营者造成损害的,应当承担损害赔偿责任,被侵害的经营者的损失难以计算的,赔偿额为侵权期间因侵权所获得的利润;并应当承担被侵害的经营者因调查该经营者侵害其合法权益的不正当竞争行为所支付的合理费用。被侵害的经营者的合法权益受到不正当竞争行为损害的,可以向人民法院提起诉讼。"构成不正当竞争侵权成立的,都要适用该法条。

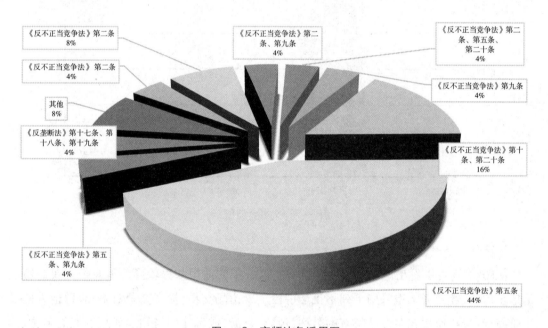

图--6 高频法条适用图

二、当前不正当竞争行为的特点

(一) 虚假宣传案件持续增长

如图--7 所示,虚假宣传案件每年都处于持续增长的状态。虚假宣传分为两大类,一类是对市场主体的虚假宣传,另一类是对市场主体经营的商品的虚假宣传,两者均是为

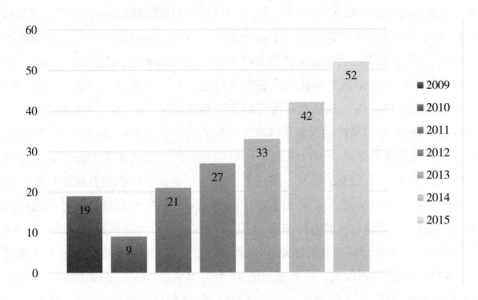

图——7 虚假宣传案件数量图

宣传企业形象,提高商品销售额,对消费者购买行为进行影响。

虚假宣传是指在商业活动中,经营者利用广告或其他方法对商品或者服务做出与实际内容不相符的虚假信息,导致相关公众误解的行为。《反不正当竞争法》第九条规定:"经营者不得利用广告或者其他方法,对商品的质量、制作成分、性能、用途、生产者、有效期限、产地等作引人误解的虚假宣传。"

1. 虚假宣传行为的构成要件

最高人民法院公布 2009 年中国法院知识产权司法保护 10 大案件之八黄金假日诉携程机票预订不正当竞争案[北京黄金假日旅行社有限公司诉携程计算机技术(上海)有限公司、上海携程商务有限公司、河北康辉国际航空服务有限公司、北京携程国际旅行社有限公司虚假宣传纠纷一案],对于虚假宣传行为构成要件进行了阐述,认为应具备三个基本条件:第一,经营者之间具有竞争关系;第二,有关宣传内容足以造成相关公众误解;第三,对经营者造成了直接损害。

2. 虚假宣传行为的法律认定

关于虚假宣传行为的认定,最高人民法院《关于审理不正当竞争民事案件应用法律若干问题的解释》第八条进一步明确,对商品作片面的宣传或对比的;将科学上未定论的观点、现象等当作定论的事实用于商品宣传的;以歧义性语言或者其他引人误解的方式进行商品宣传的,上述行为之一足以造成相关公众误解的,可以认定为引人误解的虚假宣传行为。但以明显夸张方式宣传商品,不足以造成相关公众误解的,不属于引人误解的虚假宣传行为。因此,商品宣传是一种方式,可能存在扩大或夸张,是否足以造成相关公众误解,才是认定引人误解的虚假宣传行为的关键。

对于上诉人在上诉中提出被上诉人携程计算机公司和携程商务公司的有关宣传构成虚假宣传的问题，不论携程计算机公司和携程商务公司的有关经营行为是否构成非法经营，有关的宣传内容只要是对其实际经营状况和业绩的客观表述，不会引人误解的，就不构成《反不正当竞争法》第九条所称的虚假宣传行为。在上诉人所指控的上述宣传内容中，"电子客票服务供应商""机票直客预订销售""预订机票"等用语，均是说明被上诉人的服务方式和内容，是对其提供机票预订服务的经营方式的客观陈述，不存在虚假内容，不足以造成相关公众的误解；"国内领先""名列全国前列""全国领先"等用语，主要是对自己在同业竞争者中地位的描述，从本案各方当事人所提交的证据以及根据作为机票预订消费者的日常生活经验，也可以得出携程计算机公司提供的机票预订服务在国内同行业中属于规模较大、经营状况较好的一家，上述宣传用语尚不足以造成相关公众的误解；关于"可在……43个出票城市随时随地轻松预订机票"的宣传内容，虽然被上诉人携程计算机公司和携程商务公司没有一一举证说明43个出票城市具体是哪些，但从上海市工商行政管理局2004年作出的《行政处罚决定书》认定的携程计算机公司与"一些具有航空销售代理业务资质的公司'合作'，在北京、上海等37个国内城市销售国际国内机票"的事实看，也可以合理推定"43个出票城市"并非明显虚构，不足以造成相关公众的误解；至于"全国尚属首家"的表述，被上诉人客观上难以举证证明，上诉人也没有提供证据予以否定，亦不宜认定为虚假宣传。总之，上述有关被控宣传行为尚不构成反不正当竞争法意义上的引人误解的虚假宣传行为，不构成对上诉人的不正当竞争。

3. 违法经营与民事侵权的关系

经营者存在违反法律、法规的违法经营行为，违法经营行为并不必然同时构成不正当竞争行为并承担民事责任。最高院在黄金假日诉携程机票预订不正当竞争一案中，明确认定非法经营并不当然等于民事侵权，民事诉讼原告不能仅以被告存在非法经营行为来代替对民事侵权行为的证明责任。不论经营者是否属于违反有关行政许可法律、法规而从事非法经营行为，只有因该经营者的行为同时违反不正当竞争法的规定，并给其他经营者权益造成损害时，其他经营者才有权提起民事诉讼，才涉及该经营者应否承担不正当竞争的民事责任问题。

（二）侵害商业秘密不断增多

如图一-8所示，侵害商业秘密的案件分为侵害技术秘密和经营秘密。侵害商业秘密案件数量每年都处于增多的阶段，在该些案件中，企业离职员工系侵害商业秘密的高发人群。在17件案件中近一半案件系员工离职后利用在职期间获取的商业秘密再就业引发的，虽然大部分离职员工都签订了保密协议和竞业禁止条款，但以亲朋好友名义注册公司进行经营的不在少数，如何防止员工利用原公司商业秘密与其竞争就成为企业商业秘密保护中最大的难题。

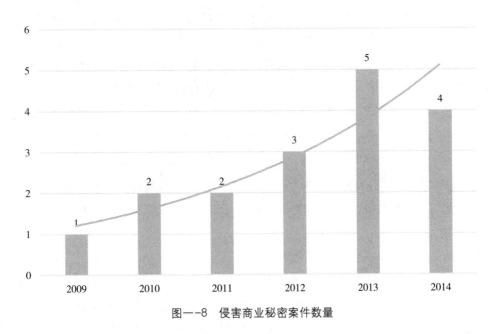

图—-8　侵害商业秘密案件数量

经营秘密在商业秘密中也占据大头,经营秘密包括客户名单、交易信息等,该经营秘密一般由员工实际收集、掌握,较之技术秘密,更容易被泄露和利用。

值得注意的是,侵犯商业秘密案件也是知识产权侵权纠纷中刑事犯罪率最高的案件,17%的案件构成了侵犯商业秘密罪。

1. 侵犯商业秘密行为的认定

关于侵犯商业秘密行为的判定,《反不正当竞争法》第十条规定:(一)以盗窃、利诱、胁迫或者其他不正当手段获取权利人的商业秘密;(二)披露、使用或者允许他人使用以前手段获取的权利人的商业秘密;(三)违反约定或者违反权利人有关保守商业秘密的要求,披露、使用或者披露他人的商业秘密,视为侵犯商业秘密。

实例:2013 年中国法院知识产权司法保护十大创新性案例之一的美国礼来公司、礼来(中国)研发公司与黄孟炜侵害技术秘密纠纷案中,黄孟炜于 2012 年 5 月入职礼来(中国)研发公司(简称礼来中国公司),双方签订了《保密协议》。2013 年 1 月,黄孟炜从礼来中国公司的服务器上下载了美国礼来公司、礼来中国公司(合并称为礼来公司)48 个所拥有的文件(礼来公司宣称其中 21 个为其核心机密商业文件),并将上述文件私自存储至黄孟炜所拥有的设备中。经交涉,黄孟炜签署同意函,承认下载了 33 个属于公司的保密文件,并承诺允许礼来公司指定的人员检查和删除上述文件。此后,礼来公司曾数次派员联系黄孟炜,但黄孟炜拒绝履行同意函约定的事项。礼来公司于 2013 年 2 月 27 日致信黄孟炜宣布解除双方劳动关系。2013 年 7 月,礼来公司以黄孟炜侵害技术秘密为由诉至上海市第一中级人民法院,同时提出行为保全的申请,请求法院责令被申请人黄孟炜不得披露、使用或者允许他人使用从申请人处盗取的 21 个商业秘密文件。为此,礼来公司向法院提供了涉案 21 个商业秘密文件的名称及内容、承诺书等证据材料,并就上述申请还提供了担保金。上海市第一中级人民法院审查认为,申请人提交的证据能够初步证明被申请人获取并掌握了申请人的商业秘密文件,由于被申请人未履行允许检查和删除上述文件的承诺,致使申请人所主张的商业秘密存在被披露、使用或者外泄的危险,可能对申请人造成无法弥补的损害,符合行为保全的条件。2013 年 7 月 31 日,该院作出民事裁定,禁止被申请人黄孟炜披露、使用或允许他人使用申请人美国礼来公司、礼来中国公司主张作为商业秘密保护的 21 个文件。2013 年 12 月 25 日该院作出一审判决,认为黄孟炜的行为构成对礼来公司商业秘密的侵犯,应予停止,但由于礼来公司未提供证据证明其所遭受的损失,法院仅判决赔偿其因本案支出的合理费用 12 万元。该案一审判决已经生效。

2. 不为公众所知悉是构成商业秘密的前提

不为公众所知悉,根据最高院《关于审理不正当竞争民事案件应用法律若干问题的解释》规定,是指有关信息不为其所属领域的相关人员普遍知悉和容易获得。

实例:最高院 2011 中国法院知识产权司法保护 50 件典型案例北京一得阁墨业有限责任公司与高辛茂、北京传人文化艺术有限公司侵害商业秘密纠纷申请再审案,一得阁墨汁以及中化墨汁于 1996 年 5 月被列为北京市国家秘密技术项目,保密期限为长期。国家秘密是关系到国家安全和利益,依照法定程序确定,在一定时间内只限一定范围的人员知悉的事项。对于纳入国家秘密技术项目的持有单位,包括国际秘密的产生单位、使用单位和经批准的知悉单位均有严格的保密管理规范。国家秘密中的信息由于关系国家安全和利益,是处于尚未公开或者依照有关规定不应当公开的内容。因此被列为国家秘密技术项目的产品,其配方信息属于商业秘密。

3. 反不正当竞争法第二条能否作为一般条款予以适用

《反不正当竞争法》第二条第一款确立了市场交易的基本原则,即经营者应当遵循自愿、平等、公平、诚实信用的原则,遵守公认的商业道德;并在第二款中对不正当竞争作出了定义性规定,即经营者违反反不正当竞争法的规定,损害其他经营者的合法权益,扰乱社会经济秩序的行为。由于市场竞争的开放性和激烈性,必然导致市场竞争行为方式的多样性和可变性,反不正当竞争法作为管制市场竞争秩序的法律不可能对各种行为方式都作出具体化和预见性的规定。因此,在具体案件中,人民法院可以根据反不正当竞争法第二条第一款和第二款的一般规定对那些不属于反不正当竞争法第二章列举规定的市场竞争行为予以调整,以保障市场公平竞争。在最高人民法院公布 2010 年中国法院知识产权司法保护案例之一的山东省食品进出口公司、山东山孚日水有限公司、山东山孚集团有限公司诉青岛圣克达诚贸易有限公司、马达庆不正当竞争纠纷申请再审案中,确立了上述判案原则。

关于反不正当竞争法第二条作为一般条款予以适用的基本条件。自由竞争和公平竞争是市场经济的两个基本法则,二者各有侧重,互为平衡。自由竞争将有效地优化市场资源配置、降低价格、提高质量和促进物质进步,从而使全社会受益。但是,自由竞争并非没有限度,过度的自由竞争不仅会造成竞争秩序混乱,还会损害社会公共利益,需要用公平竞争的规则来限制和校正自由竞争,引导经营者通过公平、适当、合法的竞争手段来争夺商业机会,而不得采用违法手段包括不正当竞争手段。因此,虽然人民法院可以适用反不正当竞争法的一般条款来维护市场公平竞争,但同时应当注意严格把握适用条件,以避免不适当干预而阻碍市场自由竞争。凡是法律已经通过特别规定作出穷尽性保护的行为方式,不宜再适用反不正当竞争法的一般规定予以管制。总体而言,适用反不正当竞争法第二条第一款和第二款认定构成不正当竞争应当同时具备以下条件:一是法律对该种竞争行为未作出特别规定;二是其他经营者的合法权益确因该竞争行为而受到了实际损害;三是该种竞争行为因确属违反诚实信用原则和公认的商业道德而具有不正当性或者说可责性,这也是问题的关键和判断的重点。

关于适用反不正当竞争法一般条款时认定竞争行为正当性的具体考虑。对于竞争行为尤其是不属于反不正当竞争法第二章列举规定的行为的正当性,应该以该行为是否违反了诚实信用原则和公认的商业道德作为基本判断标准。诚实信用原则是民法的基本原则,是民事活动最为基本的行为准则,它要求人们在从事民事活动时,讲究信用,恪守诺言,诚实不欺,用善意的方式取得权利和履行义务,在不损害他人利益和社会公共利益的前提下追求自身的利益。在规范市场竞争秩序的反不正当竞争法意义上,诚实信用原则更多的是以公认的商业道德的形式体现出来的。商业道德要按照特定商业领域中市场交易参与者即经济人的伦理标准来加以评判,它既不同于个人品德,也不能等同于一般的社会公德,所体现的是一种商业伦理。经济人追名逐利符合商业道德的基本要求,但不一定合于个人品德的高尚标准;企业勤于慈善和公益合于社会公德,但怠于公益事业也并不违反商业道德。特别是,反不正当竞争法所要求的商业道德必须是公认的商业道德,是指特定商业领域普遍认知和接受的行为标准,具有公认性和一般性。即使在同一商业领域,由于是市场交易活动中的道德准则,公认的商业道德也应当是交易参与者共同和普遍认可的行为标准,不能仅从买方或者卖方、企业或者职工的单方立场来判断是否属于公认的商业道德。具体到个案中的公认的商业道德,应当结合案件具体情形来分析判定。

4.关于职工在职期间筹划设立新公司和在离职之后与原公司开展竞争的行为是否违反诚实信用原则和公认的商业道德

根据前述适用反不正当竞争法一般条款的条件,企业职工在离职前后,即使没有法定的或者约定的竞业限制义务,也未从事侵害企业商业秘密等特定民事权益的行为,也仍然应当遵循自愿、平等、公平、诚实信用的原则,遵守公认的商业道德,不得采取不正当手段从事损害企业合法权益的行为。

应予指出的是,作为具有学习能力的劳动者,职工在企业工作的过程中必然会掌握和积累与其所从事的工作有关的知识、经验和技能。除属于单位的商业秘密的情形外,这些知识、经验和技能构成职工人格的组成部分,是其生存能力和劳动能力的基础。职工离职后有自主利用其自身的知识、经验和技能的自由,因利用其自身的知识、经验和技能而赢得客户信赖并形成竞争优势的,除侵犯原企业的商业秘密的情况外,并不违背诚实信用的原则和公认的商业道德。首先,个人能力显然不能直接等同于职务发明创造,知识、经验和技能等个人能力的积累既与其工作岗位和业务经历有关,也与个人天赋和后天努力有关,如前所述,其中除涉及单位商业秘密的内容以外,均应属于个人人格内容,可以自由支配和使用,这与职务发明创造或者职务劳动成果可以成为独立的财产或者利益有明显不同。如果任何人在履行职务的过程中积累知识、经验和技能等竞争优势都应归属于任职单位,在将来离职变换工作时将不能使用,那么显然不利于鼓励职工在现单位学习新知识,积累新经验,提高自身业务能力,更不利于整个社会在知识上的积累和利用,不利于社会的创新和发展。

（三）擅自使用知名商品特有名称、包装、装潢纠纷、擅自使用他人企业名称、姓名纠纷（以下简称"仿冒纠纷"）等不正当竞争行为日益普遍

1. 擅自使用知名商品特有的名称、包装、装潢的行为

所谓仿冒知名商品特有名称、包装、装潢的不正当竞争行为,是指擅自将他人知名商品相混淆,使购买者误认为或足以使购买者误以为是该知名商品的行为。

构成仿冒知名商品特有的名称、包装、装潢的行为,知名商品的存在是前提。关于知名商品的认定,根据最高院《关于审理不正当竞争民事案件应用法律若干问题的解释》规定,在中国境内具有一定的市场知名度,为相关公众所知悉的商品,应当认定反不正当竞争法意义的"知名商品"。

构成仿冒知名商品名称、包装、装潢的不正当竞争行为,最高人民法院2009年公布的中国法院知识产权司法保护案例之一的四川江口醇酒业（集团）有限公司诉泸州佳冠酒业有限公司、林锦泉不正当竞争及侵犯商标专用权纠纷上诉案中,依据《反不正当竞争法》第五条第（二）项:"擅自使用知名商品特有的名称、包装、装潢,或者使用与知名商品近似的名称、包装、装潢,造成和他人的知名商品相混淆,使购买者误认为是该知名商品"以及国家工商行政管理局《关于禁止仿冒知名商品特有的名称、包装、装潢的不正当竞争行为的若干规定》,法院认为,必须同时具备以下条件:（1）被仿冒的商品必须是"知名商品";（2）被仿冒的商品名称、包装、装潢必须为知名商品所特有;（3）对知名商品特有的名称、包装和装潢擅自作相同或者近似的使用;（4）造成与知名商品相混淆,使购买者误以为是该知名商品。

在实践中人民法院对知名商品的认定,应当考虑该商品的销售时间、销售区域、销售额和销售对象,进行任何宣传的持续时间、程度和地域范围,作为知名商品受保护的情况

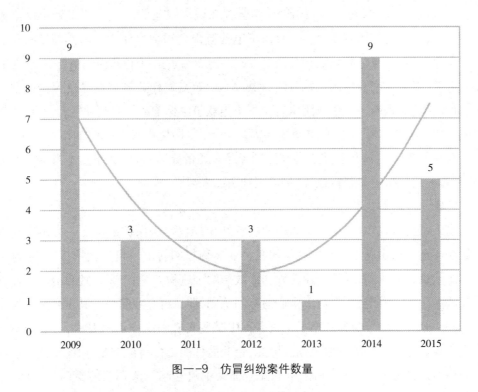

图——9　仿冒纠纷案件数量

等因素,进行综合判断。在前案中,法院查明江口醇酒业公司生产的诸葛酿酒自1999年进入市场以来,取得了国家相关部门和消费者的认可,从2001年起,江口醇集团公司及其"诸葛酿"酒分别获得多项荣誉:2002年深受广州市民欢迎的白酒类品牌、四川名牌产品(2003年初颁发,2003—2005年有效)、"2003年深受广州市民欢迎的白酒类品牌"、第一届广东市场名酒(2004年颁发)、"2005深圳人最喜爱的十大白酒品牌"等事实,因此认定江口醇酒业公司的"诸葛酿酒"应为知名商品。

关于被仿冒的商品名称、包装、装潢是否为知名商品所特有,一是看该商品名称,包装和装潢是否具有显著区别性特征,即是否具有特殊性和独创性。二是在时间上,必然是权利人对特有的商品名称、包装和装潢使用在线,仿冒者必然使用在后。最高院在四川江口醇酒业(集团)有限公司诉泸州佳冠酒业有限公司、林锦泉不正当竞争及侵犯商标专用权纠纷一案中,法院认为江口醇业公司的"诸葛酿"酒的名称、包装和装潢为其所持有,具有显著性和在先性。

足以造成与他人知名商品相混淆,根据最高院《关于审理不正当竞争民事案件应用法律若干问题的解释》规定,足以使相关公众对商品的来源产生误解,包括误认为与知名商品的经营者具有许可使用、关联企业关系等特定联系的。另外,在相同的商品上使用或者视觉上基本无差别的商品名称、包装、装潢,应当视为足以造成和他人知名商品相混淆。认定与知名商品特有名称、包装、装潢相同或者近似,可以参照商标相同或者近似的判断原则和方法。

在最高院发布 2015 年中国法院 50 件典型知识产权案例广州轻工工贸集团有限公司、广州市虎头电池集团有限公司与临沂华电池有限公司擅自使用知名商品特有包装装潢纠纷上诉一案，一审法院认定知名商品，应当考虑该商品的销售时间、销售区域、销售额和销售对象，进行任何宣传的持续时间、程度和地域范围，作为知名商品受保护的情况等因素，进行综合的判断。二审法院认定受不正当竞争法保护的知名商品特有包装装潢，应同时具备以下要件：(1)该商品属于知名商品，即在中国境内具有一定的市场知名度，为相关公众所知悉；(2)该包装装潢具有区别商品来源的显著特征，或虽然本身缺乏显著特征，但经过使用取得了显著特征，已足以区别商品来源。

2. 关于企业名称的简称保护

最高人民法院在 2009 年公布的中国法院知识产权司法保护案例之一的山东起重机厂有限公司诉山东山起重工有限公司侵犯企业名称权纠纷申请再审案中认为，企业名称的简称源于语言交流的方便，企业简称的形成与两个过程有关：一是企业自身使用简称代替其正式名称；二是社会公众对于企业简称的认同，即认可企业简称与其正式名称所指代对象为同一企业。由于简称省略了正式名称中某些具有限定作用的要素，可能会不适当地扩大正式名称所指代的对象范围。因此，企业简称能否特指该企业，取决于该企业简称是否为相关社会公众所认可，并在相关社会公众中建立起与该企业的稳定的关联关系。对于具有一定的市场知名度、为相关社会公众所熟知并已经实际具有商号作用的企业或者企业名称的简称，可以视为企业名称。如果经过使用和社会公众认同，企业的特定简称已经在特定地域内为相关社会公众所认可，具有相应的市场知名度，与该企业建立了稳定的关联关系，具有识别经营主体的商业标识意义，他人在后擅自使用该知名企业简称，足以使特定地域内的相关社会公众对在后使用者和在先企业之间发生市场主体的混淆、误认，在后使用者就会不恰当地利用在先企业的商誉，侵害在先企业的合法权益。具有此种情形的，应当将在先企业的特定简称视为企业名称，并根据《中华人民共和国反不正当竞争法》第五条第(三)项的规定加以保护。

(四) 商业诋毁纠纷

我国商业诋毁纠纷案件主要由反不正当竞争法第十四条进行调整，法律条文简单而概括，而在司法实践中，商业诋毁纠纷案件属于不正当竞争纠纷案件中审理难度较大的案件。

商业诋毁行为是指经营者自己或者利用他人，通过捏造、散布虚伪事实等不正当手段，侵害竞争对手商誉的行为。①

《反不正当竞争法》第十四条规定：经营者不得捏造、散布虚伪事实，损害竞争对手的

---

① 种利主编：《竞争法》，法律出版社 2005 年版，第 192 页。

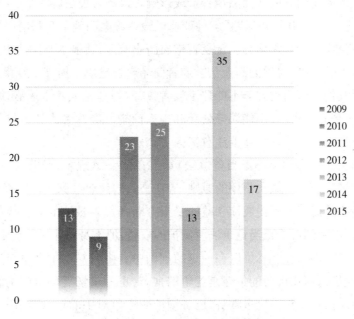

图一--10　商业诋毁纠纷案件数量

商业信誉、商业声誉。经营者针对特定或者特定类型的竞争对手,故意或者过失地捏造、散布虚伪事实,损害其竞争对手的商业信誉和商品信誉的,构成商业诋毁。

　　商业诋毁的构成要件是:其一,商业诋毁的行为主体是经营者,即从事商品经营或者营利性服务的法人、其他经济组织和自然人。其二,客观上行为人实施捏造、散布针对竞争对手的虚伪事实。其三,主观上,行为人存在主观过错,即存在故意或者过失。其四,损害了竞争对手的商业信誉和商品信誉。

　　实例:最高人民法院在 2015 年发布的中国法院 50 件典型知识产权案例之一的宁波畅想软件股份有限公司、宁波中源信息科技有限公司、宁波中晟信息科技有限公司不正当竞争纠纷案中也明确了商业诋毁的构成要求行为主体应限定为经营者,且行为对象系其竞争对手,行为人应具有损害竞争对手商誉的故意,客观上行为人系通过编造虚假信息,或是对真实状况加以歪曲,构成虚伪事实,进而将所捏造的虚伪事实以各种方式向不特定的多数人或者特定的共同客户或同行业的其他竞争者进行传播,对竞争对手的商业信誉和商品声誉造成损害。

　　司法实务中,商业诋毁与虚假宣传容易产生混淆。商业诋毁行为与虚假宣传行为的不同之处在于:虚假宣传是对自己的商品、服务进行的宣传,商业诋毁行为是对竞争对手的商品、服务或经营活动进行的描述。[1]

　　判断某一行为是否构成商业诋毁,其判定标准是该行为是否属于捏造、散布虚伪事

---

① 苏志甫:《连续散布对竞争对手不利言论的行为构成商业诋毁行为》,《科技与法律》2013 年第 5 期。

实,对竞争对手的商业信誉或者商品声誉造成影响。最高人民法院在 2014 年公布的十大知识产权案件之一的"360 扣扣保镖"软件商业诋毁纠纷案明确了互联网市场领域中商业诋毁行为的认定规则,最高院认为认定是否构成商业诋毁,其根本要件是相关经营者之行为是否以误导方式对竞争对手的商业信誉或者商品声誉造成了损害。经营者对于他人的产品、服务或者其他经营活动并非不能评论或者批评,但评论或者批评必须有正当目的,必须客观、真实、公允和中立,不能误导公众和损人商誉。经营者为竞争目的对他人进行商业评论或者批评,尤其要善尽谨慎注意义务。

根据《中华人民共和国反不正当竞争法》第二条第一款规定,经营者在市场交易中,应当遵循自愿、平等、公平、诚实信用的原则,遵守公认的商业道德。在反不正当竞争法范畴内,一种利益应受保护并不构成该利益的受损方获得民事救济的充分条件。商业机会虽然作为一种可以受到反不正当竞争法所保护的权益,但本身并非一种法定权利,交易的达成是双方合意的结果,经营者可以在一定的规则中自由参与竞争来争夺交易机会。竞争对手之间彼此进行商业机会的争夺是竞争的常态,也是市场竞争所鼓励的。在市场竞争中,商业机会受损者要获得民事救济,还必须证明竞争对手的行为具有不正当性,通过不正当的手段攫取他人可以合理预期获得的商业机会,才为反不正当竞争法所禁止。当网络用户用某一企业名称或字号作为搜索词进行搜索时,其目的既有可能是寻找与该企业相关的信息,也有可能是寻找该企业竞争对手的信息。搜索服务提供商同时提供自然搜索和关键词广告服务是该行业通常的商业模式,他人以某企业名称或字号设置推广链接关键词的行为并不影响该企业的网页或广告同时出现在自然搜索结果,只要设置的推广链接对其商品来源及相关信息做了清楚而不引人误解的描述,在面对自然搜索结果和推广链接中出现的多种商品时,相关公众具备一定的识别能力,通过综合衡量商品价格、质量、功能等因素的基础上选择进行交易的对象。

三、垄断纠纷案件特点

如图一—11 所示,垄断纠纷案件分为垄断协议纠纷和滥用市场支配地位纠纷,两个类型案件的年度数量量级与增长趋势都比较接近。

《中华人民共和国反垄断法》是市场经济中的一部重要法律,自 2007 年 8 月 30 日通过、2008 年 8 月 1 日实施以来,并经 2022 年修订(本章中所出现的法条为判决书中所引用的当时有效的法律条文),对我国从计划经济向市场经济体制的过渡、对促进市场充分竞争具有重要作用。此外,随着国内市场进一步对外开放,大量进口商品进入我国的市场,与国内的企业展开激烈的竞争,特别是那些掌握着高科技和有着资金优势的跨国公司通过并购手段在我国取得市场支配地位,因此,《反垄断法》的作用更是不容忽视。

(一)如何界定相关商品市场及地域市场

最高人民法院于 2014 年公布的十大知识产权司法保护案例之一的北京奇虎科技有

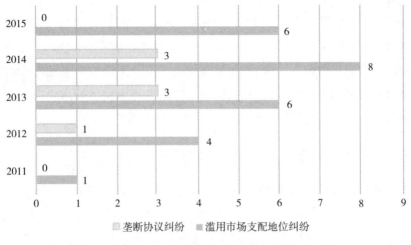

图——11　垄断纠纷案件数量分布

■垄断协议纠纷　■滥用市场支配地位纠纷

限公司与腾讯科技(深圳)有限公司等滥用市场支配地位纠纷案中明确了关于相关市场如何界定的问题,包括相关商品市场及地域市场,对界定相关商品市场应采用的方法。根据《国务院反垄断委员会关于相关市场界定的指南》的规定,一审法院认为本案相关商品市场的界定可以采取下列方法:根据需求者对 QQ 软件及其服务的功能用途需求、质量的认可、价格的接受以及获取的难易程度等因素,从需求者的角度定性分析不同商品之间的替代程度;同时亦结合考虑供给替代的影响。关于是否可以采用假定垄断者测试分析方法的问题。一审法院认为,"免费"成为互联网产业通行的、基本的因而也才是可行的服务模式。本案证据显示,用户对即时通信产品及服务具有很高的价格敏感度。消费者在确定某类即时通信产品的使用量时,虽然会将获取该产品所消耗的机会成本作为考虑的因素之一,但是一旦该产品开始收费,他们的第一选择是改用其他免费产品,即使免费产品所消耗的机会成本比收费产品要高。即便在缺乏完美数据的实际情况下,本案依然可以考虑如果腾讯公司和腾讯计算机公司持久地(假定为一年)从零价格到小幅度收费后,是否有证据支撑需求者会转向那些具有紧密替代关系的其他商品,从而将这些商品纳入同一相关商品市场的商品集合。一审法院认为,竞争是一个动态的过程,在一个滥用市场支配地位的反垄断诉讼中对相关市场进行界定时,必须考虑本案商品或者服务所在产业的发展现状及未来一段时间的趋势,总体上应当对那些有可能延续一段时间的滥用市场支配地位的行为予以制止,以有效维护市场竞争机制。

　　对相关地域市场的界定。首先,即时通信服务的经营者及用户并不局限于中国大陆地区。由于互联网的开放性和互通性,经营者和用户均无国界,本案证据显示境外经营者可向中国大陆地区用户提供即时通信服务,腾讯公司和腾讯计算机公司也同时向世界各地的用户提供服务。有一定数量的境外中文用户和外文用户在使用腾讯公司和腾讯计算机公司提供的中文或者外文版本即时通信服务。其次,用户的语言偏好和产品使用习惯不能作为划分地域市场的唯一依据。经营者通常都会提供多个语言版本的即时通信软件来满足不同语言需求的使用者。二审法院未确认一审法院关于相关地域市场的界定,认为境外经营者可向中国大陆地区用户提供即时通信服务并不等于其能够及时进入并对境内经营者形成有力的竞争约束。最后,相关地域市场界定关注的是境外经营者能否及时进入并对境内经营者形成有力的竞争约束,境内经营者是否向境外用户提供服务以及境外用户是否使用境内经营者提供的服务与此并无直接关联性。

(二) 市场份额在认定市场支配地位中的作用

一审法院认为,市场份额不是认定是否具有市场支配地位的唯一依据,即使在奇虎公司所主张的最窄的相关市场即中国大陆地区的综合性即时通信产品和服务市场上,亦不能仅凭腾讯公司和腾讯计算机公司在该相关市场上的市场份额超过50%而认定其具有市场支配地位。

最高人民法院继而在判决书明确:并非在任何滥用市场支配地位的案件中均必须明确而清楚地界定相关市场。竞争行为都是在一定的市场范围内发生和展开的,界定相关市场可以明确经营者之间竞争的市场范围及其面对的竞争约束。在滥用市场支配地位的案件中,合理地界定相关市场,对于正确认定经营者的市场地位、分析经营者的行为对市场竞争的影响、判断经营者行为是否违法以及在违法情况下需承担的法律责任等关键问题,具有重要意义。因此,在反垄断案件的审理中,界定相关市场通常是重要的分析步骤。尽管如此,是否能够明确界定相关市场取决于案件具体情况,尤其是案件证据、相关数据的可获得性、相关领域竞争的复杂性等。同时,本院认为,在滥用市场支配地位案件的审理中,界定相关市场是评估经营者的市场力量及被诉垄断行为对竞争的影响的工具,其本身并非目的。即使不明确界定相关市场,也可以通过排除或者妨碍竞争的直接证据对被诉经营者的市场地位及被诉垄断行为可能的市场影响进行评估。因此,并非在每一个滥用市场支配地位的案件中均必须明确而清楚地界定相关市场。

(三) 主张滥用市场支配地位的举证责任

在滥用市场支配地位案件中,主张他人滥用市场支配地位的当事人对相关市场的界定承担举证责任。法院根据案件证据、当事人主张及专家意见等对当事人所主张的相关市场是否合理作出判断。如果认定当事人所主张的相关市场界定并不合理,则应尽可能根据案件具体情况对相关市场进行重新界定。但是,受证据、数据以及竞争复杂性的局限,在某些具体案件中对相关市场作出清晰界定是极为困难的。作为界定相关市场的一种分析思路,假定垄断者测试(HMT)具有普遍的适用性。假定垄断者测试的基本思路是,在假设其他条件不变的前提下,通过目标商品或者服务某个变量的变化来测试目标商品与其他商品之间的可替代程度。实践中,假定垄断者测试的分析方法有多种,既可以通过数量不大但有意义且并非短暂的价格上涨(SSNIP)的方法进行,又可以通过数量不大但有意义且并非短暂的质量下降(SSNDQ)的方法进行。同时,作为一种分析思路或者思考方法,假定垄断者测试在实际运用时既可以通过定性分析的方法进行,又可以在条件允许的情况下通过定量分析的方法进行。

在实践中,选择何种方法进行假定垄断者测试取决于案件所涉市场竞争领域以及可获得的相关数据的具体情况。如果特定市场领域的商品同质化特征比较明显,价格竞争是较为重要的竞争形式,则采用数量不大但有意义且并非短暂的价格上涨(SSNIP)的方法较为可行。但是如果在产品差异化非常明显且质量、服务、创新、消费者体验等非价格竞争成为重要竞争形式的领域,采用数量不大但有意义且并非短暂的价格上涨(SSNIP)的方法则存在较大困难。特别是,当特定领域商品的市场均衡价格为零时,运用SSNIP方法尤为困难。在运用SSNIP方法时,通常需要确定适当的基准价格,进行5%—10%幅度的价格上涨,然后确定需求者的反应。在基准价格为零的情况下,如果进行5%-10%幅度的价格增长,增长后其价格仍为零;如果将价格从零提升到一个较小的正价格,则相当于价格增长幅度的无限增大,意味着商品特性或者经营模式发生较大变化,因而难以进行SSNIP测试。市场支配地位是经营者在相关市场内具有能够控制商品价格、数量或者其他交易条件,或者能够阻碍、影响其他经营者进入相关市场能力的市场地位。根据反垄断法第十八条的规定,市场支配地位的认定是综合评估多个因素的结果,包括但不限于如下因素:该经营者在相关市场的市场份额以及相关市场的竞争状况、该经营者控制销售市场或者原材料采购市场的能力、该经营者的财力和技术条件、其他经营者对该经营者在交易上的依赖程度、其他经营者进入相关市场的难易程度等。上述因素需要根据个案情况具体考量,每一个均不一定具有决定性作用。此外,反垄断法第十九条规定了市场支配地位的推定规则,即经营者在相关市场的市场份额达到二分之一的,可以推定其具有市场支配地位,但是这一推定可以被推翻。可见,市场支配地位是多因素综合评估的结果。

市场份额在认定市场支配力方面的地位和作用必须根据案件具体情况确定。一般而言,市场份额越高,持续的时间越长,就越可能预示着市场支配地位的存在。尽管如此,市场份额只是判断市场支配地位的一项比较粗糙且可能具有误导性的指标。在市场进入比较容易,或者高市场份额源于经营者更高的市场效率或者提供了更优异的产品,或者市场外产品对经营者形成较强的竞争约束等情况下,高的市场份额并不能直接推断出市场支配地位的存在。特别是,互联网环境下的竞争存在高度动态的特征,相关市场的边界远不如传统领域那样清晰,在此情况下,更不能高估市场份额的指示作用,而应更多地关注市场进入、经营者的市场行为、对竞争的影响等有助于判断市场支配地位的具体事实和证据。

(四)　滥用市场支配地位在欧洲知识产权案件中的认定

在 Magill 案中,原告即在爱尔兰和北爱尔兰地区从事电视广播业务的 RTE、ITP(ITV

的代理商)和 BBC 公司三家电视公司,分别无偿许可报纸刊登节目预告。根据爱尔兰法和英国法,他们对这些电视节目预告享有著作权。大部分爱尔兰家庭以及 30%—40%的北爱尔兰家庭可以收到有 RTE、ITP 以及 BBC 预告的电视节目。RTE、ITP 及 BBC 在实践中的做法是免费把节目单提供给报纸和杂志,条件是节目单只能在节目实际播出前一天或两天出版。三家公司要求严格遵守许可出版条件,否则对那些不遵守条件而出版的报纸或者杂志将启动法律程序。被告玛吉尔(Magill)出版公司出版了所有爱尔兰免费频道的电视节目预告。三家电视公司声称这侵犯了他们的著作权并取得了法院禁令禁止玛吉儿公司出版。

玛吉儿公司于 1986 年 4 月根据《欧共体第 17 号规定》第 3 款向欧共体委员会提出申诉,认为上述三家公司拒绝许可出版其各自电视节目单的行为滥用了其市场支配地位。委员会在 1988 年 12 月的裁决中(89/205/EEC)指出,原告的拒绝许可行为是滥用市场支配地位,从而违反了《欧洲经济共同体条约》(以下简称《欧共体条约》)第 82 条。委员会要求它们停止其歧视行为,在非歧视的基础上以合理的许可费用将每周电视节目单提供给第三方,并允许第三方复制电视节目单。1988 年,三家公司被判滥用市场支配地位。欧共体委员会责令三家电视台应在第三方请求的情况下非歧视性地提供节目预告并且允许第三方复制节目预告。

1955 年,三家电视公司不服欧共体委员会的裁决向欧共体法院提出了上诉。RTE 在上诉中提出了三个法律请求:(1)欧共体初审法院错误地解释了《欧共体条约》第 82 条关于滥用市场支配地位的概念;(2)欧共体初审法院错误地解释了对成员国之间贸易的影响;(3)欧共体初审法院错误地拒绝把 1886 年的《伯尔尼公约》考虑在内。ITP 在其上诉请求中采用了 RTE 的诉求,并另外增加了两个请求:一是欧共体初审法院错误解释了《欧共体第 17 号规定》第 3 款,认为委员会有权要求知识产权所有人进行强制许可;二是《欧共体条约》第 190 条受到了损害,因为初审法院认为判决理由遵守了满足了有关遵守权利保护的条件。IPO(知识产权所有人组织)认为欧共体法院应当否定欧共体初审法院的两个判决并且裁定欧共体委员会的裁决无效,同时欧共体委员会应承担其上诉至欧共体法院之前的费用。IPO 在其介入的两份生命中特别提及了支持 RTE 和 ITP 的共同诉求,即初审法院错误解释了《欧共体条约》第 82 条关于滥用市场支配地位的含义,欧盟委员会则认为法院应当驳回上诉,并且责令上诉人承担各自的诉讼费,IPO 承担其介入诉讼所发生的费用。

欧洲法院驳回了其上诉,认为该案中三家电视公司事实上垄断了制作电视节目的信息,而且在每周电视节目指南出版中限制了有效竞争。法院同时认为,由于没有可替代的信息,电视公司通过拒绝提供信息而组织了新产品的出现。此案的意义在于,如果一个企业的某种产品在市场上取得了优势地位,那么它就无权凭借其著作权所得的优势地位不公平地扩大到其他相邻市场上。这一案件也表明,欧共体对著作权的保护上以及在竞争政策的态度上,更侧重于共同体市场的竞争保护。

在本案中,欧共体初审法院注意到,原则上对著作权的特定事项进行保护即意味着著作权所有人有权保留复制的权利。尽管如此,欧共体初审法院认为,行使排他权利对一个受保护的作品进行复制本身并不构成滥用,但在考虑到个案的特殊情况下,如果该权利的行使方式已经和《欧共体条约》第 82 条中所规定的目标明显相违背,那么就可能构成了权利滥用,在此情形下,欧共体初审法院就不再认为著作权的行使符合了《欧共体条约》第 82 条中内在功能,即在保护作品的精神权利以及确保对创造性的努力给予回报的同时,尊重《欧共体条约》第 82 条中的特定目标。在初审法院看来,共同体法律的首要性,特别是关于基本原则如货物的自由流动以及自由竞争,优先于和这些原则相抵触的成员国国内法。

在本案中,欧共体初审法院注意到,原告通过保留其每周电视节目预告清单的独占权利从而妨碍了一种新产品的出现,即一份可能和他们自己的节目刊物相竞争的综合性电视进行了垄断。欧共体初审法院也认为,原告曾允许在爱尔兰和英国的报纸上免费刊登他们的每日电视节目以及每周的重要节目的做法是值得考虑的。欧共体法院因而认为,通过特定方式在一个在电视周刊的辅助市场上阻碍了一个具有消费者需求潜力的新产品的生产和市场,从而排挤了这一市场上的所有竞争,其目的只是确保原告的垄断地位,这一行为显然违背了欧共体法律在著作权基本功能方面的观点。初审法院判定,原告拒绝第三方出版他们的节目单是武断的行为,因此,原告完全可能在已经自由开放的电视节目刊物市场调整其条件,以便确保其周刊的商业活力。[1]

（五）反垄断法中搭售行为的构成要件及其影响

搭售应当符合如下条件:搭售产品和被搭售产品是各自独立的产品;搭售者在搭售产品市场上具有支配地位;搭售者对购买者实施了某种强制,使其不得不接受被搭售产品;搭售不具有正当性,不符合交易惯例、消费习惯等或者无视商品的功能;搭售对竞争具有消极效果。搭售行为本身既可能产生积极效果,也可能造成消极效果。搭售的积极效果是在特定情况下可以提高产品质量、降低成本、促进销售、确保安全,从而提高效率,其消极效果是搭售可能使得在搭售产品上市场具有支配地位的经营者将其竞争优势延伸到被搭售产品市场上。

四、互联网不正当竞争成为焦点

20 世纪以来,互联网已经成为兵家必争之地。互联网不正当竞争案件涉及两类,一类是传统不正当竞争行为在互联网环境下的延伸,另一类是互联网环境下的新型不正当

---

[1]　单晓光、江请云主编:《欧洲知识产权典型案例》,知识产权出版社 2011 年版,第 7—9 页。

竞争行为。传统不正当竞争行为在互联网环境下的延伸,主要是指发生在互联网领域、已被《反不正当竞争法》第二章明确规定的不正当竞争行为,突出表现为涉及互联网的商业诋毁行为和虚假宣传行为。而新型不正当竞争行为主要是指互联网新型不正当竞争行为,由于该类行为无法归入传统不正当竞争行为中,不能直接适用《反不正当竞争法》第二章中规定的不正当竞争行为的认定标准,因此当前司法实践中只能运用《反不正当竞争法》的基础理论及原则性条款,即《反不正当竞争法》第二条进行认定。如图一-12所示,互联网不正当竞争案件在2015年激增,由搜索引擎竞价排名而引发的涉网络不正当竞争案件是新型不正当竞争案件类型之一。

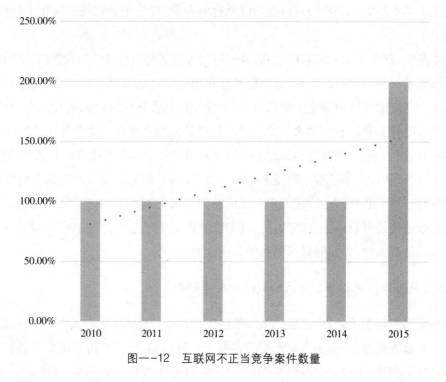

图一-12 互联网不正当竞争案件数量

互联网不正当竞争案件呈现如下特点:

一是侵权行为技术性强,取证困难。由于互联网行业本身的特性,侵权人在实施不正当竞争行为时一般是通过技术手段来干扰他人软件的运行,因此技术对抗在互联网不正当竞争行为中屡见不鲜,主要涉及基于浏览器的干扰、软件之间的干扰和拒绝遵守网络协议。同时,由于互联网不正当竞争案件的强技术性特点,也导致了相关案件取证上的困难,特别是随着“云计算”技术的发展,互联网服务商可以分时间、分地域地给客户端发送指令,对他人软件造成干扰,给被侵权人的取证造成极大困扰。

二是短时间内造成巨大损失。互联网不正当竞争行为的特征之一是在短时间内可以造成巨大的损害后果,一天就可能造成几十万元的损失。同时,在互联网环境下,企业之间的商誉诋毁造成的恶劣影响快速传播,并经过较长的时间才能逐渐消除,而商业诋毁所造成的严重后果并不会随着软件的召回或者原告对软件的升级而终止。

三是侵权行为的复杂性。影响重大的互联网不正当竞争案件大多涉及多个不正当竞争行为类型。同时，由于互联网商业模式较为特殊，大多在免费产品的基础上通过增值服务或者广告来获得收入，因此有时两个在业务上完全不相关的企业也会发生不正当竞争纠纷。

四是案件赔偿额判定困难。在传统的不正当竞争案件中，法官将被告挤占的原告市场份额作为原告的损失，以原告损失作为赔偿额的计算标准，使用的是"填平原则"。但是，互联网商业模式有不同于传统行业的收入模式，对其财产损失的认定与实体经济应有较大的不同。同时，互联网是双边市场，企业商誉和商品信誉的损害对其有重要影响，但是目前对于商誉诋毁所造成的品牌损失如何认定，在资产评估界和法律界都是一个难题。

在最高人民法院于 2010 年公布的中国法院知识产权司法保护 10 大案件之一的北京百度网讯科技有限公司诉中国联合网络通信有限公司青岛市分公司、青岛奥商网络技术有限公司、中国联合网络通信有限公司山东省分公司、青岛鹏飞国际航空旅游服务有限公司不正当竞争纠纷上诉案中确定了市场主体之间竞争关系的存在，不以二者属同一行业或服务类别为限，如果二者在市场竞争中存在一定联系或者一方的行为不正当地妨碍了另一方的正当经营活动并损害其合法权益，则应肯定二者之间存在竞争关系。提供互联网接入服务与提供搜索服务，两者属于不同的网络服务，但是网络接入服务提供者利用其提供互联网接入服务的条件，单独或者与其他网络服务提供者共同对服务对象的搜索请求进行了人为干预，在搜索结果出现之前强行弹出其投放的与搜索的关键词及内容有紧密关系的广告页面，该干预行为系利用搜索服务提供者的服务行为为自己牟利，易使网络用户误认为该强制弹出的广告页面为搜索服务提供者发布，并影响了搜索服务提供者的服务质量，损害了其合法权益，违反了诚信原则和公认的商业道德，根据反不正当竞争法第二条的原则性规定，应当认定其构成不正当竞争。

在确定网络侵权案件的侵权主体时，查明网络技术事实是进行法律判断的前提。在此过程中，应特别注意充分发挥网络技术专家证人的作用和合理运用证明责任规则来确定侵权主体。《中华人民共和国反不正当竞争法》（以下简称"《反不正当竞争法》"）第二章对不正当竞争行为进行了列举式规定，对于那些没有在具体条文中规定的行为，法院可以适用反不正当竞争法第二条原则性规定予以判断和规范。法院在判断时应当遵循以下原则，即对于法律未作特别规定的竞争行为，只有按照公认的商业标准和普遍认识能够认定违反原则性规定时，才可以认定为不正当竞争行为，防止因不适当扩大不正当竞争范围而妨碍自由、公平竞争。判断被告联通青岛公司、奥商网络公司的上述行为是否构成不正当竞争，应当具备以下几个要件：（1）该行为的实施者是反不正当竞争法意义上的经营者；（2）经营者在从事商业行为时，没有遵循自愿、平等、公平、诚实信用原则，违反了公认的商业道德；（3）经营者的该不正当竞争行为给正当经营者造成了经济损失。互联网接入服务经营者与搜索服务经营者在服务类别上虽不完全相同,但互联网接入服务经营者,利用技术手段,在搜索服务经营者的搜索结果页面出现之前强行弹出其投放的与搜索的关键词及内容有紧密关系的广告页面,影响了搜索服务经营者按照自己意志向网络用户提供搜索服务与推广服务,也会导致搜索服务经营者搜索客户的流失,属于利用搜索服务经营者提供的搜索服务来为自己牟利的行为,违背了诚实信用、公平交易的市场行为准则和公认的商业道德,因此,构成不正当竞争。

第二节　实践中的应用情况

一、关键字信息

一级关键字默认为不正当竞争、垄断纠纷、其他;

二级关键字(也即具体案由)如下:虚假宣传,侵害商业秘密,擅自使用他人企业名称、姓名,擅自使用知名商品特有名称、包装、装潢纠纷,商业诋毁纠纷,滥用市场支配地位,垄断纠纷,其他(互联网);

三级关键字是在熟悉每个案件的基础上提取如下:竞争关系、公众误解、保密约定、不正当手段、知名商品、公众混淆、知名度、互联网接入服务、搜索服务、竞业禁止、市场支配地位、控制交易、搭售行为、市场份额。

二、检索过程

将以上关键字按级别分别输入中国裁判文书网的高级检索框,同时辅以北大法宝的数据库。搜索结果截止时间为 2016 年 8 月 11 日。

三、检索结果

(一) 直接应用

"直接引用"未使用以上关键字及检索办法,直接输入每个司法案例的案号进行查找,查看相关结果后,未发现直接引用的情况。

(二) 正向应用

根据提取的关键词,比对结果,最终找到两个正向适用的案例,具体情况如下:

2011 年辽宁大连中院在(2012)大民四终字第 14 号间接引用最高院在(2008)民申字第 758 号一案中的观点:"具有一定的市场知名度、为相关公众所熟知并已实际具有商号作用的企业或企业名称的简称,可以视为企业名称,并可根据反不正当竞争法第五条第(三)项的规定获得保护",从而认定原审法院认定案由为侵犯企业名称权纠纷不妥,应纠正为擅自使用他人企业名称纠纷。反不正当竞争法第五条第(三)项规定的企业名称,不仅包括企业登记主管机关依法登记注册的企业名称,还应当包括具有一定的市场知名度、为相关社会公众所知悉并已经实际具有商号作用的企业名称的简称等与企业建立了稳定联系和具有明确指向的特定称谓。

2013年陕西西安中院在(2013)西民四初字第00247号间接引用了最高院在(2010)民提字第113号一案中的观点:"相关公众一般是指全国范围内的相关公众,但如果被指称的行业或者商品由于历史传统、风土人情或者自然条件、法律限制等原因而被局限在特定地域市场或者其他相关市场内,则以该相关市场的公众作为判断标准",从而认定"三代"游戏源自渭南本土,不仅贴近当地的群众生活,也有广泛深厚的群众基础。由此可以证明,"三代"游戏作为特定扑克牌游戏名称存在并被公众使用,其与"斗地主""挖坑"均属于牌类游戏的通用名称,已为相关公众普遍知悉和接受。

(三) 反向应用

同样按照如上方法,比对结果,得到两个反向适用的案例,具体如下:

浙江嘉兴中院在2013年(2013)浙嘉知终字第5号一案中未采纳最高院在类似案件(2010)民提字第16号一案中的观点"多数情况下,如果一种外观设计专利因保护期届满或者其他原因导致专利权终止,该外观设计就进入了公有领域,任何人都可以自由利用。但是,在知识产权领域内,一种客体可能同时属于多种知识产权的保护对象,其中一种权利的终止并不当然导致其他权利同时也失去效力。同时,反不正当竞争法也可以在知识产权法之外,在特定条件下对于某些民事权益提供有限的、附加的补充性保护。就获得外观设计专利权的商品外观而言,外观设计专利权终止之后,在使用该外观设计的商品成为知名商品的情况下,如果他人对该外观设计的使用足以导致相关公众对商品的来源产生混淆或者误认,这种在后使用行为就会不正当地利用该外观设计在先使用人的商誉,构成不正当竞争。因此,外观设计专利权终止后,该设计并不当然进入公有领域,在符合反不正当竞争法的保护条件时,它还可以受到该法的保护。具体而言,由于商品的外观设计可能同时构成商品的包装或者装潢,因而可以依据反不正当竞争法关于知名商品特有包装、装潢的规定而得到制止混淆的保护"。

根据案件具体情况认为,授予该图案作品的外观设计专利权,其保护范围是与其附着的产品紧密相连的,只局限于与外观设计专利产品在相同或相近类别的产品上使用相同或相似的图案。同时,在该保护范围以外,涉案图案作品仍然可以依据著作权受到保护,两者并不冲突。而本案专利已经失效,该外观设计已失去了其垄断性,即涉案图案在食品包装袋上的使用已进入了公共领域,在该外观设计并未受其他法律保护的情况下,其他任何人都可以自由利用。涉案榨菜包装袋的使用方式也未落入原告就涉案图案著作权享有的保护。

分析认为,该两个案例得出不同结果的原因:(1)当事人请求保护的权利基础不同。本案原告要求依据著作权法进行保护,而"晨光笔特有装潢"一案中原告主张反不正当竞争法的保护。著作权法属于知识产权专门法的范畴,而反不正当竞争法在知识产权保护中往往处于补充法的地位,即仅在专门法如著作权法、商标法等之外,在特定条件下对某些民事权益提供一种有限的、附加的补充保护。这种不同,必然导致法院裁判思维的不同。(2)法官需要关注的事实不同。"晨光笔特有装潢"一案中,由于当事人指控被告采用了原告 K35 中性笔的特有装潢,因此法官首先应当关注原告 K35 中性笔是否构成了知名商品,产生了类似商标的标识作用,从而在外观设计以外产生了附加的利益或者说新的权利——禁止他人进行仿冒。而本案中,原告主张的著作权与外观设计专利权在一段时间内平行存在着,并运用于同一商品上,客观上存在交集,法官更应该关注的是外观设计专利权的终止对著作权权利行使的影响,而非是否产生了某种新的权利。

北京知识产权法院 2015 年在(2015)京知民终字第 2184 号一案中未采纳最高人民法院在(2013)民提字第 16 号民事裁定书中认定:"侵权结果地应当理解为侵权行为直接产生的结果发生地,不能以权利人认为受到损害就认为原告所在地就是侵权结果发生地。"而是根据案件具体情况认为爱奇艺公司所诉侵权行为系创想公司在网上低价销售爱奇艺公司相关产品的行为,因此,倘若所诉侵权行为属于不正当竞争行为,则在创想公司将相关销售信息发布在网上时,该信息本身就将产生扰乱正常市场交易秩序的法律后果,亦直接侵害了爱奇艺公司的合法权益。据此,本案侵权结果发生地包括爱奇艺公司的住所地,也即是北京市海淀区作为爱奇艺公司的住所地,属于侵权结果发生地,故一审法院对本案具有管辖权。

分析认为,该两个案例得出不同结果的原因:最高人民法院之所以这样认定,是因为只有侵权行为的最直接产生的结果发生地才是确定的、唯一的。在本案中,爱奇艺公司主张创想公司的不正当竞争行为是对于充值卡密激活码的销售行为,该销售行为的行为地和直接结果发生地是重合的,均为创想公司在互联网销售充值卡密激活码所操作的计算机终端所在地或所使用的服务器所在地,与爱奇艺公司的住所地无关。从另一个角度考虑,如果将原告住所地也认定为侵权结果发生地,将会架空我国民事诉讼"原告就被告"的管辖原则,最终会造成我国大量知识产权侵权纠纷的管辖法院客观上变为原告住所地法院。

第三节　结　语

每年定期发布的知识产权司法保护案件,已经成为最高人民法院指导知识产权审判工作的重要载体和社会公众了解最高人民法院知识产权审判发展动态的重要渠道,并日益受到社会的普遍关注和有关方面的高度重视。案件年度报告在明晰法律规则、指导审判实践、统一法律适用方面的作用和意义也越来越大。但从以上搜索所得的大数据分析,指导性案例在实践中适用存在如下问题:

一、应用率低

案例在实践中的指导或应用情况其实不容乐观,间接引用的情况不到1%,且以民事案件为主,更不论直接引用的情况不存在。

二、应用的任意性和隐含性

审判工作中是否引用以及如何引用并没有统一的规定,而是由法官自行决定是否引用,而且援引案例的表述方式不一,不同的援引主题往往采用不同的表述方式,法官对指导性案例的适用并不直接在判决书中体现出来,而是隐含在判决书中。这种比较混乱的使用现状,不仅不利于指导案例在审判实践中充分发挥其指导作用,也不利于其维护指导效力的权威性。

三、应用地域分布不平衡

指导性案例的应用频率比较低,因此其应用涉及的地域也比较有限,只有两个省间接引用了数据。

四、缺少适用指导性案例的裁判思维

目前我国法官缺少适用指导性案例的裁判思维,对指导性案例不够重视。大部分法官在遇到疑难案件时,首先想到的不是寻找已有的案例,而是在法律条文或司法解释中寻到相应的裁判规则。作为大陆法国家,法官首先在成文法或司法解释中发现裁判规则,这无可厚非,但是在遇到疑难案件或法律规范存在漏洞或模糊时,就有可能因为找不到现成的裁判规则而难以作出裁判。这时法官会选择向上级法院请示,却很少关注先前的案例,部分法官仅将指导性案例、典型案例作为普通的阅读资料,习惯于立足现有的成文法规定,通过适用三段论式的逻辑推理,还未养成学习、研究、运用案例的习惯。

五、缺乏应用指导性案例所需的技术与方法

目前我国法官普遍习惯于运用抽象的定制法或司法解释来裁判案件,对运用具体的案例所需要的技术与方法相对陌生,对适用技术缺乏具体的认知。在实际的裁判中,法官对指导性案例的充分、有效地运用,离不开对案例适用方法和技术的掌握。我国法学教育既没有重视案例运用方法和技术在法律人才培养中的作用,也没有建立起较完善的训练

法律技能的有效机制。

六、缺少便捷的案例检索途径

我国虽然建立起"中国裁判文书网"用于案例检索,但该系统在实践当中还存在较多问题,数据不够全、及时,系统经常出现异常。另外,我国各类纸质案例出版物书目繁多,无法确定其权威性。

附录(法条) 《中华人民共和国反不正当竞争法》

第二条

经营者在市场交易中,应当遵循自愿、平等、公平、诚实信用的原则,遵守公认的商业道德。

本法所称的不正当竞争,是指经营者违反本法规定,损害其他经营者的合法权益,扰乱社会经济秩序的行为。

本法所称的经营者,是指从事商品经营或者营利性服务(以下所称商品包括服务)的法人、其他经济组织和个人。

第五条

经营者不得采用下列不正当手段从事市场交易,损害竞争对手:

(一)假冒他人的注册商标;

(二)擅自使用知名商品特有的名称、包装、装潢,或者使用与知名商品近似的名称、包装、装潢,造成和他人的知名商品相混淆,使购买者误认为是该知名商品;

(三)擅自使用他人的企业名称或者姓名,引人误认为是他人的商品;

(四)在商品上伪造或者冒用认证标志、名优标志等质量标志,伪造产地,对商品质量作引人误解的虚假表示。

第六条

公用企业或者其他依法具有独占地位的经营者,不得限定他人购买其指定的经营者的商品,以排挤其他经营者的公平竞争。

第九条

经营者不得利用广告或者其他方法,对商品的质量、制作成分、性能、用途、生产者、有效期限、产地等作引人误解的虚假宣传。

广告的经营者不得在明知或者应知的情况下,代理、设计、制作、发布虚假广告。

第十条 经营者不得采用下列手段侵犯商业秘密:

(一)以盗窃、利诱、胁迫或者其他不正当手段获取权利人的商业秘密;

(二)披露、使用或者允许他人使用以前项手段获取的权利人的商业秘密;

(三)违反约定或者违反权利人有关保守商业秘密的要求,披露、使用或者允许他人使用其所掌握的商业秘密。

第三人明知或者应知前款所列违法行为,获取、使用或者披露他人的商业秘密,视为侵犯商业秘密。

本条所称的商业秘密,是指不为公众所知悉、能为权利人带来经济利益、具有实用性并经权利人采取保密措施的技术信息和经营信息。

第十二条

经营者销售商品,不得违背购买者的意愿搭售商品或者附加其他不合理的条件。

第十四条

经营者不得捏造、散布虚伪事实,损害竞争对手的商业信誉、商品声誉。

第二十一条

经营者假冒他人的注册商标,擅自使用他人的企业名称或者姓名,伪造或者冒用认证标志、然优标志等质量标志,伪造产地,对商品质量作引人误解的虚假表示的,依照《中华人民共和国商标法》、《中华人民共和国产品质量法》的规定处罚。

经营者擅自使用知名商品特有的名称、包装、装潢,或者使用与知名商品近似的名称、包装、装潢,造成和他人的知名商品相混淆,使购买者误认为是该知名商品的,监督检查部门应当责令停止违法行为,没收违法所得,可以根据情节处以违法所得一倍以上三倍以下的罚款;情节严重的可以吊销营业执照;销售伪劣商品,构成犯罪的,依法追究刑事责任。

《中华人民共和国反垄断法》

第三条　本法规定的垄断行为包括:

(一)经营者达成垄断协议;

(二)经营者滥用市场支配地位;

(三)具有或者可能具有排除、限制竞争效果的经营者集中。

第六条　具有市场支配地位的经营者,不得滥用市场支配地位,排除、限制竞争。

第十三条　禁止具有竞争关系的经营者达成下列垄断协议:

(一)固定或者变更商品价格;

(二)限制商品的生产数量或者销售数量;

(三)分割销售市场或者原材料采购市场;

(四)限制购买新技术、新设备或者限制开发新技术、新产品;

(五)联合抵制交易;

(六)国务院反垄断执法机构认定的其他垄断协议。

本法所称垄断协议,是指排除、限制竞争的协议、决定或者其他协同行为。

第十八条　认定经营者具有市场支配地位,应当依据下列因素:

(一)该经营者在相关市场的市场份额,以及相关市场的竞争状况;

（二）该经营者控制销售市场或者原材料采购市场的能力；

（三）该经营者的财力和技术条件；

（四）其他经营者对该经营者在交易上的依赖程度；

（五）其他经营者进入相关市场的难易程度；

（六）与认定该经营者市场支配地位有关的其他因素。

第六章　植物新品种司法案例状态研究

导　语

　　植物新品种是农业领域创新智力成果。植物新品种权,是赋予植物育种人利用其品种的排他的独占权利,是国际知识产权体系中的一项重要知识产权。农业科技的核心是种业,现代种业制度,是保护粮食安全、生态安全、推进农业现代化的重要战略举措。依据数据,植物新品种的培育给生产带来的进步是30%—60%①。

　　1961年12月《国际植物新品种保护公约(UPOV)》(以下简称"《公约》")在巴黎签订,并依据《公约》成立了"国际植物新品种保护联盟",而后该《公约》又经过1972年、1978年和1991年3次修改。我国虽为农业大国,但对于植物新品种的保护起步较晚,国务院于1997年4月30日颁布了依据《公约》精神制定的关于植物新品种权保护的行政法规《中华人民共和国植物新品种保护条例》(以下简称"《条例》")明确了品种权的内容、申请程序、授权条件以及归属和侵权的处理办法等,并于1999年加入《公约》的1978文本。

　　国际上植物新品种有三种立法模式,一是制定植物新品种的专门法进行保护;二是专门法和专利法结合保护方式;三是将植物新品种纳入专利法进行保护。我国1985年《专利法》明确将动植物新品种排除在专利保护范围内,1997年的《条例》奠定了我国植物新品种"专门法"保护的立法模式,该《条例》分别于2013年和2014年进行了两次修订。

　　我国的植物新品种分农业和林业两大部分,由农业部和国家林业局分别负责农业和林业新品种的申请、审查和授权等方面的工作。1999年6月16日农业部发布的《中华人民共和国植物新品种保护条例实施细则(农业部分)》(以下简称"《实施细则(农业部分)》"),进一步细化农业植物新品种内容、归属、授予条件、申请、受理、审查批准、终止和无效等规定,该实施细则现已废止。现行的《实施细则(农业部分)》于2007年9月19日

---

　　① 摘自国家林业局植物新品种保护办公室,http://www.cnpvp.net/root/iitemview.aspx? id＝3102。

由农业部令第 5 号公布并依据 2011 年 12 月 31 日中华人民共和国农业部令 2011 年第 4 号公布的《农业部关于修订部分规章和规范性文件的决定》修订。1999 年 8 月 10 日国家林业局发布《中华人民共和国植物新品种保护条例实施细则（林业部分）》（以下简称"《实施细则（林业部分）》"），也同样细化了林业植物新品种内容、归属、授予条件、申请、受理、审查批准、终止和无效等规定。2016 年 1 月 1 日起实施的《中华人民共和国种子法》，新增了"植物新品种保护"一章，提升了植物新品种保护的立法层次。

截至 2015 年年底，我国农业植物新品种累计申请量达 15552 件，授权总量达 6258 件，年申请量已居国际植物新品种保护联盟成员第二位，授权总量居全球第四位①。截至 2015 年年底，国家林业局累计受理林业植物品种权申请 1788 件，其中国内申请 1481 件，占总申请量的 82.8%，国外申请 307 件，占总申请量的 17.2%；共授权 1003 件，其中国内授权 839 件，占总授权量的 83.6%，国外授权 164 件，占总授权量的 16.4%②。

植物新品种有"前期投入大、研制周期长"之特点，如不能及时有效地进行保护，将严重打击育种人的创新积极性。随着我国农业科学技术的不断发展，植物新品种侵权案件呈现高发态势，尤其是农业种子方面，种子商品化之后，他人很容易通过购买其繁殖材料进行大量培育并出售，由于缺乏监督机制，侵权案件频发。2013 年修订的《条例》即在规范完善监督体制的同时提高了对植物新品种侵权行为的惩罚力度，以求遏制对于植物新品种的侵权行为。另外，随着我国国民知识产权意识的增强和国家知识产权大环境的建设和优化，在植物新品种侵权案件高发的同时，关于植物新品种权属纠纷的案件也日渐增多。

司法案例为人民法院，律师等法律人办理案件的重要参考之源泉，在知识产权领域最高院自 2009 年起每年颁布《中国法院知识产权司法保护 10 大案件》《中国法院知识产权司法保护 50 件典型案例》《中国法院知识产权 10 大创新性案件》（以下简称"知识产权司法保护案例"）最具代表性，是指导知识产权审判工作的重要载体，也是社会公众认识和了解知识产权审判发展动态的一个重要的渠道。本章即以此为研究样本，从中挑选案由为"植物新品种权权属、侵权纠纷"的案例共 9 件（参见表一-1），按审级、所在地、文书类型、裁判结论、法条适用情况等进行标记，并提取争议焦点、总结关键词，利用中国裁判文书网的案例大数据，结合北大法宝的相关案例数据，分析该些植物新品种典型案例在相似案件中的直接引用、正向应用及反向应用的情况，从而分析得出植物新品种司法案例静态之概况及动态之实践适用情况。

---

① 新华网，http://news.xinhuanet.com/politics/2016-04/23/c_128922950.htm。
② 中国林业知识产权网，http://www.cfip.cn/page/SecondBrw.cbs? ResName = mrxw&RC = 674&order = 661&ResultFile = c%3A%5Ctemp%5Ctbs%5CI037CFD%2Etmp&SortFld = &sortorder = 。

植物新品种司法案例列表

年份	来源	名称	案号	审理法院
2009	中国法院知识产权司法保护50件典型案例	杨凌新西北种业有限公司诉陕西省泾阳县现代种业有限责任公司侵犯植物新品种权纠纷上诉案	（2009）陕民三终字第42号	陕西省高级人民法院
2009	中国法院知识产权司法保护50件典型案例	刘法新诉济源市农业科学研究所职务技术成果完成人奖励纠纷上诉案	（2009）豫法民三终字第75号	河南省高级人民法院
2010	中国法院知识产权司法保护10大案件	"红肉蜜柚"植物新品种权属案	（2010）闽民终字第436号	福建省高级人民法院
2011	中国法院知识产权司法保护50件典型案例	安徽皖垦种业股份有限公司与宿州市金种子有限责任公司、李继德侵害植物新品种权纠纷案	（2011）合民三初字第148号	安徽省合肥市中级人民法院
2011	中国法院知识产权司法保护50件典型案例	瓦房店市玉米原种场与赵劲霖、佟屏亚、杨雅生、张广力、贺东峰、贺东刚、王业国、北京奥瑞金种业股份有限公司植物新品种权权属纠纷申请再审案	（2011）民申字第10号	最高人民法院
2012	中国法院知识产权司法保护50件典型案例	甘肃省敦煌种业股份有限公司与张掖市丰玉鑫陇种子有限公司、曹玉荣侵害植物新品种权纠纷案	（2012）张中民初字第83号	甘肃省张掖市中级人民法院
2013	中国法院知识产权司法保护10大创新性案件	天津天隆种业科技有限公司与江苏徐农种业科技有限公司侵害植物新品种权纠纷上诉案	（2012）苏知民终字第55号	江苏省高级人民法院
2013	中国法院知识产权司法保护10大案件	确认"两优996"品种权实施许可合同无效纠纷案	（2012）皖民三终字第81号	安徽省高级人民法院
2015	中国法院知识产权司法保护50件典型案例	山东登海先锋种业有限公司与陕西农丰种业有限责任公司、山西大丰种业有限公司侵害植物新品种权纠纷申请再审案	（2015）民申字第2633号	最高人民法院

第一节 概 况

一、植物新品种案件的发展趋势

最高人民法院(以下简称"最高院")自 2009 年至 2015 年颁布的知识产权司法保护

案例中案由涉及"植物新品种权权属、侵权纠纷"的案例的数量趋势如图一-1所示,植物新品种作为农业基础关系到整个国家的农业生产,所以最高院每年都需要总结植物新品种案件的经典实务来指引市场行为,基本保持每年公布1—2件。

相较于其他类型的知识产权司法保护案例,如专利权、商标权,这一公布数量还是相对较低,原因主要是因为植物新品种相较于该等知识产权,其授权总量相对较低,所以在该领域的权利纠纷总量也相对较低。

依据中国裁判文书网截至2016年9月3日的搜索数据显示,以案由为"植物新品种权权属、侵权纠纷"关键词进行搜索,共计检索到的案件总量仅为210件,而案由为"专利权权属、侵权纠纷"的检索案件总量高达15932件,案由为"商标权权属、侵权纠纷"的检索案件总量高达34793件,由此依据从各级法院案件总量中采集的司法保护案例的比例来说,植物新品种司法案例的比例还是相对较高的。

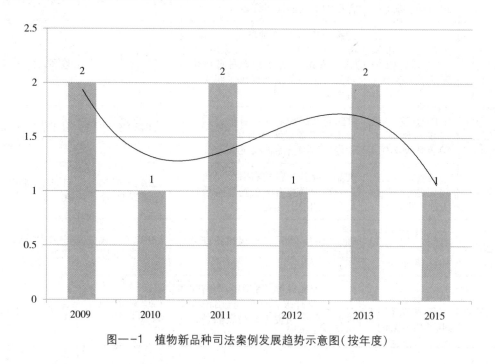

图一-1 植物新品种司法案例发展趋势示意图(按年度)

二、植物新品种案件的分布情况

(一) 法院地域分布情况

本章研究分析显示,植物新品种司法案例主要来源于最高院及农业大省所在省市地区的法院。如图一-2所示,其中安徽省超越最高院22%的占比,以23%跃居第一位,北京、江苏、河南、福建、甘肃的法院各占11%。需特别说明的是,最高院其管辖为全国范围,故其数量不列在北京地区的统计数据中。从年度分布来看如图一-3所示,植物知识产权司法保护案例中,每年采集案例基本来源于不同的农业大省,不存在连续几年采集同一地区的司法案例的情况,由此可见最高院在采集知识产权司法保护案例时地域上的考量。

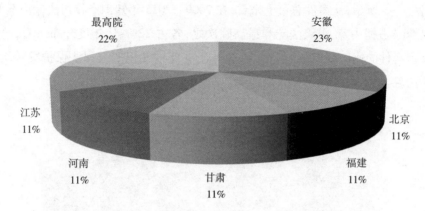

图一-2　植物新品种司法案例地域分布图

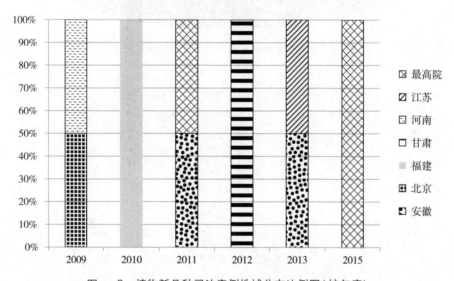

图一-3　植物新品种司法案例地域分布比例图(按年度)

　　纵观此数据部分,可见最高院的案例以其一贯的代表性在植物新品种司法案例中占据重要比例。安徽省作为农业大省位于第二,依据安徽省高院自 2013 年以来发布的三份报告《安徽法院知识产权司法保护状况(2008—2012 年)》《安徽法院知识产权司法保护状况(2013)》《安徽法院知识产权司法保护状况(2014)》均可见该省植物新品种的知识产权案件之突出表现。江苏、河南、福建、甘肃等作为植物新品种申请数量较多等省市地区在审理植物新品种案件方面经验也相对丰富,由此也为植物新品种司法案例贡献了重要的资源。

（二）法院级别分布情况

数据显示,高级人民法院为植物新品种案件知识产权司法保护案例的重要来源。如图一—4、图一—5 所示,从案件总量上来看,在 2009—2015 年知识产权司法保护案例中,高级法院以 56%占据头筹,中级法院和最高院次之,各占 22%;从年度分布来看,每年各审级法院审理案件的比例以高级法院为主,基本上各年的知识产权司法保护案例均来自同一审级的法院。

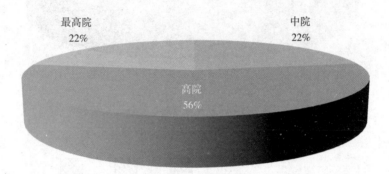

图一—4　植物新品种司法案例审理法院级别分布图

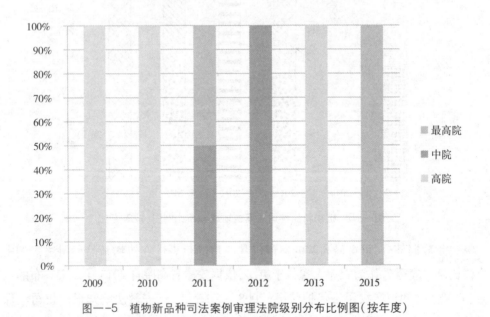

图一—5　植物新品种司法案例审理法院级别分布比例图（按年度）

依据最高人民法院自 2001 年 2 月 14 日起施行《关于审理植物新品种纠纷案件若干问题的解释》中规定,有关植物新品种权属、侵权纠纷的案件应由"省、自治区、直辖市人民政府所在地和最高人民法院指定的中级人民法院作为第一审人民法院审理"。由此,我们的数据中看不到基层法院的案例,而高级人民法院的案例作为二审的终审判决,以其受理纠纷的典型性及判决的影响力成为植物新品种司法案例的生力军。

（三）审理级别分布情况

植物新品种司法案例主要来源于第二审程序的裁判文书。如图一-6所示，二审案件以56%的压倒性优势占据第一位，一审案件和再审案件次之，皆为22%。如图一-7所示，从年度分布来看，每年各审级案件的比例也以二审为主。这与上述"以高级人民法院为主"的法院级别分布情况相适应，因为高级人民法院的案件均为二审之终审判决。

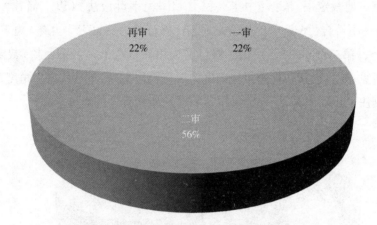

图一-6　植物新品种司法案例审级分布图

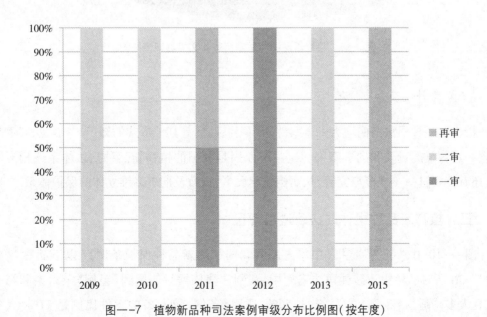

图一-7　植物新品种司法案例审级分布比例图（按年度）

（四）文书类型分布情况

植物新品种司法案例的文书类型以判决书为主，裁定书为辅。如图一-8 所示，在所有的植物新品种司法案例中 67% 以判决书形式结案，以裁定书形式结案的比例为 33%。如图一-9 所示，在最近的 2013 和 2015 年，裁定书的比例有所上升，这也与植物新品种司法案例来源最高院审理的案件有关。

植物新品种案件一审在中院、二审在高院，一二审的案例均为判决书，如当事人不服二审终审判决，则需要向最高院申请再审，其中本章研究样本的裁定书均来自最高院，且均为驳回再审申请裁定书，依据《中华人民共和国民事诉讼法》（以下简称"《民事诉讼法》"）再审申请不符合《民事诉讼法》第二百条（修订前为一百七十九条）规定的情形，依照《民事诉讼法》第二百零四条第一款（修订前为第一百八十一条第一款）裁定驳回再审申请。由此可见，在植物新品种的司法案例中再审驳回率高，不过从另一角度又可以体现各省高院在判决上正确率高，经得起再审这一司法纠错程序的考验。

图一-8　植物新品种司法案例裁判文书类型分布图

（五）案件类型分布情况

植物新品种司法案例均为民事案件，而专利、商标等其他形式的知识产权司法案例均包含一定数量的行政和刑事案件。这主要原因是我国的植物新品种立法体系还相对薄弱，还有待要进一步规范与完善，从而构建起民事、行政及刑事多维立体的保护体系。

三、植物新品种案件的法条适用情况

图一-10 中，"条例"是指《中华人民共和国植物新品种保护条例》（以下简称"《条例》"），在所有的植物新品种司法案例中，裁判法律依据只使用到《条例》第六条和第七条，且大多均适用《条例》第六条，占 56%，适用《条例》第七条的案件比例是 11%。《条例》第六条适用于侵权纠纷，而《条例》第七条适用于权属纠纷，由此可见植物新品种司法案例以侵权纠纷为主，权属纠纷为辅。

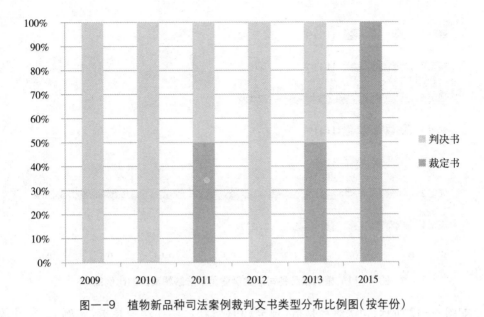

图一-9　植物新品种司法案例裁判文书类型分布比例图（按年份）

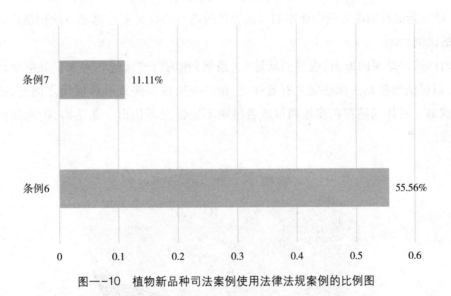

图一-10　植物新品种司法案例使用法律法规案例的比例图

图一-11中"规定"是指《关于审理侵犯植物新品种权纠纷案件具体应用法律问题的若干规定》（以下简称"《规定》"），"解释"是指《关于审理植物新品种纠纷案件若干问题的解释》（以下简称"《解释》"）。

由图中可见植物新品种司法案例中至少56%的案件均适用了《规定》，仅有11%的案件适用了《解释》。在使用《规定》的案件中，主要适用的法条为《规定》第一条、第二条和第六条，这三条均是围绕侵权纠纷的主体资格、侵权行为认定和侵权责任之规定，由此揭示了植物新品种侵权纠纷的案件争议的焦点主要集中在侵权纠纷的主体资格、侵权行为认定和侵权责任这三个方面。

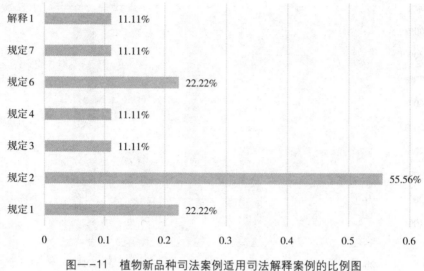

图一—11　植物新品种司法案例适用司法解释案例的比例图

如图一—12 所示,司法解释是指《规定》和《解释》,法律法规是指《条例》。统计数据显示,植物新品种司法案例中使用的司法解释的内容的比例要远远超过使用法律法规的内容的比例。

出现这一结果的原因,也显而易见。《条例》作为行政法规相对来说其原则性规定较多,而司法解释是法律法规之有效补充,帮助解决法律法规具体应用之问题,往往在法条就某一具体问题存在模棱两可或者模糊不定情况下指出一条明路,因而其可适用性更强。

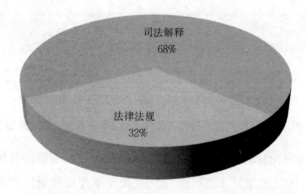

图一—12　植物新品种司法案例适用法条和司法解释内容的比例图

四、植物新品种案件的特点

本章通过归纳所有植物新品种司法案例之争议焦点和裁判要旨,将其分为侵权、权属、司法鉴定、特征特性、公共利益和职务行为这 6 类。争议焦点涉及各个类别的案件比例如图一—13 所示,其中所有案件中争议焦点涉及侵权行为的案件比例最高,达到了

66.67%。最高院颁布的植物新品种司法案例之作用主要体现在对社会公众澄清和明确植物新品种侵权的判断原则,尤其是侵权行为、行为主体等的判断。

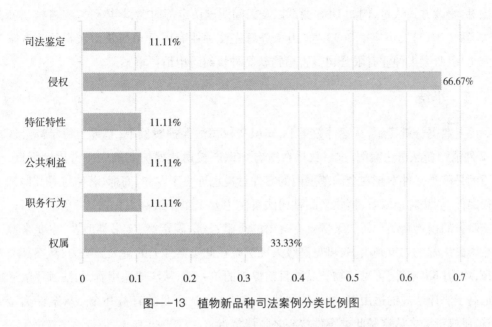

图一-13 植物新品种司法案例分类比例图

图一-13中侵权类别包括案件争议焦点和裁判要旨涉及《条例》第六条,《规定》第一条、第二条、第六条、第七条等关于侵权主体、侵权行为、民事责任的内容,具体可参考植物新品司法案例(2009)陕民三终字第42号"杨凌新西北种业有限公司诉陕西省泾阳县现代种业有限责任公司侵犯植物新品种权纠纷上诉案"。

权属类别包括案件争议焦点和裁判要旨涉及《条例》第七条等关于育种的品种权归属的内容,具体可以参考植物新品司法案例(2010)闽民终字第436号"红肉蜜柚植物新品种权属案"。

公共利益类别包括案件争议焦点和裁判要旨涉及品种权利人的独占权与公共利益平衡等涉及公共利益的内容,具体可以参考植物新品司法案例(2012)苏知民终字第55号"天津天隆种业科技有限公司与江苏徐农种业科技有限公司侵害植物新品种权纠纷上诉案"。

职务行为类别包括案件争议焦点和裁判要旨涉及侵权行为的实际行为人是自然人的责任承担等内容,具体可以参考植物新品司法案例(2011)合民三初字第148号"安徽皖垦种业股份有限公司与宿州市金种子有限责任公司、李继德侵害植物新品种权纠纷案"。

司法鉴定类别包括案件争议焦点和裁判要旨涉及《关于审理侵犯植物新品种权纠纷案件具体应用法律问题的若干规定》第三条等关于司法鉴定的认定以及程序合法等内容,具体可以参考植物新品司法案例(2011)民申字第10号"瓦房店市玉米原种场与赵劲霖、佟屏亚、杨雅生、张广力、贺东峰、贺东刚、王业国、北京奥瑞金种业股份有限公司植物新品种权权属纠纷申请再审案"。

特征特性类别包括案件争议焦点和裁判要旨涉及《规定》第二条、第四条关于植物品种比对、测试方式认定,例如 DUS 测试以及田间测试认定等内容,具体可以参考植物新品司法案例(2015)民申字第 2633 号"山东登海先锋种业有限公司与陕西农丰种业有限责任公司、山西大丰种业有限公司侵害植物新品种权纠纷申请再审案"。

五、小结

综上数据分析显示,从案件数量上,知识产权司法保护案例中,基本上每年都会颁布 1—2 件植物新品司法案例,这一数量在所有知识产权司法保护案例中所占比例很低,主要原因是该类案件本身在全国范围内的案件总量也远小于专利、商标、著作权等其他知识产权案件;从法院地域看,植物新品种司法案例主要来源于最高人民法院和农业大省,其中安徽省的植物新品种司法案例具有突出的贡献;从法院审级、文书类型看,主要来源于高级人民法院的二审判决书,可见高级人民法院在此类案件上的重大影响力;从案件类型分布,均为民事案件,可见植物新品种目前保护的单一性;从法律适用看,司法解释的适用率远高于法律法规的适用率,这体现司法解释对于立法不足的有益补充。从案件类型分布看,侵权行为之认定是此类案件核心之争议焦点。

整体而言,我国法院在植物新品种案件审理方面的积累相对还比较少,植物新品种作为农业领域的先进技术,相较于繁荣的工业产权其立法保护及司法实践还是较为落后的。面对种业市场可能出现的诸多问题,就目前植物新品种司法案例其本身的案件状态分析,其案件的广度、深度尚较难提供相对全面的保护和指引作用。

第二节　实践中的应用情况

一、检索方式

(一) 关键字信息

一级关键字默认为植物新品种

二级关键字如下:侵权纠纷植物新品种权权属、侵权纠纷、植物新品种合同纠纷、职务技术成果完成人奖励、报酬纠纷

三级关键字是在熟悉每个案件的基础上提取如下:侵权、权属、职务、职务行为、司法鉴定、变更登记、DUS 测试、许可、委托育种、合作育种、公共利益、特征特性、《中华人民共和国植物新品种保护条例》、第六条、第七条、《关于审理植物新品种纠纷案件若干问题的

解释》、第一条《关于审理侵犯植物新品种权纠纷案件具体应用法律问题的若干规定》、第一条、第二条、第三条、第四条、第六条、第七条

（二）检索数据库和时间节点

将以上关键字按级分别在中国裁判文书网和北大法宝中检索相关裁判文书,搜索结果截止时间为 2016 年 8 月 16 日。

二、检索结果

（一）权属类别

案件范围:检索结果共 219 件裁判文书。

检索条件:案由:植物新品种权权属、侵权纠纷和植物新品种合同纠纷;裁判日期:2010 年 4 月 14 日至 2016 年 8 月 16 日。

汇总检索结果后,经过梳理和分析裁判文书的争议焦点和裁判理由,从检索结果中选取出在典型案例颁布后审结的 42 件争议焦点和裁判理由中涉及植物新品种关于育种的品种权归属的裁判文书。

检索结果审级分布如图二-1 所示,其中一审案件占比达到了 64%,虽然部分案件可能会进入二审程序,但是仅就当前裁判文书中的审级来看,有相当比例的案件都是一审生效。

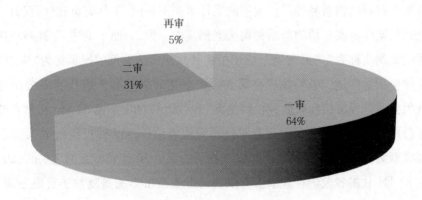

图二-1 检索结果审级分布图

检索结果审理地域分布如图二-2 所示,其中甘肃省关于植物新品种权属案件的数量达到了 52%,这也从侧面说明甘肃省是植物新品种的市场活动非常活跃的地区。其中需要特别说明的是,最高院位于北京,但其管辖为全国范围,故其数量不列在北京地区的统计数据中。

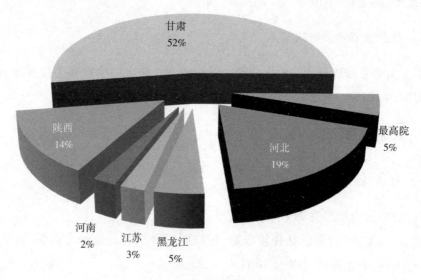

图二-2　检索结果地域分布图

典型案例应用情况分析

基于检索结果分析直接引用的情形为 0,也就是没有案件在裁判文书中直接引用植物新品种司法案例。

通过对检索结果分析,42 件争议焦点和裁判理由中涉及植物新品种权属的裁判文书的案件事实大都与植物新品种司法案例的案件事实不相同,不具有可比性,仅有 2 件裁判文书所记载的案件事实与植物新品种司法案例基本一致,为便于论述,下述被应用的植物新品种司法案例简称为"典型案例",应用植物新品种司法案例的案例称为"应用案例"。

这 2 件应用案件是(2014)民申字第 54 号"甘肃省敦煌种业股份有限公司与郑州赤天种业有限公司等侵害植物新品种权纠纷案"和(2014)民申字第 52 号"甘肃省敦煌种业股份有限公司与河南省大京九种业有限公司等侵害植物新品种权纠纷案",其反向应用权属类别典型案例 2012 年中国法院知识产权司法保护 50 件典型案例之一的(2012)张中民初字第 83 号"甘肃省敦煌种业股份有限公司诉张掖市丰玉鑫陇种子有限公司、曹玉荣侵犯植物新品种权纠纷案"。

具体比对如下:

典型案例(2012)张中民初字第 83 号的裁判要旨是:知识产权转让,是指知识产权出让主体与知识产权受让主体,根据与知识产权转让有关的法律法规和双方签订的转让合同,将知识产权权利享有者由出让方转移给受让方的法律行为。据此,知识产权转让,在本质上,属于民事权利的让与,当事人完全可以通过民事法律行为依法处分自己享有的该项权利。而行政主管部门对知识产权著录事项的登记、变更、公示等行为,仅仅是一种行政管理措施,并不影响当事人依法享有的民事权利。因此,在品种权人自愿转让品种权且没有违反法律规定的情况下,即使没有在相关部门办理著录事项变更登记,也不妨碍品种权人依法转让品种权的法律事实,因此,受让人将因转让行为而获得品种权,在此基础上,其完全可以依法转让其生产经营权,也可以授权他人对未经品种权人许可的侵权行为提起诉讼。

应用案例(2014)民申字第 54 号和(2014)民申字第 52 号的裁判要旨均是:著录事项变更登记虽然是一种行政管理措施,但其涉及权利人利益的同时,也涉及公众的利益,其变动应当进行公示,植物新品种的权利变动向行政机关进行登记公示才具有权利外观。根据《中华人民共和国合同法》第四十四条规定,依法成立的合同,自成立时生效。法律、行政法规规定应当办理批准、登记等手续生效的,依照其规定。《中华人民共和国植物新品种保护条例》第九条第四款规定:"转让申请权或者品种权的,当事人应当订立书面合同,并向审批机关登记,由审批机关予以公告。"因此,品种权没有进行登记公示之前,品种权转让行为并未生效。

2012 年所颁布的典型案例认定行政主管部门对知识产权著录事项的登记、变更、公示等行为,仅仅是一种行政管理措施,并不影响当事人依法享有的民事权利,并不影响当事人依法享有的民事权利,因此在品种权人自愿转让品种权且没有违反法律规定的情况下,品种权能够转移至受让人,而在 2014 年最高院再审的案件中彻底否定了这种观点,认定著录事项变更登记虽然是一种行政管理措施,但其涉及权利人利益的同时,也涉及公众的利益,其变动应当进行公示,植物新品种的权利变动向行政机关进行登记公示才具有权利外观。因此,品种权没有进行登记公示之前,品种权转让行为并未生效。

最高院出发点是著录事项变更登记涉及权利人利益的同时,也涉及公众的利益,而典型案例的出发点是品种权人没有违反法律规定的情况下自由处分的民事权利。由此可见,相对于当事人双方的私利,最高院越来越注重对社会公益之保护。

此处,本章不过多评论这样截然不同的判决结果背后最高院在颁布典型案例时与判决应用案例时的不同出发点和目的,但是最高院在(2014)民申字第 54 号和(2014)民申字第 52 号两件应用案例的观点否定了典型案例(2012)张中民初字第 83 号的观点的情形下,应该更加清楚地给社会公众明确的指引和引导,以免导致社会公众混淆行政著录事项变更登记的必要性,带来不必要的社会影响。

(二) 职务行为类别

案件范围:检索结果共 219 件裁判文书

检索条件:案由:植物新品种权权属、侵权纠纷和植物新品种合同纠纷;裁判日期:2010 年 4 月 14 日至 2016 年 8 月 16 日。

汇总检索结果后,经过梳理和分析裁判文书的争议焦点和裁判理由,从检索结果中选取出在植物新品种司法案例颁布后审结的6件争议焦点和裁判理由中涉及植物新品种侵权行为的实际行为人是自然人的责任承担等内容的裁判文书。

典型案例应用情况分析

基于检索结果分析直接引用的情形为0,也就是没有案件在裁判文书中直接引用典型案例。

通过对检索结果分析,6件争议焦点和裁判理由中涉及植物新品种的职务行为的裁判文书的案件事实大都与典型案例的案件事实不相同,不具有可比性。通过数据分析后,在该类别中不存在案件引用或应用典型案例。

造成这种情形的原因是当前农业中种子买卖中对于职务行为还是个人行为相对较容易区分,在确定了侵权行为的实际行为人基本原则后,不容易产生争议,因此应用情形很少。

（三）公共利益类别

案件范围:检索结果共219件裁判文书

检索条件:案由:植物新品种权权属、侵权纠纷和植物新品种合同纠纷;裁判日期:2010年4月14日至2016年8月16日。

汇总检索结果后,经过梳理和分析裁判文书的争议焦点和裁判理由,检索结果中没有在典型案例颁布后审结的争议焦点和裁判理由中涉及品种权利人的独占权与公共利益平衡等公共利益的案件。所以在该类别中不存在案件引用或应用典型案例。

（四）特征特性类别

案件范围:检索结果共219件裁判文书

检索条件:案由:植物新品种权权属、侵权纠纷和植物新品种合同纠纷;裁判日期:2010年4月14日至2016年8月16日。

汇总检索结果后,经过梳理和分析裁判文书的争议焦点和裁判理由,检索结果中没有在典型案例颁布后审结的争议焦点和裁判理由中涉及关于植物品种比对、测试方式认定,例如DUS测试以及田间测试认定等内容的案件。所以在该类别中不存在案件引用或应用典型案例。

植物新品种的特征特性的认定是要符合科学性和可靠性,在确定了特征特性的认定原则和方式后,同样也不容易产生争议,因此应用情形也很少。

（五）侵权类别

案件范围:检索结果共219件裁判文书

检索条件:案由:植物新品种权权属、侵权纠纷和植物新品种合同纠纷;裁判日期:2010 年 4 月 14 日至 2016 年 8 月 16 日。

汇总检索结果后,经过梳理和分析裁判文书的争议焦点和裁判理由,从检索结果中选取出在典型案例颁布后审结的 176 件争议焦点和裁判理由中涉及植物新品种侵权主体、侵权行为、民事责任的裁判文书。

检索结果审级分布如图二-3 所示,其中一审案件占比达到了 70%,虽然部分案件可能会进入二审程序,但是仅就当前裁判文书中的审级来看,有相当比例的案件都是一审生效。也就是说,案件的双方当事人对一审的裁判结果的认可程度比较高。

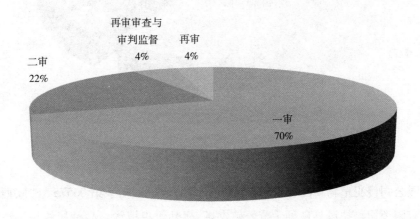

图二-3 检索结果审级分布图

检索结果审理地域分布如图二-4 所示,其中甘肃省关于植物新品种侵权案件的数量达到了 30%,这说明市场越活跃的地方,其侵权行为也相对高发,甘肃省是我国植物新品种市场较为活跃的地区,由此其植物新品种侵权案件量也就相对较多。此外,江苏省和河南省作为植物新品种申请大省,其植物新品种案例的比例也超过了 10%,位于全国各省区市前列。

典型案例应用情况分析

基于检索结果分析直接引用的情形为 0,也就是没有案件在裁判文书中直接引用典型案例。

通过对检索结果分析,176 件争议焦点和裁判理由中涉及植物新品种权属的裁判文书的案件事实大都与典型案例的案件事实不相同,不具有可比性。

其中有 3 件裁判文书所记载的案件事实与典型案例之一(2009)陕民三终字第 42 号"陕西省泾阳县现代种业有限责任公司与杨凌新西北种业有限公司侵犯植物新品种权纠纷上诉案"存在相似内容,这 3 件应用案件是:

(2014)陕民三终字第 00080 号"陕西大地种业有限公司兴平分公司与陕西天丞禾农

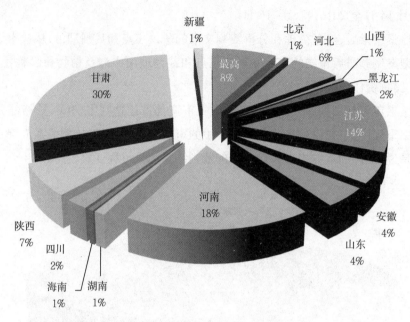

图二-4　检索结果地域分布图

业科技有限公司侵犯植物新品种权纠纷案"、(2013)西民四初字第 00575 号"陕西天丞禾农业科技有限公司与扶风县良种示范繁殖农场、胡勃侵犯植物新品种权纠纷一审民事判决书"和(2013)西民四初字第 00147 号"陕西天丞禾农业科技有限公司与扶风县良种示范繁殖农场、肖小民侵犯植物新品种权纠纷一审民事判决书"。

这 3 件案件正向应用了(2009)陕民三终字第 42 号,具体分析如下:

典型案例(2009)陕民三终字第 42 号的核心观点是:平安公司授权新西北公司在陕西省境内独家引种、生产、包装、销售"豫麦 49—198"小麦新品种,并授权该公司在陕西省内维权、打假、诉讼。据此,新西北公司即享有在陕西境内对"豫麦 49—198"小麦新品种的排他使用许可权。现代公司未经"豫麦 49—198"小麦新品种权人同意擅自在陕西境内销售"豫麦 49—198"小麦新品种,侵犯了新西北公司对"豫麦 49—198"小麦新品种的植物新品种权。

(2014)陕民三终字第 00080 号、(2013)西民四初字第 00575 号和(2013)西民四初字第 00147 的观点也同样是:排他使用许可合同是指植物新品种权所有人在合同约定的期间、地域和以约定的方式,将该植物新品种仅许可一个被许可人使用,植物新品种权所有人依约定可以使用该植物新品种,但不得另行许可他人使用该植物新品种。西农大许可天丞禾公司独家享有"西农 979"在陕西省境内的种子生产经营权。2012 年 2 月 22 日,西农大向天丞禾公司出具了授权委托书,授权天丞禾公司负责打击陕西省区域内"西农 979"生产经营活动中发生的各类侵权行为。未经许可擅自在陕西省境内销售"西农

979",侵犯了"西农979"的植物新品种权。

上述案件与典型案例均由陕西省高级人民法院作出,可见陕西省高级人民法院始终保持相同的观点。

此外还有1件裁判文书所记载的案件事实与典型案例之一(2012)皖民三终字第81号"确认'两优996'品种权实施许可合同无效纠纷案"存在相似内容,该案是:(2015)宁知民初字第219号"原告魏翠兰、杨郁文、杨巍与被告江苏苏科种业有限公司、史净泉、江苏润扬种业有限公司侵害植物新品种权纠纷案"。

该案正向应用了(2012)皖民三终字第81号,具体分析如下:

典型案例(2012)皖民三终字第81号的核心观点是:由于植物新品种权属于品种权人所有,故针对该植物新品种的使用行为都应当以品种权人许可为前提。当事人依法取得植物新品种使用权后,未经植物新品种权人许可,与他人签订授权使用合同的,由于授权使用行为不具有法律依据,属于无权许可的情形,故品种权人可以起诉要求确认该授权使用合同无效。

(2015)宁知民初字第219号的观点同样是:苏科公司获得经营苏科麦1号品种的授权,但并未明确约定苏科公司是否有权将该品种权转授予他人实施。苏科公司与润扬公司签订《苏科麦1号种子授权生产销售合同》时并未取得苏科麦1号品种权转授权的权利,故苏科公司授权润扬公司实施苏科麦1号植物新品种权的行为应为无效。

在侵权类别中虽然案件数量远多于其他类别,但是侵权行为方式的多样性也导致个案之间相同或相似的可能性很低,由此在通过数据分析后,仅可见有少量案件存在正向应用典型案例的情形。

(六)司法鉴定类别

案件范围:检索结果共219件裁判文书

检索条件:案由:植物新品种权权属、侵权纠纷和植物新品种合同纠纷;裁判日期:2010年4月14日至2016年8月16日。

汇总检索结果后,经过梳理和分析裁判文书的争议焦点和裁判理由,从检索结果中选取出在典型案例颁布后审结的18件争议焦点和裁判理由中涉及植物新品种侵权相关司法鉴定的认定以及程序合法等内容裁判文书。

检索结果审级分布如图二-5所示,其中二审案件占比达到了67%,虽然部分一审案件可能会进入二审程序,但是仅就当前裁判文书中的审级来看,有相当比例的案件都是二审生效。也就是说,案件的双方当事人对二审的裁判结果的认可程度比较高。

检索结果审理地域分布如图二-6所示,其中甘肃省关于植物新品种司法鉴定案件的数量达到了56%,这更加说明甘肃省植物新品种市场活动活跃,其在植物新品种侵权案

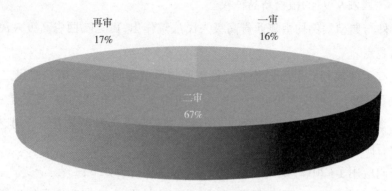

图二-5　检索结果审级分布图

件的司法实践上也走在全国各省市前列。最高院位于北京,但其管辖为全国范围,故其数量不列在北京地区的统计数据中。

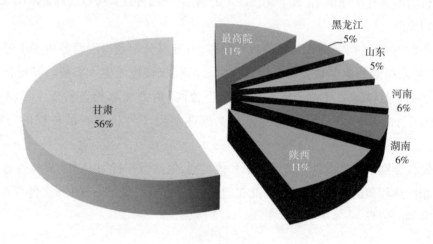

图二-6　检索结果地域分布图

典型案例应用情况分析

基于检索结果分析直接引用的情形为 0,也就是没有案件在裁判文书中直接引用典型案例。

通过对检索结果分析,18 件争议焦点和裁判理由中涉及植物新品种的职务行为的裁判文书的案件事实大都与典型案例的案件事实不相同,不具有可比性。通过数据分析后,在该类别中不存在案件引用或应用典型案例。虽然司法鉴定意见的内容和程序在当事人之间容易产生争议,但是目前检索到的植物新品种案件中关于司法鉴定的争议内容均不相同,因此不具有可比性,这也说明了关于司法鉴定还需要更多的典型案例来指引相关的争议的解决。

三、小结

从上述的数据分析,植物新品种司法案件在实践中的指导或应用情况情形不容乐观。首先,本章检索数据显示,各级法院的在后案例显示无一例直接引用之情形;其次,在应用方面,能够确定的正向应用的情形也比较少,这可能与案件之间客观事实的差异性导致植物新品种司法案例可适用的类案基数本身较少有关。值得注意的是,本章在检索中甚至还发现了类似案件反向应用之情形。

由此可见,植物新品种领域的司法案例在实践中应用比例很低,没能发挥足够的参考引导作用,甚至部分司法案例的判决还与最高院在后类案的判决不一致,导致司法指引的模糊性,有待后续司法及立法部门从各层面的修正与完善。

第三节 结 语

植物新品种是农业林业创新的重要动力。植物新品种保护制度也是我国农业林业知识产权保护制度中最重要的组成部分,其在推动我国农业育种创新、提高我国植物产品在世界范围内竞争力、确保我国的优势植物资源安全中起到重要作用。2015 年 2 月 1 日印发的中央一号文件《关于加大改革创新力度加快农业现代化建设的若干意见》中即指出要"加强农业知识产权法律保护"。立法与司法之相辅相成、良性互动,才能有效构筑起植物新品种之良好的保护体系。

在立法层面,我国对于植物新品种的保护存在天然缺陷,《条例》作为植物新品种有法可依之基础,其法律位阶仅为行政法规,相较专利法、商标法、著作权法对专利、商标、著作权之立法保护,植物新品种的保护力度还是相对薄弱的。虽然 2016 年新实施的《种子法》新增设"新品种保护"一章,将植物新品种保护的关键性制度上升到法律层级,但是对于构建起植物新品种全面的法律保护体系还是远远不够的,植物新品种的专门立法还有待不断完善。

在司法层面,司法案例虽非我国成文法国家之法律渊源,但是其在明晰法律规则、指导审判实践、统一法律适用方面具有重大作用和意义,是立法的有益补充。但从本章对于植物新品种司法案例的检索分析研究结果显示,其在实践中的指导或应用情况不容乐观,出现"直接引用率为零""正向适用率较低"甚至出现反向使用之情形。究其根本,其一,可能是因为植物新品种案件,作为新型知识产权案件,本身可适用的类案基数较小;其二,可能是因为受我国根深蒂固之大陆法系体制影响,审判者必须是以法律为依据进行裁判,故而哪怕是类似案件,也鲜有大胆引用之先例。

至于植物新品种案件出现类似案件反向应用之情形,这与司法案例指引制度"统一法律适用,指引社会公众认知"之目的大相径庭、背道而驰,这也不由得让我们深思,如何能让知识产权司法案例不流于形式、最大限度地发挥其在审判实践中的作用将是下一阶段法律实践者的重要课题。

附录(法条)

《条例》第六条规定:"完成育种的单位或者个人对其授权品种,享有排他的独占权。任何单位或者个人未经品种权所有人(以下称品种权人)许可,不得为商业目的生产或者销售该授权品种的繁殖材料,不得为商业目的将该授权品种的繁殖材料重复使用于生产另一品种的繁殖材料;但是,本条例另有规定的除外。"

《条例》第七规定是"执行本单位的任务或者主要是利用本单位的物质条件所完成的职务育种,植物新品种的申请权属于该单位;非职务育种,植物新品种的申请权属于完成育种的个人。申请被批准后,品种权属于申请人。

委托育种或者合作育种,品种权的归属由当事人在合同中约定;没有合同约定的,品种权属于受委托完成或者共同完成育种的单位或者个人。"

《规定》第一条规定:"植物新品种权所有人(以下称品种权人)或者利害关系人认为植物新品种权受到侵犯的,可以依法向人民法院提起诉讼。前款所称利害关系人,包括植物新品种实施许可合同的被许可人、品种权财产权利的合法继承人等。独占实施许可合同的被许可人可以单独向人民法院提起诉讼;排他实施许可合同的被许可人可以和品种权人共同起诉,也可以在品种权人不起诉时,自行提起诉讼;普通实施许可合同的被许可人经品种权人明确授权,可以提起诉讼。"

《规定》第二条规定:"未经品种权人许可,为商业目的生产或销售授权品种的繁殖材料,或者为商业目的将授权品种的繁殖材料重复使用于生产另一品种的繁殖材料的,人民法院应当认定为侵犯植物新品种权。被控侵权物的特征、特性与授权品种的特征、特性相同,或者特征、特性的不同是因非遗传变异所致的,人民法院一般应当认定被控侵权物属于商业目的生产或者销售授权品种的繁殖材料。被控侵权人重复以授权品种的繁殖材料为亲本与其他亲本另行繁殖的,人民法院一般应当认定属于商业目的将授权品种的繁殖材料重复使用于生产另一品种的繁殖材料。"

《规定》第六条规定:"人民法院审理侵犯植物新品种权纠纷案件,应当依照民法通则第一百三十四条的规定,结合案件具体情况,判决侵权人承担停止侵害、赔偿损失等民事责任。人民法院可以根据被侵权人的请求,按照被侵权人因侵权所受损失或者侵权人因侵权所得利益确定赔偿数额。被侵权人请求按照植物新品种实施许可费确定赔偿数额的,人民法院可以根据植物新品种实施许可的种类、时间、范围等因素,参照该植物新品种实施许可费合理确定赔偿数额。依照前款规定难以确定赔偿数额的,人民法院可以综合考虑侵权的性质、期间、后果,植物新品种实施许可费的数额,植物新品种实施许可的种类、时间、范围及被侵权人调查、制止侵权所支付的合理费用等因素,在50万元以下确定赔偿数额。"

第七章　集成电路布图设计司法案例状态研究

导　语

集成电路产业在世界范围内都是国民经济和社会发展的战略性和基础性产业,是培育发展新兴产业、推动信息化和工业化融合的基础和核心,甚至被誉为全球信息产业皇冠上的明珠。

为鼓励和保护集成电路技术创新,促进集成电路行业发展,我国于 2001 年 3 月 28 日颁布了《集成电路布图设计保护条例》。此后又发布并于 2001 年 10 月 1 日实施的《集成电路布图设计保护条例实施细则》。此后,国家知识产权局还发布了《集成电路布图设计行政执法办法》,而且最高院也下发了《关于开展涉及集成电路布图设计案件审判工作的通知》。我国的集成电路布图设计保护形成了一个较为完整的体系。经过 10 多年的实践,有效地促进我国集成电路事业的发展。

自 2001 年以来集成电路布图设计的年度申请量持续增长。据国家知识产权局统计数据显示,2009 年收到集成电路布图设计登记申请 817 件,予以公告并发出证书 655 件;2010 年收到集成电路布图设计登记申请 1108 件,予以公告并发出证书 1009 件;2011 年登记申请 1464 件,公告发证 1329 件;2012 年登记申请 1778 件,公告发证 1629 件;2013 年登记申请 1561 件,公告发证 1612 件;2014 年这两个数据则分别为 1838 件、1553 件。

但是在司法方面,目前全国各地法院涉及集成电路布图设计的侵权案件仅有十几件,相对于集成电路布图设计的申请数量,司法方面的实践经验很少。一方面,我国的集成电路产业的发展程度不足,集成电路布图设计纠纷还没有进入高发阶段;另一方面,集成电路布图设计纠纷涉及的技术门槛高,难以识别和确定集成电路布图设计相关的侵权行为,所以导致集成电路布图设计纠纷的司法实践经验少。

而对集成电路技术的有效保护是促进我国集成电路事业健康持续发展的重要保障,需要足够的司法实践来指导和规范集成电路行业的市场行为。

为了给人民法院、律师等法律人办理知识产权案件提供参考,最高院自 2009 年起每年颁布《中国法院知识产权司法保护 10 大案件》《中国法院知识产权司法保护 50 件典型案例》《中国法院知识产权 10 大创新性案件》。其中涉及集成电路布图设计权属和侵权纠纷的案件总结了经典实务的审判要点。

为了分析这些集成电路布图设计典型案例在案件的参考意义和实际适用情况,为此 2009 年至 2015 年最高院颁布的《中国法院知识产权司法保护 10 大案件》《中国法院知识产权司法保护 50 件典型案例》《中国法院知识产权 10 大创新性案件》挑选案由为"集成电路布图设计专有权权属、侵权纠纷"的案例共 3 件(参见下表),按审级、所在地、文书类型、裁判结论、法条适用情况等进行标记,并提取争议焦点、总结关键词,利用中国裁判文书网的案例大数据,结合北大法宝的相关案例数据,分析该些集成电路布图设计典型案例在同类别案件中的直接引用和应用的情况,从而分析得出集成电路布图设计司法案例静态之概况及动态之实践应用情况。

集成电路布图设计知识产权司法保护案例列表

年份	来源	名称	案号	审理法院
2010	中国法院知识产权司法保护 10 大案件	LED 照明用集成电路布图设计案	(2009)宁民三初字第 435 号	南京市中级人民法院
2014	中国法院知识产权司法保护 10 大案件	集成电路布图设计专有权侵权认定纠纷案	(2014)沪高民三(知)终字第 12 号	上海市高级人民法院
2015	中国法院知识产权司法保护 50 件典型案例	南京微盟电子有限公司与泉芯电子技术(深圳)有限公司侵害集成电路布图专有权纠纷上诉案	(2014)粤高法民三终字第 1231 号	广东省高级人民法院

第一节 概 况

一、集成电路布图设计案例的发展趋势

最高人民法院(以下简称"最高院")自 2009 年至 2015 年颁布的《中国法院知识产权司法保护 10 大案件》《中国法院知识产权司法保护 50 件典型案例》《中国法院知识产权 10 大创新性案件》(以下简称"知识产权司法保护案例")中案由涉及"集成电路布图设计专有权权属、侵权纠纷"的案例的数量趋势如图一—1 所示,仅在 2010 年、2014 年和 2015

年度分别颁布了1件典型性案例。虽然集成电路布图设计司法方面的实践经验很少,但是还是从中选择并颁布了3件关于集成电路布图设计侵权纠纷的典型性案例来指引集成电路产业的市场行为。

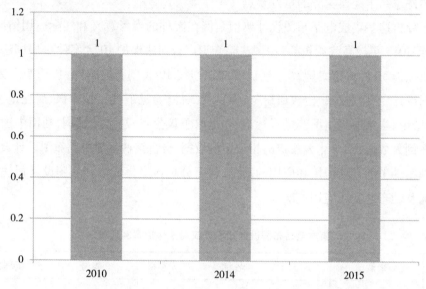

图一-1 集成电路布图设计案件发展趋势示意图(按年度)

虽然案件总量很少,但是其中有2件来自《中国法院知识产权司法保护10大案件》,可见其影响力却较大。

二、集成电路布图设计案例的分布情况

(一) 法院地域分布情况

知识产权司法保护案例中如图一-2所示,3件典型性案例的案件分别由上海、广东和江苏地区的法院审理。这3个地区都是我国重要集成电路产业基地,颁布的典型性案例都是对该地区的集成电路产业的有很大影响的案件。

最高人民法院知识产权案件年度报告(2015年)摘要部分首次提到集成电路布图设计,并指出:最高人民法院知识产权审判庭2015年共新收集成电路布图设计案件3件,首次审结集成电路布图设计案件,并对布图设计保护范围的确定等问题进行了有益的探索;该案为"再审申请人昂宝电子(上海)有限公司与被申请人南京智浦芯联电子科技有限公司、深圳赛灵贸易有限公司、深圳市梓坤嘉科技有限公司侵害集成电路布图设计专有权纠纷案【(2015)民申字第785号】",并未入选知识产权司法案例。故集成电路布图设计司法案例中无来自最高院的案例。

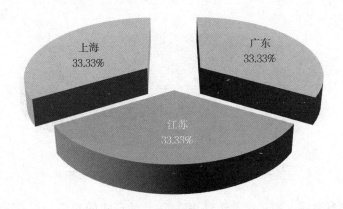

图一-2 集成电路布图设计案件地域分布图

（二）法院级别分布情况

如图一-3所示,知识产权司法保护案例中,67%的典型性案例是由各地方和区域的高级法院审理,中级法院占33%。上海和广东的典型性案例均由高院审理,只有江苏的典型性案例是由中院审理。

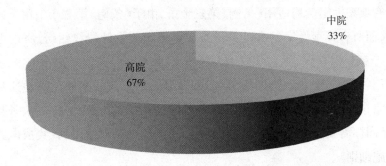

图一-3 集成电路布图设计案件审理法院级别分布图

（三）审理级别分布情况

如图一-4所示,知识产权司法保护案例中,与审理法院级别相同的数据相同,67%的典型性案例是二审案件,一审案件的比例是33%。一审案件来自中院,二审案件来自高院。

（四）文书类型和案件类型分布情况

知识产权司法保护案例中,所有的典型性案例均以判决书的形式结案。并且典型性

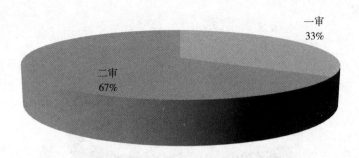

图一—4　集成电路布图设计案件审级分布图

案例全部都是民事案件。相对于著作权、商标等其他形式的知识产权典型性案例文书类型、案件类型的多样化,在集成电路布图设计方面,还需要进一步规范完善监督体制和执法体系。

三、集成电路布图设计案件的法条适用情况

图一—5 中,"条例"是指《集成电路布图设计保护条例》(以下简称"《条例》"),其中在知识产权司法保护案例中,所有典型性案例的裁判法律依据中只使用到《条例》第二条、第三条、第四条、第七条、第八条、第三十条和第三十三条。

其中所有典型性案例均适用《条例》第三十条,由于《条例》第三十条用于确定是否构成侵权行为,而所有典型性案例都是关于集成电路布图设计侵权纠纷,所以必然都使用《条例》第三十条。

此外适用《条例》第二条、第四条、第七条和第三十三条的案件比例均达到 66.67%。虽然集成电路布图设计的典型性案例仅有 3 件,但是使用的《条例》中的法条数量还是相当多的,但是同样需要注意典型性案例仅使用了《条例》,并未使用到《集成电路布图设计保护条例实施细则》。

四、集成电路布图设计案件的特点

知识产权司法保护案例中,典型性案例(2009)宁民三初字第 435 号的案件争议焦点和裁判要旨涉及《条例》第三十条的反向工程获得的布图设计应用于商业应用的行为侵犯集成电路布图设计权。

典型性案例(2014)沪高民三(知)终字第 12 号的案件争议焦点和裁判要旨涉及《条例》第三十条的为进行商业利用而直接复制他人集成电路布图设计中具有独创性的布图设计的行为侵犯集成电路布图设计权。

典型性案例(2014)粤高法民三终字第 1231 号的案件争议焦点和裁判要旨涉及《条例》第三十三条的合法来源。

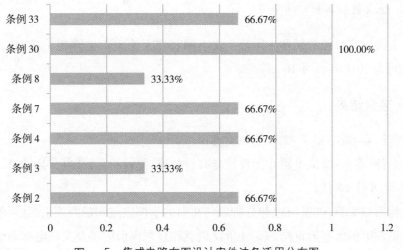

图一—5 集成电路布图设计案件法条适用分布图

五、小结

知识产权司法保护案例中仅有 3 件集成电路布图设计典型性案例,而且案例数量在所有知识产权司法保护案例中所占极低,并且也仅涉及集成电路布图设计侵权纠纷,此外《条例》目前效力级别也还仅是行政法规,效力层级要低于专利法、商标法等其他种类的知识产权法律,所以集成电路布图设计保护的法律体系还不完善。

虽然典型性案例很少,但是仅这 3 件集成电路布图设计典型性案例就从规制布图设计反向工程、复制行为、不视为侵权和合法来源方面为市场提供足够的指引。

第二节 实践中的应用情况

一、检索过程

(一)关键字信息

一级关键字默认为集成电路布图设计

二级关键字如下:侵害集成电路布图设计专有权纠纷

三级关键字是在熟悉每个案件的基础上提取如下:侵权、侵权行为、独创性、部分、商业利用、复制、反向工程、反向、《集成电路布图设计保护条例》、第二条、第三条、第四条、第七条、第八条、第三十条、第三十三条。

（二）检索数据库和时间节点

将以上关键字按级分别在中国裁判文书网和北大法宝中检索相关裁判文书,搜索结果截止时间为 2016 年 8 月 16 日。

二、检索结果

案件范围:检索结果共 12 件裁判文书;

检索条件:案由:集成电路布图设计专有权权属、侵权纠纷;裁判日期:2011 年 4 月 18 日至 2016 年 8 月 16 日。

汇总检索结果后,经过梳理和分析裁判文书的争议焦点和裁判理由,从检索结果中选取出在典型性案例颁布后审结的 3 件争议焦点和裁判理由中涉及集成电路布图设计侵权纠纷的裁判文书。

这 3 件案件是:

1.（2013）苏知民终字第 0181 号"昂宝电子（上海）有限公司与南京智浦芯联电子科技有限公司、深圳市芯联半导体有限公司等侵害集成电路布图设计专有权纠纷"

2.（2013）苏知民终字第 0180 号"昂宝电子（上海）有限公司与南京智浦芯联电子科技有限公司、深圳市芯联半导体有限公司等侵害集成电路布图设计专有权纠纷"

3.（2011）宁知民初字第 529 号"原告南京通华芯微电子有限公司与被告成都启达科技有限公司、西安民展微电子有限公司等侵犯集成电路布图设计专有权纠纷"

应用情况分析

1.（2009）宁民三初字第 435 号

基于检索结果分析直接引用的情形为 0,也就是没有案件在裁判文书中直接引用典型案例。

通过对检索结果分析,上述 3 件争议焦点和裁判理由中涉及集成电路布图设计侵权纠纷的裁判文书的案件事实和争议焦点并不涉及反向工程获得的布图设计应用于商业应用的行为,不具有可比性。所以不存在案件引用或应用典型案例（2009）宁民三初字第 435 号。

2.（2014）沪高民三（知）终字第 12 号

基于检索结果分析直接引用的情形为 0,也就是没有案件在裁判文书中直接引用典型案例。

通过对检索结果分析,上述 3 件争议焦点和裁判理由中涉及集成电路布图设计侵权纠纷的裁判文书的审结日期均在典型案例（2014）沪高民三（知）终字第 12 号颁布之前,所以不具有可比性。所以不存在案件引用或应用典型案例（2014）沪高民三（知）终字第 12 号。

但是需要注意的是(2011)宁知民初字第 529 号的裁判文书中对于为进行商业利用而直接复制他人集成电路布图设计中具有独创性的布图设计的行为侵犯集成电路布图设计权的观点与典型性案例相同,而且(2011)宁知民初字第 529 号与典型性案的实际审结日期也接近。当时的南京中级法院与上海高级法院的观点一致。

3.(2014)粤高法民三终字第 1231 号

基于检索结果分析直接引用的情形为 0,也就是没有案件在裁判文书中直接引用典型案例。

并且通过对检索结果分析,上述 3 件争议焦点和裁判理由中涉及集成电路布图设计侵权纠纷的裁判文书的审结日期均在典型案例(2014)粤高法民三终字第 1231 号颁布之前,所以不具有可比性。而且这 3 件案件也不涉及合法来源判断,所以不存在案件引用或应用典型案例(2014)粤高法民三终字第 1231 号。

三、小结

通过上述检索分析在 2009 年颁布典型性案例开始,目前全国各地法院涉及集成电路布图设计的侵权案件不超过 10 件,所以在司法实践层面非常地欠缺经验,并且由于案件总数极少,对于典型案件的应用情形基本没有。因此集成电路布图设计司法保护案例要起到参考引导作用还任重而道远。

第三节　结　　语

集成电路行业是现代国家和社会的基础,而推动集成电路行业的发展和创新就需要制定和实施完善的集成电路技术保护措施。

为此我国在制定集成电路布图设计的保护体系,但是纵观这十几年,虽然我国集成电路行业得到了长足的发展和深厚的积累,但是在司法保护和司法实践层面,不但司法实践中的案件总数极少,典型案件的应用情形完全没有,而且《条例》自 2001 年颁布实施起已经过十余年,但是并未做任何修改,而整个集成电路行业和相关行业规则却发生了巨大的变化,所以相关的一些法规内容,申请规范等也需要与时俱进地更新或进一步明确。当前的司法实践并没有实现对集成电路行业的保护和规制。

所以丰富和增加司法实践、发挥知识产权司法保护案例对集成电路行业指引的作用是下一阶段法律实践者的重要课题。

附录（法条）

《条例》第二条规定：本条例下列用语的含义：

（一）集成电路，是指半导体集成电路，即以半导体材料为基片，将至少有一个是有源元件的两个以上元件和部分或者全部互连线路集成在基片之中或者基片之上，以执行某种电子功能的中间产品或者最终产品；

（二）集成电路布图设计（以下简称'布图设计'），是指集成电路中至少有一个是有源元件的两个以上元件和部分或者全部互联线路的三维配置，或者为制造集成电路而准备的上述三维配置；

（三）布图设计权利人，是指依照本条例的规定，对布图设计享有专有权的自然人、法人或者其他组织；

（四）复制，是指重复制作布图设计或者含有该布图设计的集成电路的行为；

（五）商业利用，是指为商业目的进口、销售或者以其他方式提供受保护的布图设计、含有该布图设计的集成电路或者含有该集成电路的物品的行为。"

《条例》第三条规定："中国自然人、法人或者其他组织创作的布图设计，依照本条例享有布图设计专有权。

外国人创作的布图设计首先在中国境内投入商业利用的，依照本条例享有布图设计专有权。

外国人创作的布图设计，其创作者所属国同中国签订有关布图设计保护协议或者与中国共同参加有关布图设计保护国际条约的，依照本条例享有布图设计专有权。"

《条例》第四条规定："受保护的布图设计应当具有独创性，即该布图设计是创作者自己的智力劳动成果，并且在其创作时该布图设计在布图设计创作者和集成电路制造者中不是公认的常规设计。

受保护的由常规设计组成的布图设计，其组合作为整体应当符合前款规定的条件。"

《条例》第七条规定："布图设计权利人享有下列专有权：

（一）对受保护的布图设计的全部或者其中任何具有独创性的部分进行复制；

（二）将受保护的布图设计、含有该布图设计的集成电路或者含有该集成电路的物品投入商业利用。"

《条例》第八条规定："布图设计专有权经国务院知识产权行政部门登记产生。

未经登记的布图设计不受本条例保护。"

《条例》第三十条规定："除本条例另有规定的外，未经布图设计权利人许可，有下列行为之一的，行为人必须立即停止侵权行为，并承担赔偿责任：

（一）复制受保护的布图设计的全部或者其中任何具有独创性的部分的；

（二）为商业目的进口、销售或者以其他方式提供受保护的布图设计、含有该布图设计的集成电路或者含有该集成电路的物品的。

侵犯布图设计专有权的赔偿数额,为侵权人所获得的利益或者被侵权人所受到的损失,包括被侵权人为制止侵权行为所支付的合理开支。"

《条例》第三十三条规定:"在获得含有受保护的布图设计的集成电路或者含有该集成电路的物品时,不知道也没有合理理由应当知道其中含有非法复制的布图设计,而将其投入商业利用的,不视为侵权。

前款行为人得到其中含有非法复制的布图设计的明确通知后,可以继续将现有的存货或者此前的订货投入商业利用,但应当向布图设计权利人支付合理的报酬。"

知识产权司法案例

应用研究

【下卷】

Research on the Application of
Judicial Cases of Intellectual Property

宋北平 薛琦 余晖 等◎编著

人民出版社

下篇　应　　用

第八章 专利司法案例应用研究

第一节 标准必要专利许可纠纷中行为保全
措施考虑因素如何认定

无线通信标准必要专利许可费率"禁诉令"案

作者：王荣

律师、专利代理师

一、裁判参考

标准必要专利许可纠纷案件中采取"禁诉令"性质的行为保全措施时应当考虑的因素：被申请人申请执行域外法院判决对中国诉讼的影响，采取行为保全措施是否必要，不采取行为保全措施对申请人造成的损害是否超过采取行为保全措施对被申请人造成的损害，采取行为保全措施是否损害公共利益，以及采取行为保全措施是否符合国际礼让原则等因素。此外，为了确保"禁诉令"的执行，对被申请人的违反行为适用日罚金制度。

二、案例说明

（一）案例来源

最高人民法院《民事裁定书》（2019）最高法知民终 732、733、734 号之一。

（二）案例认定

本案裁定入选最高人民法院 2020 年人民法院"十大案例"之一；最高人民法院 2020 年度知识产权"十大案例"之一；最高人民法院知识产权法庭 2020 年 10 件技术类知识产

权典型案例之一。

（三）案情简介

2018年1月，华为公司在南京市中级人民法院起诉康文森公司，诉求之一请求确认中国地区标准必要专利的许可费率。同年4月，为反制华为公司的诉讼，康文森公司向德国杜塞尔多夫法院提起专利侵权诉讼，请求判令华为公司停止侵权并赔偿损失。2019年9月16日，南京中院判决确定华为公司与康文森公司所涉标准必要专利的许可费率。康文森公司不服一审判决，向最高人民法院提起上诉。二审期间，2020年8月27日，德国法院作出一审判决，认定华为公司及其德国关联公司侵害康文森公司欧洲专利，判令华为公司停止侵权，销毁并召回侵权产品等。该判决可在康文森公司提供240万欧元担保后获得临时执行。该判决认定，康文森公司向华为公司提出的标准必要专利许可费率要约未违反公平、合理、无歧视（FRAND）原则。康文森公司的前述要约中多模2G/3G/4G移动终端产品的标准必要专利许可费率约为中国地区标准必要专利许可费率的18.3倍。当日，华为公司向最高人民法院提出行为保全申请，请求禁止康文森公司在最高人民法院终审判决作出前申请执行德国法院判决。最高人民法院在要求华为公司提供担保的基础上，作出行为保全裁定，即：康文森公司不得在最高人民法院终审判决前，申请执行上述德国判决。如违反本裁定，自违反之日起，处每日罚款人民币100万元，按日累计。该裁定于当日送达。康文森公司在复议期内提起复议。最高人民法院组织双方听证后，裁定驳回康文森公司的复议请求。

（四）案例分析

专利权人与被许可人对标准必要专利费率或FRAND产生纠纷时，通常会在多个国家发起平行诉讼。对中国企业来说，市场份额大部分来自于国内，欧洲或美国的份额较少。为了获取国外法院的禁令或高额的许可费率，从而促成双方最终达成对专利权人更为有利的全球一揽子和解协议，专利权人在国外法院起诉后可能会向国外平行诉讼法院申请"禁诉令"，即禁止中国企业针对标准必要许可费率或FRAND纠纷向例如中国法院起诉或执行判决、裁定等。截至目前，包括美国、英国、印度等国家均作出过针对性的"禁诉令"裁定，而中国并没有建立针对标准必要专利"禁诉令"的规则，因此中国企业在面对标准必要专利平行诉讼时缺少申请"禁诉令"的法律参考。

本案涉及标准必要专利许可纠纷，是中国法院知识产权领域的首个禁诉令。最高人民法院综合考虑执行德国法院判决对中国诉讼的影响、必要性、双方利益平衡、公共利益以及国际礼让等因素，并在申请人提交担保的情形下给予禁诉令。此外，为确保该禁诉令的有效尊重和执行，在法律框架内设立违反惩罚机制，健全我国知识产权诉讼的禁诉令制度。

其中，对中国诉讼的影响方面，应考虑与中国诉讼平行的德国诉讼是否会对中国诉讼的审理或执行产生实质影响，而是否属于平行诉讼，需要考虑的因素在于诉讼主体、诉讼标的等要件。若平行诉讼的执行可能阻碍中国诉讼的审判或执行，则可对该平行诉讼的执行采取禁止性保全措施。

保全措施的必要性方面，应考虑不采取保全措施对中国诉讼中申请人的合法权益以及对中国诉讼的执行等可能造成的损害。损害程度不仅仅是平行诉讼裁判的侵权赔偿或许可费，还应当考虑到行为禁令对申请人造成的市场因素的损害，且通常来说，行为禁令对申请人造成的损害难以弥补。

双方利益平衡方面，应兼顾双方的利益，将采取保全措施的合理性建立在不采取行为保全措施对申请人造成的损害和采取行为保全措施对被申请人造成的损害之间公共利益方面，在兼顾双方利益后，还应考虑到对社会公共利益的影响。

国际礼让方面，应考虑采取保全措施后对平行诉讼的影响是否在适度的范围内。

本案行为保全裁定及复议裁定作出后，各方当事人在充分尊重并切实履行本案裁定的同时进行了积极的商业谈判，达成了全球一揽子协议，结束了包括本案在内的全球多个国家的所有平行诉讼，取得了良好的法律效果和多赢的社会效果。

三、类案应用

涉及标准必要专利许可纠纷的案件在中国尚处于积极探索阶段，该"禁诉令"案对类似案件具有指导意义，深圳中院在后审理的"OPPO诉夏普案"[①]中，裁定夏普株式会社在本案终审判决作出之前，不得向其他国家、地区就本案所涉专利对OPPO公司提出新的诉讼或司法禁令，如有违反处每日罚款人民币100万元，其裁判处理思路与本案类似。武汉中院在后审理的"三星诉爱立信案"[②]中，依据相似的考量因素以及裁判思路，支持三星公司提出的"禁诉令"。深圳中院在后审理的"中兴诉康文森案"[③]中，采取了与本案基本相同的裁判思路。

---

① 深圳市中级人民法院"（2020）粤03民初689号之一"《民事裁定书》，OPPO广东移动通信有限公司、OPPO广东移动通信有限公司深圳分公司与夏普株式会社、赛恩倍吉日本株式会社标准必要专利许可纠纷案；合议庭：卞飞、蒋筱熙、陈文全、兰诗文、王媛媛、钟小凯、应连。

② 武汉市中级人民法院"（2020）鄂01知民初743号"《民事裁定书》，三星（中国）投资有限公司、三星（中国）投资有限公司武汉分公司、三星电子株式会社与爱立信公司专利实施许可合同纠纷；合议庭：尹为、许继学、赵千喜、蒋劢君、周书博；裁判日期：2020年12月25日。

③ 深圳市中级人民法院"（2018）粤03民初335号之一"《民事裁定书》，中兴通讯股份有限公司与康文森无线许可有限公司标准必要专利许可纠纷案；合议庭：胡志光、祝建军、杨馥维；裁判日期：2020年9月28日。

附："禁诉令"类案检索表

时间	审理法院/案号	平行诉讼情况	裁判要点
2020.8	最高院(2019)最高法知民终 732、733、734 号之一	1.康文森在德国获得针对华为停止侵权的一审判决,且提交保证金后即可申请执行; 2.德国法院确认康文森符合"FRAND"原则,但其提出的许可费率是南京中院一审确定费率的18.3 倍。	对于禁止申请执行域外法院判决的行为保全申请,考虑被申请人申请执行域外法院判决对中国诉讼的影响,采取行为保全措施是否确属必要,不采取行为保全措施对申请人造成的损害是否超过采取行为保全措施对被申请人造成的损害,采取行为保全措施是否损害公共利益,以及采取行为保全措施是否符合国际礼让原则等因素进行综合判断。并在申请人提交担保的情况下,裁定行为保全措施。
2020.12	武汉中院(2020)鄂 01 知民初 743 号	1.爱立信在德州东区法院起诉三星公司违反 FRAND 义务; 2.三星公司在武汉中院提起单方面专利许可费确认之诉。	武汉中院从以下几个方面对申请人的申请进行分析,进而决定同意采取其行为保全申请事项:其一,本案是否存在因被申请人行为导致判决难以执行的情形;其二,不采取行为保全措施是否会使申请人的合法权益受到难以弥补的损害;其三,不采取行为保全措施对申请人造成的损害是否超过采取行为保全措施对被申请人造成的损害;其四,采取行为保全措施是否损害社会公共利益和国际民事诉讼秩序;其五,申请人是否为行为保全申请提供了有效的担保。
	深圳中院(2020)粤 03 民初 689 号之一	1.夏普在日本、德国、中国台湾地区提取专利侵权诉讼,并向日本东京法院申请临时禁令; 2.夏普与 OPPO 未签订 NDA 即起诉,OPPO 向深圳中院提起诉讼主张违反 FRAND 义务。	夏普在本案终审判决作出之前,不得向其他国家、地区就本案所涉专利对 OPPO 公司提出新的诉讼或司法禁令,如有违反处每日罚款人民币 100 万元。
2020.9	深圳中院(2018)粤 03 民初 335 号之一	1.康文森在德国中国获得针对中兴停止侵权的一审判决,且提交保证金后即可申请执行; 2.德国法院确认康文森符合"FRAND"原则,但其提出的许可费率是南京中院一审确定费率的十几倍,中兴与华为相似。	考虑被申请人申请执行域外法院判决对中国诉讼的影响,采取行为保全措施是否确属必要,不采取行为保全措施对申请人造成的损害是否超过采取行为保全措施对被申请人造成的损害,采取行为保全措施是否损害公共利益,以及采取行为保全措施是否符合国际礼让原则等因素进行综合判断。并在申请人提交担保的情况下,裁定行为保全措施。

四、诠释法律

《中华人民共和国民事诉讼法(2021 年修正)》规定:

第一百零三条 人民法院对于可能因当事人一方的行为或者其他原因,使判决难以执行或者造成当事人其他损害的案件,根据对方当事人的申请,可以裁定对其财产进行保全、责令其作出一定行为或者禁止其作出一定行为;当事人没有提出申请的,人民法院在必要时也可以裁定采取保全措施。

人民法院采取保全措施,可以责令申请人提供担保,申请人不提供担保的,裁定驳回申请。

人民法院接受申请后,对情况紧急的,必须在四十八小时内作出裁定;裁定采取保全措施的,应当立即开始执行。

标准必要专利许可纠纷案件会涉及多个平行诉讼,因此针对同一裁判事项例如标准必要专利许可费率可能会出现不同法域的裁判结果,专利权人在域外申请执行后可能导致国内裁判面临无法执行的后果。被许可人面对国内判决难以执行或被迫接受高额许可费率的情形,申请国内法院作出禁止专利权人执行国外法院裁判的行为保全措施具有紧迫性和必要性。

第二节 马库什方式撰写的化合物权利要求如何认定

"马库什权利要求"专利无效行政纠纷案

作者:贺伊博

律师、专利代理师

一、裁判参考

马库什方式撰写的化合物权利要求一直被视为结构式的表达方式,而非功能性的表达方式。马库什权利要求限定的是并列的可选要素而非权利要求,应当符合专利法和专利法实施细则关于单一性的规定。马库什权利要求应当被视为马库什要素的集合,而不是众多化合物的集合,应当理解为具有共同性能和作用的一类化合物。

二、案例说明

(一) 案例来源

最高人民法院(2016)最高法行再41号《行政判决书》。

(二) 案例认定

本案再审判决入选最高人民法院2017年中国法院10大知识产权案件之一,并被收录于《最高人民法院知识产权案件年度报告(2017)》和《中华人民共和国最高人民法院公报(2018 年卷)》。

（三）案情简介

第一三共株式会社系名称为"用于治疗或预防高血压症的药物组合物的制备方法"、专利号为 97126347.7 的发明专利（以下简称"本专利"）的权利人。2010 年 4 月 23 日，北京万生药业有限责任公司（以下简称"万生公司"）针对本专利权向国家知识产权局专利复审委员会（以下简称"专利复审委员会"）提出无效宣告请求。2011 年 4 月 1 日，专利复审委员会作出第 16266 号无效宣告请求审查决定（以下简称"第 16266 号决定"），维持本专利权全部有效。万生公司不服第 16266 号决定，向北京市第一中级人民法院提起行政诉讼。

一审法院认为，第一三共株式会社对该马库什权利要求中马库什要素的删除并不直接等同于并列技术方案的删除，不符合 2002 年修订的《中华人民共和国专利法实施细则》（以下简称"专利法实施细则"）第六十八条的规定。专利复审委员会对此以不符合上述规定而不予接受该修改文本并不存在法律适用错误。

万生公司不服一审判决，向北京市高级人民法院提起上诉，请求撤销一审判决及第 16266 号决定，责令专利复审委员会重新作出审查决定。其理由之一为：专利复审委员会不允许第一三共株式会社对本专利权利要求 1 所作的部分修改属于适用法律不当。

二审法院认为，马库什权利要求是在一项权利要求中限定多个并列的可选择要素，具体而言，是指在一个权利要求中包括多个变量，每一个变量又包括多个不同选择项的以并列可选项的罗列为主要特征来表达权利要求保护范围的一种权利要求类型。因此，当马库什权利要求涉及化合物时，这些化合物之间是并列选择关系，每个化合物是一个独立的技术方案，该权利要求所概括的是多个技术方案的集合，各要素间都可以相互替代而达到相同的效果。既然认为马库什权利要求属于并列技术方案的特殊类型，而且这种删除缩小了专利权的保护范围，符合专利法实施细则第六十八条第一款规定，并未损害公众利益，即应当允许专利权人删除相关的选择项。

再审申请人专利复审委员会不服二审判决，向最高院申请再审。针对上述争议焦点，最高院认为，马库什权利要求应当被视为马库什要素的集合，而不是众多化合物的集合，马库什要素只有在特定情况下才会表现为单个化合物，但通常而言，马库什要素应当理解为具有共同性能和作用的一类化合物。纠正了二审判决中对马库什权利是化合物之间并列选择关系的认定。

（四）案例分析

本案涉及马库什权利要求的性质等问题。马库什权利要求是化学医药发明专利领域相对特殊的权利要求撰写方式,基于其特有的概括功能,其在该领域中的运用日益广泛。马库什权利要求的性质等问题,将直接影响到数量众多的化学医药类专利技术方案的申请与授权,一直都受到业界与学术界的高度关注。最高院在本案中明确,马库什权利要求限定的是并列的可选要素而非权利要求,其所有可选择化合物具有共同性能和作用,并且具有共同的结构或者所有可选择要素属于该发明所属领域公认的同一化合物。虽然马库什权利要求的撰写方式特殊,但是也应当符合专利法和专利法实施细则关于单一性的规定。

马库什权利要求具有极强的概括能力,一旦获得授权,专利权保护范围将涵盖所有具有相同结构、性能或作用的化合物,专利权人权益将得到最大化实现。而从本质而言,专利权是对某项权利的垄断,专利权人所享有的权利范围越大,社会公众所受的限制也就越多,因此,从公平角度出发,对马库什权利要求的解释应当从严。马库什权利要求不管包含多少变量和组合,都应该视为一种概括性的组合方案。选择一个变量应该生成一种具有相同效果药物,即选择不同的分子式生成不同的药物,但是这些药物的药效不应该有太大差异,相互应当可以替代,而且可以预期所要达到的效果是基本相同的,这才符合当初创设马库什权利要求的目的。因此,马库什权利要求应当被视为马库什要素的集合,而不是众多化合物的集合,马库什要素只有在特定情况下才会表现为单个化合物,但通常而言,马库什要素应当理解为具有共同性能和作用的一类化合物。如果认定马库什权利要求所表述的化合物是众多化合物的集合,就明显与单一性要求不符。本案对上述重要法律规则的明确和厘清,对化学医药领域专利申请的撰写与审查具有指导意义。

三、类案应用

本案再审判决入选最高人民法院 2017 年中国法院 10 大知识产权案件之一,并被收录于《最高人民法院知识产权案件年度报告(2017)》和《中华人民共和国最高人民法院公报(2018 年卷)》。其中明确了马库什权利要求的性质为具有共同性能和作用的一类化合物。

此案之前,在拜尔公司诉专利复审委员会发明专利权无效行政纠纷案①②中,一审法院和二审法院均认为马库什权利要求属于将并列的技术方案撰写于同一权利要求的典型

---

① 北京市第一中级人民法院"(2011)一中知行初字第 3225 号"《行政判决书》,拜尔公司和中华人民共和国国家知识产权局专利复审委员会、江苏七洲绿色化工股份有限公司;合议庭:芮松艳、王东勇、殷悦;判决日期:2013 年 7 月 3 日。

② 北京市高级人民法院"(2013)高行终字第 2046 号"《行政判决书》,中华人民共和国国家知识产权局专利复审委员会和拜尔公司、江苏七洲绿色化工股份有限公司;合议庭:岑宏宇、刘庆辉、焦彦;判决日期:2013 年 12 月 20 日。

情形。原因在于马库什权利要求包含有多个并列的可选择要素,即马库什要素,其中的每一个马库什要素与马库什权利要求中的其他技术特征相结合均能解决该权利要求所要解决的技术问题,均构成独立的技术方案。因此,专利复审委员会将马库什权利要求认定为属于在具体实施的技术方案基础上根据一定的构效关系进行概括而形成的一个整体技术方案,显属不当。

在吉联亚科学股份有限公司诉专利复审委员会发明专利权无效行政纠纷案[①②]中,一审法院认为,马库什权利要求并非必然是若干并列技术方案的集合,除特殊情况下,该权利要求原则上应被视为一个技术方案。在对马库什权利要求进行优先权核实时,原则上应以整个权利要求,而非该权利要求中所包括的具体化合物作为对比依据。据此,原告认为马库什权利要求应被视为若干并列技术方案的集合的理由不能成立。二审法院也认为,马库什权利要求是一种特殊的权利要求撰写方式,它是对多项技术方案进行概括的撰写方法,但不同于诸如上位概念概括等一般的概括方法,虽形式上具有整体性,但实质上并非单一的技术方案。

由此可见,此案之前各级法院对于马库什权利要求性质的认定不统一,但此案之后的类似案件中,各级人民法院均秉承了此案的裁判规则[③④⑤⑥⑦⑧],认定马库什权利要求应理解为由各可选项所共同构成的一个整体技术方案。

① 北京知识产权法院"(2015)京知行初字第 1297 号"《行政判决书》,吉联亚科学股份有限公司和中华人民共和国国家知识产权局专利复审委员会、上海奥锐特实业有限公司、正大天晴药业集团股份有限公司、刘晓海;合议庭:芮松艳、张晰昕、蒋莉莉;判决日期:2016 年 9 月 27 日。

② 北京市高级人民法院"(2017)高行终第 1806 号"《行政判决书》,吉联亚科学股份有限公司和中华人民共和国国家知识产权局专利复审委员会、上海奥锐特实业有限公司、正大天晴药业集团股份有限公司、刘晓海;合议庭:焦彦、戴怡婷、马军;判决日期:2017 年 12 月 19 日。

③ 北京知识产权法院"(2015)京知行初字第 2988 号"《行政判决书》,雅宝公司和专利复审委员会;合议庭:芮松艳、曹军庆、李小娟;判决日期:2018 年 4 月 23 日。

④ 北京知识产权法院"(2018)京 73 行初 9342 号"《行政判决书》,巴斯夫欧洲公司和专利复审委员会、陕西美邦药业集团股份有限公司;合议庭:芮松艳、崔颖、王爱红;判决日期:2020 年 12 月 29 日。

⑤ 最高人民法院"(2019)最高法知行终 218 号"《行政判决书》,安徽省锦江农化有限公司和国家知识产权局、成都科利隆生化有限公司;合议庭:岑宏宇、张宏伟、周平;判决日期:2020 年 5 月 19 日。

⑥ 最高人民法院"(2019)最高法知行终 227 号"《行政判决书》,国家知识产权局和 FMC 公司;合议庭:刘晓军、唐小妹、李自柱;判决日期:2020 年 4 月 23 日。

⑦ 北京知识产权法院"(2017)京 73 行初 8928 号"《行政判决书》,广州金凯新材料有限公司和国家知识产权局、科莱恩化工(中国)有限公司;合议庭:侯占恒、宣增植、贾亚男;判决日期:2020 年 7 月 1 日。

⑧ 北京知识产权法院"(2018)京 73 行初 9854 号"《行政判决书》,卡伯特微电子公司和国家知识产权局、罗门哈斯电子材料 CMP 控股公司;合议庭:刘仁婧、宋利、陈月英;判决日期:2020 年 12 月 24 日。

附:案例参考

时间	审理法院/案号	涉诉专利	争议焦点及法院认定	裁判要点
2013.7、2013.12	（2011）一中知行初字第3225号、（2013）高行终字第2046号	"3－芳基－4－羟基－△3－二氢呋喃酮衍生物、其制备方法、含有它们的农药与用途"	(1)在无效阶段是否可将本专利授权公告文本权利要求第1-3项部分取代基定义中"可任选"以及"A和B"定义中"可被"中的用词"可"进行了删除;(2)法院认为:马库什权利要求包含有多个并列的可选择要素,即马库什要素,其中的每一个马库什要素与马库什权利要求中的其他技术特征相结合均能解决该权利要求所要解决的技术问题,均构成独立的技术方案。因此,专利复审委员会将马库什权利要求认定为属于在具体实施的技术方案基础上根据一定的构效关系进行概括而形成的一个整体技术方案,显属不当。	马库什权利要求包含有多个并列的可选择要素,其中的每一个马库什要素与马库什权利要求中的其他技术特征相结合均能解决该权利要求所要解决的技术问题,均构成独立的技术方案。
2016.9、2017.12	（2015）京知行初字第1297号、（2017）高行终第1806号	"核苷酸类似物"	(1)马库什权利要求是否应被理解为该权利要求范围内所包含的全部具体化合物的集合,其中每个具体化合物均为单独的技术方案;(2)法院认为:马库什权利要求并非必然是若干并列技术方案的集合,除特殊情况下,该权利要求原则上应被视为一个技术方案。在对马库什权利要求进行优先权核实时,原则上应以整个权利要求,而非该权利要求中所包括的具体化合物作为对比依据。据此,原告认为马库什权利要求应被视为若干并列技术方案的集合的理由不能成立。	马库什权利要求是一种特殊的权利要求撰写方式,它是对多项技术方案进行概括的撰写方法,但不同于诸如上位概念概括等一般的概括方法,虽形式上具有整体性,但实质上并非单一的技术方案。
2018.4	（2015）京知行初字第2988号	"由二烷基铝阳离子前体试剂得到的铝氧烷催化剂活化剂、用于制备其的方法以及其在催化剂和烯烃聚合中的用途"	(1)被诉决定选取权利要求1中具体可选项作为独立的技术方案与本申请进行对比,其有违马库什权利要求应理解为整体技术方案的原则;(2)法院认为:除特殊情形外,马库什权利要求应理解为由各可选项所共同构成的一个整体技术方案。判断马库什权利要求是否被公开,取决于在先技术方案中包括马库什要素在内的各技术特征是否均落入在后马库什权利要求的范围内。	马库什权利要求原则上应被视为一个技术方案,而非并列技术方案的集合。

341

时间	审理法院/案号	涉诉专利	争议焦点及法院认定	裁判要点
2020.12	（2018）京73行初9342号	"杀真菌混剂"	(1)"X是CH"与"X是N"是否是两个并列技术方案，将授权文本权利要求1中的"X是CH和N"修改为"X是CH"是否属于对技术方案的删除；(2)法院认为：马库什权利要求原则上应被视为一个技术方案，而非并列技术方案的集合，故原告依据X的可选项数量将权利要求1划分为两个并列技术方案的主张不能成立，相应地，其有关删除"X是N"属于技术方案的删除的主张亦不能成立。	马库什权利要求原则上应被视为一个技术方案，而非并列技术方案的集合。
2020.5	（2019）最高法知行终218号	"一种含有双草醚与五氟磺草胺的农药组合物及其应用"	(1)证据4是否公开了包含双草醚和五氟磺草胺作为有效成分的除草组合；(2)法院认为：证据4公开的除草组合物中，与"五氟磺草胺"并列可选择的活性成分共有10种，与"双草醚"并列可选择的活性成分共有3种，表明上述两种有效成分各自选自多种并列的可选择要素，但"马库什"权利要求限定的是并列的可选要素而非权利要求，其所有可选择化合物具有共同性能和作用，并且具有共同的结构或者所有可选择要素属于该发明所属领域公认的同一化合物。"马库什"权利要求不管包含多少变量和组合，都应该视为一种概括性的组合方案。"马库什"权利要求应当被视为"马库什"要素的集合，而不是众多化合物的集合，"马库什"要素只有在特定情况下才会表现为单个化合物，但通常而言，"马库什"要素应当理解为具有共同性能和作用的一类化合物。因此，证据4的权利要求是"马库什"要素的集合，而非化合物的集合，其并未公开只含有双草醚和五氟磺草胺两种有效成分的具体化合物。	"马库什"权利要求应当被视为"马库什"要素的集合，而不是众多化合物的集合，"马库什"要素只有在特定情况下才会表现为单个化合物。

续表

时间	审理法院/案号	涉诉专利	争议焦点及法院认定	裁判要点
2020.4	（2019）最高法知行终227号	"杀真菌的吡唑化合物"	(1)如果权利要求1是马库什权利要求,最接近的现有技术为具体化合物,此时如何确定区别特征;(2)法院认为:马库什权利要求一般是指限定多个并列且可选择要素的一个权利要求。马库什权利要求是化学发明中较为常见的一种权利要求撰写方式,其可选择要素一般具有相类似的性质,如这些可选择要素在技术上相互关联,具有相同或相应的特定技术特征。此时,在判断马库什权利要求的创造性时,如果马库什权利要求中可选择要素的部分要素已经被现有技术公开,通常认为包含该可选择要素的技术特征已经被现有技术公开。如果马库什权利要求中可选择要素的部分要素系被最接近的现有技术公开,则通常可以认为包含该可选择要素的技术特征不构成该马库什权利要求相对于该最接近的现有技术的区别技术特征。	如果马库什权利要求中可选择要素的部分要素已经被现有技术公开,通常认为包含该可选择要素的技术特征已经被现有技术公开。如果马库什权利要求中可选择要素的部分要素系被最接近的现有技术公开,则通常可以认为包含该可选择要素的技术特征不构成该马库什权利要求相对于该最接近的现有技术的区别技术特征。
2020.7	（2017）京73行初8928号	"一种用于聚合物的添加剂组合物和其制备方法及由其组成的阻燃热塑性聚合物模塑材料"	(1)是否允许将权利要求1和10中的"R1、R2相同或不同,表示为乙基、丙基和/或丁基"修改为"R1、R2相同,表示为乙基";(2)法院认为:马库什权利要求原则上应被视为一个技术方案,而非若干并列技术方案的集合。因此,在对马库什权利要求进行修改时,亦原则上应以整个权利要求,而非该权利要求中所包括的具体化合物作为修改对象。权利要求1和10中对化合物的限定除了R1、R2以外,还有M、m、R3等多个变量,删除其中某个变量的部分可选项,不仅不属于并列技术方案的删除,而且会形成在原有权利要求的保护范围内的新选择。因此,原告的该项主张中未将马库什权利要求视为一个技术方案,而是将其视为若干具体化合物的集合,该主张对马库什权利要求性质的理解有误。	马库什权利要求原则上应被视为一个技术方案,而非若干并列技术方案的集合。

时间	审理法院/案号	涉诉专利	争议焦点及法院认定	裁判要点
2020.12	（2018）京73行初9854号	"含有鎓的CMP组合物及其使用方法"	（1）将原权利要求3和9中鎓化合物包括的鏻盐通式中R1、R2、R3及R4取代基限定为"各自独立地为选自如下的烃基:直链C1-C16烷基和C6芳基"是否可以接受; （2）法院认为:基于马库什要素R1、R2、R3、R4、X-的选择应当是允许的,但不能删除相关联的马库什要素。在原告2017年12月7日提交的修改文本中,修改后的权利要求1中所增加的"所述至少一种鎓化合物"的特征并不是原权利要求3中记载的一个或者多个技术特征,而是对原权利要求3的马库什要素进行删减后得到的新特征,即将相关联的马库什要素"R1与R2可一起形成具有磷P的饱和杂环、不饱和杂环或芳族杂环,条件为当该杂环为芳族杂环时,R4不存在"删除,这种删除不属于并列技术方案的删除,也不属于补入其他权利要求中记载的一个或者多个技术特征。故被告对原告于2017年12月7日提交的修改文本不予接受并无不妥。	马库什权利要求应当被视为马库什要素的集合,而不是众多化合物的集合。对于马库什权利要求技术方案保护范围的理解,应当基于各马库什要素构成的技术方案所限定的范围。各马库什要素构成的技术方案应当是独立的完整的技术方案。

四、诠释法律

《中华人民共和国专利法》第三十一条第一款规定:

一件发明或者实用新型专利申请应当限于一项发明或者实用新型。属于一个总的发明构思的两项以上的发明或者实用新型,可以作为一件申请提出。

第三节　如何区分"等同特征"和"功能性特征的等同"

"蔬菜水果分选装置"专利侵权案

作者:贺伊博

律师、专利代理师

一、裁判参考

《最高人民法院关于审理专利纠纷案件适用法律问题的若干规定》(以下简称"专利纠纷若干规定")第十七条规定的"等同特征"的认定,与《最高人民法院关于审理侵犯专利权纠纷案件应用法律若干问题的解释(二)》(以下简称"司法解释二")第八条第二款规定的"相应技术特征与功能性特征……等同"的认定是不同的。二者虽然都要求"以基本相同的手段",并且"无须经过创造性劳动就能够联想到",但在适用对象和对比基础以及认定标准两个方面存在重要区别。

二、案例说明

(一) 案例来源

最高人民法院(2017)最高法民申 1804 号《民事裁定书》。

(二) 案例认定

本案再审判决入选最高人民法院 2018 年中国法院 50 件典型知识产权案例。

(三) 案情简介

陆杰是名称为"一种蔬菜水果分选装置"的实用新型专利的专利权人。再审申请人临海市利农机械厂(以下简称"利农机械厂")因与被申请人陆杰,二审被上诉人吴茂法、李成任、张天海侵害实用新型专利权纠纷一案,不服海南省高级人民法院(2017)琼民终 28 号民事判决,向最高人民法院申请再审①。其中,双方对于涉案专利权利要求 1 中的"传动链轮(6)"是否属于"功能性特征"以及针对该特征二审判决是否正确适用《司法解释二》第八条第二款的规定产生分歧。最高人民法院再审认为,涉案专利的传动系统包括电机、传动链轮、转动链轮、传动轴,权利要求 1 中的传动链轮是常用的机械部件,用于将电机产生的动力传导到传动轴,使传动轴、转动链轮转动。其适用《专利纠纷若干规定》第十七条的规定判断是否构成等同特征。二审法院并未认定涉案专利的"传动链轮"为"功能性特征",但又以《司法解释二》第八条作为法律依据,认定被诉侵权产品的"蜗杆传动"与涉案专利中的"传动链轮"构成"技术特征等同",实质上是混淆了《专利纠纷若干规定》第十七条规定的"等同特征"和《司法解释二》第八条规定的"与功能性特征……等同",适用法律有所不当,最高人民法院予以纠正。

---

① 浙江省高级人民法院"(2016)浙民终 348 号"《民事判决书》,高晶晶和临海市静思夜眼镜厂、杭州阿里巴巴广告有限公司;合议庭:王亦非、王磊、李臻;判决日期:2016 年 7 月 25 日。

（四）案例分析

《司法解释（二）》第八条第一款规定："功能性特征，是指对于结构、组分、条件或其之间的关系等，通过其在发明创造中所起的功能或者效果进行限定的技术特征，但本领域技术人员仅通过阅读权利要求即可直接、明确地确定实现上述功能或者效果的具体实施方式的除外。"本案中，涉案专利的传动系统包括电机、传动链轮、转动链轮、传动轴，权利要求1中的传动链轮是常用的机械部件，用于将电机产生的动力传导到传动轴，使传动轴、转动链轮转动。传动链轮该技术特征并不是通过其在专利中所起的功能或者效果进行限定的技术特征。因此其应适用《专利纠纷若干规定》第十七条的规定判断是否构成等同特征。

在本案中，最高人民法院进一步明确了"等同特征"与"功能性特征的等同"具有如下重要区别：（1）适用对象。当技术特征符合《最高人民法院关于审理侵犯专利权纠纷案件应用法律若干问题的解释》（以下简称"《司法解释一》"）第四条、《司法解释二》第八条第一款规定的"功能性特征"时，适用《司法解释二》第八条第二款的规定，除此之外的其他技术特征适用《专利纠纷若干规定》第十七条的规定。（2）对比基础。"等同特征"的对比基础是权利要求记载的技术特征本身，而"功能性特征的等同"的对比基础是在说明书及附图中记载的，实现功能性特征的功能或者效果"不可缺少的技术特征"。（3）认定标准。"等同特征"应当以三基本作为认定标准，而"功能性特征的等同"则必须"实现相同的功能""达到相同的效果"，认定标准更为严格。

三、类案应用

本案再审判决入选最高人民法院2018年中国法院50件典型知识产权案例，其中明确了"等同特征"与"功能性特征的等同"的重要区别。此案之前，在高晶晶诉临海市静思夜眼镜厂、杭州阿里巴巴广告有限公司等侵害发明专利权纠纷系列案件①②③④中，浙江高级人民法院认为功能性特征与通常以产品结构或方法步骤予以限定的技术特征在解释和比对规则方面均有所区别。在涉及功能性特征的等同比对应当遵循功能性特征的甄别、解释、比对等步骤加以审查。在此之后的类似案件中，各级人民法院或直接或间接地

---

① 浙江省高级人民法院"（2016）浙民终348号"《民事判决书》，高晶晶和临海市静思夜眼镜厂、杭州阿里巴巴广告有限公司；合议庭：王亦非、王磊、李臻；判决日期：2016年7月25日。

② 浙江省高级人民法院"（2016）浙民终311号"《民事判决书》，高晶晶和义乌市佳德利眼睛商行；合议庭：王亦非、王磊、李臻；判决日期：2016年7月25日。

③ 浙江省高级人民法院"（2016）浙民终310号"《民事判决书》，高晶晶和义乌市鑫光眼睛商行；合议庭：王亦非、王磊、李臻；判决日期：2016年7月25日。

④ 浙江省高级人民法院"（2016）浙民终347号"《民事判决书》，高晶晶和临海市拉拉眼睛有限公司、杭州阿里巴巴广告有限公司；合议庭：王亦非、王磊、李臻；判决日期：2016年7月25日。

有体现该区别。比如在高晶晶诉吴志杰等侵害发明专利权纠纷系列案件①②③中,广州知识产权法院同样也认为功能性特征与通常以产品结构或方法步骤予以限定的技术特征在解释和比对规则方面均有所区别,因此在涉及功能性特征的专利侵权纠纷中,应当根据《司法解释(二)》第八条先行甄别涉案争议特征是否为功能性特征。如果该争议特征是功能性特征,再根据《司法解释一》第四条确定等同的范围。

附:案例参考

时间	审理法院/案号	涉诉专利	争议焦点及法院认定	裁判要点
2016.7	(2016)浙民终348号、(2016)浙民终347号、(2016)浙民终311号、(2016)浙民终310号	"一种可折叠成盒子的眼镜"	(1)"连接机构的一端与连接对象形成转动连接结构"是否属于功能性特征;(2)法院认为:其是对连接机构与连接对象连接之后所应达到的效果进行限定的技术特征,属于功能性特征;其中关于利用弹簧伸缩性而产生固定角度卡止效果的特征是对转动连接结构所应达到的效果进行限定的技术特征,属于功能性特征。涉案专利说明书中通过将缩颈的形状制成多棱柱状体(如四棱柱体)以实现这一效果,应以该具体实施方式及其等同的实施方式,确定该技术特征的内容。	在涉及功能性特征的专利侵权纠纷中,应当根据《司法解释(二)》第八条先行甄别涉案争议特征是否为功能性特征。如果该争议特征是功能性特征,再根据《司法解释一》第四条确定等同的范围。
2019.3	(2018)粤73民初1790号、(2018)粤73民初1789号、(2018)粤73民初1788号	"一种可折叠成盒子的眼镜"	(1)"并利用弹簧的伸缩性而具有固定角度卡止作用"是否属于功能性特征;(2)法院认为:该特征并未载明连接机构的具体结构或方法步骤特征,而是依据连接结构在涉案发明中所起的固定角度卡止的效果进行限定的技术特征,且具有固定角度卡止效果的连接机构并非眼镜相关领域约定俗成的技术术语,该领域普通技术人员仅通过阅读涉案权利要求难以直接、明确地确定连接机构实现固定角度卡止效果的具体实施方式,故该争议技术特征属于功能性特征;该功能性特征的内容应结合说明书和附图描述的该功能或者效果的具体实施方式及其等同的实施方式加以确定。	对功能性特征的认定,应考虑该特征与权利要求中其他技术特征之间的适配关系,以及因此而对实现权利要求限定的功能和效果的具体实施方式的影响。

---

① 广州知识产权法院"(2018)粤73民初1790号"《民事判决书》,高晶晶和吴志杰;合议庭:谭海华、冯金爱、曲敏华;判决日期:2019年3月6日。
② 广州知识产权法院"(2018)粤73民初1789号"《民事判决书》,高晶晶和广州市越秀区浦泽眼睛商行;合议庭:谭海华、冯金爱、曲敏华;判决日期:2019年3月6日。
③ 广州知识产权法院"(2018)粤73民初1788号"《民事判决书》,高晶晶和广州市越秀区渴乐吧饮品店;合议庭:谭海华、冯金爱、曲敏华;判决日期:2019年3月6日。

四、诠释法律

《最高人民法院关于审理侵犯专利权纠纷案件应用法律若干问题的解释》第四条规定：

> 对于权利要求中以功能或者效果表述的技术特征，人民法院应当结合说明书和附图描述的该功能或者效果的具体实施方式及其等同的实施方式，确定该技术特征的内容。

《最高人民法院关于审理侵犯专利权纠纷案件应用法律若干问题的解释（二）》第八条第一款规定：

> 功能性特征，是指对于结构、组分、步骤、条件或其之间的关系等，通过其在发明创造中所起的功能或者效果进行限定的技术特征，但本领域普通技术人员仅通过阅读权利要求即可直接、明确地确定实现上述功能或者效果的具体实施方式的除外。

第四节 "功能性特征"除外情形的认定

"刮水器连接器"专利侵权案

作者：路伟廷

律师、专利代理师

一、裁判参考

如果专利权利要求的某个技术特征已经限定或者隐含了特定结构、组分、步骤、条件或其相互之间的关系等，即使该技术特征同时还限定了其所实现的功能或者效果，亦不属于《最高人民法院关于审理侵犯专利权纠纷案件应用法律若干问题的解释（二）》第八条所称的功能性特征。

二、案例说明

（一）案例来源

最高人民法院《民事判决书》（2019）最高法知民终 2 号。

（二）案例认定

本案二审判决入选最高人民法院指导案例 115 号，同时入选最高人民法院 2019 年中国法院 10 大知识产权案件之一。在本案二审判决作出后，本案一审判决入选 2019 年上海法院知识产权司法保护 10 大案件之一。

（三）案情简介

瓦莱奥清洗系统公司（以下简称"瓦莱奥公司"）是涉案"机动车辆的刮水器的连接器及相应的连接装置"发明专利的专利权人，该专利仍在保护期内。瓦莱奥公司于 2016 年向上海知识产权法院提起诉讼称，厦门卢卡斯汽车配件有限公司（以下简称"卢卡斯公司"）、厦门富可汽车配件有限公司（以下简称"富可公司"）未经许可制造、销售、许诺销售，陈少强未经许可制造、销售的雨刮器产品落入其专利权保护范围。瓦莱奥公司请求判令卢卡斯公司、富可公司和陈少强停止侵权，赔偿损失及制止侵权的合理开支暂计 600 万元，并请求人民法院先行判决卢卡斯公司、富可公司和陈少强立即停止侵害涉案专利权的行为。

（四）案例分析

本案的争议焦点之一在于"在所述关闭位置，所述安全搭扣面对所述锁定元件延伸，用于防止所述锁定元件的弹性变形，并锁定所述连接器"的技术特征是否属于功能性特征，该争议焦点涉及"功能性特征"的认定，尤其是"功能性特征"除外情形的认定。

对此，上海知识产权法院一审认为，上述技术特征仅仅披露了安全搭扣与锁定元件即弹性元件之间的方向及位置关系，该方位关系并不足以防止锁定元件的弹性变形，本领域普通技术人员仅通过阅读权利要求不能直接、明确地确定实现"防止锁定元件的弹性变形，并锁定连接器"这一功能的技术方案，故上述技术特征属于功能性特征。

最高人民法院二审认为，功能性特征是指不直接限定发明技术方案的结构、组分、步骤、条件或其之间的关系等，而是通过其在发明创造中所起的功能或者效果对结构、组分、步骤、条件或其之间的关系等进行限定的技术特征。如果某个技术特征已经限定或者隐含了发明技术方案的特定结构、组分、步骤、条件或其之间的关系等，即使该技术特征还同时限定了其所实现的功能或者效果，原则上亦不属于《最高人民法院关于审理侵犯专利权纠纷案件应用法律若干问题的解释（二）》第八条所称的功能性特征，不应作为功能性特征进行侵权比对。前述技术特征实际上限定了安全搭扣与锁定元件之间的方位关系并隐含了特定结构——"安全搭扣面对所述锁定元件延伸"，该方位和结构所起到的作用是"防止所述锁定元件的弹性变形，并锁定所述连接器"。根据这一方位和结构关系，结合涉案专利说明书及其附图,特别是说明书第【0056】段关于"连接器的锁定由搭扣的垂直侧壁的内表面保证,内表面沿爪外侧表面延伸,因此,搭扣阻止爪向连接器外横向变形,因此连接器不能从钩形端解脱出来"的记载,本领域普通技术人员可以理解,"安全搭扣面对所述锁定元件延伸",在延伸部分与锁定元件外表面的距离足够小的情况下,就可以起到防止锁定元件弹性变形并锁定连接器的效果。可见,前述技术特征的特点是,既限定了特定的方位和结构,又限定了该方位和结构的功能,且只有将该方位和结构及其所起到的功能结合起来理解,才能清晰地确定该方位和结构的具体内容。这种"方位或者结构+功能性描述"的技术特征虽有对功能的描述,但是本质上仍是方位或者结构特征,不是《最高人民法院关于审理侵犯专利权纠纷案件应用法律若干问题的解释(二)》第八条意义上的功能性特征。

司法实践中,功能性特征的认定一直是一个难点,对于功能性特征的除外情形更是争议颇多。在本案作出之前,最高人民法院在 2018 年中国法院 50 件典型知识产权案例之一的"蔬菜水果分选装置"专利侵权案(最高人民法院(2017)最高法民申 1804 号民事裁定书)中指出,如果技术特征中除了功能或者效果的限定之外,同时也限定了与该功能或者效果对应的结构特征,并且本领域技术人员仅通过阅读权利要求书,即可直接、明确地确定该结构特征的具体实现方式,并且该具体实现方式可以实现该功能或者效果的,则这种同时使用"结构"与"功能或者效果"限定的技术特征并不属于"功能性特征",并将其作为裁判规则写入最高人民法院知识产权案件年度报告(2018)中。作为最高人民法院知识产权法庭成立后的第一案,本案对功能性特征除外情形的认定进行了重申和进一步释明。

三、类案应用

在"功能性特征"的类案检索中,我们没有发现与本案类似的采用"方位或者结构+功能性描述"这种双重限定的除外情形,但发现了"公知常识"的除外情形。例如,在再审申请人 SMC 株式会社与被申请人乐清市博日气动器材有限公司、上海宇耀五金模具有限公司等侵害发明专利权纠纷案(最高人民法院(2019)最高法民申 5477 号民事裁定书)中,最高人民法院指出,基于专利申请日前本领域普通技术人员的知识水平和认知能力,如果实现争议技术特征所述功能或者效果的具体实施方式属于本领域普通技术人员的公知常识,应认定该争议技术特征属于本领域普通技术人员仅通过阅读权利要求即可直接、明确地确定实现该功能或者效果的具体实施方式的情形,不属于功能性特征;在该案中,最高人民法院还进一步指出,对于争议技术特征是否属于上述功能性特征的除外情形,应由当事人进行举证。

附:"刮水器连接器"类案检索表——功能性特征除外情形的认定

时间	审理法院/案号	涉诉专利	争议焦点及法院认定	裁判要点
2020.12	最高院（2019）最高法民申5477号	"电磁阀"	（1）"螺线管在接近或远离阀座的方向驱动阀芯"是否属于功能性特征;（2）法院认为:争议技术特征位于涉案专利权利要求1前序部分,并非涉案专利发明点;有证据证明争议技术特征属于公知常识。	基于专利申请日前本领域普通技术人员的知识水平和认知能力,如果实现争议技术特征所述功能或者效果的具体实施方式属于本领域普通技术人员的公知常识,应认定该争议技术特征属于本领域普通技术人员仅通过阅读权利要求即可直接、明确地确定实现该功能或者效果的具体实施方式的情形,不属于功能性特征。

四、诠释法律

《最高人民法院关于审理侵犯专利权纠纷案件应用法律若干问题的解释(二)》第八条第一款规定:

功能性特征,是指对于结构、组分、步骤、条件或其之间的关系等,通过其在发明创造中所起的功能或者效果进行限定的技术特征,但本领域普通技术人员仅通过阅读权利要求即可直接、明确地确定实现上述功能或者效果的具体实施方式的除外。

第五节 使用环境特征的侵权对比方法

恒涛公司诉宁波市知识产权局专利行政确认案

作者:张俊杰

律师、专利代理师

一、裁判参考

在对使用环境特征进行侵权比对时,不宜以被诉侵权产品已经实际使用于该环境特征作为判断其是否具有该项使用环境特征的前提,在使用环境特征对保护范围的限定作用是被保护的主题对象可以用于该种使用环境的情况下,即只要被诉侵权产品也可以用于权利要求记载的使用环境,就应认定被诉侵权产品具备了该项使用环境特征。

二、案例说明

（一）案例来源

宁波市中级人民法院《行政判决书》(2018)浙02行初43号。

（二）案例认定

本案一审判决入选2019年度宁波法院十大知识产权司法保护创新案例。

（三）案情简介

2015年3月25日，礼恩派公司向宁波市知识产权局提交《专利侵权纠纷处理请求书》，要求对恒涛公司产品侵犯礼恩派公司发明专利权的行为予以查处并责令立即停止专利侵权行为。被告宁波市知识产权局于2018年1月16日作出《专利侵权纠纷处理决定书》。该决定认定，被控侵权产品的技术方案落入涉案专利的权利保护范围，恒涛公司构成许诺销售侵犯发明专利权产品行为，遂认定侵权行为成立。原告恒涛公司不服该决定书，向法院提起行政诉讼。

关于使用环境特征，恒涛公司诉称，使用环境特征是权利要求1所述的技术方案必须满足的使用环境和使用方式要求，属于权利要求1中非常重要的必要技术特征。只有在被诉侵权技术方案事实上（而非可以）采用了权利要求1中的使用环境和使用方式（将多个夹子紧固机与家具的横杆垂直地设置），并且确实达到了将多个夹子同时固定到横杆上、减少了将夹子固定到横杆上实际所需的时间，才能被认定为侵权。恒涛公司没有采用将多个夹子紧固机与家具的横杆垂直地设置从而同时固定夹子的作业方式，未落入涉案专利权利要求1的保护范围，不构成侵权。

（四）案例分析

本案的争议焦点是涉案产品的实际使用环境与涉案专利权利要求1的使用环境特征不同，是否会影响涉案产品落入涉案专利权利要求1的保护范围。一审法院宁波市中级人民法院认为，在对使用环境特征进行侵权比对时，不宜以被诉侵权产品已经实际使用于该环境特征作为判断其是否具有该项使用环境特征的前提，在使用环境特征对保护范围的限定作用是被保护的主题对象可以用于该种使用环境的情况下，即只要被诉侵权产品也可以用于权利要求记载的使用环境，就应认定被诉侵权产品具备了该项使用环境特征。专利权的保护范围以其权利要求的内容为准，说明书及附图可以用于解释权利要求的内容。判断专利权利要求书中的争议性表述是否系开放式，不宜脱离该技术的具体功能和效果等进行单独认定，而是可以结合涉案专利得以实现其技术功能和效果的关键技术方案,以及说明书及其他权利要求中的相关表述进行综合判断。

一审法院认为,被诉侵权产品可以同时用于多个夹子紧固机,也可以仅用于一个夹子紧固机。因此,被诉侵权产品具备涉案专利权利要求 1 的使用环境特征。一审判决驳回原告恒涛公司的诉讼请求,双方当事人未提起上诉,该判决现已生效。

使用环境特征对专利权保护范围具有限定作用,这充分体现了对权利要求公示性的尊重。然而,在对使用环境特征进行侵权比对时,不宜以被诉侵权产品已经实际使用于该环境特征作为判断其是否具有该项使用环境特征的前提,在使用环境特征对保护范围的限定作用是被保护的主题对象可以用于该种使用环境的情况下,即只要被诉侵权产品也可以用于权利要求记载的使用环境,就应认定被诉侵权产品具备了该项使用环境特征。

三、类案应用

使用环境特征的限定作用取决于其对所要求保护的技术方案本身产生的实质影响,应当结合专利方案描述以及对比对象等因素综合界定。在(2019)最高法知民终 2 号《民事判决书》中,最高人民法院指出,只要被诉侵权产品能够用于专利权利要求中使用环境特征所限定的使用环境,即具备该使用环境特征。在(2020)最高法知民终 313 号《民事判决书》中,最高人民法院指出,使用环境特征系权利要求中用来描述发明创造的使用背景或者条件的技术特征,其并不限于与被保护对象的安装位置或者连接结构等相关的技术特征,在特定情况下还包括与被保护对象的用途、适用对象、使用方式等相关的技术特征。

四、诠释法律

《专利法》(2020 年修正)第六十四条第一款规定:"发明或者实用新型专利权的保护范围以其权利要求的内容为准,说明书及附图可以用于解释权利要求的内容。"

《最高人民法院关于审理侵犯专利权纠纷案件应用法律若干问题的解释(二)》(2020年修正)第九条规定:"被诉侵权技术方案不能适用于权利要求中使用环境特征所限定的使用环境的,人民法院应当认定被诉侵权技术方案未落入专利权的保护范围。"

第六节　捐献原则的适用

"热交换板"专利侵权案

作者:路伟廷

律师、专利代理师

一、裁判参考

适用侵犯专利权纠纷案件司法解释第五条规定的捐献原则,应当注意以下两个方面的问题:首先,认定权利要求中是否记载特定技术方案,应当考虑权利要求书的整体情况。如果权利人仅依据权利要求书中的部分权利要求主张侵权,即使该部分权利要求中未记载,但在其他相关权利要求中已明确记载的技术方案,即表明权利人在撰写权利要求书时有意将该技术方案纳入专利保护范围,不属于仅在说明书中记载,但在权利要求书中弃之不顾予以"捐献"的情形。其次,本条规定的在权利要求中"未记载的技术方案",是指未能将该技术方案纳入权利要求所限定的保护范围,并不要求权利要求中的相关表述与该技术方案对应一致。权利人通过上位概括等方式纳入权利要求保护范围的特定技术方案,不属于"未记载的技术方案"。

二、案例说明

(一)案例来源

最高人民法院《民事裁定书》(2020)最高法民申 969 号。

(二)案例认定

本案再审裁定入选 2020 年最高人民法院知识产权案件年度报告 55 件典型案件之一。

(三)案情简介

阿尔法拉瓦尔股份有限公司(以下简称"阿尔法公司")与阿尔法拉瓦尔维卡布公司系涉案专利"加强的热交换板"的专利权人,阿尔法拉瓦尔维卡布公司特别授权阿尔法公司代表其在华就任何与阿尔法拉瓦尔维卡布公司的知识产权相关的法律事务采取一切可行之法律行动和措施。

阿尔法公司于 2015 年 7 月 23 日从中国船舶重工集团公司第七一一研究所(以下简称"七一一所")、上海齐耀热能工程有限公司(以下简称"齐耀公司")、上海齐达重型装备有限公司(以下简称"齐达公司")处购买其制造并销售的型号为 QYB30-V-130 的可拆全焊接板式热交换器两台,总货价为 195000 元,并对其中一台进行了拆解。经分析上述换热器中使用的换热板落入涉案专利权利要求的保护范围。阿尔法公司认为七一一所、齐耀公司、齐达公司未经权利人许可,以生产经营为目的,制造侵害涉案专利权的换热板并使用上述换热板制造、许诺销售和销售装有侵权换热板的换热器,给阿尔法公司造成了巨大的经济损失,因此阿尔法公司诉至上海知识产权法院,请求判令七一一所、齐耀公司、齐达公司:(1)立即停止侵害阿尔法公司享有的名称为"加强的热交换板"的发明专利权;(2)立即销毁库存的侵权产品及其零部件以及制造侵权产品的相关模具;(3)赔偿阿尔法公司经济损失1000000元;(4)赔偿合理费用636135元。

提起诉讼称,从中国船舶重工集团公司第七一一研究所(以下简称"七一一所")、上海齐耀热能工程有限公司、上海齐达重型装备有限公司处购买的换热器含有被控侵权的换热板。对此,本案一审和二审法院均认为被控侵权产品具有与争议技术特征相同的特征,构成相同侵权;最高人民法院再审认为,被控侵权产品采用了与争议技术特征并列的技术方案,但由于从涉案专利权利要求书的整体考虑,不能得出权利人将被控侵权产品所采用的技术方案予以"捐献"的结论,故构成等同侵权。

（四）案例分析

由于涉案专利权利要求1限定了"所述板的所有或部分波纹局部地包括通过相当大地且局部地减少所述顶部峰线高度而形成的加强件(以下简称'争议技术特征')",而被控侵权产品的加强件是"整个"降低顶部峰线高度至底部峰线,形成的加强件是零高度,如何理解涉案专利争议技术特征中的"相当大地(减少顶部峰线)",成为判断被控侵权产品是否落入涉案专利权的保护范围的关键。

本案一审中,七一一所辩称,"相当大地"和"整个"是并列选择的关系,"整个"降低顶部峰线高度仅记载于说明书中,未记载于权利要求中,属于捐献给社会公众的技术方案,阿尔法公司不能将已经捐献给公众的技术方案纳入专利权的保护范围。

对此,本案一审、二审和再审法院均认为不构成捐献,但理由略有不同:上海知识产权法院一审认为,"相当大地"是"整个"的上位概念,"整个"的技术方案已经记载于权利要求中,被控侵权产品具有与争议技术特征相同的特征,构成相同侵权。上海市高级人民法院二审认为,"相当大地减少高度"与"整个减少高度"系由"或甚至"(PCT申请英文原文"or even")一词连接,应表示递进关系,而非选择关系,即整个减少顶部峰线高度形成加强件应属于"相当大地减少顶部峰线高度形成加强件"的一种极端情形,已经记载于权利要求中,被控侵权产品具有与争议技术特征相同的特征,构成相同侵权。最高人民法院再审则认为,根据涉案专利说明书及附图的记载,"相当大地(减少顶部峰线)"与"整个(减少顶部峰线)"应属于并列的技术方案,国家知识产权局针对涉案专利作出的第30398号决定也认定:"权利要求6中的零高度,相当于整个地减小顶部峰线高度,不在权利要求1中'相当大地'范围内,可以将权利要求6理解为权利要求1的假从属权利要求。"因此,仅仅根据权利要求6在撰写形式上对权利要求1加以"引用",并不足以推翻前述证据,不能据此认定权利要求1中限定的"相当大地(减少顶部峰线)"覆盖了权利要求6中的"整个(减少顶部峰线)"。虽然权利要求1以及权利人所主张的权利要求5、8、9中限定了"相当大地(减少顶部峰线高度)",未覆盖"整个(减少顶部峰线高度)";但权利人在引用权利要求1的权利要求6中,另明确限定了"所述加强件在所述底部峰线以上具有零高度"的技术方案。因此,从涉案专利权利要求书的整体考虑,不能得出权利人将"整个(减少顶部峰线高度)"的技术方案予以"捐献"的结论,"整个"与"相当大地"构成等同。

三、类案应用

本案裁定作出后,通过检索,我们发现,最高人民法院在(2020)最高法知民终981号民事判决书中,也适用了捐献原则对等同侵权进行了限制。

该案的争议焦点之一在于,被诉侵权产品是否具有涉案专利权利要求1"至少一个板块与水平面成斜角再与竖直板块连接构成基体"技术特征。

对此,最高人民法院认为,涉案专利说明书[0069]记载实用新型例1有两种经模具成型制成基体的实施方法,即用模具直接成型制成基体,以及分别做竖直板块2和板块3后再将二者相互连接成基体,已经超出了权利要求1的字面含义范围。根据捐献原则,依法应认定涉案专利已经捐献了"一体成型"的技术方案。同时,最高人民法院还从权利要求的字面含义和语句结构、从相关专利的专利审查档案、从发明目的等多个角度来解释该争议技术特征。根据上述分析,法院最终认为,虽然涉案专利实施例记载了一体成型的方案,同时也记载了分别制造板块(3)和竖直板块(2)之后将二者连接构成基体的方案,但是上述第一种实施方法即竖直板块(2)和板块(3)一体成型成基体的技术方案并没有写入权利要求1,权利要求1保护的只是第二种实施方法。因此,"用模具直接成型制成基体"作为技术手段构成的技术方案并不属于涉案专利权利要求1保护范围。

附:"热交换板专利侵权案"类案检索表——捐献原则的适用

时间	审理法院/案号	涉诉专利	争议焦点	裁判要点
2020.9	最高院(2020)最高法知民终981号	"特殊生态砌块及其垒砌的绿化体"	"用模具直接成型制成基体"作为技术手段构成的技术方案,是否因捐献而不属于权利要求1的保护范围。	如果本领域技术人员通过阅读说明书可以理解披露但未要求保护的技术方案是被专利权人作为权利要求中技术特征的另一种选择而被特定化,则这种技术方案就视为捐献给社会。

四、诠释法律

《最高人民法院关于审理侵犯专利权纠纷案件应用法律若干问题的解释》第五条规定:"对于仅在说明书或者附图中描述而在权利要求中未记载的技术方案,权利人在侵犯专利权纠纷案件中将其纳入专利权保护范围的,人民法院不予支持。"按照上述规定,如果本领域技术人员通过阅读说明书可以理解披露但未要求保护的技术方案是被专利权人作为权利要求中技术特征的另一种选择而被特定化,则这种技术方案就被视为捐献给社会。对于认定权利要求中是否记载特定技术方案,应当考虑权利要求书的整体情况。

第七节　"GUI 外观设计组合对比"的具体适用

神马公司诉奇虎公司 GUI 外观设计专利权无效行政纠纷案[①]

作者:张亮
律师、专利代理师

一、裁判参考

(1)为了减少外观设计保护范围的不确定性,外观设计在请求保护色彩时应尽可能对相关设计特征进行清楚、明确的表述。权利人所要求保护的色彩必须在其提交的图片或者照片中有所体现,即要求保护的色彩应当是确定的,应当能够给一般消费者带来直观的视觉感受,从而使一般消费者对专利产品的色彩产生视觉印象。(2)将相同种类产品上不同部分的设计特征进行拼合或者替换的情形的,可以认定存在设计启示。(3)"整体观察、综合判断"中的"整体",是指整个外观设计保护范围所涵盖的完整设计,对于动态GUI 来说就是各具体界面及界面之间的切换操作,而非相关区别点所在的具体界面。

二、案例说明

(一)案例来源

北京知识产权法院《行政判决书》(2017)京 73 行初 9397 号。

(二)案例认定

本案入选北京知识产权法院 2021 年知识产权十大科技创新案例。

(三)案情简介

涉案专利系名称为"用于手机的图形用户界面"的第 201630174364.1 号外观设计专利,申请日为 2016 年 5 月 11 日,授权公告日为 2016 年 11 月 23 日,专利权人为广州神马

[①]　北京知识产权法院"(2017)京 73 行初 9397 号"《行政判决书》,原告广州神马移动信息科技有限公司诉国家知识产权局其他行政行为;合议庭:张晰昕、杜文、李晶;判决日期:2020 年 10 月 28 日。

移动信息科技有限公司(以下简称"神马公司")。针对涉案专利,北京奇虎科技有限公司(以下简称"奇虎公司")于2017年3月15日向原专利复审委员会提出无效宣告请求,其理由是涉案专利不符合专利法第二十三条第一款、第二款的规定。

原专利复审委员会认为,在涉案专利的手机外形已被证据1所公开,涉案专利的图形用户界面的整体设计与证据5和证据6所公开的图形用户界面的组合相比不具有明显区别的情况下,涉案专利不符合专利法第23条第2款的规定,于2017年9月18日作出"宣告201630174364.1号外观设计专利权全部无效"的决定。

原告神马公司不服被诉决定,于法定期限内向北京知识产权法院提起行政诉讼,即本案。神马公司主张:(1)涉案专利简要说明中记载了页面状态栏的颜色会随着搜索结果变化而变化,故色彩属于涉案专利的保护范围。(2)被诉决定针对涉案专利界面变化状态图采用的组合方式超出了奇虎公司请求的组合范围,被诉决定的作出违反了请求原则和听证原则。(3)证据6中显示其上传时间为2016年3月31日,对于互联网证据而言,应以公开时间为准。(4)涉案专利主视图界面与组合图1、涉案专利界面变化状态图与组合图2均并非仅有细微差别。

(四) 案例分析

北京知识产权法院审查后认为神马公司针对被诉决定所提异议均不成立,于2020年10月28日判决驳回原告广州神马移动信息科技有限公司的诉讼请求。原告神马公司未在法定期限内对本案判决提起上诉。

图形用户界面是指采用图形方式显示的计算机操作环境的用户接口,用户可以借助GUI实现与计算机软件的信息交互和操作控制。在底层技术已较为成熟的情况下,如何改进用户交互方式,提升用户操作体验,已然成为新的创新增长点。我国先是在2014年5月1日通过修改《专利审查指南》的方式,放开了"产品的图案应当是固定的、可见的,而不应是时有时无的或者需要在特定的条件下才能看见的"的限制,从而使包含GUI的产品的外观设计通过专利进行保护成为可能。然后又是通过法院在苹果公司GUI外观设计专利驳回复审行政诉讼案[①]中,进一步明确了包括图形用户界面的产品外观设计能够成为我国外观设计专利权的客体。由于在GUI保护制度建立之初,我国并无"局部外观设计"的概念,这造成了行政机关在确权和侵权保护过程中对包含GUI外观设计的专利的保护客体的限制、保护范围的认定、判断主体以及相同相近似判断等方面存在着无法可依、莫衷一是的局面。这也在客观上使得我国GUI外观设计专利尽管数量一再攀升,但是实务中能得到保护的有效专利寥寥无几。

---

① 北京知识产权法院"(2014)高行(知)终字第2815号"《行政判决书》,上诉人中华人民共和国国家知识产权局专利复审委员会诉苹果公司其他行政行为;合议庭:潘伟、吴斌、石必胜;判决日期:2014年12月16日。

本案为全国首例在 GUI 外观设计中适用专利法二十三条二款这一实体条款进行判决的案件，具有开创性。判决对现有外观设计确权规则在 GUI 这一新型外观设计保护对象上的具体适用进行了有益尝试。

第一，结合设计要点和视图判断 GUI 界面和产品的比对权重，明确比对的主要对象。本案中，涉案专利视图中显示的手机为直板大屏手机，简要说明中明确指出："设计要点：在于手机显示的图形用户界面内容。其余部分的设计为惯常设计。"因此，在确权程序中可以主要针对图形用户界面的设计进行对比判断。这里需要注意的是，如果产品本身也是具有一定的设计内容或者属于外观设计的设计要点的，则在比对过程中也需要同时考虑产品本身的外观设计对整体视觉效果的影响。这意味着，我们在实务中应当尽量考虑选用产品与涉案专利外观设计最为接近的对比设计或者证据。

第二，简要说明对于"GUI"的功能表述可以作为视图的有益补充。本案复审过程中，奇虎公司认为，要实现（A）主视图界面和（B）界面变化状态图所示的界面之间的切换，需要在搜索框中进行文字输入等操作，而涉案专利未将该过程表达出来，因此涉案专利没有清楚表达。复审决定则认为，搜索过程对于一般消费者而言，其属于电子数据操作应用的常见操作，即使该过程未通过视图予以体现，一般消费者通过涉案专利的视图并结合简要说明已经可以清楚理解涉案专利所示界面之间的切换方式。因此，对包含 GUI 的外观设计进行理解时，必须在结合简要说明中对 GUI 功能表述的基础上进行。

第三，是否存在 GUI 外观设计的组合启示，需要综合考虑其区域模块划分设计、人机功能设计、组合协调等多方面进行判断。图形用户界面的设计离不开人机交互，因此存在较多交互式功能相关的设计。以本案组合 1 为例，故宫图底部所示按键栏是为了提供更为便捷的功能性操作所设置，一般消费者亦知晓按键栏是图形用户界面中实现人机交互功能常见的图形显示方式，故显然可以将故宫图底部所示的按键栏设置于不具备按键栏的花千骨图下部以改善人机交互的便捷性，此组合方式系一般消费者容易想到的设计特征的拼合方式，即存在将花千骨图与故宫图底部按键栏组合的启示。

第四，相同点和区别点要放在包含 GUI 的产品的整体中进行整体观察，综合判断。"整体观察、综合判断"中的"整体"，是指整个外观设计保护范围所涵盖的完整设计，对于动态 GUI 来说就是各具体界面及界面之间的切换操作，而非相关区别点所在的具体界面。正如法院判决中所述，区别点①、②和③仅是对整体中的某一部分产生了一定的视觉影响，但是将其置于整体中进行考量，尚不足以对该界面的整体视觉效果产生显著影响。

值得关注的是，2020 年最新修订的专利法加入了"局部外观设计"这一概念，正是在现行外观设计专利体系难以有效保护 GUI 的情况下，专利法作出的改变。可以预见，随着虚拟技术的深度发展，以及 2021 年 6 月 1 日新修专利法的正式施行，相关问题的判定规则又会产生新的变化。

三、类案应用

在《专利审查指南》修改之前,与 GUI 相关的案例,最知名的当属"2014 年最高人民法院公布十个创新性案例"之一的苹果公司 GUI 外观设计专利驳回复审行政诉讼案。起因是专利局驳回了苹果公司"申请号为 201030255255.5,优先权日为 2010 年 1 月 27 日;产品名称为便携式显示设备(带图形用户界面)"的 GUI 外观专利,苹果公司提起复审之后,原专利复审委员会作出维持专利局驳回决定的复审决定。苹果公司因此起诉原专利复审委员会,请求撤销维持驳回决定的复审决定,案件最终以苹果公司的胜诉告终。法院在此案中明确了图形用户界面可以成为外观设计授权客体的法律依据,以及该类外观设计申请所需满足的条件。这也是推动《专利审查指南》修改,将 GUI 外观设计纳入专利保护的体系的直接原因。

在《专利审查指南》修改之后,陆续有确权和侵权纠纷案件涉及 GUI 外观设计,例如"GUI 侵权第一案",奇虎诉江民 GUI 外观设计专利侵权案①(以下简称"奇虎公司案")。可惜的是,该案件的争议焦点在于产品类别对保护范围的限定和其他法律问题,并没有直接涉及第二十三条第二款的适用问题。值得庆幸的是,我们可以在与奇虎公司案关联的行政诉讼案②以及涉案专利的无效宣告决定③中获取一些关于第二十三条第二款的适用规则。

首先,关于比对主要对象。与神马公司案不同,奇虎公司案所要求保护的外观设计由所示电脑设计和软件运行的图形用户界面设计共同确定;与神马公司案相同的是,简要说明中说明设计要点也在于其中的图形用户界面设计,合议组认为可作为判断涉案专利主要创新设计内容的参考。

其次,关于组合启示。与神马公司案将两个 GUI 界面的元素进行组合不同,奇虎公司案是通过将软件界面和电脑显示器屏幕进行直接组合。合议组认为,将涉案专利与两项现有设计的组合作对比判断时,如果两项现有设计具有组合启示,并且具体组合采用该类产品常规组合方式,同时不需对各自作任何调整变化而直接叠加,基于此以一般消费者通常的知识水平和认知能力,可以无疑义地直接确定该组合后的具体设计,则这种情况下可以将所述两项现有设计的组合视为该组合后的一项具体设计,并直接将涉案专利与组合后的该具体设计作对比。

最后,关于整体观察,综合判断的原则适用。合议组认为:涉案专利要求保护的外观设计由所示电脑设计和软件运行的图形用户界面设计共同确定,在进行外观设计对比时应将二者均予以考虑做整体观察综合判断。同时应考虑电脑软件图形用户界面自身特

---

① 北京知识产权法院"(2016)京 73 民初 276 号"《民事判决书》,原告北京奇虎科技有限公司、奇智软件(北京)有限公司诉北京江民新科技术有限公司;合议庭:姜颖、芮松艳、周丽婷;判决日期:2017 年 12 月 25 日。
② 北京知识产权法院"(2018)京 73 行初 3909 号"《行政判决书》,原告北京奇虎科技有限公司诉国家知识产权局其他行政行为;合议庭:仪军、张立伟、芮玉奎;判决日期:2019 年 12 月 25 日。
③ 国家知识产权局第 35179 号《无效宣告请求审查决定书》;决定日 2018 年 3 月 8 日,合议组:樊晓东、徐清平、钟华、袁婷、曹铭书。

点,其可在任何电脑上运行使用,具有通用性;通常不依附于电脑硬件设备外观设计而独立作出,在设计上不存在与电脑硬件设备特定的对应组合关系,通过在电脑设备上显示实现二者设计上的常规叠加结合,但在视觉上二者通常不存在相互协调、呼应等影响而融为浑然一体效果,可见电脑软件界面相对于硬件设备具有独立性;电脑软件界面得以显示的电脑显示屏通常占据电脑设备正面绝大部分区域,呈现于显示屏的软件界面通常为电脑显示设备正面的主体设计内容。基于电脑软件界面的这些特点,如果所示电脑硬件部分为常见设计或即便不能确定为常见设计但相对于现有设计并未作出独特的引人瞩目的变化,并结合简要说明记载亦指明其设计要点主要在于图形用户界面设计的,可以认定涉案专利要求保护的外观设计对整体视觉效果具有显著影响内容在于所示图形用户界面设计。由此可见,虽然产品载体并不是该案的常规设计,但是,合议组通过综合判断,仍然认为图形用户界面设计的异同才是该案的比对关键所在。

附:"神马案"类案检索表——专利法二十三条二款的适用

裁判时间	审理法院及案号	案例简称	设计要点	组合启示	裁判要点
2014.7	北知院/(2014)高行(知)终字第2815号	苹果公司GUI外观复审案	平板电脑及其开机、待机界面	不涉及	虽然本申请还包括了在产品通电状态下才能显示的图形用户界面,但并不能以此否定本申请在实质上仍是对便携式显示设备在产品整体外观方面所进行的设计。同时,本申请亦能满足外观设计专利在工业应用和美感方面的要求,故可以成为我国外观设计专利权的保护客体。
2019.12	北知院/(2018)京73行初3909号	GUI侵权第一案的关联行政诉讼	软件界面和电脑显示器	软件与产品直接组合	无效决定认定:应考虑电脑软件图形用户界面自身特点,其可在任何电脑上运行使用,具有通用性;通常不依附于电脑硬件设备外观设计而独立作出,在设计上不存在与电脑硬件设备特定的对应组合关系,通过在电脑设备上显示实现二者设计上的常规叠加结合,但在视觉上二者通常不存在相互协调、呼应等影响而融为浑然一体效果,可见电脑软件界面相对于硬件设备具有独立性;电脑软件界面得以显示的电脑显示屏通常占据电脑设备正面绝大部分区域,呈现于显示屏的软件界面通常为电脑显示设备正面的主体设计内容。基于电脑软件界面的这些特点,如果所示电脑硬件部分为常见设计或即便不能确定为常见设计但相对于现有设计并未作出独特的引人瞩目的变化,并结合简要说明记载亦指明其设计要点主要在于图形用户界面设计的,可以认定涉案专利要求保护的外观设计对整体视觉效果具有显著影响内容在于所示图形用户界面设计。

四、诠释法律

《专利法》第二十三条第二款规定:"授予专利权的外观设计与现有设计或者现有设计特征的组合相比,应当具有明显区别。"

《最高人民法院关于审理专利授权确权行政案件适用法律若干问题的规定(一)》第十六条规定:"人民法院认定外观设计是否符合专利法第二十三条的规定,应当综合判断外观设计的整体视觉效果。"

第八节 "四步法"在外观设计相同相近似比对中的应用

再审申请人株式会社 MTG 与被申请人广州市白云区圣洁美美容仪器厂、广州市圣洁美美容科技有限公司侵害外观设计专利权纠纷案[①]

作者:张亮

律师、专利代理师

一、裁判参考

在进行外观设计相同或者近似判断时,通常可遵循如下步骤:(1)以一般消费者的眼光,就专利设计和被诉侵权设计的异同点进行客观、全面的总结;(2)以现有设计为参照,以产品正常使用为前提,确定区别于现有设计以及容易被直接观察到的设计特征;(3)结合各自设计空间的大小,逐一评估上述设计特征对整体视觉效果影响的权重;(4)回归"整体观察、综合判断"的原则,得出结论。

二、案例说明

(一)案例来源

最高人民法院《民事判决书》(2019)最高法民再 142 号。

---

① 最高人民法院"(2019)最高法民再 142 号"《民事判决书》,再审申请人株式会社 MTG 与被申请人广州市白云区圣洁美美容仪器厂、广州市圣洁美美容科技有限公司侵害外观设计专利权纠纷;合议庭:佟姝、毛立华、吴蓉;判决日期:2019 年 12 月 26 日。

（二）案例认定

本案再审判决是最高人民法院2019年发布的知识产权案件年度报告中被选出的"60件典型案件"之一。

（三）案情简介

再审申请人株式会社 MTG 是名称为"美容用滚轮"、专利号为 ZL201130162283.7 的外观设计专利权人，未经权利人许可，再审被申请人圣洁美仪器厂制造、销售、许诺销售了被诉侵权产品，圣洁美公司许诺销售了被诉侵权产品。一审和二审法院均判决被诉侵权产品设计没有落入本案专利权的保护范围，圣洁美仪器厂、圣洁美公司的行为并不构成侵权。经过再审，最高人民法院依法撤销广东省高级人民法院（2017）粤民终 178 号民事判决和广州知识产权法院（2016）粤 73 民初 772 号民事判决，改判被申请人的行为侵犯了再审申请人的专利权，应停止侵权，并赔偿损失。

（四）案例分析

一审和二审法院均认为"本案外观设计区别于现有设计的设计要点特征相对于其他设计特征对于整体视觉效果更具有影响，而且本案专利产品是美容用滚轮，按摩头是此类产品消费者使用时感受的重要部件，消费者会对其施以特别的关注，即使变化的绝对量不大也会对整体视觉效果产生显著影响，这种变化对于此类产品来说并非局部细微差异"，由于"被诉侵权设计未包含本案专利区别于现有设计的全部设计要点特征"，经整体比对和综合判断，被诉侵权产品与本案外观设计专利在整体视觉效果上有显著性区别，被诉侵权产品设计没有落入本案专利权的保护范围，圣洁美仪器厂、圣洁美公司的行为并不构成侵权。

最高院再审认为，"整体视觉效果"的"整体"包含两层含义，一方面，包括相同点和区别点在内的全部可视设计特征均在比对范围之内；另一方面，部分特征的特殊性使其在比对时需给予重点关注，但这并不意味着可以忽略其他设计特征，只是这部分设计特征对整体视觉效果的影响相对较小而已。一、二审判决未充分考虑二者相同点不可忽略的作用，在评估二者区别设计特征作用时亦未能准确适用设计空间的理念。虽然按摩头部位的相关设计特征较之于手柄部位的设计特征更容易引起人们的关注，但是，上述设计特征具有较大的设计空间，被诉侵权设计必须具有足够显著的变化才能与专利设计区分开来。被诉侵权设计与专利设计在按摩头部分的区别在按摩头体积或表面积中占比较小，不容易为一般消费者所察觉，属于局部细微差别，加之手柄部分的区别也属于局部细微差别，被诉侵权设计已落入专利设计的保护范围。

"整体观察，综合判断"是人民法院认定外观设计是否相同或者近似时遵循的判断原则。其中，"整体观察"强调的是对于外观设计的全部设计特征，都应予考虑；"综合判断"则要求对"整体观察"得出的"相同特征""区别特征"，需要充分考虑设计空间、使用状态以及一般消费者的认知能力，从产品的整体视觉效果上得出是否相同或者近似的结论。因此，"综合判断"由于其对判断主体的主观认知的较高的依赖性，自然成为了外观设计相同或者近似判断的关键一环，一直以来的司法实践也呈现莫衷一是的状况。

在 2015 年 7 月 23 日最高人民法院审结的"本田 vs 双环"案①中，由于涉案专利区别于现有设计的特征在于前大灯、雾灯、前护板、格栅、侧面车窗、后组合灯、后保险杠、车顶轮廓，且正是由于上述部位的设计特征的变化，才得以在涉案专利的确权程序中维持有效。因此，最高人民法院认为，在侵权纠纷中亦应重点考虑上述部位的设计特征。被诉侵权产品的设计特征与涉案专利的设计特征在汽车三仓的比例分配及前大灯、雾灯、前护板、格栅、车顶轮廓等部位存在的不同设计特征及其组合后形成的视觉差异，对两者的整体外观产生了显著影响，足以使一般消费者将两者区别开来。"本田 vs 双环"案与本案不同之处在于，前者直接给区别特征赋予了较高的权重，得出具有显著影响的结论，并未像本案一样考虑各部位设计空间大小的因素。实际上，即便应该对区别于现有设计的特征赋予较高的权重，比对外观设计时，也应该综合考虑这些特征所在部位的设计空间的大小，从而对这些区别特征的变化量是否具有足够显著的变化进行较为客观的评价。因此，"本田 vs 双环"案实质上仍然使用的是"三步法"，在这个意义上，其判决并不是十分完美。

本案的意义在于，提出了外观设计相同或者近似判断"四步法"的裁判规则，给出了如何结合设计空间大小，认定区别现有设计的特征及容易关注的设计部位，从而赋予不同的权重，最终得到较为客观和令人信服的结论的方法论。

三、类案应用

因"本田 vs 双环"案入选了"2015 年中国法院 10 大知识产权案件"，而我国国内工业设计领域内一直存在着与该案类似的这种"擦边球"设计，这些设计特征的区别到什么程度才能够成为独立的新设计，或者更直接地说避免落入在先外观设计专利的保护范围，法院在后审理的案件中往往参照该案，对于专利授权确权或者侵权程序中认定的区别现有设计的特征赋予较高的权重，例如 2015 年 8 月 11 日最高院审结的"手持淋浴喷头"案②。该案的二审判决即采用了"三步法"，其认为涉案专利中跑道状的喷头出水面设计，应作

---

① 最高人民法院"（2014）民三终字第 8 号"《民事判决书》，本田技研工业株式会社与石家庄双环汽车股份有限公司、石家庄双环汽车有限公司等侵害外观设计专利权纠纷；合议庭：周翔、罗霞、周云川；判决日期：2015 年 7 月 23 日。

② 最高人民法院"（2015）民提字第 23 号"《民事判决书》，高仪股份有限公司与浙江健龙卫浴有限公司侵害外观设计专利权纠纷；合议庭：周翔、吴蓉、宋淑华；判决日期：2015 年 8 月 11 日。

为区别于现有设计的设计特征予以重点考量,而被诉侵权设计正是采用了与之高度相似的出水面设计,具备了涉案专利的该设计特征,因此,被诉侵权设计落入了涉案专利的保护范围。最高院改判则认为,对于非设计特征①之外的被诉侵权产品外观设计与涉案授权外观设计相比的区别设计特征,只要其足以使两者在整体视觉效果上产生明显差异,也应予以考虑。在综合考量了上述区别特征后,最高院得出被诉侵权产品外观设计未落入涉案外观设计专利权的保护范围的结论。实际上,该案如果参照本案"四步法",对"跑道状的喷头出水面"的设计空间进行客观分析,亦能得出"由于该部位受产品功能限制,设计空间相对较小,区别设计特征已经产生了显著的设计变化,结合其他部位的区别,被诉侵权产品的设计未落入涉案专利的保护范围"的结论。

与本案类似的情形,即采用"四步法"评价外观设计相同或者近似,主要有2019年12月10日最高院审结的"统一牛奶杯"案②、2020年12月28日最高院审结的"吸烟辅助配件"案③等。其中,"吸烟辅助配件"案区别特征"凹槽按键""分割线"虽然被认定为区别于现有设计的特征,但是,因这些具体部位具有较大的设计空间,二者的不同之处属于细微差异,不会对整体视觉效果产生显著影响,二者的外观设计构成近似,与本案最接近。

附:"MTG案"类案检索表——区别特征的权重考量

裁判时间	审理法院及案号	案例简称	区别现有设计的特征	裁判要点
2015.7	(2014)民三终字第8号	"本田 vs 双环"汽车案	前大灯、雾灯、前护板、格栅、侧面车窗、后组合灯、后保险杠、车顶轮廓	(2010)行提字第3号行政判决所认定存在显著的外观差异的部位在本案的侵权纠纷中亦应重点考虑。
2015.8	(2015)民提字第23号	"手持淋浴喷头"案	一是喷头及其各面过渡的形状,二是喷头出水面形状,三是喷头宽度与手柄直径的比例	二审判决仅重点考虑了涉案授权外观设计跑道状出水面的设计特征,而对于涉案授权外观设计的其他设计特征,以及淋浴喷头产品正常使用时其他容易被直接观察到的部位上被诉侵权产品外观设计与涉案授权外观设计专利的区别设计特征未予考虑,认定两者构成近似,适用法律错误,本院予以纠正。

① 对于已有产品,获得专利权的外观设计一般会具有现有设计的部分内容,同时具有与现有设计不相同也不近似的设计内容,正是这部分设计内容使得该授权外观设计具有创新性,从而满足专利法第二十三条所规定的实质性授权条件:不属于现有设计也不存在抵触申请,并且与现有设计或者现有设计特征的组合相比具有明显区别。对于该部分设计内容的描述即构成授权外观设计的设计特征,其体现了授权外观设计不同于现有设计的创新内容,也体现了设计人对现有设计的创造性贡献。

② 最高人民法院"(2019)最高法民申121号"《民事裁定书》,谢小平、统一企业(中国)投资有限公司确认不侵害专利权纠纷;合议庭:秦元明、郎贵梅、马秀荣;判决日期:2019年12月10日。

③ 最高人民法院"(2020)最高法民申6156号"《民事裁定书》,深圳市舜宝科技有限公司佟欣洋侵害外观设计专利权纠纷;合议庭:钱小红、江建中、李嵘;判决日期:2020年12月28日。

续表

裁判时间	审理法院及案号	案例简称	区别现有设计的特征	裁判要点
2019.12	（2019）最高法民申121号	"统一牛奶杯"案	提杯环	虽然提杯环本身具有一定的实用功能,但其外观形态并未被其实用功能所限定,仍具有一定的设计空间,可以有较多的呈现方式。涉案专利的提杯环在整体设计上占据一定比重,容易被直接观察到,且容易为一般消费者关注到,而被诉侵权产品缺少提杯环,与涉案专利在整体视觉效果上存在实质性差异。一审、二审法院认定被诉侵权产品设计未落入涉案专利权的保护范围并无不当,本院予以支持。
2020.12	（2020）最高法民申6156号	"吸烟辅助配件"案	"凹槽按键""分割线"	电子烟草加热装置具有较大的设计空间,其整体形状和具体部位的设计风格多种多样,舜宝公司、佟欣洋主张上述设计特征受功能决定且属于惯常设计的理由不成立。由于被诉侵权设计与涉案专利整体形状以及凹槽按键、分割线等具体部位的设计高度近似,且这些部位均为消费者容易观察到的部位,会对整体视觉效果产生显著影响,而二者的上述不同之处属于细微差异,不会对整体视觉效果产生显著影响。

四、诠释法律

《最高人民法院关于审理侵犯专利权纠纷案件应用法律若干问题的解释》第8条规定:在与外观设计专利产品相同或者相近种类产品上,采用与授权外观设计相同或者近似的外观设计的,人民法院应当认定被诉侵权设计落入专利法规定的外观设计专利权的保护范围。

《最高人民法院关于审理侵犯专利权纠纷案件应用法律若干问题的解释》第11条规定:人民法院认定外观设计是否相同或者近似时,应当根据授权外观设计、被诉侵权设计的设计特征,以外观设计的整体视觉效果进行综合判断;对于主要由技术功能决定的设计特征以及对整体视觉效果不产生影响的产品的材料、内部结构等特征,应当不予考虑。

下列情形,通常对外观设计的整体视觉效果更具有影响:

（一）产品正常使用时容易被直接观察到的部位相对于其他部位;

（二）授权外观设计区别于现有设计的设计特征相对于授权外观设计的其他设计特征。

被诉侵权设计与授权外观设计在整体视觉效果上无差异的,人民法院应当认定两者相同;在整体视觉效果上无实质性差异的,应当认定两者近似。

第九节　"整体观察综合判断"的适用方法

"陆风越野车"专利权无效行政纠纷案①

作者:彭晓明

律师、专利代理师

一、裁判参考

在判断具体特征对整体视觉效果的影响权重时,不能仅根据直观的视觉感知或者根据该特征在外观设计整体中所占比例的大小即贸然得出结论,而应当以一般消费者对设计空间的认知为基础,结合相应设计特征在外观设计整体中所处的位置、是否容易为一般消费者观察到,并结合该设计特征在现有设计中出现的频率以及该设计特征是否受到功能、美感或技术方面的限制等因素,确定各个设计特征在整体视觉效果中的权重。

二、案例说明

(一)案例来源

北京市高级人民法院《行政判决书》(2018)京行终 4169 号。

(二)案例认定

本案二审判决入选 2018 年中国法院十大知识产权案件。

(三)案情简介

涉案专利系名称为"越野车(陆风 E32 车型)"、专利号为 201330528226.5 的外观设计专利,专利权人是江铃控股有限公司(以下简称"江铃公司")。针对涉案专利,捷豹路虎有限公司(以下简称"路虎公司")、杰拉德·加布里埃尔·麦戈文(以下简称"麦戈文")以涉案专利不符合 2008 年修正的《中华人民共和国专利法》(以下简称"2008 年专

---

① 北京市高级人民法院"(2018)京行终 4169 号"《行政判决书》,江铃控股有限公司诉国家知识产权局专利复审委员会、捷豹路虎有限公司等外观设计专利权无效行政纠纷;合议庭:周波、苏志甫、俞惠斌;判决日期:2018 年 11 月 28 日。

利法")第二十三条第一款、第二款为由分别提出无效宣告请求。国家知识产权局专利复审委员会认为,涉案专利与对比设计在整体视觉效果上没有明显区别,宣告涉案专利权全部无效。

江铃公司不服,提起行政诉讼。

（四）案例分析

本案的争议焦点在于涉案专利与对比设计在整体视觉效果上是否有明显区别。北京知识产权法院一审认为,涉案专利与对比设计在前车灯、进气格栅、细长进气口、雾灯、贯通槽、辅助进气口、倒U形护板、后车灯、装饰板、车牌区域及棱边等部位存在不同的设计特征,其组合后形成的视觉差异对SUV类型汽车的整体外观产生了显著的影响,足以使一般消费者将涉案专利与对比设计的整体视觉效果相区分。相比于相同点,上述不同点对于涉案专利与对比设计的整体视觉效果更具有显著影响,故涉案专利与对比设计具有明显区别。据此,判决撤销被诉决定,并判令专利复审委员会重新作出无效宣告请求审查决定。

专利复审委员会、路虎公司和麦戈文均不服一审判决,提起上诉。北京市高级人民法院二审认为,从整体上观察,涉案专利与对比设计在车身前面和后面形成的视觉效果差异在整体视觉效果中所占的权重要明显低于两者之间相同点所产生的趋同性视觉效果的权重。涉案专利与对比设计相比,二者之间的差异未达到"具有明显区别"的程度,涉案专利应当予以宣告无效。判决撤销一审判决,并驳回江铃公司的诉讼请求。

江陵公司又向最高院提出再审申请,最高院于2019年12月16日作出裁定①,驳回了江铃公司的再审申请。

本案是一起社会关注度高、案情疑难复杂的汽车外观设计专利无效行政纠纷案件,受到了国内外及社会各界的广泛关注。二审法院对各个设计特征对整体视觉效果的影响的评析进一步明晰了"整体观察,综合判断"适用规则,同时对汽车领域外观设计的比对判断起到了重要的标杆作用。

1. 关于"整体观察,综合判断"的适用方法

二审法院指出:需要从外观设计的整体出发,对其全部设计特征进行整体观察,而不能仅从外观设计的局部出发;在考察各设计特征对外观设计整体视觉效果影响程度的基础上,对能够影响整体视觉效果的所有因素进行综合考量,而不能把外观设计的不同部分割裂开来予以判断。纵观本案的审判经过,一审法院的认定思路为:首先确认双方当事人对被诉决定中相同点的认定无异议的前提下,针对对比设计与涉案专利的不同点进行归

---

① 最高人民法院"（2019）最高法行申7406号"《行政裁定书》,再审申请人江铃控股有限公司与被申请人国家知识产权局、捷豹路虎有限公司、杰拉德·加布里埃尔·麦戈文外观设计专利权无效行政纠纷;合议庭:王艳芳、钱小红、晏景;判决日期:2019年12月16日。

纳,并针对四个区别点对于汽车的整体视觉效果分别进行了评析,最后由于区别点(3)足以引起一般消费者的注意,从而判定涉案专利与对比设计具有明显区别。

而二审法院在针对这一问题的判定上指出:一审判决并未对上述各相同点对整体视觉效果的影响程度进行具体分析,而在仅对不同点进行分类概括、评述后,即认为不同点组合后形成的视觉差异对整体外观产生了显著影响,足以使一般消费者将本专利与对比设计的整体视觉效果相区分,进而得出两者具有明显区别的认定结论,一审判决的上述认定系对"整体观察、综合判断"方法的不当适用。

而二审法院的判决思路为:综合考量相关设计特征所处的位置、是否容易引起一般消费者的注意,结合当事人的举证、陈述及一般消费者的通常认知及相关设计特征受功能、美学等因素的限制等因素,按照如下步骤逐一分析:首先,确定了涉案专利与对比设计之间的相同点属于产品正常使用时,能够为一般消费者观察到,故对于整体视觉效果具有一定影响;其次,确定了涉案专利与对比设计之间的不同点对整体视觉效果的影响;最后,考量了涉案专利与对比设计之间的相同点、不同点对整体视觉效果影响权重的对比分析与权衡。最终得出了不具备明显区别的结论。

2.汽车领域外观设计的设计创新高度的判断

二审法院还明确了汽车领域外观设计需要达到的创造性高度:二审法院指出,汽车外观设计的创新可以划分为全面创新和改进设计,前者是指从技术到外形的全新平台式开发,由白车身决定的三维立体形状以及所有装饰件的设计均不同于以往的设计;后者是指车身改进和局部改型,即对三维立体形状做出局部改变和/或部分装饰件(尤其是主要装饰件)的设计做出改变,最终达到整体视觉效果上不同于以往的设计。而涉案专利既不属于应受专利权保护的全面创新,也不属于应受专利权保护的改进设计。因此其与对比设计相比,二者之间的差异未达到"具有明显区别"的程度。

三、类案应用

在"恒温阀芯外壳体"外观设计专利无效行政诉讼①中,涉案专利被专利复审委员会维持有效,该决定随后被一审法院撤销,二审法院随后又撤销了一审判决。二审法院指出判断外观是否近似的步骤为:"首先,应确定涉案专利产品与现有设计对应的产品是否属于相同或相近种类的产品,这是进行对比的前提。其次,应从整体上客观比较涉案专利与对比设计的相同点和不同点。再次,应当分析两者的相同点和不同点对产品整体视觉效果影响的权重。最后,综合各种权衡因素作出判断。"这一观点与"陆风越野车"的裁判观点相同。

---

① 最高人民法院"(2020)最高法知行终 167 号"《行政判决书》,国家知识产权局、黄玲芬、吴小艇外观设计专利无效行政纠纷;合议庭:何宏鹏、欧宏伟、李自柱;判决日期:2020 年 11 月 23 日。

附："陆风越野车"类案检索表——整体观察、综合判断

时间	审理法院/案号	涉案外观设计	比对情况	裁判要点
2020.11.23	最高人民法院（2020）最高法知行终167号	"恒温阀芯外壳体"外观设计专利权	根据本领域一般消费者的认知能力,对于用于液体分离过滤的阀芯壳体类产品而言,整体近似圆管状、由上至下依次内径递增的分层设计属于此类产品较为常见的设计构造,故一般消费者在购买、安装和使用过程中会更为关注产品局部结构的设计区别对产品整体视觉效果的影响。同时,涉案专利产品属于需要与其他产品配合组装使用的五金零配件,故一般消费者不仅会在正常使用环节关注其整体呈现的视觉效果,也会在购买和安装环节关注其在细节处呈现的视觉效果。关于设计区别点1、4,该两项区别点在购买和安装环节无疑是容易被一般消费者仅需施加普通注意力即可注意到的区别设计特征。关于设计区别点2、3,在涉案专利与对比设计1的下层设计均为圆柱体状且高度和内径大小基本相同的情况下,区别点2即涉案专利与对比设计1在层高、层宽以及上、中两层体积比例的差异无疑会被一般消费者所关注。特别是设置于上层顶端作为液体流通排放必经通道的通孔内径设计,系一般消费者在购买、安装和使用涉案专利所涉产品时重点关注的部位。区别点3的存在,则进一步凸显了涉案专利与对比设计1的设计差异。综上,按照整体观察、综合判断的对比规则,涉案专利与对比设计1在整体视觉效果上存在明显区别。	判断涉案专利与对比设计是否具有明显区别,首先,应确定涉案专利产品与现有设计对应的产品是否属于相同或相近种类的产品,这是进行对比的前提。其次,应从整体上客观比较涉案专利与对比设计的相同点和不同点。再次,应当分析两者的相同点和不同点对产品整体视觉效果影响的权重。最后,综合各种权衡因素作出判断。如果一般消费者经过对涉案专利与现有设计的整体观察可以看出,二者的差别对于产品外观设计的整体视觉效果不具有显著影响,则涉案专利与现有设计相比不具有明显区别。

四、诠释法律

《专利审查指南(2010)》第四部分第5章节第5.2.4小节规定:"对比时应当采用整体观察、综合判断的方式。所谓整体观察、综合判断是指由涉案专利与对比设计的整体来判断,而不从外观设计的部分或者局部出发得出判断结论。"

第十节　现有技术抗辩的提出时机

门体组件及洗碗机实用新型专利侵权案[①]

作者:李德宝

律师、专利代理师

一、裁判参考

侵害专利权纠纷案件中,被诉侵权人举证证明被诉侵权技术方案属于现有技术,由此主张其行为不构成侵犯专利权的,即构成现有技术抗辩。鉴于现有技术证据均早于专利申请日,为维护生效裁判既判力,规范诉讼秩序,避免对专利权人造成诉讼突袭并架空第一、二审诉讼程序,引导当事人在第一、二审程序中充分抗辩、解决纠纷,对于被诉侵权人在再审审查程序中首次提出的现有技术抗辩的理由和证据,不应予以审查。

二、案例说明

(一) 案例来源

最高人民法院《民事裁定书》(2019)最高法知民申 1 号。

(二) 案例认定

本案为 2020 年第 5 期《最高人民法院公报》案例。

(三) 案情简介

原告芜湖美的洗涤电器制造有限公司系专利号为 ZL201520245340.0、名称为"门体组件和具有它的洗碗机"的实用新型专利的专利权人,2016 年 11 月 14 日,专利权人变更为佛山市顺德区美的洗涤电器制造有限公司(以下简称"美的公司")。美的公司向杭州市中级人民法院起诉,要求被告佛山市云米电器科技有限公司(以下简称"云米公司")立即停止制造、销售、许诺销售型号为 VDW0801 的云米洗碗机,断开其官网、天猫旗舰店的销售链接,并销毁库存的侵权产品;判令康志公司立即停止销售、许诺销售

---

① 详见"(2019)最高法知民申 1 号"《民事裁定书》。

涉案洗碗机,断开其天猫专卖店的销售链接,并销毁库存的侵权产品;判令天猫公司立即删除天猫电商平台的侵权洗碗机的网页链接;判令云米公司、康志公司连带赔偿美的公司经济损失人民币 50 万元;并判令云米公司、康志公司连带赔偿合理开支并共同承担本案诉讼费用。

一审法院经审理认为,被诉洗碗机与涉案专利权利要求 1-4、10、11(引用权利要求 1-4、10)的技术特征均相同,已经落入涉案专利的保护范围,构成侵权,判令云米公司立即停止制造、销售、许诺销售侵权产品,并销毁侵权产品;康志公司立即停止销售、许诺销售侵权产品,并销毁侵权产品;云米公司赔偿美的公司人民币 50 万元;康志公司赔偿美的公司人民币 2 万元。一审判决作出后,各方当事人均未提出上诉。一审判决于上诉期满后生效。

一审判决生效后,云米公司向最高院申请再审认为,(1)一审判决认定的基本事实缺乏证据证明,被诉侵权技术方案没有落入涉案专利权利要求 1-4 的保护范围,相关行为不构成侵权。(2)本案有新证据推翻一审判决。原审庭审结束后,云米公司在南京市一位用户家里,发现了一款在涉案专利申请日之前已经公开销售的产品。该产品能够证明,被诉侵权产品采用的是现有技术,故云米公司不构成侵权,一审判决的裁判结果错误。上述产品是云米公司因客观原因于原审庭审结束后才发现的证据,因此,请求再审法院对依据该新证据提出的现有技术抗辩予以审理,以得到公平公正的审理结果。请求撤销一审判决,改判云米公司不构成对美的公司专利权的侵害,驳回美的公司原审全部诉讼请求;判令美的公司承担本案原审诉讼费用。因此,本案的争议焦点是再审阶段被告提出现有技术抗辩是否应予审理。

(四) 案例分析

本案的争议焦点是"提出现有技术抗辩的时机"问题。现有技术或现有设计抗辩规定在《专利法》①第六十七条,在专利侵权纠纷中,被控侵权人有证据证明其实施的技术或者设计属于现有技术或者现有设计的,不构成侵犯专利权。目前我国专利无效宣告制度实行的是"单轨制",只能由国家知识产权局宣告专利权无效。实践中,专利权人有时会利用明显授权不当的专利(如明显缺乏新颖性或创造性)起诉相关企业,恶意妨害企业的正常生产经营,而请求宣告专利权无效又需要较为漫长的周期,在专利侵权诉讼中直接引入现有技术或现有设计抗辩是一种能快速解决问题的有效手段。

早在 2001 年 6 月,最高院出台的《关于审理专利纠纷案件适用法律问题的若干规定》②中就间接体现了在涉及实用新型和外观设计专利侵权纠纷案中可以使用现有技术

---

① 2020 年修订,2021 年 6 月 1 日起施行。
② 法释〔2001〕21 号,2001 年 6 月 19 日最高人民法院审判委员会第 1180 次会议通过,自 2001 年 7 月 1 日起施行。

抗辩,其第九条第(二)项规定:"人民法院受理的侵犯实用新型、外观设计专利权纠纷案件,被告在答辩期间内请求宣告该项专利权无效的,人民法院应当中止诉讼,但具备下列情形之一的,可以不中止诉讼:(二)被告提供的证据足以证明其使用的技术已经公知的。"

2008年第三次修正的专利法正式将现有技术和现有设计抗辩写入专利法,即增加的第六十二条。值得注意的是,该条款并未对专利类型作出限定,且只要为现有技术或现有设计即可引用作为现有技术或现有设计抗辩,并不要求必须是公众可以自由实施的技术,亦没有限定必须是相同侵权时才可适用,即在等同侵权的情况下也可以适用。全国人大常委会在2008年8月29日发布的《关于〈中华人民共和国专利法修正案(草案)〉的说明》第二部分曾明确指出:"为防止恶意利用已公知的现有技术申请专利,阻碍现有技术实施,帮助现有技术实施人及时从专利侵权纠纷中摆脱出来,草案增加规定:在专利侵权纠纷中,被控告侵权人有证据证明自己实施的技术属于现有技术的,不构成侵犯专利权。据此,被控告侵权人无须向专利复审委员会提出无效宣告请求,法院可直接判定被控告侵权人不侵权。"①

在专利侵权诉讼行为发生时,涉案专利的现有技术或现有设计证据已经存在,但不一定能被检索或获取到,因此,被告在一审或二审程序中可能确实并未获得相关现有技术或现有设计的证据,进而未能及时提出现有技术或现有设计抗辩。若被控侵权人在判决生效后才检索或获取到现有技术或现有设计抗辩的证据,是否可以据此提出再审申请?本案例的判决结论非常明确,即不能在再审程序中主张现有技术或现有设计抗辩,该判决主要从如下四个角度进行了论述:(1)裁判生效后应当具有既判力,使之具有稳定性,不得轻易推翻;云米公司提交的现有技术证据是其在原审阶段可以取得的,云米公司申请再审行为实质上相当于另行提出新的抗辩理由,如在申请再审程序中接受被诉侵权人首次提出的现有技术抗辩理由及其新的证据,将损害生效裁判的既判力,不仅有违程序正义原则,而且有损生效判决的既判力,违背了再审程序平衡保障当事人申请再审权利和维护生效裁判既判力、稳定性之间关系的立法宗旨;(2)申请再审程序作为在二审终审程序以外,给予当事人的一种特殊救济途径,有其独特的诉讼价值,如果已经生效的裁判轻易进入再审审理程序,则其效力长期处于缺位状态,并导致当事人的权利义务关系始终处于不稳定状态,难以实现社会经济秩序的稳定,不利于生产经营活动的正常开展;(3)我国普通民事诉讼实行两审终审制,如果在再审申请程序中审查在一、二审程序中被诉侵权人未提出的现有技术抗辩理由及其证据,势必会对一、二审程序产生极大的冲击,实质上架空了一、二审程序,损害了两审终审诉讼制度的价值;(4)从民事诉讼双方在程序中的诉讼

① 关于《中华人民共和国专利法修正案(草案)》的说明,网址:http://www.npc.gov.cn/npc/c35677/201812/6d20b23853d54170803b302eaa9fab5f.shtml;访问时间:2020年4月4日。

平等角度看,如允许在再审阶段审查首次提出的现有技术抗辩主张及证据,违反诉讼平等原则,将造成对权利人的诉讼突袭,严重损害了程序正义的要求。

专利侵权诉讼程序往往耗时较长,生效判决作出后,信赖该判决的专利权人及其竞争对手等行业从业者会按照该判决确定的权利义务关系及相关法律事实尽快稳定并安排生产经营活动。正如判决中所阐述的,如果允许原本就存在的现有技术或现有设计证据进入再审审查程序审理,就会使得本已耗时长久才获得稳定的权利义务关系再次处于不稳定状态,不利于生产经营活动的正常开展,也会对一、二审程序产生极大冲击,实质上架空一、二审程序,损害两审终审诉讼制度的价值,违背再审程序平衡保障当事人申请再审权利和维护生效裁判既判力、稳定性之间关系的立法宗旨。若被控侵权人在判决生效后才发现能用于现有技术或现有设计抗辩的证据,其可以以此为证据向国家知识产权局请求宣告涉案专利权无效,如果生效判决有赔偿条款,且未执行到位,被控侵权人可以尝试向执行法院申请中止执行。

三、类案援引

在专利侵权诉讼中被诉侵权人提出现有技术或现有设计抗辩是常见的应诉手段,参照上述"门体组件及洗碗机案"类似的裁判思路,相关案例也陆续出现,主要有如下案例:最高院作出的"食物垃圾处理器抗震系统案"[①]、浙江省高级人民法院作出的"护臂袖套案"[②]、最高院作出的"太阳能路灯(1)案"[③]、杭州市中级人民法院作出的"艾烛(亿格-Ⅲ)案"[④]。在上述案件中,审理法院均未支持在再审程序中提出的现有技术或现有设计抗辩,理由基本同"门体组件及洗碗机案",即会影响生效裁判的既判力和稳定性,对原审程序产生冲击,对专利权人显失公平,实质上架空原一、二审程序,损害两审终审诉讼制度的价值,对程序正义造成损害。

值得关注的是,不但在再审程序中提出现有技术或现有设计抗辩不能被接受,甚至在二审庭审时提出现有技术或现有设计抗辩也可能不会被接受。如最高院作出的"主轴电机案"[⑤],最高院认为,如果二审法院对被诉侵权人日本电产公司在二审程序开庭时临时提出的上诉理由和证据进行审理,对案件另一方当事人显失公平,不仅构成对专利权人的诉讼突袭,架空一审诉讼程序,造成审级损失,也使得法律有关举证期限的规定目的落空。因此,二审法院对日本电产公司在开庭时提出的现有技术抗辩的理由和证据不予审判,未有不当。

---

① 详见"(2018)最高法民申 2477 号"《民事裁定书》。
② 详见"(2020)浙民申 3540 号"《民事裁定书》。
③ 详见"(2020)最高法民申 4163 号"《民事裁定书》。
④ 详见"(2019)浙 01 民再 58 号"《民事判决书》。
⑤ 详见"(2018)最高法民申 2823 号"《民事裁定书》。

附："美的洗碗机案"类案检索表——提出现有技术或现有设计抗辩的时机

时间	审理法院/案号	涉诉专利	专利类别/抗辩类型	法院认定
2020.03.10	最高人民法院/（2018）最高法民申2477号	食物垃圾处理器抗震系统	发明专利/现有技术抗辩	被诉侵权人在申请再审程序中以新的证据主张现有技术抗辩，表面上系以新证据为由申请再审，但实质上相当于另行提出新的现有技术抗辩。如允许被诉侵权人在申请再审程序中无限制地提出新的现有技术抗辩，无疑将对专利权人形成诉讼突袭，在实质上架空一审、二审诉讼程序，更将会导致显失公平的结果。
2020.10.12	浙江省高级人民法院/（2020）浙民申3540号	护臂袖套	外观设计/现有设计抗辩	在申请再审时提交的新证据本可在一审、二审阶段取得，其在不同诉讼程序中以不同的证据主张现有设计抗辩，表面上系以新证据为由申请再审，但实质上相当于另行提出新的现有设计抗辩。如果允许无限制地提出新的现有设计抗辩，与专利权人应当在一审法庭辩论终结前固定其主张的要求相比，对专利权人显失公平，且构成对专利权人的诉讼突袭，亦将架空一审、二审的诉讼程序。
2020.10.30	最高人民法院/（2020）最高法民申4163号	太阳能路灯（1）	外观设计/现有设计抗辩	在申请再审过程中主张现有设计抗辩，表面上系以新证据为由申请再审，实质上相当于另行提出新的现有设计抗辩。如允许被诉侵权人无限制地提出新的现有设计抗辩，对专利权人显失公平，且构成对专利权人的诉讼突击，亦将架空一审、二审的诉讼程序，不利于引导当事人在一审及二审程序中解决纠纷。
2020.12.02	浙江省杭州市中级人民法院/（2019）浙01民再58号	艾烛（亿格-Ⅲ）案	外观设计/现有设计抗辩	在再审程序中提出现有设计抗辩，违背再审程序平衡保障当事人申请再审权利和维护生效裁判既判力、稳定性之间关系的立法宗旨。专利侵权诉讼中原被告之间的诉讼标的应当在一审中确定，以确保原被告之间的诉讼平衡，提高当事人各方对诉讼结果的预期，从而维护程序正义，如果在再审程序中对原审程序中被诉侵权人未提出的现有设计抗辩理由及其证据进行审理，势必会对原审程序产生冲击，实质上架空原一、二审程序，损害了两审终审诉讼制度的价值，对程序正义造成损害。

续表

时间	审理法院/案号	涉诉专利	专利类别/抗辩类型	法院认定
2019.12.30	最高人民法院/（2018）最高法民申2823号	主轴电机	发明专利/现有技术抗辩	被诉侵权人在二审程序开庭时临时提出现有技术抗辩，若二审法院进行审理，对案件另一方当事人显失公平，不仅构成对专利权人的诉讼突袭，架空一审诉讼程序，造成审级损失，也使得法律有关举证期限的规定目的落空。

四、诠释法律

最高人民法院关于适用《中华人民共和国民事诉讼法》的解释（2020年修正）第三百九十五条第二款规定："当事人主张的再审事由不成立，或者当事人申请再审超过法定申请再审期限、超出法定再审事由范围等不符合民事诉讼法和本解释规定的申请再审条件的，人民法院应当裁定驳回再审申请。"

第十一节　专利侵权案件中合法来源抗辩的适用

佳能公司诉慕名公司专利侵权案

作者：张俊杰
律师、专利代理师

一、裁判参考

为生产经营目的使用、许诺销售或者销售不知道是未经专利权人许可而制造并售出的专利侵权产品，能证明该产品合法来源的，不承担赔偿责任。

合法来源抗辩仅适用于使用、许诺销售、销售侵权产品的情形，而不适用于生产侵权产品的情形。判断被告是否为被控侵权产品的制造者，应结合流通环节的交易习惯对在案证据进行判断，这既可以规范流通环节的市场秩序，也可以防止侵权人与他人串通，以提供虚假合法来源证据的方式逃避赔偿责任。

二、案例说明

（一）案例来源

上海知识产权法院《民事判决书》（2017）沪73民初596号。

（二）案例认定

本案一审判决入选2018年中国法院50件典型知识产权案例。

（三）案情简介

原告佳能株式会社（以下简称"佳能公司"或"原告"）系名称为"电子照相成像设备、显影装置及耦联构件"的发明专利的专利权人。原告向上海知识产权法院起诉被告上海慕名电子科技有限公司（以下简称"慕名公司"或"被告"）未经原告许可制造、销售、许诺销售被控侵权产品的行为侵害涉案专利权。慕名公司向法院提交了采购订单、出货明细表、送货单、案外人中山森威办公用品有限公司（以下简称"森威公司"）的产品宣传图册、森威公司天猫店铺产品信息、转账记录、增值税发票、聊天记录、被告完整账簿、账册等证据，用以证明被告销售的被控侵权产品来源于案外人森威公司，被告销售被控侵权产品具有合法来源。

（四）案例分析

本案的争议焦点是被告提出的合法来源抗辩能否成立。一审法院上海知识产权法院认为，合法来源抗辩是法律赋予善意的侵权产品使用者、销售者的一种权利，合法来源抗辩仅适用于使用、许诺销售、销售侵权产品的情形，而不适用于生产侵权产品的情形。判断被告是否为被控侵权产品的制造者，应结合流通环节的交易习惯对在案证据进行判断，这既可以规范流通环节的市场秩序，也可以防止侵权人与他人串通，以提供虚假合法来源证据的方式逃避赔偿责任。

一审法院认为，被控侵权产品附加的产品信息表明被告就商品溯源和品质保证向购买者进行了明确提示，自称"生产者"，表达了其将自己对外公示为被控侵权产品制造者的意思表示。现代商业分工日益细化，"制造"概念并非仅指作出或者形成覆盖专利权利要求所记载的全部技术特征的产品的生产活动，采购他人生产的产品最终对外宣示自身为"制造者"已是较为常见的商业惯例。因此，从被控侵权产品及其外包装等处标注的信息来看，购买者确信被告是该产品的制造者，因而认定被告是被控侵权产品的制造者、销售者，被告提出的合法来源抗辩主张不能成立。

虽然被告的抗辩未被支持，但本案中被告提供合法来源证据的方式值得参考。在许多专利侵权案件中,专利权人为了取得选择有利于己方的管辖法院,往往选择销售商作为被告之一。作为销售者或使用者的被告,为了使合法来源抗辩能够被法院接受,从而免除侵权赔偿责任,应尽可能提供充足的合法来源证据。

三、类案应用

在最高人民法院知识产权案件年度报告(2019)中,提出了销售者合法来源抗辩的审查标准。该年度报告中的(2019)最高法知民终 118 号宝蔻公司与佩龙门市专利侵权案中,最高人民法院指出销售者合法来源抗辩的成立,需要同时满足被诉侵权产品具有合法来源这一客观要件和销售者无主观过错这一主观要件,两个要件相互联系。如果销售者能够证明其遵从合法、正常的市场交易规则,取得所售产品的来源清晰、渠道合法、价格合理,其销售行为符合诚信原则、合乎交易惯例,则可推定其无主观过错。此时,应由权利人提供相反证据。在权利人未进一步提供足以推翻上述推定的相反证据的情况下,应当认定销售者合法来源抗辩成立。关于"实际不知道且不应当知道"的证明方式及举证责任在(2019)最高法知民终 25 号"包装机"案、(2018)最高法民申 4912 号"可折叠的婴儿车"案、(2019)最高法民申 370 号"食品加工机"案中有所阐述;关于如何提供符合交易习惯的证据则在(2019)最高法知民终 135 号"一种可折叠式婴儿推车"案中有所阐述。

四、诠释法律

《专利法》(2020 年修正)第七十七条规定:

为生产经营目的使用、许诺销售或者销售不知道是未经专利权人许可而制造并售出的专利侵权产品,能证明该产品合法来源的,不承担赔偿责任。

《最高人民法院关于审理侵犯专利权纠纷案件应用法律若干问题的解释(二)》(2020 年修正)第二十五条规定:

为生产经营目的使用、许诺销售或者销售不知道是未经专利权人许可而制造并售出的专利侵权产品,且举证证明该产品合法来源的,对于权利人请求停止上述使用、许诺销售、销售行为的主张,人民法院应予支持,但被诉侵权产品的使用者举证证明其已支付该产品的合理对价的除外。

本条第一款所称不知道,是指实际不知道且不应当知道。

本条第一款所称合法来源,是指通过合法的销售渠道、通常的买卖合同等正常商业方式取得产品。对于合法来源,使用者、许诺销售者或者销售者应当提供符合交易习惯的相关证据。

《最高人民法院关于知识产权民事诉讼证据的若干规定》(2020 年修正)第四条规定:

被告依法主张合法来源抗辩的,应当举证证明合法取得被诉侵权产品、复制品的事实,包括合法的购货渠道、合理的价格和直接的供货方等。

被告提供的被诉侵权产品、复制品来源证据与其合理注意义务程度相当的,可以认定其完成前款所称举证,并推定其不知道被诉侵权产品、复制品侵害知识产权。被告的经营规模、专业程度、市场交易习惯等,可以作为确定其合理注意义务的证据。

第十二节　软件类专利方法侵权行为的认定标准

敦骏诉腾达"路由器"专利侵权案

作者:陈莎莎

律师、专利代理师

一、裁判参考

如果被诉侵权行为人以生产经营为目的,将专利方法的实质内容固化在被诉侵权产品中,该行为或者行为结果对专利权利要求的技术特征被全面覆盖起到了不可替代的实质性作用,终端用户在正常使用该被诉侵权产品时就能自然再现该专利方法过程,则应认定被诉侵权行为人实施了该专利方法,侵害了专利权人的权利。

二、案例说明

(一) 案例来源

最高人民法院《民事判决书》(2019)最高法知民终 147 号。

(二) 案例认定

本案二审判决被评为最高人民法院指导案例 159 号,并入选最高人民法院 2019 年 60 件知识产权典型案例之一。

(三) 案情简介

深圳敦骏科技有限公司(以下简称"敦骏公司")是专利号为 ZL02123502.3、发明名称为"一种简易访问网络运营商门户网站的方法"的发明专利的专利权人。2018 年 7 月,原告敦骏公司向山东省济南市中级人民法院起诉称,深圳市吉祥腾达科技有限公司(以下简称"腾达公司")未经许可制造、销售、许诺销售、销售多款商用无线路由器的行为,以及经销商弘康经营部和昊威经营部未经许可销售该多款商用无线路由器的行为构成专利侵权,请求判令停止侵权并赔偿损失以及合理开支共计500万元。2019年5月济南中院作出一审判决支持了原告的诉请,判令停止侵权并且由腾达公司赔偿500万元。

腾达公司不服一审判决,向最高院提起上诉。最高院审理后认为,腾达公司制造、销售、许诺销售路由器的行为,以及两经销商销售路由器的行为实施了涉案专利方法,构成专利侵权,故驳回了腾达公司的上诉请求,维持原判。

(四) 案例分析

对于软件类专利方法来说,侵权行为指的是为生产经营目的使用专利方法,本案的争议焦点是如何认定其中的"使用"行为。

软件类专利方法的特点是由软件制造商将功能固化在软件中,用户在软件使用过程中才会再现相应的方法步骤。也就是说,软件方法的直接使用者是用户,然而用户往往并不是"生产经营目的",显然无法追究用户的责任,软件制造商才是真正造成方法被使用的根源。但是软件制造商的行为是否可以被认定为专利方法的使用行为,如果认定为侵权应构成直接侵权还是间接侵权,一直以来都是争论的焦点。

在2011年10月广东高院审理的格力诉美的"空调案"①中,美的公司认为只有空调器的用户才会使用到涉案专利,美的公司不是使用者,对此法院认为,美的公司制造的空调器要实现"舒睡模式3"功能,就要通过相应的设置、调配步骤,因此美的公司是使用者,构成直接侵权。该案的法官认为②,如果认为用户是专利使用者,无论是通过直接侵权还是间接侵权都将导致专利方法无法寻求到保护,既不公平也不合理。

在2017年北京高院审理的西电捷通诉索尼中国公司专利侵权案③中,法院同样认为索尼中国公司构成直接侵权不构成间接侵权,但不同的是法院认为索尼中国公司在产品设计研发阶段构成使用行为,不能证明在生产制造、出厂检测阶段使用了涉案专利。虽然该案最终认定索尼中国公司构成侵权,但是该案对于专利方法的保护方式是否属于"曲线救国"值得探讨。二审法院认为索尼中国公司在产品设计研发阶段使用了涉案专利,那么其对应的具体侵权行为应为产品设计研发阶段,如果责令其停止生产制造行为是否合理,而如果仅责令其停止产品设计研发阶段是否能够真正实现对专利权的保护。

而本案则更为明确地将软件制造商的行为认定为直接侵权行为,并且确立了此类案件的判定标准:第一,被诉侵权人的目的是生产经营目的;第二,专利方法的实质内容固化在被诉侵权产品中,该行为或者行为结果对专利权利要求的技术特征被全面覆盖起到了

---

① 详见"(2011)粤高法民三终字第326号"《民事判决书》。
② 详见《广东法院知识产权经典案例集(2010—2015年卷)》"等同侵权判定方法和证据披露妨碍规则的适用"。
③ 详见"(2017)京民终454号"《民事判决书》。

不可替代的实质性作用,终端用户在正常使用该被诉侵权产品时就能自然再现该专利方法过程。在满足这两个条件的情况下,即可认为被诉侵权行为人实施了该专利方法。上述判定标准还充分考虑了互联网通信领域的专利方法的特点,也就是往往只能撰写成为需要多个主体的参与才能实施的内容,能够用于明确在多实施主体的情况下如何确定专利方法的使用者。

值得一提的是,本案确立的判断标准是否对"全面覆盖原则"进行了突破也引起了广泛的讨论。有观点认为,专利方法中包括多个主体实施的步骤,然而腾达公司并未实施全部的步骤,因此认定腾达公司使用了专利方法可能突破了全面覆盖原则。本案主审法官指出①,本案适用的是专利直接侵权的法律规范,自然也遵循全面覆盖原则。在已将所有体现专利方法的步骤、操作流程的技术特征以软件的方式固化到被诉侵权产品中的情况下,应认定该固化行为实现了对专利方法的全面覆盖。

三、类案应用

本案确立了软件类专利方法的侵权行为认定标准,在后的类似案件中多予以借鉴。在海福公司诉智能公司"阀口袋"专利侵权案②中,权利要求 18 为方法权利要求,一审法院认为无论被控产品所固化的步骤乃至顺序是否落入权利要求 18 的保护范围,其步骤的一一再现均已被对被控产品的使用行为所吸收,不能视为对某种方法的实施,二审法院则根据本案中确立的判定标准,推翻了一审法院的观点,认定智能公司作为被控产品的生产者和销售者,实施了权利要求 18 的专利方法。在赵志勇诉美高公司"多媒体播放"专利侵权案③中,法院认为,权利要求 8 记载的方法包含 7 个步骤,分别由广告终端机和中央服务器完成,其中虽然部分步骤由中央服务器完成,但是美高公司通过操作指令对数据进行处理的操作步骤应当归咎于美高公司,由美高公司承担责任,最终认为美高公司构成使用专利方法的侵权行为。

四、诠释法律

《中华人民共和国专利法》第十一条第一款规定:"发明和实用新型专利权被授予后,除本法另有规定的以外,任何单位或者个人未经专利权人许可,都不得实施其专利,即不得为生产经营目的制造、使用、许诺销售、销售、进口其专利产品,或者使用其专利方法以及使用、许诺销售、销售、进口依照该专利方法直接获得的产品。"

当专利方法为软件方法时,"使用"专利方法的侵权行为并非指用户使用软件产品的

---

①　详见《人民司法》2020 年第 7 期"多主体实施方法专利侵权案件的裁判思路与规则——以敦骏公司诉腾达公司案为例"。

②　详见"(2019)川知民终 210 号"《民事判决书》。

③　详见"(2019)最高法知民终 421 号"《民事判决书》。

行为,而是指软件制造商等侵权行为人,将专利方法的实质内容固化在被诉侵权产品中的行为。

第十三节 "共同实施者"的认定

"床架卡扣结构"专利侵权案

作者:张萌

律师、专利代理师

一、裁判参考

在委托加工专利产品的情况下,招投标关系中指定技术方案的招标方、加工承揽关系中提供技术方案的定作人实质上决定了专利技术方案的实施,其与中标方、承揽人等直接实施专利的主体构成专利共同实施者。

二、案例说明

(一)案例来源

最高人民法院《民事判决书》(2019)最高法知民终181号。

(二)案例认定

本案二审判决入选最高人民法院知识产权法庭2020年度技术类知识产权55个典型案例。

(三)案情简介

原告棋胜公司系实用新型专利"床架卡扣结构"的专利权人,该专利于2016年4月27日被国家知识产权局授权,2017年9月12日,国家知识产权局对该专利出具了《实用新型专利权评价报告》,结论为全部权利要求1-4未发现存在不符合授予专利权条件的专利。天一公司通过中国政府采购信息网中标了被告信阳农林学院的学生公寓采购家具项目(学生床产品),其向被告康胜公司采购,康胜公司委托被告鸿鼎公司直接生产了上述学生床产品(即被诉侵权产品)。原告棋胜公司了解到上述侵权事实后,基于专利的有效性,向郑州市中级人民法院针对上述被告提起了专利侵权诉讼。原审诉讼中,天一公司与原告棋胜公司达成和解,棋胜公司撤回对天一公司的起诉,原审法院经审理认为被诉侵权产品落入涉案专利的保护范围,判决鸿鼎公司停止制造行为并赔偿棋胜公司经济损失10万,康胜公司停止销售行为但不承担赔偿责任。二审诉讼中,上诉人鸿鼎公司提交了用以证明康胜公司委托其加工被诉侵权产品的证据,该证据被二审法院采纳,并基于此认定康胜公司向鸿鼎公司提供了生产被诉侵权产品的全部技术方案,康胜公司与鸿鼎公司构成了委托加工关系,二审法院支持了鸿鼎公司的该项上诉理由,即认定康胜公司和鸿鼎公司共同实施了制造专利产品的行为,判令二公司基于同一侵权事实对全部侵权损害结果承担连带责任。但改判一审判决的事实依据在于鸿鼎公司在一审诉讼过程中未及时提交相关证据,对此鸿鼎公司承担不利后果,承担二审全部诉讼费用。

（四）案例分析

本案的争议焦点是"共同实施者"的认定。本案一审中,被告康胜公司主张被诉侵权产品是由被告鸿鼎公司生产、销售的,并提交了康胜公司"廖总"与鸿鼎公司法定代表人周平的微信聊天记录、出货计划、送货单、转账凭证等。对此,鸿鼎公司仅抗辩双方在其成立之前便合作,周平未参与送货等,以此否定自己生产和销售被诉侵权产品的事实。但证据过于单薄,不足以让原审法院采信。显然,这些证据无法证明鸿鼎公司生产被诉侵权产品使用的是康胜公司提供的产品技术方案。可见,被告鸿鼎公司并未提交可以证明其是根据被告康胜公司提供的技术方案定制生产被诉侵权产品的证据,这导致原审法院作出错误的事实认定。在二审中,上诉人鸿鼎公司提交了廖小冬与周平的微信聊天记录截图,该证据显示有康胜公司向鸿鼎公司提供了《学院方案.pptx》,并要求鸿鼎公司据此生产被诉侵权产品,《学院方案.pptx》中的技术方案落入涉案专利的保护范围。二审法院据此认定康胜公司与鸿鼎公司之间的关系应该定性为委托加工关系,而非买卖关系,这成为二审判决撤销一审判决相关判项的关键所在。

司法实践中,对于委托加工关系的认定,有时并不能根据表面上的销售合同而轻易确定,委托方是否提供过产品图纸,具体的产品技术参数要求,甚至样品很多情况下并未体现在双方的合作合同中,此时,相关的辅助证据则可能成为案件的事实定性的焦点所在。买卖关系,委托加工关系是法律性质完全不同的合同关系,在专利侵权诉讼案件中,二者的区别显得尤为重要,一旦认定为买卖关系,购买方则拥有了合法来源抗辩的尚方宝剑,而认定为委托加工关系,购买方和加工方则构成了共同制造侵权行为,且购买方具有更明显的故意。

三、类案应用

无。

四、诠释法律

依照《中华人民共和国专利法》第十一条之规定,未经专利权人许可,而为生产经营目的制造、使用、许诺销售、销售、进口专利产品的,属于侵犯专利权行为。其中,对于"制造专利产品"这一侵权行为,在委托加工专利产品的情况下,如果委托方要求加工方根据其提供的技术方案制造专利产品,则可以认定是双方共同实施了制造专利产品的行为。

第十四节　方法专利侵权诉讼的举证责任分配

萘酚生产中母液、亚硫酸钠溶液的处理方法发明专利侵权案

作者:李德宝

律师、专利代理师

一、裁判参考

若使用专利方法获得的产品不属于新产品,专利权人能够证明被诉侵权人制造了同样产品,经合理努力仍无法证明被诉侵权人确实使用了该专利方法,根据案件具体情况,结合已知事实以及日常生活经验,能够认定同样产品使用专利方法制造的可能性很大,可以不再要求专利权人提供进一步的证据,而应由被诉侵权人就其制造方法不同于专利方法举证,若被诉侵权人无正当理由拒不提供其实际采用的方法,则可推定专利权人的主张成立。

二、案例说明

（一）案例来源

最高人民法院《民事判决书》(2020)最高法民再 183 号。

（二）案例认定

本案再审判决入选 2020 年最高人民法院知识产权法庭 55 件技术类典型案例之一。

（三）案情简介

原告李阳系专利号为 ZL200610016781.9、名称为"萘酚生产中母液、亚硫酸钠溶液的

处理方法"的发明专利的专利权人,其向石家庄市中级人民法院起诉,要求被告唐山宝翔化工产品有限公司(以下简称"宝翔公司")立即停止侵犯其专利权,原告李阳向一审法院申请对宝翔公司生产萘酚过程中母液、亚硫酸钠溶液的处理方法进行证据保全,一审法院依法进行了保全,并调取宝翔公司的环评报告,同时原告李阳还提交了宝翔公司的生产记录及其申请的专利等证据。一审法院经审理认为,现有证据并不能证明宝翔公司采用的亚硫酸钠提取工艺落入涉案专利的保护范围。原告李阳不服一审判决,上诉至河北省高级人民法院,二审法院依法调取了宝翔公司部分员工的社保记录、宝翔公司第2车间部分岗位的照片和录像,曾试图调取宝翔公司2013年、2014年的生产记录,但宝翔公司陈述没有生产记录可供调取。二审法院认为,依据原告李阳提交的证据和申请调取的证据,并不足以证明被告宝翔公司亚硫酸钠的提取工艺落入涉案专利的保护范围,判决驳回上诉,维持一审判决。原告李阳不服,向最高人民法院申请再审,并补充提交了宝翔公司部分员工的社保记录、书面记录本(无签名)、班会录音及有关对应文字等用来证明宝翔公司的实际生产工艺。因此,本案的争议焦点是宝翔公司在萘酚生产工艺中对亚硫酸钠溶液的处理是否落入涉案专利权的保护范围。

（四）案例分析

本案涉及方法专利侵权诉讼中的举证责任分配。方法专利按制备得到的产品是否为"新产品",可分为"新产品"制备方法和非"新产品"制备方法。

对于"新产品"制备方法,根据专利法第六十六条第一款①的规定,适用举证责任倒置,即由制造同样产品的单位或者个人应当提供其产品制造方法不同于专利方法的证明。但前提是相关产品应是"新产品",为了解决"新产品"的界定问题,《最高人民法院关于审理侵犯专利权纠纷案件应用法律若干问题的解释》第十七条明确如下两种情况不属于"新产品":(1)产品本身在申请日以前为国内外公众所知;(2)制造该产品的技术方案在申请日以前为国内外公众所知。根据上述相关规定,在涉及"新产品"制备方法的专利侵权纠纷中,专利权人主张适用举证责任倒置时,需要满足两个条件:(1)依据涉案专利方法直接获得的产品为"新产品";(2)被诉侵权产品与实施涉案专利方法直接获得的原始产品属于同样产品。对于该问题,在"自粘膜止回空气包装材料C型袋及其制造方法"案中②,最高院认为,举证责任倒置属于民事侵权中"谁主张谁举证"一般原则的例外,对于权利人产品是否属于"新产品"仍然应当由权利人举证证明。权利人提交初步证据证明该产品属于专利法规定的"新产品"的,应当认定其已经尽到举证义务。上述初步证据应

---

① 2020年修订,2021年6月1日起施行。

② 最高人民法院"(2018)最高法民申4149号"《民事裁定书》,再审申请人义乌市贝格塑料制品有限公司、张海龙与被申请人上海艾尔贝包装科技发展有限公司、一审被告杭州阿里巴巴广告有限公司侵害发明专利权纠纷,合议庭:秦元明、李嵘、马秀荣,裁判日期:2018年12月25日,该案入选2018年最高院28件典型案例。

当能够证明涉案产品与专利申请日之前已有的同类产品相比,在产品的组份、结构或者其质量、性能、功能方面有明显区别。该案例明确了权利人应首先承担"新产品"的举证责任,并明确了界定"新产品"的基本标准。

对于非"新产品"制备方法,方法专利的实施一般发生在产品的制造过程中,涉及的生产步骤、具体流程、工艺参数等只能在生产现场或者通过查看生产记录才能获知。通常情况,专利权人难以接近被诉侵权人的生产现场或获得相关生产记录,故难以获取产品制造过程中能够用以证明被诉侵权产品制造方法的证据,而被诉侵权人则完全掌握上述证据,且易于隐匿和销毁。因此,对于非"新产品"制备方法专利,若不结合具体案情对侵权成立的可能性大小以及双方当事人的举证能力进行分析,只是简单地适用"谁主张谁举证"原则,由专利权人来举证证明被诉侵权人生产同样产品的制造方法,显然不利于客观事实的查明,亦有违公平原则。对于该类案件,在多年的审判实践中,法院逐步确立了"高度盖然性"标准。2020 年 11 月 18 日施行的《最高人民法院关于知识产权民事诉讼证据的若干规定》①第三条明确了当专利方法制造的产品不属于新产品时,在原告举证证明下列事实后即可要求被告举证:(1)被告制造的产品与使用专利方法制造的产品属于相同产品;(2)被告制造的产品经由专利方法制造的可能性较大;(3)原告为证明被告使用了专利方法尽到合理努力。

本案即采用了该标准,最高院认为,原告李阳提交的证据可以初步证明宝翔公司实际生产中使用涉案专利,在李阳进一步取证困难,且宝翔公司掌握其生产工艺流程和生产记录情况下,宝翔公司应负有举证其生产方法不同于涉案专利方法的责任,否则应承担不利后果。在二审法院和最高院再审询问期间,均要求宝翔公司提交生产记录或工艺操作流程等,宝翔公司陈述的"公司没有任何文字记载的生产记录或操作手册"与目前法律法规对化工企业安全生产的要求明显不符,化工企业的生产记录或操作手册应由该公司记录并保管,在法院多次要求其提交而拒不提交的情况下,推定原告李阳关于宝翔公司在萘酚生产工艺中对亚硫酸钠溶液的处理落入了涉案专利权的保护范围的主张成立,宝翔公司侵害了原告李阳涉案专利权。本案中,最高院充分考虑了方法专利的特点、原告的举证能力和程度、原被告双方距离证据远近、被告公司存在举证妨碍等因素,合理分配了举证责任,该案例对于引导双方当事人积极举证,适当减轻方法专利权利人举证负担,明确各方的举证责任具有重要意义。

三、类案援引

"亚硫酸钠溶液处理案"的裁判日期为 2020 年 11 月 18 日,属于较新的年度典型案

---

① 法释〔2020〕12 号,2020 年 11 月 9 日由最高人民法院审判委员会第 1815 次会议通过,自 2020 年 11 月 18 日起施行。

例。2021 年 12 月 23 日最高人民法院作出的（2021）最高法知民终 1305 号民事判决书，严格依照专利法和相关司法解释，明确各当事人具体举证义务和举证责任发生转移的条件，并综合双方当事人举证情况，最终认定被诉侵权人实施的方法不同或者不等同于涉案专利方法的举证责任，应当由被诉侵权人承担，具体见下表。

附:"亚硫酸钠溶液的处理案"类案检索表——方法专利侵权诉讼中的举证责任

时间	审理法院/案号	涉诉专利	原被告举证情况	裁判要点
2021.12.23	最高人民法院/（2021）最高法知民终 1305 号	生物发酵法生产长碳链二元酸的精制工艺	原告凯赛公司、凯赛金乡公司在一审中共提交了 54 份证据，用于证明被告恒基公司、归源公司使用了涉案专利方法的证据近 30 份，涉及固定侵权样品、检验侵权样品、被告未变更生产工艺等的初步证据。被告归源公司声称:其仅能提交 15 日之内的生产操作记录、生产线中控仅能实时显示工艺参数而不能调取历史参数记录等，对此，法院认为，这与该公司属于通过质量管理体系认证的企业性质、生产规模、生产的产品属于化工品性质等情形不符。同时，其与恒基公司在共同提交《转文通知书》《意见陈述书》等证据，均无法达到其所主张的生产工艺与涉案专利方法存在不同的证明目的。	《最高人民法院关于知识产权民事诉讼证据的若干规定》第三条所规定的引发举证责任转移的各项事实之间存在相互联系、相互印证的关系，并非彼此独立，适用上述规定确定被告是否实施了原告专利方法的事实属于法律推定事实，这就要求适用上述规定时，应当充分运用逻辑推理和日常生活经验法则，充分考虑双方当事人就各自所需证明事实的举证充分程度和举证难度，在综合全案事实的基础上，整体判断是否已经满足证明责任转移的条件。

四、诠释法律

2020 年 11 月 18 日施行的《最高人民法院关于知识产权民事诉讼证据的若干规定》第三条规定:

"专利方法制造的产品不属于新产品的，侵害专利权纠纷的原告应当举证证明下列事实:

（一）被告制造的产品与使用专利方法制造的产品属于相同产品;

（二）被告制造的产品经由专利方法制造的可能性较大;

（三）原告为证明被告使用了专利方法尽到合理努力。

原告完成前款举证后，人民法院可以要求被告举证证明其产品制造方法不同于专利方法。"

第十五节 "公共利益不停止使用"的认定

"日光温室"专利侵权案

作者:王萌
律师、专利代理师

一、裁判参考

被诉侵权产品已制造完成并投入使用,拆除、销毁或停止使用可能影响利害关系人正常生产经营生活,造成社会资源的巨大浪费和公共利益受损,且判处被告停止制造、销售等行为并赔偿损失足以实现权利人停止侵害的目的并弥补其损失的,可以不判令被告停止使用,而判令其停止制造、销售等源头侵权行为并支付费用。

二、案例说明

(一)案例来源

最高人民法院《民事判决书》(2019)最高法知民终 724 号。

(二)案例认定

本案二审判决入选 2020 年中国法院 50 件典型知识产权案例之一。

(三)案情简介

原告东北生态公司系发明专利"具有蓄热保温墙体的日光温室及其搭建方法"的专利权人,该专利于 2016 年 5 月 25 日被国家知识产权局授权,且该专利处于有效期内。被告吉康绿谷合作社与案外人舜土公司合作,由舜土公司为吉康绿谷合作社提供技术服务,具体包括菜田项目建设过程中的前期踏勘调研、编制实施方案,规划设计方案、项目预算及相关图件,舜土公司先后于 2015 年 12 月、2016 年 2 月为吉康绿谷合作社编制了《××吉康绿谷××菜田建设项目图册》、《××吉康绿谷××菜田建设项目设计报告》,但二者之间签订的《技术服务合同》中未约定知识产权的实质内容条款。二审中,吉康绿谷合作社提交金珠镇菜田假设项目规划设计报告(舜土公司编制),欲证明被诉侵权方案与该设计报告中的技术方案相同,且该设计报告为涉案专利申请前公开的现有技术,但现有证据无法证明该事实,因此二审未支持被告吉康绿谷合作社的现有技术抗辩理由,同时被诉侵权产品也落入涉案专利的保护范围。原审法院判决被告吉康绿谷合作社需要停止使用已经安装的被诉侵权产品,但二审法院认为,针对已经安装的被诉侵权产品,原审在判决赔偿数额时已经考虑了相应的合理费用,停止使用将会导致大棚和农业用地等生产资料的浪费,影响众多土地承包者的正常生产生活,造成社会资源的巨大浪费和公共利益受损,因此对于原告停止使用的诉讼请求不予支持。

（四）案例分析

本案的争议焦点是"公共利益不停止使用"的认定。本案的一审中,被告吉康绿谷合作社并未明确主张停止使用被诉侵权产品将会对其合作社成员的正常生产和生活产生严重影响,从而影响公共利益,因此原审法院支持了原告的"停止使用"诉讼请求。二审中,被告吉康绿谷合作社亦未明确主张"停止使用"将影响公共利益,但其提交了合作社的合作章程、《贫困家庭入股协议书》及股东分红表等证据,以证明合作社的成员均为本村村民,被诉侵权产品是这些村民维持生计的根本的事实情况,原告东北生态公司认可这些证据的真实性,二审法院基于此情况的考虑,认定了停止使用被诉侵权产品将严重影响当地社会公众的利益,且可能造成大棚甚至农业用地等生产资料的浪费,影响众多土地承包者的正常生产生活,对当地经济和民生产生不良影响,造成社会资源的巨大浪费和公共利益受损,最终未支持原告"拆除已建和在建的涉案日光温室并停止使用"的诉讼请求。

司法实践中,被诉侵权产品的应用领域具有一定的特性,对于其中一些较为特殊的被诉侵权产品,例如一些应用在大型公共场所的建筑类工程产品,环保类工程产品,其常见的侵权形式是使用了具有专利权的技术方案而制造完成,这种制造基本属于一次性完成且不便于拆除或销毁的工程施工,一旦拆除或停止使用将会对社会公众的相关利益产生不良影响。基于此种特殊侵权情形的考虑,各地法院在审理类似案件时作出"不停止使用被诉侵权产品"判决的情况时有发生。多年的司法实践,使得《最高人民法院关于审理侵犯专利权纠纷案件应用法律若干问题的解释(二)》(以下简称"《司法解释二》")第二十六条得以明确。

由此可见,本案中适用《司法解释二》第二十六条的公共利益条款非常合理合情,该条款的适用在案件审判时通常遵循严格谨慎的认定原则,对于是否满足"公共利益",需要结合被诉侵权产品或方案的特殊性,且需要综合考虑停止使用的影响范围和影响对象。具体到本案中,虽然被告吉康绿谷合作社是一个对外经营实体,但其成立和经营都是在当地政府的政策引导下,以提高当地农民收入,脱贫致富等为出发点成立的互助性经济组织,以其组织成员为主要服务对象展开活动,这很大程度上代表了当地很多社会公众的利益。且,从《司法解释二》第二十六条"支付相应合理费用"的条件要求角度看,成员们已通过出资的方式实质上对被诉侵权大棚支付了对价,并就已经搭建的被诉侵权大棚赔偿了损失,已经足以弥补权利人所受的损害。

三、类案应用

在"公共利益不停止使用"的类案检索中,"不停止使用"的原因基本是停止使用行为将会损害社会公众利益(例如公共环境等),法院转而采取由被告向权利人支付合理使用费用或许可费用,但无须停止使用行为的判决方式。类似案例,将为专利侵权中的公共利益认定方面提供明确的司法指引。

如附表所示的最高院"硫酸生产方法"案①中,最高院维持了原审法院合肥中院判令昊源集团支付一定费用而不停止使用行为的一审判决。

附:"日光温室"案类案检索表——"公共利益不停止使用"的认定

裁判时间	审理法院及案号	涉案专利	公共利益的认定情况	裁判要点
2021.3	最高院(2020)最高法知民终604号	冷凝硫酸蒸气生产硫酸的方法	判令昊源集团停止使用,将对周边环境及群众造成潜在的影响。	源集团采购时已向科洋公司支付了合理对价。同时,原审法院判令昊源集团支付托普索公司3万元费用,该费用实质上亦属于涉案专利的许可使用费。若判令停止使用,既是对前期投入的资金和资源的浪费,同时也将对周边环境及群众造成潜在的影响。判令不停止昊源集团的使用行为。

四、诠释法律

《最高人民法院关于审理侵犯专利权纠纷案件应用法律若干问题的解释(二)》规定:"被告构成对专利权的侵犯,权利人请求判令其停止侵权行为的,人民法院应予支持,但其基于国家利益、公共利益的考量,人民法院可以不判令被告停止被诉行为,而判令其支付相应的合理费用。"

---

① 详见"(2020)最高法知民终604号"《民事判决书》。

第十六节 专利侵权损害赔偿数额的精细化计算方法

蒋国屏诉林芝 PTC 加热器案①

作者:戈晓美
律师、专利代理师

一、裁判参考

在侵权行为可分的情况下,计算侵权损害赔偿时,如果既存在可以较为精确计算权利人损失或者侵权人获益的部分,又存在难以计算权利人损失或者侵权人获益的部分,可以对前者适用以权利人损失或者侵权人获益计算赔偿,对后者适用法定赔偿,以两者之和确定损害赔偿数额。

对于多部件或者多专利的被诉侵权产品,需要考虑涉案专利对于侵权产品利润的贡献度。专利技术对产品价值的贡献度,可以结合涉案专利对产品的重要性等因素酌定。

二、案例说明

(一) 案件来源

最高人民法院(2018)最高法民再 111 号《民事判决书》。

(二) 案例认定

本案再审判决入选 2018 年最高院知识产权年度报告。

(三) 案情简介

原告无锡国威陶瓷电器有限公司、蒋国屏是"一种 PTC 发热器的导热铝管及 PTC 发热器"的实用新型专利的权利人,其起诉称林芝公司制造销售的用于装配在空调产品内的 PTC 加热器涉嫌侵犯其专利权,并要求赔偿损失及合理支出 1500 万元。

根据一审法院签发的调查令,国威公司、蒋国屏的代理人前往海信(山东)空调有限

---

① 最高人民法院"(2018)最高法民再 111 号"《民事判决书》,无锡国威陶瓷电器有限公司、蒋国屏诉常熟市林芝电热器件有限公司、苏宁易购集团股份有限公司侵害实用新型专利权纠纷;合议庭:朱理、毛立华、佟妹;判决日期:2018 年 6 月 26 日。

公司调查,获取了海信(山东)空调有限公司出具的授权委托书、调查令回复函、汇总表、电加热样品等证据。其中,调查令回复函主要内容为 1407131、1396701、1422806、1466479、1496503、1496504、1498572、1819629、1340556 九种型号陶瓷 PTC 电加热器由林芝公司供货,该九种型号在发热体的铝管结构上没有区别。汇总表综合了 2011 年至 2015 年林芝公司向海信平度、湖州、顺德、江门四个基地供应九种型号电加热器的数量和金额(其中,平度基地金额 70494578.19 元和湖州基地金额 55260602.34 元为含税金额,顺德基地金额 6758667.99 元和江门基地金额 129828.75 元为不含税金额),其总数量为 558588 件,总金额约为 132643677 元。

林芝公司自 2010 年 1 月 1 日至 2013 年 11 月 28 日向广东美的制冷设备有限公司提供加热器共计 302499 件,金额共计 4138570 元(单价未注明是否含税)。

根据海信(浙江)空调有限公司采购部出具的情况说明,林芝公司自 2012 年 1 月 1 日至 2013 年 12 月 31 日向海信(浙江)空调有限公司采购部供货金额为 24374094 元(含税)。

根据一审法院向 TCL 空调事业部采购部调取的供货清单,林芝公司自 2012 年 3 月份开始向 TCL 空调事业部采购部供货,至 2013 年 11 月,供货总金额为 843 万元(含税)。

根据江苏省宜兴市正大税务师事务所出具的《关于对无锡国威陶瓷电器有限公司 2014 年度企业信息公示鉴证的报告》所附企业产品销售利润测算表的记载,国威公司 12 种产品中,最低销售利润率为 16.54%,最高销售利润率为 32.04%。

(四) 案例分析

根据我国专利法相关规定,侵犯专利权损害赔偿数额的计算方法包括权利人因被侵权所受到的实际损失、侵权人因侵权所获得的利益、参照该专利许可使用费的倍数、法定赔偿。其中,法定赔偿是在权利人损失、侵权人获得的利益和专利许可使用费均难以确定的情况下,人民法院根据专利权的类型、侵权行为的性质和情节等因素在法定赔偿数额范围内进行确定的。在司法实践中,通常较难精确计算权利人因被侵权所受到的实际损失或侵权人因侵权所获得的利益,因此在专利侵权纠纷案件中,有相当大比例的案件是通过法定赔偿来确定赔偿数额的。据统计,适用法定赔偿的案件数量在 90% 以上。并且,自专利贡献率的概念于 2009 年 12 月首次引入《最高人民法院关于审理侵犯专利权纠纷案件应用法律若干问题的解释》。在司法实践中,较少判决在确定损害赔偿数额时提到需要考虑专利贡献率。

本案的价值在于,其针对在案证据的具体情况对于可精确计算部分和难以精确计算部分进行了区分处理。

1. 关于林芝公司向广东美的制冷设备有限公司、海信(浙江)空调有限公司采购部及 TCL 空调事业部采购部供货的证据。广东美的制冷设备有限公司和 TCL 空调事业部采购部出具的林芝公司供货证据虽记载了物料编码,但是仅凭该编码仍难以认定本案被诉侵权产品所占供货数量的比例。海信(浙江)空调有限公司采购部出具的证据仅记载了供货金额,同样难以认定本案被诉侵权产品在其中所占比例。因此,本院难以将该三份证据作为以侵权获利方法计算损害赔偿数额的基准依据。对于该三份证据,本院将按照法定赔偿方式确定损害赔偿数额。

2. 关于林芝公司向海信(山东)空调有限公司供货的证据。海信(山东)空调有限公司不仅提供了林芝公司供货的九个型号产品的供货数量和金额证据,还提供了相关七个型号产品的实物证据,且明确表示所有九种型号在发热体的铝管结构上没有区别。在林芝公司并未提供相反证据的情况下,本院推定海信(山东)空调有限公司提供的关于林芝公司供货的产品数量和销售金额均属本案侵权产品的数量和销售金额。根据《中华人民共和国增值税暂行条例》(2009年1月1日施行)第二条的规定,作为生产加工企业,林芝公司应缴纳的增值税税率为17%。折算扣除相应增值税后,林芝公司向海信(山东)空调有限公司销售本案侵权产品的总销售金额(不含税)约为114371557元。

综合考虑林芝公司主张的最高利润率和国威公司主张的最低利润率,本院酌定被诉侵权产品的利润率为15%。

另外,本案的亮点还在于在精细化计算中考虑了专利贡献度因素,该判决明确提出:侵权产品销售总金额乘以侵权产品利润率得到的是侵权产品销售利润,该销售利润并不必然就是侵权行为人因侵权所得的利润。原因在于,被诉侵权产品的利润来源除了使用专利技术方案外,可能来自于其使用的其他专利或者其他部件。因此,需要考虑本案专利对于侵权产品利润的贡献度。本案专利对于林芝公司PTC发热器的市场吸引力起到了重要作用。同时,考虑到本案专利权利要求2技术方案实现上述有益效果的特征主要体现在半圆形凹槽结构,而PTC发热器还包括其他部件,不宜将侵权产品的利润全部归因于本案专利,酌定本案专利对于林芝公司侵权产品利润的贡献度为50%。

综合上述分析,本院对于林芝公司在向海信(山东)空调有限公司销售被诉侵权产品过程中因侵犯本案专利权获得的利润计算:114371557元×15%×50%=8577867元。

三、类案应用

通过案例检索发现,自上述案例于2018年6月之后,陆续有判决在计算侵权损害赔偿数额时考虑了专利贡献率,例如,格力vs奥克斯侵害实用新型专利权纠纷案,三菱电机株式会社vs台州迪奥电器有限公司、上海皆成电器有限公司侵害发明专利权纠纷案。

另外,最高院知产法庭于2019年审结敦俊vs.腾达案及2020年审结的敦俊vs维盟案明确了专利贡献度的抗辩理由需建立在已查明相关基础事实的前提下,如果专利权人已经完成初步举证,被诉侵权人无正当理由拒不提供有关侵权规模基础事实的相应证据材料,导致用于计算侵权获利的基础事实无法精准确定,对其提出的应考虑涉案专利对其侵权获利的贡献度等抗辩理由可不予考虑。

四、诠释法律

《最高人民法院关于审理专利纠纷案件适用法律问题的若干规定(2020 修正)》规定:

第十五条 权利人的损失或者侵权人获得的利益难以确定,有专利许可使用费可以参照的,人民法院可以根据专利权的类型、侵权行为的性质和情节、专利许可的性质、范围、时间等因素,参照该专利许可使用费的倍数合理确定赔偿数额;没有专利许可使用费可以参照或者专利许可使用费明显不合理的,人民法院可以根据专利权的类型、侵权行为的性质和情节等因素,依照专利法第六十五条第二款的规定确定赔偿数额。

《最高人民法院关于审理侵犯专利权纠纷案件应用法律若干问题的解释》(以下简称"《解释一》")规定:

第十六条 人民法院依据专利法第六十五条第一款的规定确定侵权人因侵权所获得的利益,应当限于侵权人因侵犯专利权行为所获得的利益;因其他权利所产生的利益,应当合理扣除。

专利侵权损害赔偿数额的精细化计算方法

在侵权行为可分的情况下,计算侵权损害赔偿时,如果既存在可以较为精确计算权利人损失或者侵权人获益的部分,又存在难以计算权利人损失或者侵权人获益的部分,可以对前者适用以权利人损失或者侵权人获益计算赔偿,对后者适用法定赔偿,以两者之和确定损害赔偿数额。

对于多部件或者多专利的被诉侵权产品,需要考虑涉案专利对于侵权产品利润的贡献度。专利技术对产品价值的贡献度,可以结合涉案专利对产品的重要性等因素酌定。

本项"专利侵权损害赔偿数额的精细化计算方法"对于更加精准地计算损害赔偿数额具有指导意义。

附:"国威陶瓷电器、蒋国屏 vs 常熟林芝案"类案检索表——专利贡献率

时间	审理法院/案号	被诉侵权产品	专利保护主题	裁判要点
2018.11.14	广东省高院(2018)粤民终 1198 号	空调	空调器室内机	由于本案与一审法院审理的(2016)粤 73 民初 2491 号案存在同一被诉侵权产品侵害不同专利权的情况,因此在根据侵权产品的获利数额确定赔偿数额时,应当考虑涉案专利权在实现侵权获利的贡献率。此外,格力公司的涉案专利权已经过无效宣告审查程序,足以证明格力公司的涉案专利与现有技术相比具有创造性,其实质性的特点和进步会对空调企业实现利润产生重要贡献。因此,一审法院将在充分考虑各方面因素的基础上,合理确定涉案专利权在实现侵权获利的贡献率。

续表

时间	审理法院/案号	被诉侵权产品	专利保护主题	裁判要点
2019. 11. 19	上海高级人民法院(2018)沪民终 433号	干手器	手干燥装置	就被控侵权产品,三菱电机对迪奥公司分别提起了本案侵害发明专利权诉讼以及另案侵害外观设计专利权诉讼,并在本案及另案中分别主张迪奥公司侵权获利的 5/6 和 1/6。涉案发明专利以及另案外观设计专利均为产品整体专利,一审法院据此认定涉案发明专利与另案外观设计专利对于被控侵权产品的贡献率为 100%,并尊重三菱电机针对两案自行分配的尚属合理的索赔比例,并无不当。
2019. 12. 6	最高人民法院(2019)最高法知民终 147 号	路由器	一种简易访问网络运营商门户网站的方法	在腾达公司拒不提供有关侵权规模的基础事实,致使对专利技术贡献度的考量缺乏侵权规模基础事实的情况下,本院对腾达公司二审中关于原审确定赔偿额过高的各项抗辩主张不予支持。
2020. 12. 30	最高人民法院(2019)最高法知民终 725 号	路由器	一种简易访问网络运营商门户网站的方法	在维盟公司怠于提供其所掌握的有关侵权规模的基础事实的情况下,本院对于上述需建立在已查明相关基础事实的前提下才具备实质性抗辩异议的主张均不予支持。

第十七节　专利侵权法定、酌定赔偿额的确定因素

"自拍杆"专利批量维权系列案

作者:陈莎莎

律师、专利代理师

一、裁判参考

侵害专利权纠纷案件中,缺乏因侵权受损、侵权获利或者可参照的许可使用费证据而适用法定赔偿的,以及虽有上述证据但难以证明损失具体数额故需酌情确定损害赔偿的,可以综合考虑被诉侵权行为的性质、侵权产品的价值和利润率、被诉侵权人的经营状况、被诉侵权人的主观恶意、权利人在关联案件中的获赔情况等因素。

二、案例说明

（一）案例来源

最高人民法院《民事判决书》（2020）最高法知民终 357 号、（2020）最高法知民终 376 号。

（二）案例认定

本系列案二审判决入选最高人民法院 2020 年 55 件知识产权典型案例之一。

（三）案情简介

源德盛塑胶电子（深圳）有限公司（以下简称"源德盛公司"）是专利号为 ZL201420522729.0、发明名称为"一种一体式自拍装置"的实用新型专利的专利权人。针对其享有的专利权，源德盛公司在全国范围内针对生产商、销售商提起了批量专利维权诉讼。本系列案分别涉及对生产商中山品创塑胶制品有限公司（以下简称品创公司）提起的专利侵权诉讼，以及对销售商贺兰县银河东路晨曦通讯部（以下简称晨曦通讯部）提起的专利侵权诉讼。

在针对生产商品创公司提起的专利侵权诉讼中，一审法院认定品创公司系侵权产品制造商，判决其停止侵权，赔偿源德盛公司 100 万元，品创公司因赔偿数额过高等原因向最高院提起上诉，最高院驳回了品创公司的上诉并维持原判。在针对零售商晨曦通讯部提起的专利侵权诉讼中，一审法院酌情确定晨曦通讯部赔偿 2000 元，源德盛公司因赔偿额低而提起上诉，最终最高院驳回了源德盛公司的上诉并维持原判。

（四）案例分析

专利侵权诉讼中，当缺乏因侵权受损、侵权获利或者可参照的许可使用费证据时，通常会按照法定赔偿确定赔偿额，以及虽然有上述证据但难以证明损失具体数额，通常会酌情确定赔偿额。虽然根据专利法的相关规定，确定法定赔偿额的参考因素主要包括专利权的类型、侵权行为的性质和情节等，然而如何考虑侵权行为的性质和情节并没有统一的标准，酌定赔偿额的参考因素更是缺乏相关规定。

本系列案中的专利权人源德盛公司提起的专利维权案件已达到上千件，其中针对终端零售商的起诉居多，各地法院对于涉及终端零售商的案件多在 1 万元以上的法定赔偿范围内确定赔偿额。为了引导权利人在侵权产品的制造环节制止侵权行为，在源德盛公司对品创公司提起的专利侵权诉讼中，二审法院在确定生产商和经销商所应承担的经济赔偿数额时充分考虑了侵权行为的性质和情节这两个因素。首先对于侵权行为的性质，生产商品创公司系被诉侵权产品的制造者,处于侵害知识产权行为的源头环节,会根据客户的不同需求,在侵权产品上印制不同客户标识,致使大量侵权产品流向不同层级的销售市场,一方面加大了权利人依法维护其专利权的难度、增加了权利人的维权成本,另一方面也给部分销售终端如以个体工商户为经营主体的零售商带来一定困扰。对于侵权情节,生产商品创公司存在故意侵权、重复侵权的严重侵害他人专利权的行为,应当在法律规定的幅度内从高确定法定赔偿数额。在源德盛公司对经销商晨曦通讯部提起的专利侵权诉讼中,最高院考虑其销售侵权产品利润微薄、侵权时间不长、侵权人主观恶意不大、侵权情节较轻、当地经济发展水平不高等实际情况,维持了一审法院酌定的低于法定赔偿下限的赔偿金额。

本系列案的意义在于,通过典型案例的方式,对于法定赔偿额和酌定赔偿额的参考因素予以明确,其具体可以包括被诉侵权行为的性质、侵权产品的价值和利润率、被诉侵权人的经营状况、被诉侵权人的主观恶意、权利人在关联案件中的获赔情况等因素,从而统一了相关裁判标准。特别是在确定赔偿额时区分了侵权行为所处的环节,对于作为侵权源头的生产商,应当加大侵权损害赔偿力度,鼓励专利权人直接针对被诉侵权产品制造环节溯源维权;对于被诉侵权产品的零售商和使用者,应当实事求是依法确定其法律责任并且明确了可以在一定事实和数据基础上,根据案情运用裁量权确定计算赔偿所需的其他数据,确定公平合理的赔偿数额,而不受法定赔偿最高或者最低限额的限制。

三、类案应用

本系列案对于如何确定法定赔偿或者酌定赔偿的损害赔偿起到一定的指导作用,最高院及地方法院也在后续的多起案件中采用了上述规则,如最高院之后审结的自拍杆专利系列维权案件(2020)最高法知民终 380 号、(2021)最高法知民终 14 号、(2020)最高法知民终 383 号等,又如其他专利维权案件(2020)最高法知民终 1396 号案、(2021)最高法知民终 1693 号案、(2021)最高法知民终 976 号案等。

四、诠释法律

《专利法》(2008 修正)第六十五条第二款规定:"权利人的损失、侵权人获得的利益和专利许可使用费均难以确定的,人民法院可以根据专利权的类型、侵权行为的性质和情节等因素,确定给予一万元以上一百万元以下的赔偿"。

《专利法》(2020 修正)第七十一条第二款规定:"权利人的损失、侵权人获得的利益和专利许可使用费均难以确定的,人民法院可以根据专利权的类型、侵权行为的性质和情节等因素,确定给予三万元以上五百万元以下的赔偿。"

本项"侵权行为的性质"可以区分是生产商还是销售商,对于侵权源头的生产商应加大侵权损害赔偿力度,引导专利权人溯源维权,"情节"可以考虑侵权产品的价值和利润率、侵权人的经营状况、侵权时间、主观恶意、权利人在关联案件中的获赔情况等因素。

第九章　商标司法案例应用研究

第一节　"超范围使用"的认定

"爱国者"移动电源商标侵权案

作者:侯玉静

律师

一、裁判参考

驰名商标跨类保护的范围,应受到所跨类别上业已合法存续的注册商标的限制,充分考量和平衡驰名商标与注册商标各自的权利边界。在原告商标不符合"在先驰名商标禁止在后注册商标使用"规则设定的驰名事实、时间点等构成要件的情况下,商标侵权成立与否的关键在于,被诉侵权商品是否超出被告自有注册商标核定的商品范围;在判断商标使用是否超出核定商品范围时,应当考虑《类似商品和服务区分表》的变化以及市场环境下商品类型的客观变化情况。

二、案例说明

(一) 案例来源

最高人民法院《民事裁定书》(2018)最高法民申 3270 号。

(二) 案例认定

本案再审判决被录入《最高人民法院知识产权案件年度报告(2018)》。

（三） 案情简介

爱国者数码科技有限公司（下简称"爱国者数码公司"）是"爱国者"（普通字体）商标权利人，该商标在"移动硬盘和闪存盘（计算机周边设备）"商品（属 0901 群组）上已构成驰名商标。飞毛腿电源（深圳）有限公司（简称"飞毛腿公司"，后更名"深圳市飞象未来科技有限公司"）自 2012 年 3 月至 2015 年 6 月，在移动电源商品上使用与爱国者数码公司"爱国者"商标近似的"爱国者""Patriot 爱国者"商标，并通过京东、苏宁、天猫等电子商务平台销售、宣传推广。飞毛腿公司注册有"爱国者"（繁体、手写体）商标，核定使用在 0922 群组"电池、蓄电池"等商品上。爱国者数码公司主张驰名的商标，1996 年 9 月申请、1997 年 9 月注册，与飞毛腿公司抗辩的注册商标申请日（1996 年 7 月）、注册日（1997 年 8 月）相比各晚 1 个多月，不符合以在先驰名商标禁止在后注册商标使用的要件。因此，本案争议焦点是飞毛腿公司在移动电源商品上对"爱国者"的使用是否超出了其自有注册商标"爱国者"的专用权范围。

（四） 案例分析

依据 2009 年最高院审理涉及驰名商标保护民事纠纷案件解释第 11 条设定的"在先驰名商标禁止在后注册商标使用"规则，无论被诉侵权商品如何定性、是否属于被告注册商标核定的商品范围，在先驰名商标均可以禁止在后注册商标使用；但是，如本案这种情况，因原告商标注册较晚或知名程度不高无法援引"在先驰名商标禁止在后注册商标使用"规则，且原、被告各有注册商标，而被诉侵权商品由于新技术、新材料等原因与双方注册商标都有些关联，此时复杂商品的定性就非常关键。被诉侵权商品移动电源，若未超出被告自有注册商标核定的"电池、蓄电池"范围，被告属于合理使用自有注册商标，不构成商标侵权；若超出，则有可能落入驰名商标跨类保护范围之内。

本案的典型意义就是"超范围使用"的认定。被诉侵权商品"移动电源"是一种创新型产品，直到 2015 年才新增入《类似商品和服务区分表》0922"电池"群组，《区分表》的变化导致被诉侵权商品到底属于原、被告哪一方注册商标的权利范围，成为决定案件走向的关键问题。一审北京知识产权法院认为，飞毛腿公司自有注册商标核定的商品，并不包括"移动电源"，无法当然认定被诉侵权行为是在该注册商标核定使用商品范围内的使用行为或具有正当性；鉴于爱国者数码公司将"爱国者"商标使用于移动电源上的时间为 2005 年，远早于飞毛腿公司的使用时间，且处于持续状态，飞毛腿公司作为同业经营者，应知而未进行避让，容易导致混淆，构成商标侵权。二审北京高院认为，飞毛腿公司自有注册商标未包含移动电源系出于客观原因，就目前《类似商品和服务区分表》中第 9 类商品的范围来看,0901 群组主要包括电子计算机及其外部设备商品,0922 群组主要包括电池和充电器商品,移动电源列入 0922 群组中,与电池、电池充电器属于同一类似群组,构成类似商品。因此,飞毛腿公司并未超出其核定使用的商品范围,本案因涉及两注册商标之间的权利冲突,非人民法院民事诉讼受案范围,驳回爱国者数码公司起诉。最高院再审维持二审判决,认定考虑到商品的变迁及市场实际,难以认定飞毛腿公司在移动电源商品上的使用超出其核定使用的商品范围。

解决商品的定性难题,存在两种裁判思路:第一,参照"撤三"案件中规范使用的要求,即便被诉侵权商品与被告核定商品类似、但只要不属于相同商品,一概认定"超范围使用",那么商标侵权成立与否就不再受制于被告自有注册商标、不涉及权利冲突,直接比对被诉侵权商品与原告注册商标核定商品的类似性以及主观意图、知名度、市场混淆等因素,判定侵权与否;第二,深度解析被诉侵权商品功用、原料等各方面特点,结合区分表注释、商标局专业咨询意见,判定被诉侵权商品与哪一方的注册商标核定范围更接近、从而确认商品属性。本案一审采用的是第一种裁判思路,而二审和再审采用的是第二种裁判思路。

需要注意的是,本案二审、再审的裁判思路,并没有将"规范使用"的含义从相同商品扩展到类似商品,而是特别考虑到移动电源是被告注册商标申请后才新增入《区分表》且明确列入被告注册商标覆盖的群组。在本案再审裁判作出之前,最高院在"蒙娜丽莎"一案中,认定被诉侵权商品浴缸,与被告注册商标核定的浴室装置在功能用途、销售渠道、消费群体等方面比较一致,与原告注册商标核定的瓷砖、建筑类墙砖存在较大差别,同样认定商标侵权不成立,但认定"超范围使用"的理据是商品类似的通常考量要素,而不是《区分表》和商品市场的客观变化。

三、类案应用

在"超范围使用"的类案检索中,被诉侵权商品总体可分为两种情况:第一种被诉侵权商品是多功能组合制成品,且各个组成模块之间可以分别售卖(比如浙江高院"欧普"案所涉"集成吊顶"分为通风、照明、取暖的功能模块,吊顶模块以及连接件三部分),通常需要分别判断各个模块与原被告商标核定商品的类似程度、侵权与否;第二种被诉侵权商品,功能、材料虽然也都有复合因素,但无法单独生产、销售,可以整体判断其主要功能。

涉及复杂制品定性的案例,上海高院"罗托克执行器"案、北京高院"阿姆斯壮矿棉板"案、山东高院"谢人塑料门帘"案、上海知产"费斯托气枪"案,深圳中院"长颈鹿防水浆料"案五个案件,认定被诉侵权商品与原告注册商标核定商品类似,被告超出自有注册商标核定商品范围,侵权成立;上海知产"皮尔萨管件案"、福建高院"夏洛克智能贴锁"案、最高院"睡宝防水涂料"案三个案件,认定被诉侵权商品在被告自有注册商标核定范围之内,不构成侵权。

正、反两方面的案例,在判断被诉侵权商品属性时,多参考被诉侵权商品说明书、宣传介绍的信息,商标局的咨询意见,以及《区分表》的注释、历史变化,以及双方商标知名度、主观意图等多方面因素。

附:"超范围使用"的认定——"爱国者移动电源"商标侵权类案检索表

裁判时间	审理法院及案号	原告商标核定商品	被告商标核定商品	被诉侵权商品	法院认定
2018.11	福建高院(2018)闽民终1056号	6类,挂锁、金属锁(非电)	9类,遥控装置、电门铃、报警器	"夏洛克"智能锁、智能贴锁	一审认定被诉侵权商品与锁配套使用,实现开关锁的功能,与金属锁类似,侵权成立;二审认为被诉侵权商品贴在锁具,实现对锁具开关遥控的功能,实际上是一个与锁具配合使用从而实现对锁具开关的遥控装置,原告商标知名度不高,保护范围受限,不类似、不侵权
2019.2	浙江高院(2018)浙民终1082号	11类,灯、浴霸、浴用加热器	11类厨房用油烟机、燃气灶、小型取暖器;6类铝塑板	"欧普"取暖器(三合一浴霸)、吊顶板	被诉侵权商品名为取暖器(OPLED三合一浴霸),一般安装在浴室吊顶处,具有照明、换气、取暖功能,其主要用途为浴室加热取暖,因此从功能、用途、销售渠道、消费对象等方面均与原告注册商标核定使用商品类别相同,侵权成立;吊顶板属6类铝塑板,与原告注册商标核定商品不类似,不侵权
2019.11	最高院(2019)最高法民申4848号	17类,补裂缝用化学化合物、防水隔热粉	2类,刷墙粉、漆、油胶泥(油灰、腻子)	"睡宝"JS水泥基防水涂料;瓷砖胶;三合一防裂宝	JS水泥基防水涂料,主要功能是涂料,与2类漆更接近;瓷砖胶、三合一防裂宝与2类油胶泥(油灰、腻子)接近,与17类补漏用化合物有差异;被诉侵权商品均与原告注册商标核定商品不类似、不侵权
2020.7	上海知产(2020)沪73民终192	17类,非金属软管;7类,气动工具、气动用设备	17类,气缸接头	"费斯托"气管;气枪	气管,属于原告17类非金属软管,侵权成立;气枪,主要功能是以压缩空气为动力的手持便携式除尘工具,属于原告7类气动用设备,侵权成立
2020.11	深圳中院(2019)粤03民终17100号	17类,防水隔热粉(二审中被"撤三")、绝缘材料	2类,油漆	"长颈鹿"防水浆料(通用型)	被诉侵权商品防水浆料为水泥基聚合物改性防水材料,功能在于施工时作为防水处理;《区分表》17类包括包装、填充和绝缘用材料,1705保温、隔热、隔音材料中包括防水隔热粉,注释中表明防水隔热粉和防水粉(涂料)类似;百度百科关于"防水隔热粉"和"防水浆料"的解释显示,两者均具有防水功能,适用地方均包括厨房、卫生间、储水池等;因此,"防水浆料"与"防水隔热粉"构成类似商品,侵权成立;但因原告注册商标中的"防水隔热粉"被撤销,无须停止侵权

四、诠释法律

《最高人民法院关于审理注册商标、企业名称与在先权利冲突的民事纠纷案件若干问题的规定》(2008年2月发布、2020年12月修正)第一条第二款规定:"原告以他人使用在核定商品上的注册商标与其在先的注册商标相同或者近似为由提起诉讼的,人民法院应当根据民事诉讼法第一百二十四条第(三)项的规定,告知原告向有关行政主管机关申请解决。但原告以他人超出核定商品的范围或者以改变显著特征、拆分、组合等方式使用的注册商标,与其注册商标相同或者近似为由提起诉讼的,人民法院应当受理"。这一规定的核心含义是,被诉侵权商品超出被告自有注册商标的核定范围(即"超范围使用"),或者被诉侵权标识与注册商标图样相比显著特征发生了变化(即"变形使用"),均属于"非规范使用"被告自有注册商标,在"非规范使用"的情况下,被诉侵权商品、被诉侵权标识就超出了自有注册商标的权利边界,有可能落入他人注册商标或驰名商标的禁用权范围之内。但在判断是否为"超范围使用"时,存在一定弹性,需要考量商品本身的物理属性、《区分表》的注释、历史变化,以及双方商标知名度、主观意图等多方面因素。

第二节　软件标识所使用的商品/服务类别的认定

"滴滴打车"软件商标侵权案

作者:龙涵琼
律师

一、裁判参考

在互联网经济的背景下,划分商品和服务类别,应结合应用软件具体提供服务的目的、内容、方式、对象等方面综合认定。

二、案例说明

(一) 案例来源

北京市海淀区人民法院《民事判决书》(2014)海民(知)初字第21033号。

（二）案例认定

本案一审判决入选 2015 年度北京法院知识产权十大典型案例之一。

（三）案情简介

睿驰公司是第 35 类和第 38 类"嘀嘀"和"滴滴"文字商标的权利人,前者核定服务项目为商业管理、组织咨询、替他人推销等,后者包括信息传送、计算机辅助信息和图像传送等。小桔公司经营"滴滴打车"（最初为"嘀嘀打车"）,在服务软件程序端显著标注"滴滴"字样。睿驰公司主张,小桔公司在其软件使用"滴滴"标识提供的服务内容包含第 35 类（整合司机和乘客的供需商务信息、进行信息的传递和发布,且含有广告内容）和第 38 类商标（利用互联网图像传送和电话等通讯方式）中的服务内容,符合商业管理模式和电信类服务的特征,与睿驰公司注册商标核定的两类商标服务内容存在重合,侵犯其注册商标专用权。小桔公司则认为其提供的服务不属于第 35 类和第 38 类,而属于第 39 类运输类服务,包括为客户提供运输信息和运输经纪、信息处理、交易保障、信用管理等后台服务,包括实体线下服务站。

（四）案例分析

本案的争议焦点在于,在 APP 标识与他人注册商标构成近似的情况下,如何界定该标识所使用的商品或服务类别。本案中,北京海淀法院认为,"滴滴打车"的服务内容与睿驰公司注册商标核定使用的类别不同,商标本身亦存在明显区别,其使用行为并不构成对睿驰公司的经营行为产生混淆来源的影响,小桔公司对"滴滴打车"图文标识的使用,未侵犯睿驰公司商标权。可见,法院并未仅以"滴滴打车"服务涉及电信、软件、商业等为由抽象认定其与电信、软件、商业等服务类似,而是紧紧抓住不同服务的本质属性和主要特征,综合考虑不同服务的目的、内容、方式、对象、混淆可能性等因素,最终认定"滴滴打车"服务本质仍然是为客户提供运输信息和运输经纪服务,睿驰公司所称其商标涵盖的商务和电信两类商标的特点,均非"滴滴打车"服务的主要特征,而是运行方式以及商业性质的共性。本案判决具有鲜明的时代特点,其中蕴含的抓本质、抓重点的分析方法为"互联网+"商业模式下正确认定类似服务提供了重要借鉴。

"互联网+"背景下认定商标侵权成立与否,最大的难点往往在于如何判断被告通过应用软件提供的服务与原告注册商标核定使用的服务是否构成相同或类似服务。"互联网+"新模式使得传统产业的全产业链与信息服务全方位融合,计算机软件既可以通过自身功能实现用户需求,也可以是其他商品或服务的媒介、工具,且其功能可以不断拓展。因此,不能仅因传统商品或服务在形式上使用了互联网、移动通讯信息服务与应用程序,就机械地将其归为计算机程序商品或者通信服务,也不应仅因传统商品与应用程序的表现形态存在区别,就绝对地认为两者不存在相似性,而应从商品或服务的整体进行综合性判断。① 2016 年 4 月北京高院《关于涉及网络知识产权案件的审理指南》第 28 条也规定,"互联网+"案件中的商品与服务类似的认定,应结合应用软件具体提供服务的目的、内容、方式、对象等综合确定,不应当然认定与计算机软件商品或者互联网服务构成类似。

三、类案应用

从涉及软件商品或服务认定的相关案例来看,计算机软件(含应用程序软件、网站、微信公众号、微博等)大致有以下三种性质:

(1)某种商品或服务的辅助性工具、实现特定效果的工具:法院根据涉案商品或服务的主要功能、用途等进行认定,不认为属于第 9 类软件,例如"小熊尼奥"案。

(2)计算机软件本身即为交易标的,其功能是用户下载、使用该软件的主要目的、需求:法院通常会认定属于第 9 类软件商品,如"西柚"案;此外,针对网络/手机游戏和社交类 APP,法院可能会认定其具有第 9 类软件商品以及第 41 类提供在线游戏服务/第 45 类在线社交网络服务的"双重性质",如"逆战三国志"案和"全民 K 歌"案。

(3)软件开发和运营者提供某种服务的媒介或工具,兼具提供服务和宣传推广服务等综合功能:法院需结合应用软件具体提供服务的目的、内容、方式、对象等方面综合认定,如"农管家"案、"人人车"案及本案。

此外,北京高院陶钧法官提出②,"应当从准确界定 APP 应用软件提供者实际获得经济利益的商品或服务来源入手,确定其所属商品或服务的类别",这一认定原则在"农管家"案中也有所体现。

---

① 李顺德:《"互联网+"背景下商品与服务类似的认定》,中国知识产权司法保护网(知产法网),2017,www. chinaiprlaw. cn/index. php? id=4711%EF%BC%88%E6%9C%80%E5%90%8E%E8%AE%BF%E9%97%AE%E6%97%A5%E6%9C%9F%EF%BC%9A2018,访问日期:2021 年 6 月 26 日。
② 陶钧:《关于新〈商标法〉实施后民事侵权案件审理疑难问题的总结与思考(二)》,知产力,2016,mp. weixin. qq. com/s? src = 3&timestamp = 1624720568&ver = 1&signature = 8P6BITP5YXRJ30N9huP8t - SZW8O6vvE21 - 1kmpA0K2ci044y1Bn9vWoaYTAV1bF3n6eWSZsvsnKkY9iKxNlvehDCZwDE8a - 2kJV * wkmKwRI8dbquCq-d1qWAFXgsyaz * 9QO2HMRK78AUxdmdsjIM9DyZ4QtCzslWF9bA2mIWxi0=,访问日期:2021 年 6 月 26 日。

附："滴滴打车"类案检索表——"互联网+"案件中商品/服务类似的认定

时间	审理法院/案号	原告商标	涉案软件功能	裁判要点
2018.1	上海知产法院（2017）沪73民终297号	小熊尼奥	AR增强现实效果，显示立体形象、互动	一审法院上海浦东法院认定，双方当事人的涉案商品系一种新型玩具，与传统玩具的最大区别在于其采用了增强现实（AR）技术。消费者购买玩具后，还必须使用经营者提供的软件，以便在屏幕上显示该动物的立体影像，并实现互动。如果消费者只下载软件，不购买经营者的商品，则无法体验增强现实的效果。按照相关公众的一般认识，双方当事人的涉案商品属于第28类智能玩具而非第9类计算机程序。二审法院予以维持。
2015.12	北京知产法院（2015）京知民终字第995号	西柚	自动推算生理周期的软件	康讯睿思公司主张权利的第9181326号"西柚"商标核定使用的第9类计算机程序（可下载软件）商品，与涉案的被诉侵权软件，在商品的功能、用途、消费对象、销售渠道等方面都十分相近，属于类似商品。
2016.9	广州知产法院（2016）粤73民终584号	逆战三国志	战争题材的角色扮演类网络游戏	《逆战三国志》游戏软件属于手机游戏计算机软件，与腾讯公司主张权利的第10177879号注册商标核定使用在第9类商品上的"计算机软件（已录制）"属于同一类商品，同时提供在线游戏服务，与腾讯公司主张权利的第10324730号注册商标核定在第41类服务项目上的"（在计算机网络上）提供在线游戏"属同一类服务。
2019.3	北京知产法院（2018）京73民终2223号	全民K歌	网站直播，社交类网站	鉴于六间房网向用户提供软件下载，而该网站提供的服务亦具有通过网络实时互动的在线社交功能，故与第9类（计算机软件（已录制）等商品上的第14781502号及第45类（在线社交网络服务等）上的第14781665号"全民K歌"商标的核定服务项目构成相同服务。 另外，第42类第14781603号"全民K歌"商标核定使用的软件运营服务[SaaS]在信息技术行业中通常指随着互联网技术的发展，将原本需要安装软件才能实现的功能，改由在线提供的软件服务。六间房公司搭建的直播服务平台系统，并向用户提供在网页即可实现的在线视频直播服务，该服务内容与软件运营服务所定义服务内容基本相同或类似。

时间	审理法院/案号	原告商标	涉案软件功能	裁判要点
2018.12	江苏高院（2017）苏民终1982号	农管家	向农民提供金融贷款、农技培训、产品销售等服务	北京农管家公司虽然开发并在手机应用商店上架"农管家"APP，但其并未将APP作为软件产品向用户出售，用户下载安装该APP无须支付任何对价，同时北京农管家公司也不通过"农管家"APP向相关公众销售计算机软件或提供软件系统开发及安装等服务，而是通过开发、运营该APP向农民提供农业金融、农业技术咨询等方面服务，且北京农管家公司在第36类金融服务等、第44类人工授精（替动物）、动物养殖等服务类别上已分别注册"农管家"商标。因此，法院认定涉案APP系北京农管家公司为农民提供农业金融、技术等相关服务的工具，其所提供的服务与第9类商品不属于类似商品或服务。
2020.5	北京高院（2019）京民终1653号	人人车	二手车经纪	人人车公司与优舫公司均为利用互联网、移动互联网技术，包括网页、APP等，整合二手车车源和二手车需求信息，实现二手车流通服务的二手车经纪机构。优舫公司在此过程中提供的服务本质上为以车源主体和买家主体为服务对象的居间经纪服务，与第14568556号"人人车"商标在第9类、第35类及第42类上的商品或服务并不属同一范畴。因此，优舫公司关于依法使用其第9、35和42类"人人车"注册商标的抗辩不能成立。

四、诠释法律

2016年4月北京市高级人民法院《关于涉及网络知识产权案件的审理指南》第28条："认定利用信息网络通过应用软件提供的商品或者服务，与他人注册商标核定使用的商品或者服务是否构成相同或者类似，应结合应用软件具体提供服务的目的、内容、方式、对象等方面综合进行确定，不应当然认定其与计算机软件商品或者互联网服务构成类似商品或者服务。"

2020年12月29日《江苏省高级人民法院侵害商标权民事纠纷案件审理指南》第5.8条提到："依据APP的具体用途，可以将其分为两类：一类是软件企业向相关公众提供的计算机操作程序，用户下载、安装此类APP的目的是通过使用其作为计算机程序所具有的功能来解决某一方面的使用需求，如输入法、浏览器、图片编辑、文字处理等功能，此类APP在商品类别上可归入第9类计算机操作程序。另一类APP则是企业向相关公众提供商品或服务的平台或工具。对于相关公众来说，其下载、安装、使用APP的目的在于以

APP作为平台或媒介来接受相关经营者提供的商品或服务,是互联网环境下新的商业模式。因此,与传统商品或服务类别的区分不同,APP兼具商品和服务的双重属性。尤其是前述第二类APP跨越了第9类计算机操作程序,又与其具体提供的商品或服务类别发生重合。故在划分APP商品或服务的类别时,既要考虑计算机应用程序的性质,还要考虑其提供的商品或服务的类别,才能对其所属商品或服务的类别作出科学、合理的判断。"

从上述两地高级人民法院作出的指南可见,法院在司法实践中逐渐达成共识,软件标识的使用并不仅仅涉及第9类计算机软件等商品和第42类计算机相关服务,根据该软件的目的、内容、使用方式等不同,还可能涉及其他类别的商品或服务。

第三节　注册商标通用化的判断

"稻花香"大米商标侵权案

作者:李艾玲

律师

一、裁判参考

不能仅以审定公告的品种名称为依据,认定该名称属于商标法意义上的法定通用名称;产品的相关市场并不限于特定区域而是涉及全国范围的,应以全国范围内相关公众的通常认识为标准判断是否属于约定俗成的通用名称;在存在他人在先注册商标权的情况下,经审定公告的农作物品种名称可以规范使用于该品种的种植收获物加工出来的商品上,但该种使用方式仅限于表明农作物品种来源且不得突出使用。

二、案例说明

(一) 案例来源

最高人民法院《民事判决书》(2016)最高法民再374号。

(二) 案例认定

本案再审入选2017年中国法院10大知识产权案件。

（三）案情简介

1998 年 3 月原告福州米厂在第 30 类商品"大米"商品上申请"稻花香 DAOHUAX-IANG"商标,1999 年 4 月获准注册。2009 年 3 月 18 日,黑龙江省农作物品种审定委员会出具《黑龙江省农作物品种审定证书》,审定公告了"五优稻 4 号"、原代号"稻花香 2 号"的水稻品种。原告发现市场中存在被诉侵权产品"乔家大院稻花香米"的包装袋正面居中位置以较大字体标注了"稻花香 DAOHUAXIANG",被诉侵权产品是由五常公司生产、并供货给新华都公司,之后由大景城分店对外进行销售。本案争议焦点是法定通用名称与品种名称之间的关系。

（四）案例分析

本案一审法院审理认为,五常公司未经许可地擅自在其生产、销售的"乔家大院稻花香米"的包装袋上使用了"乔府大院"商标,而大景城分店和新华都公司未经授权的销售行为,容易误导消费者,侵害了涉案商标权。二审法院审理认为,五常公司所提供的证据虽无法直接证明"稻花香"名称的出现并呈通用化的事实状态的时间早于涉案商标的注册申请时间,但可以证明在福州米厂提起本案诉讼时,"稻花香"实际上已经成为一类被相关公众普遍认为的稻米品种的通用名称。五常公司在其生产销售的大米产品包装上使用"稻花香"以表明大米品种来源的行为,出于善意,客观上也未造成混淆误认,应属于正当使用,不构成商标侵权。因此撤销一审判决。本案再审中,最高院否定了二审法院对于通用名称的判断方式,撤销二审判决,维持一审判决。

本案典型意义在于,厘清品种名称和商标之间的权利界限,合理规划各方权利空间。本案与更早的涉及植物品种名称与商标权利冲突的"卡皮托尔 CAPITOL""罕玉""沁州黄"及"金骏眉"案不同点在于,本案诉争商标的核准注册时间远远早于在案证据所证明其构成通用名称的时间点。在此情况下,对各方权利如何进行界定,需进行司法确认。

商标法第五十九条第一款规定,注册商标中含有的本商品的通用名称,注册商标专用权人无权禁止他人正当使用;同时商标法实施条例第六十五条规定,注册商标成为其核定使用的商品通用名称情形的,任何单位或者个人可以向商标局申请撤销该注册商标。

法律规定为通用名称的,或者国家标准、行业标准中将其作为商品通用名称使用的,应当认定为通用名称。本案中黑龙江省农作物品种审定委员会出具《黑龙江省农作物品种审定证书》并不满足前述所称的法律、国家或行业既有标准。此外,品种审定办法规定的通用名称与商标法意义上的通用名称含义并不完全相同,因此不能仅以审定公告的名称为依据,认定该名称属于商标法意义上的通用名称。商标法中的通用名称指代某一类商品,因该名称不能用于指代特定的商品来源,相关公众都可以正当使用。再次,品种审定办法第三十二条规定,审定公告的通用名称在实际的使用过程中不得擅自更改。审定公告的原代号为"稻花香2号",并非"稻花香",在注册商标在先的情况下,不能直接证明"稻花香"为法定的通用名称。

对于是否满足约定俗成的通用名称,最高院认为相关公众普遍认为某一名称能够指代一类商品的,应当认定该名称为约定俗成的通用名称。被专业工具书、辞典列为通用名称的,可以作为认定约定俗成的通用名称的参考。约定俗成的通用名称一般以全国范围内相关公众的通常认识为判断标准。对于由于历史传统、风土人情、地理环境等原因形成的相关市场较为固定的商品,在该相关市场内通用的称谓,可以认定为通用名称。本案中,被诉侵权产品销往全国各地。在这种情况下,被诉侵权产品相关市场并非较为固定在五常市地域范围内,应以全国范围内相关公众的通常认识为标准判断"稻花香"是否属于约定俗成的通用名称。而在案证据多为五常市当地有关部门、稻农或育种人出具的证明材料,不足以证明"稻花香"在全国范围内属于约定俗成的通用名称。

最后,最高院点明本案的特殊之处在于,原告福州米厂申请注册涉案商标主观上并无恶意,注册商标专用权应得到有效保护。而根据现有证据,"稻花香2号"作为审定公告的品种,对于五常这一特定地域范围内的相关种植农户、大米加工企业和消费者而言,在以"稻花香2号"种植加工出的大米上使用"稻花香"主观上也并无攀附涉案商标的恶意。基于公平原则,考虑到双方的利益平衡,对于五常这一特定地域范围内的相关种植农户、大米加工企业和消费者而言,可以在以"稻花香2号"种植加工出的大米上规范标注"稻花香2号",以表明品种来源。但该种标注方式仅限于表明品种来源且不得突出使用。

三、类案应用

本案多次在"稻花香"系列案件中被直接或间接援引,以说明原代号为"稻花香2号"的水稻品种与"稻花香"商标之间的区别,销售商在未经商标权人许可的情况下,应在实际使用时进行合理区分,否则将会构成商标侵权。

附:"稻花香"类案检索表——涉品种通用名称民事侵权案例

裁判时间	审理法院及案号	涉诉商标	法院认定
2020.12	最高人民法院（2020）最高法民申4435号	稻花香	本院认为,最高人民法院（2016）最高法民再374号生效判决认定:"对于五常这一特定地域范围内的相关种植农户、大米加工企业和消费者而言,可以在以'稻花香2号'种植加工出的大米上规范标注'稻花香2号'以表明品种来源。"本案中,"金福五常大米"包装袋正面下方突出标注了"稻花香"文字,该种使用方式已经超出了商标法第五十九条第一款规定的正当使用的范围,构成商标性使用。

续表

裁判时间	审理法院及案号	涉诉商标	法院认定
2020.8	辽宁省高级人民法院（2020）辽民终229号	稻花香	案涉《黑龙江省农作物品种审定书》对于农作物的名称进行了规定，但该审定书中的通用名称是否是商标法意义上的通用名称，东北汇米业没有提供证据进行补强。此外，该审定书规定的是农作物名称，而非商品名称，故根据案涉《黑龙江省农作物品种审定书》无法直接得出"稻花香"系五常地区稻米的通用名称的结论。 关于"稻花香"是否是五常地区大米约定俗成的名称，东北汇米业提供证据证明在黑龙江地区"稻花香"名称用来指代特定的稻米，但商标法意义上的相关公众，系能够接触到商品的不特定消费者。而非某一地区消费者，东北汇米业并未提供证据证明相关公众普遍认为"稻花香"能够指代一类稻米商品的，或"稻花香"被某一专业工具书、辞典等列为商品名称，故不宜认定"稻花香"为相关公众约定俗成的名称。
2019.12	最高人民法院（2019）最高法民申3114号	稻花香	被控侵权产品上使用的"稻花香"文字较为突出、醒目，已经具有区分商品来源的识别作用，构成商标性使用。将该标志与涉案商标进行比对，二者文字相同，构成近似商标。被诉侵权产品上标注的弘鑫源公司商标、厂名、厂址等其他信息，并不能替代"稻花香"指示商品来源的作用。被诉侵权产品与标注涉案商标的商品共存于市场，容易造成相关公众的混淆误认。

四、诠释法律

涉案商标的注册时间较早，根据《中华人民共和国商标法实施条例》（2002年施行）第四十九条的规定，注册商标中含有的本商品的通用名称，注册商标专用权人无权禁止他人正当使用。判断注册商标是否构成通用名称，则需根据《最高人民法院关于审理商标授权确权行政案件若干问题的规定》（2017年发布）第十条规定：

诉争商标属于法定的商品名称或者约定俗成的商品名称的，人民法院应当认定其属于商标法第十一条第一款第（一）项所指的通用名称。依据法律规定或者国家标准、行业标准属于商品通用名称的，应当认定为通用名称。相关公众普遍认为某一名称能够指代一类商品的，应当认定为约定俗成的通用名称。被专业工具书、辞典等列为商品名称的，可以作为认定约定俗成的通用名称的参考。

约定俗成的通用名称一般以全国范围内相关公众的通常认识为判断标准。对于由于历史传统、风土人情、地理环境等原因形成的相关市场固定的商品，在该相关市场内通用的称谓，人民法院可以认定为通用名称。

诉争商标申请人明知或者应知其申请注册的商标为部分区域内约定俗成的商品名称的，人民法院可以视其申请注册的商标为通用名称。

人民法院审查判断诉争商标是否属于通用名称，一般以商标申请日时的事实状态为准。核准注册时事实状态发生变化的,以核准注册时的事实状态判断其是否属于通用名称。

上述规定确立了实践中判断注册商标通用化判断的方法,在具体判断时还应考虑各案证据内容及证据效力。尤其是面对注册时间较早的商标,商标通用化证据的收集更是案件的关键。

第四节 "正当使用"抗辩的认定

"九制"商标侵权案

作者:胡迪

律师

一、裁判参考

注册商标的禁用权范围应受正当使用限制。权利人注册商标中含有本商品通用名称与被告系正当使用,是以正当使用本商品通用名称进行不侵权抗辩成立的两项要件。国家标准可作为认定法定通用名称的直接依据,媒体报道、权利人主观认知等可以作为认定通用名称的参考。认定正当使用,应分别从描述商品的必要性与是否导致注册商标合法利益受损进行考察。

二、案例说明

(一) 案例来源

广东省高级人民法院"(2019)粤民终 1861 号"民事判决书。

(二) 案例认定

本案二审判决入选 2019 年中国法院 50 件典型知识产权案例。

(三) 案情简介

佳宝公司创始人杨应林在 1985 年研制出九制陈皮产品,该产品由佳宝公司生产,曾被中央电视台专题报道,在专题片中杨应林研制的"九制陈皮"被誉为"中国一绝",此外该产品还获得过多项荣誉。佳宝公司 2012 年获准注册第 8965529 号"九制"文字商标,核定使用在第 29 类果皮、话梅等商品上。

佳宝公司发现鲜仙乐公司在其生产的产品上标注"九制陈皮"标识,认为鲜仙乐公司的行为侵犯了佳宝公司的"九制"商标专用权。于是佳宝公司提起诉讼,请求判令鲜仙乐公司停止侵犯其商标权及不正当竞争行为,同时赔偿经济损失及合理维权费用共计 20 万元。

(四) 案例分析

该案例属于关于商标正当使用抗辩的典型案例。

最高人民法院将本案列为年度 50 件典型知识产权案例,表明应当重视对于正当使用抗辩的甄别,合理平衡商标权利人、其他经营者、消费者等市场主体之间的利益,维护开放公平的市场竞争环境。

本案二审判决从行为的外观合理推断被告的主观心态,并综合案件事实判断被告行为是否引起商标权利人合法权益受损。

鲜仙乐公司在商品包装袋上显著位置附加有其自身注册的"鲜仙乐"图文商标。

鲜仙乐公司使用的"九制陈皮"字体与佳宝公司"九制"商标字体差异明显,表明鲜仙乐公司有意将其产品与佳宝公司相区分,不存在模仿攀附佳宝公司"九制"商标的故意。

"九制"通常被作为凉果商品系列制作工艺的统称,使用在"果皮、话梅"等商品上显著性较低。例如本案涉及的"九制陈皮"标识,相关公众容易将其理解为经过"九制"工艺炮制的陈皮商品,而非使用"九制"商标的陈皮商品。从佳宝公司的实际使用行为看,其通常将"佳宝"商标冠于"九制陈皮"之前指示商品来源,而将"九制陈皮"作为商品名称使用,指示其生产的一类陈皮商品。因此,相关公众一般不通过"九制陈皮"识别商品来源。在上述客观情况下,不会造成消费者混淆商品来源的结果。

该案例的价值还体现在其对于认定商品通用名称所依据的证据的甄别方法。专业工具书、辞典等证据已被相关司法解释明确为认定通用名称的参考证据。对于被告所提交的其他关于通用名称认定的证据,如网络百科词条、新闻媒体的报道等证据,二审法院结合相关内容的形成程序、相关内容制作者的社会公信力、与案件当事人有无利害关系等因素衡量相关证据的证明力。为认定通用名称时如何采纳证据提供了司法实例。

三、类案应用

"黄金比例"案二审判决从反面评述了被告的行为为何不属于正当使用。被告使用被诉侵权标识的方式与原告在同一种商品上使用其"黄金比例"商标及装饰的方式一致,表明被告主观上难属善意。原告将"黄金比例"作为商标使用,并通过原告的经营使该商标具有一定的知名度。无证据能够证明"黄金比例"是食用油产品某一特征的描述性用语,原告使用"黄金比例"标识容易导致一般消费者对商品来源产生混淆误认。

四、诠释法律

《商标法》第五十九条第一款规定,注册商标中含有的本商品的通用名称、图形、型号,或者直接表示商品质量、主要原料、功能、用途、重量、数量及其他特点,或者含有的地名,注册商标专用权人无权禁止他人正当使用。

第五节　涉外定牌加工商标侵权的认定

"HONDAKIT"定牌加工商标侵权案

作者:王嘉雨
律师

一、裁判参考

1.不能简单把涉外定牌加工这类案件作为商标侵权的例外情形来看待,还应当按照商标侵权认定的一般规定和原则进行,将法律适用和司法政策结合起来。

2.在认定商标性使用时,不能割裂整体环节,仅仅单独观察某个环节是否发挥识别商品来源的作用。相关公众包括与被诉侵权商品相关的消费者和经营者两类主体,随着中国经济和国际贸易交往的发展,相关公众可能会在域外接触被控侵权产品产生混淆,被控侵权产品也可能从域外回流到域内造成相关公众混淆。

3.对于没有在中国注册的商标,即使其在外国获得注册,在中国也不享有注册商标专用权,相应中国境内的民事主体所获得的所谓"商标使用授权",也不属于我国商标法保护的商标合法权利,不能作为不侵犯商标权的抗辩事由。

二、案例说明

(一) 案例来源

最高人民法院《民事判决书》(2019)最高法民再 138 号。

(二) 案例认定

本案二审判决入选 2019 年中国法院 10 大知识产权案件之一。

（三）案情简介

本田株式会社获准注册"**HONDA**""Ⓗ""✈"等三枚涉案商标，分别核定使用在第 12 类车辆、摩托车等商品上。后海关查获恒胜鑫泰公司委托申报出口的标有"HONDAKIT"标识的摩托车整车散件 220 辆，目的地缅甸，该批货物系由缅甸美华公司授权委托恒胜集团公司（恒胜鑫泰公司母公司）加工生产。本田株式会社遂提起诉讼。

（四）案例分析

该案一审判决认为涉案摩托车使用的商标突出增大"HONDA"的文字部分，缩小"KIT"的文字部分，与美华公司的授权"HONDAKIT"注册商标不符，认定构成侵权，判决恒胜鑫泰公司、恒胜集团公司立即停止侵权行为并连带赔偿本田株式会社经济损失人民币 30 万元。二审判决认为本案被诉行为属于涉外定牌加工行为，故不构成商标侵权，判决撤销一审判决，驳回本田株式会社的诉讼请求。

最高人民法院裁定提审本案后，判决撤销二审判决，维持一审判决。再审判决认为，不能把某种贸易方式（如本案争议的涉外定牌加工方式）简单地固化为不侵犯商标权的除外情形，应当充分考量国内和国际经济发展大局，对特定时期、特定市场、特定交易形式的商标侵权纠纷进行具体分析。在生产制造或加工的产品上以标注方式或其他方式使用了商标，只要具备了区别商品来源的可能性，就应当认定该使用状态属于商标法意义上的"商标的使用"。本案中被诉侵权商品运输等环节的经营者即存在接触的可能性。而且，随着电子商务和互联网的发展，即使被诉侵权商品出口至国外，亦存在回流国内市场的可能。同时，随着中国经济的不断发展，中国消费者出国旅游和消费的人数众多，对于"贴牌商品"也存在接触和混淆的可能性。

本案合议庭法官在针对本案的解读文章中指出，随着我国经济社会发展阶段和发展模式的变化，人民法院对于贴牌加工的商标侵权纠纷裁判观点和司法政策也不断调整和完善，是一个扬弃和回归的过程。当前中国经济由高速增长阶段转向高质量发展阶段，人民法院应当与时俱进，确保案件裁判结果与国家宏观政策相适应，本案再审审理过程实际上就是对涉外定牌加工商标侵权司法政策调整和完善的过程。

本案判决正确反映了"司法主导、严格保护、分类施策、比例协调"的知识产权司法政策导向，有利于营造高质量发展的知识产权法治环境、市场环境、文化环境，对今后类似案件的审理具有借鉴意义。

三、类案应用

据统计分析，2010 年之前，多数法院认为被诉侵权商标与国内注册商标相同或者近似,违反了我国商标法的规定,构成商标侵权。但是此后引发理论界争议不断,又有多个判决认定不构成侵权。2015 年最高人民法院再审"亚环案①",判决以涉外定牌加工中的商业标识使用不属于商标的使用为由,认定不构成商标侵权。2017 年最高人民法院再审"东风案②",判决中再次重申了涉外定牌加工中商业标识使用并非商标性使用,不构成商标侵权。2019 年最高人民法院再审"本田案",此案再审判决则认为,贴牌依法构成商标的使用,而且不能将涉外定牌固化为商标侵权的例外。上述"亚环案"及"东风案"与"本田案"要件事实均存在差异:"亚环案"中,请求保护的国内商标权人存在抢注之嫌;而被诉侵权商品完整使用境外委托人商标,不存在攀附模仿请求保护的商标的恶意。"东风案"中,中国权利人与境外委托人存在商标争议,境外司法程序最终确认了境外委托人享有商标权,被诉侵权人接受委托从事定牌加工业务,对于相关商标权利状况已经履行了审慎适当的注意义务。基于上述案件事实上的差异,"本田案"裁判规则未遵循在先的"亚环案""东风案",也就没有违背同案同判规则,更不存在裁判标准不统一的情况。

此外,在江苏高院 2017 年 12 月审结的(2017)苏行终 157 号撤销行政处罚决定行政纠纷一案中,法院也从国内加工企业对境外委托人提供的境外商标是否尽到必要审查注意义务、诚实信用原则、符合当前我国经济发展的阶段性要求等角度出发,结合个案情况最终认定该案不符合适用涉外定牌加工特殊司法政策的前提条件。

"本田案"判决后,也有观点认为首先要考虑境外委托人是否侵权,如侵权则根据贴牌加工商的注意义务考量其是否构成间接侵权。如境外商标并不侵权则境内贴牌加工出口的行为并不发挥商标识别商品来源作用,适用地域性原则应认定不构成侵权;或可基于属人管辖或效果原则等域外管辖方式解决,但政策考量和域外管辖只为例外情形。后续"STAHLWERK"案③等也仍结合贴牌加工商已尽合理审查义务、诚实信用原则等认定贴牌加工行为不侵权。

四、诠释法律

涉外定牌加工通常是指国内生产商经国外合法商标权利人等合法授权进行生产,并将所生产的产品全部出口至该商标权人享有商标权的国家和地区的国际贸易模式。长期以来,出口被誉为拉动中国经济增长的"三驾马车"之一,而涉外定牌加工则是重要的出口贸易模式。涉外定牌加工行为是否构成商标侵权,在国际条约和中国国内法上没有直接的规定。

《最高人民法院关于当前经济形势下知识产权审判服务大局若干问题的意见》中提到,妥善处理当前外贸"贴牌加工"中多发的商标侵权纠纷,对于构成商标侵权的情形,应

---

① 详见"(2014)民提字第 38 号"《民事判决书》。
② 详见"(2016)最高法民再 339 号"《民事判决书》。
③ 详见"(2019)浙 0206 民初 7747 号"《民事判决书》。

当结合加工方是否尽到必要的审查注意义务,合理确定侵权责任的承担。《最高人民法院关于为自由贸易试验区建设提供司法保障的意见》指出,应准确区分正常的贴牌加工行为与加工方擅自加工、超范围超数量加工及销售产品的行为。

《商标法》第四十八条规定:"本法所称商标的使用,是指将商标用于商品、商品包装或者容器以及商品交易文书上,或者将商标用于广告宣传、展览以及其他商业活动中,用于识别商品来源的行为。"

最高人民法院在本案中明确,商标使用行为是一种客观行为,通常包括许多环节,如物理贴附、市场流通等,是否构成商标法意义上"商标的使用"应当依据商标法作出整体一致的解释,不应该割裂一个行为而只看某个环节,要防止以单一环节遮蔽行为过程,要克服以单一侧面代替行为整体。在法律适用上,要维护商标法律制度的统一性,遵循商标法上商标侵权判断的基本规则,不能把涉外定牌加工这种贸易方式简单地固化为不侵犯商标权的除外情形。

第六节 "比例协调"原则的适用

现代新能源、凌普诉奥普商标侵权案

作者:侯玉静

律师

一、裁判参考

商标权的保护强度,应当与其应有的显著性和知名度相适应("比例协调原则或比例原则"),商标获准注册不意味着必然能够禁止他人在类似商品上使用近似商标。若被告商标注册在先且具有较强显著性、较高知名度,原告商标申请在后且核定商品与被告知名商品关联度很高,原告商标存在变形使用、攀附被告商誉情形,不能认定原告注册商标经过正当使用行为产生了足以受法律保护的显著性和知名度;被诉侵权商品销售门店标注有被告商号、注册商标,被诉侵权商品包装标注有被告全称及其他注册商标,足以实现商品来源区分,不会导致市场混淆。

二、案例说明

(一) 案例来源

最高人民法院《民事判决书》(2016)最高法民再216号。

（二）案例认定

本案再审判决被选入 2016 年中国法院 50 件典型知识产权案例。

（三）案情简介

原告现代新能源第 6 类"金属建筑材料"上" "商标,2001 年 3 月申请、2002 年 3 月注册,由瑞安奇彩贸易公司申请注册,2009 年 8 月转让给原告(本案再审判决后仅数日,2016 年 6 月 30 日原告该枚注册商标被北京知产法院认定属"驰名+恶意"突破 5 年、应予宣告无效情形,该无效宣告判决被北京高院、最高院支持)。被告杭州奥普在第 11 类浴霸等商品上注册有"奥普"商标,1993 年申请、1995 年 2 月注册,且在原告商标申请日前已具有较高知名度。现代新能源受让注册商标后以许可浙江凌普公司使用,而凌普公司因突出使用"奥普"、攀附被告商誉被工商处罚或被法院认定侵权。2010 年现代新能源、凌普以杭州奥普及其经销商为共同被告在苏州中院起诉,主张两被告在"金属扣板"上使用的"AUPU 奥普"商标侵犯了其注册商标。

（四）案例分析

混淆误认是否成立是本案的争议焦点。对此,苏州中院一审认定商标近似、商品类似,存在混淆误认可能性,侵权成立、判赔 10 万;江苏高院二审维持侵权认定,判赔额改为 30 万。最高院提审本案并在 2016 年 6 月判决撤销一、二审判决,驳回原告全部诉讼请求。本案独特的意义和价值在于,最高院认为商标获准注册不意味着"禁用权"必然受到保护,还要考察原告"对该商标的显著性和知名度所作出的贡献",权利的保护范围和保护强度,应当与前述贡献相符,这就是"比例原则"。

在 2016 年 7 月全国法院知识产权审判工作座谈会上,最高法院提出司法主导、严格保护、分类施策、比例协调四项司法政策。这是当前和今后一个时期我国知识产权司法保护的基本政策。在商标等标识类知识产权的案例审理中,坚持比列协调的司法政策则要求人民法院要妥善运用商标近似、商品类似、混淆、不正当手段等弹性因素,考虑市场实际,使商标权保护的强度与商标的显著程度、知名度、使用范围、相关公众的认知度等相适应。这是"奥普"案确立的"比例原则"上升到司法政策的高度。

注册商标保护"绝对化"的时代已过,正如最高院在"奥普"案中的表述,"商标法所要保护的,是商标所具有的识别和区分商品及服务来源的功能,而并非仅以注册行为所固化的商标标识本身",这就意味着法院在判断原告注册商标这一"符号"是否应受保护以及保护范围和强度时,一方面要审查原告注册商标的正当性,另一方面要审查原告注册商标的实际使用情况。不同于商标法第 64 条第 1 款规定的"注册商标未使用抗辩",因为该抗辩只涉及赔偿额的多少有无而不涉及商标侵权成立与否的判断,前述对原告注册商标实际使用情况的审查,将影响商标近似、商品类似、混淆误认可能性等商标侵权构成要件的判断。

三、类案应用

2018年12月上海浦东法院审结的"贝尔多爸爸的泡芙工房"一案,在论证商标侵权不成立、原告停止侵权的诉讼请求不予支持时,首先,参照"奥普"案比例原则的表述方式,认为注册商标的保护强度应当与其知名度、使用范围、相关公众的认知程度相适应;其次,结合本案的情况,认为原告注册商标知名度不高、使用范围狭窄、公众认知度有限,而且被诉标识使用在先、附加识别性较强的老人头图像足以达到消除混淆、市场区分的效果,因此认定商标侵权不成立;接下来考虑到后续可能的纠纷,认为即使将来原告注册商标使用范围扩大、认知程度提高,被诉标识亦可适用第59条第3款规定的"在先使用抗辩"。在判决书中,并未出现援引"奥普"案中"比例原则"的字样,但承办法官在案件审结后撰写的《比例原则在商标侵权判定中的适用》分析文章中披露了该案沿用了"奥普"案的裁判思路,而且认为此种裁判思路优于以下三种裁判思路:(1)认定被告使用30类自有注册商标,适用"权利冲突"的规定,驳回原告起诉,因为这会导致侵权纠纷长期悬而未决;(2)适用第59条第3款"在先使用抗辩",因为"原有范围"不清晰可能导致新的纠纷;(3)援引"歌力思"案适用权利滥用抗辩,但原告恶意不明显且该裁判思路不利于维护商标注册制度的稳定性。该案承办法官认为原告"恶意不明显"的一个主要原因,是原告名下仅有一枚注册商标,不存在囤积商标资源、批量抢注的事实,但没有注意到的是,原告存在类似"优衣库"案中批量诉讼的事实(在杨浦区、普陀区另有三件类似诉讼),这实际上也属于恶意取得及行使商标权的表现形式。更有意思的是,杨浦、普陀三件类似诉讼均有上诉,2019年4—5月上海知识产权法院对三案作出终审判决,均适用第59条第3款"在先使用抗辩"驳回原告诉讼请求,也就是浦东法院在前述案件中表达的"比例原则"优于"在先使用抗辩"的裁判思路,并未获得其上级法院的肯定。

同样是上海浦东法院,2019年3月审结的"奉茶"案,基于原告注册商标从未使用、而被告已在全国发展250家专卖店的事实,认定"奉茶"与原告"俸茶"注册商标虽然近似、但不会造成混淆误认;在该案判决最后的论理部分,援引"奥普"案的经典表述,商标法保护的是商誉而非符号,商标标识本身近似并非商标侵权与否的决定性因素。最新的案例,2022年6月广州知产法院审结的"KIA"起亚汽车专用钥匙包扣一案,认为虽然商品类似、商标标识本身亦近似,但原告未提交充分证据证实涉案商标的知名度情况,无法证明在被诉侵权标识专用于起亚汽车钥匙的情况下,相关公众仍然容易产生混淆,最终驳回原告诉讼请求。

附：比例协调原则——"奥普"类案检索

时间	审理法院及案号	涉诉商标	原被告主观意图及各自使用情形	裁判要点
2018.12	上海浦东（2018）沪0115民初12706号	贝尔多爸爸的泡芙工房	（1）被诉标识"贝儿多爸々の泡芙工房"最晚于2008年3月已经实际使用，该使用时间远早于原告商标的申请时间；（2）原告提交的涉案商标的使用证据为与恩记蛋糕店的许可合同，合同的相对方恩记蛋糕店位于河北沧州市，涉案商标使用范围的相对狭窄。	一审法院：商品类似、商标近似，但基于原告涉案商标的知名度不高、使用范围狭窄、相关公众的认知度有限的事实，在被诉侵权标识使用在先、附加识别性较强的老人头图像足以达到消除混淆、将二者明确区别开来的情况下，本院对原告主张两被告构成商标侵权进而要求停止使用被诉侵权标识的诉讼请求不予支持。二审法院：在先使用抗辩成立。
2019.3	上海浦东（2018）沪0115民初37002号	"奉茶"奶茶铺	（1）原告虽注册上述服务类商标，但怠于积极投入实际商业推广和运营，相关公众无法接收到上述两个注册商标的任何信息，更无法将上述两注册商标与原告建立直接联系；（2）被告在原告的商标核准注册之前，在全国范围内已通过加盟等方式发展出近250家加盟店铺，具有一定知名度和影响力。	商标法所要保护的，是商标所具有的识别和区分商品及服务来源的功能，而并非仅以注册行为所固化的商标标识本身。因此，商标标识本身的近似不是认定侵权行为是否成立的决定性因素，如果使用行为并未损害涉案商标的识别和区分功能，亦未因此而导致市场混淆的后果，该种使用行为即不在商标法所禁止的范围之中。
2019.11	北京市高级人民法院第（2018）京民申5074号再审民事裁定书	"欧普""欧普照明"排头拖线板	（1）原告权利商标第9类"OUPU欧普及图"1999年1月申请、2000年7月注册，原告2010年通过受让取得该商标，原告证据不足以证明其已经通过正当的使用行为，使权利商标产生了应有的显著性和知名度；（2）2000年开始，被告及其关联公司就开始将"欧普""欧普照明"作为企业字号一直延续使用至今，主要生产第11类灯，后被认定为驰名商标。	权利商标中的"欧普"文字的显著性和知名度，实际上来源于被告及其关联企业的使用行为。权利商标虽然在9类"插头"商品上享有注册商标专用权，但对该权利的保护范围和保护强度，应当与原告对该商标的显著性和知名度所作出的贡献相符。"欧普照明"系被告公司简称，且在照明灯具上经宣传使用具有较高知名度，"欧普照明"与欧普照明公司已经形成一一对应关系，一般消费者依据被告在销售场所和被诉侵权产品上标注的上述信息，已足以对商品来源清晰区分。

续表

时间	审理法院及案号	涉诉商标	原被告主观意图及各自使用情形	裁判要点
2020.3	最高院（2019）最高法民申6283号	MK箱包	（1）原告注册商标固有显著性弱，且商品多用于出口，在中国境内的销量数量及影响十分有限，未经使用获得较强显著性及知名度；（2）被告将"MK"作为"MICHAELKORS"的首字母简称并同时使用，两者形成对应关系，并获得了一定知名度，足以区分；（3）被告使用MK具有一定合理性，主观上并无借用涉案商标商誉的意图；（4）原告刻意接近、模仿被诉标识，攀附被诉标识商誉，主动寻求市场混淆效果。	在认定是否构成反向混淆时，仍应秉承和正向混淆基本相同的裁量标准，适用基本相同的评判规则，除了考虑诉争标识使用的强度外，对于商标权的保护强度仍应与涉案商标的显著性、知名度成正比。对于尚未作实际使用，或显著性弱、知名度低的商标，则应当将其禁用权限定于较小的范围，给予其与知名程度相匹配的保护强度。否则就可能导致显著越低、知名度越小的商标越容易构成反向混淆，越容易获得法律保护的后果，而这显然与商标法的立法宗旨相悖。
2022.6	广州知产法院（2021）粤73民终7291号	KIA起亚汽车钥匙包扣	（1）KIA是知名汽车品牌，钥匙包扣属于汽车的零配件；（2）原告李井花没有提供任何实际使用和知名度证据。	商标作为一种区分商业主体的标识，其为法律所认可和保护的并非标识本身，而是标识与商业主体之间唯一的、确定的指向关系，因此商标侵权行为的判定必须建立在指向关系被实际影响或割裂上。鉴于李井花并未提交充分证据证实涉案商标的知名度情况，无法证明在被诉侵权标识专用于起亚汽车钥匙的情况下，相关公众仍然容易产生混淆的事实，因此，被诉侵权标识并未割裂涉及此种指向关系，不会导致混淆误认。

四、诠释法律

《商标法》第九条规定，"申请注册的商标，应当有显著特征，便于识别，并不得与他人在先取得的合法权利相冲突"，这一原则性的规定，也可以解读为注册商标获得保护并非无条件的，具有便于识别的显著特征、不侵害他人在先权利就可以视为注册商标获得保护的前提条件。这里的"显著特征"不仅要考察商标构成要素本身的显著性，还要考察商标注册人是否通过善意的、正当的使用获得了足以与他人商品或服务区分的显著特征,在商标注册人存在恶意抢注、注册商标未使用或攀附性使用的情况下,可以结合显著性不强、知名度不高等事实,限制注册商标的保护范围和保护强度。

第七节　"反向混淆"的认定

MK 商标侵权案件

作者:李科峰
律师

一、裁判参考

在认定是否构成反向混淆时,仍应秉承和正向混淆基本相同的裁量标准,适用基本相同的评判规则,除了考虑诉争标识使用的强度外,对于商标权的保护强度仍应与涉案商标的显著性、知名度成正比。对于尚未作实际使用,或显著性弱、知名度低的商标,则应当将其禁用权限定于较小的范围,给予其与知名程度相匹配的保护强度。否则就可能导致显著越低、知名度越小的商标越容易构成反向混淆,越容易获得法律保护的后果,而这显然与商标法的立法宗旨相悖。

二、案例说明

（一）案例来源

浙江高级人民法院《民事判决书》（2018）浙民终 157 号。

（二）案例认定

本案二审判决入选 2019 年最高人民法院中国法院 50 件典型案件之一和 2019 年浙江法院十大知识产权保护案件之一。

（三）案例简介

1999 年 2 月 7 日,原告建发厂取得了注册号为第 1244366 号 " " 商标,核定使用商品为第 18 类【旅行袋,旅行箱,帆布背包,手提包,运动用手提包,包装用皮袋（包,小袋）,购物袋,公文包,钱包,书包】。涉案商标所涉商品多用于出口,在国内亦多是通过浙江省义乌市国际商贸城进行销售,销量数量及影响有限。且建发厂在 2015 年后不仅未规范使用其涉案商标,而且反而在其商品上使用与被诉侵权标识相近似的"⊗"标识,还于同年在第 18 类商品上申请注册"⊗"及"MK"商标。

在"MICHAELKORS"品牌进入于 2011 年中国市场之前,被告迈可寇斯瑞士公司在 2008 年即已在境外将被诉标识"⊗"作为金属扣使用在箱包类商品上,进入中国市场后,被告迈可寇斯瑞士公司延续了上述使用形式。被告迈可寇斯瑞士公司、迈克尔高司上海公司在主营商标"MICHAELKORS"进入中国市场后,在上海、成都、沈阳、烟台、福州、太原等国内多个城市的商场、购物中心开设专柜,经营规模迅速扩大,拥有了相对固定的消费群体。被告迈可寇斯瑞士公司、迈克尔高司上海公司在其商品、专卖店、专柜,官网、微信店铺等销售渠道中使用被诉标识时,均同时使用了"MK"与"MICHAELKORS"商标。

原告认为被告迈可寇斯瑞士公司、迈克尔高司上海公司在箱包上使用被诉标识,侵犯其商标专用权。

(四) 案例分析

本案的争议焦点是认定被诉标识与涉案商标是否构成商标法规定的近似商标。商标法意义上的商标近似应当是指混淆性近似,即足以造成市场混淆的近似,包括正向混淆和反向混淆,本案涉及反向混淆的判断。在我国商标侵权判定规则中对反向混淆并未作出特别规定。法院认为,反向混淆旨在保护弱小的商标权人,防止其被资本雄厚的大企业利用商标反向混淆的形式,割裂其商标在消费者心中的稳定认识,以及剥夺其进一步拓展市场的能力和空间。但在认定是否构成反向混淆时,仍应秉承和正向混淆基本相同的裁量标准,适用基本相同的评判规则,除了考虑诉争标识使用的强度外,对于商标权的保护强度仍应与涉案商标的显著性、知名度成正比。对于尚未作实际使用,或显著性弱、知名度低的商标,则应当将其禁用权限定于较小的范围,给予其与知名程度相匹配的保护强度。否则就可能导致显著越低、知名度越小的商标越容易构成反向混淆,越容易获得法律保护的后果,而这显然与商标法的立法宗旨相悖。本案从以下四个方面判断被诉标识与涉案商标不构成混淆性近似。

1. 标识本身

涉案商标的固有显著性弱,涉案商标仅由"m"和"k"两个字母构成,字体在小写字母的基础上作了简单的艺术加工,但总体而言与普通小写字母的区别不大,并且缺乏具有辨识度的含义。因此在与被诉标识进行比对时,更应注重两者在字体设计方面的差异。被诉标识将大写字母 M 的右竖和大写字母 K 的左竖重合,从而使得原本分离的两个大写字母结合成一个图案,呈现出与涉案商标较为明显区别的设计风格。被诉标识在前述基础上附加了圆环以及带有"MICHAELKORS"字母的圆环图案设计,与涉案商标区别更为明显。

2. 使用情况

从建发厂对涉案商标的使用情况来看,涉案商标未通过后续使用获得较强的显著性和知名度。虽然涉案商标于1999年即获准注册并被投入使用,但从在案证据来看,涉案商标所涉商品多用于出口,在国内亦多是通过浙江省义乌市国际商贸城进行销售,销量数量及影响有限。且建发厂在2015年后不仅未规范使用其涉案商标,而且反而在其商品上使用与被诉侵权标识相近似的标识,还于同年在第18类商品上申请注册与被诉侵权标识相近似的商标。可见,建发厂自身在后期也放弃了提高涉案商标显著性的努力,刻意接近被诉标识,主动寻求市场混淆的后果。

3. 侵权故意

从迈可寇斯瑞士公司、迈克尔高司上海公司对被诉标识的使用情况来看,在"MICHAELKORS"品牌进入于2011年中国市场之前,迈可寇斯瑞士公司在2008年即已在境外将被诉标识作为金属扣使用在箱包类商品上,进入中国市场后,迈可寇斯瑞士公司延续了上述使用形式,具有合理理由。迈可寇斯瑞士公司、迈克尔高司上海公司在主营商标"MICHAELKORS"进入中国市场后,在国内多个城市的商场、购物中心开设专柜,经营规模迅速扩大,知名度和影响力迅速提高,拥有了相对固定的消费群体。"MK"系"MICHAELKORS"的首字母简称,迈可寇斯瑞士公司、迈克尔高司上海公司在其商品、专卖店、专柜,官网、微信店铺等销售渠道中使用被诉标识时,均同时使用了"MICHAELKORS"商标,使得相关公众能够将"MK"与"MICHAELKORS"相关联,对商品来源作出正确区分。因此,一方面,迈可寇斯瑞士公司、迈克尔高司上海公司使用被诉标识在主观上并无利用建发厂涉案商标的商誉,造成相关消费者混淆、误认之故意。另一方面,其使用主营商标简称"MK"具有合理理由,在使用时通过字体设计的不同以及与主营商标共同使用的方式,对涉案商标做了一定程度的避让,强行侵占建发厂发展空间的故意亦不明显。

4. 相关公众

从涉案商标和被诉标识使用商品的购买渠道和消费群体来看,涉案商标所涉商品主要销往海外,并通过浙江省义乌市国际商贸城、义乌购网络平台进行销售,商品价格较低;被诉侵权商品主要通过国内专卖店以及专柜的形式销售,价格较高,两者有各自不同的消费群体,至少就目前的市场现状来看,客观上既不会造成相关公众的正向混淆,也不会造成反向混淆。

综上,被诉标识与涉案商标难以构成混淆性近似,迈可寇斯瑞士公司、迈克尔高司上海公司的被诉行为不构成对建发厂涉案商标权的侵害。

三、类案应用

暂无类案适用上述裁判参考。

四、诠释法律

《最高人民法院关于审理商标民事纠纷案件适用法律若干问题的解释（2020 修正）》第十条人民法院依据商标法第五十七条规定：

第（一）（二）项的规定，认定商标相同或者近似按照以下原则进行：

（一）以相关公众的一般注意力为标准；

（二）既要进行对商标的整体比对，又要进行对商标主要部分的比对，比对应当在比对对象隔离的状态下分别进行；

（三）判断商标是否近似，应当考虑请求保护注册商标的显著性和知名度。

第八节　未注册驰名商标保护及损害赔偿支持的条件

"理想空间"商标侵权案

作者：王丹靓

律师

一、裁判参考

缺乏固有显著性的标识，因具有特定的历史起源及长期唯一的提供主体，进而获得指示商品来源的作用、形成稳定对应关系，可以作为未注册驰名商标获得保护；侵犯未注册驰名商标，应当承担赔偿责任，相关赔偿数额可以参照侵害注册商标专用权的损害赔偿进行。

二、案例说明

（一）案例来源

北京知识产权法院《民事判决书》(2016)京 73 民初 277 号。

（二）案例认定

本案民事判决入选 2017 年中国法院知识产权司法保护"十大"案件。

（三）案情简介

自 1957 年至今,商务印书馆有限公司(以下简称"商务印书馆")连续出版《新华字典》通行版本至第 11 版。2010—2015 年,商务印书馆出版的《新华字典》在字典类图书市场的平均占有率超过 50%。截至 2016 年,商务印书馆出版的《新华字典》全球发行量超过 5.67 亿册,获得"最受欢迎的字典"吉尼斯世界纪录及"最畅销的书(定期修订)"吉尼斯世界纪录等多项荣誉。商务印书馆诉称华语教学出版社有限责任公司(以下简称"华语出版社")生产、销售"新华字典"辞书的行为侵害了商务印书馆"新华字典"未注册驰名商标,且华语出版社使用商务印书馆《新华字典》(第 11 版)知名商品特有包装装潢的行为已构成不正当竞争,请求法院判令其立即停止侵害商标权及不正当竞争行为、消除影响并赔偿经济损失。

（四）案例分析

法院在实务审判中仍旧围绕认定必要性、按需认定原则、个案认定原则、权利商标是否具有显著性(固有或者使用取得)、未注册商标的实际使用、未注册商标在相关公众中是否形成的稳定对应联系、未注册商标是否已经具有指示商品来源的作用、形成客观市场格局等审查要件来对未注册驰名商标进行认定及保护。

当一个标识是商品名称也是商标名称的时候,如果经过原告大量宣传使用已经具有了显著性,是可以上升为商标名称,继而通过证明符合驰名商标认定标准而成为驰名商标,并得到法律保护的,当然需要明确的一点是,未注册驰名商标认定是一个客观的事实认定,驰名与否会随着市场的变化而有所不同[酸酸乳案,内蒙古自治区高级人民法院(2006)内民三终字第 7 号《民事判决书》];在"伟哥"案中[最高人民法院(2007)高民终字第 1685 号《民事判决书》],由于辉瑞公司曾经明确声明过"万艾可"才是其正式的商品名称,且其承认过从未在中国内地市场使用过"伟哥"商标,辉瑞公司由于缺乏对"伟哥"标识的主动(含明示及默认)的商标的使用意图,故"伟哥"不能被认定为未注册商标,进而更无法受到未注册驰名商标的保护;"苏富比"案[北京市第二中级人民法院(2007)二中民初字第 11593 号]中,对于原告主张权利商标是否在大陆市场进行了"商业性使用"问题,法院认为虽然由于大陆现行法律规定,原告没有在中国正式举行拍卖活动,但是原告及其关联公司还是持续在大陆市场进行与拍卖服务相关的宣传推广,并在法律允许的框架下开展了慈善性拍卖及预展等活动,综上法院认定原告在中国大陆地区商业性地使用了"苏富比"商标,且具有相当的知名度,应当被认定为未注册驰名商标予以保护;"新华字典"案中,法院认为"新华字典"具有特定的历史起源、发展过程和长期唯一的提供主体以及客观的市场格局,保持着产品和品牌混合属性的商品名称,已经在相关消费者中形成了稳定的认知联系,具有指示商品来源的意义和作用,具备商标的显著特征。"新华字典"已经在全国范围内被相关公众广为知晓,已经获得较大的影响力和较高的知名度,可以认定"新华字典"为未注册驰名商标。

针对未注册驰名商标损害赔偿请求问题,法院也经历了从仅仅支持合理支出费用到支持全部损害赔偿请求的过程,由于《商标法》没有对未注册驰名商标损害赔偿进行明确的规定,法院一般依据《侵权责任法》并类推适用《商标法》第三十六条第二款及参照适用《商标法》第六十三条对此赔偿诉请予以支持。例如,在"苏富比"案[北京市第二中级人民法院(2007)二中民初字第11593号]中,法院认为由于原告没有证明被告给其造成相应经济损失,且被告从事的拍卖活动所涉及的拍卖物种类和原告差异较大,且原告尚不能在中国大陆进行商业性的拍卖活动,且我国法律等没有对未注册驰名商标保护有明确的法律规定,故最终仅仅支持了原告的合理费用,对其他赔偿请求不予支持;在"新华字典"案中,法院认为尽管《商标法》第六十三条规定是针对侵犯商标专用权的,但是鉴于《商标法》明确规定未注册驰名商标应当受到《商标法》的保护且根据《侵权责任法》规定侵害他人民事权益的,应当承担侵权责任,加之,未注册驰名商标之所以获得保护是因为其经过长期大量使用而获得较高知名度,他人在未注册驰名商标使用商品相同或类似商品上进行使用属于搭便车行为,获得了不当利益且损害了未注册驰名商标的利益,应当对未注册驰名商标的侵害行为承担侵权责任。关于侵害未注册驰名商标的赔偿数额计算可以参照侵犯商标专用权的损害赔偿额的方法进行。

三、类案应用

在未注册驰名商标相关案件中,法院一般还是首先会着重从认驰必要性、原告已有注册商标是否可以和原告请求认定的未注册驰名标识稳定对应并足以保护原告合法权益为出发点进行审理,总体而言,为了尽量避免架空商标注册制度及考虑到未注册驰名商标和反不正当竞争法第六条涉及的"类未注册商标"民事权益请求权竞合问题,如果原告已有注册商标和请求认定驰名的标识已经形成对应关系,法院会认为原告的认驰请求不具备必要性、已有注册商标足以保护原告合法权益,对原告认定未注册驰名商标的请求不予支持。例如在青岛市中级人民法院审理的"苏富比"案中[(2019)鲁02民初1569号],青岛市中级人民法院认为已经认定涉案侵权产品构成对原告南社布兰兹有限公司第8376486号"Penfolds"注册商标的侵权,足以保护南社布兰兹有限公司的合法权益,故对南社布兰兹有限公司认定"奔富"为驰名商标及停止侵犯未注册驰名商标"奔富"的诉讼请求不再予以支持,山东省高院二审对上述观点予以维持。

附:缺乏固有显著性的标识作为未注册驰名商标获得保护及赔偿支持的条件
——"新华字典"类案检索表

裁判时间	审理法院/案号	未注册驰名商标及商品服务项目	裁判要点
2017.12	上海知识产权法院(2015)沪知民初字第 518 号	"拉菲"/葡萄酒	在外文"LAFITE"商标在中国已注册、但其对应的中文翻译"拉菲"尚未注册的情况下,证明中文翻译"拉菲"与外文注册商标"LAFITE"形成了稳定的对应关系,在被诉侵权行为发生前"拉菲"已经为中国境内相关公众广为知晓,可以被认定为未注册驰名商标;被诉侵权标识与该"拉菲"商标构成商标近似;被告对被诉侵权标识的使用主观恶意明显,根据《商标法》第三十六条第二款的立法本意以及对未注册驰名商标的损害,原告有权获得赔偿。
2020.1	江苏省南京市中级人民法院(2018)苏 01 民初 3450 号	"奔富"/葡萄酒	原告"PENFOLDS"等外文注册商标经过原告的多年推广使用已经具有较高知名度,相关公众已经可以将未注册的"奔富"和已经注册的"PEN-FOLDS"等外文商标形成对应关系,"奔富"已经具有指示商品来源的作用,结合原告提交的在先知名度证据及实际商业活动中对"奔富"的具体使用方式,法院认定"奔富"构成未注册驰名商标;被告申请注册了和原告"奔富"、"Penfolds"近似的系列商标,具有明显的攀附他人品牌知名度的主观故意,被告被诉侵权标识和原告"奔富"相同,使用在葡萄酒产品上,依据 2013 年《商标法》第五十七条第二项,被诉侵权行为构成对原告未注册驰名商标权的侵害;类推适用《商标法》第六十三条,法院认定支持了依据原告未注册驰名商标主张的法定损害赔偿诉请。
2022.3	深圳市中级人民法院(2020)粤 03 民初 3416 号	"乐心"/智能手环	原告通过举证 2019 年 12 月 25 日之前,有关报纸、期刊上刊登的有关乐心手环的报道、文章,原告乐心智能手环在全国范围内通过线上、线下广泛售卖的情况,原告纳税的情况,原告营业收入和利润情况,原告广告支付的情况,原告乐心智能手环在国内排名情况,原告自 2012 年至今在诚信经营、纳税、技术创新、知识产权保护等方面所获得的荣誉,互联网自媒体对原告乐心智能手环产品知名度的广泛报道,原告乐心手环产品明星代言,原告广泛参加各类大型商品展会情况,足以认定原告 2019 年 10 月 28 日在被告郑州岩岩公司在天猫网店上购买涉案"HIIN 乐心"被控侵权产品时,原告智能手环商品上的"乐心"未注册商标已经为相关公众所熟知,具有较高的市场知名度,已形成良好商誉,应被认定为未注册的驰名商标。……关于损害赔偿问题,《商标法》明确规定未注册驰名商标应受到《商标法》保护且《民法典》规定侵害他人民事权益的,应当承担侵权责任,未注册驰名商标收到保护的原因在于其经过长期使用获得较高知名度和商誉,使用未注册驰名商标的侵权人因此获得了不当利益,且使未注册驰名商标权益人的利益受损,因此,针对未注册驰名商标的侵害行为应当承担赔偿责任具体赔偿责任可以参照《商标法》关于侵犯注册商标专用权的赔偿规定来处理。……

四、诠释法律

商标的基本功能是帮助相关公众区分商品服务来源,一个标识只要能完成上述区分来源的功能,其是否注册不影响该标识是否可以构成商标,换句话说,注册或者未注册均非一个标识是否能成为一个商标的必要条件。

《商标法》第十四条规定:"……认定驰名商标应当考虑下列因素:(一)相关公众对该商标的知晓程度;(二)该商标使用的持续时间;(三)该商标的任何宣传工作的持续时间、程度和地理范围;(四)该商标作为驰名商标受保护的记录;(五)该商标驰名的其他因素……"《最高人民法院关于审理涉及驰名商标保护的民事纠纷案件应用法律若干问题的解释》(2020修订)第一条规定"本解释所称驰名商标是指在中国境内为相关公众所熟知的商标";第四条规定"人民法院认定商标是否驰名,应当以证明其驰名的事实为依据,综合考虑商标法第十四条第一款规定的各项因素……"都明确了驰名商标本质上是一个客观事实认定问题,商标是否构成驰名是随着商标使用人的商业运营、广宣投入等实际商业情况而变化的,并非一成不变,一个商标可能会随着市场及运营的蓬勃发展而在某一时段构成驰名,但是也有可能会随着市场低谷或者商业运作的失败,而导致相关商标商品的减产、停产,进而不再能在相关公众中享有极高的知名度。虽然由于我国是商标注册制,未注册驰名商标的认定相较于注册驰名商标的认定在证据等各方面要求都较高,但是这也仅仅是证据层面的差异,而非未在法律制度层面提供对未注册驰名商标认定的保护渠道。

《商标法》里虽然没有明确的、针对未注册驰名商标损害赔偿请求的条款,但是《商标法》第三十六条第二款规定"自该商标公告期满之日起至准予注册决定作出前,对他人在同一种或者类似商品上使用与该商标相同或者近似的标志的行为不具有追溯力;但是,因为该使用人的恶意给商标注册人造成的损失,应当给予赔偿",根据该条款的立法本意以及对未注册驰名商标的损害,通过类推适用该条款来支持未注册驰名商标认定保护及损害赔偿请求是一个合理的途径。

第九节　驰名商标反淡化保护

"老干妈"商标侵权案

作者:李艾玲

律师

一、裁判参考

在商品显著位置上擅自将他人驰名商标作为描述商品特征的名称使用的,只要驰名商标核定使用商品或驰名商标并未成为行业内的通用名称,则前述的使用行为就不具备正当性。同时,该使用行为会弱化该驰名商标告知消费者特定商品来源的能力,从而减弱驰名商标的显著性,构成《商标法》第十三条第三款所指的损害驰名商标注册人正当权益的情形。

二、案例说明

(一)案例来源

北京市高级人民法院《民事判决书》(2017)京民终 28 号。

(二)案例认定

本案二审入选 2017 年中国法院 50 件典型知识产权案例。

(三)案情简介

原告贵阳老干妈公司为第 1381611 号"老干妈及图"和第 2021191 号"老干妈"商标权利人,两商标分别于 2000 年 4 月 7 日及 2003 年 5 月 21 日核准注册,核定使用商品为第 30 类:豆豉、辣椒酱(调味)、炸辣椒油等商品,经续展,前述两商标专用期限分别延续至 2030 年 4 月 6 日和 2023 年 5 月 20 日。第 2021191 号商标曾在 2011 年、2014 年、2015 年和 2016 年多次被认定驰名商标。2015 年 9 月 14 日,贵阳老干妈公司在北京欧尚公司商铺处公证购买到三只牛肉棒,涉案商品正面上部标有贵州永红公司所拥有的"牛头牌及图"商标,中部印有"老干妈味"字样;包装背面标有涉案商品品名为"老干妈味牛肉棒",商品制造商为被告贵州永红公司。

一审诉讼中,贵州永红公司确认北京欧尚公司销售的涉案商品系贵州永红公司生产。贵州永红公司自 2014 年开始购入贵阳老干妈公司生产的"老干妈"牌豆豉作为调料生产涉案商品,贵州永红公司生产的牛肉棒除了涉案商品中标明的"老干妈味",还有"原味""麻辣""香辣""黑胡椒"等其他商品。一审法院审理认为:贵阳老干妈公司所拥有的两枚商标在核定使用的商品上使用时间较长,在相关消费者中具有很高知名度,且有多次被行政及司法机关认定为驰名商标的事实。结合在案证据,涉案商标应当被认定为驰名商标。贵州永红公司将涉案驰名商标作为自己牛肉棒商品的系列名称,用涉案驰名商标来描述自己的商品,会使消费者误以为涉案商品与贵阳老干妈公司具有某种联系,有可能导致涉案驰名商标的显著性减弱,弱化涉案驰名商标与贵阳老干妈公司的唯一对应关系,甚至会导致其名称通用化,构成对涉案商标的广告性商标使用。贵州永红公司的生产销售行为,侵犯了原告所拥有的涉案商标专用权和禁用权。

（四）案例分析

本案一审法院认为,被告贵州永红公司生产销售的商品属于第 29 类,而原告贵阳老干妈公司主营调味品属于第 30 类商品,因此,二者不具有市场竞争关系,贵州永红公司的涉案行为不构成不正当竞争。贵州永红公司不服,提出上诉,二审法院,认为其上诉理由均无法成立,最终驳回上诉,维持一审判决。

本案典型意义在于,不同于一般商标侵权中,均以"造成相关公众混淆误认"为侵权构成要件,在商标淡化而对权利人造成损失的情形中,混淆并非构成侵权的必要条件,甚至即使不会造成混淆,但是因为侵权人超出合理范围的使用行为,破坏了权利人与涉案商标之间密切对应关系,淡化涉案商标的显著性及辨识度,进而损害了商标权利人合法权利。而这种损害结果相比于直接侵权更难以量化,因此在如何认定侵权及确定侵权损害赔偿上也需要在司法实践中逐步开拓。

在本案中,被告贵州永红公司坚持认为其在涉案商品中真实添加"老干妈"豆豉,主观上无攀附意图,客观上不会淡化"老干妈"商标的显著性和识别性,未淡化驰名商标,因此不应被判决构成侵权。如果套用一般商标侵权的认定逻辑,其确实很难被认定构成侵权,但二审法院在审理中回应,贵州永红公司虽然在涉案牛肉棒商品里确实添加有"老干妈"牌豆豉,但"老干妈"牌豆豉并非食品行业的常用原料,"老干妈味"也不是日用食品行业对商品口味的常见表述方式,涉案商品对"老干妈"字样的使用不属于合理使用的范畴。贵州永红公司将"老干妈"作为与"原味""麻辣"等并列的口味名称来使用,足以使相关公众在看到涉案产品时联想到原告商标,进而破坏该商标与原告所生产商品之间的密切联系和对应关系,减弱该商标作为驰名商标的显著性。

三、类案应用

附:"老干妈"类案检索表——驰名商标反淡化保护

裁判时间	审理法院及案号	涉诉商标	法院认定
2018. 10	合肥市中级人民法院（2018）皖01民初617号	周黑鸭	本案涉案商标属于驰名商标,需要给予其在不相同或者不类似商品上的跨类保护,商标法规定的"误导公众,致使驰名商标注册人的利益可能受到损害",不应简单地从一般商标侵权的市场混淆意义上进行理解,通常还应涉及因误导相关公众而减弱驰名商标的识别性、显著性或者贬损其声誉,即关于驰名商标的淡化问题。驰名商标淡化,首先淡化的是商标的显著性,不当使用驰名商标的淡化行为直接导致商标显著性的削弱;其次淡化的是商标识别性,不当使用驰名商标的淡化行为也会导致商标识别功能的减弱。被告瑞可莱公司在其"瑞可莱"牌调味料商品上使用"周黑鸭香料"文字标识的行为,足以使消费者对涉案被控侵权产品与涉案驰名商标之间的联想,将直接导致涉案驰名商标"周黑鸭 ZHOUHEIYA 及图"显著性和识别性的淡化,从而使涉案驰名商标价值受到削弱。

裁判时间	审理法院及案号	涉诉商标	法院认定
2018.3	山东省高级人民法院（2018）鲁民终82号	解百纳	本案中,因西夏王公司并未证明"解百纳"属于商品通用名称,其在被控侵权葡萄酒商标注"解百纳干红葡萄酒"的行为,并非标注商品原材料的说明行为,故该行为不属于描述性行为,其标注行为起到了识别商品来源的作用,构成商标性使用。
2017.12	山东省高级人民法院（2017）鲁民终1656号	特仑苏	一特仑苏公司作为生产奶制品的企业,与蒙牛公司具有直接的竞争关系,其应该知道"特仑苏"商标的知名度和商誉,此时,其应尽到合理的避让义务,注册并使用的字号不应侵犯他人的合法权益并能使相关公众将其与其他市场主体进行区分,但其仍将与蒙牛公司"特仑苏"商标实质性相似的"一特仑苏"注册为字号并使用,具有明显的攀附他人商誉的主观恶意。在蒙牛公司的涉案商标具有了较高的知名度的情况下,一特仑苏公司将"一特仑苏"注册为字号并使用,足以使相关公众对一特仑苏公司经营的商品与蒙牛公司提供的商品发生误认,进而对两公司的关系产生混淆,侵害了蒙牛公司的合法权益。

四、诠释法律

《最高人民法院关于审理涉及驰名商标保护的民事纠纷案件应用法律若干问题的解释》第九条第二款规定:"足以使相关公众认为被诉商标与驰名商标具有相当程度的联系,而减弱驰名商标的显著性、贬损驰名商标的市场声誉,或者不正当利用驰名商标的市场声誉的,属于商标法第十三条第二款规定的'误导公众,致使该驰名商标注册人的利益可能受到损害'。"

如果该驰名商标核定使用商品并未成为行业常用原料、该驰名商标并未成为行业常用商品特征名称表述方式,则经营者在其商品包装显著位置上将他人驰名商标作为描述商品特征的名称使用不具备正当性。该使用行为同时也会弱化该驰名商标告知消费者特定商品来源的能力,从而减弱驰名商标的显著性,构成《商标法》第十三条第三款所指的损害驰名商标注册人正当权益的情形。

第十节　公共元素驰名跨类保护的限制

"酒鬼"商标无效宣告行政诉讼案

作者:高孟宇

律师

431

一、裁判参考

生活中常用的词汇或公共元素,即便构成驰名商标,其保护强度也应与其自身的知名度和显著性相适应,不宜无限扩张适用。对于自古以来即有的生活常用词汇,需要考虑商业主体获取公有资源的自由度,不能以商标专用权或禁用权垄断符号资源。

二、案例说明

(一)案例来源

北京市高级人民法院《行政判决书》(2018)京行终 3115 号。

(二)案情简介

2009 年 9 月 16 日,四川百世兴公司在德国申请"酒鬼"商标,于 2009 年 10 月 26 日取得注册。同日,经过马德里协定后期指定到中国,商标号为 G1022223,在中国的申请日期为 2010 年 1 月 19 日,指定的商标品为第 2911 类似群"加工过的花生""精制坚果仁"和第 2906 类似群"蛋类",取得注册后,商标专用权期限开始日期为 2009 年 10 月 26 日。另外,百世兴公司在 2003 年 6 月 25 日申请过第 3607361 号和本案的诉争商标相同的"酒鬼"商标,核定使用在第 29 类第 2911 类似群的"精制坚果仁;加工过的瓜子;加工过的花生"商品上。

2013 年 12 月 20 日,湖南酒鬼酒公司基于第 33 类第 1157000 号"酒鬼 JIUGUI 及图"商标(以下称"引标一")对诉争商标提出无效宣告。本案的争议焦点为第 G1022223 号诉争商标的注册是否构成对第 1157000 号引标一已注册驰名商标的侵犯,是否违反 2001 年商标法第十三条第二款的规定。

第 G1022223 号诉争商标	第 1157000 号引标一
酒鬼	JIU GUI 酒鬼 JIUGUI
2906 蛋类 2911 精制坚果仁;加工过的花生	3301 含酒精饮料
申请日期:2010 年 1 月 19 日(国际注册日期:2009 年 10 月 26 日;优先权日期 2009 年 9 月 16 日)	申请日期:1996 年 10 月 7 日
商标专用权开始日期 2009 年 10 月 26 日	注册公告日期:1998 年 3 月 7 日

（三）案例分析

本案的焦点为"诉争商标的注册是否侵犯他人在先注册的驰名商标的权利"。商评委认为诉争商标的注册未构成对已注册的驰名商标的侵害，不予无效宣告。北京知识产权法院作出的一审判决认为引标一具有较强的显著性，在"含酒精饮料"商品上构成驰名商标，诉争商标的注册属于对已注册的驰名商标的侵犯，判决诉争商标予以无效宣告。但北京市高级人民法院在二审中又改判撤销一审判决，维持商评委的裁定，诉争商标不予无效宣告。最高院再审裁定支持了二审判决。

具体来讲，商评委认为，诉争商标的注册未违反 2001 年商标法第十三条第二款的规定，认为酒鬼酒公司提交的证据虽然可以表明"酒鬼"商标在"酒"商品上具有一定的知名度，但"酒鬼"一词并非酒鬼酒公司独创，而是固有词汇，百世兴公司在与"酒"等商品具有明显差别的"加工过的花生"等商品上申请注册诉争商标，并不足以导致相关公众误认为该商标与酒鬼酒公司的商标存在一定的联系。同时，百世兴公司提交的证据可以表明其在花生等商品上使用"酒鬼"商标已具有一定的知名度，不至减弱酒鬼酒公司商标的显著性，亦不属于不当利用酒鬼酒公司商标的市场声誉。诉争商标的注册未违反商标法第十三条第二款的规定，不予无效宣告。北京知识产权法院经审理①认为，在诉争商标申请日之前，酒鬼酒的引标一在"含酒精饮料"商品上构成驰名。诉争商标与引标一的中文部分完全相同，系对引标一的模仿。"酒鬼"一词虽非臆造词汇，但其作为商标使用时，仍具有很强的显著性。核定使用的商品"加工过的花生"等商品与引标一的"白酒"商品在中国的酒文化中存在较为密切的联系。诉争商标的使用足以似相关公众认为其与驰名商标引标一具有相当程度的联系，从而误导公众，使酒鬼酒公司的利益受到损害。其注册违反商标法第十三条第二款的规定，应予以无效宣告。然而，北京高院经审理最终判决②认定，诉争商标的注册违反 2001 年商标法第十三条第二款的规定。法院认为，"酒鬼"为汉语中的固有词汇，并非酒鬼酒公司所原创，"酒鬼"商标使用在花生米商品上，显著性不亚于使用在白酒上，双方商标在设计风格、字体及整体均有差异，且白酒和加工过的花生米在功能、用途、生产部门、销售渠道等方面存在较大差异，并存于市场不会导致消费者的混淆误认。对于驰名商标的保护强度应与其自身的知名度和显著性相适应，不能任意扩张。对于来自生活中的常用词汇，要考虑商业主体获取公共资源的自由度，不能通过商标专用

---

① 北京知识产权法院"（2015）京知行初字第 4072 号"行政判决书；酒鬼酒股份有限公司诉国家工商行政管理总局商标评审委员会与四川省百事兴食品产业有限公司撤销注册商标行政诉讼纠纷；合议庭：江建中、兰国红、郭艳芹；判决日期：2017 年 11 月 15 日。

② 北京市高级人民法院"（2018）京行终 3115 号"行政判决书；酒鬼酒股份有限公司诉国家工商行政管理总局商标评审委员会与四川省百事兴食品产业有限公司撤销注册商标行政诉讼纠纷；合议庭：孔庆兵、吴斌、亓蕾；判决日期：2018 年 9 月 11 日。

权垄断公有的符号资源。本案无证据显示百世兴公司申请诉争商标存在恶意等情形,且诉争商标以及第3607361号商标经过长时间的使用已经形成稳定的市场秩序,司法认定应尊重已经形成和稳定的市场秩序。最高院在再审裁定中,全面支持了二审的裁判思路,裁定驳回再审申请。

与本案的裁判思路较为类似的案例还有北京高院在2010年和2011年判决的"杏花村"两案。北京高院在这两个案件中也采用了和本案类似的裁判思路。

在2010年的"杏花村"异议案判决①中,法院认为虽然在被异议商标"杏花村及图"在31类"谷、酿酒麦芽"等商品的申请日2002年6月17日之前,引标"杏花村杏花村牌及图"商标在第33类"白酒"商品上已经驰名,但由于我国古代诗人杜牧的著名诗句早已使人们将"杏花村"与酒商品联系在一起,"杏花村"与酒的联系并非开始自山西杏花村汾酒公司的使用和宣传,由此,引标的保护不应不适当地扩大,尤其不应禁止他人同样从该诗句这一公共资源中获取、选择并建立自己的品牌。在"谷(谷类)"等商品上对被异议商标的使用不会导致相关公众误认双方商标存在相当程度的联系,从而减弱驰名商标的显著性或不正当利用驰名商标的市场声誉。在2011年的"杏花村"异议案判决②中,法院同样遵循这样的裁判思路,认为是我国著名诗人杜牧的诗句使人们将"杏花村"与酒商品联系在一起,"杏花村"与酒的联系并非开始自山西杏花村汾酒公司的使用和宣传,由此,引标的保护不应不适当地扩大,不应禁止他人同样从该诗句这一公共资源中获取、选择并建立自己的品牌。

三、类案应用

在"酒鬼案"的判决作出后,北京知产法院又在2020年5月作出的民事判决,即"平安"商标侵权纠纷案③中采用了"酒鬼案"类似的规则。法院认为"汽车租赁服务"与"保险服务"在服务的目的、内容、方式、对象等方面差异明显;"平安"一词语有"平稳、没有事故、没有危险"的含义,属于常见的中文固定词汇,无论用于保险还是汽车租赁服务,其显著性较低,即便涉案商标构成驰名商标,其注册商标的专用权无法延及到汽车租赁服务上。虽"平安"案为侵权案件,并非行政授权确权案件,但法院仍适用"生活常见的固有词汇,即便构成驰名商标,其跨类别保护并非当然任意扩至其他类别"的裁判规则,沿袭了

---

① 北京市高级人民法院"(2010)高行终字第1118号"行政判决书;山西杏花村汾酒股份有限公司诉国家知识产权局与安徽杏花村集团有限公司商标异议复审行政纠纷案;合议庭:莎日娜、钟鸣、周波;判决日期:2010年10月18日。

② 北京市高级人民法院"(2010)高行终字第1410号"行政判决书;山西杏花村汾酒股份有限公司诉国家知识产权局与胡池商标异议复审行政纠纷案;合议庭:张冰、刘晓军、谢甄珂;判决日期:2011年1月14日。

③ 北京市高级人民法院"(2010)高行终字第1410号"一审民事判决书;中国平安保险(集团)股份有限公司等诉北京世纪平安汽车租赁股份有限公司侵害商标权纠纷;合议庭:宋塈、刘秀娟、韩树华;判决日期:2020年5月27日。

"酒鬼案"的裁判思路。

附："酒鬼"类案检索表

时间	审理法院/案号	涉诉商标	原告的引标	裁判要点
2020.5	北京知识产权法院（2018）京73民初197号侵害商标权纠纷案	"平安"汽车租赁服务	第36类保险、银行金融等服务上的"平安"商标	"汽车租赁服务"与"保险服务"在服务的目的、内容、方式、对象等方面差异明显。"平安"一词语有"平稳、没有事故、没有危险"的含义，属于常见的中文固定词汇，无论用于保险还是汽车租赁服务，其显著性较低。即便涉案商标构成驰名商标，其注册专用权无法延及到汽车租赁服务上。

四、诠释法律

《最高人民法院关于审理涉及驰名商标保护的民事纠纷案件应用法律若干问题的解释》（发文日期：2020年12月29日，施行日期：2021年1月1日）第十条规定："原告请求禁止被告在不相类似商品上使用与原告驰名的注册商标相同或者近似的商标或者企业名称的，人民法院应当根据案件具体情况，综合考虑以下因素后作出裁判：（一）该驰名商标的显著程度"。该规定明确已注册的驰名商标在进行跨类保护时，应当考虑涉案商标的显著性。也就是说，如涉案商标由生活中的常见的公共元素构成，由于缺显或显著性较低，在进行驰名跨类时应进行合理限制，驰名商标的保护强度、范围与显著性和知名度应保持一致。

第十一节　驰名商标与注册商标之间的冲突

"奥普"商标侵权及不正当竞争案

作者：龙涵琼

律师

一、裁判参考

对于驰名商标与注册商标之间的冲突，法院可以直接在民事侵权诉讼中判决构成侵权的被告禁用其注册商标。且在满足原告在先商标构成驰名、被告存在明显侵权恶意的要件下，原告请求禁止在后注册商标不受5年期限的限制。

二、案例说明

（一）案例来源

浙江省高级人民法院《民事判决书》(2019)浙民终 22 号。

（二）案例认定

本案二审判决入选 2019 年中国法院 10 大知识产权案件之一、2019 年度杭州法院知识产权司法保护十大案件之一。

（三）案情简介

原告莫丽斯公司是核定使用在第 11 类排风一体机等商品上的第 730979 号和第 1187759 号"奥普"等商标的权利人。经授权,原告奥普家居公司可排他性使用上述商标。被告现代新能源公司于 2009 年受让取得第 6 类金属建筑材料商品上的第 1737521 号"AOPU 奥普"商标(2001 年 3 月申请,2002 年 3 月注册,2017 年 6 月最高院认定应予无效宣告,2020 年 3 月无效宣告公告),且于 2012 年申请注册第 6 类第 10412475 号"AOPU 奥普"商标(2012 年 1 月申请,2015 年 7 月注册,2018 年 10 月北京高院认定应予无效宣告,2018 年 11 月 27 日无效宣告公告)。被告现代新能源公司 2012 年开始系列商业运营,设立风尚公司,将云南三普新材料科技有限公司名称变更为奥普伟业公司等。2013 年开始,经现代新能源公司许可,风尚公司等在扣板商品及包装、门店、网站等大量使用"AOPU 奥普"等标志,且辅以"正宗大品牌""高端吊顶专家与领导者"等文字进行宣传并迅速扩张,在此期间现代新能源公司还对莫丽斯公司进行多次侵权诉讼和行政投诉,莫丽斯公司、奥普家居公司被诉后曾于 2015 年 5 月向苏州中院提起反诉。

（四）案例分析

本案涉及的争议问题较多,包括对民事诉讼的审查范围、诉讼时效、驰名商标认定等,而本案针对注册商标之间冲突的处理则具有较强的代表性意义。

在本案判决作出前,被告的两枚商标分别被最高院、北京高院认定应予无效宣告,但法院认为第 1737521 号商标的效力尚未最终确立,仍然存在注册商标时间的冲突,故根据 2009 年驰名商标司法解释第 11 条的规定,认定原告"奥普"商标为驰名商标,被告行为构成驰名商标侵权。

此外,本案中,由于原告"奥普"商标达到驰名状态,且被告有主观恶意,满足"驰名+恶意"的要件,二审法院认为原告诉请禁止使用"AOPU 奥普"商标不受五年时间的限制。

注册商标之间冲突的根本解决途径应为无效宣告的行政确权程序。然而,无效宣告及后续行政诉讼程序耗时较长,部分权利人也会选择直接以侵权诉讼的方式维权,或者侵权诉讼与无效宣告程序同时进行。本案判决作出之前,2009 年驰名商标司法解释第 11 条已经规定,在侵权诉讼中驰名商标可直接禁止在后注册商标的使用,无须先向行政主管机关申请解决。大部分法院适用上述司法解释,例如"埃索"案 2014 年 9 月广东高院二审判决以及 2016 年 12 月最高院再审判决①、"洋河"案 2018 年 2 月江苏高院二审判决以及 2018 年 8 月最高院再审判决②均认定,驰名商标权利冲突问题无须前置行政程序。

但仍有部分法院未准确理解该司法解释的适用,认为注册商标之间的冲突应当先通过商标行政程序予以解决,例如"阿里斯顿"案③中,一审法院南京中院在 2013 年 4 月作出的一审判决中提到,依据权利冲突司法解释第一条第二款,原告应当向行政主管机关申请解决。二审法院江苏高院以原判决认定基本事实不清为由,撤销原判决,发回一审法院重审。在重审程序中,一审法院认为,原告第 11 类第 1255550 号商标在 2005 年被告成立时已达到驰名状态,被告在第 6 类商品上使用其注册商标"阿里斯顿""ALSDON"商标的行为构成驰名商标侵权行为。二审程序中,被告第 6 类注册商标无效,但由于涉及跨类保护,最终二审法院依然认定原告第 1255550 号商标构成驰名商标,被告行为构成侵权。

三、类案应用

通过"驰名商标与注册商标之间的冲突"类案检索可以发现,目前 2009 年驰名商标司法解释第 11 条的适用已经较为成熟,法院已基本达成共识,驰名商标权利冲突问题无须前置行政程序。

值得一提的是,在"奥普"案中,被告的注册商标虽然在侵权诉讼过程中已被生效判决认定应予无效宣告,但法院认为其商标效力尚需等待商评委根据生效判决重新作出裁决,依然适用 2009 年驰名商标司法解释第 11 条的规定禁止被告对"AOPU 奥普"的使用。而"拉菲"案、"OPPO"案中,法院在被告注册商标经生效判决认定应当无效宣告后,直接适用商标法第 47 条的规定,认定其注册商标专用权视为自始即不存在,因而也就不存在权利冲突的问题,不再适用 2009 年驰名商标司法解释第 11 条的规定。

此外,关于驰名商标权利人请求禁止注册商标使用的期限,目前多数法院认为,根据2019 年商标法第 45 条第 1 款(2001 年商标法第 41 条第 2 款)的规定,满足"驰名"+"恶意"要件即可突破 5 年的期限,例如"法拉力"案等。

---

① 详见"(2014)粤高法民三终字第 244 号"《民事判决书》、"(2015)民申字第 404 号"《民事裁定书》。
② 详见"(2014)粤高法民三终字第 244 号"《民事判决书》,"(2015)民申字第 404 号"《民事裁定书》。
③ 详见"(2015)苏知民终字第 00211 号"《民事判决书》。

附:"奥普"类案检索表——主张驰名商标禁止注册商标的使用

时间	审理法院/案号	驰名商标	被告商标	裁判要点
2019.12（起诉:2018.11）	江苏高院（2019）苏民终1316号	第9类8228211"小米"	11类"小米生活"10224020（2011.11申请,2015.7注册公告,2018.8商评委裁定无效,2020.9北高认定应予无效,2020.10无效公告）	在中山奔腾公司申请注册"小米生活"商标之前,涉案"小米"注册商标已达到驰名状态。中山奔腾公司在不同类别商品上申请注册的"小米生活"商标系模仿小米科技公司已经注册的涉案"小米"驰名商标。中山奔腾公司、独领风骚公司突出使用其注册商标"小米生活",误导公众,损害了驰名商标注册人的利益,构成商标侵权。
2020.4（起诉:2017）	长沙中院（2017）湘01民初3682号	743664"法拉力"、G649112"Ferrari及跃马形图"	3906596"法拉利"33类（2004.2申请,2007.1注册公告,2020.7北高认定应予无效）	涉案商标中的原告第743664号"法拉力"商标、第G649112号"Ferrari及跃马形图"在被告冷君向商标局申请第3906596号"法拉利"商标之时为驰名商标。被告注册并使用"法拉利"、跃马图、"Falali"用于销售葡萄酒,容易导致混淆,致使上述两枚驰名商标的注册人原告的利益可能受到损害,属于商标侵权行为。另外,法院认为2013年商标法第45条第1款可适用于该案。因被告冷君系恶意注册"法拉利"商标,故原告请求法院判决被告禁止使用该注册商标,不应受五年期间的限制。
2020.8（起诉:2017）	广东高院（2020）粤民终739号	第33类1122916"LAFITE"、6186990"拉菲"	30类8072863 29类8072867 "LAFEI"拉菲（2010.2.11申请,2011.2注册公告,2018.4北高判决应予无效,2018.11无效公告）	拉菲酒庄涉案注册商标在丹顿公司申请注册第8072863、第8072867号商标前已经达到驰名状态。首先,丹顿公司两枚注册商标已被宣告无效,根据商标法第47条的规定,其注册商标专用权视为自始即不存在,丹顿公司、森田公司、番客公司使用该两个商标不具有任何合法权利基础。其次,本案被诉侵权标识分别与拉菲酒庄两枚注册商标相比构成高度近似,系对拉菲酒庄驰名商标的复制、摹仿。丹顿公司、森田公司、番客公司使用被诉侵权标识的行为侵害了拉菲酒庄涉案注册商标权。

时间	审理法院/案号	驰名商标	被告商标	裁判要点
2021.4（起诉：2018）	广东高院（2020）粤民终1011号	第9类 4571222 "OPPO"	11类"OPPO" 4837942（不含涉案热水器商品）16431780（2015.3申请，2016.8注册公告）22579303（2017申请，2018注册公告）2020年8、9月，北高分别认定上述三枚商标应予无效	OPPO公司权利商标在被诉侵权行为发生时已经驰名。首先，被告商标已被相关行政诉讼终审判决宣告无效，根据商标法第47条第1款的规定，该注册商标权自始即不存在，而且根据无效决定和相关行政判决认定，被告商标是因申请注册商标行为扰乱商标注册秩序等被宣告无效。此外，商标申请注册人许志未和被告中超公司存在恶意抢注商标的行为，其主观过错明显，后续的商标许可使用行为，无论是否超范围许可，均不能谓之正当。其次，OPPO公司在本案主张权利的商标构成驰名商标，根据商标法及司法解释的规定，驰名商标可予跨类保护，被诉侵权行为侵害第4571222号注册商标专用权。

四、诠释法律

2008年《最高人民法院关于审理注册商标、企业名称与在先权利冲突的民事纠纷案件若干问题的规定》第一条第二款：原告以他人使用在核定商品上的注册商标与其在先的注册商标相同或者近似为由提起诉讼的，人民法院应当根据民事诉讼法第一百一十一条第（三）项的规定，告知原告向有关行政主管机关申请解决。但原告以他人超出核定商品的范围或者以改变显著特征、拆分、组合等方式使用的注册商标，与其注册商标相同或者近似为由提起诉讼的，人民法院应当受理。

2009年《最高人民法院印发〈关于当前经济形势下知识产权审判服务大局若干问题的意见〉的通知》第10条：（略）被诉侵权商标虽为注册商标，但被诉侵权行为是复制、摹仿、翻译在先驰名商标的案件，人民法院应当依法受理。

2009年《最高人民法院关于审理涉及驰名商标保护的民事纠纷案件应用法律若干问题的解释》第十一条：被告使用的注册商标违反商标法第十三条的规定，复制、摹仿或者翻译原告驰名商标，构成侵犯商标权的，人民法院应当根据原告的请求，依法判决禁止被告使用该商标，但被告的注册商标有下列情形之一的，人民法院对原告的请求不予支持：（一）已经超过商标法第四十一条第二款规定的请求撤销期限的；（二）被告提出注册申请时，原告的商标并不驰名的。

2009年《最高人民法院关于审理涉及驰名商标保护的民事纠纷案件应用法律若干问

题的解释》第十四条:本院以前有关司法解释与本解释不一致的,以本解释为准。

根据 2008 年权利冲突司法解释第 1 条第 2 款,注册商标之间产生权利冲突时,法院应告知原告向行政主管机关申请解决。而 2009 年驰名商标司法解释第 11 条以及 2009年服务大局意见第 10 条则给予驰名商标特别保护,驰名商标可直接通过侵权诉讼禁止在后注册商标的使用,无须先向行政主管机关申请解决。2009 年驰名商标司法解释第 14条进一步明确,驰名商标与注册商标的冲突应适用 2009 年驰名商标司法解释。

第十二节　老字号的知识产权保护

"同德福"商标侵权及不正当竞争案

作者:胡迪

律师

一、裁判参考

与"老字号"无历史渊源的个人或企业将"老字号"或与其近似的字号注册为商标后,以"老字号"的历史进行宣传的,应认定为虚假宣传,构成不正当竞争。

与"老字号"具有历史渊源的个人或企业在未违反诚实信用原则的前提下,将"老字号"注册为个体工商户字号或企业名称,未引人误认且未突出使用该字号的,不构成不正当竞争或侵犯注册商标专用权。

二、案例说明

(一)案例来源

重庆市高级人民法院"(2013)渝高法民终字第 292 号"《民事判决书》。

(二)案例认定

本案为最高人民法院第 58 号指导案例。

(三)案情简介

1898 年,同德福斋铺开业,经营合川桃片。1916—1956 年,同德福斋铺先后由余鸿春、余复光、余永祚三代人经营。20 世纪 20—50 年代,"同德福"商号享有较高知名度。

1956 年,由于公私合营,同德福斋铺停止经营。1998 年,合川市桃片厂温江分厂获准注册"同德福 TONGDEFU 及图"商标。2000 年,前述商标的注册人名义经核准变更为原告成都同德福公司。2002 年,余永祚之子余晓华(即本案被告)注册个体工商户,字号名称为合川市老字号同德福桃片厂,后变更名称为重庆市合川区同德福桃片厂,后注销。2011 年,被告重庆同德福公司成立,法定代表人为余晓华。

成都同德福公司诉称,余晓华先后成立的个体工商户和重庆同德福公司,在其字号及生产的桃片外包装上突出使用了"同德福",侵害了原告享有的"同德福 TONGDEFU 及图"注册商标专用权并构成不正当竞争。被告重庆同德福公司、余晓华反诉称,成都同德福公司与老字号"同德福"并没有直接的历史渊源,但其将"同德福"商标与老字号"同德福"进行关联的宣传,属于虚假宣传。

（四）案例分析

本案涉及老字号的知识产权保护问题。在我国现行知识产权法律体系下,老字号可以企业名称、注册商标、商品名称、包装、装潢等多种形态存在,由于悠久的历史和复杂的传承关系,容易引发商标侵权及不正当竞争纠纷。

重庆一中院、重庆高院认为,余晓华基于同德福斋铺的商号曾经获得的知名度及其与同德福斋铺经营者之间的直系亲属关系,登记并变更个体工商户字号的行为,以及重庆同德福公司登记公司名称的行为,不具有"搭便车"的恶意,是善意的,未违反诚实信用原则,不构成不正当竞争。重庆同德福公司在产品外包装上标注企业名称的行为系规范使用,不构成突出使用字号,其标注"同德福颂"的行为亦不属于侵犯商标权意义上的"突出使用",均不构成侵犯商标权。成都同德福公司在其产品外包装上使用"百年老牌""老字号"字样以及在其产品外包装和网站上宣称"同德福"牌桃片创制于清乾隆年间,并称其品牌源于同德福斋铺等行为,与事实不符,容易使消费者对于其品牌的起源、历史及其与同德福斋铺的关系产生误解,进而取得竞争上的优势,构成虚假宣传。

法院在审理前述涉老字号纠纷时,往往将诉讼各方主体与老字号的历史渊源与传承关系作为法庭调查环节的重点内容,并以此作为是否构成商标侵权及不正当竞争的重要考量因素。一方面,法院否定与老字号不具有传承关系的经营者的搭便车行为。在老字号长时间中断经营的情况下,与非老字号传承人将与老字号相同或近似的标识注册为商标并没有明确的法律障碍。但即便取得注册商标专用权,非老字号传承人也不应当违背诚实信用原则,虚构与老字号的传承关系,误导相关公众,否则即构成不正当竞争。另一方面,老字号传承人使用老字号作为商业标识也应当遵守诚信原则。主观上不应具有搭他人注册商标便车的故意,客观上不应造成相关公众的混淆误认。

三、类案应用

涉及老字号的商标侵权及不正当竞争纠纷,按照涉诉主体的不同,大致可分为以下类型:一是老字号传承人与非老字号传承人之间的纠纷,如本案及"吴良材"案。在"吴良材"案中,法院认定被告理应知晓"吴良材"字号知名度及影响力,却仍将企业名称由"宝顺"变更为"吴良材",其主观难谓善意,构成不正当竞争。二是与老字号均具有传承关系或对老字号的商誉积累均作出贡献的主体之间的纠纷,如"宏济堂"案及"张小泉"案。在"张小泉"案中,法院认定上海张小泉与杭州张小泉的使用行为均对"张小泉"的商誉做出了贡献,上海张小泉在产品包装上长期突出使用"张小泉"字样的行为不构成侵权或不正当竞争。"宏济堂"案也有类似认定。同时,两案判决均要求相关主体在今后的使用中应当规范标注、合理限定、避免混淆。可见,在处理前述两类老字号纠纷时,司法抱有尊重历史与现实、尊重老字号的历史传承及已形成的市场格局的态度。

此外,一些商标授权确权案件中也体现出了老字号与注册商标的权利冲突。如本案被告余晓华就曾以侵害在先商号权为由对成都同德福的注册商标提出撤销,但并未获得支持。理由是"同德福"已停止使用四十余年,其商誉和商业价值难以延续至注册商标申请日。而在"皮糖张"案中,老字号"皮糖张"的传承人则成功撤销了"天皮糖张"注册商标。

附:涉老字号类案检索表

时间	审理法院/案号	涉诉老字号	裁判要点
2009.11	江苏高院（2009）苏民三终字第0181号	吴良材	单独使用字号或仅突出字号,或者将字号与行政区划或者行业特点结合使用而客观上仍突出了字号的标识作用,均应属于对企业字号的突出使用。 应当依照保护在先权利、维护公平竞争和诚实信用的原则正确界定当事人的合法权益。
2014.12	最高院（2014）民申字第1192号	宏济堂	有关各方在使用宏济堂字号及宏济堂商标进行生产经营活动时,均应遵守诚实信用、公平竞争原则,不仅应该共同维持宏济堂字号和宏济堂商标的良好形象和声誉,而且应该善意区分各自的产品及服务,尊重历史并善意地处理竞争中出现的字号及商标之间的冲突,避免造成相关公众的混淆误认。
2004.7	上海高院（2004）沪高民三（知）终字第27号	张小泉	应当充分考虑和尊重相关历史因素,根据公平、诚实信用、保护在先权利的法律原则,处理涉及老字号的商标侵权及不正当竞争纠纷,以促进老字号的健康发展。

四、诠释法律

《中华人民共和国反不正当竞争法》第二条:经营者在生产经营活动中,应当遵循自愿、平等、公平、诚信的原则,遵守法律和商业道德。

第十三节　将他人游戏名称作为电影名称构成不正当竞争

"使命召唤"商标侵权与不正当竞争案

作者:范舸

律师

一、裁判参考

未经许可,将他人知名游戏名称使用为电影名称,可能导致用户、观众认为两者存在某种关系,构成不正当竞争;而电影名称与商标在范畴和功能上不完全相同,即便被注册为商标,也不能垄断他人对该电影名称的正当使用,因此不构成商标侵权。

二、案例说明

（一）案例来源

上海知识产权法院(2018)沪73民终222号《民事判决书》,华夏电影发行有限责任公司与长影集团译制片制作有限责任公司、上海聚力传媒技术有限公司侵害商标权纠纷二审案;合议庭:钱光文、范静波、何渊;判决日期2018年7月25日。

（二）案例认定

本案入选最高人民法院公布的2018年中国法院50件典型知识产权案例。

（三）案情简介

涉案游戏《使命召唤》(*CALL OF DUTY*)由动视出版公司(Activision Publishing,Inc.)(以下简称"动视公司")最早于2003年开始发售,动视公司就该系列游戏均进行了著作权登记;此外,动视公司就涉案游戏以及"使命召唤CALL OF DUTY"美术作品于中国国家版权局进行了著作权登记,同时,动视公司在中国就第9类、第41类商品及服务上申请注册了"使命召唤"商标。

2015年3月,华夏电影发行有限责任公司(以下简称"华夏公司")与长影集团译制片制作有限责任公司(以下简称"长影公司")引进、译制涉案电影《狙击枪手》(*The Gunman*);5月,华夏公司提交变更《狙击枪手》片名为《使命召唤》的申请,获得批准,后涉案电影如期于中国大陆上映。同年12月,聚力公司获得涉案电影《使命召唤》的非独家网络版权。

随后,动视公司指控华夏公司、长影公司、聚力公司上述行为侵犯其注册商标专用权、著作权,同时构成损害动视公司合法权益的不正当竞争行为。

（四）案例分析

本案的最核心的争议焦点:第一,华夏公司和长影公司等将"使命召唤"作为电影名称的使用是否构成商标侵权。第二,华夏公司和长影公司擅自将"使命召唤"用作电影名称突出使用并进行宣发,是否构成擅自使用他人知名商品特有名称的不正当竞争。

对此,一审上海浦东新区人民法院认定,电影名称的主要功能在于描述和概括电影内容,而商标的主要功能在于标示商品或服务的来源,两者范畴及实现的功能不完全相同,因此电影名称并不能等同于商品或服务标识。虽然电影名称存在被注册为商标的可能,但仍不能阻止他人正当使用该电影名称,否则将造成不合理的垄断。动视公司在相关商品及服务上注册并取得了"使命召唤"商标专有权利,并不代表动视公司在电影名称上也获得了"使命召唤"排他性的专有权。因此,动视公司注册商标的权利范围不能延及电影名称的使用,华夏公司使用"使命召唤"作为电影名称并未侵害动视公司对"使命召唤"享有的注册商标专用权。

然而,文学艺术创作虽然是自由的,但其表达的内容不能侵害他人的合法权益,不正当地使用他人作品名称仍有可能构成侵权。本案中,游戏与影视在制作、表现形式、用途等方面存在类似之处,"使命召唤"在游戏领域已能与动视公司建立特定联系,可以被认定为知名商品的特有名称的基础上,华夏公司为吸引观众以获得高票房收入,未经动视公司许可,擅自将知名游戏的名称"使命召唤"作为电影名称使用,并通过发布预告片、海报、微博等形式进行大量宣传,使相关公众产生混淆,构成擅自使用知名商品特有名称的不正当竞争。

二审上海知识产权法院维持了一审法院关于构成不正当竞争行为的判决,并从"涉案游戏名称属于有一定影响的商品名称、华夏公司的一系列行为具有攀附游戏商誉的主观恶意、相关公众已产生了混淆和误认、华夏公司不属于对'使命召唤'一词的合理使用"四个方面进一步对华夏公司构成不正当竞争的行为进行了论证。然而,对于动视公司关于华夏公司涉案侵权行为侵害其涉案商标权的上诉主张,二审法院则以"商标侵权与不正当竞争请求权竞合,动视公司已明确表示优先主张知名商品特有名称,且该主张已被一审法院及本院所支持"为由,对华夏公司的行为是否构成商标侵权未做进一步审理。

在司法实践中,与包括电影名称、游戏名称、影视综艺节目名称等在内的作品名称相关的侵害商标权、著作权及不正当竞争纠纷不断出现。在本案之前,已出现相当一部分与作品名称的使用相关的商标侵权及不正当竞争的案例及判例。

此类案件中,通常该电影名称、游戏名称、综艺节目名称等作品名称,或作为商标已被在先权利人申请注册并核准为相关商品及服务类别上的注册商标,或该作品名称经过在先权利人的使用、宣传及推广已经在相关市场或公众之中获得了一定知名度或影响力,已构成《反不正当竞争法》第六条第(一)项所规定的"有一定影响的商品名称(原第五条第(二)项'知名商品特有名称')"。此时,若第三方未经在先权利人同意,制作并发行了同名电影、游戏或综艺节目等作品,并对该作品名称通过多种渠道及形式进行商业宣传推广,则可能涉嫌构成商标侵权、著作权侵权或不正当竞争。简言之,此类案件可统称为作品名称的使用与在先商标或商业标识等在先权利产生冲突之案例。

涉及电影名称与在先注册商标冲突的案件中,法院多认为电影名称非商标性使用、不认定商标侵权成立。其中最为人所熟知的即"功夫熊猫"侵害商标权案。北京市第二中级人民法院一审认定,"功夫熊猫"作为该部电影作品的组成部分,系用以概括说明电影内容的表达主题,本身具有叙述性,而并非用以区分电影的来源,即电影的制作主体。综上,电影名称不能起到商标所具有的区分服务来源的功能。因此,在涉案被诉电影及宣传材料中使用"功夫熊猫"作为电影名称并非商标性地使用。再如"龙之谷"案,针对被告在宣传海报中使用"《龙之谷:破晓奇兵》原班人马打造"这一行为,上海市浦东新区人民法院认为该行为并未突出使用"龙之谷"字样,只是客观描述被告所获得的授权的第一部电影《龙之谷:破晓奇兵》的名称,不构成对"龙之谷"标识的商标性使用,未侵害原告商标权。

三、类案应用

本案典型意义在于不同类型作品名称,如构成不正当使用之情形,很可能导致相关公众的混淆与误认,从而构成不正当竞争。经检索发现,在使用电影名称、游戏名称、作品任务名称、视听节目名称与在先商标或商业标识等权利产生冲突之案例中,与"使命召唤"案类似,电影名称等虽因非商标意义上的使用不构成商标侵权,但往往因存在不同类型的不正当地使用之情形,被法院认定构成不正当竞争。

在此类案件中,在先作品的书名、节目名称、外观装潢、版式等内容通常被认定能够起到区分商品及/或服务来源的作用,构成有一定影响的商品名称(或知名商品特有名称),受《反不正当竞争法》的保护。在"轩辕剑传奇"案中,一、二审法院考虑到被告系在原告与他人在先授权合拍《轩辕剑》电影的背景下,最终将其筹拍的电影后更名为《轩辕剑传奇》,在此事实背景下,进而认为被告使用包含"轩辕剑"字样的电影名称,构成擅自使用知名商品特有名称的不正当竞争行为。又如《神探狄仁杰》电视剧诉《神断狄仁杰》电视剧不正当竞争案,《我叫MT》游戏诉《超级MT》游戏案、《万万没想到》诉《千万不要笑——"万万没想到"之春节特别节目》案、《人在囧途》诉《泰囧》不正当竞争案等案件中,法院认为,在后作品对相关节目名称的使用行为均构成了不正当竞争。

而在涉及游戏名称与在先注册商标相冲突的案件中,法院判定商标侵权成立的则占据多数,这在很大程度上是因为游戏不仅是作品,还可能构成9类软件或41类提供在线游戏服务的注册商标核定的商品和服务。如果游戏开发或运行方在第9类"计算机游戏软件"等商品以及第41类"在计算机网络上提供在线游戏"等服务上享有注册商标专用权,第三方在其后推出的网络游戏,使用了与在先权利人注册商标相同或近似的名称,则会导致商标侵权,例如《口袋梦幻》《天神之战》及《斗神诀之梦幻西游》游戏涉嫌侵害网易公司"梦幻西游"商标权系列案件、《全民突袭》游戏涉嫌侵害腾讯公司"全民突击"商标权案件以及《CF穿越火线:反恐精英》《穿越火线之CS反恐精英》游戏涉嫌侵害腾讯公司所代理的《穿越火线》游戏商标权等。

附:"使命召唤"案类案检索表——作品名称与在先权利冲突

时间	审理法院/案号	被诉名称	在先权利	裁判要点
冲突1:电影名称与在先注册商标的冲突				
2013年12月	北京高院(2013)高民终字第3027号	功夫熊猫	功夫熊猫及图	判断被控侵权使用"功夫熊猫"的行为是否属于商标意义上的使用行为,对此应当考虑以下因素:一、被控侵权的使用行为是否出于善意;二、被控侵权的使用行为是否是表明自己商品来源的使用行为;三、被控侵权的使用行为是否只是为了说明或者描述自己商品的特点。
2017年8月	上海浦东法院(2016)沪0115民初82168号	龙之谷:破晓奇兵	龙之谷	被告在宣传海报中使用"《龙之谷 破晓奇兵》原班人马打造"这一行为未突出使用"龙之谷"字样,只是客观描述被告所获得的授权的第一部电影《龙之谷:破晓奇兵》的名称,不构成对"龙之谷"标识的商标性使用,未侵害原告商标权。
2019年6月	北京知产法院(2016)京73民终785号	轩辕剑传奇	轩辕剑	电影名称系对电影主题、内容的高度概括,其亦同时具备作品标题和商品名称的属性。一般情况下,相关公众习惯上更倾向于将电影名称作为作品的标题进行识别,而不易将其识别为区分商品来源的标识。而当相关主体通过其使用行为使该电影名称能够与电影出品方建立紧密联系时,应当认为此时相关公众已经将该电影的名称作为商品名称进行识别,且该商品名称是具有区分商品来源作用的标识。
冲突2:不同类型作品名称之间的冲突				
2011年12月	北京二中院(2011)二中民初字17448号	《神断狄仁杰》电视剧	《神探狄仁杰》电视剧	"神探狄仁杰"这一名称应属知名商品的特有名称;电视剧的片名推出方式、推出节奏、独创性的服装服饰等仍可因其所具有的显著识别性收到反法保护。《神断狄仁杰》构成不正当竞争。

时间	审理法院/案号	被诉名称	在先权利	裁判要点
2015 年 7 月	北京知产法院（2014）京知民初字第 1 号	《超级 MT》游戏	《我叫 MT》游戏	知名商品或服务的特有名称、包装或装潢的实质为未注册商标；游戏名称或人物名称并不属于严格意义上的服务名称，但如果其足以起到区分来源的作用，亦受五条二款保护。不正当竞争成立。
2015 年 12 月	北京知产法院（2015）京知民终字第 2004 号	《千万不要笑——"万万没想到"之春节特别节目》	《万万没想到》	视听节目的名称，具有区别来源的显著特征，是公众识别该剧及衍生产品的重要标志。不正当竞争成立。
2017 年 12 月 31 日	最高院（2015）民三终字第 4 号	《人再囧途之泰囧》	《人在囧途》	电影在商品化过程中，如知名电影的特有名称对相关公众在电影院线及其他市场交易渠道挑选和购买发挥识别来源作用，知名电影的特有名称就应受到反不正当竞争法的保护。"人在囧途"经过大量使用、宣传，能够实际上发挥识别商品来源的作用。《人再囧途之泰囧》构成不正当竞争。
冲突 3:游戏名称与在先注册商标的冲突				
2014 年 9 月	北京海淀法院（2013）海民初字第 27744 号	《口袋梦幻》网游	"梦幻西游"	涉案商标"口袋梦幻"中包含了"梦幻"一词，亦用于涉及"西游记"题材网络在线游戏服务，足以造成相关公众误认为涉案游戏来自同一市场主体，或者两者的市场主体之间存在经营上、组织上或法律上的关联。故本院认定"口袋梦幻"商标与"梦幻西游"注册商标近似，构成商标侵权。
2015 年 1 月	杭州余杭法院（2014）杭余知初字第 227 号	《天神之战》网游		将"梦幻西游"设置为百度推广关键词，并在其网站使用涉案商标的行为侵犯了"梦幻西游"涉案商标专用权。
2015 年 7 月	深圳福田法院（2014）深福法知民初字第 1159 号	《斗神诀之梦幻西游》游戏		被控侵权游戏与在先注册商标核定使用商品属于同一类别，且构成近似商标，容易造成混淆误认，因而商标侵权成立。
2017 年 7 月	北京知产法院（2016）京 73 民终 696 号	《全民突袭》游戏	全民突击	在各游戏平台中以"全民突袭"作为游戏名称，而且在运行游戏的开始界面也突出显示"全民突袭"文字，上述使用方式具有显著性，能使相关公众区分提供游戏的市场主体，显然属于商标意义上的使用行为。
2016 年 11 月	北京知产法院（2016）京 73 民终 306 号	《CF 穿越火线:反恐精英》游戏	穿越火线	构成近似商标，且属于类似服务，相关公众施以一般注意力极易对涉案被诉侵权网络游戏的来源产生误认，构成商标侵权。

四、诠释法律

《最高人民法院关于适用〈中华人民共和国反不正当竞争法〉若干问题的解释（法释〔2022〕9 号）》第四条规定："具有一定的市场知名度并具有区别商品来源的显著特征的标识，人民法院可以认定为反不正当竞争法第六条规定的'有一定影响的'标识。人民法院认定反不正当竞争法第六条规定的标识是否具有一定的市场知名度，应当综合考虑中国境内相关公众的知悉程度，商品销售的时间、区域、数额和对象，宣传的持续时间、程度和地域范围，标识受保护的情况等因素。"最高人民法院于 2022 年 3 月 17 日发布《最高人民法院关于适用〈中华人民共和国反不正当竞争法〉若干问题的解释》重点对仿冒混淆、虚假宣传、网络不正当竞争行为等问题作出细化规定，自 2022 年 3 月 20 日起施行，《最高人民法院关于审理不正当竞争民事案件应用法律若干问题的解释（法释〔2007〕2 号）》同时废止。

第十四节　电视节目名称商标性使用的认定

"非诚勿扰"商标侵权纠纷

作者：周昌岐

律师

一、裁判参考

商标的侵权裁判中，必须对被诉标识与注册商标是否相同或近似、两者服务是否相同或类似，以及是否容易引起相关公众的混淆误认作出判断。客观要素的相近似并不等同于商标法意义上的近似，如果被诉行为并非使用在相同或类似商品/服务上，或者并未损害涉案注册商标的识别和区分功能，亦未因此导致市场混淆后果的，不应认定构成商标侵权。本案中，电视节目名称虽系商标性使用，但以交友婚恋为主题的综艺节目，与第 45 类服务不类婚姻介绍所、交友服务不类似，相关公众一般认为两者不存在特定联系，不认定为混淆，不构成侵权。

二、案例说明

（一）案例来源

广东省高级人民法院《民事判决书》（2016）粤民再 447 号。

（二）案例认定

本案终审判决入选 2016 年中国法院五十件典型知识产权案例。

（三）案情简介

2009 年 2 月 16 日,原告金阿欢申请注册第 7199523 号"非诚勿扰"商标,2010 年 9 月 7 日被商标局核准注册在第 45 类婚姻介绍所、交友服务等服务上。2010 年 1 月 15 日,江苏卫视《非诚勿扰》电视节目开播。开播前,江苏卫视与华谊兄弟公司签订许可合同,被许可使用"非诚勿扰"电视节目名称及商标,并逐年持续支付了许可使用费。2013 年 2 月,金阿欢以商标侵权为由,将江苏省广播电视总台及深圳市珍爱网信息技术有限公司诉至深圳市南山区人民法院。一审法院认为,"非诚勿扰"终究是电视节目,相关公众一般认为两者不存在特定联系,不容易造成公众混淆,不构成侵权;深圳市中级人民法院二审认为,从非诚勿扰节目简介、开场白、结束语,以及参加报名条件、节目中男女嘉宾股东内容,以及广电总局的发文等可认定为第 45 类的服务,构成侵权。广东省高级人民法院再审认为,电视节目与第 45 类服务在目的、方式和对象上均区别明显,两者不构成类似服务,撤销二审判决,维持一审判决。

（四）案例分析

1. 电视节目名称是否属于商标性使用

本案中,被诉"非诚勿扰"标识的使用,并非仅仅为概括具体电视节目内容而进行的描述性使用,而是反复多次、大量地在其电视、官网、招商广告、现场宣传等商业活动中单独使用或突出使用,使用方式上具有持续性与连贯性,其中标识更在整体呈现方式上具有一定独特性,这显然超出对节目或者作品内容进行描述性使用所必需的范围和通常认知,具备了区分商品/服务的功能。2014 年 11 月最高院"功夫熊猫"案[（2014）民申字第 1033 号],最高院认为:"功夫熊猫"电影名称,用来概括说明电影内容的表达主题,属于描述性使用,并非用来区分电影来源;2016 年 12 月湖北高院"如果爱"案[（2016）鄂民终 109 号],湖北高院认为:节目名称体现了电视节目内容的风格、特点,没有发挥商标的标识性功能;2019 年 12 月北京知产"一城一歌"案[（2019）京 73 民终 3290 号],北京知识产权法院认为:"一首歌一座城"作为其举办的音乐活动的节目名称,系对商标的叙述性正当使用行为,非商标性使用。

2. 电视节目的制作、播出应属《区分表》中哪一类别

目前已有的在先案例认为电视节目制作是用于随后自身播出的,没有进入节目制作这一商业流通领域的,应属于《区分表》中 38 类电视节目播放这一类别。2014 年 3 月,北京一中院"星光大道"案[（2013）一中民初字第 11888 号],法院认为央视制作《星光大

道》栏目是用于随后的自身播出,央视对"星光大道"的使用没有进入"电视节目制作"这一商业流通领域;2019年9月,海口中院"儿行千里"案[(2014)宁知民终字第2号],法院认为湖南电视台录制、播放"儿行千里",属于电视节目播放范围,不属于41类、35类或38类"视频点播传输"。本案中,即使认为服务类似,因被诉行为不会导致相关公众对服务来源产生混淆误认,也不构成商标侵权。如前所述,商标法保护的系商标所具有的识别和区分来源功能,故必须考虑涉案注册商标的显著性与知名度,在确定其保护范围与保护强度的基础上考虑相关公众混淆、误认的可能性。

3. 判断电视节目名称混淆误认时考虑因素

作为大众传媒的广播电视行业本身负有宣传正确的价值观、寓教于乐等公众文化服务职责,其不可避免地要对现实生活有关题材进行创作升华,故其节目中都会涉及现实生活题材。但这些现实生活题材只是电视节目的组成要素。在判断此类电视节目是否与某一服务类别相同或类似时,不能简单、孤立地将某种表现形式或某一题材内容从整体节目中割裂开来,片面、机械地作出认定,而应当综合考察节目的整体和主要特征,把握其行为本质,作出全面、合理、正确的审查认定,并紧扣商标法宗旨,从相关公众的一般认识出发充分考察被诉行为是否导致混淆误认,恰如其分地作出侵权与否的判断,在维护保障商标权人正当权益与合理维护广播电视行业的繁荣和发展之间取得最佳平衡。2014年9月,南京中院"非常了得"案[(2014)宁知民终字第2号],法院认为相关公众不仅通过节目名称进行识别,更多会关注电视台台标等其他相关信息,不容易造成混淆、误认;2016年12月,广东高院"非诚勿扰"案[(2016)粤民再447号],法院认为长期热播的电视节目,为公众所熟知,公众能够对服务来源作出清晰区分,不会产生混淆误认。

三、类案应用

"非诚勿扰"类案检索——影视节目名称涉商标侵权案例汇总

时间	审理法院/案号	涉诉商标	原被告主观意图及各自使用情形	裁判要点
2014.3.20	北京市第一中级人民法院第(2013)一中民初字第11888号民事判决书	星光大道	原告:第3624619号"星光大道"商标,指定使用于第41类。被告:第4966182号"**星光大道**"商标,指定使用于第38类。	(一)被告在《星光大道》栏目播放时的片头和电视屏幕右下角对"星光大道"文字的使用,是对其核定使用在电视播放服务上的"星光大道"商标专用权的合法行使,该行为不构成对涉案商标专用权的侵犯。(二)被告在《星光大道》栏目录制现场的舞台背景屏幕和观众背景屏幕使用"星光大道"文字不构成对涉案商标的侵犯。

时间	审理法院/案号	涉诉商标	原被告主观意图及各自使用情形	裁判要点
2014 年 9 月 1 日	南京市中院（2014）宁知民终字第 2 号	非常了得	原告:第 9628616 号"**非常了得**"商标,指定使用于第 41 类。被告:第 10280003 号"**非常了得**"商标。	一审法院认为,"非常了得"作为节目名称和标志,起到识别服务来源的作用,应当视为商标,被告制作、出品并许可播出节目,所提供的服务基本包含在原告注册商标核定服务项目之中。虽然涉案商标主要构成部分均为"非常了得"文字,但不会造成误认。 二审法院认为,是否足以导致混淆或误认,是判别是否构成侵害商标权的要件之一。本案涉案商标的文字部分相同,但不足以导致混淆误认,并不构成近似商标。
2014 年 11 月 27 日	北京高院/最高院（2013）高民终字第 3027 号、（2014）民申字第 1033 号	功夫熊猫	原告茂志公司于 2010 年 6 月 28 日获准注册的 6353409 号"功夫熊猫及图"商标;被告梦工场公司制作的《功夫熊猫》电影在茂志公司第 6353409 号注册商标获准注册前的 2008 年就已经在中华人民共和国地区公映,并自 2005 年起就在新闻报道、海报等宣传材料中以"功夫熊猫"作为电影名称对上述电影进行了持续宣传。	北京高院:应当确定被控侵权使用"功夫熊猫"的行为是否属于商标意义上的使用行为,对此应当考虑以下因素:(1)被控侵权的使用行为是否出于善意;(2)被控侵权的使用行为是否是表明自己商品来源的使用行为;(3)被控侵权的使用行为是否只是为了说明或者描述自己商品的特点。 梦工场公司使用"功夫熊猫"是对其 2008 年电影的延续,是善意适用,并无侵权恶意。梦工场公司等使用"功夫熊猫"字样并非商标性使用行为。 最高法:由于《功夫熊猫 2》使用"功夫熊猫"字样是对前述《功夫熊猫》电影的延续,且该"功夫熊猫"表示的是该电影的名称,用以概括说明电影内容的表达主题,属于描述性使用,而并非用以区分电影的来源,因此一、二审法院认定被申请人涉案行为并非商标意义上的使用并无不当。

时间	审理法院/案号	涉诉商标	原被告主观意图及各自使用情形	裁判要点
2016 年 12 月 27 日	湖北省高院第（2016）鄂民终 109 号	如果爱	原告：第 5036874 号"**如果爱**"商标，指定使用于第 41 类"演出；文娱活动；电影制作；组织表演（演出）；节目制作；摄影；电视文娱节目"等服务。	一审法院： "如果爱"正是对节目整体婚恋情感主题、明星参与情爱发展情节的叙述，直接体现了电视节目内容的风格特点。 涉案注册商标"如果爱"属任意性词汇，显著性不高…不具有知名度，湖北广电使用"如果爱"作为电视栏目名称并不存在不当利用涉案注册商标商誉的故意。综合考虑，湖北广电使用"如果爱"文字是正当、合理的。 二审法院： 本案中，湖北广电的涉案行为是否构成正当使用，需从行为人的使用意图、使用方式、使用效果等三个因素进行考量。 湖北广电的涉案行为属于正当使用，不构成侵害赵光辉涉案第 5036874 号"如果爱"商标专用权。
2019 年 12 月 29 日	北京知产法院（2019）京 73 民终 3290 号	一城一歌	原告第 26905985 号"**一城一歌**"商标，指定使用于第 35、38、41 类等服务； 被告使用"一首歌一座城"作为其举办的音乐活动的节目名称。	"在商业中使用"和"发挥商品或服务识别功能的作用"是"商标意义上的使用"的两个基本构成要件，其中第一个要件是前提，第二个要件是核心，两者密不可分，缺一不可。 本案中，爱上电视公司使用"一首歌一座城"作为其举办的音乐活动的节目名称，系对商标的叙述性正当使用行为，不属于商标性使用，不构成侵害上诉人的商标权。 反向混淆是指在后商标使用人对商标的使用已使之具有较高的知名度，致使相关公众误认为在前的商标使用人的商标来源于在后商标使用人或认为二者之间存在某种联系。本案不属于商标性使用。不具备构成反向混淆的事实基础，不会造成相关公众的混淆误认。

时间	审理法院/案号	涉诉商标	原被告主观意图及各自使用情形	裁判要点
2019 年 9 月 18 日	海口中院（2018）琼 01 民初 772 号	儿行千里	原告：第 24717824 号、第 24713206 号和第 24724340 号"儿行千里"商标，指定使用于第 35 类。 被告使用："千儿里行"。	在判断湖南电视台是否构成对学缘公司注册商标的侵权，必须对被诉标识与注册商标是否相同或近似、二者服务是否相同或类似，以及是否容易引起相关公众的混淆误认作出判断。 虽客观构成要素上相近似，但服务类别不同，也不会产生混淆误认，不构成侵权。
2019 年 12 月 16 日	深圳中院（2018）粤 03 民终 20773 号	全城搜索	原告：第 14013075 号、第 24713206 号和第 24724340 号"全城搜索"商标，指定使用于第 41 类"组织表演（演出）"等服务。 被告使用："比亚迪宋 DM 全城搜索"。	涉案"比亚迪宋 DM 寻找代言人"的营销活动中使用"全城搜索"字样不构成商标侵权。 "全城搜索"属于描述性词汇，涉案活动中使用全城搜索有对该词语固有本意的使用，亦即描述性使用而非用来识别商品或服务来源。其次，不足以证明"全城搜索"商标通过实际使用增强了显著性及享有一定知名度。未有攀附声誉的主观意图。另外，比亚迪在活动中通过标注企业名称与比亚迪商标，清晰区分商品与服务来源，不会混淆。
2020 年 5 月 25 日	海淀法院、北京知识产权法院（2020）京 73 民终 465 号	十八腔	原告：第 16081122 号"十八腔 SHIBAQIANG"商标，指定使用于第 41 类。 被告使用："出品义乌十八腔""十八腔相亲园""义乌十八腔出品"等微信公众号名称使用"十八腔"等。 被告：第 43、38、35、42 类上"十八腔"文字商标等。	一审法院：本案中除《VCR》中的使用行为系用于被告制作的系列视频中，目的是用于该公司的宣传及商业活动中，起到了识别服务来源的作用，构成商标性使用。会造成公众混淆。侵害了涉案商标权。 微信公众号名称及其他使用，显然用于其公司的宣传推广、商业合作中，亦起到了识别服务来源的作用，构成商标性使用。 微信公众号名称、文章中使用"义乌十八腔"提供新闻资讯类服务、发布新闻资讯类文章，亦侵害了涉案商标权。 二审驳回双方的上诉，维持原判。

续表

时间	审理法院/ 案号	涉诉商标	原被告主观意图 及各自使用情形	裁判要点
2020 年 7 月 13 日	（2019）京 73 民终 965 号、 （2020）京民 申 765 号	奇葩说	原告被许可：第 16260183 号 "奇葩说"商标 （奇艺公司），指定 使用于第 41 类。 被告使用：雪领公 司使用"营销奇葩 说"的方式包括作 为官网及微信公众 号的栏目名称、作 为官网、微博和微 信公众号中的相关 节目名称、作为微 信公众号名称、在 文章或视频节目中 使用等。	二审法院： 本案中，雪领公司上述对"营销奇葩 说"字样的使用或系在商业宣传中 使用、或系在网络媒体中使用、或系 在视听节目中使用，且均指向《营销 奇葩说》视听节目或文章等，与雪领 公司所提供的相关服务具有紧密联 系，客观上都起到了指示服务来源 的作用，相关公众易将其作为商标 识别，系商标意义上的使用。 雪领公司的被诉侵权行为与"培训、 提供在线录像（非下载）"服务构成 相同服务，与"电视文娱节目"服务 构成类似服务。 最高院：驳回雪领公司再审申请。

四、诠释法律

《中华人民共和国商标法》第四十八条："本法所称商标的使用，是指将商标用于商品、商品包装或者容器以及商品交易文书上，或者将商标用于广告宣传、展览以及其他商业活动中，用于识别商品来源的行为。"电视节目名称是否构成商标性使用，应分析节目名称是概括具体电视节目内容而进行的描述性使用，还是反复多次、大量地在其电视、官网、招商广告、现场宣传等商业活动中单独使用或突出使用，使用方式上是否具有持续性与连贯性，其中标识在整体呈现方式上是否具有一定独特性。

第十五节　正当使用地理标志证明商标的认定

"库尔勒香梨"商标侵权案

作者：王嘉雨

律师

一、裁判参考

经营者主张正当使用地理标志证明商标的,应对其生产、销售的产品来自该证明商标所标识的特定产地承担举证责任。如经营者无法充分证明产品来自特定产地,应承担相应的侵权责任。

二、案例说明

（一）案例来源

黑龙江省高级人民法院《民事判决书》(2019)黑民终 610 号。

（二）案例认定

本案二审判决入选 2019 年中国法院 50 件典型知识产权案例之一、黑龙江法院 2019 年十大知识产权典型案例之一。

（三）案情简介

库尔勒香梨协会于 1996 年 11 月 7 日获准注册第 892019 号"  "证明商标,核定使用商品第 31 类:香梨。华联超市哈尔滨第一分公司销售的香梨在包装箱上使用"库尔勒香梨"字样,包装箱未标注生产单位名称及地址等信息。库尔勒香梨协会遂提起诉讼。被告主张库尔勒香梨是白梨的一个品种,属于通用名称。

（四）案例分析

一审、二审法院认为,被诉侵权标识与涉案"库尔勒香梨及图"证明商标构成近似商标。地理标志证明商标具有标识商品来源地的功能,其标识商品的原产地,以表明因原产地的气候、自然条件、工艺、制作方法等因素决定的商品具有的特定品质。库尔勒香梨协会作为案涉证明商标权人,其无权禁止库尔勒香梨特定原产地的生产者或经营者使用库尔勒香梨名称。如被告能够举证证明其销售的梨确系来源于库尔勒香梨限定的特定原产地,原告不能禁止其以本案中的方式对其商品进行标示。但被诉侵权商品没有标注生产单位、产地等商品必要信息,被告亦不能举示产品来源的相关证据。故认定被告构成商标侵权、判赔 2 万元。

地理标志,是指标示某商品来源于某地区,该商品的特定质量、信誉或者其他特征,主要由该地区的自然因素或者人文因素所决定的标志。证明商标,是指由对某种商品或者服务具有监督能力的组织所控制,而由该组织以外的单位或者个人使用于其商品或者服务,用以证明该商品或者服务的原产地、原料、制造方法、质量或者其他特定品质的标志。地理标志证明商标具有标识商品原产地的功能,以表明商品具有的特定品质。本案中的"库尔勒香梨"即属于地理标志证明商标。

在地理标志证明商标由特殊字体或图形构成时,其他主体使用与该证明商标相同或近似的商标,不构成正当使用,应直接判定构成侵权,例如陕西省高级人民法院(2020)陕民终 360 号"郫县豆瓣"案、江苏省高级人民法院(2020)苏民终 185 号"射阳大米"案等。

但对于仅使用普通字体的包含地名+商品名称的标识,可能构成正当使用,地理标志证明商标权利人无权限制。对地理标志证明商标中地名的正当使用存在两种情形:一是非地理标志含义上的地名使用行为,即仅是作为产地标记使用;二是地理标志含义上的地名使用行为,但使用人的商品符合地理标志使用条件、只是事先未办理证明商标使用手续。当地理标志证明商标由地名与其他可视性标志组合而成时,正当使用的对象应仅限于该商标中的地名,而非该商标整体。

对于涉及正当使用地名的案件,如被诉侵权人能够证明其标注与证明商标相同地名的商品确实来自该地名所在地,则属于正当使用。在涉案商品产地来源的举证责任问题上,早期某些案件认为应由证明商标权利人承担,后逐渐统一认为应由被诉侵权人证明其商品实际产地。

库尔勒香梨协会在全国各地起诉有几十个案子,对于使用库尔勒字样+孔雀图形的,直接判侵权+赔偿,这并无争议。对于不带孔雀图形只有文字的则存在争议,上海知产法院(2018)沪 73 民终 387 号判决曾认为仅在标价签上手写注明"库尔勒香梨"属于对商品的正常描述,不属于商标使用,且并未要求被告证明其产品来源。云南高院(2019)云民终 398 号判决认为他人使用"库尔勒香梨"需要尽到合理审慎的注意义务,未经许可的销售行为构成侵权,但可适用合法来源抗辩免赔。

本案的典型意义在于明确了正当使用的判定规则与举证责任承担:如果被诉经营者使用涉案地理标志的商品确实来源于该地理标志证明商标在《使用管理规则》中明确限定的产地范围,则属于正当使用地理标志,不构成商标侵权。但经营者应对其生产、销售的商品来自涉案证明商标所标识的特定产地承担举证责任,如经营者无法充分证明产品来自于特定产地,则应承担相应的侵权责任。

三、类案应用

上述关于正当使用地理标志及举证责任由涉案商品的生产、销售者承担的裁判规则最早见于 2012 年 11 月北京高院审结的(2012)高民终字第 58 号"舟山带鱼"案,2016 年 8 月上海高院审结的(2016)沪民申 1585 号"西湖龙井"案、2018 年 2 月黑龙江高院审结的(2018)黑民终 2 号"五常大米"案、2019 年 4 月湖南高院审结的(2019)湘民终 81 号"仙桃香米"案、2020 年 3 月陕西高院审结的"郫县豆瓣"案、2020 年 12 月青海高院审结的"阿克苏苹果"案均借鉴了上述裁判规则。但 2017 年 3 月山东高院审结的(2017)鲁民终146 号"西湖龙井"案和 2020 年 7 月江苏高院审结的(2020)苏民终 393 号"西湖龙井"案则认为,使用他人证明商标,须同时满足两个条件:一是特定生产地域、特定品质等特定条件;二是使用者须申请并经许可使用,即授权条件。这与"舟山带鱼"等案中确认的"正当使用不以向证明商标权利人提出使用该证明商标的要求为必要条件"的裁判思路相左。

附:"库尔勒香梨"类案检索表——正当使用地理标志证明商标的认定

时间	审理法院/案号	地理标志商标	被诉标识	裁判要点
2020.3	陕西省高级人民法院(2020)陕民终 360 号	郫县豆瓣	郫县风味豆瓣	生产商使用的"郫县"标识既不能与其产地和生产工艺产生实际联系,也不能与实际行政区划相对应,上述标注并非单纯描述性说明,可能使公众误认为其生产销售的豆瓣酱系来源于四川成都郫都区地域范围,并具有相应的特定品质,构成对涉案证明商标专用权的侵害。
2020.7	江苏省高级人民法院(2020)苏民终 393、397–399 号	西湖龙井	带有西湖字样的图案文字组合,下方"龙井茶LONGJINGCHA"文字	一审认为,证明商标不同于普通的商品或服务商标,其是用来标示商品原产地、原料、制造方法、质量或其他特定品质的商标,其设置和注册的目的是为了向社会公众证明某一产品或服务所具有的特定品质,而非用以区分商品或服务的来源。证明商标的注册人不能剥夺虽没有向其提出使用该证明商标的要求,但其商品确实产于证明商标所标示产地、具有证明商标所代表的品质或使用了证明商标所证明的原料、制造方法的自然人、法人或者其他组织正当使用该证明商标的权利。证明商标的使用人应就其使用证明商标的商品确实来自证明商标所标示的产地承担举证责任,否则即需承担举证不能的法律后果。二审认为使用该证明商标一方面须该茶叶符合特定条件;另一方面使用者须申请并经许可使用。
2020.12	青海省高级人民法院(2020)青知民终 16–20 号	AKSU 阿克苏	阿克苏冰糖心苹果	证明商标注册人的权利以保有、管理、维持证明商标为核心,应当允许其商品符合证明商标所标示的特定品质的自然人、法人或者其他组织正当使用该证明商标中的地名。刘老大经营部作为涉案商品的销售者,对于涉案商品是否产自阿克苏地区负有举证责任。刘老大经营部销售的涉案苹果确实产自阿克苏地区,因此,阿克苏地区苹果协会不能剥夺刘老大经营部销售的苹果用"阿克苏苹果""阿克苏"来标识苹果产地的权利。

四、诠释法律

《商标法》第三条:证明商标,是指由对某种商品或者服务具有监督能力的组织所控制,而由该组织以外的单位或者个人使用于其商品或者服务,用以证明该商品或者服务的原产地、原料、制造方法、质量或者其他特定品质的标志。第十六条:地理标志,是指标示某商品来源于某地区,该商品的特定质量、信誉或者其他特征,主要由该地区的自然因素或者人文因素所决定的标志。《商标法实施条例》第四条:以地理标志作为证明商标注册的,其商品符合使用该地理标志条件的自然人、法人或者其他组织可以要求使用该证明商标,控制该证明商标的组织应当允许。《最高人民法院关于知识产权民事诉讼证据的若干规定》第二条:当事人对自己提出的主张,应当提供证据加以证明。

第十六节　药品通用名称的认定

"百艾洗液"药品名称商标侵权案①

作者:韩瑞琼

律师

一、裁判参考

药品名称虽载入国家药品标准构成药品通用名称,但其发展过程和长期唯一的提供主体能够在客观上形成稳定的市场格局,并兼具产品名称和品牌混合属性,且能发挥识别商品来源的功能的,不能认定为构成商标法中的通用名称,仍应当作为商标进行保护。

二、案例说明

(一) 案例来源

湖南省高级人民法院《民事判决书》(2020)湘知民终 312 号。

---

① 湖南省高级人民法院"(2020)湘知民终 312 号"《民事判决书》,湖南守护神制药有限公司、武汉东信医药科技有限责任公司侵害商标权及不正当竞争纠纷案;合议庭:陈小珍、邓国红、刘雅静;判决日期:2020 年 8 月 3 日。

（二）案例认定

本案二审判决入选最高人民法院 2020 年中国法院 50 件典型知识产权案例之一；
本案二审判决入选湖南省高级人民法院 2020 年全省知识产权司法保护典型案件。

（三）案情简介

"百艾洗液"药品系湖南守护神制药有限公司独创。

2000 年 2 月 2 日至 2008 年 2 月 1 日获得新药注册以及生产，于 2008 年 6 月 19 日至 2015 年 6 月 19 日获得中药保护品种保护。在前述保护期限内，市场上仅有湖南守护神制药有限公司生产"百艾洗液"。

经国家药典委员会审定，国家药品监督管理局于 2002 年 11 月 18 日发布了《国家药品标准（新药试行标准转正式标准）颁布件》【（2002）国药标字 Z-159 号】，药品名称为"百艾洗液"的药品标准被列为国家药品标准。

2005 年 4 月 14 日，湖南守护神制药有限公司经核准注册第 3541196 号"百艾"商标，核定使用产品为第 5 类，包括人用药、医药制剂、中成药、消毒剂、医药用洗液等；续展注册有效期至 2025 年 4 月 13 日。

2014 年 11 月 3 日，湖南守护神制药有限公司经授权获得了名称为"一种治疗妇科炎症、皮肤炎症、瘙痒症的重要洗液"的发明专利，专利号为 ZL201410610731.8，该专利系"百艾洗液"制备方法专利。武汉东信医药科技有限责任公司未经许可，在其生产、销售的"百艾抗菌洗液"上使用了"百艾"字样。

（四）案例分析

本案的争议焦点是载入国家药品标准的药品名称，客观上发挥了识别商品来源的功能的，不能认定为药品通用名称，应当作为商标进行保护。

湖南省高级人民法院审理结果认为，被诉侵权商品"百艾抗菌洗液"与权利商标核准注册的医药用洗液、消毒剂等商品在功能、用途、消费对象等方面接近，属于类似商品。在"百艾洗液"的药品标准被列为国家药品标准后，"百艾"兼具商品名称和商标的混合属性。湖南守护神制药有限公司采取了药品注册及生产上市、中药保护品种保护、专利权保护等多项措施，以及多年的持续宣传和使用，使得"百艾"在药品行业已经具有一定的知名度，且与湖南守护神制药有限公司建立起了确定的关联。被诉侵权商品突出使用"百艾抗菌洗液"标识，既攀附了"百艾"商标的知名度和影响力，又破坏了"百艾"与湖南守护神制药有限公司之间的对应关系，其行为构成商标侵权。一审判决停止侵权，赔偿损失100 万元；二审法院予以维持，最高人民法院驳回了武汉东信医药科技有限责任公司的再审申请。

在实践中,药品通用名称和商标之间的冲突长期存在,也是本案纠纷出现的常见诱因。我国商标法规定,含有通用名称的注册商标权利人无权禁止他人正当使用,即已经成为通用名称同时又是注册商标的,注册商标专用权人无权禁止他人正当使用。但本案的裁判规则的树立,为此类案件提供了新的思路。

但需要注意的是,本案法院认定商标未通用化,需满足该商品通用名称通过其使用、宣传具有一定的知名度和影响力;且在相关市场上,能够形成商品与使用主体的唯一对应性;同时商品通用名称的使用者具有唯一性;并兼具商标识别药品来源的功能。由此,方可阻却商品通用名称的商标通用化。

综上,结合法院发布的典型案件评述,本案的典型意义在于药品是一种特殊的商品,对公民的健康权、生命权影响巨大。根据药品管理制度,药品的生产上市,研发者必须对药品名称以及技术标准进行申报。载人药品标准的药品名称通用化实际是指同一处方、治疗相同病症的药品只能使用同一名称,但实践中往往存在阻却药品名称通用化的法律事实。本案二审通过对相关事实的具体分析,回归商标识别来源的功能评判,给予采取阻却药品名称通用化的药品名称以商标权的保护,既是对特殊经营主体所独立营造的商誉的肯定,也有利于保障药品的安全性、有效性和质量可控性。

三、类案应用

无。

四、诠释法律

《中华人民共和国商标法》第五十六条规定,注册商标的专用权,以核准注册的商标和核定使用的产品为限。第五十七条第二、三项规定,未经商标注册人的许可,在同一种产品上使用与其注册商标近似的商标,或者在类似产品上使用与其注册商标相同或者近似的商标,容易导致混淆的;销售侵犯注册商标专用权的商品的,构成侵犯注册商标专用权。

《最高人民法院关于审理商标民事纠纷案件适用法律若干问题的解释》第九条规定,商标法第五十二条第一项规定的商标相同,是指被诉侵权的商标与守护神公司的注册商标相比较,二者在视觉上基本无差别。商标法规定的商标近似,是指被诉侵权的商标与注册商标相比较,其文字的字形、读音、含义或者图形的构图及颜色,或者其各要素组合后的整体结构相似,或者其立体形状、颜色组合近似,易使相关公众对产品的来源产生误认或者认为其来源与注册商标的产品有特定的联系。第十一条第一款规定,商标法第五十二条第一项规定的类似产品,是指在功能、用途、生产部门、销售渠道、消费对象等方面相同,或者相关公众一般认为其存在特定联系、容易造成混淆的产品。

第十七节　在先使用抗辩中"在先使用人"的认定

"理想空间"商标侵权案

作者:王丹靓

律师

一、裁判参考

在先使用抗辩仅限于申请日及使用日之前的使用人本身,且原有范围应当考虑地域因素。在先使用抗辩仅应由在先使用人自行提出,包括被授权许可在内的其他人均无权提出;商标注册人申请或实际使用商标后,在先使用人继续使用该商标的证据不应作为"一定影响"的考量因素;此后在原实体店铺影响范围之外增设新店或拓展互联网经营方式的,应当认定超出了"原有范围"。

二、案例说明

（一）案例来源

最高人民法院《民事判决书》最高院(2018)最高法民再 43 号。

（二）案例认定

本案再审判决被录入《最高人民法院知识案例年度报告(2019)》。

（三）案情简介

原告林明恺系第 3374814 号"理想空间"注册商标到受让人,该商标于 2002 年 11 月 19 日申请 2004 年 8 月 28 日核准注册,核定使用商品为第 20 类家具等商品项目,2008 年 10 月 7 日转让给林明恺。林明恺还在 2009 年 9 月 25 日申请第 7724167 号"理想空间"商标,核定使用在第 20 类家具等商品项目上,该商标于 2021 年 5 月 21 日获准注册,2013 年 9 月 10 日被许可授权给千双奇公司使用,该公司在电子商务平台上销售"理想空间"家具。

2013 年 5 月 8 日起,被告富运经营部的经营人吴锡东在被告美凯龙公司承租上年为从事理想空间品牌家具的销售。吴锡东是富运公司理想空间等品牌的授权经销商。富运公司在 2003 年 3 月 14 日在第 35 类推销（替他人）服务上注册了第 1962828 号

" "商标。2011 年 1 月 7 日,富运公司在第 20 类塑料包装容器、木工艺品、玻璃钢工艺品等上注册了第 7631172 号"理想空间"商标。富运公司最早使用"理想空间"是 2002 年 7—8 月,被告提交的证明"理想空间"品牌经过使用具有一定影响力的证据集中在 2009 年之后。

原告林明恺起诉请求判令富运经营部立即停止使用"理想空间"标识。被告富运经营部辩称其使用被诉侵权标识实际上是经过案外人富运公司的授权,"理想空间"属于富运公司在先使用并具有一定影响的商标,被告属于在原有范围内的使用,不构成对原告注册商标专用权的侵害。本案的争议焦点之一是被告富运经营部是否是在先使用抗辩的在先使用人,其在先使用抗辩是否成立。

（四）案例分析

本案裁判的典型意义主要在三个方面:第一,有权主张在先使用抗辩的主体如何确定;第二,"一定影响"形成的时间节点和规模要求;第三,"原有范围"的地域范围和使用方式。其中"一定影响"形成的时间节点,与在先案例并无不同,指既要先于注册商标申请日,又要先于注册商标使用日,本案中仅仅再次强调和重申,前述日期之后的使用证据,不能再用来证明在先使用的商标达到"一定影响"。"原有范围",本案被告超出原有地域范围——东莞,在全国范围内授权许可使用,既超出原有地域范围也超出原有使用方式。相对来说,本案中更为值得调研的是在先使用抗辩主体的问题。

本案中最高院将在先抗辩的提出主体限定为"在先使用人"自身,较为明确地排除了商标被许可人。2019 年 9 月江苏高院再审的"超妍"一案,2018 年 1 月上海知产法院审理的"天安"一案,亦均认定商标被许可人的在先使用抗辩不成立。但与本案不同的是,这两个案件均是从"原有范围"角度,认为如果允许在先商标使用人进行许可,可能使其经营规模快速扩张,实质上规避了商标法要求在先商标使用人仅能在"原有范围"内继续使用其商标的规定,危及商标注册制度。

但是,有两类主体亦应有权提出在先使用抗辩。（1）在先使用人的继受主体。如果在先使用人是个体工商户升级改造为公司,或者被吸收、兼并到新的公司,民事权利义务关系随之转移,民事主体实际上是一脉相承的,而且前后涉及实体业务的承继接续,并非出现新的市场主体或业务范围扩展,此种情况下,应允许继受主体提出在先使用抗辩,如2017 年 6 月佛山中院"乔家面馆"案、2017 年 6 月上海知产"博格西尼"案。为避免"继受主体"随意扩展,前述"乔家面馆"案还特别将原在先经营主体参股、组建的其他企业排除

出在先使用抗辩的范围,2018 年 12 月河南高院"魏家凉皮"案也明确,即便是母女先后成立的企业,经营主体不同且不具有连续性,不得主张在先使用抗辩。(2)在先使用人的贸易伙伴包括代理商、进口商、销售商。在先使用人的贸易伙伴,为代理、进口、销售在先使用人的商品或服务而进行的商标使用,实际上属于在先使用人的商标使用行为,商标标识指示的商品和服务来源均为在先使用人,因此应允许在先使用人的贸易伙伴提出在先使用抗辩,或者在诉讼中追加在先使用人以便查清案件事实。2018 年 12 月北京高院再审的"阳光超人"一案,法院在确认"不侵权抗辩仅能由在先使用人自己行使,而不能像法定权利一样再授权他人行使"的前提之下,进一步阐明,代理商为销售被诉商品而进行的商标使用行为应视为在先使用人自己实施的行为,因此在先使用人的抗辩效果及于其代理商。

三、类案应用

2021 年中国法院 10 大知识产权案件中的"双飞人"商标侵权及不正当竞争案件也涉及在先使用抗辩成立要件问题,在一审、二审法院均认定被告广州赖特斯商务咨询有限公司构成对原告双飞人制药股份有限公司注册在第 3 类花露水、化妆品等商品上的"双飞人"注册商标专用权的情况下,最高人民法院再审,认定广州赖特斯作为法国利佳制药厂在中国境内宣传、推广、分销和销售利佳薄荷水等"利佳"品牌化妆品的独家代理商,其提交的在案证据足以证明法国利佳制药厂自 20 世纪 90 年代起在中国大陆部分地区的报纸上刊登"双飞人药水"广告,持续时间较长、发行地域和发行量较大,法国利佳制药厂在先使用的"双飞人药水"所采用的"蓝、白、红"包装有一定影响,广州赖特斯公司有权主张先使用抗辩且该抗辩成立,判决撤销一审、二审判决,驳回双飞人公司的诉讼请求。

附:在先使用抗辩在先使用人——"理想空间"类案检索表

裁判时间	审理法院/案号	行为主体	裁判要点
2021	最高人民法院（2020）最高法民再 23 号	商标在先使用人在中国境内的独家代理商	最高人民法院再审认为,赖特斯公司提交的证据可以证明,法国利佳制药厂自 20 世纪 90 年代起在中国大陆部分地区的报纸上刊登"双飞人药水"广告,持续时间较长、发行地域和发行量较大,可证明法国利佳制药厂在先使用的"双飞人药水"所采用的"蓝、白、红"包装有一定影响。双飞人公司明知"双飞人药水"存在于市场,却恶意申请注册与"双飞人药水"包装近似的立体商标并行使权利,其行为难言正当,赖特斯公司的在先使用抗辩成立。双飞人公司关于赖特斯公司构成侵害注册商标专用权及不正当竞争的主张均不能成立。最高人民法院遂判决撤销一审、二审判决,驳回双飞人公司的诉讼请求。

四、诠释法律

2014 年《商标法》新增的第五十九条是"我国商标法第一次在立法上明确了在先使用商标有限保护制度,……对注册商标专用权人的禁止权做了适当的限制,以避免商标专用权的绝对化"(商标法解读),其中第三款的立法本意明确了"为了平衡商标在先使用人和注册商标专用权人之间的利益""保护那些已经在市场上具有一定影响但未注册的商标所有人的权益"之目的,强调了"虽然法律上有必要给予在先使用的未注册商标一定的保护,但保护水平不宜过高,以免冲击到注册制之一商标管理中的基本制度"之保护原则(商标法释义 P113-114)。从上述立法背景及立法本意不难看出该条款对于商标在先使用人和注册商标权人利益平衡的基本要求。

根据《商标法》第五十九条第三款原文表述,"在先使用人"应当是"商标注册人申请商标注册前,已经在同一种商品或者类似商品上先于商标注册人使用与注册商标相同或近似并有一定影响的商标的他人"。除此之外,商标法及配套司法解释、实施条例等再无明确规定,这意味着"在先使用人"本身定义即存在语意不明的问题。

延伸到实际的市场经济活动中,由于商标商品/服务流转链条绵长,涉及的商业行为及市场行为主体复杂多变,发生纠纷时,应当在保护在先使用人之合法利益并充分尊重市场已有格局的前提下,对"在先使用抗辩在先使用人"作出严谨合理的认定。

第十八节　商标"恶意诉讼"的司法规制

中讯公司诉比特公司关于"TELEMATRIX"
商标恶意诉讼损害赔偿案[①]

作者:高孟宇

律师

一、裁判参考

被告以不正当手段抢注他人在先使用并有一定影响的商标,将形式上获准注册的商

---

① 江苏省高级人民法院"(2016)苏 02 民初 71 号"《民事判决书》;江苏中讯数码电子有限公司诉山东比特智能科技股份有限公司因恶意提起知识产权诉讼损害责任纠纷;合议庭:汤茂仁、罗伟明、何永宏;判决日期:2018 年 9 月 28 日。

标注册证作为权利基础,向原告发律师函,提起商标侵权诉讼。法院在认定"恶意诉讼"是否构成时应考虑:(1)获得商标权的正当性;(2)提起诉讼时是否具有恶意;(3)起诉行为是否给相对方造成了损失,且损失和起诉行为是否具有因果关系。

二、案例说明

(一)案例来源

江苏省高级人民法院《民事判决书》(2016)苏02民初71号。

(二)案例认定

本案二审判决入选"2018年江苏法院知识产权司法保护十大案例""2018年中国十大最具研究价值知识产权裁判案例"以及江苏高院2021年"侵害商标权民事纠纷的41件典型案例"。

(三)案情简介

1998年至2003年,比特公司是美国赛德公司的中国代工商,但合作不涉及TELEMA-TRIX品牌的电话机产品。2006年起,中讯公司接受美国赛德公司的委托,加工TELEMA-TRIX品牌的酒店电话机产品。2006年,美国赛德公司兼并了TELEMATRIX,INC.,并使用"TELEMATRIX"作为企业名称。2007年,比特公司在第9类电话机等商品上申请"TELEMATRIX"商标并获得注册。2008年1月,比特公司向中讯公司发出律师函称其涉嫌侵害"TELEMATRIX"商标权。2008年3月,中讯公司向无锡中院提起确认不侵权之诉。比特公司同时向日照中院提起商标侵权诉讼(以下称"57号诉讼")。日照中院将该案移送无锡中院并案审理。2009年,经无锡中院裁定准许,两公司均撤回起诉。2013年7月,商评委认定比特公司申请的争议商标系"以不正当手段抢先注册他人已经使用并有一定影响的商标",据此裁定撤销争议TELEMATRIX商标,该无效裁定经一审、二审、再审维持。2016年4月,中讯公司向无锡中院起诉称,比特公司构成恶意诉讼,应予以赔偿。因为,本案的争议焦点为比特公司注册"TELEMATRIX"商标,针对中讯公司发函、提起57号诉讼是否构成恶意诉讼。

(四)案例分析

本案的焦点是"恶意诉讼"构成要件的构成和认定。无锡中院和江苏高院认为比特公司构成恶意诉讼。无锡中院和江苏高院均认为:(1)比特公司提起侵权之诉时,虽然表面上拥有商标权,但因该商标权系"以不正当手段抢先注册他人已经使用并有一定影响的商标"获得注册等多种原因而不具有实质上的正当性,比特公司没有正当的权利基础。(2)比特公司提起诉讼具有恶意：一方面,从认知因素来考察,比特公司起诉时明知没有事实上或法律上的依据,在恶意取得商标权的情况下,尤其明知其取得商标权不具有实质上的正当性;另一方面,从目的来考察,其起诉目的是排挤竞争对手、垄断 TELEMATRIX 在国内的销售,显属恶意。(3)比特公司提起诉讼造成了中讯公司的损失,且和起诉行为具有因果关系。考虑中讯公司被迫停止生产和销售商品、丧失交易机会、被迫更换模具损失、报废相关物料造成物料和人工的损失、预期利润损失、恶意诉讼对诚信体系的破坏,判赔经济损失和为本案支付的律师费共计 100 万。比特公司申请再审,最高院于 2019 年 12 月裁定驳回。①

本案是认定商标恶意诉讼比较典型的案例。一、二审法院以及最高院均认定原告虽在形式上具有商标的权利外观,但实质上其权利系恶意取得,不具有正当性,均直接否定了商标权的合法性,原告并无起诉的事实和法律依据,认定构成恶意诉讼。

有意思的是,除中讯公司外,比特公司还起诉北京美爵信达和日照立德两家代工商构成商标侵权。北京美爵信达和日照立德后续同样针对比特公司提起了恶意诉讼反赔之诉(以下分别称"北京案"②和"山东案"③),几乎完全相同的案件事实,但裁判思路和判决结果却大相径庭。

北京案中,朝阳法院和北京知产法院均认为恶意反赔之诉的案由是在二级案由"知识产权权属、侵权纠纷"之下,是一种一般侵权行为。朝阳法院认为,恶意诉讼的构成要件为(1)提起的知识产权诉讼在事实和法律上无合理根据,具有违法性;(2)恶意,即明知其起诉无合法理由,仍以获得不当利益、损害对方合法权益或破坏对方竞争优势为目的提起诉讼;(3)恶意诉讼给对方造成了损害或削弱了竞争优势,从而使其陷入不利境地。北京知产法院认为,恶意诉讼的构成要件为(1)起诉时是否具有权利基础;(2)当事人是否违背设权目的而滥用权利。尽管构成要件不相同,但两审法院均认定比特公司通过欺骗、故意隐瞒、利用不正当手段抢先注册、侵害他人在先权利等方式取得权利证书,并非提起诉讼的合法请求权基础。商标注册中存在恶意,明知不享有知识产权,仍以侵害他人合法权益起诉,具有主观恶意,构成恶意诉讼。最终法院综合考量销售涉案电话机的销售金

① 最高人民法院"(2019)最高法民申 366 号"《民事裁定书》;江苏中讯数码电子有限公司诉山东比特智能科技股份有限公司因恶意提起知识产权诉讼损害责任纠纷;合议庭：佟姝、毛立华、吴蓉;裁决日期：2019 年 12 月 12 日。

② 北京知识产权法院"(2017)京 73 民终 2502 号"《民事判决书》;北京美爵信达科技有限公司诉山东比特智能科技股份有限公司因恶意提起知识产权与讼损害责任纠纷;合议庭：宋鱼水、陈勇、袁伟;判决日期 2018 年 12 月 28 日。北京市朝阳区人民法院"(2015)朝民(知)初字第 22620 号"《民事判决》书;北京美爵信达科技有限公司诉山东比特智能科技股份有限公司因恶意提起知识产权与讼损害责任纠纷;合议庭：李自柱、徐强、陆红;判决日期：2017 年 6 月 29 日。

③ 山东省高级人民法院"(2016)鲁民终 2271 号"《民事判决书》;日照立德电子科技有限公司诉山东比特智能科技股份有限公司因恶意提起知识产权诉讼损害责任纠纷;合议庭：于志涛、赵有芹、张金柱;判决日期 2017 年 1 月 19 日。山东省日照市中级人民法院"(2016)鲁 11 民初 98 号"《民事判决书》;合议庭：王蓉、任宗昌、汉京明;判决日期 2016 年 7 月 15 日。

额、产品贡献比例、比特公司的主观恶意、侵权行为的性质和情节、美爵信达公司在原侵权诉讼中支付的律师费和合理开支等因素，判赔 500 万元。

山东案中，日照中院和山东高院均认为，判断恶意诉讼，主要考察（1）行为人在主观方面是否明知起诉及相关行为无法律和事实上的根据；（2）通过诉讼行为达到获取非法或不正当利益的目的。两审法院均认为比特公司不构成恶意诉讼。山东高院终审认定，因商标注册人恶意给他人造成损失的"恶意"，即起诉时的"恶意"，与商标注册中的"恶意"不是同一概念；本案被告在起诉时具有合法的商标权，主观难谓恶意，不构成恶意诉讼。根据公平原则，返还 2 万元的和解款，驳回原告的诉讼请求。

江苏案和北京案的裁判思路较为接近，均否认原告的权利基础，并认定了起诉时具有恶意；但山东案的思路则完全相反，法院认为原告在起诉时仍存在有效的商标权，不应认定为起诉时具有"恶意"，最终出现同案不同判的结果。

三、类案应用

与本案较为类似的案例有浙江高院的"CPU"案。浙江高院在该案中也采用了和本案类似的裁判思路，认为共利公司对他人在先使用且为行业内通用名称的"CPU"进行抢注，其诉讼的权利基础缺乏正当性。共利公司以非善意取得的商标提起侵权之诉以及向工商局投诉，通过查扣货物等影响交易，目的在于打击竞争对手，不具有正当性，主观上具有明显恶意。再加上共利公司的行为致使科顺公司遭受经济损失且具有因果关系，认定本案构成恶意诉讼。沿袭该裁判思路的案件还有江苏高院的"洋河"白酒案和西安中院的"舒碱"苏打水案。反向援引该案裁判思路的有浙江高院的"欧普"插座、排插拖线板案和安徽高院的"鲁沃夫"医药制剂案，两案最终都认定原告起诉具有相应的权利基础和事实依据，并无其他不正当的诉讼目的，不构成恶意诉讼。

附："TELEMATRIX"类案检索表

时间	审理法院/案号	涉诉商标	原告的权利基础和主观意图	裁判要点
2018.4	浙江省高级人民法院第（2018）浙民终 37 号民事判决书	"CPU"防水卷材、防水胶泥	（1）共利公司将"浇注型聚氨酯"的简称"CPU"通用名称抢注为注册商标。 （2）共利公司向工商局举报原告侵权，工商局对科顺公司作出处罚决定，经行政诉讼撤销该决定。 （3）共利公司后向绍兴法院起诉侵权，两审均认定 CPU 为通用名称，驳回其诉讼请求。	共利公司将他人在先使用的行业通用名称恶意注册为商标，并以此位权利基础进行恶意工商投诉、恶意提起民事诉讼，主观上具有打击竞争对手的恶意，客观上对科顺公司造成了损害，且起诉行为与损害之间具有因果关系，构成恶意诉讼。除赔偿实际损失外，还应赔偿包括应诉的律师费在内的合理支出等。

时间	审理法院/案号	涉诉商标	原告的权利基础和主观意图	裁判要点
2019.4	江苏省高级人民法院第（2018）苏民终119号民事判决书	"洋河"白酒	(1)在先判决认定御缘酿酒厂在其生产的白酒外包装上标有"中国洋河""江苏洋河"字样，侵犯了洋河酒厂的商标专用权。 (2)御缘酿酒厂提起涉案三个诉讼前，南京市工商行政管理局建邺分局在2011年9月就御缘酿酒厂生产的带有"中国洋河""江苏洋河"字样的白酒进行过处罚。 (3)2013年7月，御缘酿酒厂申请四件带有"洋河"的涉案外观专利，后又申请带有"洋河镇"的外观专利。 (4)御缘酿酒厂与洋河酒厂均地处江苏省宿迁市，为白酒行业的竞争者。	行为人利用外观设计专利授权不实质审查等制度设计，违反《专利法》第二十三条第三款的规定，有意将他人在先注册商标作为其外观专利的一部分，在侵害他人合法权利的基础上获得形式上"合法"的知识产权。该权利不具有实质意义上的正当性。行为人明知其获得的知识产权不具有实质意义上的正当性，仍以该形式上合法的知识产权对他人提起诉讼，违反诚实信用原则，滥用诉权，构成恶意诉讼，应承担赔偿责任。
2019.10	浙江省高级人民法院第（2019）浙民终864号民事判决书	"欧普"插座、排插拖线板	(1)第1423367号商标由案外人合法申请，于2000年7月21日予以核准注册。 (2)案外人于2010年将该商标转让给王绍业、张文、张红，且该商标经过"撤三"程序在起诉时仍处于合法有效状态，且之后经行政判决最终确认维持了该商标的效力，在本案判决作出之时仍处于有效状态。	王绍业等合法拥有第1423367号商标的专用权，其向朝阳法院提起的诉讼具有相应的权利基础和事实依据，并无其他不正当的诉讼目的。民事诉讼是彰显权利、保障权利的重要途径，依法提起诉讼也可以表明权利人认真对待权利的态度。本案王绍业等系第1423367号注册商标的专用权人，该商标对其具有重要的商业价值，应当保障其作为权利人享有的相应诉讼权利。
2020.6	安徽省高级人民法院第（2020）皖民终349号民事判决书	"鲁沃夫"医药制剂案	(1)2017年12月，鲁沃夫公司授权许可杭州鲁沃夫在中国使用第6329184号"鲁沃夫"商标，作为其总经销商。 (2)2012年3月，杭州鲁沃夫授权注册安徽鲁沃夫企业名称，从2012年至2018年双方签订《代理经销授权书》。 (3)2018年初，杭州鲁沃夫解除对安徽鲁沃夫的代理经销授权，并在两地起诉商标侵权和不正当竞争。2018年4月，法院作出财产保全的裁定。 (4)一案一审判决不侵权，杭州鲁沃夫上诉，在安徽鲁沃夫更名后，撤回上诉。另案撤回起诉。	两案中，杭州鲁沃夫对"鲁沃夫"商标专用权和字号的正当使用权存在，两案具有权利基础，起诉事由并非虚构，也不是重复诉讼，更不是虚假诉讼。在二审中，在安徽鲁沃夫更名后，撤回上诉，另案撤回起诉，也说明请求停止使用"鲁沃夫"具有事实基础，不具有不正当性。诉讼财产保全行为是行使诉讼权利的行为，不构成恶意诉讼。

时间	审理法院/ 案号	涉诉商标	原告的权利基础 和主观意图	裁判要点
2021.	陕西省西安市中级人民法院（2021）陕01知民初2030号民事判决书	"舒碱"苏打水	在原告关联公司申请"舒碱"失败，但作为主要标识的苏打水产品已使用近三年，被告鑫享事承公司提出涉案"舒减"商标注册申请。在注册成功后，对横向排列注册商标故意纵向排列使用，与原告关联公司对"舒碱"标识的使用场景高度一致，同时还售卖其注册商标。之后，鑫享事承公司在同类产品下展开投诉、举报和诉讼，显然意在削弱或破坏泰秀公司长期经营所积累的商誉与"舒碱"标识之间的联系，给泰秀公司正常经营造成影响，进而获取非法利益，主观恶性明显。	法院认为，"恶意提起知识产权诉讼"是违背诚实信用原则而提起的诉讼，要件是：诉讼行为人具备名义上的权利基础，但是这种民事权利虽然往往形式"合法"，实质是通过抢注等不正当手段取得；诉讼行为的相对方本身不存在侵权事实，享有合法权益；行为人"滥用"了民事权利，包括主观上存在滥用的恶意、客观上具有"权利滥用"的事实。其中对"恶意"判断一般从认识因素和目的因素两方面进行界定。最终法院认定被告在提起商标侵权诉讼时具有恶意，构成恶意诉讼。

四、诠释法律

《民法典》第七条规定："民事主体从事民事活动，应当遵循诚信原则，秉持诚实、恪守承诺。"第一百二十三条规定："民事主体不得滥用民事权利损害国家利益、社会公共利益或者他人合法权益。"《民事诉讼法》（发文日期2021年12月24日，施行日期2022年1月1日）第十三条规定："民事诉讼应当遵循诚信原则。"以上是对"恶意诉讼"的原则性规定，但针对商标领域的恶意诉讼，现行法律和司法解释没有规定恶意诉讼的构成要件和裁判规则，以至于各个法院在审理此类案件时审理思路差异较大。建议在总结现有审判经验的基础上，针对商标、专利、著作权和不正当竞争等总的知识产权部门的"恶意诉讼"或"权利滥用"，通过司法解释的形式，制定统一的裁判规则。

第十九节　正品改装后转售行为的商标侵权判定

杜高公司、心可公司与多米诺公司商标侵权案

作者：闫春德

律师

一、裁判参考

商品通过正常合法的商业渠道售出后，再行转售的，通常不构成侵权。但是，如果商品在转售过程中进行了实质性改变，导致商品与来源之间的联系发生改变，在该商品上继续使用涉案商标且未对消费者履行合理告知义务的情况下，容易导致混淆并损害商标权人的利益，构成商标侵权。

二、案例说明

（一）案例来源

最高人民法院《民事裁定书》(2019)最高法民申 4241 号。

（二）案例认定

本案再审入选最高人民法院知识产权案件年度报告(2020)55 件典型案件、本案二审入选 2018 年广东知识产权司法保护十大案件。

（三）案情简介

多米诺公司系注册在第九类"喷墨打印机"商品上的商标权人。杜高公司、心可公司回收多米诺公司生产销售的 A200 喷码机的主板，用于组装成自己的喷码机产品，又回收多米诺公司生产销售的 E50 喷码机，对内部的墨路系统进行改装后整机再销售。多米诺公司认为杜高公司、心可公司侵犯其商标权，既构成刑事犯罪，也构成民事侵权，故先后通过刑事、民事途径寻求救济。涉案刑事诉讼历经上诉、发回重审、上诉、改判四个程序后，因法院认定不属于"相同商品"而最终改判被告单位无罪，即不构成假冒注册商标罪。

（四）案例分析

本民事诉讼案件的核心点在于对正品改装后转售行为的商标侵权判定。对此，广州知产法院一审判决确认杜高公司、心可公司在其 A200 喷码机上以及杜高公司在其 E50 喷码机上使用被诉侵权标识的行为均侵害了多米诺公司的注册商标专用权，杜高公司赔偿多米诺公司经济损失及合理开支共 106 万余元，心可公司对其中的 101 万余元承担连带赔偿责任。杜高公司和心可公司均不服一审判决而向广东高院上诉，广东高院二审认为回收 A200 主板另行组装喷码机的行为因商标权利用尽而不侵权；改装多米诺公司 A50 喷码机的行为阻却商标识别功能，构成商标侵权，故二审判决撤销一审判决，确认杜高公司生产、销售的 E50 喷码机的行为构成商标侵权，改判杜高公司赔偿多米诺公司赔偿多米诺公司经济损失及合理开支共 63 万余元。

杜高公司不服二审判决而向最高院申请再审,最高院经审查裁定驳回杜高公司的再审申请。

在激烈的市场竞争中,各种经营手段花样翻新,改装或翻新正品后再行销售即为其表现形式之一。在司法实践中,对于改装正品后再行销售是否构成商标侵权这一问题,因比较欠缺最高院层面的司法判例予以参考,而给商标权人进行维权带来一定困扰。类似的问题还有翻新正品后是否构成商标侵权。

本案即属于正品改装后转售的情形,亦为权利用尽的典型案例。本案中,两种被诉侵权行为涉及改装或组装商品正品。广州知产法院一审认为两种被诉行为均构成商标侵权,而广东高院二审认为一种行为构成侵权,另一种行为因商标权利用尽而不侵权。具体而言,未经商标权人同意对商品进行了实质替换,商品品质发生了实质变化,则人为地将商品和商标进行了分离,无论在销售时是否明确告知相关公众该改装情况,均阻碍了商标功能的发挥,构成商标侵权。而如果回收利用的是原产品中的一个部件,该组装行为并非对原有整个产品的改装,不是改变原产品质量的行为,也不是直接去除原产品上的商标后再次投入市场的行为,不属于阻碍商标对商品识别来源功能的发挥,而应当合理地给予回收利用行为一定的自由空间,商标权人基于商标权对商品及其零部件的控制相应地受到一定限制,在此情形下宜认定商标权利用尽。

最高院在再审裁定中进一步明确,需要根据个案的情况具体判断改装后的再次销售是否侵害商标权。从商标标示特定商品与特定来源之间联系的功能出发,通常可以根据改装程度是否足以实质性影响商品性质以及消费者的选择来判断该种改装后再次出售的行为是否构成商标侵权。如果商品在转售过程中进行了实质性改变,导致商品与来源之间的联系发生改变,在该商品上继续使用涉案商标且未对消费者履行合理告知义务的情况下,容易导致混淆并损害商标权人的利益,构成商标侵权。

本案亦属刑民交叉的典型案例,充分体现了在商标保护方面,刑法与民法在功能与定位上的差别,以及在知识产权保护体系中的互补。本案亦为权利用尽的典型案例,两种被诉侵权行为一种行为构成侵权,另一种行为因商标权利用尽而不侵权,定性形成强烈反差,恰恰突显了商标功能的发挥与商品的自由流通之间,存在辩证关系和利益权衡。

本案经最高人民法院再审,对于二审法院关于正品改装后的转售行为是否构成商标侵权的基本裁判思路进行了确认。该再审案件的审理和裁判思路可供后续类案参考、借鉴。

三、类案应用

在本案最高院再审裁定作出前,存在多份判决将此类行为认定为构成商标侵权的案例,部分还入选当地法院的年度十大知识产权保护案件。例如,2013 年 12 月 10 日广州中院审结的"ZIPPO 打火机"案;2015 年 11 月 10 日杭州市余杭区人民法院审结的"不二家糖果"案,该案入选"2015年浙江法院十大知识产权保护案件";深圳宝安区法院审结的"VIVO手机"案;苏州中院审结的"美的洗衣机"案等。在本案最高院再审裁定作出后,也有相关判决将此类行为认定为构成商标侵权,如2021年11月26日青岛中院审结的"海尔"案等。

附:正品改装后转售行为的商标侵权判定——"DOMINO"商标侵权案类案检索表

裁判时间	审理法院及案号	涉诉商标	裁判要点
2013.12.10	广州中院(2012)穗中法知民初字第54号	ZIPPO	被告加工后的打火机附着了原正品打火机原本不具有的图案、装饰,对打火机的整体外观做了较大的改变,已经构成实质性改变,与原告投入市场时的打火机属于不同的产品。在原告也销售雕刻图案的打火机,并且两者在包装装潢与防伪标识等方面相近似的情况下,势必会使消费者误认为加工后的打火机依然是原告产品,被告加工后的打火机与原告在中国销售的其他型号雕刻图案的打火机也会混淆。因此,被告行为构成商标侵权行为。
2015.11.10	杭州余杭法院(2015)杭余知初字第416号	不二家	商标具有识别商品来源的基本功能,也具有质量保障、信誉承载等衍生功能。商标的功能是商标赖以存在的基础,对于商标的侵权足以达到损害其功能的程度的,不论是否具有市场混淆的后果,均可以直接认定构成商标侵权行为。分装行为不仅不能达到美化商品、提升商品价值的作用,反而会降低相关公众对涉案商标所指向的商品信誉,从而损害涉案商标的信誉承载功能,构成商标侵权。
2019.10.31	深圳宝安区法院(2019)粤0306民初16415号	VIVO手机	被告收购二手手机并以自购带有涉案注册商标的零部件予以替换,并经过清洁、重新包装等程序,该翻新行为属于加工组装行为,已破坏了涉案侵权手机所对应的全新正品应有的品质、功能及售后保障,割裂了涉案侵权手机与商品生产者的关系,被告应对此承担停止侵权和赔偿原告经济损失的法律责任。
2019.12.31	苏州中院(2018)苏05民初1020号	美的洗衣机	注册商标以识别功能为基本,同时又具有质量保障、信誉承载等功能,是否构成商标侵权的判断核心还在于对商标功能是否产生实质损害。易清洁公司拆卸"美的Midea"洗衣机控制面板,利用非美的集团制造的扫码支付模块部件所改装的洗衣机,具有新的功能,属于一种"新产品",但易清洁公司销售该"新产品"却依然是打着"美的Midea"的品牌。该改装及转售行为既会引发购买者对商品来源的混淆和误认,亦并非履行"美的Midea"品牌的商品质量保障,该改装及转售行为实质地损害了"美的Midea"注册商标的功能,应认定构成侵害注册商标专用权。

裁判时间	审理法院及案号	涉诉商标	裁判要点
2021.11.26		海尔洗衣机	对他人商标权产品进行改装并在产品上添加自己运营的收款二维码、企业字号等标识,以及借助他人商标知名度进行宣传的行为构成商标侵权和不正当竞争。

四、诠释法律

《中华人民共和国商标法》(2013年修订)第五十七条的规定,未经商标注册人的许可,在同一种商品或者类似商品上使用与其注册商标相同或者近似的商标的,或给他人的注册商标专用权造成其他损害的等情形,均属侵犯注册商标专用权的行为。

本案争议涉及商标专用权以及商标权用尽问题。根据知识产权权利穷竭理论,商标权商品被权利人或者被许可人投入市场后,其权利一次用尽,买受人进行转售及相关行为不应受商标权人的控制,就此而言,商品通过正常合法的商业渠道售出后,再行转售的,通常不构成侵权。但是,知识产权权利穷竭理论本质上是为解决知识产权权利人与商品物权所有人之间的利益冲突,并不因此而完全覆盖知识产权。就涉案注册商标专用权而言,注册商标以识别功能为基本,同时又具有质量保障、信誉承载等功能,是否构成商标侵权的判断核心还在于对商标功能是否产生实质损害。

如果商品在改装转售过程中进行了实质性改变,并足以在销售环节引发消费者对商品来源的混淆和误认,且该行为亦并未履行对权利商标品牌的商品质量保障,则该改装及转售行为实质地损害了注册商标权利人对其注册商标的功能,应认定构成侵害注册商标专用权。

第二十节　惩罚性赔偿的适用

"巴洛克"商标侵权及不正当竞争案

作者:龙涵琼
律师

一、裁判参考

权利人按照其实际损失主张损害赔偿额,必须证明侵权行为与损害结果之间有因果关系。权利人实际损失的确定,可通过计算其因销售流失损失的利润、因侵权行为被迫降价损失的利润,并结合考虑权利人未来必然损失的利润、商誉损失等因素。此外,在满足"故意"和"侵权情节严重"的情况下,还可以认定惩罚性赔偿。

二、案例说明

(一) 案例来源

江苏省高级人民法院《民事判决书》(2017)苏民终 1297 号。

(二) 案例认定

本案二审判决入选江苏法院实行最严格知识产权司法保护加大损害赔偿力度典型案例之一。

(三) 案情简介

原告巴洛克木业公司为中国木地板行业龙头企业,旗下品牌"生活家巴洛克"等产品销量居行业前列。经授权,巴洛克木业公司有权使用"门迪尼"字号等、第 19 类地板商品上的"生活家巴洛克 ELEGANT LIVING BAROQUE""生活家 ELEGANT LIVING"等注册商标,且有权在中国大陆地区对上述商标进行维权。

被告浙江巴洛克公司成立于 2001 年,成立时公司名称为湖州正达木业有限公司。2006 年,该公司与巴洛克木业公司开展 OEM 地板加工合作。2009 年,经巴洛克木业公司授权,湖州正达木业有限公司变更名称为浙江生活家巴洛克木业有限公司,后于 2015 年变更为现有名称。双方合作于 2014 年结束。

合同终止期间,浙江巴洛克公司在地板产品上持续使用"ELEGANT LIVING""生活家巴洛克地板""门迪尼巴洛克"等标识,使用与巴洛克木业公司相同或近似包装,低价向巴洛克木业公司的经销商发货,宣传其传承设计师门迪尼的设计理念,在网站中使用原告发展历史及荣誉等。

2016 年 9 月,一审法院下达禁令裁定浙江巴洛克公司立即停止使用涉案侵权标识。浙江巴洛克公司拒不履行。

(四) 案例分析

惩罚性赔偿的适用前提是有明确计算的基数,如北京高院在"JOHNDEERE"案①中明确阐述,计算惩罚性赔偿应以权利人损失、侵权人获利或许可使用费为基数,不包括法定

———————

① 详见"(2017)京民终 413 号"《民事判决书》。

赔偿额和权利人合理开支等。本案中,原告主张按照实际损失计算损害赔偿额,因此争议焦点在于如何精细化计算权利人实际损失,并适用惩罚性赔偿。

第一,本案先通过权利人与侵权人的竞争关系、对比原告销量的方法认定了权利人实际损失与侵权行为之间有因果关系。然后根据原告因销售流失而损失的利润、因侵权行为迫使采取降价措施而损失的利润、未来必然损失的利润、商誉的损失等综合确定原告实际损失。

第二,本案结合原告商标知名度、原被告历史合作关系等因素判断被告的侵权恶意,并综合被告侵权规模、侵权次数、侵权性质、损害后果、社会影响度等因素判断被告侵权情节严重,最终确定适用两倍惩罚性赔偿。

本案判决对损失因素的分析全面、细致,既有填平规则,又有惩罚性要素,逻辑推理合理,计算方法科学。特别需要说明的是,由于法院对损害赔偿额的分析说理科学到位,当事人都表示信服,且被告主动实际履行 1000 万元的给付义务。

三、类案应用

结合相关司法案例来看,关于惩罚性赔偿的适用必须有明确的基数这一点,法院已基本达成共识。但由于个案案情及在案证据不同,各案选取的基数及计算方式有所不同。"MOTR"案[1]和"小米"案[2]均以侵权人获利为基数,"欧普"案[3]以商标许可使用费为基数,"NEW BALANCE"[4]案则分别确定原告损失和被告获利为基数。此外,"MOTR"案中,法院在被告拒绝提供侵权获利相关证据、构成举证妨碍的情况下,支持原告所主张的被告侵权获利作为惩罚性赔偿的计算基数。

附:"巴洛克"类案检索表——惩罚性赔偿的适用

时间	审理法院/案号	权利商标	裁判要点
2019.8	上海浦东法院（2018）沪 0115 民初 53351 号	"MOTR"	法院责令提交相关销售数据及账册,被告拒不提交。法院以"商品销售量 * [产品单价－产品成本]"的方式计算并认定被告的侵权获利约为 101.7 万—139.5 万元。此外,考虑到被告大量售卖仿冒产品、重复侵权、侵权范围广等因素,法院认定被告的主观恶意明显、侵权情节严重,确定三倍的惩罚性赔偿比例,支持原告 300 万元的主张。

---

① 详见"(2018)沪 0115 民初 53351 号"《民事判决书》。
② 详见"(2019)苏民终 1316 号"《民事判决书》。
③ 详见"(2019)粤民再 147 号"《民事判决书》。
④ 详见"(2017)苏民终 2190 号"《民事判决书》。

续表

时间	审理法院/案号	权利商标	裁判要点
2019.12	江苏高院（2019）苏民终1316号	"小米"	法院以网店商品的评论数作为侵权商品销售量参考依据计算的被告侵权获利为20396264.1元。此外，法院考虑到被告侵权恶意明显、侵权规模大、原告商标知名度、被控侵权商品质量存在问题等因素，确定以侵权获利额为赔偿基数，按照三倍酌定本案损害赔偿额，全额支持原告主张的5000万元损害赔偿额。
2020.4	广东高院（2019）粤民再147号	"欧普"	原告提供证据可证明涉案商标许可使用费为36.5万/年，该案应计赔的侵权时长为1.75年，另考虑到被告销售方式包括线上和线下、销售范围为全国甚至全球，法院确定该案赔偿基数为36.5万/年×2倍×1.75年共计127.75万元。此外，法院考虑到被告明知原告享有商标权仍故意实施侵权行为，且其侵权行为对原告产生了较大损失和消极影响等因素，以上述赔偿基数的三倍确定赔偿数额，全额支持原告300万元的主张。
2020.6	江苏高院（2017）苏民终2190号	"🅱" "NEW BALANCE"	第一，法院依据《最高人民法院关于审理商标民事纠纷案件适用法律若干问题的解释》第十五条，以被控侵权商品销售量×New Balance运动鞋单价×利润率计算权利人因侵权所受的损失，计算结果远超1000万元。第二，法院依据上述司法解释第十四条，认定侵权人的销售获利也远超1000万元，佐证1000万元赔偿额有合理性。第三，法院考虑到侵权人的主观恶意程度及侵权情节，包括多次被行政处罚、拒不履行禁令等，适用惩罚性赔偿。综上，法院支持了原告1000余万元的诉讼请求。
2021.3	广州知产法院（2020）粤73民终2442号	ulthera	第一，关于损害赔偿的计算，阿尔塞拉公司明确主张以"侵权人因侵权所获得的利益"来计算赔偿数额，具体公式为"侵权获利＝产品销售量×侵权产品单位利润"。据此计算，柯派公司侵权获利大约为652500元（2175台×300元）至870000元（2175台×400元）。考虑到柯派公司主观恶意明显、侵权情节严重，法院确定两倍的惩罚性赔偿比例，最终全额支持100万元的损害赔偿金额。第二，即使柯派公司主要负责人卢玉根、卢雪姣已执行了刑事罚金，亦不能作为减免惩罚性赔偿的抗辩理由，仅能作为确定惩罚性赔偿倍数的考虑因素。

续表

时间	审理法院/案号	权利商标	裁判要点
2022.2	（2020）粤 0104 民初 46217 号	"腾讯""Tencent 腾讯"	第一,法院查明被告销售涉案侵权商品的部分获利是 2802.5 元,并对已查明侵权获利部分适用惩罚性赔偿,综合考虑被告主观过错程度、侵权行为的情节严重程度等因素,以 4 倍的倍数,确定惩罚性赔偿数额为 11210 元（2802.5×4＝11210 元）。第二,对于未能查明的侵权商品销售量部分,被告的侵权获利不能确定,原告的损失亦因此难以查实。对于不能认定部分的损失,法院适用法定赔偿计算侵权损害赔偿金额,酌情确定被告对该部分损失赔偿 100000 元。

四、诠释法律

2013 年修正的《商标法》第 63 条第 1 款规定,"对恶意侵犯商标专用权,情节严重的,可以在按照上述方法确定数额的一倍以上三倍以下确定赔偿数额。赔偿数额应当包括权利人为制止侵权行为所支付的合理开支"。该条款首次对知识产权领域的惩罚性赔偿适用做出规定。2020 年 5 月 28 日发布的《民法典》第 1185 条规定,"【侵害知识产权的惩罚性赔偿】故意侵害他人知识产权,情节严重的,被侵权人有权请求相应的惩罚性赔偿。"该规定进一步明确了"侵害知识产权的惩罚性赔偿"。2021 年 3 月 3 日,最高人民法院发布《关于审理侵害知识产权民事案件适用惩罚性赔偿的解释》,并于 2021 年 3 月 15 日发布"侵害知识产权民事案件适用惩罚性赔偿典型案例"。上述系列举措足以体现国家遏制知识产权恶意侵权行为、提高知识产权保护水平的决心,同时惩罚性赔偿的适用条件也愈来愈明确和细化。

实际上,2013 年商标法颁布后、2020 年民法典和 2021 年司法解释颁布前,法院已在适用惩罚性赔偿:以"恶意"和"情节严重"为适用要件;结合侵权主观恶意程度、情节恶劣程度、侵权后果严重程度等因素确定惩罚性赔偿的基数和倍数;基数范围包括原告实际损失、被告侵权获利以及许可使用费倍数;在被告拒绝履行证据披露义务的情形下,会参考原告的主张和证据确定赔偿数额。而 2020 年民法典、2021 年司法解释是在 2013 年商标法以及司法实践的基础上,对惩罚性赔偿的适用要件予以完善。

第二十一节　恶意诉讼抗辩

优衣库 UL 商标侵权案

作者:侯玉静

律师

一、裁判参考

不以使用为目的囤积商标资源,且意图高价转让牟利,未果后进行批量诉讼,系借用司法资源以商标权谋取不正当利益之恶意诉讼行为,不仅其索赔请求不应予以支持,其停止侵害的诉请亦不应予以支持。

二、案例说明

（一）案例来源

最高人民法院《民事判决书》(2018)最高法民再 394 号。

（二）案例认定

本案二审判决入选 2016 年上海法院知识产权保护"十大"案件;再审撤销了二审判决,再次入选 2018 年中国法院"十大"知识产权案件。

（三）案情简介

原告指南针、中唯公司系"**∐**"(UL)商标共有人,两原告共持有 2600 余个注册商标,并将多个注册商标转让他人,且无证据表明两原告曾使用过上述注册商标。中唯公司的网站上曾出现 UL 注册商标的高价转让信息,并曾暗示欲将该商标卖给优衣库公司。优衣库公司从事服装经营,在售服装的标牌和吊牌上标有"**∐ ULTRA LIGHT DOWN**"标识。两原告以优衣库公司及各地门店为共同被告,在上海、北京、广州、深圳多地提起 42 起商标侵权诉讼。

（四）案例分析

本案的审理难点在于,原告商标注册、维权的行为是否具有正当性,该因素是否应该纳入商标民事侵权案件的审理范围。上海一中院、上海高院并未对原告商标注册和维权的行为进行审查,而是根据传统商标侵权"四要件"(即商标性使用、商标近似、商品类似、混淆误认可能性)认定,被诉标识系商标性使用且与原告注册商标相同,被诉侵权商品与原告核定商品相同,推定混淆,商标侵权成立,应停止侵权;但原告以非使用目的注册商标、批量诉讼,应免除被告包括合理费用在内的经济赔偿。最高院再审改判认为,原告恶意取得并行使权利、扰乱市场正当竞争秩序的行为均属于权利滥用,主观恶意明显,违反诚实信用原则,对其借用司法资源以商标权谋取不正当利益之行为,依法不予保护,恶意诉讼抗辩成立,原告全部诉请均予驳回。

原告因恶意取得并行使商标权,构成权利滥用、恶意诉讼,因而全部诉请被驳回的首个典型案例,当属 2014 年 8 月最高院审结的"歌力思"案;本案与"歌力思"案的不同在于,原告被认定"恶意取得"商标权,并非因恶意抢注被告在先使用的标识等"相对理由",而是因为批量囤积商标资源这种"绝对理由",其"恶意"主要体现在抢注后的高价转卖牟利、批量诉讼的权利行使阶段而非权利取得阶段。本案的独特价值还在于,"歌力思"案适用的是诚实信用、禁止权利滥用的民法原则,而本案较为明确地支持了被告提出的"恶意诉讼抗辩",这将为此抗辩事由广泛适用、进而纳入商标法提供有意义的司法实践经验。

三、类案应用

因"歌力思"案为最高院公布的指导案例,且该案中原告恶意抢注被告在先商标的情形更为多发,各地法院在后审理的涉权利滥用、恶意诉讼抗辩的案件,多借鉴"歌力思"案的裁判理由,如 2015 年 10 月最高院审结的"赛克思"案、2017 年 10 月宁波中院审结的"菲利普"案;与本案存在类似情形,即权利取得阶段涉及批量抢注、囤积,或权利行使阶段涉及转卖商标、以诉牟利,主要有 2018 年 11 月广东高院审结的"天池"茶业案,2019 年 4 月上海知产宣判的"巴黎贝甜"案以及 2020 年 6 月广西高院审结的"婴宝"系列案件,其中"婴宝"系列案中原告短期内以经销商为被告提起百起诉讼、被认定为恶意诉讼的情节,与"优衣库"案最接近。

附:恶意诉讼抗辩——"优衣库"类案检索

时间	审理法院/案号	涉诉商标	恶意情形	裁判要点
2018.11	潮州中院、广东高院(2018)粤民终 310 号	"天池"茶业	(1)在原告陈某申请"天池"注册商标之前,被告已经在先使用;(2)陈某与被告分别为当地茶业协会会长和会员单位;(3)注册商标并实际使用;(4)批量商标囤积。	陈某的商标注册行为并非基于正常生产经营需要;对享有在先权利的被告涉嫌不正当竞争;陈某取得和行使商标权的行为难谓正当,以非善意取得的商标权对被告的正当使用行为提起的侵权之诉,有违权利行使的正当性,其与此有关的诉讼请求不应得到法律的支持。

续表

时间	审理法院/案号	涉诉商标	恶意情形	裁判要点
2019.4	上海知识产权法院（2019）沪73民终5号	"巴黎贝甜"饼店	（1）在原告申请"芭黎贝甜"注册商标之前，第三人艾丝碧西公司已经在先使用"巴黎贝甜"标识，在烘焙行业具有较强的显著性和较高的知名度； （2）芭黎贝甜公司还将"巴黎贝甜"认证为其微信公众号名称； （3）芭黎贝甜公司申请注册涉案商标不具有使用意图，且存在囤积商标的行为。	艾丝碧西公司使用的"巴黎贝甜"标识已具有一定影响，其有权在原有范围内继续使用。在此情形之下，芭黎贝甜公司仍申请注册了包括涉案注册商标在内的大量商标，并依此在本案中主张权利，其行为具有不正当性，违背民事诉讼诚实信用原则。芭黎贝甜公司申请注册取得涉案商标专用权，以及通过民事诉讼寻求救济的行为，均有悖民事主体从事民事活动及参与民事诉讼所应遵循的诚实信用原则，其权利不具有保护的基础。
2020.6	广西高院（2020）桂民终57号	"婴宝"化妆品	（1）原告"宝婴"商标2017年1月申请、2018年4月注册，没有实际使用证据； （2）带有被诉标识"婴宝"的商品在2016年已经上市销售； （3）原告受让商标后2个月内针对被告经销商提起近百起诉讼	原告具有通过制造系列诉讼获取多重赔偿的意图，实质是通过司法诉讼谋求不当利益，直接或间接地影响涉诉企业无法正常开展其他生产经营活动，也极大地浪费了有限的司法资源。宝婴公司构成恶意诉讼的抗辩成立，对宝婴公司借用司法资源以商标权谋取不当利益之行为，本院依法不予保护。

四、诠释法律

2019年4月修改的《商标法》第六十八条第四款规定"对恶意申请商标注册的，根据情节给予警告、罚款等行政处罚；对恶意提起商标诉讼的，由人民法院依法给予处罚"，此系恶意诉讼应受处罚的原则性规定，并未将"原告系恶意诉讼"作为被告可以主张不侵权的一项抗辩理由。

但在司法实践中，恶意诉讼抗辩，已经和商标法第五十九条之合理使用抗辩、在先使用抗辩，并列为一种新的抗辩事由。追根溯源，恶意诉讼抗辩的法律基础在于《民法典》第7条"民事主体从事民事活动，应当遵循诚信原则，秉承诚实，恪守承诺"即"诚实信用原则"，以及《民法典》第一百三十二条"民事主体不得滥用民事权利损害国家利益、社会公共利益或者他人合法权益"即"禁止权利滥用"条款。

第二十二节　商标使用人商誉贡献不影响商标权属

红牛公司诉天丝公司商标权属纠纷案

作者:李艾玲

律师

一、裁判参考

注册商标的取得和变更须经行政程序,仅存在注册商标许可使用关系而未经行政程序改变诉争商标权属的,并不产生注册商标权属变更的效果。物权中"添附规则"不适用于知识产权权属变更和权利义务的确定。即便《民法典》第322条规定的"因加工、附合、混合而产生的物的归属",也并未简单采取共有的处理方式。

二、案例说明

（一）案例来源

最高人民法院《民事判决书》(2020)最高法民终394号。

（二）案例认定

本案二审入选2020年中国法院10大知识产权案件。

（三）案情简介

被告天丝公司于1995年11月与案外三家公司中浩集团、食品总公司、红牛泰国公司共同签署合资合同,约定天丝公司提供原告红牛公司（即当时待成立的合资公司）的产品配方、工艺技术、商标和后续改进技术等,同时约定红牛公司产品的商标是红牛公司资产的一部分。1995年12月红牛公司成立,1998年红牛公司股东发生变革,并签署合资合同,并对1995年合资合同内的前述内容进行重审。2002年天丝公司将其所持有的红牛公司股份进行转让。1996年至2009年红牛公司与天丝公司先后对"红牛系列商标"签订《商标独占使用许可合同》及《商标使用许可合同》,合同有效期至2016年10月。2019年红牛公司以"95年合资合同"第十九条（"合资公司的产品的商标是合资公司资产的一部分"）、"98年合资合同"第十四条（"天丝公司责任:提供合资公司的产品配方、工艺技术、商标和后续改进技术等,并对外保密"),同时依据《中华人民共和国民法通则》第四条(诚实信用原则)、《中华人民共和国民法总则》第六条(公平原则)向法院起诉,请求确认其对"红牛系列商标"享有所有者的合法权益并判令红牛公司支付广告宣传费用共计人民币37.53亿。

(四)案例分析

一审法院认为,首先,对于原告可否将其"红牛系列商标"广告宣传投入作为其享有相关商标所有权的依据,原告为生产、销售、推广相关产品和取得消费者的认可,进行相应的广告宣传和付出商业运营成本,符合一般的商标许可使用法律关系项下被许可方的商业运营模式。同时,在商标许可法律关系中,作为被许可方在签订合同之时,即可合理预期商标所有权并不会因其投入广告数额的高低而发生变化,除非合同各方主体有特别约定。商标作为无形资产,在使用、宣传中形成的商品声誉、商业信誉依附于商标存在,商标的所有权一般仅为原始取得或继受取得,作为无形资产的客体并不适用添附取得,因为商誉是承载于商标之上,不能脱离商标而独立存在,二者无法进行现实的分离。因涉案"红牛系列商标"的权属状态是明确的,均归属于被告所有,故原告依据广告宣传的投入而认为其取得了商标所有权缺乏法律依据。其次,对于原告能否依据诚信、公平原则取得"红牛系列商标"的所有者合法权益(即独占所有或共同共有),一审判决认为,合同各方主体通过真实意思形成的契约,应当尊重契约自由,谨守契约精神。双方对"红牛系列商标"所有权进行了明确约定,被许可人不因在履行许可合同中对许可标的即商标进行了广告宣传,就当然取得商标的所有权,而许可人亦无权因为被许可人获得了巨大商业利润而超出许可合同约定,要求被许可人额外支付许可费用。因此,判决驳回原告诉讼请求。

红牛公司不服一审判决,随后向最高人民法院提起上诉。最高院审理认为,涉案商标权属关系明确,红牛公司不具有涉案商标的所有权,但并非基于商誉不能脱离商标而独立存在的原因。原始取得与继受取得是获得注册商标专用权的两种方式。判断是否构成继受取得,应当审查当事人之间是否就权属变更、使用期限、使用性质等做出了明确约定,并根据当事人的真实意思表示及实际履行情况综合判断。在许可使用关系中,被许可人使用并宣传商标,或维护被许可使用商标声誉的行为,均不能当然地成为获得商标权的事实基础。最高人民法院遂终审判决驳回上诉、维持原判。本案核心问题在于就"增值转移"是否可以被作为判断商标权利归属的考量依据。在本案之前已有"王老吉"案、"露露"案。相较于类案,本案判决厘清了商标转让与商标许可使用的法律界限,明确了在双方有明确合同约定,且未通过行政程序变更的情况下,被许可人并不获得商标所有权。

三、类案应用

无。

四、诠释法律

本案综合《中华人民共和国民法通则》第四条（诚实信用原则）、《中华人民共和国民法总则》第六条（公平原则）以及《中华人民共和国商标法》第四十二条，厘清商标转让需经行政程序申请，当事人之间的商标许可使用协议不影响商标权利的变更。对于商标使用人对商标商誉的贡献，需客观考虑。本案中，红牛公司为产品宣传所进行的投入已经得到产品利润等回报。根据双方签订的商标许可使用合同，红牛公司在中国境内使用"红牛系列商标"及生产、销售相关产品，已因商标使用以及同时伴随的技术许可获得了足够的回报。

第二十三节　地名商标因"具有其他含义"得以核准注册

"曼松"商标无效宣告案

作者：李春亚
律师

一、裁判参考

本案不仅就地名商标如何开展正当使用给出了明确指引，而且在涉及克服《商标法》的禁用禁注条款时，进一步明确了商标本身的识别功能和商业价值在于使用。即当诉争商标因涉及地名被认为缺乏显著性时，在判断该地名商标是否被赋予了其他含义而不会被相关公众产生地理性认知时，应充分厘清该地名的历史文化和诉争商标的实际使用情况，当地名商标经过长期广泛使用后在客观上起到指示特定商品来源的作用时，应允许地名商标的核准注册。

二、案例说明

（一）案例来源

北京市高级人民法院《行政判决书》（2020）京行终 3768 号。

（二）案例认定

本案终审判决入选 2020 年中国法院 50 件典型知识产权案例。

（三）案情简介

第三人以第 9335126 号"曼松"商标（即诉争商标）违反《商标法》第十一条第一款第二项的规定提出无效宣告申请，国家知识产权局作出商评字［2019］第 169107 号无效宣告裁定（即被诉裁定）：诉争商标在"茶；茶叶代用品；冰茶；茶饮料"商品上的注册违反了 2001 年商标法第十一条第一款第二项的规定，予以宣告无效；在"咖啡；非医用营养粉；以谷物为主的零食小吃；谷类制品；含淀粉食品；食用芳香剂"商品上的注册予以维持。北京知识产权法院一审以（2019）京 73 行初 11089 号维持被诉裁定。北京市高级人民法院二审认为：诉争商标的注册和使用，赋予了"曼松"除村落以外的第二含义，即表征特定茶叶的品质和来源，该含义有别于地名，并指向注册人云南则道公司。因此，本案争议焦点是诉争商标"曼松"是否被赋予了有别于地名含义的第二含义，可以起到识别商品来源的作用。

（四）案例分析

诉争商标"曼松"之所以被核准注册，法院主要从以下三点进行的综合性判断：一是从相关公众对"曼松具有其他含义"的普遍认知程度上，这一点在判断地名商标能否注册上尤为重要。本案中法院参考了历史上的县志、当地政府的意见、书籍摘录、茶马古道研究会等证据，以事实为依据厘清了相关公众对"曼松"商标在"茶叶"商品上的普遍认知，核实虽然"曼松自然村"在历史上曾短暂以"贡茶"产地存在过，但尚不足以证明该短暂存在的产地名称已经延续至今并被相关公众普遍认知为茶叶产地等特点的直接描述。二是从诉争商标注册人对"曼松"商标所作出的贡献进行考量，在案证据能够证明是注册人将历史已经沉浸的无人问津的曼松茶重新推进市场，是先有诉争商标的使用，才有相关公众对"曼松"茶叶商品的认知，继而才成为云南普洱的又一山头茶名称。故对于诉争商标注册人将曼松品牌盘活并知名作出众多贡献的使用行为，应当予以倡导。三是在上述两点基础上对比"曼松自然村落"地名和"曼松"商标的知名度，判断"曼松"商标是否会导致相关公众混淆误认。

在过往案例中，涉及地名商标因"具有其他含义"得以注册的情形往往有两种：一种情形是该地名名称本身就有除地名以外的其他为相关公众普遍知悉的固有含义，例如红河①、朝阳、灯塔、武夷山、都江堰等。另一种情形就是因整体上通过增加其他构成要素等方式，实现了与地名的区分而得以注册，例如"沩山毛尖"②"上海故事"③"峨眉雪芽"④等。但本案"曼松"商标得以核准注册的原因明显不属于上述两种情形，而是通过使用获

---

① 详见（2003）高行终字第 65 号行政判决书。
② 详见（2011）行提字第 7 号《行政判决书》。
③ 详见（2018）最高法行再 104 号《行政判决书》。
④ 详见（2011）一中知行初字第 2106 号《行政判决书》。

得"区别于地名的其他含义",即地名名称经过实际使用具有较高知名度、已被相关公众广为知晓,能够起到识别商品来源的作用。

三、类案应用

本案诉争商标"曼松"之所以被核准注册,实际上就是强调了一般公众的认知和理解在判断地名其他含义方面的重要作用,综合在案证据能够证明相关公众对于"曼松"茶叶商品来源的认知已经明显高于对"曼松自然村"地名的认知,被赋予了除村落名称以外的第二含义,能够表征商品品质和识别商品来源,不会导致混淆误认、更不会损害社会公共利益。在"茶叶"类商品涉及的地名商标注册中,因其本身较易受地理因素条件的制约和制作工艺的限制,这种商品本身的特性就决定其难以克服地名知名度的限制,易使相关公众误认为其指示商品产地而非商品提供者。在权利人无法证明其使用地名商标的知名度高于地名本身的知名度时,基于相关公众的普遍认知不能将其识别为商品来源时,不宜让注册人垄断公共资源,例如,"上海黄""博罗""呈贡一品"商标案件中,注册人提供的证据就不足以证明其使用地名商标的知名度高于地名本身知名度,而在"哈尔滨小麦王""南粤""秋林·里道斯正宗哈尔滨红肠始于1900"商标案件中,注册人提供的使用证据就足以证明该地名商标产生了"更易于为公众所接受"的与地名本身相区别的含义,能起到识别商品来源的作用,不会导致混淆误认。

正、反两方面案例,在证明"更易于为公众所接受的区别于地名本身的地名商标"时,应从"历史文献对地名事实的记载、当地政府的意见、商品所属行业协会证明或者其他权威机构做出的反映消费者意愿的民意调查或市场测验、书籍摘录、地名的历史变化、地名商标经使用的知名度、使用该地名作为商标的主观意图"等多方面因素综合判断。既应以事实为依据厘清相关公众对"地名商标"商品上的普遍认知对其核准保护,又要注意在权利人无法证明其使用地名商标的知名度高于地名本身的知名度时,基于相关公众的普遍认知不能将其识别为商品来源时,不宜让注册人垄断公共资源。

附:"曼松"类案检索表—判断"地名具有其他含义得以核准注册"

时间	审理法院/案号	诉争商标	案由	裁判要点
2020.12.28	(2020)最高法行再370号	第12445672号"哈尔滨小麦王"商标	包含县级以上行政区划缺乏显著性	相关公众在啤酒商品上看到"哈尔滨"商标,一般能够意识到其指向的是特定产源,而非地名意义上的"哈尔滨"。即,"哈尔滨"在啤酒商品上已经形成了区别于地名的其他含义。"哈尔滨小麦王"标志在啤酒商品上,与哈尔滨啤酒公司具有较强对应关系,客观上能够指示商品来源。

续表

时间	审理法院/案号	诉争商标	案由	裁判要点
2021.4.2	（2021）京行终311号	第10093331号"南粤"商标	包含县级以上行政区划缺乏显著性	虽然"南粤"曾在历史上指代广东省,但该称呼并不具有我国商标法上规定的行政区划名称的意义。同时,结合南粤银行公司提交的在案证明,可以证明诉争商标经过南粤银行公司的长期大量使用、宣传,在保险、金融等领域上已具有一定的知名度。由此,原审判决及被诉裁定关于诉争商标不属于2001年商标法第十条第二款所指不得作为商标注册的情形的认定并无不当。
2021.5.7	（2021）京行终637号	第37853174号"秋林·里道斯正宗哈尔滨红肠始于1900"商标	包含县级以上行政区划缺乏显著性	诉争商标标志中的显著识别部分"秋林·里道斯"系秋林里道斯公司的在先注册商标,具有一定知名度,而"哈尔滨红肠"字体较小,并非诉争商标的显著识别部分,通过和其他构成要素相结合的方式,诉争商标标志已经在整体上形成了区别于哈尔滨的地名的含义,不属于2019年商标法第十条第二款所指情形。
2021.3.10	（2020）京73行初15941号	第41025770号"呈贡一品"商标	完整包含云南省昆明市呈贡区的地名"呈贡"	原告主张诉争商标经过使用具有一定知名度和影响力,整体已形成强于"呈贡"作为地名的特定含义。由于《商标法》第十条第二款属于绝对条款,不应以知名度证据作为诉争商标获准注册的依据,且原告提交的证据亦不足以证明诉争商标经过使用已经形成可与"呈贡"这一地名相区分的含义。原告该项主张缺乏事实依据,本院不予支持。
2021.4.20	（2021）京行终644号	第38423629号"上海黄"商标	包含县级以上行政区划缺乏显著性	虽然诉争商标为"上海黄",但并未使其整体上区别于"上海"二字的含义,不属于《最高人民法院关于审理商标授权确权行政案件若干问题的规定》第六条规定的相关情形。
2021.4.25	（2021）京行终2005号	第13951029号"博罗"商标	包含县级以上行政区划缺乏显著性	诉争商标的注册违反了2013年商标法第十条第二款的规定,应当予以无效宣告。商标评审委员会在诉争商标驳回复审决定中未就该商标是否违反地名条款的规定给予评述,无法作为诉争商标可予维持注册的理由。任何单位或个人都可以诉争商标违反地名条款而申请其无效宣告,田彦锋是否存在恶意抢注、是否能代表博罗县官方机构等情节,均不影响本院对诉争商标是否违反2013年商标法第十条第二款的认定。

四、诠释法律

《最高人民法院关于审理商标授权确权行政案件若干问题的规定》第六条:商标标志由县级以上行政区划的地名或者公众知晓的外国地名和其他要素组成,如果整体上具有区别于地名的含义,人民法院应当认定其不属于商标法第十条第二款所指情形。

第二十四节 其他不正当手段取得注册的认定

"祁门红茶"商标无效宣告案

作者:王嘉雨

律师

一、裁判参考

地理标志证明商标所限定的产地范围应与该地理标志的实际产地范围相符。地理标志商标注册申请人的诚信义务包括向商标注册主管机关全面准确说明客观情况的积极作为义务。未尽到积极作为的义务,未向商标注册主管机关全面准确报告客观情况而取得商标注册的情形,可认定为属于以"其他不正当手段取得注册"的情形。

二、案例说明

(一)案例来源

北京市高级人民法院《行政判决书》(2017)京行终 3288 号。

(二)案例认定

本案二审判决入选 2017 年中国法院 50 件典型知识产权案例之一、2017 年度北京法院知识产权司法保护十大创新性案例之一。

(三)案情简介

争议商标"祁门红茶"为地理标志证明商标,产区范围限定在祁门县内。该商标初审公告后,国润公司曾对该商标限定的地域范围提出异议。双方在安徽省工商局的主持下达成协调意见,国润公司撤回异议申请,祁门红茶协会向商标局申请变更争议商标使用地域范围。然而,在国润公司撤回异议申请后,祁门红茶协会并没有提交变更地域范围的申请,争议商标被获准注册。

国润公司对争议商标提起无效宣告申请,商评委审理认为:祁门红茶协会申请注册争议商标时,将地理标志所标示地区仅限在祁门县的做法违背了客观历史,违反了诚实信用原则,构成2001年商标法第四十一条第一款所指以欺骗手段取得注册之情形,裁定争议商标予以无效宣告。

祁门红茶协会起诉后,一审法院认为:本案并无证据显示祁门红茶协会在申请争议商标时实施了伪造申请材料等欺骗行为,亦无证据证明祁门红茶协会申请注册争议商标时所标示地区违背了客观历史的行为系出于欺瞒商标行政机关之故意。因此不构成以欺骗手段或其他不正当手段取得注册的情形,判决撤销被诉裁定。国润公司遂提起上诉。

(四) 案例分析

二审法院审理后认为:如果申请注册的地理标志证明商标所确定的使用该商标的商品产地与该地理标志的实际地域范围不符,无论是不适当地扩大了其地域范围,还是不适当地缩小了其地域范围,都将误导公众并难以起到证明使用该商标的商品来自于特定产区、具有特定品质的证明作用。争议商标将地域范围限定在祁门县内,虽然符合小产区范围,但却明显与社会上普遍存在的大产区范围不一致,人为地改变了历史上已经客观形成的"祁门红茶"存在产区范围不同认识的市场实际,缺乏合理性。祁门红茶协会明知存在地域范围的争议,未全面准确地向商标注册主管机关报告该商标注册过程中存在的争议,尤其是在国润公司撤回异议后,仍以不作为的方式等待争议商标被核准注册,这种行为明显违反了地理标志商标注册申请人所负有的诚实信用义务,构成了以"其他不正当手段取得注册的"情形,争议商标应予以无效宣告。

祁门红茶协会后续还就二审判决向最高人民法院申请再审,最高院审查后认可二审判决,驳回了祁门红茶协会的再审申请。

商标法规定的"以欺骗手段或者其他不正当手段取得注册"的情形包括"以欺骗手段"及"以其他不正当手段"取得注册两种情形。"欺骗手段"是指商标注册人在申请注册商标的时候,采取了虚构或者隐瞒事实真相、提交伪造的申请书件或者其他证明文件,以骗取商标注册的行为。"其他不正当手段"是指确有充分证据证明商标注册人采用欺骗手段以外的扰乱商标注册秩序、损害公共利益、不正当占用公共资源或者以其他方式谋取不正当利益等其他不正当手段取得注册,其行为违反了诚实信用原则,损害了公共利益。司法实践中比较典型的判定为"以其他不正当手段"取得注册的情形主要包括大量囤积商标、抢注多件与他人在先较为知名的商标、字号等商业标识相同或近似的商标、恶意兜售商标等明显缺乏真实使用意图的情形。

本案的情形较为特殊,虽然祁门红茶协会在申请注册争议商标时,并不存在欺骗或抢注商标的情形,但因本案所涉商标为地理标志商标,地理标志地域范围的确定具有较强的专业性,商标注册主管机关通常只能进行形式上的审查。相应地,地理标志商标注册申请人应当负有较之于普通商标注册申请人更多的诚实信用义务,即还应包括向商标注册主管机关全面准确说明客观情况的积极作为义务。本案判决创新性地将"未尽到积极作为义务,未向商标注册主管机关全面准确报告客观情况而取得商标注册"的情形,认定为属于商标法规定的以"其他不正当手段取得注册"的情形,为类似案件提供了有力指引。

三、类案应用

无。

四、诠释法律

《商标法》第四十四条规定,已经注册的商标,以欺骗手段或者其他不正当手段取得注册的,由商标局宣告该注册商标无效;其他单位或者个人可以请求商标评审委员会宣告该注册商标无效。《集体商标、证明商标注册和管理办法》第七条规定,以地理标志作为集体商标、证明商标注册的,应当在申请书件中说明下列内容:……(三)该地理标志所标示的地区的范围。

第二十五节　商标驳回复审程序中申请商标知名度的考量

深圳市柏森家居用品有限公司"BESON"商标驳回复审案

作者:崔梦嘉
律师

一、裁判参考

由于商标驳回复审程序为单方程序,引证商标权利人并无机会提交有关引证商标知名度的证据。为维护程序的正当性,在商标驳回复审程序中通常不应当考虑与申请商标知名度有关的证据。

二、案例说明

(一) 案例来源

最高人民法院《行政裁定书》(2016)最高法行申 362 号。

(二) 案例认定

本案再审入选 2016 年中国法院 50 大典型知识产权案件。

(三) 案情简介

深圳市柏森家居用品有限公司("柏森公司")于第 20 类"家具"等商品上申请"BE-SON"商标,经商标局、商标评审委员会审查与在先的两枚引证商标"美洲野牛 BISON 及图""邦元·名匠 beson 及图"构成相同或类似商品上的近似商标,而被驳回。柏森公司就该驳回复审决定起诉至北京知识产权法院,并提交了部分合同、发票、荣誉证书,用以证明申请商标的使用、宣传和获奖情况。后本案历经北京市高级人民法院、最高人民法院二审和再审,最终维持原驳回复审决定。

(四) 案例分析

在商标驳回复审程序中是否应当考虑申请商标的知名度情况,是商标申请实务中长期受到关注的问题之一。最高人民法院在本案中给出了相应的规则指引——通常不应当考虑与申请商标知名度有关的证据,并就此规则背后的逻辑进行了明确阐释——即维护程序的正当性。

在适用《商标法》第三十条等相对理由驳回商标申请的案件中,商标申请人引入申请商标的知名度证据作为商标可以获准注册的依据,是基于一种逻辑,即申请商标经过使用已经获得了足够强的显著性,足以与引证商标相区分,不会导致相关公众产生混淆误认的结果。然而,此种逻辑要成立,必须同时以考察引证商标的知名度为前提条件,否则可能导致并未参与驳回复审程序的在先引证商标权利人之合法权益因申请商标的注册而受损。并且,无论申请商标的知名度高度与否,其与引证商标在标识本身上的近似性亦使得一定程度的混淆误认难以避免。正因为如此,最高人民法院在本案中做出了基于维护程序正当性而对知名度证据不予考虑的认定。

三、类案应用

本案再审裁定做出后,后续的商标驳回复审行政案件在相同问题上大多延续了本案的裁判思路,包括直接引用本案有关维护程序正当性的说理部分。北京市高级人民法院在2019年颁布的《商标授权确权案件审理指南》也明确规定在商标驳回复审案件中，"诉争商标的知名度可以不予考虑"。

在商标驳回复审案件中，尽管申请商标的知名度难以影响案件结果，申请人仍可通过多种方式突破在先引证商标的障碍。常采用的方式主要有论证申请商标与引证商标并非近似、通过连续三年不使用撤销申请及商标无效请求等程序直接排除在先引证商标、与引证商标权利人签署共存协议等。另外，在特殊情况下，若申请商标与申请人自身在先具有一定知名度的注册商标标识相同或高度近似、商品服务相同或类似，则可能作为"延续性注册"而突破引证商标障碍；若商标权利人为法人主体且已确定注销，则其引证商标亦不会构成申请商标的障碍。

附："BESON"案件类案检索表——商标驳回复审案件的多种情形

时间	审理法院/案号	涉诉商标	裁判要点
2016.12	最高人民法院（2016）最高法行再102号	"nexus"	以共存协议突破障碍： 引证商标权利人通过出具同意书，明确对申请商标的注册、使用予以认可，实质上也是引证商标权利人处分其合法权利的方式之一。在该同意书没有损害国家利益、社会公共利益或者第三人合法权益的情况下，应当予以必要的尊重。 本案中，相较于尚不确实是否受到损害的一般消费者的利益，申请商标的注册和使用对于引证商标权利人株式会社岛野的利益的影响更为直接和现实。株式会社岛野出具同意书……表明株式会社岛野对申请商标的注册是否容易导致相关公众的混淆、误认持否定或者容忍态度。 本案中没有证据证明谷歌公司申请或使用申请商标时存在攀附株式会社岛野及引证商标知名度的恶意，也没有证据证明申请商标的注册会损害国家利益或者社会公共利益。在没有客观证据证明的情况下，不宜简单以尚不确定的"损害消费者利益"为由，否定引证商标权利人作为生产、经营者对其合法权益的判断和处分，对引证商标权利人出具的同意书不予考虑。
2019.09	最高人民法院（2019）最高法行再172号	"同城酒库 WINELI-BRARYOFCITY"及图	以论证标识不近似突破障碍： 诉争商标与各引证商标除均包含"同城"二字之外，其余部分的构图、文字等要素以及整体结构均不相似，不构成近似商标。 此外，商标评审委员会……被申请人针对相类似的商标，在其他类的审查意见与本案不一致。本院认为，商标审查及司法审查虽然要考虑个案情况，但审查的基本依据均为商标法及其相关法律、司法解释的规定，亦不能以个案审查为由忽视执法标准的统一性。因而，就本案来说，诉争商标与各引证商标的整体外观并不近似，且从商标审查的一致性原则来说，在被申请人未向本院举证证明诉争商标……具有必须予以特殊考量的个案因素的情况下……作出不同的认定，有违审查标准的一致性。

时间	审理法院 /案号	涉诉商标	裁判要点
2019.12	最高人民法院（2019）最高法行再243号	图形商标	标识不近似结合申请商标知名度突破障碍： 诉争商标与引证商标二在线条勾勒、整体视觉效果方面存在较为明显的差异，两者不构成近似商标。其次，根据萨尔多公司原审中提交的文献复制证明、萨尔瓦多公司的产品宣传册、网络媒体对诉争商标产品的宣传报道、京东商城……等证据材料，可以证明萨尔瓦多公司在相关产品上对诉争商标进行了多年的使用及宣传。同时，诉争商标的申请人萨尔瓦多公司与引证商标二的权利人科齐公司均享有较高的知名度，诉争商标与引证商标二共存于市场，一般不会引起相关消费群体的混淆误认。
2020.02	北京知识产权法院（2019）京73行初13711号	"MEGAMAN"	以排除在先引证商标突破障碍： 鉴于本案引证商标在第41类全部核定使用服务上被撤销注册，诉争商标注册的权利障碍已发生变化，并已影响案件审理结果，本院据此撤销被诉决定。被告应当在新的事实基础上重新审查并作出决定，但案件受理费仍由原告承担。
2021.03	北京市高级人民法院（2020）京行终7320号	图形商标	以证明引证商标权利人注销突破障碍： 本案中，引证商标一的权利主体已被注销，且无证据证明存在权利义务承受主体，诉争商标与引证商标一共存于市场不会使相关公众对服务的来源产生误认或者认为其来源之间存在特定的联系。

四、诠释法律

根据《商标法》（2019年修订）第三十条规定，申请注册的商标，凡不符合本法有关规定或者同他人在同一种商品或者类似商品上已经注册的或者初步审定的商标相同或者近似的，由商标局驳回申请，不予公告。

本案例明确，在适用《商标法》第三十条等相对理由条款而驳回申请商标注册的案件中，通常对申请商标的知名度证据不予考虑。正如最高人民法院在本案中指出，商标驳回复审案件为单方程序，因此，引证商标持有人不可能作为诉讼主体参与到该程序中，有关引证商标知名度的证据因而在该程序中无法得以出示。在缺乏对申请商标，特别是引证商标进行充分举证和辩论的情况下，商标知名度实际上无法予以考虑。否则，将有违程序的正当性。

但也需要注意的是，本案裁判精神是适用在《商标法》第三十条等相对理由相关的商标驳回复审案件中。对于适用《商标法》第十一条之绝对理由的案件，根据该条第二款的规定，申请商标的使用及知名度证据当然应当予以考虑。

第二十六节　商标共存协议在商标授权
确权行政案件中的效力

爱尔迪"ALMAT"商标申请驳回复审案

作者：胡迪
律师

一、裁判参考

对于指定使用在类似商品上的高度近似的商标，共存协议并不能当然地排除相关公众可能的市场混淆。

二、案例说明

（一）案例来源

最高人民法院"（2020）最高法行申 8163 号"《行政裁定书》。

（二）案例认定

本案再审裁定书入选《最高人民法院知识产权案件年度报告（2020）》。

（三）案情简介

2017 年 9 月 25 日，原告爱尔迪公司在"洗衣粉"等商品上申请注册了第 26585561 号"ALMAT"商标。2018 年，商标评审委员会做出商标驳回复审决定，以诉争商标与引证商标"ALMAY"构成 2014 年《商标法》第三十条规定的使用在类似商品上的近似商标为由，驳回了诉争商标的注册申请。北京知识产权法院与北京市高级人民法院的一、二审判决对被诉决定予以维持。爱尔迪公司向最高人民法院提起再审申请，最高院再审裁定驳回了爱尔迪公司的再审申请。

三、案例分析

本案涉及对商标共存协议效力的认定。我国商标法律制度同时保障生产、经营者的利益，以及消费者的利益和公平的市场竞争秩序。因此在尊重商标权人对于商标权这一私权的处分意愿的同时，还需要考虑商标权人在行使其商标权利时，是否会损害国家利益、社会公共利益或者他人的合法权利。判定商标共存协议的效力也应当以是否能够排除混淆可能性为依据。最高人民法院在本案再审裁定中认为，诉争商标与引证商标构成使用在同一种或者类似商品上的近似商标，相关公众无法区分二者标识的商品来源，两商标共存不能避免相关公众对商品的来源产生混淆的可能性，故否定了爱尔迪公司与引证商标所有人之间商标共存协议的效力。

四、类案应用

法院对商标共存协议的效力经历了从否定到有条件肯定的态度转变。

关于共存协议的效力，法院曾持否定态度。"良子"商标案[①]在商标行政案件中对共存协议排除商标混淆的效力首度认可。"UGG"案[②]较为详尽地论述共存协议的效力后，法院逐渐肯定共存协议的效力。受"谷歌NEXUS"案[③]的影响，认可共存协议效力的司法裁判明显增多。

2019年北京高院发布《商标授权确权案件审理指南》，一方面指出共存协议可以作为商标排除混淆的初步证据，另一方面指出不能仅以共存协议为依据，准予诉争商标的注册申请。

在认可共存协议效力的案件中，法院在具体论述共存协议对混淆之虞的影响时，又存在多种不同的角度和理由。例如，在"呈祥CHENGXIANG"案[④]中，法院认定共存协议对双方使用各自商标的范围、地域进行了明确约定，可以排除消费者产生混淆的可能性，从而肯定了共存协议对混淆可能性的排除效力。而在"UGG"案中，法院则认定，对于混淆之虞的判断是法院从相关公众的角度作出一种推定，而《同意书》是由与自身具有直接利益关系的在先商标权人出具，其对是否可能产生混淆的判断更加符合市场实际。因此，若无其他明显因素表明存在混淆的可能性，《同意书》通常是排除混淆之虞的有力证据。

而在否定共存协议效力的案件中，法院的论述基本一致，即共存协议无法排除混淆可能性"ITALIAINDEPENDENT"案[⑤]即是如此。此外，公共利益也可能成为法院否定共存协议效力的理由。在神隆公司案[⑥]中，法院认为诉争商标中含有公知的化学分子结构，因而即使存在共存协议也不应当核准注册，否则将会损害公共利益，不当垄断公有资源。

最高法院在爱尔迪案中明确"对于指定使用在类似商品上的高度近似的商标，共存

---

① 北京市高级人民法院"（2009）高行终字第141号"行政判决书。
② 北京市高级人民法院"（2012）高行终字第1043号"行政判决书。
③ 最高人民法院"（2016）最高法行再103号"行政判决书书。
④ 北京市高级人民法院"（2014）高行（知）终字第2561号"《行政判决书》。
⑤ 北京市高级人民法院"（2014）高行（知）终字第3570号"《行政判决书》。
⑥ 北京市高级人民法院"（2013）高行终字第281号"《行政判决书》。

协议并不能当然地排除相关公众可能的市场混淆",不是否定共存协议的效力,而是强调除了共存协议外还应对排除混淆进行更进一步的证明。

附:"ALMAT"类案检索表——共存协议的效力认定

时间	审理法院/案号	涉诉商标	裁判要点
2014.9	北京高院(2014)高行(知)终字第2561号	"呈祥 CHENGX-IANG"、饭店	《商标共存协议》通常是排除混淆可能性的有力证据。根据意思自治的原则,除非涉及重大公共利益,商标权人可依自己的意志对权利进行处分。只有在有充分证据证明在先商标权人与在后商标申请人签署的《商标共存协议》侵害了消费者利益的情况下,在先商标权人对其权利的处分才应当予以否定。
2015.4	北京高院(2014)高行(知)终字第3570号	" ITALIAINDEP-ENDENT"及图、太阳镜	申请商标显著识别部分与引证商标相比仅为字母书写方式及英文大小形式的区别,二者近似程度极高,同时原告亦未提交证据证明申请商标使用、宣传的情况,中国相关公众施以一般注意力,容易认为申请商标与引证商标所标示的商品来源于同一主体或存在特定联系,进而造成混淆、误认。由此,仅凭引证商标权利人出具的《同意书》亦不足以排除二者易造成相关公众对商品来源混淆、误认的可能性。
2015.5	北京高院(2013)高行终字第281号	第7358249号图形商标、原料药	《商标共存协议》不得损害公共利益,也不得垄断公有资源。在申请商标使用所指定商品或服务中通用的文字或图形要素的情况下,可能会导致垄断公有资源的现象发生,损害公共利益。

第二十七节 "基础商标延续性注册"的适用

"蜘蛛图"商标异议复审案

作者:龙涵琼

律师

一、裁判参考

商标授权确权行政程序中,应当区分商誉的延续与商标的延续。市场主体在经营中积累的商誉,可以一定方式在不同载体转移、延续,但以转移、延续商誉为目的的市场经营行为并不当然具有结果上的合法性。当另行注册新商标时,无论原注册商标是否已积累一定商誉,也无论新商标与原注册商标具有何种联系,都应当由商标行政主管部门依法进行审核。

二、案例说明

（一）案例来源

最高人民法院《行政判决书》(2017)最高法行申 3297 号。

（二）案例认定

本案再审判决入选 2018 年最高人民法院公报案例之一。

（三）案情简介

蜘蛛王集团公司针对美国蜘蛛公司申请的第 4312222 号"🕷"商标（即本案被异议商标）提起异议,美国蜘蛛公司主张该商标是基于其在先注册的第 1212760 号"🕷商标的"商标的延续性注册。美国蜘蛛公司认为,被异议商标的与第 1212760 号商标的图形部分标识相同,指定使用商品相同;美国蜘蛛公司持续使用第 1212760 号商标,已经占有一定市场份额,形成稳定市场格局,故被异议商标理应获准注册。

（四）案例分析

本案的争议焦点在于延续性注册的适用。本案中,最高院认为,被异议商标与第 1212760 号商标相比较,指定使用商品类别相同,但商标标识不相同,无论第 1212760 号商标是否已积累一定商誉,被异议商标能否注册,应当依法重新进行审查,不因其与第 1212760 号商标所具有的关联性而当然具有合法性,最终驳回美国蜘蛛公司的再审申请。

在本案判决作出之前,法院对商标延续注册的主张予以支持的条件相对更为宽松,例如最高院 2013 年审结的"梦特娇花图形"案①、北京知产法院 2015 年审结的"同济堂"案②和北京高院 2015 年审结的"三品王"案③。"梦特娇花图形"案为最高院公布的 2013 年中国法院知识产权 50 个典型案例之一,该案中争议商标与在先注册商标基本相同,争议商标核准注册的类别(25 类)与引证商标注册的类别(26 类)不同,且引证商标不具有

---

① 详见"(2012)行提字第 28 号"《行政判决书》。
② 详见"(2014)京知行初字第 182 号"《行政判决书》。
③ 详见"(2015)高行(知)终字第 2546 号"《行政判决书》。

知名度,在先注册商标具有较高知名度,最高院认为在先注册商标的商誉已延续至争议商标,并建立较高市场声誉和形成相关公众群体,从而维持争议商标的注册。"同济堂"案与"三品王"案相似,法院先从正面说明了满足特定条件的情况下,在先注册商标的商誉可以在后申请注册商标上延续,然后综合在先注册商标知名度、诉争商标与在先注册商标的近似性、指定使用商品的关联性、或申请注册商标的正当性等因素,最终认定在先注册商标所承载的商誉可以延续至诉争商标。

三、类案应用

在本案判决作出之后,法院认定商标延续注册的条件愈加严格,例如北京高院 2018年审结的"SUPOR"案和 2019 年审结的"拉菲珍宝"案。"SUPOR"案中,苏泊尔公司提交的证据表明其"苏泊尔""SUPOR"等系列商标自 1997 年起具有较高知名度,形成稳定市场格局,且已经与引证商标并存长达 20 余年之久,法院最终认定诉争商标在苏泊尔公司已经实际使用且具有较高市场知名度的商品上对诉争商标的注册可以予以维持,对诉争商标在其他商品上的注册则不予维持。"拉菲珍宝"案中,法院认为,经"拉菲"商标经长期使用在酒类商品上具备较高的知名度,相关公众对诉争商标与其商品来源主体已经形成较为稳定的认知,能够与同类商品的经营者相互区分,最终维持诉争商标"拉菲珍宝"的注册。

实践中,支持商标延续注册的前提条件均包括在先注册商标的知名度,但"SUPOR"案和"拉菲珍宝"案中,商标注册人除提供知名度证据之外,还需要进一步证明在先注册商标与诉争商标的长期共存状态并不会导致相关公众产生混淆误认,严格遵循了判断《商标法》第三十条和第三十一条的"混淆可能性"的标准。

附:"蜘蛛图"类案检索表——商标延续注册

时间	审理法院/案号	诉争商标/在先注册商标	引证商标	裁判要点
2018.11	北京高院（2018）京行终 4788 号	诉争商标 13042501"SUPOR" 在先注册商标"SUPOR 及图""苏泊尔 SUPOR""SUPOR"系列商标	"SUBOR"系列商标	在先注册商标经过宣传使用已具有较高知名度,且在案证据未能证明引证商标的使用情况,诉争商标在其实际使用的相关商品上已经形成了稳定市场格局,相关公众能够将诉争商标所标识的商品与苏泊尔公司对应。此外,在先注册商标与引证商标并存最长已达 20 余年之久,诉争商标在苏泊尔公司已经实际使用且具有较高市场知名度的商品上对诉争商标的注册可以予以维持。

续表

时间	审理法院/案号	诉争商标/在先注册商标	引证商标	裁判要点
2019.2	北京高院（2018）京行终 4157 号	诉争商标 17283780 "拉菲珍宝" 在先注册商标 1122916 "LAFITE"	3278163 "拉斐"	"拉菲"系诉争商标的主要部分，"拉菲"具备较高的知名度，相关公众对诉争商标与其商品来源主体已经形成较为稳定的认知，能够与同类商品的经营者相互区分。因此，即使引证商标与诉争商标在读音上相同或近似，但二者共存于前述"葡萄酒"等商品上也不易引起相关公众的混淆误认。
2022.6	北京高院（2022）京行再 1 号	争议商标 4356344/11 类 M MONAL-ISA 及图 在先注册商标 1476867/19 类 M MONAL-ISA 蒙娜丽莎及图	1558842 蒙娜丽莎 Mona Lisa	在案证据不足以证明，争议商标申请注册时，第 1476867 号商标已具有较高知名度。且即使该商标已经具有较高知名度，其核定使用的第 19 类商品与争议商标和引证商标核定使用的第 11 类商品分属不同商品类别，不同商品上的商誉不能当然地延续到其他类别的商品上。在案证据亦不足以证明基于第 1476867 号商标在第 19 类"瓷砖"商品上的知名度，客观上足以能够使争议商标在"盥洗室（抽水马桶）、坐便器"商品上与引证商标相区分，不致使相关公众产生混淆、误认。因此商标延伸注册的相关主张不能成立。
2022.6	最高院（2022）最高法行再 3 号	诉争商标 9501078 "Hao-taitai 好太太及图" 在先注册商标 3563073 "Hao-taitai"	1407896 "好太太及图" 4443400 "好家好太太"	虽然第 3563073 号商标在厨房用抽油烟机、燃气灶商品上业已达到广为公众所熟知的驰名程度，但第 3563073 号商标的核准注册并非本案诉争商标应予核准注册的当然理由。诉争商标是由拼音"haotaitai"、中文"好太太"及图形构成，显然与第 3563073 号商标并不相同，诉争商标能否注册应当依据商标法的相关规定进行判断。被诉裁定认定诉争商标是在先商标权利的合理延伸注册，没有法律依据。

四、诠释法律

我国《商标法》的法条中并无延续性注册的概念，纵观与《商标法》有关的各类解释，仅有 2014 年和 2019 年北京高院《关于商标授权确权行政案件的审理指南》（下简称"《北京高院审理指南》"）中提到商标之间的延续关系、商标延续注册。

2014 年北京市高级人民法院《商标授权确权行政案件审理指南》"三、混淆误认的判断问题":7.商标注册人对其注册的不同商标享有各自独立的商标专用权,其先后注册的商标之间不当然具有延续关系。8.商标注册人的基础注册商标经过使用获得一定知名度,从而导致相关公众将其在同一种或者类似商品上在后申请注册的相同或者近似商标与其基础注册商标联系在一起,并认为使用两商标的商品均来自该商标注册人或与其存在特定联系的,基础注册商标的商业信誉可以在后申请注册的商标上延续。9.基础商标注册后、在后商标申请前,他人在同一种或者类似商品上注册与在后商标相同或者近似的商标并持续使用且产生一定知名度,在基础商标未使用或者虽然使用但未产生知名度、相关公众容易将在后申请的商标与他人之前申请注册并有一定知名度的商标相混淆的情况下,在后商标申请人主张其系基础商标的延续的,不予支持。

2019 年北京市高级人民法院《商标授权确权行政案件审理指南》"15.1【商标延续注册的限制】":诉争商标申请人的在先商标注册后、诉争商标申请前,他人在相同或者类似商品上注册与诉争商标相同或者近似的商标并持续使用且产生一定知名度,诉争商标申请人不能证明该在先商标已经使用或者经使用产生知名度、相关公众不易发生混淆的情况下,诉争商标申请人据此主张该商标应予核准注册的,可以不予支持。

其中,2014 年《北京高院审理指南》提到先后注册的商标之间不当然具有延续关系,但其中第 8 条从正向说明了延续性注册的主张获得支持应当满足的条件。而 2019 年《北京高院审理指南》删除了前述正向说明的条款,仅从反向说明对商标延续注册的主张可以不予支持的情形。这一条文发生变化,极有可能是受到本案最高院判决的影响。

第二十八节　商标"被动使用"的采纳规则

"拉菲庄园"商标争议案

作者:龙涵琼

律师

一、裁判参考

被动使用的中文标识,在权利人实际主动使用的情况下,可以认定该中文标识的使用构成商标意义上使用。

二、案例说明

（一）案例来源

最高人民法院《行政判决书》（2016）最高法行再 34 号。

（二）案例认定

本案再审判决入选最高人民法院发布 2016 年十大知产案件之一。

（三）案情简介

第 4578349 号"拉菲庄园"商标（即争议商标）的申请日为 2005 年 4 月 1 日，核定使用在第 33 类葡萄酒、酒（饮料）等商品上，注册人为金色希望公司。"LAFITE"商标（即引证商标）申请日为 1996 年 10 月 10 日，核定使用在第 33 类的含酒精饮料（啤酒除外）商品上，注册人为拉菲酒庄。拉菲酒庄针对争议商标提出争议申请，商标评审委员会裁定对争议商标的注册予以撤销。金色希望公司提起行政诉讼。

（四）案例分析

该案争议焦点之一在于被动使用能否构成商标法意义上的使用。最高院认为，早在 1980 年代，国内相关刊物就开始介绍"LAFITE"葡萄酒，并将"LAFITE"音译为"拉斐""拉菲特""拉菲"等，且拉菲酒庄及其相关销售商至少在 2003 年起已经在相关销售宣传单上以"拉菲"指代"LAFITE"，可以认定拉菲酒庄通过多年商业经营活动，客观上在"拉菲"与"LAFITE"之间建立了稳固的联系，争议商标与引证商标构成近似商标，最终判决撤销二审判决，维持一审判决及商标评审委员会裁定。

本案中，"拉菲"商标的早期使用证据为国内相关刊物的介绍，属于"被动使用"。最高院查明至少从 2003 年起拉菲酒庄及其相关销售商已经在相关销售宣传单上以"拉菲"指代"LAFITE"，2006 年后拉菲庄园在销售中沿用"拉菲"一词，并主动在宣传活动中将"拉菲"作为"LAFITE"对应的音译词使用，在相关公众中具有较高的知名度。因此，最高院认为，在案证据可以证明，通过多年的商业经营活动，"拉菲"与"LAFITE"之间客观上已建立稳固联系，争议商标与引证商标构成近似商标。

事实上，除本案再审判决之外，还有多个判决涉及商标的被动使用问题。"索爱"①案中，最高院认为索尼爱立信公司并无将"索爱"作为商业标识使用的意图，因此未采纳"索

---

① 详见"（2010）知行字第 48 号"《行政判决书》。

爱"标识的被动使用证据。但在"路虎"①案、"苏富比"②案、"广云贡饼"③案以及本案中，法院均认可了权利标识的被动使用证据。其中，"路虎"案、"苏富比"案和本案"拉菲庄园"案的在案证据中既有权利标识的被动使用证据，也有权利人主动使用的证据。但"广云贡饼"案只有被动使用证据，最高院认为"广云贡饼"能否成为商标的关键不在于"主动使用"或"被动使用"，而在于生产者与其产品之间以该标志为媒介的特定联系是否已经建立。

三、诠释法律

关于商标法意义上的使用的界定，《中华人民共和国商标法》第四十八条规定："本法所称商标的使用，是指将商标用于商品、商品包装或者容器以及商品交易文书上，或者将商标用于广告宣传、展览以及其他商业活动中，用于识别商品来源的行为。"而关于被动使用的相关规定可追溯至 2010 年《最高人民法院关于审理商标授权确权行政案件若干问题的意见》第 20 条第二款，"商标权人自行使用、许可他人使用以及其他不违背商标权人意志的使用，均可认定属于实际使用的行为"。2020 年修正的《最高人民法院关于审理商标授权确权行政案件若干问题的规定》依然保留了类似的规定，具体可见第二十六条之规定："商标权人自行使用、他人经许可使用以及其他不违背商标权人意志的使用，均可认定为商标法第四十九条第二款所称的使用。"从上述规定来看，通常情况下，被动使用的证据能否采纳，主要还是需要结合在案证据，判断该使用是否"违背商标权人意志"。

第二十九节　在先姓名权的保护

"乔丹"商标争议行政纠纷案

作者：王嘉雨

律师

一、裁判参考

姓名权可作为在先权利受到商标法保护；外国自然人就特定名称主张姓名权保护的，应符合三项条件：(1)该特定名称在我国具有一定的知名度，为相关公众所知悉；(2)相关

---

① 详见"(2011)高行终字第 1151 号"《行政判决书》。
② 详见"(2013)高行终字第 627 号"《行政判决书》。
③ 详见"(2013)知行字第 40 号"《行政判决书》。

公众使用该特定名称指代该自然人;(3)该特定名称已经与该自然人之间建立了稳定的对应关系。

二、案例说明

（一）案例来源

最高人民法院《行政判决书》(2016)最高法行再27号。

（二）案例认定

本案再审判决入选最高人民法院指导案例113号、"乔丹"系列案入选2016年度中国法院知识产权司法保护10大案件之一。

（三）案情简介

乔丹体育股份有限公司（以下简称"乔丹公司"）的第6020569号"乔丹"商标（以下简称"诉争商标"）于2007年4月26日申请注册,专用权期限自2012年3月28日至2022年3月27日,核定使用在国际分类第28类的"体育活动器械、游泳池（娱乐用）、旱冰鞋、圣诞树装饰品（灯饰和糖果除外）"商品上。美国NBA著名篮球明星迈克尔·杰弗里·乔丹（以卜简称"乔丹"）主张该商标含有其英文姓名的中文译名"乔丹",属于2001年商标法第三十一条规定的"损害他人现有的在先权利"的情形,故向商标评审委员会提出撤销申请。

商标评审委员会认为,诉争商标与"Michael Jordan"及其中文译名"迈克尔·乔丹"存在一定区别,并且"乔丹"为英美普通姓氏,难以认定这一姓氏与迈克尔·乔丹之间存在当然的对应关系。且乔丹公司相关商标通过长期、广泛的宣传使用,已获得较高声誉,与乔丹及耐克公司（经许可独家商业使用乔丹姓名）的商业活动并存市场近20年,已形成了各自的消费群体和市场认知,故裁定维持诉争商标。一审、二审法院均判决维持了被诉裁定。乔丹遂申请再审。

（四）案例分析

最高人民法院提审后,作出行政判决,认定乔丹公司诉争商标损害了乔丹的在先姓名权,乔丹公司注册诉争商标具有明显的主观恶意,其经营状况、对其企业名称、有关商标的宣传使用、获奖、被保护等情况,均不足以使得诉争商标的注册具有合法性。因此,诉争商标违反2001年商标法第三十一条有关"申请商标注册不得损害他人现有的在先权利"的规定,应予撤销,故判决撤销被诉裁定及一、二审判决,判令商标评审委员会就诉争商标重新作出裁定。

乔丹于 2012 年向商标评审委员会提出申请,请求撤销乔丹公司在多个商品类别上注册的"乔丹""QIAODAN"等多项商标。商标评审委员会于 2014 年裁定驳回其申请。2015年,乔丹不服北京市高级人民法院作出的 68 件商标争议行政纠纷案件的二审判决,向最高人民法院申请再审。2015 年 12 月,最高人民法院裁定提审了十件案件:(2016)最高法行再 15 号、20 号、25 号、26 号、27 号、28 号、29 号、30 号、31 号、32 号。对于涉及"乔丹"商标的 15 号、26 号、27 号三件案件,最高院判决认为,诉争商标的注册损害了乔丹的在先姓名权;对于涉及拼音"QIAODAN"的 20 号、29 号、30 号、31 号四件案件,以及涉及拼音"qiaodan"与图形组合商标的 25 号、28 号、32 号三件案件,共计七件案件,最高院判决认为乔丹对拼音"QIAODAN""qiaodan"不享有姓名权,诉争商标的注册未损害其在先姓名权。

本案判决中所阐述的商标法中关于在先姓名权保护问题的法律适用标准,包括主张姓名权保护的特定名称应符合的三项条件、保护在先姓名权不以姓名权人主动使用为前提条件等,对于此类案件的裁判标准亦产生重要影响。上述裁判规则随后亦纳入最高院司法解释中。

最高人民法院依法公开审理、宣判"乔丹"商标争议行政纠纷系列案件,平等保护中外权利人的合法权益,进一步树立了我国加强知识产权司法保护的负责任大国形象。判决中强调了诚实信用原则对于规范商标申请注册行为的重要意义,明确了主观恶意是认定诉争商标是否损害在先姓名权的重要考量因素。这对于净化商标注册和使用环境,保护消费者合法权益,弘扬和践行社会主义核心价值观等均具有积极意义。

三、类案应用

此案判决后,2017 年 1 月 10 日发布的《最高人民法院关于审理商标授权确权行政案件若干问题的规定》第二十条对于商标授权确权行政案件中姓名权的认定和保护进行了明确的指引,其后的相关案例均援引该裁判规则,对相关在先姓名权进行保护,如"pierre cardin"英文名称、"Yeezy"别名昵称、"金龟子"艺名等。部分案件中虽然认可了相关主体的姓名权,但因诉争商标注册的商品类别并非姓名权人所知名的领域或与其知名领域关联度不高,因此认为不构成对其姓名权的损害,如"NICHOLAS KIRKWOOD"案、"汤姆 C. 福特"案、"FENTY"案。

在"金龟子"案二审判决中,法院还总结出在商标确权行政案件中,在先姓名权益的保护应当从以下几个方面综合考量:一是相关公众是否能够将所涉的姓名、艺名、绰号等主体识别标志与特定自然人建立起对应关系;二是相关公众是否容易认为标有诉争商标的商品或服务系经过该自然人许可或者与该自然人存在特定联系;三是诉争商标申请人是否具有明知他人姓名而盗用、冒用的主观恶意。

附:"乔丹"类案检索表——在先姓名权的保护

时间	审理法院/案号	在先姓名权	诉争商标	裁判要点
2017.11	北京市高级人民法院（2017）京行终1613号	NICHOLAS KIRKWOOD	NICHOLAS KIRKWOOD	克伍德·尼古拉斯是知名的奢侈鞋靴的设计师,由于被异议商标指定使用的化妆品等商品与鞋靴商品的功能、用途、生产部门、销售渠道、消费群体等方面存在一定差别,克伍德·尼古拉斯及商标评审委员会均未提交克伍德·尼古拉斯设计的鞋靴品牌同时推出了化妆品等产品的证据。因此,在化妆品等商品上使用"NICHOLASKIRKWOOD"商标不会导致相关公众认为其来源与克伍德·尼古拉斯具有特定关系,从而损害克伍德·尼古拉斯的姓名权。
2017.12	北京市高级人民法院（2017）京行终3830号	THOMAS CARLYLE FORD	TFM TOMFORDMEN RODARTE BLACK 汤姆纽曼	被异议商标虽然包含汤姆C.福特英文名"THOMASCARLYLEFORD"中的"FORD",但二者区别较为明显,且在案证据尚不足以证明在被异议商标申请日前,汤姆C.福特在"服装"等商品领域已被中国大陆地区相关公众所知悉,以致相关公众在看到被异议商标时会容易联想到汤姆C.福特。因此,被异议商标的注册申请未侵害汤姆C.福特的姓名权。
2019.12	北京市高级人民法院（2019）京行终3370号	Pierre Cardin	pierre cardin jeans	皮尔·卡丹外文名称为"pierrecardin",其作为服装设计师已经具有较高知名度,中国相关公众能够将其本人与皮尔·卡丹及其外文名称pierrecardin建立起稳定的对应关系。法丹公司未经授权在"手提包、公文包"等商品上申请注册主要认读部分与皮尔·卡丹英文名称一致的商标损害了皮尔·卡丹的姓名权。尽管法丹公司受让了包含"pierrecardin"字样的相关商标,但自然人的姓名权属于人身权范畴,姓名权不会随着包含其姓名的若干具体商标的转让而发生移转。法丹公司无权自行申请包含"pierrecardin"字样的其他商标。

时间	审理法院/案号	在先姓名权	诉争商标	裁判要点
2020.10	最高人民法院（2020）最高法行申 11008 号	"金龟子"艺名	金龟子	当事人以其笔名、艺名、译名等特定名称主张姓名权，该特定名称具有一定的知名度，与该自然人建立了稳定的对应关系，相关公众以其指代该自然人的，同样应予以保护。结合刘纯燕主持的少儿节目及其艺名"金龟子"的知名度，诉争商标核定使用在"教育、培训"等服务上，相关公众看到"金龟子"商标，容易认为标有"金龟子"商标的服务系经过刘纯燕许可或者与刘纯燕存在特定联系。诉争商标的申请注册损害了刘纯燕在先的"金龟子"艺名的合法权益。
2021.2	北京市高级人民法院（2019）京行终 3676 号	KanyeWest 别名、昵称"Yeezy"	IYEEZY	KanyeWest 先生与耐克等品牌相继推出联名款产品，且产品的知名度较高，媒体对产品进行介绍时同时提及"Yeezy"系 KanyeWest 先生的昵称或别名，由此足以让相关公众清楚知晓"Yeezy"与 KanyeWest 之间的对应关系，KanyeWest 的知名度也因此从音乐娱乐领域扩大到服装、鞋等领域。诉争商标注册在"鞋（脚上的穿着物）、服装、袜"等商品上，容易使相关公众认为标记有诉争商标的商品系经过该 KanyeWest 的许可或者存在特定联系，诉争商标的注册损害了 KanyeWest 先生的姓名权。
2021.5	北京市高级人民法院（2020）京行终 3137 号	ROBYN RIHANNA FENTY	FENTY 芬笛	经授权的利害关系人有权以侵害他人姓名权为由提起商标无效宣告请求。虽然 ROBYN RIHANNA FENTY 在流行音乐领域已具有较高知名度，中国相关消费者能够将"RIHANNA""蕾哈娜"与其明确对应，但尚不能证明该自然人的姓氏"FENTY"已与其形成固定对应关系，亦不能证明"FENTY"在与争议商标核定使用的背包等商品领域已具有一定知名度。争议商标是由英文"FENTY"与中文"芬笛"构成的文字商标，其整体作为商标使用，不会使相关公众认为争议商标指代了自然人 ROBYNRIHANNAFENTY，并认为标有争议商标的商品系经过该自然人许可或者与该自然人存在特定联系，进而对其姓名权造成损害。

四、诠释法律

《最高人民法院关于审理商标授权确权行政案件若干问题的规定》第二十条：当事人主张诉争商标损害其姓名权，如果相关公众认为该商标标志指代了该自然人，容易认为标记有该商标的商品系经过该自然人许可或者与该自然人存在特定联系的，人民法院应当认定该商标损害了该自然人的姓名权。当事人以其笔名、艺名、译名等特定名称主张姓名权，该特定名称具有一定的知名度，与该自然人建立了稳定的对应关系，相关公众以其指代该自然人的，人民法院予以支持。

第三十节　合法的具体行政行为的认定

"周六福"工商行政查处行政纠纷案

作者：范舸

律师

一、裁判参考

未商标行政执法部门在对涉嫌侵犯他人注册商标专用权的行为进行查处时，在有能力、有手段进行调查的情形下，应当充分、完全地履行法定职责，对涉嫌违法行为进行充分的调查取证，查清案件相关事实，并对商标侵权与否作出正确判断。

二、案例说明

（一）案例来源

贵州省高级人民法院（2018）黔行终 1590 号《行政判决书》，香港周六福珠宝国际集团有限公司诉盘州市市场监督管理局（原六盘水工商局红果分局）工商行政管理纠纷；合议庭：朱进、秦娟、黄新；判决日期 2018 年 8 月 20 日。

（二）案例认定

本案入选最高人民法院公布的 2018 年中国法院 50 件典型知识产权案例。

（三）案情简介

香港周六福珠宝国际集团有限公司（以下简称"香港周六福珠宝公司"）系注册在第

14 类"珠宝首饰"等商品上的"周六福 ZHOU LIU FU"及"周六福"注册商标的权利人。案外人香港周六福黄金钻石首饰集团有限公司(以下简称"香港周六福黄金钻石公司")系注册在第 14 类商品上的"S 图 SHIGEFUKU"注册商标以及第 13879988 号"香港周六福黄金钻石首饰集团有限公司"注册商标的权利人。至二审判决作出前,第 13879988 号注册商标已经被原商评委宣告无效。

2016 年 5 月 1 日,香港周六福黄金钻石公司与红果周六福饰品店签订了特许经营合同,同意其经销"香港周六福黄金钻石首饰集团有限公司"品牌珠宝首饰商品,并在招牌上使用"香港周六福黄金钻石首饰图文及字样"等。随后,香港周六福珠宝公司认为红果周六福饰品店未经其许可擅自在所开设珠宝首饰店的店面招牌、广告牌、首饰盒(袋)处使用和投诉人注册商标相同或近似的标识,侵犯其商标权,遂向原六盘水工商局红果分局(盘州市市监局)发起投诉。原六盘水工商局红果分局作出《关于香港周六福珠宝公司投诉红果周六福饰品店涉嫌违法的回复》[以下简称"回复(一)"],认定红果周六福饰品店无违法行为。

香港周六福珠宝公司随后向原六盘水工商局红果分局申请行政复议,该局于 2017 年 1 月 5 日作出〔2017〕1 号行政复议决定书,认为回复内容存在重大缺陷,未履行法定职责,决定撤销回复(一),并责令其重新回复。

2017 年 1 月 16 日,原六盘水工商局红果分局作出回复(二),称已发出责令改正通知书,责令其在使用涉案标识时应当标明加盟店名称,并认为违法行为轻微,决定不予行政处罚。

在前述行政投诉期间内,2016 年 10 月 31 日原国家工商行政管理总局商标评审委员会(以下简称"原商评委")作出关于第 13879988 号"香港周六福黄金钻石首饰集团有限公司"商标无效宣告请求裁定书,并对第 13879988 号商标予以无效宣告。香港周六福珠宝公司于 2017 年 2 月 7 日将该裁定书邮寄原六盘水工商局红果分局,请求对红果周六福饰品店的商标侵权行为继续查处。此后,香港周六福珠宝公司诉至一审法院。

香港周六福珠宝公司起诉至法院后被一审法院驳回,后上诉至贵州省高院。

(四)　案例分析

本案的争议焦点为被诉具体行政行为是否合法,具体应从实体合法和程序合法两方面进行审查。二审贵州省高级人民法院从实体合法和程序合法角度出发,对原六盘水工商局红果分局履行法定职责是否充分,以及原六盘水工商局红果分局作出的回复(二)主要证据是否充分、适用法律是否存在错误进行论证:

程序合法方面,二审法院针对行政机关作出被诉回复(二)过程中,对于香港周六福珠宝公司的投诉要求是否存在遗漏、在调查取证及认定事实的程序中是否充分履行了法定职责等方面逐一进行分析,并根据《商标法》第六十二条第一款的相关规定作出认定:

第一,原六盘水工商局红果分局仅认定红果周六福饰品店店名不规范,对于是否存在侵权行为及违法经营数额等具体事实并未认定;第二,该局未提交证据证明其已对涉案商标的效力进行了核查;第三,该局提交的调查取证阶段的相关证据不能证明该局已完全履行了法定职责。综上,二审法院认定原六盘水工商局红果分局在有能力进行调查、有手段进行调查的情形下,未履行调查职责,属于履行法定职责不充分、不完全。

实体合法方面,二审法院综合了在案证据认为,如前所述,原六盘水工商局红果分局认为红果周六福饰品店使用店名标识获得授权,认定其系有权使用,然而在作出回复(二)之前,涉案商标已被宣告无效,该局未对此进行核查,致使作出的行政行为缺乏事实根据;此外,原六盘水工商局红果分局在对商标侵权成立与否的认定中,对是否构成商标性使用以及是否构成侵犯注册商标专用权的行为,适用法律错误。因此,该局作出回复(二)所依据的主要证据不确实,不充分。综上,二审法院一并撤销一审判决以及原六盘水工商局红果分局作出的回复(二),并责令盘州市市场监督管理局重新作出行政行为。

不同于本案例汇编中的大部分案例,本案典型性在于案件的性质以及程序问题。合法的具体行政行为的作出,既要实体合法,又要程序合法,这就对商标行政执法部门在履行职责,查处商标侵权、不正当竞争行为时,有了较为严格的要求。一方面,商标行政执法部门在对涉嫌侵犯他人注册商标专用权的行为进行查处时,在有能力、有手段进行调查的情形下,应当充分、完全地履行法定职责,对涉嫌违法行为进行充分的调查取证,以查清案件相关事实。另一方面,在实体问题认定与判断上,应当依据相关法律、法规、司法解释的规定,结合经充分调查获取的证据及查清的案件事实,对商标性使用、商标与商品相同或近似、侵权与否等实体问题作出正确的判断。将本案树立为典型,意在督促各地工商局、市监局积极履行职责,依法查处商标侵权、不正当竞争等违法行为;为各地法院在处理类似案件时提供引导;也为商标权利人面对行政机关不积极不充分作为时提供救济途径。《商标法》第六十二条第一款已为商标执法部门明确了职权范围,同时,国家知识产权局于2020年6月15日发布了《商标侵权判断标准》,为商标执法相关部门在处理、查处商标侵权案件时提供了更为详细、明确的适用标准,此举也是国家知识产权局等进一步鼓励地方执法、提高各地行政执法部门执法水平的一个政策信号。

三、类案应用

无。

四、诠释法律

《中华人民共和国行政诉讼法》第六条规定:"人民法院审理行政案件,对行政行为是否合法进行审查。"同时,在行政诉讼第二审程序中,第八十七条规定:"人民法院审理上诉案件,应当对原审人民法院的判决、裁定和被诉行政行为进行全面审查。"

第十章　著作权司法案例应用研究

第一节　短视频独创性的认定

"伙拍小视频"侵害作品信息网络传播权纠纷案

作者:李科峰
律师

一、裁判参考

短视频具有创作门槛低、录影时间短、主题明确、社交性和互动性强、便于传播等特点,是一种新型的视频形式。上述特点一般会使短视频制作过程简化,制作者以个人或小团队居多。在判定短视频的"创作性"时,不应拘泥于视频本身的长短,而应回归创作本身来判断,对于创作高度不宜苛求,否则将不利于短视频行业发展。涉案短视频是由制作者独立选择、编排,体现制作者个性化表达,包含制作者多方面的智力劳动,符合著作权法对保护客体提出的"独创性"要求。

二、案例说明

（一）案例来源

北京互联网法院《民事判决书》(2018)京 0491 民初 1 号。

（二）案例认定

本案入选最高人民法院 2018 年中国法院十大知识产权案件之一,也入选 2018 年度中国十大传媒法事例之一。

（三）案情简介

北京微播视界科技有限公司(下简称"微播视界公司")依据《我想对你说》短视频制

作者谢某(黑脸 v)的许可,享有该短视频独家排他的信息网络传播权及单独维权的权利。

百度在线网络技术(北京)有限公司、百度网讯科技有限公司(下简称"百度公司"),是伙拍小视频手机软件的开发者和运营者,未经许可将《我想对你说》短视频在伙拍小视频软件上传播及提供分享和下载服务,微播视界公司主张百度公司侵害《我想对你说》短视频作品的信息网络传播权。

(四)案例分析

本案的争议焦点是涉案《我想对你说》短视频时间较短,是否符合著作权法对保护客体提出的"独创性"要求。北京互联网法院认为,是否具有独创性,应当从如下两个方面判断:一是否由作者独立完成;二是否具备"创作性"。对于"独创性"的判断标准不应是一成不变的,应结合行业发展、作品类型以及创作空间等方面的特点,综合进行判断。

其一,本案中尽管短视频是由制作者使用党媒平台及人民网示范视频中的手势舞、伴音、明暗变化为基本元素进行创作的,但是该短视频的编排、选择及呈现给观众的效果,与其他同题材的短视频完全不同,体现了制作者的个性化表达。故《我想对你说》短视频是由制作者独立制作完成的。

其二,视频的长短与创作性的判定没有必然联系。《我想对你说》短视频构成了一个有机统一的视听整体,其中包含制作者多方面的智力劳动,具有创作性。同时该短视频带给观众的精神享受亦是该短视频具有创作性的具体体现。抖音平台上其他用户对《我想对你说》短视频的分享行为,亦可作为该视频具有创作性的佐证。

综合上述因素,法院认定《我想对你说》短视频符合著作权法对保护客体提出的"独创性"要求,属于著作权法保护的客体。

三、类案应用

在 2019 年北京市海淀区人民法院审结的《自驾崇礼滑雪》短视频侵害信息网络传播权案件,2020 年北京互联网法院审结的《缴税过户》短视频侵害信息网络传播权案件,2021 年江苏省南京江北新区人民法院审结的《宁境》短视频侵害信息网络传播权案件中,法院的认定均与"伙拍小视频"侵害作品信息网络传播权纠纷案确定的裁判规则一致。

附:类案检索表——短视频独创性的认定

裁判时间	审理法院/案号	法院认定
2019 年 4 月 26 日	北京市海淀区人民法院(2018)京 0108 民初 34939 号	涉案短视频是由拍摄者使用专业摄像设备拍摄,并将多个拍摄素材剪辑组合而成,视频记载了驾驶沃尔沃汽车前往崇礼滑雪的系列画面,视频的拍摄和剪辑体现了创作者的智力成果,涉案视频虽时长较短,但属于具有独创性的作品。

裁判时间	审理法院/案号	法院认定
2020 年 7 月 20 日	北京互联网法院（2020）京 0491 民初 11921 号	涉案短视频经过了制作者的构思和编排,体现出一定的独创性,并不是机械制作的产物,故属于我国著作权法上的作品。
2021 年 2 月 19 日	江苏省南京江北新区人民法院（2020）苏 0192 民初 4511 号	涉案微视频《宁境》展现了作者在细节、角度、画面等方面的独创性,具有一定程度的智力创造力,属于法律意义上的作品。

四、诠释法律

《最高人民法院关于审理著作权民事纠纷案件适用法律若干问题的解释》第十五条规定,由不同作者就同一题材创作的作品,作品的表达系独立完成并且有创作性的,应当认定作者各自享有独立著作权。

第二节　古籍点校成果是否构成作品的认定

葛怀圣与李子成"寿光县志"侵害著作权纠纷案

作者:闫春德
律师

一、裁判参考

古籍点校行为可视为具有独创性思维的表达,古籍点校成果的表达方式并非唯一或极为有限,古籍点校成果属于智力劳动成果,故古籍点校本构成著作权法意义上的作品。

二、案例说明

（一）案例来源

最高人民法院《民事判决书》（2016）最高法民再 175 号。

（二）案例认定

本案再审入选 2018 年中国法院 50 件典型知识产权案例。

（三）案情简介

原告李子成自 2008 年 6 月开始整理点校民国版《寿光县志》。2008 年 10 月，葛怀圣得知李子成正在点校民国版《寿光县志》，提出与李子成合作，李子成亦同意合作。2009 年 9 月，李子成因葛怀圣点校的《人物志·一》第三稿仍错误较多而与葛怀圣停止合作。2010 年 8—9 月，李子成应葛怀圣要求将《寿光县志》校注本第四稿给了葛怀圣。2011 年 5 月，葛怀圣出版了民国版《寿光县志》点校本。原告认为，被告葛怀圣的行为侵害了其著作权，遂起诉请求判令葛怀圣赔偿其经济损失 15 万元；向李子成道歉并在报纸上刊登严重错误勘正声明；承担本案的全部诉讼费用。葛怀圣辩称：（1）古籍点校不具有独创性，古籍点校作品不构成著作权法意义上的作品，点校人不享有著作权。（2）葛怀圣的行为不侵害李子成的著作权。

（四）案例分析

在学术界及司法实践中，古籍点校成果能否构成著作权法意义上的作品，从而获得著作权法保护存有争议。例如，王迁教授在其发表于 2013 年第 3 期（总第 88 期）《华东政法大学学报》上的《古文点校著作权问题研究》一文中认为，如果点校的结果被证实与古文原意一致，该结果作为"事实"不能受到著作权法的保护。如果点校结果无法被验证是否与古文原意一致，则点校结果是作者观点的唯一表达形式，根据"混同原则"也不能受到著作权法的保护。

而在本案中，一审、二审及再审均认定涉案古籍点校成果构成作品并应依法予以保护。一审判决：（1）葛怀圣于判决生效后 10 日内赔偿李子成经济损失及合理费用共计 6 万元；（2）葛怀圣于判决生效之日起一个月内向李子成赔礼道歉，并在《寿光日报》上刊登声明，以表明李子成是涉案民国版《寿光县志》点校本的共同点校人。一审宣判后，被告葛怀圣不服上述判决，向山东省高级人民法院提起上诉。二审法院驳回上诉，维持原判。二审宣判后，上诉人葛怀圣不服上诉判决，申请再审。最高人民法院维持二审判决。

在此之前，不同法院在关于此问题上的认定存在两种不同的判定。如上海高院在周锡山诉江苏凤凰出版社等侵害作品复制权、发行权纠纷二审案中也认为，虽然古籍点校工作专业性强，要求点校者具有较深的相关历史、文学、文化知识，且点校工作需要付出大量的体力劳动及智力劳动，但古籍点校终以复原古籍原意为目的，点校者仅是按照语法规则揭示了客观事实，基于客观事实和思想不受著作权法保护的基本原理，古籍点校成果不构成著作权法意义上的作品，不能作为作品受到著作权法保护。该案因入选"2014 年上海法院知识产权司法保护十大案件"而具有一定的典型性。而北京市高级人民法院在中华书局有限公司诉三民书局股份有限公司等侵害著作权纠纷二审案件中则认为，就古籍点校整理而言，其独创性包括选择最佳底本、改正错字、校补遗缺、加标点分段落、撰写校勘记等。对同一古籍作品的点校整理,如果在上述方面存在一定的差异,即可因不同的独创性而形成不同的作品。由此可见,在最高人民法院就题述案件作出再审判决前,北京高院在该判决中的裁判思路与最高院的裁判思路基本一致。

上述上海高院审理的二审判决后被最高院再审而推翻。在该案的再审民事裁定书中,最高院除了进一步明确古籍点校成果,在具备独创性的条件下,应当受到著作权法的保护外,还明确:对于古籍点校引发的侵害著作权纠纷,在适用接触加实质性相似原则判断是否构成侵权时,应考虑古籍点校成果的创作规律以及在后点校人是否具备独立创作的条件等因素。在为独创性不高的古籍点校成果提供著作权保护时,应当与其独创性程度相适应。将古籍点校成果作为《民法通则》第五条规定的一种民事权益进行保护的前提,一般是被诉侵权的在后古籍点校成果不具有独立创作的条件,直接全部或者部分复制使用了请求保护的在先古籍点校成果或者与在先古籍点校成果相似程度非常高。这些裁判思路较为精准地界定了涉及古籍点校类著作权纠纷案件相关裁判规则。通过该份再审裁定,最高院对于古籍点校类案件的审理和裁判思路可供后续类案借鉴。

三、类案应用

因"寿光县志"古籍点校案为最高院公布的典型案例,该案的裁判要旨为各地法院在后审理的古籍点校类案所借鉴、延伸。如 2018 年 11 月 8 日温州中院审结的"王十朋全集"案;2019 年 12 月 30 日北京市朝阳区人民法院审结的"镜花缘"案。当然,在最高院前述典型案例公布前后,也存在裁判结果不同的判决,如北京二中院审结的"典藏珍本"案、安徽高院审结的"黄山指南"案等。

附:古籍点校成果是否可以获得著作权法保护——"寿光县志"类案检索表

裁判时间	审理法院及案号	涉诉作品	裁判要点
2014 年 7 月 14 日	上海高院（2014）沪高民三（知）终字第 10 号	金批西厢记	虽然古籍点校工作专业性强,要求点校者具有较深的相关历史、文学、文化知识,且点校工作需要付出大量的体力劳动及智力劳动,但古籍点校终以复原古籍原意为目的,基于客观事实和思想不受著作权法保护之基本原理,古籍点校成果不能作为作品受到著作权法保护。
2015 年 11 月 20 日	北京高院（2015）高民（知）终字第 3456 号	新译史记	不同类型作品的独创性体现在不同方面,作品中反映的作者独立构思及创作、作品本身具有的作者个性,或者对已有作品进行的有个性的取舍、选择、安排、设计、整理、注释,均构成作品的独创性。就古籍点校整理而言,其独创性包括选择最佳底本、改正错字、校补遗缺、加标点分段落、撰写校勘记等。对同一古籍作品的点校整理,如果在上述方面存在一定的差异,即可因不同的独创性而形成不同的作品。

裁判时间	审理法院及案号	涉诉作品	裁判要点
2019 年 12 月 20 日	最高院（2015）民申字第 1471 号	金批西厢记	古籍点校成果,在具备独创性的条件下,应当受到著作权法的保护。对于古籍点校引发的侵害著作权纠纷,在适用接触加实质性相似原则判断是否构成侵权时,应考虑古籍点校成果的创作规律以及在后点校人是否具备独立创作的条件等因素。在为独创性不高的古籍点校成果提供著作权保护时,应当与其独创性程度相适应。
2018 年 11 月 8 日	温州中院（2018）浙 03 民终 1520 号	王十朋全集	评判古籍整理作品的独创性不能仅从作品中的基本构成元素是否处于公共领域或具有复原古籍的意图进行抽象讨论,即使作者力求忠实历史原貌,也不能就此径直否认古籍整理作品的独创性,而应从古籍整理作品是否体现了作者的特有选择与安排,具有独创性等方面进行评述。独创性程度越高,其受著作权保护的力度越大,反之则越小。
2019 年 12 月 30 日	北京朝阳区法院（2019）京 0105 民初 10975 号	镜花缘	古籍点校是古籍整理者对古籍原文作出的文字或非文字性注释,点校行为的目的虽为释读古籍原意,但因古籍点校者知识积累、占有资料和主观认知程度的差异,必然会表现为不同风格、水平的个性化判断。点校者综合完成标点、分段、注释的智力成果整体产生的新版本作品形成了区别于古籍原本的独创性表达,构成演绎作品,应受著作权法保护。
	北京二中院（2011）二中民终字第 12056 号	典藏珍本	对古籍断句是在遵循古籍原意的前提下在本应该停顿的地方进行标点,故对古文知识具有一定水平的人分别对古籍进行标点,所产生的表现形式是极其有限的,因此对内容完整的古籍断句和标点不产生受著作权法保护的表达方式。
2020 年 12 月 2 日	安徽高院（2020）皖民终 965 号	黄山指南	点校整理的目的是在遵循古籍原意的前提下,根据点校人对古籍含义的理解,在其认为的有限的表达方式中进行选择,通过使用现代汉语中的标点加以标识或进行分段等,向现代人恢复古籍作品的原貌,以方便现代人阅读。点校中无论是改变原著段落,还是增加标点与注释,抑或是使用简化字等,此过程更接近于思想而非独创性的表达,所产生的表现形式是极其有限,并不构成对作者的修改权、保护作品完整权者的侵犯。

四、诠释法律

根据《中华人民共和国著作权法》（2020 年修订）第三条规定,作品是指文学、艺术和科学领域内具有独创性并能以一定形式表现的智力成果。《中华人民共和国著作权法实施条例(2013 修订)》第二条规定,著作权法所称作品,是指文学、艺术和科学领域内具有独创性并能以某种有形形式复制的智力成果。第三条规定,著作权法所称创作,是指直接产生文学、艺术和科学作品的智力活动。

上述规定虽然具有概况性,但不难理解,在判定某一成果是否构成著作权法意义上的作品而予以保护,核心点还是在于结合个案来评判该成果是否是属于具有独创性的智力成果。因涉案点校过程需要点校者具备一定的历史、人文、文学等素养,且需要投入人力物力等进行调查研究,故点校过程属于智力劳动。同时,因涉案点校行为加入了点校者对民国版《寿光县志》原意的理解且对原本含义进行了推敲、句读、分段等,客观上形成了一种特殊形式的表达。另外,因对民国版《寿光县志》点校本的表达方式并非唯一或极为有限,而存在形成不同表达的可能,故该点校成果可以视为是具有独创性的智力成果而可被认定构成作品。

第三节　电竞赛事盗播之著作权法保护途径

DOTA2 广州斗鱼案

作者:王丹靓

律师

一、裁判参考

游戏直播网站在明知的情况下,未经许可即在客户端将他人举办的电竞赛事画面进行直播、转播并商业利用的行为违反了诚实信用原则,构成不正当竞争行为。

二、案例说明

(一) 案例来源

上海知识产权法院《民事判决书》(2015)沪知民终字第 641 号。

(二) 案例认定

本案判决入选"2016 年度人民法院十大民事行政案件""2016 年中国法院 50 件典型知识产权案例""2016 年度上海法院十大典型案例""2016 年上海法院知识产权司法保护十大案件"。

(三) 案情简介

DOTA2,中文名"刀塔 2",是一款风靡全球的优秀电竞网游。2015 年初,首届 DOTA2

亚洲邀请赛在上海举行,这次比赛汇集了全球最顶尖的 DOTA2 战队,让观众大呼过瘾。原告上海耀宇文化传媒有限公司作为本次赛事的赛事承办方,拥有 DOTA2 中国大陆地区代理商完美公司的授权,承办比赛,并取得了赛事的独家视频转播权,被告广州斗鱼网络科技有限公司未经授权,在斗鱼网站直播赛事。原告上海耀宇文化认为该场赛事形成的音像视频内容应受著作权法保护,被告擅自通过网络传播该作品损害了其信息网络传播权,且被告作为同行业从业者,其被诉行为违反了诚实信用原则和公认的商业道德,构成不正当竞争。

（四）案例分析

本案的争议焦点在于,涉案 DOTA2 电竞赛事是否属于著作权法规定的作品,是否应当受到著作权法的保护,如果不属于,则应当对于未经许可直播、转播他人举办的电竞赛事如何保护。

本案经上海市浦东新区人民法院及上海知识产权法院两审,认为涉案 DOTA2 电竞赛事不属于比赛画面不属于著作权法规定的作品,原告相关著作权侵权诉讼请求不予支持;针对被告未经比赛组织运营者的授权许可,对涉案赛事的实时直播,违反反不正当竞争法中的诚实信用原则,违背公认的商业道德,损害比赛组织运营者的合法权益,法院认定其构成不正当竞争。

近年来,电子竞技逐渐走入大众的视野,电竞赛事作为电子竞技产业的重要一环,成为了联结电竞游戏产品和普通用户的重要环节。而因电竞赛事直播节目的盗播行为而引发的侵权问题时有发生,本案是全国第一个涉及电竞游戏网络盗播的案件,本案经过两审法院审理,当时均认为电竞比赛赛事画面不属于著作权法意义上的作品,考虑到被告和原告一样同为专业的网络游戏视频直播网站经营者,双方具有同业竞争关系,被告明知涉案赛事由原告举办、原告享有涉案赛事的独家视频转播权、原告付出了较大的办赛成本,明知转播他人举办的游戏比赛须获得相关授权许可系视频网站行业的商业惯例,但在未取得任何授权许可的情况下,向其用户提供了涉案赛事的部分场次比赛的视频直播。被告直播涉案赛事的行为直接损害了原告独家行使转播权能够为原告带来的市场竞争优势,侵害了该市场竞争优势能够为原告带来的商誉、经济利益等合法权益,亦损害了网络游戏直播网站行业的正常经营秩序,严重违反了诚实信用原则和公认的商业道德,具有主观恶意,构成对原告的不正当竞争。该案当年认为电竞比赛赛事画面不具有独创性、不构成《著作权》法意义上的作品,并最终只能以构成不正当竞争进行保护的观点在各界引起了广泛讨论。

三、类案应用

近年来,随着电竞产业的进一步发展壮大,电竞赛事市场收益急剧上升,伴随而来的网络盗播赛事的情况也越来越多,电竞赛事版权如何保护,电竞产业如何能健康循环发展成为了最紧迫的问题。

在近期的司法实践中,法院逐渐偏向于认为电竞赛事比赛存在较大的创作空间,并具备有形复制的属性,可以认定电竞赛事具有独创性,直播游戏画面由有伴音的连续的画面组成,符合"类电作品"的表现形式,可以构成作品并给予著作权保护。

例如在 2018 年"梦幻西游"案中,广东省高级人民法院最终认定涉案游戏整体画面符合类电作品"由一系列有伴音或者无伴音的画面组成"的核心特征,其复杂制作过程和最终视听表达体现了较高的创作高度,符合类电作品的独创性标准,可归入类电作品范畴予以保护,同时明确被诉游戏直播行为不具备新的独创性,不构成新的作品,故被告未经著作权人许可使用游戏整体画面进行直播最终侵犯了原告的著作权;2020年广州互联网法院在广州虎牙公司诉武汉斗鱼网络科技有限公司著作权侵权及不正当竞争纠纷案中,首次认定"1.电竞赛事具有较强对抗性和观赏性……存在较大创作空间,具有独创性。……2.涉案电竞赛事直播画面通过互联网对外实时传送,因赛事进程的不可预知性和游戏对战画面的多样性,使每一帧画面和声音存在个性化选择的多种可能性,表现为有伴音的连续画面,符合类电作品的客观表现形式、传播利用方式,构成类电作品……被告未经许可网络直播该涉案电竞赛事的行为侵犯了原告享有的著作权益。……"广州互联网法院判决的这起案件也成为我国"国内电竞赛事直播著作权侵权第一案",明确给予电竞赛事画面著作权的保护,为我国电竞赛事版权问题首开明灯;在 2021 年 4 月 26 日广州互联网法院审理的火山小视频 APP 等直播《王者荣耀》游戏案中,一审判决认定涉案游戏运行过程中形成的连续画面构成作品,应当获得著作权保护,同时支持了原告 800 万元的赔偿请求,由于被告上诉,该判决尚未生效。

附:电竞赛事盗播之著作权保护途径——"DOTA2 广州斗鱼案"类案检索表

时间	审理法院/案号	涉案游戏	裁判要点
2021 年 5 月 19 日	广州互联网法院/(2020)粤 0192 民初 20339 号	IntelExtreme Masters 电竞赛事直播案	涉案赛事直播画面构成类似摄制电影的方法创作的作品,被告在未获得权利人授权许可的情况下通过网络直播涉案电竞赛事,侵害原告的著作权益;被告和原告属于同行业竞争者,被告在直播间房间名称等使用"EM""EPL"等标识的行为容易误导观众,构成对反法第六条第一项的不正当竞争行为;被诉直播赛事行为扰乱了互联网行业的竞争秩序,有违诚实信用原则,应当认定为反不正当竞争法第二条所禁止的不正当竞争行为。

时间	审理法院/案号	涉案游戏	裁判要点
2019 年 1 月 31 日	广州知识产权法院/（2018）粤 73 民初 2858 号之一（裁定书）	《王者荣耀》游戏直播案	被告直播涉案游戏的行为可能损害申请人基于合同法所保护的权益，攫取涉案游戏的直播市场和用户资源，违反诚实信用原则和公认的商业道德。被告通过其平台开设直播窗口、组织主播人员进行游戏直播，被告为用户观看涉案游戏直播提供购买虚拟产品服务等情形都足以认定被告存在共同侵犯涉案游戏著作权的可能性。
2019 年 12 月 10 日	广东省高级人民法院/（2018）粤民终 137 号	《梦幻西游》游戏直播案	游戏连续动态画面可认定为以类似摄制电影的方法创作的作品；未经许可的游戏直播，若影响游戏著作权人对游戏画面的正常使用或者不合理损害其合法利益的，认定侵犯了他人著作权益。游戏直播平台和游戏主播对直播获利有重要作用的，确定赔偿数额应剔除不属于著作权价值贡献的部分。

四、诠释法律

2010 年《著作权法》第三条规定，本法所称的作品包括……（六）电影作品和以类似摄制电影的方法创作的作品；……。伴随着 2021 年 6 月 1 日《著作权法（修正案三）》的生效，第三条将之前的"电影作品和以类似摄制电影的方法创作的作品"修改为"视听作品"；旧法第十条（十一）款规定，广播权，即以无线方式公开广播或者传播作品，以有限传播或者转播的方式向公众传播广播的作品……；新法第十条（十一）款则将广播权定义修改为"广播权，即以有限或者无线方式公开传播或者转播作品……"。

在 2021 年《著作权法》生效前，针对电竞赛事直播侵害著作权案件中，由于旧法没有"视听作品"这个概念，结合电竞游戏类型而言，法院曾经只能采取类推适用的方法确定涉案电竞赛事直播为旧法中的"类电作品"，进而通过兜底条款［即旧法第四十七条第（十一）］进行侵权认定和保护。随着 2021 年《著作权法》的生效，电竞赛事画面被直接认定为法定的"视听作品"已经不再具有障碍，未经权利人许可通过信息网络传播赛事直播侵犯了权利人的广播权，可以有效打击未经许可通过网络实时播出或者定时播出他人电竞赛事直播的侵权行为，为电竞产业的健康有序发展提供了明确的法律保障。

第四节　积木拼装玩具是否构成作品的认定

宝高公司诉东兴公司积木玩具著作权侵权案

作者:崔梦嘉
律师

一、裁判参考

积木拼装玩具的整体造型构成受著作权法保护的作品。被诉侵权产品即便是以积木拼装玩具的拼装颗粒之形式进行销售,但只要拼装完成后的整体造型与权利人的权利作品一致,则构成对权利作品的复制。被诉侵权产品的生产和销售属于对权利人复制权和发行权的侵害。

二、案例说明

（一）案例来源

江苏省高级人民法院《民事判决书》(2016)苏民终 482 号。

（二）案例认定

本案二审入选 2017 年中国法院 50 件典型知识产权案件。

（三）案情简介

宝高(南京)教育玩具有限公司("宝高公司")系涉案积木拼装玩具的著作权人。晋江市东兴电子玩具有限公司("东兴公司")曾接受宝高公司委托,加工生产积木拼装玩具产品。委托关系解除后,东兴公司未经宝高公司授权继续生产相关积木拼装玩具,并授权南京金宝莱工贸有限公司("金宝莱公司")进行销售。宝高公司主张东兴公司与金宝莱公司上述行为侵害了其积木拼装玩具的著作权,起诉至江苏省南京市中级人民法院,请求判令东兴公司、金宝莱公司停止侵权,并赔偿经济损失 500 万元以及制止侵权的合理开支费用。东兴公司、金宝莱公司辩称:(1)涉案产品与案外人"乐高"积木拼装玩具产品高度近似,不具有独创性;(2)涉案产品的拼装颗粒曾经申请过外观设计专利,现已失效,故涉案产品不应再重复受著作权法保护;(3)宝高公司举证的权利作品是产品设计图,而被诉产品是玩具颗粒,拼装后是立体实物,不构成对宝高公司作品的著作权侵害。

（四）案例分析

本案涉及市场上广受欢迎的积木拼装玩具是否、如何适用著作权予以保护的问题。案件中的争议焦点特别涉及三点问题:

1. 宝高公司主张的权利作品之性质

本案中,宝高公司提交了涉案产品的设计图与拼装完成实物作为其权利作品的权利基础证据。两审法院均认定,本案中宝高公司的涉案产品之整体造型具有独创性,构成我国著作权法意义上的美术作品。

对于产品整体造型在著作权法意义上的作品性质,如本案所涉的积木玩具产品以其造型的美感价值,在认定构成美术作品上通常争议较小,但也需要特别注意积木玩具产品本身造型的独创性之有无。而对于具有较强实用价值取向的产品,如家具等,其是否可以构成美术作品则通常会成为个案中的争议焦点。后文的类案援引将引用相关案例以供参考。

2. 权利作品曾获得专利权保护并已失效是否影响其获得著作权保护

本案中的一个特殊情节:宝高公司的部分拼装颗粒曾申请获得外观设计专利,且在本案发生前业已失效。换言之,部分拼装颗粒的设计已经进入公有领域。在此情节下,东兴公司主张宝高公司的相关设计不能得到著作权保护。

二审法院在该问题上进行了明确阐释,主要分为两层面:第一,适用客体不同。本案中宝高公司寻求保护的是涉案产品整体造型作为著作权法意义上之作品所享有的著作权,而非构成涉案产品的具体个别拼装颗粒。第二,没有法律依据。对于专利权失效后的外观设计是否不受著作权法保护,我国法律并没有明确规定。二审法院据此否定了东兴公司的相关主张。

3. 被诉产品是否构成对宝高公司涉案产品著作权的侵害

涉案积木拼装玩具产品的特征是其仅以拼装颗粒的形式生产出厂并进行销售,而拼装颗粒最终组成产品整体造型的过程是经由终端消费者之手实现的。因此,东兴公司的不侵权抗辩相当集中于拼装颗粒本身,主要是拼装颗粒是否可以获得著作权保护,以及被诉产品作为拼装颗粒不构成对宝高公司主张的设计图、整体造型之著作权侵害。

本案判决认为,本案的侵权比对是被诉产品之整体造型与宝高公司涉案产品之整体造型之间的比对,而两者比对结果一致,因此生产、销售被诉产品的行为构成对宝高公司涉案产品复制权、发行权的侵害。

值得注意的是,本案两审判决在著作权侵权分析中并未明确提及著作权侵权案件裁判实践中多为采用的"接触+实质性相似"规则,而仅以对比结果一致认定了侵权。但本案中"接触"的情节实际是蕴含在案事实之中的——东兴公司曾与宝高公司合作,接受宝高公司委托,使用宝高公司提供的模具生产积木拼装玩具产品。两审判决在被诉行为的恶意部分都提及了这一问题。

三、类案应用

本案作为最高人民法院选入的典型案例,对于类似情节的案件具有极强的参考意义,亦在相关案件中受到引用。另外,对于外观设计专利权保护与著作权保护的并行问题,本案中采用的外观设计专利之状态不影响对符合要件的作品适用著作权保护的思路,在后续其他判决中亦有沿用。

附:"宝高"案件类案检索表——产品整体造型的著作权保护

时间	审理法院/案号	裁判要点
2016.08	江苏省高级人民法院（2015）苏知民终字第00085号	包含创作者取舍、选择、设计、布局等创造性劳动,具有实用性和审美价值,并可大批量工业化生产的,构成具有实用价值的艺术作品,应当受到我国著作权法保护。 在权利作品形成并发表时间早于被控侵权产品,两者之间构成实质性相同,被控侵权人具备接触权利人作品的条件,且未能提供证据证明被控侵权产品由其自行设计,独立完成的情形下,应当认定被控侵权人侵犯了权利作品的著作权,并承担相应侵权责任。
2019.09	上海知识产权法院（2018）沪73民终268号 入选2019年上海法院知产司法保护十大案例	从我国著作权法立法原意理解,(涉案教具产品)构成模型作品需具备三个条件:一是必须具有展示、试验或者观测等用途,如与地理、地形、建筑或科学有关的智力创作等;二是具有独创性,精确地按照一定比例对实物进行放大、缩小或按照原尺寸制成的立体造型仅是实物的复制品,模型作品应当是根据物体的形状和结构,按照一定比例制成,但在造型设计上必须具有独创性;三是能以有形形式固定的立体造型。 就本案而言,首先,涉案立体造型系抽象于现实中的机械、工程结构,现实中存在与之相对应物体或者结构,但又不完全是复制实物,而能展示实物所蕴含的机械原理和物理结构。其次,设计者通过对现有机械及工程结构进行选取和提炼,抽象和简化,在创作过程中对立体结构进行了取舍、浓缩、抽象,展示科学和技术之美,在布局、结构安排、搭配组合等方面,体现了设计者的构思和安排,具有独创性。最后,运用组件,按照说明书步骤图能够搭建成与《安装说明书》所附图样一致的具有实物形态的30种立体造型,即能以有形形式固定。综上,涉案30种立体造型均符合我国著作权法规定的模型作品构成要件,并各自独立于图形作品构成模型作品,应受我国著作权法保护。
2020.10	北京互联网法院（2019）京0491民初23900号	外观设计在构成美感表达时,可以成为著作权法意义上的作品。二者具有重叠的可能性。但专利法对外观设计的保护与著作权法对实用艺术品的保护并不相同。外观设计并不天然地排斥著作权法的保护。无论是否允许专利权与著作权的双重保护,都不能以保护功能性设计的形式,达到实质上保护艺术美感的结果,反之亦然。 需要强调的是,法律也不禁止权利人在同一客体上享有多种民事权益,双重保护也并非重复保护,一项设计取得外观设计专利权保护后,其设计中蕴含的独创性表达仍然可以受到著作权法的保护。

四、诠释法律

根据《中华人民共和国著作权法》(2020 年修订)第三条规定,作品是指文学、艺术和科学领域内具有独创性并能以一定形式表现的智力成果。《中华人民共和国著作权法实施条例(2013 修订)》第二条规定,著作权法所称作品,是指文学、艺术和科学领域内具有独创性并能以某种有形形式复制的智力成果。同法第三条规定,著作权法所称创作,是指直接产生文学、艺术和科学作品的智力活动。

对于积木玩具等具有一定实用价值的产品,其整体造型在著作权法意义上是否构成作品、构成何种作品,关键在于其独创性之有无。如本案所涉的积木玩具产品以其造型的美感价值,在认定构成美术作品上通常争议较小。但是,对于造型过于简单的产品或具有较强实用价值取向的产品,结合个案事实情节其可能会被认定为不具有独创性、不构成著作权法意义上的作品。例如,最高人民法院在(2013)民申字第 1341 号案件中认为,"涉案玩具积木块的设计……均是日常生活中帽子的通常设计,这一设计并未赋予涉案玩具积木块足够的美学方面的独特性";《最高人民法院公报》2010 年第 7 期收录的公报案例中,上海市第二中级人民法院认为,"(涉案)儿童椅和儿童凳属于造型设计较为简单的儿童椅和儿童凳,不具备美术作品应当具备的艺术高度";北京知识产权法院在(2020)京 73 民终 87 号案件中认为,"普通服装均是为了满足人们的日常穿着、审美风格的需求而进行设计和生产……从审美意义的角度而言,不可否认上述服装具有一定美感……此种美感的存在并非服装获得著作权法保护的充分条件"。

第五节　换皮游戏侵权的著作权法规制

蜗牛公司诉天象公司《花千骨》游戏著作权侵权案

作者:崔梦嘉

律师

一、裁判参考

著作权法保护的"表达"不仅指"表达形式",还包括具有独创性的"表达内容"。网络游戏通过具有独创性的界面布局、文字、交互等设计,以及对其他公有领域、有限表达等要素的选择、排列、组合所构成的新的界面布局、文字、交互等设计,实现了对游戏具体玩法规则的特定呈现方式,如果该特定呈现方式已经可以达到区别于其他游戏的创作性特征,则可以被认定为著作权法保护的具有独创性的"表达"范畴。

"换皮"抄袭一般是指在后游戏使用与在先游戏不同的角色形象、音乐等元素,而在玩法规则、数值策划、技能体系、操作界面等方面与在先游戏相同或者实质性相似,是对游戏具体玩法规则涉及的特定表达整体照搬和复制,构成著作权侵权。

二、案例说明

（一）案例来源

江苏省高级人民法院《民事判决书》(2018)苏民终 1054 号。

（二）案例认定

本案二审入选 2019 年中国法院 10 大知识产权案件,并入选 2019 年江苏法院知识产权司法保护 10 大典型案例。

（三）案情简介

苏州蜗牛数字科技股份有限公司("蜗牛公司")开发的手机游戏《太极熊猫》于 2014 年 10 月 31 日上线,成都天象互动科技有限公司("天象公司")等开发的手机游戏《花千骨》于 2015 年 6 月 19 日上线。蜗牛公司主张,在后的《花千骨》游戏在游戏的玩法规则、数值策划、技能体系、操作界面等方面与《太极熊猫》游戏完全相同或者实质性相似,仅更换了《太极熊猫》游戏中的角色图片形象、配音配乐等,构成对《太极熊猫》游戏相关著作权的侵害,遂向苏州市中级人民法院提起诉讼。

（四）案例分析

本案是我国首例在司法判决中明确网络游戏中玩法规则的特定呈现方式可以获得著作权法保护,并认定"换皮"抄袭属于著作权侵权的案件。所谓"换皮"游戏,通常是指与在先的游戏在玩法规则、界面布局、数值策划等"内核"层面上高度相似,但更换了美术、音乐等"外皮"元素的游戏。由于此现象的特殊性质,其是否可以适用法律予以规制、如何适用法律予以规制成为游戏维权领域的热门问题。判决在以下几个方面针对适用《著作权法》规制"换皮"现象进行了详尽分析:

1. 游戏整体运行画面是否可以作为《著作权法》意义上的作品获得保护

游戏是文字、画面、音乐等众多元素的集合体,其中单独的元素作为《著作权法》作品获得保护没有争议,但游戏作为一个整体是否可以作为《著作权法》规定的作品予以保护,理论界存在一定分歧。

本案判决认为,涉案《太极熊猫》游戏预设了游戏运行时包括玩法规则与其他各种元素进行组合后所呈现的、不断变化的具体场景的表达以及表达的范畴,囊括设计团队的大量智力成果,且游戏整体运行环境可实现有形复制。因此,其属于著作权法所规定的文学、艺术和科学领域内具有独创性的智力成果。进而,涉案游戏的内容设计类似于电影创作过程中的剧本创作,玩家操作形成的整体运行画面类似于电影在剧本的框架下进行摄制及成像的过程,且玩家操作后呈现的表达亦在游戏开发者设定范围的边界之内。同时,该游戏整体画面包括一系列有伴音或无伴音的游戏画面,可以通过电脑等数字播放设备予以传播。故,涉案游戏符合《著作权法实施条例》规定的"以类似摄制电影的方法创作的作品"之特征,应当受著作权法的保护。

2. 游戏玩法规则的特定呈现方式是否属于《著作权法》保护的客体

本案判决认为,著作权法只保护表达,但"表达"并不仅指"表达形式",也包括具有独创性的"内容",并以文字作品的实例和三角模型举例进行了形象化的阐述。

具体到本案情节,法院剔除了蜗牛公司《太极熊猫》游戏中属于显性化的"思想"部分及公有领域的表达,如升级系统、装备系统等,认为剩余的界面基本布局、界面具体内容均由蜗牛公司独立设计,且通过界面内直白的文字形式或游戏操作界面的连续展示,实现了将部分游戏具体玩法规则的对外叙述表达,网络游戏玩家通过这些具有独创性的界面布局、界面文字、界面交互,可以了解到蜗牛公司在《太极熊猫》游戏中所设计的特定玩法规则及其运行体验。因此该部分的界面布局和界面内容可以看作是对游戏具体玩法规则的特定呈现方式,构成著作权法中的"表达"。

法院同时认为,蜗牛公司对其他公有领域、有限表达等要素所进行的选择、排列、组合所构成的新的界面布局或具体玩法规则的特定呈现,如果已经可以达到区别于其他游戏的创作性特征,则也可以被认定为具有独创性的"表达"。

3. "换皮"行为的著作权侵权判断

本案判决根据三个角度的事实确定了天象公司实施了"换皮"行为:(1)《花千骨》游戏软著登记资料中的图片为《太极熊猫》游戏的元素和界面;(2)《花千骨》游戏在核心玩法及相应表达内容,以及装备属性数值等方面存在与《太极熊猫》游戏的实质性相似之处,特别是数值呈现相同或相同比例微调的对应关系;(3)相关公众的体验感知因素:自媒体和应用商店中的相关公众评论也多认为两款游戏存在高度相似性。

法院进而分析认为,一款游戏的设计,其游戏结构、数值策划、界面布局等设计属于整个游戏设计中的核心内容,相当于游戏的骨架,而游戏角色形象、配音配乐等内容则属于形象设计,相当于游戏的皮肤或者衣服。《花千骨》游戏在核心玩法上与《太极熊猫》游戏存在诸多实质性相似之处,且在部分细节上存在的雷同,远远超出了创作巧合的可能性,故可以认定《花千骨》游戏对《太极熊猫》游戏的具体玩法规则所设计的特定表达进行了整体照搬和复制,其更换游戏 IP 形象、音乐、故事情节的行为构成对蜗牛公司改编权的侵犯。

三、类案应用

正如互联网产业、游戏产业以日新月异的速度快速发展,有关游戏"换皮"现象的法律规制实践亦在不断地发展中,时至今日仍是相关领域经常被论及的热门问题之一,特别是在规制的路径方面。除本案之外,亦有部分法院认为游戏整体不构成作品而只有游戏中的具体元素可以构成,应通过具体元素对"换皮"予以规制;也有部分法院认为对于游戏玩法规则的"换皮"抄袭不属于《著作权法》调整的范畴。另外,本案及近年其他一系列涉及电子游戏的著作权维权案件中,都将游戏整体运行画面作为"类似摄制电影的方法创作的作品"予以保护。

附:"花千骨"案件类案检索表——"换皮"游戏的法律规制

时间	审理法院/案号	裁判要点
2014.11	上海市第一中级人民法院(2014)沪一中民五(知)初字第22号 本案入选2014年上海知识产权10大典型案件	原告游戏作为一种特殊的智力创作成果,需要开发者投入大量的人力、物力、财力,凝聚了很高的商业价值。被告并未通过自己合法的智力劳动参与游戏行业竞争,而是通过不正当的抄袭手段将原告的智力成果占为己有,并且以此为推广游戏的卖点,其行为背离了平等、公平、诚实信用的原则和公认的商业道德,超出了游戏行业竞争者之间正当的借鉴和模仿,具备了不正当竞争的性质。 游戏规则尚不能获得著作权法的保护,并不表示这种智力创作成果法律不应给予保护。游戏的开发和设计要满足娱乐性并获得市场竞争的优势,其实现方式并不是众所周知的事实,而需要极大的创造性劳动。同时,现代的大型网络游戏,通常需要投入大量的人力、物力、财力进行研发,如果将游戏规则作为抽象思想一概予以保护,将不利于激励创新,为游戏产业营造公平合理的竞争环境。
2014.11	上海市第一中级人民法院(2014)沪一中民五(知)初字第23号	虽然本院认为原告卡牌的文字说明作为一个整体,可以作为游戏说明书获得保护……由于被告抄袭了原告游戏玩法和规则,为了要对游戏进行说明,不可避免地会使用与原告游戏说明较为接近的表达,这种相近源于思想的相同,实质上是对游戏规则和玩法的抄袭……而根据本院查明的事实,被告在对游戏进行说明时,还是在可能的范围内对个别文字作了替换,考虑到游戏玩法和规则对表达的限制,这种差异已经足以认为两者不构成复制关系。 因此,本院对原告指控被告侵害其游戏说明文字作品著作权的主张不予支持。当然,被告抄袭原告游戏的规则和玩法,其行为具有不正当性,但并非著作权法调整的对象。
2020.09	湖南省高级人民法院(2019)湘知民终267号	恺英公司、挚娜公司对DNF游戏进行有针对性地开发手游,刻意模仿和机械改装DNF游戏角色体系、职业体系、技能体系、怪物体系、NPC体系下识别力最强的特别设置的游戏体系和具体规则,从角色名称、角色转职职业到技能名称、图标、释放效果、装备体系、怪物、NPC等内容简单移植DNF相应游戏元素及其匹配关系,上述行为超出了模仿自由和竞争自由的界限,违反了商业道德,损害了自由竞争的市场秩序,给他人造成损害。

时间	审理法院/案号	裁判要点
2020.10	广州知识产权法院（2017）粤 73 民终 1094 号 本案入选 2020 年广州知识产权法院 10 大典型案例	《仙语》游戏中共有 40 个文字表达、40 个美术表达，以及 13% 的游戏设计与《梦幻西游》手游的对应内容相同或者实质性相似。这些部分无论在《梦幻西游》手游还是在《仙语》游戏中，都是关键内容，是其作为类电作品的主要表现形式，也是其作为网络电子游戏实现用户视听操作体验的主要因素，因此这些内容相同或实质性相似，显然超出合理借鉴的范畴，已足以判定《仙语》游戏对《梦幻西游》手游表达形式的剽窃。思锋公司制作《仙语》游戏并由四三九九公司通过信息网络向公众提供予以运营，其行为侵害了雷火公司对类电作品《梦幻西游》手游享有的信息网络传播权。
2020.12	广东省深圳市中级人民法院（2019）粤 03 民初 2157 号	本案两款游戏均是沙盒类游戏，两款游戏的元素也远远不止 267 个，原告主张上述基础核心元素的实质性相似，上述 267 个元素的出现、破坏、合成等动态画面均是《我的世界》《迷你世界》两款游戏作为类电作品的主要表现形式，在整体游戏动态画面中具有不可或缺的作用和地位，是游戏玩家实现用户视听操作体验的最主要因素即通俗称为的核心玩法，这些元素的相似性能够决定玩家利用这些元素进行合成物品、再搭建破坏物品时构成的游戏动态画面的相似程度，故通过上述元素的实质性相似足以判断两款游戏的整体画面构成实质性相似。

四、诠释法律

根据《中华人民共和国著作权法》（2020 年修订）第三条规定，作品是指文学、艺术和科学领域内具有独创性并能以一定形式表现的智力成果，包括视听作品及符合作品特征的其他智力成果。《中华人民共和国著作权法实施条例（2013 修订）》第二条规定，著作权法所称作品，是指文学、艺术和科学领域内具有独创性并能以某种有形形式复制的智力成果。同法第四条第（十一）项规定，电影作品和以类似摄制电影的方法创作的作品，是指摄制在一定介质上，由一系列有伴音或者无伴音的画面组成，并且借助适当装置放映或者以其他方式传播的作品。

本案例明确，如果网络游戏通过具有独创性的界面布局、文字、交互等设计，以及对其他公有领域、有限表达等要素的选择、排列、组合所构成的新的界面布局、文字、交互等设计，实现了对游戏具体玩法规则的特定呈现方式，且该特定呈现方式已经可以达到区别于其他游戏的创作性特征，则可以被认定为著作权法保护的具有独创性的"表达"范畴，构成著作权法意义上的作品。具体到适用《著作权法》（2010 年修订）第三条项下的规定，则是构成以类似摄制电影的方法创作的作品。

而伴随着新《著作权法》自 2021 年 6 月 1 日起的实施，相关认定预期将因应法律的修订而有所变化：新《著作权法》中，将前述"类电作品"调整为"视听作品"，并调整了作品类型的兜底条款为"符合作品特征的其他智力成果"，电子游戏可能归入上述两者之一。

而无论是"视听作品"还是"其他作品",相应的要件判断以及针对电子游戏作品类型的认定还会在新法的适用中不断探索、发展。

第六节　影视作品剧本著作权侵权的认定

《后来的我们》剧本著作权权属、侵权案

作者:周昌岐
律师

一、裁判参考

著作权的侵权裁判中,对思想表达区分的保护除了思想表达区分的因素外,著作权保护不延及作品所表达的抽象内容还具有侵权判定上的独立价值。如何确定特定作品表达的抽象内容具有极大的不确定性,若在先作者偏离实际表达任性解读,在后的创作者将面临动辄得咎的状况,创作自由将不复存在。依据不同的立法宗旨,著作权法排除保护的对象,并不必然被反不正当竞争法所排除。

二、案例说明

（一）案例来源

武汉市中级人民法院《民事判决书》(2018)鄂 01 民初 5015 号。

（二）案例认定

本案一审判决入选 2019 年中国法院五十件典型知识产权案例。

（三）案情简介

原告光亚公司委托黄丹蓉创作剧本《后来》。该剧本于 2015 年 5 月 4 日在国家版权局登记。2015 年 4 月 13 日,光亚公司获得摄制电影许可证,影片名称为《后来·懂得如何去爱》。2015 年 5 月 11 日,光亚公司获得刘若英演唱的歌曲《后来》非独家使用权,即作为电影《后来》的歌曲并用于电影宣传,不得切割使用,不得用于其他用途。2015 年 8 月 2 日,原告光亚公司、黄乾生将《后来》剧本与策划方案通过电子邮件发送给叶如婷,希望刘若英参与,刘若英方未同意。由刘若英导演,拾谷公司等被告出品的电影《后来的我

们》备案立项。原告光亚公司、黄乾生主张,电影《后来》与《后来的我们》故事内核完全相同,均是"恋爱、分手、错过、重逢、再也回不到从前",且被告剧本、电影有二十四处在情节上涉嫌抄袭剽窃,构成著作权侵权;刘若英、叶如婷侵占光亚公司、黄乾生基于歌曲《后来》、剧本及策划方案的商业机会,给其影片摄制造成实质性妨碍,构成不正当竞争。拾谷公司、因而公司等为署名的联合出品人,共同构成著作权侵权及不正当竞争。原告光亚公司、黄乾生诉至湖北省武汉市中级人民法院,请求判令拾谷公司、因而公司等停止影片《后来的我们》的复制、发行和传播行为,判令刘若英、叶如婷赔礼道歉、消除影响,各被告共同赔偿7000万元。

(四) 案例分析

一审法院驳回原告光亚公司、黄乾生的全部诉讼请求。光亚公司、黄乾生不服一审判决,向湖北省高级人民法院提起上诉,但未缴纳上诉费。法院二审裁定按自动撤回上诉处理。

著作权权法的立法宗旨,既为保护著作权人的创作成果,也为鼓励作品的创作和传播,基于此,可以从正反两个方面来理解思想表达二分法,确定著作权保护范围。

本案中,就著作权侵权之诉部分,武汉市中院认为在作者通过取舍、选择、安排、设计,比如确定题材、主要人物、人物设置、人物关系,确定主要情节、情节事件、情节发展串联,确定人物与情节的交互关系、故事矛盾冲突,将上述种种交织在一起,达到足够细致具体的程度,才可使读者产生具体的欣赏体验。本案原告主张的被改编和摄制的内容均非著作权法保护范围,不仅如此,其多处比对意见实际上已偏离了作品实际内容,有牵强附会之嫌。原、被告作品在故事主线、主要故事内容、人物设置、人物关系、情节事件、情节发展串联等独创性表达方面均存在实质区别,被告不构成著作权侵权。

而就不正当竞争之诉部分,虽然法院认为依据不同的立法宗旨,著作权法排除保护的对象,并不必然被反不正当竞争法所排除。但本案中,因原告不具有竞争法意义上的可保护利益,被告的行为则在合法合理范畴之类,符合商业道德要求,既未扰乱市场竞争秩序,也未损害原告或其他经营者、消费者的合法权益,不构成不正当竞争。一审法院遂判决驳回光亚公司、黄乾生的全部诉讼请求。

近年来,影视剧著作权侵权风波不断,在判断两作品是否构成实质性相似时对涉案作品进行抽象、过滤,提炼出原告作品中的独创性表达。在判断过程中,既要对人物设置、人物关系、情节事件等进行详细细致的比对,也要结合上下文衔接进行整体比对。

三、类案应用

在本案判决作出前后,司法实践中也存在相关类案值得关注。如北京市海淀区人民法院在(2017)京0108民初43128号红高粱案、上海市浦东新区人民法院(2017)沪0115

民初 84551 号人民的名义案中,对原被告作品文字性语句、台词、剧情结构及整体故事情节安排、具体故事情节及情节安排逻辑、人物设置和人物关系等方面进行比对后认为不构成实质性相似;北京市朝阳区人民法院(2017)京 0105 民初 62752 号《锦绣未央》案中对原告被告作品结合上下文衔接进行整体比对,认定原告作品语句中不属于文学作品的常见表达的部分具有独创性,被告作品构成实质性相似;北京市第三中级人民法院(2014)三中民初字第 07916 号《宫锁连城》案中,认为被告作品超越了合理借鉴的边界,构成对原告作品的改编,侵犯了著作权中的改编权。

附:影视作品剧本著作权侵权类案检索表

时间	审理法院/案号	比对作品	裁判要点
2020.12	北京市海淀区人民法院(2017)京 0108 民初 43128 号	《红高粱》vs.《红盖头》	电视剧《红高粱》与电视剧《〈红盖头〉剧本 1—10 集》《电视剧〈红盖头〉(故事大纲)(人物小传)(主创人员)(分集故事)》)在文字性语句、台词、剧情结构及整体故事情节安排、具体故事情节及情节安排逻辑、人物设置和人物关系等方面不构成相似,从整体上也不构成实质性相似。
2019.5	北京市朝阳区人民法院(2017)京 0105 民初 62752 号	《温柔一刀》《寂寞高手》《逆水寒》《剑气长江》《江山如画》vs.《锦绣未央》	文学作品使用有限的字、词和短句的表达并不鲜见,因此在著作权侵权判断时无法仅就单独语句甚至短语进行割裂判断,而应结合上下文衔接、具体用字的选择、将这些语句放入段落甚至篇章整体对比。将涉案 13 处被控侵权语句回归于其所在的段落、篇章之中,结合上下文衔接进行整体比对,可以认定上述语句具有独创性,均不属于文学作品的常见表达。《锦绣未央》中的涉案共 13 处语句,均与涉案五作品中的相应语句存在相同或实质性相似,已构成对温瑞安享有的涉案五作品著作权的侵害。
2019.4	上海市浦东新区人民法院(2017)沪 0115 民初 84551 号	《暗箱》vs.《人民的名义》	原告小说《暗箱》与被告小说及同名电视剧《人民的名义》既不存在文字表达上的字面相似,也不存在作品整体结构、具体情节、人物关系等具体表达上的非字面相似。
2014.12	北京市第三中级人民法院(2014)三中民初字第 07916 号	《梅花烙》vs.《宫锁连城》	原告陈喆作为剧本及小说《梅花烙》的作者、著作权人,依法享有上述作品的改编权,受法律保护。被告余征接触了原告剧本及小说《梅花烙》的内容,并实质性使用了原告剧本及小说《梅花烙》的人物设置、人物关系、具有较强独创性的情节以及故事情节的串联整体进行改编,形成新作品《宫锁连城》剧本,上述行为超越了合理借鉴的边界,构成对原告作品的改编,侵害了原告基于剧本《梅花烙》及小说《梅花烙》享有的改编权,依法应当承担相应的侵权责任。

四、诠释法律

《中华人民共和国著作权法》第十七条：视听作品中的电影作品、电视剧作品的著作权由制作者享有，但编剧、导演、摄影、作词、作曲等作者享有署名权，并有权按照与制作者签订的合同获得报酬。

前款规定以外的视听作品的著作权归属由当事人约定；没有约定或者约定不明确的，由制作者享有，但作者享有署名权和获得报酬的权利。

视听作品中的剧本、音乐等可以单独使用的作品的作者有权单独行使其著作权。

本案原告主张的被改编和摄制的内容均非著作权法保护范围，不仅如此，其多处比对意见实际上已偏离了作品实际内容，有牵强附会之嫌。原、被告作品在故事主线、主要故事内容、人物设置、人物关系、情节事件、情节发展串联等独创性表达方面均存在实质区别，被告不构成著作权侵权。

第七节　云服务器租赁服务提供者应采取的必要措施

乐动卓越科技有限公司与阿里云计算有限公司侵害信息网络传播权纠纷案

作者：赵晓星

律师

一、裁判参考

云服务器租赁业务服务提供者适用《侵权责任法》第三十六条"通知加采取必要措施"的规则，可以不采取"删除、屏蔽或者断开链接"或与之等效的"关停"服务器等措施，而可将"转通知"作为应采取的必要措施。有效的通知应包括准确定位侵权作品的信息。

二、案例说明

（一）案例来源

北京知识产权法院《民事判决书》（2017）京 73 民终 1194 号。

（二）案例认定

本案二审判决入选 2019 年中国法院 50 件典型知识产权案例。

（三）案情简介

原告乐动卓越公司是网络游戏《我叫 MT》的著作权人。被告阿里云公司提供云服务器租赁服务。案外人运营了涉嫌非法复制《我叫 MT》的游戏，并存储于阿里云服务器上。乐动卓越曾两次致函通知阿里云，要求阿里云删除侵权游戏并提供该涉嫌侵权的服务器租用者的具体信息，但没有得到阿里云的配合。阿里云公司辩称，（1）阿里云公司所提供的服务不属于该条规定的网络服务提供者，且不能采取该条规定的删除、屏蔽、断开链接等必要措施。（2）要求阿里云公司承担"转通知"等义务没有法律依据，不适当地加重了服务器租赁经营者的运营负担。

（四）案例分析

本案争议焦点是云服务器租赁服务提供者是否有义务采取必要措施，以及应采取何种必要措施。

在本案中一审石景山法院认为阿里云公司提供服务器租赁服务，无须审核租用人上传信息，但在收到通知后长期不作为应对损失扩大部分承担一定过错责任。

二审北京知识产权法院改判认为，阿里云公司提供云服务器租赁服务，不属于《信息网络传播权保护条例》规定的四类网络服务提供者，且接到有效通知后简单采取移除措施或其他等效措施，有可能会对提供其他性质服务的网络服务提供者或其用户的合法利益造成不当损害，所以根据《侵权责任法》第三十六条规定，适用"通知加采取必要措施"规则，其中"转通知"可以成为合格投诉通知场景下阿里云公司的必要措施。此外，因乐动卓越公司向阿里云公司发出的通知不符合法律规定，属于无效通知，因此阿里云公司不需承担任何责任。

在此案前，云服务的网络服务提供者通常会被认定包含在《信息网络传播权保护条例》规定的四类网络服务提供者，而适用"通知—移除""反通知—恢复"的规则。在北京高院 2018 年审结的中青文文化公司与百度公司的信网传播权纠纷中，百度公司即因其运营的百度云中用户上传侵权作品而被诉帮助侵权。该案中，百度公司和法院均认为云服务器的服务提供者属于《信息网络传播权保护条例》第二十二条的为服务对象提供信息存储空间，应在收到权利人有效通知书后删除权利人认为侵权的作品。较早确定适用《侵权责任法》"通知加采取必要措施"中包含"通知—转通知"规则的是入选 2015 年浙江法院十大知识产权保护案件及 2015 年中国法院十大知识产权案件的嘉易烤公司与金仕德公司、天猫网络公司的"红外线加热烹调装置"专利纠纷二审案，本案与该案的不同在于，该案为专利纠纷案件而非著作权案件，考量适用"通知—转通知"是基于网络服务平台提供者对于发明专利侵权判断的主观能力、侵权投诉胜诉概率以及平台和权利方利益平衡等因素的考量。该案规则目前已被 2018 年发布的《电子商务法》所确认。

三、类案应用

因嘉易烤公司与天猫案为最高院公布的指导案例,且该案中确定的转通知作为必要措施的一种,对网络服务提供者的风险及影响最小,从而受到互联网平台各大公司的推崇,各地法院在后审理的涉及网络服务提供者所应采取的必要措施大都借鉴该案的裁判理由,包括本案在内。如与本案同时期2019年11月杭州市中院审结的刀豆公司诉微信小程序案,该案中法院同样认定腾讯运营的微信小程序不属于《信息网络传播权保护条例》规定的四类网络服务提供者,不应承担"通知—删除"或下架义务,至于应采取何种必要措施,该判决并未明确指出,而是强调应综合考量相关网络服务的性质、形式、种类,侵权行为的表现形式、特点、严重程度等具体因素,以技术上能够实现,合理且不超必要限度为宜,以实现权利人、网络服务提供者、网络用户之间的利益平衡。甚至部分判决将网络服务提供者直接删除、屏蔽认定为超出了必要措施,而应该先遵循通知及反通知的机制流程,如鸿尚公司与阿里巴巴合同纠纷案。与本案类似的为云服务提供者的优酷诉百度案中,法院认为在云服务提供者已明知侵权事实的情况下,必要措施也不必然是删除、断链,可基于服务性质等,以屏蔽制止用户分享侵权链接等作为其必要措施。

附:云服务器租赁服务提供者类案检索表

时间	审理法院/案号	权利基础	必要措施	裁判要点
2018.8	北京高院(2016)京民终248号	信网权	删除	判断网络服务提供者提供的信息存储空间服务是否构成对权利人信息网络传播权的帮助侵权,应具备下列要件:1.网络用户利用该服务实施了未经许可提供作品的直接侵权行为;2.该服务提供者对网络用户实施的直接侵权行为主观上具有明知或者应知的过错,且未及时采取删除、屏蔽等必要措施。
2019.9	杭州市中院(2017)浙01民终7472号	合同权利	反通知	网络服务提供者并未遵循通知及反通知的机制流程而是直接采取了措施,这不符合《电子商务法》规定的处置机制,也与合同中给予合理期限内举证申辩的约定不符,超出了必要限度。
2019.11	杭州市中院(2019)浙01民终4268号	信网权	合理且不超必要措施	采取何种必要措施应综合考量相关网络服务的性质、形式、种类,侵权行为的表现形式、特点、严重程度等具体因素,以技术上能够实现,合理且不超必要限度为宜,以实现权利人、网络服务提供者、网络用户之间的利益平衡。

续表

时间	审理法院/案号	权利基础	必要措施	裁判要点
2020.12	北知（2020）京73民终155号	信网权	屏蔽用户分享链接等	网络服务提供者针对用户侵权所应采取的必要措施,不应仅限于在侵权发生之后断开链接一项,否则即便其做到了及时断开,往往也会使侵权用户、权利人和网络服务提供者之间陷入"侵权—通知—断开—再侵权—再通知—再断开"的往复循环之中,难以有效制止用户的持续侵权和权利人损失的扩大。因此,除及时断开链接外,网络服务提供者还应基于其所提供服务的性质、方式、引发侵权可能性的大小以及其所具备的信息管理能力,积极采取其他合理措施,例如通过屏蔽制止用户分享侵权链接。

四、诠释法律

　　《民法典》第一千一百九十五条第二款:"网络用户利用网络服务实施侵权行为的,权利人有权通知网络服务提供者采取删除、屏蔽、断开链接等必要措施。通知应当包括构成侵权的初步证据及权利人的真实身份信息。网络服务提供者接到通知后,应当及时将该通知转送相关网络用户,并根据构成侵权的初步证据和服务类型采取必要措施;未及时采取必要措施的,对损害的扩大部分与该网络用户承担连带责任。权利人因错误通知造成网络用户或者网络服务提供者损害的,应当承担侵权责任。法律另有规定的,依照其规定。"《最高人民法院关于审理侵害信息网络传播权民事纠纷案件适用法律若干问题的规定(2020修正)》第七条:"网络服务提供者在提供网络服务时教唆或者帮助网络用户实施侵害信息网络传播权行为的,人民法院应当判令其承担侵权责任。网络服务提供者以言语、推介技术支持、奖励积分等方式诱导、鼓励网络用户实施侵害信息网络传播权行为的,人民法院应当认定其构成教唆侵权行为。网络服务提供者明知或者应知网络用户利用网络服务侵害信息网络传播权,未采取删除、屏蔽、断开链接等必要措施,或者提供技术支持等帮助行为的,人民法院应当认定其构成帮助侵权行为。"

　　根据上述法律法规的规定可以看出本案裁判要点目前已融入法律及司法解释之中,网络服务提供者接到通知后所应采取的必要措施包括但并不限于删除、屏蔽、断开链接,将有效的投诉通知材料转达被投诉人并通知被投诉人申辩当属网络服务提供者应当采取的必要措施之一。

第八节　如何确定新型网络服务提供者的责任承担标准

杭州刀豆公司与长沙百赞公司、腾讯公司侵害著作权纠纷案

作者：李川

律师

一、裁判参考

"微信小程序"属于新型网络服务提供者，无法实现定点删除涉嫌侵权内容，但在收到权利人的有效通知后，仍需根据《民法典》第一千一百九十五条规定，综合考量网络服务提供者提供服务的性质、形式、种类，侵权行为的表现形式、特点、严重程度等具体因素，以技术上能够实现，合理且不超必要限度为宜来采取其他必要措施。

二、案例说明

（一）案例来源

杭州互联网法院《民事判决书》(2018)浙 0192 民初 7184 号（一审），杭州市中级人民法院《民事判决书》(2019)浙 01 民终 4268 号（二审）。

（二）案例认定

本案一审入选 2019 年度杭州法院知识产权司法保护十大案件，本案二审入选最高人民法院 2019 年中国法院 50 件典型知识产权案例。

（三）案情简介

原告杭州刀豆网络科技有限公司（以下简称"刀豆公司"）经授权取得《武志红的心理学课》文字作品的信息网络传播权及维权权利。2018 年 7 月 4 日，刀豆公司发现被告长沙百赞网络科技有限公司（以下简称"百赞公司"）运营的三个微信小程序中均有"武志红心理学"收听栏目，其中"命运""自我的稳定性与灵活度"音频内容与权利作品一致。刀豆公司向一审法院杭州互联网法院起诉，请求判令百赞公司、腾讯公司立即停止侵权，即百赞公司立即删除在微信小程序上的涉案作品，腾讯公司立即删除上述三个侵权微信小程序，百赞公司、腾讯公司赔偿刀豆公司经济损失以及合理费用共计人民币 50000 元。

（四）案例分析

数字经济时代,新型的网络服务提供者不断出现,已经超出现有法律框架所规定的网络服务类型,本案涉及的"微信小程序"即属于一种新型的网络服务提供者。针对传统的网络服务提供者,在责任承担上需要适用"通知—删除"规则来认定,而新型网络提供者能否同样适用"通知—删除"规则来认定,则需要综合考量权利人、网络服务提供者、网络用户之间的利益平衡。而本案通过准确界定微信小程序的法律定位,在无法实现对涉嫌侵权信息进行定位清除,删除整个小程序又导致相关利益明显失衡的情况下,确定了技术上能否实现,合理且不超出必要限度的措施,对于促进数字经济时代技术服务的革新、权利人合法权利保护进行了平衡,对数字经济时代新出现的各类新型网络服务平台治理模式进行了有益探索,为将来涉新型网络服务提供者案件的责任承担提供借鉴。

在本案中,一审法院经审理认为,涉案作品内容构成侵权,百赞公司应当承担侵权责任。涉案作品内容无法定向删除,不宜要求腾讯公司删除整体下架发布有该侵权内容的小程序。遂判决驳回刀豆公司对腾讯公司的诉讼请求。一审宣判后,原告刀豆公司不服上述判决,向杭州市中级人民法院提起上诉。

二审法院经审理后,驳回刀豆公司的上诉,维持原判,主要理由是:腾讯公司提供的微信小程序服务不属于《信息网络传播权保护条例》规定的网络自动接入服务和自动传输服务、自动缓存服务、信息存储空间服务、搜索或链接服务中的任何一种,故其是否构成帮助侵权应根据《民法典》第一千一百九十五条(修法前《侵权责任法》第三十六条)"通知-删除"规则认定。因刀豆公司未向腾讯公司发出侵权通知并要求采取必要措施,且腾讯公司对百赞公司的被控侵权行为并非明知,故腾讯公司并不存在过错,不需要承担帮助侵权的责任。腾讯公司不具备进入开发者服务器、接触服务器内容的技术能力,无法实现对侵权内容的"定位清除",要求其删除被控侵权的小程序超出了本案被控侵权行为所造成损害的必要限度。因此,腾讯公司不应承担整体下架涉案微信小程序的民事责任,但腾讯公司在收到被侵权人的有效通知后,仍需根据《侵权责任法》第三十六条规定,综合考量网络服务提供者提供服务的性质、形式、种类,侵权行为的表现形式、特点、严重程度等具体因素,以技术上能够实现,合理且不超必要限度为宜来采取其他必要措施。综上,杭州市中级人民法院判决驳回上诉,维持原判。

三、类案应用

除本案外,尚无涉及"微信小程序"的案例出现,但共同作为微信生态组织部分的微信公众号相关案件的判决也可以为本文参考。涉微信公众号案件,侵权行为一般是被告把侵权内容发布在微信公众号,原告要求腾讯公司封禁微信公众号、禁止被告再次申请公众号,法院对原告的上述诉求不予支持。与本案情形最为接近的是 2020 年 12 月深圳南山法院审结的"同道大叔"案(深圳南山法院《民事判决书》(2020)粤 0305 民初 18672 号),以及 2019 年 6 月深圳宝安法院审结的"同道大叔"案(深圳宝安法院《民事判决书》(2018)粤 0306 民初 9450 号),两案均对原告要求封禁微信公众号、禁止被告再次申请微信公众号的诉请予以驳回。

附:类案检索表——微信公众号发布侵权作品的平台责任

时间	审理法院/案号	侵权行为	权利人主张	裁判要点
2020.12	深圳南山法院(2020)粤 0305 民初 18672 号	被告通过微信公众号提供涉案侵权美术作品	封禁微信公众号,禁止侵权人再次申请微信公众号	原告要求被告腾讯公司对被告的涉案微信公众封号和禁止被告再次申请微信公众号的诉讼请求,无事实和法律依据,本院不予支持。
2019.6	深圳宝安法院(2018)粤 0306 民初 9450 号	被告的微信公众号头像使用原告享有著作权的美术作品	对被告的微信公众号进行封禁,并禁止被告再次申请微信公众号	原告无证据证明涉案微信公众号以发布侵权图片为目的,而微信公众号除了能够发布图片外,还具有发布信息、提供交流平台等多项功能,原告主张被告关闭侵权微信号、腾讯公司对被告涉案账号封号处理、禁止被告再次申请微信公众号的诉求,于法无据,本院不予支持。

四、诠释法律

我国《民法典》第一千一百九十五条(对应修法前《侵权责任法》第三十五条)规定:"网络用户利用网络服务实施侵权行为的,权利人有权通知网络服务提供者采取删除、屏蔽、断开链接等必要措施"。上述规定借鉴《信息网络传播权保护条例》第十五条,但没有借鉴《信息网络传播权保护条例》第二十条至第二十三条的规定,将对侵权内容不具备识别和控制能力的网络自动接入、自动传输提供商排除在"通知—删除"规则之外。

数字经济时代,新型的网络服务提供者不断出现,在适用《民法典》第一千一百九十五条"通知—删除"规则时,应当具体分析网络服务提供者的性质,根据其对侵权内容的识别和控制能力,对其责任承担进行相应的设定,如此才能实现互联网产业发展和权利人利益保护之间的平衡。

第九节 平台投诉规则的程序要求能否阻却侵权投诉的有效性

求知公司与新浪公司侵害计算机软件著作权纠纷

作者:李川
律师

一、裁判参考

权利人以合理方式告知网络服务提供者其平台上存在的侵权行为,而平台未采取删除、屏蔽、断开链接的必要措施的,构成帮助侵权。网络服务不应自行设定阻碍权利人正常、及时、有效维权的投诉规则。

二、案例说明

(一)案例来源

广州知识产权法院《民事判决书》(2016)粤 73 民初 1387 号。

(二)案例认定

本案入选 2018 年度广东省知识产权审判十大案件,还入选最高人民法院 2018 年中国法院 50 件典型知识产权案例。

(三)案情简介

求知公司是"考无忧全国专业技术人员计算机应用能力考试辅导软件"的著作权人,该软件通过官网 www.k51.com.cn 发布,由用户下载客户端后购买各模块注册码进行使用。求知公司在 2015 年发现新浪公司经营的新浪博客上,某博客用户在其个人博客主页发布介绍前述考试软件及破解版软件的文章,侵害了求知公司的著作权。求知公司依照博客平台投诉规则,两次向新浪公司发送投诉邮件,告知博客管理员相关用户发布的文章侵害其知识产权,要求予以删除,但新浪公司以求知公司未提供纸质投诉材料为由未予删除。求知公司以新浪公司经合理告知,知晓其博客网站用户的侵权行为,仍然拒绝删除涉案博客文章的行为严重损害了求知公司的计算机软件著作权,向广州知识产权法院提起诉讼。

(四) 案例分析

《信息网络传播权条例》规定的侵权投诉通知材料包括：权利人的信息（姓名/名称、联系方式和地址）、侵权作品和网络地址，以及构成侵权的初步证明材料。而实践中，网络服务平台对权利人的投诉要求非常繁杂，不仅在投诉材料内容的要求上超出上述规定，而且在投诉流程上有复杂的要求，动辄被认定为无效通知，对权利人主张权利保护带来了负担。而本案将新浪平台关于投诉的特殊要求，即权利人须向平台提供纸质投诉材料，不作为有效通知的必要条件。权利人以合理方式告知网络服务平台，网络服务提供者应当知道网络用户侵权行为存在的，而未采取删除、屏蔽、断开链接的必要措施的，构成帮助侵权。本案对涉及网络平台侵权纠纷中，减轻权利人维权负担，加强网络平台侵权治理具有重要的参考意义。

本案中，法院认为，求知公司依照新浪公司公开的网络联系方式，两次发送邮件投诉涉案博客文章侵害其知识产权，要求新浪公司删除，并提供了其作为权利人的名称、公司地址、联系方式等主体资料，以及涉案软件的权利证书、要求删除文章的地址链接。求知公司的投诉内容客观、具体，投诉行为合法、有效。是否需要进一步提供纸质材料，不影响已有效抵达新浪公司的投诉通知的合法有效性，且提供纸质材料供审核为网络服务提供者新浪公司自行设定的规则，加重了求知公司的义务，投诉不当的抗辩意见，不予采纳。

三、类案援引

在本案之前，2015 年 11 月，浙江高院已在"天猫投诉案"［浙江高院《民事判决书》(2015)浙知终字第 186 号］中认定，缺少专利侵权比对技术点和订单编号、会员号等信息，不影响投诉行为的有效性；而 2016 年 12 月，福建高院审结的"阿里巴巴广告"投诉案（福建高院《民事判决书》(2016)闽民终 1345 号）中，认为网络平台要求权利人提交专利侵权比对材料等文件，具有合理性，也不会增加权利人负担，该案还入选最高人民法院2016 年中国法院 50 件典型知识产权案例；在 2020 年 5 月，广东高院在"深圳精英事务所与百度推广投诉案"［广东高院《民事判决书》(2018)粤民终 2352 号］，以及 2021 年 1 月，上海徐汇法院在"上海玄霆公司与拼多多投诉案"［上海徐汇法院《民事判决书》(2019)沪 0104 民初 20111 号］中，均和本案思路一致，只要权利人向网络平台提供有效的投诉材料，且成功到达网络平台，即便没有按照平台要求的途径进行投诉，也视为有效通知。而在 2021 年 1 月，中山中级人民法院审结的"深圳尚依公司与拼多多投诉案"中，法院则认定真假比对等构成侵权的初步证据，不是投诉通知有效的必要条件，和前述福建高院的裁判思路相反。

附：类案检索表——网络服务平台不得为权利人投诉设置障碍

时间	审理法院/案号	网络平台设置的投诉障碍	裁判要点
2015.11	浙江高院（2015）浙知终字第186号	1.在实用新型、发明的侵权分析对比表表二中详细填写被投诉商品落入原告提供的专利权利要求的技术点，建议采用图文结合的方式一一指出；2.提供购买订单编号或双方会员名。	侵权分析比对和购买订单编号或双方会员名的要求，不影响投诉行为的合法有效。天猫公司在接到原告的通知后未及时采取必要措施，对损害的扩大部分应与侵权人承担连带责任。
2016.12	福建高院（2016）闽民终1345号	阿里巴巴公司要求权利人提交构成侵权的初步证明材料，如涉嫌侵权商品与专利权保护范围的比对材料等。	1.权利人决定向网络服务提供商提出投诉前，必然要先行专利侵权的技术比对，不会增加权利人的负担；2.当前恶意投诉和不当投诉海量增加的情况下，网络服务提供商要求专利权利人提交"侵权的初步证明材料"，可以在形式上过滤掉部分的不当投诉及滥用投诉。
2020.5	广东高院（2018）粤民终2352号	被告百度公司以权利人未能按其系统反馈的答复及其"百度推广"中"权利通知"的要求进行投诉为由，认为权利人的通知为无效通知。	只要该通知内容清楚表达了侵权事实存在以及被侵权人主张权利的信息，并提供了相关权利证书，达到促使网络服务提供者采取必要措施的目的，即为有效通知。
2021.1	上海徐汇法院（2019）沪0104民初20111号	被告上海寻梦公司以原告未按照其指引的平台进行维权，仅通过公示的电子邮箱发送相关投诉材料，将投诉视为无效通知。	引导权利人通过专门平台进行维权虽在一定程度上能提高平台经营者采取必要措施的效率，但是，不能以此类平台经营者自行制定的投诉规则作为其未履行相应法定义务的免责依据。
2021.1	广东中山中级法院（2020）粤20民终6167号	被告上海寻梦公司要求权利人投诉时提供真假比对等构成侵权的初步证据。	上海寻梦公司要求提供真假比对等构成侵权的初步证据，非投诉通知有效的必要条件，寻梦公司所确定的投诉规制也不对权利人维权产生法律约束力。

四、诠释法律

《信息网络传播权条例》第十四条规定："对提供信息存储空间或者提供搜索、链接服务的网络服务提供者，权利人认为其服务所涉及的作品、表演、录音录像制品，侵犯自己的信息网络传播权或者被删除、改变了自己的权利管理电子信息的，可以向该网络服务提供者提交书面通知，要求网络服务提供者删除该作品、表演、录音录像制品，或者断开与该作品、表演、录音录像制品的链接。通知书应当包含下列内容:(一)权利人的姓名(名称)、联系方式和地址;(二)要求删除或者断开链接的侵权作品、表演、录音录像制品的名称和网络地址;(三)构成侵权的初步证明材料。"

从上述规定可以看出,侵权投诉的有效性应当满足三个要件,即:

1.权利人的身份信息和联系方式;

2.侵权内容的网络地址或足以准确定位的信息;

3.构成侵权的初步证据。

第十节　信息存储服务商不适用"避风港原则"免责

王华买爹著作权侵权纠纷案

作者:王丹靓

律师

一、裁判参考

信息存储服务商一般不构成直接侵权;网络服务提供者未对网络用户侵害信息网络传播权的行为主动进行审查的,法院不应认定其具有过错;涉案视频作品知名度低、侵权视频数量及浏览量小,或者未列明要求删除或断开链接的侵权内容地址的,网络服务提供者/信息存储服务商不具有间接侵权的过错,不构成帮助侵权。

二、案例说明

(一) 案例来源

河南省高级人民法院《民事判决书》(2019)豫知民终 231 号。

(二) 案例认定

本案二审判决入选为 2019 年中国法院 50 件典型知识产权案例。

(三) 案情简介

苗富华和平顶山市豫剧团签订了一份《录制协议书》,约定苗富华和平顶山市豫剧团合作录制《王华买爹》等 7 个剧目共计 11 部大戏,著作权归苗富华单独所有。2008 年 5

月 20 日,河南省文化艺术音像出版社出具了一份《版权证明》,确认《王华买爹》由苗富华投资录制并享有维权事宜。苗富华随后在优酷公司经营的优酷网网站上发现《王华买爹》视频在播放,苗富华随后向优酷公司邮寄了告知函及版权证明,要求优酷公司立即删除、屏蔽、断开涉案作品链接。随后苗富华登录优酷网搜索《王华买爹》,仍旧可以搜到该作品视频链接结果,且能正常播放。苗富华随即向河南省商丘市中级人民法院起诉优酷公司。

（四）案例分析

本案的争议焦点在于被告优酷公司在收到原告告知函之后是否及时履行了删除或者屏蔽侵权作品链接的义务,是否可以适用"避风港"原则免责。本案一审法院认为被告优酷公司在收到原告告知函后未及时删除和屏蔽链接,虽然后来删除了,但是其侵权行为已经即时发生,优酷应依法承担停止侵权、赔偿损失的民事责任。被告优酷公司不服一审判决,向河南省高级人民法院上诉,二审中,法院认为虽然原告给被告发送了告知函,但是由于涉案作品知名度低、播放量及观看量都极为有限、涉案作品属于传统戏剧剧目版本众多,加上告知函里没有明确涉案作品链接,被告难以仅仅通过名称确定是否侵犯涉案作品,故被告不具有帮助侵权的过错,不构成帮助侵权。

在实务中,判断专业视频网站/网络服务提供者对用户上传的侵权视频是否可以适用"避风港"原则免责,一般会结合涉案作品播放时间、作品本身的知名度及视频网站合理制止侵权措施以及网络服务商管理能力等方面来综合判断,并非机械适用。例如,在《舌尖上的中国》点映案中[（2013）沪一中民五（知）终字第 228 号],由于被告未能证明涉案作品实际上传人,法院最终认定其不能适用"避风港"原则免责;再如,哔哩哔哩《SABOTAGE 破坏者》《OCTOPUS1 史前大章鱼》《UNDISPUTED2 终极斗士 2》案中[（2015）杨民三（知）初字第 606 号],考虑涉案作品在时下较高的热度及知名度,且被告系负有较高注意和审查义务的专业的视频网站,推定被告具有过错,认定为帮助侵权。

三、类案应用

在百度网盘《三生三世十里桃花》案中,法院进一步明确网络服务商是否履行合理制止侵权措施应当以其能力范围内采取相应措施后,是否还仍旧存在较为严重的侵权和明显的损害后果来综合判断,仅仅机械地断开侵权链接,不能当然认定为可以适用"避风港"原则予以免责。

附:信息存储服务商不适用"避风港原则"免责——"王华买爹"类案检索

时间	审理法院/案号	涉案作品	裁判要点
2019.11.28	北京市海淀区人民法院/(2017)京0108民初15648号/2020年中国法院50件典型知识产权案例	优酷诉百度网盘存储传播《三生三世十里桃花》影视剧案	网络服务提供者在收到权利人投诉通知后,针对侵权行为是否"及时"采取了必要措施,应当根据最终的实际效果进行判断,如果网络服务提供者在其能力范围内采取相应措施后,仍旧存在较为严重的侵权和明显的损害后果,则不应当认定为采取了必要措施,适用避风港原则免责。除了及时断开侵权链接,网络服务提供者还应当积极采取其他合理措施制止侵权行为。
2020.10.26	河南省高级人民法院/(2020)豫知民终397号/2020年中国法院50件典型知识产权案例	优酷网站用户未经许可上传播放《第九个女婿》电影	涉案电影知名度有限,非热播,未上映,被告对其用户上传的涉案剧目尽到合理注意义务尚不足以发现侵权的,应当认定为不具有"应知"的主观过错,不构成帮助侵权。

四、诠释法律

2010年修正的《中华人民共和国著作权法》第四十八条①规定,……未经著作权人许可,通过信息网络向公众传播其作品的……应当承担侵权责任;2013年施行的《最高人民法院关于审理侵害信息网络传播权民事纠纷案件适用法律若干问题的规定》(法释〔2012〕20号)第三条②规定,网络用户、网络服务提供者未经许可,通过信息网络提供权利人享有信息网络传播权的作品、表演、录音录像制品……人民法院应当认定其构成侵害信息网络传播权行为;第六条规定,原告有初步证据证明网络服务提供者提供了相关作品、表演、录音录像制品,但网络服务提供者能够证明其仅提供网络服务,且无过错的,人民法院不应认定为构成侵权;第七条规定……网络服务提供者明知或者应知网络用户利用网络服务侵害信息网络传播权,未采取删除、屏蔽、断开链接等必要措施,或者提供技术支持等帮助行为的,人民法院应当认定其构成帮助侵权行为;第八条规定,人民法院应当根据网络服务提供者的过错,确定其是否承担教唆、帮助侵权责任。网络服务提供者的过错包括对于网络用户侵害信息网络传播权行为的明知或者应知。……网络服务提供者能够证明已采取合理、有效的技术措施,仍难以发现网络用户侵害信息网络传播权行为的,人民法院应当认定其不具有过错;第十一条规定,网络服务提供者从网络用户提供的作

---

① 对应2020年修正的《著作权法》第五十三条。
② 对应2020年修正的《最高人民法院关于审理侵害信息网络传播民事纠纷案件适用法律若干问题的规定》(法释〔2020〕19号)第三条、第六至八条、第十一条。

品、表演、录音录像制品中直接获得经济利益的,人民法院应当认定其对该网络用户侵害信息网络传播权的行为负有较高的注意义务……。

避风港原则源于美国 1998 年制定的《数字千年版权法案》(DMCA),其基本含义可以概括为网络服务提供商提供的目录、索引、链接中的内容如果侵犯他人权利,而服务商自身没有恶意并及时删除侵权内容的情况下,可以不用承担损害赔偿责任。其中,"红旗原则"是"避风港原则"原则的例外,"红旗原则"是指如果侵犯信息网络传播权的侵权事实是显而易见的,网络服务提供商就不能以不知道为由来消极不作为(即不采取删除、屏蔽、断开链接等必要措施),否则,无论权利人是否通知,网络服务提供商都应当被推定知道或者应当知道该侵权行为,进而承担相应的连带责任。

如上所列,我国《著作权法》《最高人民法院关于审理侵害信息网络传播权民事纠纷案件适用法律若干问题的规定》等法律司法解释相关条款的规定也原则上移植了"避风港原则",权利人通知网络服务提供者删除、屏蔽、断开疑似侵权链接后,网络服务提供者是否承担侵权连带责任的认定实际上就是"红旗原则"的判定和适用,也就是说如果网络服务提供商应知或者明知网络用户在其运营管理的网络平台上实施侵犯他人信息网络传播权的行为,却未采取删除屏蔽断开链接等必要措施的,应当承担连带责任。《最高人民法院关于审理侵害信息网络传播权民事纠纷案件适用法律若干问题的规定》第七条又进一步明确规定了网络服务提供商提供教唆或者帮助侵权行为是其承担侵权责任的前提条件。《规定》第八条则进一步明确网络服务提供商的主观过错要件包括"明知""应知",同时也以列举的形式明确网络服务提供商一般情况下不需要承担对用户上传内容事前审查那么繁重的义务。但是,如果网络服务提供商从被诉侵权作品中直接获得经济利益的,则其应当根据权利义务对等的原则,负有较高的注意义务(《规定》第九条)。

第十一节　远程探测取证效力的认定

磊若诉山阳"Serve-U"软件侵权案

作者:侯玉静

律师

一、裁判参考

通过 Telnet 远程取证方式探测目标服务器的相应端口,其反馈信息具有较高的确定性,已经可以达到民事诉讼证据高度盖然性的标准。

二、案例说明

（一）案例来源

江苏省高级人民法院《民事判决书》(2015)苏知民终字第00300号。

（二）案例认定

本案二审判决系2016年江苏法院知识产权"十大"案例,并入选2016年中国法院50件典型知识产权案例。

（三）案情简介

原告美国磊若软件公司系Serv-U系列计算机软件作品的作者,2014年10月磊若公司代理人在公证处远程探测被诉网站21端口,即输入"telnet+特定网址"系统命令后,屏幕显示内容为"220Serv-U FTP Server v6.4 forWinSock ready…"字样。原告据此起诉被告网站使用了磊若公司"Serv-U"6.4版本软件;被告抗辩认为,远程探测命令返回的字样,不足以证明被告网站使用了原告涉案软件,因为不使用该软件而是通过修改软件名称可以得到相同的结果。在案证据能否认定被诉侵权行为存在,以及由被告实施,是本案的争议焦点。

（四）案例分析

本案实质是关于Telnet命令远程探测取证效力的认定问题。关于Telnet命令证明效力,江苏高院查明了Telnet命令的功能和探测方式,做出三项事实认定:第一,Telnet协议是Internet远程登录服务的标准协议和主要方式,在原告或公证处电脑上使用Telnet连接到被告服务器,在Telnet程序中输入命令,相当于直接在被告服务器控制台上输入命令;第二,21端口是众所周知分配给Ftp(文件传输协议)服务的,确认探测有效性;第三,通过Telnet探测目标服务器的相关端口,会反馈软件名称、版本等相关信息,并非软件后门,确认探测合法性。在前述事实认定的基础上,进行法律论证和推理如下:运用Telnet命令远程登录目标服务器,反馈页面如果显示有相应软件的信息,则说明通常情况下被探测的服务器上可能安装相关软件;虽然技术人员可以修改服务器上的相关设置,此时反馈页面上显示的软件名称可能与实际安装的软件并不一致,但无相反证据,应推定服务器端的软件设置是默认设置,未被人为刻意修改。

江苏高院二审认可了通过Telnet远程探测目标服务器21端口,反馈的软件、名称等版本信息,可以初步证明被探测的服务器上安装有涉案软件,且此种探测方式并非软件后门,不适用非法证据排除原则;但是,被告已提供证据证明,被探测的网站服务器并非被告控制或管理,被告无须对服务器中的侵权行为承担责任,从而驳回原告诉讼请求。

湖北、北京等地法院在此问题上的认识与江苏高院基本一致,湖北高院特别在判决中论述了举证责任分配的合理性:考虑到计算机联网系统中网络服务器的 FTP 软件信息存在隐蔽性,如要进一步获得被控网站所在的服务器安装 FTP 软件的信息,须由被控网站所在服务器的实际控制者来完成,权利人难以从外部获取软件的具体内容,磊若软件公司采用 telnet 命令实施远程登录取证,获取的反馈信息可以初步证明被控网站安装的 FTP 软件为 Serv-U6. 1 版本,磊若软件公司的初步举证责任完成。

三、类案应用

就运用 Telnet 命令远程探测目标服务器反馈的信息,能否说明被探测的服务器上可能安装涉案软件的问题,不同法院的认识差异很大。磊若公司同样的取证方式,在浙江、广东法院审理的著作权侵权案件中,多数未被认可,这些法院认为返回字符非计算机程序或文档,不足以证明被告使用磊若软件,而北京、湖北等地法院则与本案中江苏法院持类似观点。从裁判趋势及学者的评论来看,Telnet 命令远程探测的有效性,在司法实践中逐渐被确认。

四、诠释法律

最高人民法院《关于适用〈中华人民共和国民事诉讼法〉的解释》(2014 年 12 月通过、2020 年 12 月修正)第 108 条,"对负有举证证明责任的当事人提供的证据,人民法院经审查并结合相关事实,确信待证事实的存在具有高度可能性的,应当认定该事实存在。对一方当事人为反驳负有举证证明责任的当事人所主张事实而提供的证据,人民法院经审查并结合相关事实,认为待证事实真伪不明的,应当认定该事实不存在。法律对于待证事实所应达到的证明标准另有规定的,从其规定",前述规定首先确认了民事诉讼"高度盖然性"的证明标准,其次在确信待证事实的存在具有高度可能性的情形下,对方当事人具有反驳举证责任,在反驳举证不能的情况下,可以认定待证事实。在具体案件的审理中,举证责任在当事人之间是可以转移的,举证责任的转移取决于人民法院对负有证明责任的一方当事人所提供证据的证明力的综合评价结果。如果在对一方当事人所提供证据进行审查判断后,认为其证明力具有明显优势并初步达到了相应的证明标准,此时可以不再要求该方当事人继续提供证据,而转由另一方当事人提供相反证据。因此,具体案件中举证责任转移的前提条件是负有证明责任一方当事人提供的现有证据已经初步达到相应的证明标准。

第十二节　计算机软件著作权侵权案件中的举证责任的分配

石鸿林诉泰州华仁电子资讯有限公司
侵害计算机软件著作权纠纷案

作者:赵晓星

律师

一、裁判参考

因软件著作权的特殊性,原告在通常情况下较难直接证明被告的软件与其主张权利的软件具有同一性或者相似性,因此原告可通过举证证明原被告目标代码的相似性来证明两款软件的相似。此外,在原告既无法获得被诉软件的源代码,又无法破译被诉软件的目标代码时,原告可基于原被告软件整体特征的相似性来证明原被告软件的相似性。

二、案例说明

（一）案例来源

江苏省高级人民法院《民事判决书》(2007)苏民三终字第0018号。

（二）案例认定

本案二审判决入选《最高人民法院公报》2009年第3期(总第149期)公报案例,以及2015年最高人民法院发布的第十批指导性案例,为指导案例49号。

（三）案情简介

原告石鸿林于2000年8月开发完成S型线切割机床单片机控制器系统软件并经版权局登记,并经国家版权局登记,系该软件的著作权人。

2005年,石鸿林发现被告华仁公司销售机床控制器主板所采用的系统软件与原告软件相同,华仁公司未经许可,在其经营场所长期大量复制、发行、销售与石鸿林计算机软件相同的软件,严重损害了石鸿林的合法权益。遂诉至法院,诉请判令华仁公司停止侵权,公开赔礼道歉,并赔偿石鸿林经济损失10万元、为制止侵权行为所支付的证据保全公证费、诉讼代理费9200元以及鉴定费。

（四）案例分析

本案争议焦点是计算机软件著作权侵权案件中的举证责任的分配问题。本案中，由于存在客观上的困难，原告实际上无法提供被控侵权软件的源程序或目标程序，并进而直接证明其与原告软件的源程序或目标程序构成相同或实质性相同。一审泰州市中级人民法院认为，由于被指控侵权的被告软件是固化在一块带自加密的微控制器上而难以破解导致无法读取软件代码进而无法做出鉴定结论，且实行举证责任倒置必须以法律有明确规定为前提，因此以石鸿林无法证明侵权事实而驳回了石鸿林的诉讼请求。石鸿林遂上诉至江苏省高级人民法院。二审江苏高院认为，被告华仁公司无正当理由拒绝提供软件源程序以供直接比对，因此原告石鸿林有关比对双方软件是否存在共同缺陷及运行特征的请求应予采纳，同时根据应当认定被控侵权的软件与原告石鸿林的软件构成实质相同，认定被告华仁公司侵犯了石鸿林系列软件著作权。

根据《计算机软件保护条例》第二条规定，软件著作权保护的对象主要是计算机程序和相关技术文档。而在计算机程序被抄袭或者剽窃的情况下，根据《民事诉讼法》第六十四条的规定，对于侵权事实的举证责任人在于软件著作权的权利人，而最直接的证明方法就是通过举证对双方的源代码进行逐一比对，确认两者存在实质相同或相似，则可证明侵权成立。但现实中，通常因被告拒绝配合，而导致原告难以取得被告软件源代码。本案的裁判规则为软件著作权侵权提供了新的思路。

目前与本案裁判规则一致的相关司法规则有《北京市高级人民法院侵害著作权案件审理指南》，该指南11.8条规定在案证据能够证明原告主张权利的计算机软件源程序、文档等文件与被诉侵权的计算机软件相同或者相近似的，可以认定二者构成实质性相似。被告拒不提供被诉侵权的计算机软件源程序，原告能够举证证明二者目标程序相同或者相近似的，或者虽不相同或者相近似，但被诉侵权的计算机软件目标程序中存在原告主张权利的计算机软件特有内容，或者在软件结果（包括软件界面、运行参数、数据库结构等）方面相同或者实质性相似，可以认定原、被告的软件构成实质性相似。

三、类案应用

本案裁判规则为软件著作权侵权判断较早的案例，各地法院在后审理的涉及无法比对软件源代码情况下的裁判思路基本借鉴本案裁判规则，如"Serv-U"软件案。如江苏省高院曾在南京因泰莱案中认定由于被诉侵权软件仅能提取到目标代码，且现有技术很难将目标代码反编译为源代码的情况下，被告若无相反证据，则目标代码实质性相似则证明软件源程序实质性相似。又如朋科商业管理软件案中，法院认为原告提供原被告管理软件界面等特征实质性相似证据已完成了初步举证，在被告掌握但拒绝提供源程序代码，且双方均不同意比对目标程序代码的情况下，根据证据规则推定原告主张成立。此外，本案裁判规则的重点首先是实质性相似,如原告无法初步证实原被告软件存在实质性相似,则即使未能进行源代码比对,也会因原告举证不充分而不被法院支持,如长远软件案。计算机软件代码除涉及著作权外,还可能涉及商业秘密纠纷,在该类案件中,法院同样基于本案裁判规则认定被诉涉案软件实质性相似,如"三国逐鹿"案。

附:"计算机软件侵权案件源代码举证责任分配"类案检索表

时间	审理法院/案号	被告是否提供源代码	判决	裁判要点
2011.6	江苏高院(2008)苏民三终字第0079号	虽提供了源代码,但与原告源代码系不同语言编写,故未进行源代码比对,仅进行了二进制代码比对	实质性相似	鉴定采用二进制代码对比的方法具备科学依据。嵌入式软件源程序可以采用包括汇编语言、C语言在内的多种语言编写,并不能仅以编写语言的不同即得出软件不同的结论。相反,在二进制代码实质相同的情形下,存在用不同语言编写的源程序的可能性极小。由于双方源程序编写语言不同导致不具备进行直接对比的条件,且被告对原告一审中提供的源程序本身又不认可,一审鉴定机构据此直接对比双方产品芯片中二进制代码,该鉴定方法应属合理。
2016.11	杭州市中院(2016)浙01民初468号	未提供	复制的盗版软件	原告初步证明被告的服务器上安装了未经原告许可的涉案软件。被告表示其未安装涉案软件,故无法提供涉案软件给本院进行比对,本院认为被告安装使用的涉案软件虽然与原告主张权利的软件版本略有差异,但结合原告提供的证据及本院证据保全的相关调查笔录、照片、录像等,可以认定其服务器上安装了涉案软件,且被告也没有提交证据证明二者之间存在差异,故本案现有证据足以认定被告安装使用的涉案软件系复制于原告涉案软件的盗版软件。
2017.4	深圳中院(2016)粤03民终8199号	拒绝提交	实质性相似	因被上诉人已经完成对于侵权的初步举证,上诉人抗辩不构成侵权,应由其提交抗辩证据予以反驳,其理应能够提供被诉侵权软件的源代码(源程序),但其无正当理由,拒不提供,导致本案不能对两款软件的源程序是否构成实质性近似进行鉴定。根据证据规则推定被诉侵权软件系上诉人复制(抄袭)被上诉人权利软件。

续表

时间	审理法院/案号	被告是否 提供源代码	判决	裁判要点
2017.12	广东高院（2017）粤民终 3017 号	提供但无法完全编译	不实质性相似，驳回原告	原告展示被诉侵权的目标程序，并进行比对，目标程序中并未显示原告的版权信息，原告亦确认目标程序中许多文件名称已经更改，与涉案原告软件界面不相同。原审法院据此认定原告并未完成初步举证责任，应当承担举证不能的法律后果，该认定并无不当。
2020.9	广东高院（2019）粤知民终 457 号	提供的源代码各文件修改日期相同，且均在一审后，不具有真实性，未能履行提供义务	实质性相似	原告穷尽其方法提供证据，已经初步证明其主张的待证事实具有一定可能性。被告持有证明该待证事实的直接证据，但其无正当理由拒不提供，该行为有违诉讼诚信原则。本院推定原告主张的待证事实成立，即被诉游戏软件源代码与涉案商业秘密构成实质相同。

四、诠释法律

《最高人民法院关于民事诉讼证据的若干规定》第九十五条规定："一方当事人控制证据无正当理由拒不提交，对待证事实负有举证责任的当事人主张该证据的内容不利于控制人的，人民法院可以认定该主张成立。"

《最高人民法院关于知识产权民事诉讼证据的若干规定》第二十五条规定："人民法院依法要求当事人提交有关证据，其无正当理由拒不提交、提交虚假证据、毁灭证据或者实施其他致使证据不能使用行为的，人民法院可以推定对方当事人就该证据所涉证明事项的主张成立。"

计算机软件著作权侵权案件中，应先由原告证明被控侵权软件与原告软件构成实质相同，被告应就此承担提供相反证据的义务，如被告未能提供相反证据证明其诉讼主张，应当根据上述规定承担举证不能的不利后果。

第十三节 以裁量性赔偿计算方法确定赔偿额

上海知豆公司诉达索公司侵害计算机软件著作权纠纷

作者：李川

律师

一、裁判参考

人民法院在办理侵犯知识产权民事案件中，在无法精确获得损失数额的情况下，可以采用裁量性赔偿的计算方法确定赔偿额，即综合知识产权的市场价值、侵权行为的性质及规模、侵权行为的具体情节和侵权人主观过错等各项因素，在法定赔偿最高限额之上酌定赔偿金额。

二、案例说明

（一）案例来源

上海市高级人民法院《民事判决书》（2018）沪民终 429 号。

（二）案例认定

本案入选 2018 年上海法院知识产权司法保护"十大"案，本案还入选最高人民法院 2018 年中国法院 50 件典型知识产权案例。

（三）案情简介

达索系统股份有限公司（DASSAULTSYSTEMES）（以下简称"达索公司"）系计算机软件 CATIA V5 R20（以下简称"涉案软件"）的著作权人。达索公司曾因上海知豆电动车技术有限公司（以下简称"上海知豆公司"）使用侵权软件于 2017 年 2 月向文化执法总队投诉，行政执法过程中查获上海知豆公司使用侵权软件 8 套，期间双方达成和解，但上海知豆公司并未按约履行和解协议。同年 11 月，达索公司向法院申请证据保全。保全过程中，经上海知豆公司同意，一审法院采取确定抽查比例随机抽查的方式对计算机中安装涉案软件的情况进行证据保全，同时根据所抽查计算机中安装涉案软件的比例推算经营场

所内所有计算机中安装涉案软件的数量。经清点,上海知豆公司经营场所内共有计算机
73 台,其中抽查的 15 台计算机均安装了涉案软件。达索公司遂诉至法院,要求上海知豆
公司停止侵权,并赔偿经济损失及律师费共计 1800 余万元。

（四）案例分析

本案在确定侵权赔偿额时,综合全案证据情况,尤其侵权人侵权获利证据,以抽查的
方式确定侵权人经营场所内的 73 台计算机均安装了涉案软件,每套软件的市场价位
252770 元,在此基础上,重点考虑侵权人的侵权恶意,在双方达成和解协议后,侵权人仍
重复实施侵权行为的情节,在法定赔偿最高限额之上,采用裁量性赔偿的计算方法,酌情
确定被告应赔偿原告的经济损失,依法加大了对权利人的保护力度,为类似案件的审理提
供了一定的参考。

关于裁量性赔偿的计算方法,2013 年 10 月 22 日,最高人民法院在召开的"人民法院
加大知识产权司法保护力度的有关情况"新闻发布会上,时任知识产权审判庭副庭长金
克胜法官将"裁量性赔偿方法"定义为:"在计算赔偿所需的部分数据确有证据支持的基
础上,人民法院根据案情运用裁量权,确定计算赔偿所需要的其他数据,从而确定公平合
理的赔偿数额。"截至目前,裁量性赔偿的计算方法运用更加广泛,对积极探索加大赔偿
力度的具体实现途径,公平合理确定侵权损害赔偿数额具有重要意义。

一审法院上海知识产权法院认定,上海知豆公司未经许可,在经营场所内的计算机上
安装了涉案软件,侵害达索公司就涉案软件享有的著作权。虽达索公司的实际损失和被
告的侵权获利均难以确定,但现有证据可以证明原告损失超过法定赔偿额的上限 50 万
元,法院综合考虑全案证据情况,包括涉案软件单价、侵权时间、安装涉案软件的计算机数
量,以及上海知豆公司达成和解后扩大侵权规模的主观恶意,酌定达索公司经济损害及合
理支出合计 900 万元。上海知豆公司不服一审判决,提起上诉。二审法院上海市高级人
民法院认为,达索公司和上海知豆公司就涉案侵权行为达成和解协议,但上海知豆公司未
履行和解协议且扩大侵权规模,存在重复侵权行为,主观恶意明显,且达索公司的损失明
显超过法定赔偿的最高限额。因此二审判决驳回上诉,维持一审判决。

三、类案援引

在本案之前,上海二中院在《永生》案[上海二中院《民事判决书》(2013)沪二中民五
(知)初字第 191 号]中,法院综合考虑作品性质、知名度、侵权恶意和获利情况多种因素,
最终确定的判赔数额是 300 万元;2015 年 12 月,北京高院审结的琼瑶诉余征案[北京高
院《民事判决书》(2015)高民(知)终字第 1039 号],法院综合考虑余征编剧的酬金标准
及侵权影视剧的发行价格,以及侵权人的主观过错、具体的侵权行为、侵权后果等因素,维
持一审判决作出的 500 万元赔偿金额。在本案之后,2019 年 8 月,北京高院在审结的"微

信食品"案[北京知产法院《民事判决书》(2019)京民终 332 号],在法院责令侵权人提交账簿、资料,而侵权人拒绝提交的情况下,综合考量涉案被控侵权行为的情形、方式等因素,以及彼此之间的关系,微信食品公司所实施的涉案被控侵权行为确实存在持续时间长、销售规模大、分布地域广、主观恶意明显的情形,维持一审 1000 万的判赔数额;2021年,广州知产法院审理的华为诉所乐太阳能公司"光伏逆变器设备"案[广州知产法院《民事判决书》(2019)粤 73 知民初 511 号],法院在现有证据难以精确计算被告侵权获利的情况下,适用裁量性赔偿原则,综合考量侵权产品的海关出口数据、三被告关联公司财务报表数据、行业平均利润率等因素,特别是涉案专利在光伏新能源领域的较高市场价值,全额支持了华为公司提出的诉讼请求额,判赔 1000 余万。

附:类案检索表——裁量性赔偿的适用

时间	审理法院/案号	裁量性赔偿的计算方法参考因素	裁判要点
2014.5	上海二中院(2013)沪二中民五(知)初字第 191 号	1.作品总字数超过 500 万字;2.搜索排行榜第一,点击数超过 2 亿次;3.明知作品有争议,持续对外授权盈利,在确定权属后,仍以多种方式,长时间实施侵权行为;4.且从案外人获利超过 50 万元。	根据原、被告提交的证据材料,综合考虑本案中原告作品的实际价值、被告的侵权行为方式、侵权持续时间、侵权损害后果、被告从案外人中国移动通信集团浙江有限公司处的获利分成收入等因素,酌情确定赔偿数额。
2015.12	北京高院(2015)高民(知)终字第 1039 号	1.余征编剧的酬金标准;2.侵权影视剧的发行价格;3.侵权人过错、恶意;4.侵害后果。	酌定赔偿是加大知识产权保护力度的背景之下,法官在一定事实和证据的基础上,根据案件具体情况和自由心证,酌情裁量能够给予权利人充分赔偿的损失赔偿方法。
2019.8	北京高院(2019)京民终 332 号	1.一审法院责令微信食品公司提供侵权行为相关的账簿、资料,其未予提交;2.开设餐厅的数量、相关服务行业的营业利润、品牌数量、产品规模、被控侵权行为的持续时间、被控侵权行为的分布地域、微信食品公司及小小树公司的经营规模、主观意图、侵权情节、涉案商标知名度等作为参考因素整体予以考量。	综合考量涉案被控侵权行为的情形、方式、所列举应当予以参考的因素,以及彼此之间的关系,微信食品公司所实施的涉案被控侵权行为确实存在持续时间长、销售规模大、分布地域广、主观恶意明显的情形,亦明显超出了法定赔偿的最高限额。
2021.1	广州知产法院(2019)粤 73 知民初 511 号	1.侵权产品的海关出口数据;2.三被告关联公司财务报表数据;3.行业平均利润率。	法院在现有证据难以精确计算三被告侵权获利的情况下,适用裁量性赔偿原则,综合考量三被告关联公司财务报表数据、行业平均利润率等因素,特别是涉案专利在光伏新能源领域的较高市场价值,全额支持了华为公司提出的诉讼请求额。

四、诠释法律

《著作权法》(2020 年)第五十四条规定:"侵犯著作权或者与著作权有关的权利的,侵权人应当按照权利人因此受到的实际损失或者侵权人的违法所得给予赔偿;权利人的实际损失或者侵权人的违法所得难以计算的,可以参照该权利使用费给予赔偿。权利人的实际损失、侵权人的违法所得、权利使用费难以计算的,由人民法院根据侵权行为的情节,判决给予五百元以上五百万元以下的赔偿。"

侵害著作权损害赔偿的计算方法顺位要求是:第一顺位是权利人的实际损失或者侵权人的违法所得;第二顺位是权利使用费;第三顺位是法定赔偿。在计算赔偿数额时,应当按照顺序适用。通常情况下,难以查明证明赔偿相关的因素的精确数值,但在案证据充分估算后,如果实际损失、获利或者权利使用费超出法定赔偿限额的范围,可以不受法定最高额的限制。

第十四节　未经底稿作者同意制作绣品侵害改编权而非复制权

曹新华与濮凤娟著作权侵权纠纷案

作者:闫春德

律师

一、裁判参考

刺绣艺人对于自身绣品享有著作权,其未经底稿作者同意制作绣品属于侵害他人改编权而非复制权的行为。在确定损害赔偿额时,应考虑底稿作品在绣品中的价值贡献并参考其他多种因素。

二、案例说明

(一)　案例来源

江苏省高级人民法院《民事判决书》(2019)苏民终 1410 号。

（二）案例认定

本案二审判决入选 2019 年中国法院 50 件典型知识产权案例、2019 年江苏法院知识产权司法保护十大典型案例。

（三）案情简介

曹新华系工笔画《华清浴妃图》的作者，其曾多次获得国内外美术作品展赛大奖。濮凤娟根据该工笔画绣制了 140cm×360cm《华清浴妃图》苏绣。濮凤娟在其工作室的宣传中曾表示，其创作的 70cm×170cm《华清浴妃图》单面细平绣曾获得金奖。濮凤娟向曹新华方表示其多年前曾将一幅《华清浴妃图》苏绣作品以 80 多万元的价格售与案外人，并就《华清浴妃图》140cm×360cm 绣品报价 170 万元，70cm×170cm 绣品报价 86 万元。曹新华遂以濮凤娟侵害其画作著作权为由诉至苏州中院，要求其承担停止侵权、赔偿损失等法律责任。

（四）案例分析

司法实践中，对于未经许可以他人画作作为底稿制作成刺绣等工艺美术品的行为构成侵害著作权几乎没有争议。但对于未经底稿作品作者同意在底稿基础上绣制的绣品能否产生著作权一直存有争议，进而对该行为侵害的是底稿作品作者的改编权还是复制权权项方面存在不同认定。据笔者检索发现，在本案一审判决前，多地法院的在先判决均是将其认定为构成对底稿作品作者复制权权项的侵害。其中，曹新华、王信贺著作权权属、侵权纠纷一案还入选了 20 件"2018 年河南法院知识产权司法保护候选典型案例"。

而在本案中，苏州中院及江苏高院均认为，苏绣和绘画是两种不同领域不同载体的表达方式。苏绣是画稿、图案、造型、针法、绣工、色彩、技艺、装裱等多方面的综合体现。即便苏绣作品系以画作为底稿，但经过刺绣艺人对造型、色彩、针法等因素的选择与创作，应当认定为进行了艺术再创作，在表达介质、表达方式、表达效果上形成了与底稿画作有着显著区分的、具有独创性的新作品即绣品，应属形成新作品的艺术再创作行为。因此，绣品应当享有独立的著作权，受著作权法保护。

依底稿制作苏绣并非简单复制，而是属于艺术再创作，即便改编作品和在先作品之间仍然存在着"实质性相似"的情形，但其给予普通受众所呈现出的欣赏体验和感受并不能完全等同于在先作品，亦非对于在先作品原样或基本原样"再现"，其实质是对画作作品实施了改编，侵害了底稿作者作品改编权而非复制权。

本案一审认定濮凤娟依画制作苏绣侵犯了曹新华对《华清浴妃图》享有的改编权，并判决濮凤娟停止侵权、在《法制日报》上公开赔礼道歉以及赔偿损失及合理开支 22 万元。濮凤娟不服一审判决而向江苏高院上诉，二审法院驳回上诉，维持原判。

本案判决明晰了绣品与作为绣品绣制基础的底稿之间的关系,在一定程度上兼顾了刺绣艺人与底稿作品作者的利益诉求,在依法保护底稿作品著作权的同时,也充分肯定和保障了刺绣艺人的刺绣再创作所付出的劳动,为刺绣艺人使用底稿作品明确了规则,有助于进一步促进刺绣传统文化及刺绣产业的健康发展。

该案判决还同时明确,在确定损害赔偿额时,要考虑底稿作品在绣品中的价值贡献并参考其他多种因素来综合评定。法院认为,因绣品制作的特殊性,市场上刺绣大师和普通绣娘的绣品价格悬殊很大,且不同刺绣作品中,原画作贡献和绣娘再创作贡献双方是个动态比例。因此,在考虑赔偿额时,应该综合考虑画家在绘画界的知名度、绣娘在刺绣行业的知名度、涉案原画作的艺术造诣及市场欢迎度、涉案刺绣作品的独创性程度、刺绣创作演绎所付出的艺术创造性劳动以及非物质文化遗产生产性保护等因素。

该案虽非是最高人民法院终审或再审的案件,但对于以他人画作作为底稿制作成刺绣等工艺美术品类案件,该案判决的审理和裁判思路依然可供后续类案参考、借鉴。

三、类案应用

如前所述,在本案一审判决前,存在多份判决将此类行为认定为构成对底稿作者著作权复制权权项的侵害。除前述河南高院审结的"华清浴妃图"案外,还有 2009 年 6 月 19 日北京二中院审结的"贵妃醉酒"案;2010 年 12 月 10 日义乌市人民法院审结的"水晶画"案;上海知识产权法院审结的"贵妃醉酒"案等。甚至,连本案一审法院苏州中院在本案一审判决前所审结的"百财聚来图"案中,对此类行为也维持了一审关于侵害底稿作者著作权复制权权项的认定。

截至目前,笔者尚未检索到在本案判决后,类案的相关判决。但笔者相信,本案的判决,将会对后续类案具有一定的参考借鉴意义。

附:未经底稿作者同意制作绣品侵害他人改编权而非复制权
——苏绣"华清浴妃图"类案检索表

裁判时间	审理法院及案号	涉诉作品	裁判要点
2009.6.19	北京二中院(2009)二中民终字第 9965 号	贵妃醉酒	作品的复制方式有出版、印刷等多种,作品自身的价值与不同复制方式产生的复制品的物品价值并不具有必然的对应关系。涉案绣品仅是涉案油画的复制方式之一。
2010.12.10	义乌市法院(2010)金义知初字第 146 号	水晶画	对比被控侵权水晶画图案与原告的美术作品,两者除载体有所不同、因载体的不同导致颜色等细节部分有所不同外,其余均相同,侵犯了原告的复制权。
2018.6.21	上海知识产权法院(2018)沪73 民终 123 号	贵妃醉酒	被告生产的涉案商品与涉案美术作品在构图、人物形象、表达上均相同,侵害了原告享有的复制权。

续表

裁判时间	审理法院及案号	涉诉作品	裁判要点
2018.11.5	苏州中院(2018)苏05民终7038号	百财聚来图	被告在其经营的天猫店铺中销售以《百财聚来图》作品为底稿的刺绣,构成对该作品复制权、发行权、信息网络传播权等著作权利的侵犯。
2019.2.21	河南高院(2018)豫民终1837号	华清浴妃图	苏绣作品《华清浴妃图》与美术作品的载体虽然不同,但两者的名称、内容、创意、构图、色调、题字内容均相同,其实际上是在不同的载体上再现了原告的作品,该行为属于著作权法规定的复制,侵犯了复制权。

四、诠释法律

根据《中华人民共和国著作权法》(2020年修订)第十条规定,复制权是指以印刷、复印、拓印、录音、录像、翻录、翻拍、数字化等方式将作品制作一份或者多份的权利。改编权是指改变作品,创作出具有独创性的新作品的权利。

将复制权和改编权两个权项的定义进行比较理解,我们不难发现,改编权是指行为人在依托、借用和保留在先作品已有的基本表达的基础上,通过一定的智力劳动后所形成的具有新的独创性表达的权利。对于侵犯作品改编权的行为而言,在改编人添加了一定程度的、有别于在先作品的、具有独创性的特有表达要素、表达方式、表达效果以后,即便改编作品和在先作品之间仍然存在着"实质性相似"的情形,但是改编作品给予普通受众所呈现出的欣赏体验和感受并不能完全等同于在先作品,亦非对于在先作品进行原样或基本原样"再现"的行为,故如未经许可,经他人作品底稿制作成具有实质性相似的刺绣作品,侵害他人的作品改编权而非复制权。

第十一章　不正当竞争司法案例应用研究

第一节　屏蔽视频广告行为的认定

"VST全聚合"不正当竞争案

作者:曹阳

律师、专利代理师

一、裁判参考

视频聚合应用软件通过破解视频网站验证算法,取得密钥、实施绕开广告直接播放视频的行为,违背诚实信用原则和公认的商业道德,构成不正当竞争。

二、案例说明

（一）案例来源

上海知识产权法院《民事判决书》(2015)沪知民终字第728号。

（二）案例认定

本案判决入选"2016年中国法院50件典型知识产权案例""2016年度上海法院十大知识产权案件"。

（三）案情简介

深圳聚网视科技有限公司（"聚网视公司"）通过破解爱奇艺网站验证算法,取得密钥,在其开发、运营的"VST全聚合"软件中,为用户提供直接观看"爱奇艺"平台的视频内容,而不再需要观看视频广告的服务。北京爱奇艺科技有限公司（以下简称"爱奇艺公司")遂提起诉讼,请求法院判令聚网视公司停止涉案不正当竞争行为、刊登声明消除影响并赔偿原告经济损失 100 万元及合理费用。

法院经审查认定,聚网视公司采用破解爱奇艺公司的验证算法,取得有效密钥(Key值)生成请求播放视频的 SC 值,从而绕开爱奇艺公司的片前广告,实现无须观看片前广告直接获得视频播放的目的,具有主观故意,违背了诚实信用原则和公认的商业道德,侵害了爱奇艺公司合法的经营活动,其行为不具有正当性。

(四)案例分析

本案裁判的基本逻辑与一般的视频网站广告屏蔽不正当竞争纠纷案并无差异,但其特别之处在于,实施主体为视频聚合软件经营者,其行为本质上是一种深层链接行为,系链接到视频网站的视频源地址而提供视频的直接播放。部分案件中,视频网站寻求的是著作权法保护,本案则是通过反不正当竞争法的路径进行保护。

正如北京知识产权法院在腾讯诉易联伟达侵害作品信息网络传播权纠纷一案二审判决中所指出的,适用反不正当竞争法对视频聚合软件深层链接行为进行调整时,其考虑因素在于经营主体的经营利益,更多地着眼于被诉行为本身的正当性,强调被告的主观恶意。因对于被诉行为是否具有不正当性的考虑需要结合各种因素,而获益、损失因素在其中占有重要地位,因此,损害及获益因素可能会对被诉行为正当性的认定产生影响。

本案中,法院首先认定爱奇艺网站依托"免费视频+广告"的经营模式而获得的商业利益应受保护,进而指出,聚网视公司通过技术破解爱奇艺公司验证算法,使其用户在无须付出时间成本和费用成本的情况下,观看爱奇艺公司的视频,导致爱奇艺公司在支付版权费等营运成本的同时,还面临用户数量减少和广告点击量下降导致的商业利益的损失,并认定,聚网视公司应当知道实施该技术会出现自己得利他人受损的后果,仍实施该技术,具有主观故意。最终,法院认定聚网视公司实施被诉行为违背了诚实信用原则和公认的商业道德,侵害了爱奇艺公司合法的经营活动,不具有正当性。

三、类案应用

对于视频聚合软件深层链接行为,理论与实务更为关注的是该行为是否侵害信息网络传播权,争论应当适用服务器标准、用户感知标准还是实质替代标准。例如"快看影视"案等。而从反不正当竞争法的角度,视频广告屏蔽案的法律定性历经多年司法实践已较为稳定,一般认为,无论是通过浏览器过滤广告的形式,还是通过破坏技术措施直接获得视频内容源地址等绕过片头广告的形式,只要结果上导致了视频网站的广告无法被用户所看到,则损害了视频网站通过"免费视频+广告"模式获取合法商业利益,也会最终损害用户利益,破坏市场竞争秩序,违背了诚实信用原则和公认的商业道德,不具有正当性。例如"电视粉案""电视猫案""看客影视案"等。

附:屏蔽视频广告行为的认定——VST 全聚合不正当竞争案类案检索表

时间	审理法院/案号	裁判要点
2016.07.28	上海知识产权法院（2016）沪 73 民终 68 号	上诉人并非单纯向网络用户提供链接服务,而是在提供链接服务的同时,实施了删节原视频片头加载的商业广告、删除搜狐视频页面原有穿插的商业广告条幅等行为,而且该等行为将导致两被上诉人经营的搜狐视频的部分用户转而成为上诉人的用户以及搜狐视频商业广告浏览量的下降。而上诉人通过上述行为让其用户观看搜狐视频,其并未支付版权费等营运成本。相反,两被上诉人在支付营运成本的同时,还面临用户数量减少和广告浏览量下降导致的商业利益的损失。因此,上诉人的行为违背了诚实信用原则和公认的商业道德,侵害了两被上诉人的合法权益,其行为不具有正当性。
2017.04.02	北京知识产权法院（2017）京 73 民终 25 号	小蚁公司通过其所经营的"电视粉"软件向公众提供涉案视频播放服务的过程中,其实际上是链接了两原审原告飞狐公司、搜狐公司所共同经营的"搜狐视频"。……小蚁公司在设定链接时,显然没有经过飞狐公司、搜狐公司的许可,其行为具有法律上的可责性。……并且,小蚁公司在向公众提供视频播放服务的过程中,去掉了飞狐公司、搜狐公司所添加的广告,并在所播放的页面周边,添加了自己的广告,且向用户提供下载服务。小蚁公司的这一行为,系不正当地利用他人的资源,增加自身竞争优势的行为,客观上必然导致削弱他人的竞争优势,损害他人的经营利益。违背了公认的商业道德,已构成不正当竞争。
2017.06.21	上海知识产权法院（2017）沪 73 民终 55 号	上诉人的行为系其电视猫视频软件在链接播放来源于搜狐视频网站视频内容时,仅向公众传播搜狐视频网站视频内容,而绕开了两被上诉人设置的片前广告、视频暂停时广告,上诉人的上述行为实质上是将搜狐视频网站视频内容与搜狐网设置的与视频内容共同播放的片源广告、视频暂停的广告相分离,足以使不愿意观看广告也不愿意支付两被上诉人会员费但又想观看搜狐视频网站中视频的用户转而使用电视猫视频软件,严重损害被上诉人的利益。上述行为并同时造成其播放视频时未呈现两被上诉人在其视频播放框下设置的搜狐视频网站其他视频介绍、评论、链接等以及穿插的商业广告条幅等。上诉人的整体行为本质上属于不当利用他人市场成果、损害他人合法权益来谋求自身竞争优势,一审法院认定上诉人的该种竞争行为有违诚实信用原则以及公认的商业道德,构成不正当竞争并无不当。
2018.05.04	浙江省杭州市中级人民法院（2018）浙 01 民终 232 号	本案中,飞狐公司、搜狐公司所经营的是视频网站,其需要为购买或制作视频资源而支出高额的经营成本,因此无论是传统的电视台,还是现在的视频网站,在视频节目前播出商业广告都属正常的经营活动,本案中硕文公司并未举证证明搜狐网的视频贴片广告违反了广告法的相关禁止性规定,其既不属于弹出式广告,也不属于其他严重影响用户正常使用网络的情形。同时,诚如一审法院所言,商业模式本身并不是反不正当竞争法所保护的客体,反不正当竞争法要保护的是蕴含在该商业模式背后的经营者的合法经营利益。在搜狐网的视频贴片广告并未违反我国法律禁止性规定的情况下,飞狐公司、搜狐公司对于其合法提供的视频网络服务,包括针对非会员在视频片头播放广告的服务模式,享有合法的经营利益,对于硕文公司相应的上诉主张本院依法不予采信。

时间	审理法院/案号	裁判要点
2019.09.18	广州知识产权法院（2018）粤 73 民终 1022 号	唯思公司客观上实施的被诉行为违反了互联网领域公认的商业道德，主观上明显具有过错，造成的损害结果一方面减少了快乐阳光公司本应享有的会员用户数量以及会员费，另一方面导致芒果 TV 网站视频广告价值下降以及快乐阳光公司的广告收益减少，从而使快乐阳光公司利润减少甚至可能无法填补免费播放视频的运营成本而难以为继。据此，本院认定唯思公司的被诉行为属于违反诚实信用原则和公认的商业道德的行为。
2021.07.19	北京知识产权法院（2021）京 73 民终 451 号	本案中，用户在正常情况下通过优酷视频 APP 观看视频，视频播放时均有贴片广告以及跳过广告按钮，消费者可以根据自身需要选择购买会员直接观看或者播放广告后观看。在此种商业模式下，优酷公司向用户提供了播放服务，同时获得广告收益或者会员费收入作为提供服务的对价，该种商业模式并不违反相关法律规定，应受法律保护，他人不得以不正当方式损害上述经营模式下形成的竞争秩序和正当权益。但在用户安装了搜狗公司提供的涉案 APP 并打开其广告屏蔽功能后，无须成为优酷公司付费会员，亦无须观看贴片广告，即可观看优酷视频 APP 上的视频内容。搜狗公司提供的涉案 APP 显然是通过技术手段破坏了优酷视频 APP 的正常运行，此种不正当竞争行为将使得优酷公司的预期商业目的落空，损害优酷公司本应获得的合法利益，破坏了正常的商业秩序，构成反不正当竞争法第十二条第二款第四项规定的情形。

四、诠释法律

《中华人民共和国反不正当竞争法》（1993 年 9 月通过，2019 年 4 月修正）第二条前两款规定："（第一款）经营者在生产经营活动中，应当遵循自愿、平等、公平、诚信的原则，遵守法律和商业道德。（第二款）本法所称的不正当竞争行为，是指经营者在生产经营活动中，违反本法规定，扰乱市场竞争秩序，损害其他经营者或者消费者的合法权益的行为。"

反不正当竞争法实施以来，一般条款（第二条）已经成为人民法院认定新类型不正当竞争行为的主要法律依据之一，对维护公平竞争的市场秩序发挥了重要作用。最高人民法院关于适用《中华人民共和国反不正当竞争法》若干问题的解释（2022 年 1 月 29 日通过、2022 年 3 月 20 日起施行）第一条规定："经营者扰乱市场竞争秩序，损害其他经营者或者消费者合法权益，且属于违反反不正当竞争法第二章及专利法、商标法、著作权法等规定之外情形的，人民法院可以适用反不正当竞争法第二条予以认定。"该规定既厘清了一般条款与具体行为条款、知识产权专门法规定之间的适用关系，也明确了一般条款对反不正当竞争法及商标法等其他知识产权专门法的兜底适用地位。

对于屏蔽视频广告的行为，发生于 2018 年 1 月 1 日《反不正当竞争法》（2017）施行之前的，应适用一般条款予以规制；发生于 2018 年 1 月 1 日之后的，则属于利用技术手段妨碍、破坏其他经营者合法提供的网络产品或者服务正常运行的行为,应当适用互联网专条兜底条款予以规制。

第二节 雇员实施商业诋毁行为的责任承担主体

金泰福珠宝诉金嘉利珠宝等商业诋毁纠纷案

作者:李川

律师

一、裁判规则

经营者的员工通过微信散布虚伪事实或对真实事件采用不正当的说法,贬低竞争对手商誉,为经营者谋取不正当利益,属于我国反不正当竞争法所规制的商业诋毁行为。

二、案例说明

(一)案例来源

湖南省高级人民法院《民事判决书》(2018)湘民终 360 号(二审)。

(二)案例认定

本案二审入选 2018 年湖南法院知识产权司法保护十大典型案件,还入选最高人民法院 2018 年中国法院 50 件典型知识产权案例。

(三)案情简介

临武县金泰福珠宝一店(以下简称"金泰福珠宝一店")与临武县金嘉利珠宝店(以下简称"金嘉利珠宝店")、临武县金嘉福珠宝店(以下简称"金嘉福珠宝店")系同处于临武县城的同业经营者。2017 年 4 月,三店均开展了宣传促销活动。活动期间,先后发生了金嘉福珠宝店的经营者李高鹏为证明其所出售的黄金和田玉路路通是真的而火烧验真假的视频、案外人邝文霞的妹妹为证明金泰福珠宝一店所免费送的黄金和田玉路路通是假的而火烧验真假的视频,以及金嘉利珠宝店、金嘉福珠宝店的员工唐月凤、李露、王尺英、邝文霞对前述两视频在微信朋友圈进行比对转发并配发相关文字信息等涉案事实。金泰福珠宝一店认为上述人员发布的信息和视频,损害了其商誉,对其构成商业诋毁,遂诉至法院,要求赔偿损失、停止侵权、赔礼道歉。

（四）案例分析

本案通过对我国反不正当竞争法关于商业诋毁行为的主体范围和行为方式进行拓展,对于在当前我国自媒体传播日益发展的背景下,进一步引导广大市场经营主体规范经营,遏制广大微信使用者滥用微信传播平台的行为,引导其规范发布微信信息,促进保持良好的市场经营秩序,推进形成诚信、友善、公道、和谐的良好社会风尚,具有良好的示范效应。

一审湖南省郴州市中级人民法院认为,首先,商业诋毁行为的主体必须是经营者,本案临武县金嘉利珠宝店的员工唐月凤、李露,临武县金嘉福珠宝店的员工王尺英及邝文霞并非经营者,不是本案适格被告。其次,金泰福珠宝一店提供的微信截图可以证实临武县金嘉利珠宝店的员工唐月凤、李露,以及临武县金嘉福珠宝店的员工王尺英及邝文霞在微信朋友圈发布了其所免费送的和田玉路路通是假的信息,但该微信截图不足以证明唐月凤等四人系受到临武县金嘉利珠宝店的经营者周继芬或临武县金嘉福珠宝店的经营者李高鹏的指使。因此,驳回金泰福珠宝一店的诉讼请求。

二审法院审理认为,虽然员工并非我国反不正当竞争法所规定的商业诋毁行为主体,但涉案四名员工发送涉案微信内容的行为与其在珠宝店的工作范围密切相关,系为实现珠宝店的利益而实施的行为,应属于职务行为。该四名员工在未核实涉案视频真实性的情况下,在微信朋友圈对涉案视频进行比对转发,并配发了具有明显的贬损金泰福珠宝一店商誉、宣传金嘉利珠宝店、金嘉福珠宝店商品品质、引导消费者购买方向、形成市场竞争优势之主观故意的文字内容,构成散布虚伪事实;即便涉案视频是真实的,上述行为也属于对真实的事件采用不正当说法的不正当手段。由于该职务行为是经营者经营行为的重要组成部分,且经营者作为同业竞争者,未尽谨慎注意义务和管理义务,导致涉案视频和文字经其员工通过微信朋友圈对外转发,为自己谋取不正当利益,对金泰富珠宝一店的商誉造成一定不良影响,构成商业诋毁。

三、类案援引

在本案之前,贵州高院在《德标》案[贵州省高级人民法院《民事判决书》(2018)黔民终 665 号]中认定,何桥以深圳德标公司的名义向观山湖区市场监督管理局投诉,并在该局执行公务时拍照,之后在微信朋友圈中发布关于打假信息的图片,同时附加评价性言论的一系列行为是根据深圳德标公司的授权委托,属于履行职务行为。何桥在代理权限内以深圳德标公司名义实施的民事法律行为,对深圳德标公司发生效力,应当承担商业诋毁的民事责任。在本案之后,杭州市中级人民法院在《吴永明与宁波佳音机电公司》案[浙江省杭州市中级人民法院《民事判决书》(2020)浙 01 民终 2293 号]中认定,吴永明是被告明珠公司的前法定代表人、专利侵权诉讼委托代理人和实际控制人,即使明珠公司并未授意吴永明发布涉案言论,结合吴永明行为与其职务的关联紧密程度以及该行为的受益者系明珠公司的事实,再从社会公众的信赖可能性来看,吴永明对明珠公司也具有一定的控制力,其就明珠公司与佳音公司所涉专利侵权纠纷发表的言论,均系其履行职务行为的表现,其在微信群发布的涉嫌商业诋毁言论的法律后果应由明珠公司承担。深圳南山法院在《优克诉斯凯荣》案[深圳南山法院《民事判决书》(2019)粤 0305 民初 1907 号]中认定,被告 LIUJING 系被告斯凯荣公司的法定代表人,其通过其微博转发有关被告斯凯荣公司起诉原告专利侵权的文章的行为应当认定为被告 LIUJING 的职务行为,而非个人行为,故被告斯凯荣公司应当对被告 LIUJING 通过其微博实施的商业诋毁行为共同向原告承担责任。

附:类案检索表——员工(受托人)自媒体散布虚伪事实,构成商业诋毁

时间	审理法院/案号	员工(受托人)和公司的关系	裁判要点
2018.6	贵州省高级人民法院(2018)黔民终 665 号	何桥系被告深圳德标公司的维权代理人	何桥以深圳德标公司的名义向观山湖区市场监督管理局投诉,并在该局执行公务时拍照,之后在微信朋友圈中发布关于打假信息的图片,同时附加评价性言论的一系列行为是根据深圳德标公司的授权委托,属于履行职务行为。何桥在代理权限内以深圳德标公司名义实施的民事法律行为,对深圳德标公司发生效力,应当承担商业诋毁的民事责任。
2020.12	浙江省杭州市中级人民法院(2020)浙 01 民终 2293 号	吴永明是被告明珠公司的前法定代表人、专利侵权诉讼委托代理人和实际控制人	即使明珠公司并未授意吴永明发布涉案言论,结合吴永明行为与其职务的关联紧密程度以及该行为的受益者系明珠公司的事实,再从社会公众的信赖可能性来看,吴永明对明珠公司也具有一定的控制力,其就明珠公司与佳音公司所涉专利侵权纠纷发表的言论,均系其履行职务行为的表现,其在微信群发布的涉嫌商业诋毁言论的法律后果应由明珠公司承担。
2020.7	深圳南山法院(2019)粤 0305 民初 1907 号	被告 LIUJING 系被告斯凯荣公司的法定代表人	被告 LIUJING 系被告斯凯荣公司的法定代表人,其通过其微博转发有关被告斯凯荣公司起诉原告专利侵权的文章的行为应当认定为被告 LIUJING 的职务行为,而非个人行为,故被告斯凯荣公司应当对被告 LIUJING 通过其微博实施的商业诋毁行为共同向原告承担责任。

四、诠释法律

《民法典》第六十二条规定:法定代表人因执行职务造成他人损害的,由法人承担民

事责任;第一千一百九十一条规定:用人单位的工作人员因执行工作任务造成他人损害的,由用人单位承担侵权责任。

以上可以看出,法定代表人或工作人员因职务行为实施商业诋毁行为,由公司承担相应法律责任。

第三节　隐性关键词排名不正当竞争的司法规制

"金夫人"不正当竞争案①

作者:高孟宇

律师

一、裁判参考

在搜索引擎中将他人的注册商标作为关键词进行竞价排名推广导致竞争者的商业机会受到影响时,只有被告在争夺商业机会时不遵循诚实信用原则,违反公认的商业道德,通过不正当的手段获得他人可以以合理预期获得的商业机会,才会违反《反不正当竞争法》第二条的原则性条款的规定。

二、案例说明

(一) 案例来源

南京市中级人民法院《民事判决书》(2016)苏01民终8584号。

(二) 案情简介

重庆金夫人公司设立于1989年2月1日,经营范围包括摄影、礼服出租等。其于2002年12月28日获准注册第1979849号"金夫人 GOLDENLADY 及图"商标,核定在第42类"摄影、出租婚纱礼服"服务。2006年10月12日,国家商标局作出批复,认定该注册商标为驰名商标。

南京米兰公司设立于2003年9月2日,经营范围包括婚纱摄影、礼服出租等。2015

---

① 南京市中级人民法院"(2016)苏01民终8584号"《民事判决书》;重庆金夫人实业有限公司诉南京米兰尊荣婚纱摄影有限公司、北京百度网讯科技有限公司侵害商标权和不正当竞争纠纷;合议庭;判决日期:2017年3月10日。

年8月,金夫人公司在百度搜索栏中输入的关键词为"金夫人",搜索栏下方第一条连接的文字显示"金夫人集团官方网站",第三条链接为"南京婚纱摄影 NO.1 中国高端影楼领军品牌米兰尊荣",点击进入米兰公司的网站,网站中并未显示有"金夫人"字样。2016年10月,金夫人公司向南京市玄武区人民法院起诉。本案的争议焦点为"隐性关键词竞价排名"是否构成不正当竞争。

（三）案例分析

本案是认定隐性关键词排名是否构成不正当竞争的典型案例。南京市玄武区人民法院经审理认为,米兰公司的行为属于在相同服务上使用近似商标,构成商标侵权,未评述不正当竞争。同时,认为百度公司未尽到注意义务,构成帮助侵权。[①] 百度公司和金夫人公司均不服,上诉至南京市中级人民法院,二审法院于2017年3月作出判决认为,米兰公司使用关键词是计算机内部的操作,不属于商标性使用,不构成商标侵权。同时,米兰公司的行为不违反诚实信用原则和公认的商业道德,未违反《反不正当竞争法》第二条的规定。判决撤销一审判决,驳回金夫人的诉讼请求。金夫人公司申请再审,江苏高院于2018年6月裁定驳回,维持了二审判决。[②]

具体来讲,一审法院认为,米兰公司的行为属于在与金夫人公司相同的婚纱摄影服务上将"金夫人"驰名商标作为关键词进行搜索和推广,属于在相同服务上使用与金夫人公司具有极高知名度的"金夫人"商标相近似商标,容易导致消费者的混淆误认,构成商标侵权,因适用商标法得到了救济,不再评述不正当竞争。同时,认为百度公司未尽到注意义务,构成帮助侵权。

二审法院认为,米兰公司的使用"金夫人"进行关键词设定是在计算机系统内部的操作,并未直接将该词作为商业标识在推广链接的标题、描述或其网站页面中向公众展示,不属于商标性使用,未破坏商标的识别功能和广告功能,不构成商标侵权。同时,米兰公司的关键词推广行为并不影响金夫人公司的自然搜索结果,同时,米兰公司设置的推广链接的标题、描述及公司网站的内容足以表明其提供的服务的来源,未造成混淆误认或使人认为二者具有特定的联系。综合考虑设置的推广链接的具体情形、关键词广告的市场特性以及网络用户的认知水平等,米兰公司的行为尚未到达违反诚实信用原则和公认的商业道德的程度,未违反《反不正当竞争法》第二条的规定。同时,百度公司没有过错,不存在参与、教唆和帮助的情形,在收到起诉状后已采取了删除的措施。判决撤销一审判决,

---

① 南京市玄武区人民法院"（2016）苏0102民初120号"《民事判决书》；重庆金夫人实业有限公司诉南京米兰尊荣婚纱摄影有限公司、北京百度网讯科技有限公司侵害商标权和不正当竞争纠纷。

② 江苏省高级人民法院"（2017）苏民申2676号"《民事再审裁定书》；重庆金夫人实业有限公司诉南京米兰尊荣婚纱摄影有限公司、北京百度网讯科技有限公司侵害商标权和不正当竞争纠纷；合议庭：张继军、左其洋、罗有才；裁定日期：2018年6月28日。

驳回金夫人的诉讼请求。

再审法院全面支持了二审法院关于不构成商标侵权的认定,在不正当竞争部分,补充说明适用反法二条应严格把握适用条件,应同时具备:(1)法律对该种竞争行为未作出特别规定;(2)其他经营者的合法权益确因该竞争行为受到实质性损害;(3)该竞争行为确属违反诚实信用原则和公认的商业道德而具有不正当性或可责性。本案中,米兰公司将金夫人公司"金夫人"作为百度推广服务的关键词的行为,其目的是增加该公司网站的点击量,增加该公司的知名度,希望为其带来潜在的商业交易机会,但这种商业交易机会并非法定权利,金夫人公司也未提供证据证明米兰公司的行为实质性损害了金夫人公司的正当利益或消费者利益。米兰公司仅在系统后台设置关键词,金夫人公司官网链接仍排在搜索结果第一位、米兰公司链接只排在第三位,米兰公司链接描述内容及点击打开后的网站中并无"金夫人"商标等相关内容,米兰公司的行为并未使相关公众产生混淆误认,也未误导消费者。二审法院结合关键词广告市场特性以及网络用户的认知水平等因素,综合认定米兰公司的行为尚未达到违反诚实信用原则和公认的商业道德的程度,并无不当。

三、类案应用

与"金夫人"案的裁判思路截然相反的是"映美"案。与"金夫人"案非常类似的案情,北京高院最终在 2019 年 4 月裁定认定被告违反《反不正当竞争法》第二条的规定。在该案中,北京海淀法院的一审判决、北京知产法院的二审判决①、北京高院的再审裁定②均认定,作为同业竞争者,爱普生公司将新会江裕公司享有商标专用权的"jolimark"和"映美"等文字作为搜索引擎竞价排名的关键词使用,当网络用户在百度搜索引擎搜索栏中输入前述关键词时,被告爱普生公司的推广链接即出现在搜索结果页面中。虽然在上述搜索引擎竞价排名过程中,作为关键词出现的商标标志其所发挥的商品来源识别作用并未受到影响,且爱普生公司的推广链接及后续转跳的网页中并未出现新会江裕公司的商标标志,相关公众不会对商品来源产生混淆误认,但是,该行为使得欲通过该关键词搜索新会江裕公司及其产品的网络用户不仅得到了其本欲得到的新会江裕公司及其产品的搜索结果,同时也得到了爱普生公司及其产品的搜索结果。该行为势必使爱普生公司借助网络用户对新会江裕公司及其产品的认知而得到自己网站得以访问几率提高的利

---

① 北京知识产权法院"(2015)京知民终字第 1753 号"《二审民事判决书》;新会江裕信息产业有限公司诉爱普生(中国)有限公司、北京百度网讯科技有限公司不正当竞争纠纷;合议庭:瑞松艳、何暄、彭文毅;判决日期:2017 年 11 月 24 日。

② 北京市高级人民法院"(2018)京民再 177 号"《民事裁定书》;新会江裕信息产业有限公司诉爱普生(中国)有限公司、北京百度网讯科技有限公司不正当竞争纠纷;合议庭:周波、俞惠斌、苏志甫;裁定日起:2019 年 4 月 15 日。

益,进而挤占了新会江裕公司的市场利益,降低了其竞争优势,构成《反不正当竞争法》第二条的不正当竞争。

与"金夫人"案裁判思路几乎相同的是,浦东法院于 2021 年 4 月审理的"www.720think.com"URL 关键词竞价排名的不正当竞争一案①。该案中,浦东法院最终认定被告不构成不正当竞争。法院认为,被告同创蓝天公司在百度的后台将原告 URL 设置为搜索关键词的行为不属于《反不正当竞争法》第六条至第十二条明确列举的不正当竞争行为。被告同创蓝天公司的行为未损害原告鸿云公司的合法权益、未剥夺消费者信息选择的权益、未扰乱正常的市场秩序,在付费搜索广告服务提供商与广告商之间形成一种信息的交换,这是一种以"竞争对手的目标消费者群体的信息"为客体的交易,是一种帮助广告商定位到竞争对手的目标消费者群体的服务。这种关键词选用行为本身,是一种市场竞争的手段。识别那些对其竞争对手产品有明显兴趣的目标消费者并试图说服这一群体改变选择是商业竞争的一种重要手段。在开放的竞争环境下,隐性关键词的使用方式符合现代销售和合法竞争的精神,该竞争行为并不违反诚实信用原则和公认的商业道德。

有意思的是,在 2021 年 5 月浙江省杭州市余杭区人民法院判决的"高佣"案②中,法院又认为被告使用"高佣"和"高佣联盟"的 APP 名称,构成对反法第六条第(一)项的违反。该案中,德利微公司在 IOS 及安卓系统的 ASO 关键词优化中使用了"高佣"和"高佣联盟"关键词,用户在搜索关键词时,知买公司的 APP 排在首位,德利微公司的 APP 紧随其后。法院认为,后台设置关键词的行为出于攀附他人商誉、企图混淆的目的;前台的搜索页面展示足以造成相关公众的混淆误认。德利微公司将 APP 更名为"高佣—原高佣联盟全新升级 6.0",知买公司对"高佣""高佣联盟"具有较高的知名度,可见德利微公司具有攀附商誉的故意。由于名称和 APP 装潢较为近似,搜索页面的展示结果存在混淆性近似。同时,法院认为,手机应用商店在服务范围和用户的搜索期待不同于一般的搜索引擎网站,双方的 APP 不存在区别性标识,因此,构成对"高佣""高佣联盟"有一定影响的商品名称的侵犯,依据反法第六条第(一)项,构成不正当竞争。

---

① 上海市浦东新区人民法院"(2020)沪 0115 民初 3814 号"《民事判决书》;上海鸿云软件科技有限公司诉同创蓝天投资管理(北京)有限公司、北京百度网讯科技有限公司不正当竞争纠纷;合议庭:姜广瑞、徐弘韬、卜军形;判决日期:2021 年 4 月 27 日。

② 浙江省杭州市余杭区人民法院"(2020)浙 0110 民初 19778 号"《民事判决书》;杭州知买科技有限公司诉成都德利微科技有限公司不正当竞争纠纷;独任审判员:王淑贤;判决日期:2021 年 5 月 25 日。

附:"金夫人"类案检索表

时间	审理法院/案号	涉诉标识	被告的主要行为	裁判要点
2019.4	北京市高级人民法院"(2018)京民再177号"	映美;Jolimark	爱普生公司将新会江裕公司享有商标权的"映美""Jolimark"等设置为隐性关键词,在搜索这些关键词时,在第一项或第一页的最后一项链接出现爱普生公司的推广链接。	爱普生公司的行为使得欲通过该关键词搜索新会江裕公司及其产品的网络用户不仅得到了其本欲得到的新会江裕公司及其产品的搜索结果,也同时得到了爱普生公司及其产品的搜索结果。该行为势必使爱普生公司借助网络用户对新会江裕公司及其产品的认知而得到自己网站得以访问几率提高的利益,进而挤占了新会江裕公司的市场利益,降低了其竞争优势,构成不正当竞争。
2021.4	上海市浦东新区人民法院"(2020)沪0115民初3814号"	www.720think.com	同创蓝天将www.720think.com的URL设置为搜索关键词。在百度中搜索"上海鸿云科技有限公司",第一、二个链接条目为原告鸿云公司,将搜索页面下滑至末端,最后一个链接条目为被告同创蓝天的网站"4g.kuleiman.com",标注广告字样。	被告同创蓝天公司在搜索引擎的后台将原告URL设置为搜索关键词的行为不属于《反不正当竞争法》第六条至第十二条明确列举的不正当竞争行为。被告同创蓝天公司的行为未损害原告鸿云公司的合法权益、未剥夺消费者信息选择的权益、也未扰乱正常的市场秩序,在付费搜索广告服务提供商与广告商之间形成一种信息的交换,这是一种以"竞争对手的目标消费者群体的信息"为客体的交易,是一种帮助广告商定位到竞争对手的目标消费者群体的服务。这种关键词选用行为本身,是一种市场竞争的手段。识别那些对其竞争对手产品有明显兴趣的目标消费者并试图说服这一群体改变选择是商业竞争的一种重要手段。在开放的竞争环境下,隐性关键词的使用方式符合现代销售和合法竞争的精神,该竞争行为并不违反诚实信用原则和公认的商业道德。
2021.5	浙江省杭州市余杭区人民法院"(2020)浙0110民初19778号"	高佣;高佣联盟	德利微公司在IOS及安卓系统的ASO关键词优化中使用了"高佣""高佣联盟"关键词,用户在搜索该关键词时,知买公司的APP排在首位,德利微公司的APP紧随其后。两款APP名称和图标LOGO底色装潢部分构成近似。	后台设置关键词的行为出于攀附他人商誉、企图混淆的目的;前台的搜索页面展示足以造成相关公众的混淆误认。德利微公司将APP更名为"高佣—原高佣联盟全新升级6.0",知买公司对"高佣""高佣联盟"具有较高的知名度,可见德利微公司具有攀附商誉的故意。由于名称和APP装潢较为近似,搜索页面的展示结果存在混淆性近似。同时,法院认为,手机应用商店在服务范围和用户的搜索期待不同于一般的搜索引擎网站,双方的APP不存在区别性标识。因此,构成对"高佣""高佣联盟"有一定影响的商品名称的侵犯,依据《反不正当竞争法》第六条第(一)项,构成不正当竞争。

第四节 数据权益归属的认定

"车来了"不正当竞争案

作者：曹阳

律师、专利代理师

一、裁判参考

存储于权利人APP后台服务器的公交实时类信息数据，因具有实用性并能够为权利人带来现实或潜在、当下或将来的经济利益，已经具备无形财产的属性，属于受反不正当竞争法保护的法益。

二、案例说明

（一）案例来源

广东省深圳市中级人民法院《民事判决书》（2017）粤03民初822号。

（二）案例认定

本案判决入选"2018年中国法院50件典型知识产权案例""2018年度深圳法院知识产权十大典型案例"。

（三）案情简介

被告武汉元光科技有限公司为了提高其开发的智能公交"车来了"APP在中国市场的用户量及信息查询的准确度，利用网络爬虫技术大量获取竞争对手深圳市谷米科技有限公司同类公交信息查询软件"酷米客"APP的实时公交信息数据后，无偿使用于其"车来了"APP软件，并对外提供给公众进行查询。谷米公司以元光公司的上述行为违背了商业道德和诚实信用原则，构成不正当竞争为由诉至法院。深圳市中级人民法院经审理认为，被告元光公司利用网络爬虫技术大量获取并且无偿使用原告谷米公司"酷米客"软件的实时公交信息数据的行为，实为一种"不劳而获""食人而肥"的行为，具有非法占用他人无形财产权益，破坏他人市场竞争优势，并为自己谋取竞争优势的主观故意，违反了诚实信用原则,扰乱了竞争秩序,构成不正当竞争行为,应当承担相应的侵权责任。宣判后,双方当事人均未提起上诉。

（四）案例分析

1. 大数据纠纷案件提起维权诉讼的请求权基础

随着信息技术产业和互联网产业的发展,尤其是在大数据时代的背景下,信息所具有的价值超越以往任何时期,愈来愈多的市场主体投入巨资收集、整理和挖掘信息,如果不加节制地允许市场主体任意地使用或利用他人通过巨大投入所获取的信息,将不利于鼓励商业投入、产业创新和诚实经营,最终损害健康的竞争机制。尽管尚无"数据权利"之明文规定,但司法实践中早已探索出通过《反不正当竞争法》保护"数据权益"的路径。

对数据信息内容的保护,需要先界定原告诉求保护的数据信息是否能够为其带来市场利益和竞争优势。本案中,公交车作为公共交通工具,其实时运行路线、运行时间等信息本属客观事实要素,但当此类信息经过人工收集、分析、编辑、整合并配合 GPS 精确定位,作为公交信息查询软件的后台数据后,其凭借预报的准确度和精确性就可以相较于其他提供实时公交信息查询服务的同类软件取得竞争上的优势。故法院认可原告"酷米客"软件后台服务器存储的公交实时类信息数据,已经具备无形财产的属性,应当属于受反不正当竞争法保护的法益。

2. 利用爬虫技术盗用他人大数据构成不正当竞争

本案的研究价值还在于,明确认定了利用网络爬虫技术攫取并使用他人数据的行为构成不正当竞争。网络爬虫抓取数据问题,往往还牵涉爬取的手段本身是否违反公认的商业道德,爬取的为公开数据抑或非公开数据,网络爬虫抓取行为是否妨碍、破坏被爬取网站或服务的正常运行,网络爬虫之用途与行为正当性判断的关系等。

三、类案应用

我国法律尚未明文规定授予平台"数据权益",司法实务中平台数据权益往往是以竞争权益的面貌展现。现有案例一般先考量平台的经营模式,从平台在合法运营过程中投入了大量人力、物力积累数据资源,数据资源能够为经营者带来商业利益与竞争优势的角度,认可经营者对数据资源享有竞争权益。

附:"数据权益"的认定——"车来了"不正当竞争案类案检索表

时间	审理法院/案号	涉诉行为	裁判要点
2017.08.30	上海知识产权法院（2016）沪 73 民终 242 号	百度公司通过搜索技术抓取并在百度地图和百度知道产品中大量全文展示来自大众点评网的用户点评信息。	大众点评网上用户评论信息是汉涛公司付出大量资源所获取的,且具有很高的经济价值,这些信息是汉涛公司的劳动成果。汉涛公司对涉案信息的获取付出了巨大的劳动,具有可获得法律保护的权益。百度公司超出必要限度使用涉案信息,已经实质替代了大众点评网的相关服务,构成不正当竞争。

续表

时间	审理法院/案号	涉诉行为	裁判要点
2019.02.20	浙江省高级人民法院（2018）浙民终1072号＊"2018年度杭州法院知识产权司法保护十大案件"	灯塔表哥搜索引擎功能将用户搜索请求链接到同花顺公司数据库并作为自己的运行结果提供给用户，复制使用同花顺公司用户评论数据信息	原告投入了一定人力、物力开发了i问财搜索功能，将涉及股市各方面的综合信息进行搜集、整理并经过一定方式进行编排和关键词设置后供用户搜索使用，这些搜索结果类数据资源系能为同花顺公司带来商业收益的竞争性资源。被诉跳链行为和复制评论行为，不正当的利用了原告的数据资源和用户评论信息，从而增加自身信息量、用户量和便利度，而对原告的经营利益造成影响，构成不正当竞争。
2019.11.15	北京知识产权法院（2019）京73民终2799号＊"2019年度北京市法院知识产权司法保护十大案例"	被告擅自抓取"微博"数据，并使用在其"饭友"APP中，使用户可以在"饭友"APP中直接查看包括图片、视频等在内的相关明星账号的全部微博内容。	原告作为新浪微博的运营者，对涉案新浪微博前后端全部数据享有权益，可就他人非法抓取并使用该数据的行为主张权益。被告抓取新浪微博数据并在饭友APP上进行展示妨碍、破坏了新浪微博的正常运营，构成不正当竞争。
2019.11.25	四川省成都市中级人民法院（2019）川01民初5468号民事裁定书	被告通过网络爬虫技术抓取微信公众号信息内容，使用于"今日头条"APP和网站。	腾讯公司长期、大量地投入人力、物力、财力成本，维持大量信息集中产生于、汇集于微信公众平台，因此微信公众平台的信息等资源是腾讯公司通过合法正当的商业经营所取得，给其带来市场利益以及竞争优势，属于竞争性的合法权益。
2020.06	杭州互联网法院（2019）浙8601民初1987号	被告开发运营"聚客通群控软件"，利用Xposed外挂技术将该软件中的"个人号"功能模块嵌套于个人微信产品中运行，为购买该软件服务的微信用户在个人微信平台中开展商业营销、商业管理活动提供帮助。	本案中，两原告将微信产品推向市场后，经过经营积累已拥有数量众多的用户。通过微信产品的运营，两原告不仅获取了较大业利益，同时积累了巨量数据资源获得了开发衍生产品获取增值利润的机会空间，微信产品数据资源的积累已成为两原告获取市场收益的基本商业模式及核心竞争力。综上，本院认为，微信产品数据资源系两原告投入了大量人力、物力，经过合法经营而形成的，该数据资源能够给两原告带来商业利益与竞争优势，两原告对于微信产品数据资源应当享有竞争权益。
2021.02.02	北京知识产权法院（2019）京73民终3789号	鹰击系统未经许可擅自抓取、展示、应用、分析新浪微博数据。	微梦公司通过大量投入所积累的新浪微博数据显然具有商业价值，并可为微梦公司带来直接或间接的经济利益、提供竞争优势。

四、诠释法律

《民法典》第一百二十七条对数据权益进行了宣示性规定："法律对数据、网络虚拟财产的保护有规定的，依照其规定。"最高人民法院关于适用《中华人民共和国反不正当竞争法》若干问题的解释在征求意见稿中,曾于第二十六条规定:"(第一款)经营者违背诚实信用原则和商业道德,擅自使用其他经营者征得用户同意、依法收集且具有商业价值的数据,并足以实质性替代其他经营者提供的相关产品或服务,损害公平竞争的市场秩序的,人民法院可以依照反不正当竞争法第十二条第二款第四项予以认定。(第二款)经营者征得用户同意,合法、适度使用其他经营者控制的数据,且无证据证明使用行为可能损害公平竞争的市场秩序和消费者合法权益,控制该数据的经营者主张属于反不正当竞争法第十二条第二款第四项规定的行为的,人民法院一般不予支持。"但最终的司法解释中,并未纳入该条。

在通过《反不正当竞争法》第二条寻求对数据权益的保护时,应先明确所主张的数据权益的具体内容,并从平台投入的角度,结合数据资源在平台整体运营中的重要作用,进行详细分析。

第五节 互联网流量抢夺行为的不正当竞争认定

二三四五公司诉猎豹网络公司等流量抢夺案

作者:崔梦嘉

律师

一、裁判参考

安全类软件在计算机系统中拥有优先权限,但经营者对该种特权的运用应当审慎,对终端用户及其他服务提供者的干预行为应以"实现功能所必需"为前提。以保障计算机系统安全为名,通过虚假弹窗、恐吓弹窗等方式擅自变更或诱导用户变更其浏览器主页,不正当地抢夺流量利益的行为,不仅损害了其他经营者的合法权益,也侵害了终端用户的知情权与选择权,有违诚实信用原则和公认的商业道德。

二、案例说明

(一) 案例来源

上海知识产权法院《民事判决书》(2018)沪 73 民终 5 号。

（二）案例认定

本案二审入选 2018 年中国法院 10 大知识产权案件。

（三）案情简介

上海二三四五网络科技有限公司（"二三四五公司"）系 2345 网址导航、2345 王牌浏览器的运营者,2345 网址导航作为浏览器的主页向用户提供服务。北京猎豹网络科技有限公司（"猎豹网络公司"）、北京猎豹移动科技有限公司（"猎豹移动公司"）、北京金山安全软件有限公司（"金山公司"）通过其共同运营的金山毒霸软件中的多个功能,包括"垃圾清理""一键清理""一键云查杀""版本升级""浏览器保护"等,将终端用户设定的 2345 网址导航主页变更为由猎豹移动公司运营的毒霸网址大全。

二三四五公司主张上述行为属于劫持流量行为,构成《反不正当竞争法》第二条规定下的不正当竞争行为,向上海市浦东新区人民法院提起诉讼。

（四）案例分析

本案涉及软件经营者通过功能设置变更或诱导用户变更浏览器主页,进而从原浏览器主页网址导航经营者处抢夺流量利益是否构成不正当竞争行为的问题。由于涉案行为存在众多形态,不同形态的行为表现并不相同,一审法院对具体行为分别归类予以了分析和评价,因此本案在目前的涉互联网流量抢夺类不正当竞争案件中也属于行为分析较为复杂的一种。具体来说,本案基于《反不正当竞争法》第二条的行为正当性分析主要涉及三方面问题:

1. 二三四五公司基于浏览器主页网址导航享有的合法权益分析

由于本案涉案"流量抢夺"行为,在本案审理时适用的 1993 年《反不正当竞争法》中不存在具体条款可以予以规制,因此本案要适用《反不正当竞争法》的原则性条款即第二条。而在该法第二条的适用中,必须以经营者之合法权益因涉案行为受到损害为前提。因此,本案的一大重点和亮点是在于对浏览器主页网址导航这一产品的权益分析。

一审判决经分析认为,网址导航产品基于其便捷性及易用性,在提供导航的过程中,为各大网站带去大量的流量,作为流量入口具有十分重要的地位。而网址导航的经营者通过向用户提供网址链接服务、页面服务,向广告主收取费用等方式实现商业模式的良性循环,且在这一循环中,用户使用数是其根本。而被浏览器设置为主页的方式是网址导航经营者提升用户使用数的重中之重。因此,是否能够更多地占领最终用户的浏览器主页,事关网址导航经营者的重大经济利益,该经营权益属经营者的合法权益。涉案行为通过多种方式变更本设置主页为二三四五公司网址导航的浏览器之主页,损害了二三四五公司的合法权益。

2. 影响正当性评价的分析要素

本案情节上的特殊性还在于,涉案行为是通过金山毒霸软件这一计算机安全软件,以保障用户系统安全之名进行实施的。

法院指出,安全软件在计算机系统中拥有优先权限,其应当审慎运用这种"特权",对用户以及其他服务提供者的干预行为应以"实现其功能所必需"为前提。猎豹网络公司等在涉案行为中事实上身兼多重身份,既是安全软件经营者,又是同类网址导航产品的经营者,在这种拥有技术优势以及用户信任的情形下,应当课以较高标准的诚实信用原则以及公认的商业道德。本案中,猎豹网络公司等利用本企业经营的安全软件"特权",对本企业终端软件与其他企业终端软件区别对待,不正当地损害其他企业合法权益,为自己获取非法利益,违反了诚实信用原则和公认的商业道德,亦违反了平等竞争原则。

3. 不同情景下涉案行为的正当性分析

本案涉案行为主要可分为未告知用户的情景下进行主页修改和告知用户的情景下进行主页修改两种情形。其中未告知用户的情景不仅损害二三四五公司的经营权益,更侵害了用户的知情权和选择权。

而对于告知用户的情景,由于涉案行为是利用虚假弹窗、恐吓弹窗等方式诱导用户在不明真相的情况下进行变更,法院指出其行为实质是利用了用户对于安全软件的信任感。此种行为手段更具欺骗性,恶意更加明显,违反了诚实信用原则与商业道德。

三、类案应用

随着互联网产品的迭代发展,流量抢夺不正当竞争案件逐渐成为涉互联网不正当竞争案件中的一种典型案件,但相关的技术手段、行为模式也各不相同,被原告宣称为"流量抢夺"的具体行为其定性仍需考察个案情节进行分析。如在(2018)浙01民初3166号案件中,法院就认为涉案行为是由用户自行选择实施,不构成不正当竞争行为。

附:"二三四五"案件类案检索表——流量抢夺行为的正当性判断

时间	审理法院/案号	裁判要点
2014.11	最高人民法院(2014)民申字第873号	网络服务提供者在特定情况下可以不经网络用户知情并主动选择以及其他互联网产品和服务提供者同意,干扰他人互联网产品或服务的运行,但必须限于保护网络用户等社会公共利益的需要,并且应当确保干扰手段的必要性和合理性,即"非公益必要不干扰原则"。故本案中,奇虎公司在未经允许的情况下对百度搜索结果进行了干扰,其应证明其行为具有必要性和合理性。 在本案情形中,是否添加安全警示以及在哪个搜索结果中添加安全警示,甚至对于哪个搜索引擎的搜索结果添加安全警示,完全依赖于奇虎公司单方的选择和判断,奇虎公司不仅有义务证明其添加警示图标的行为具有合理的基础,而且应当证明该行为是实现其安全防护功能所必须采用的措施。 上述行为干扰了百度网站正常的搜索服务以及用户对百度搜索结果的正常使用,有可能引导用户访问与其搜索目的无关的网站,而且该行为不出于任何公共利益的需要,仅仅是为奇虎公司网站获取更多用户访问量的手段,超出了正当的商业竞争的限度。

续表

时间	审理法院/案号	裁判要点
2017.12	上海知识产权法院（2017）沪73民终197号	市场竞争是对资源和交易机会的争夺，尤其在互联网这样一个竞争充分，且各种产品往往具有一定互相依附、关联的市场领域，要求经营者之间固守自己的领域提升业绩而不进行干扰是不切实际的，正如对抗性比赛中不可避免的合理冲撞一样，竞争者在市场竞争中也需要容忍适度的干扰。 就两上诉人提供的比价、帮购等服务本身而言，既可能给消费者带来一定福利，但同时也会产生误导消费者的情形，并且，可以提升消费者利益的行为并不能当然被排除在不正当竞争行为之外，仍要就被控行为的正面效果与对被干扰者所造成的损害进行衡量。首先，上诉人在页面中插入相应标识和按钮，并引导消费者至其网站完成交易的行为已属过度妨碍被上诉人正常经营的行为，且该行为会产生误导消费者的可能；其对被上诉人所造成的损害与其欲实现的正面效应显然不符合比例原则。并且，上诉人提供比价、帮购等服务并非必须要通过该手段来实现，从利益平衡的角度，上诉人应当通过更为适当的方式开展相应的服务。
2019.04	北京市海淀区人民法院（2016）京0108民初14003号	与用户使用传统PC端浏览器后不确定去往目的网站不同，移动互联网时代，手机用户经过对比选择，在众多APP应用软件中选择360浏览器并进行搜索，此部分搜索用户流量属于该浏览器经营者。搜狗公司通过搜狗输入法搜索候选词为搜狗搜索引擎引导用户流量，未体现用户明确知情且自愿选择的情节，使本希望通过360浏览器进行搜索或直接使用360搜索引擎的用户，在搜索过程中因使用搜狗输入法发生服务来源的混淆。 至于搜狗公司提出即使用户第一次使用搜狗搜索候选词发生误认，在后续长期、反复使用后也能消除混淆误认的意见，本院认为，一方面，搜狗公司表示不排除搜狗搜索候选词使用户发生混淆的可能；另一方面，当一项经营行为始于让用户发生混淆误认才获得的市场交易机会，因用户持续误认而形成用户行为习惯，并不能使此经营行为的性质得以改变并获得正当性。
2019.12	北京市海淀区人民法院（2018）京0108民初13867号	当用户通过乐播投屏APP获取优酷公司的视频播放服务时，既无须观看片头广告，亦无须下载优酷视频APP，更无须成为付费会员，即可以免费且完整地观看相应内容。在此情况下，用户已无须再接受优酷公司设置的服务前提条件并做出相应的选择。 从形式上看，这无疑妨碍和破坏了优酷公司所提供的网络服务的正常运行。从实质上看，也必将使得优酷公司在提供免费视频的同时获得广告收益、推广优酷视频APP以及增加付费用户的商业目的无法实现，从根本上损害了优酷公司本可获得的经营利益。从长远来看，此类看似有利于消费者的行为，或将导致在线视频网站的经营者因损失难以弥补而无法提供更加丰富的内容和更好的服务，甚至难以维持正常经营；或将迫使这些经营者不再向公众提供免费视频，转而采取一律付费的方式，从而进一步增加消费者获取服务的成本，并减少消费者原本可以得到的选择机会，最终造成消费者的利益受到损害。

四、诠释法律

根据《反不正当竞争法》（2019年修订）第二条规定，经营者在生产经营活动中，应当遵循自愿、平等、公平、诚信的原则,遵守法律和商业道德。本法所称的不正当竞争行为,是指经营者在生产经营活动中,违反本法规定,扰乱市场竞争秩序,损害其他经营者或者消费者的合法权益的行为。

同法第十二条规定,经营者不得利用技术手段,通过影响用户选择或者其他方式,实施下列妨碍、破坏其他经营者合法提供的网络产品或者服务正常运行的行为:(一)未经其他经营者同意,在其合法提供的网络产品或者服务中,插入链接、强制进行目标跳转;(二)误导、欺骗、强迫用户修改、关闭、卸载其他经营者合法提供的网络产品或者服务;(三)恶意对其他经营者合法提供的网络产品或者服务实施不兼容;(四)其他妨碍、破坏其他经营者合法提供的网络产品或者服务正常运行的行为。

本案由于被诉行为发生于新法实施以前,其对于流量抢夺类不正当竞争行为的规制,适用的仍是1993年的《反不正当竞争法》。而在本案一审判决后,加入规制互联网不正当竞争行为的"互联网专条"之2017年《反不正当竞争法》即告实施。在此之后的部分流量抢夺类案件,也存在适用"互联网专条"即2017年/2019年《反不正当竞争法》第十二条二款予以规制的情形。

第六节　特有包装装潢权益共享的认定

红罐王老吉凉茶包装装潢案

作者:李科峰

律师

一、裁判参考

原被告对于对涉案包装装潢权益的形成、发展和商誉建树,各自发挥了积极的作用,将涉案包装装潢权益完全判归一方所有,均会导致显失公平的结果,并可能损及社会公众利益。因此,涉案知名商品特有包装装潢权益,在遵循诚实信用原则和尊重消费者认知并不损害他人合法权益的前提下,可由原被告共同享有。

二、案例说明

(一)　案例来源

最高人民法院《民事判决书》(2015)民三终字第2号和第3号。

（二）案例认定

本案二审判决入选最高人民法院 2017 年中国法院 10 大知识产权案件之一。

（三）案情简介

2012 年 7 月 6 日,广州医药集团有限公司(以下简称"广药集团")与广东加多宝饮料食品有限公司(以下简称"加多宝公司")分别向法院提起诉讼,均主张凉茶产品的罐体上包括"黄色王老吉文字、红色底色等色彩、图案及其排列组合等组成部分在内的整体内容"(简称"涉案包装装潢"),为知名商品特有包装装潢,双方均享有对该包装装潢的合法权益,并据此指控对方生产销售的红罐凉茶商品的包装装潢构成侵权。

（四）案例分析

本案争议焦点是涉案包装装潢的合法权益归谁享有。结合红罐王老吉凉茶的历史发展过程、原被告双方的合作背景、消费者的认知及公平原则等多个维度进行考察,最高人民法院突破性地认定:广药集团及其前身、加多宝公司及其关联企业,均对涉案包装装潢权益的形成、发展和商誉建树,各自发挥了积极的作用,可由广药集团与加多宝公司共同享有。具体理由如下:

1."王老吉"品牌价值对确定涉案包装装潢权益归属的作用

从"王老吉"品牌的传承和发展来看,在签订商标许可使用协议之前,"王老吉"品牌已经形成、积淀了一定的品牌知名度和市场价值。也正是基于"王老吉"品牌在中国大陆地区已经具有的历史渊源和品牌效应,使加多宝公司在获得"王老吉"商标的使用权后,即选择以醒目、突出的字体在涉案包装装潢之中进行使用,并使得红罐王老吉凉茶一推出市场,即拥有了较好的消费者认知基础和市场前景。因此,作为"王老吉"商标权利人的广药集团,对于品牌知名度和美誉度的维护,是红罐王老吉凉茶的知名度得以产生、延续和发展的重要基础。且"王老吉"文字事实上已经成为红罐王老吉凉茶包装装潢的重要组成部分,其对涉案包装装潢同样发挥了来源识别的功能。

2.加多宝公司的经营行为对确定涉案包装装潢权益归属的作用

从加多宝公司对红罐王老吉凉茶的生产经营活动来看,作为红罐王老吉凉茶的实际经营主体,加多宝公司通过多年持续、大规模的宣传和使用行为,不仅清晰地向消费者传递了红罐王老吉凉茶由加多宝公司实际经营这一信息,也显著地提升了加多宝公司及红罐王老吉凉茶的市场知名度,加多宝公司对涉案包装装潢权益的形成作出了重要贡献。

3.消费者的认知对确定涉案包装装潢权益归属的作用

在确定特有包装装潢的权益归属时,既要在遵循诚实信用原则的前提下鼓励诚实劳动,也应当尊重消费者基于包装装潢本身具有的显著特征,而客观形成对商品来源指向关系的认知。

本案的特殊之处在于,作为涉案包装装潢实际经营者的加多宝公司,在设计、使用及宣传推广的过程中,始终将作为广药集团注册商标的"王老吉"文字在包装装潢中进行了突出使用,且从未着意阻断和清晰区分包装装潢与其中包含的注册商标之间的关系,客观上使包装装潢同时指向了加多宝公司与广药集团。

综上,广药集团和加多宝公司均对涉案包装装潢权益的形成、发展,各自发挥了积极的作用。客观上,消费者会自然地将红罐王老吉凉茶与广药集团、加多宝公司同时建立联系。因此,广药集团与加多宝公司共同享有涉案包装装潢权益,更为公平合理。

三、类案应用

无。

四、法律诠释

《民法总则》第六条民事主体从事民事活动,应当遵循公平原则,合理确定各方的权利和义务。

《民法典》第六条民事主体从事民事活动,应当遵循公平原则,合理确定各方的权利和义务。

第七节　将他人商标作为企业字号的认定

"宝马"服饰商标侵权及不正当竞争纠纷案

作者:张琪
律师

一、裁判参考

将他人注册商标、未注册的驰名商标作为自己的企业字号,足以造成相关公众对商标注册人与企业名称所有人产生误认或者误解的,构成不正当竞争行为的,可依据《反不正当竞争法》第二条予以规制,侵权人应当依法承担责任,权利人可请求判令其停止使用包含权利商标字样的企业名称。

二、案例说明

（一）案例来源

上海知识产权法院《民事判决书》(2015)沪知民初字第58号。

（二）案例认定

本案判决入选2019年最高人民法院公报案例。

（三）案情简介

原告宝马公司系""图形商标，"宝马"文字商标、"BMW"字母商标等商标的商标权人，上述商标核定使用的商品为第12类机动车辆、摩托车及其零件。涉案商标至少在2007年就已为中国境内相关公众广为知晓，属于驰名商标，其在中国境内的知名程度亦随着其持续使用而不断增加、扩张，持续处于驰名状态。原告宝马公司厦门宝姿和世纪宝姿在其生产和销售的服装、皮制品等商品上使用"BMW""BMW lifestyle"等商标。之后，厦门宝姿和世纪宝姿以开设"BMW lifestyle(宝马服饰)"专卖店的方式，持续推广使用"BMW""BMW lifestyle"等商标。

2008年7月，周乐琴使用"宝马"和"BMW"作为字号成立了原名为"德国宝马集团(国际)控股有限公司〔GERMAN BMW GROUP(INTL)HOLODING LIMITED〕"的德马公司。之后，德马公司通过转让、注册获得了在第25类服装商品上的"*BMN*""⊕""**BMN**"商标。周乐琴通过转让和注册获得了第25类"⊗"商标、"⊗"商标、第18类"⊗"商标。德马公司和周乐琴将上述商标授权创佳公司使用，并通过这种方式与创佳公司自2009年成立了BMN品牌加盟体系。在经营BMN品牌加盟体系的过程中，将上述商标着色或将图形商标与"BMN"商标及德国宝马集团(国际)控股有限公司〔GERMAN BMW GROUP(INTL)HOLODING LIMITED〕企业名称、德国宝马集团、德国宝马、宝马等文字组合，并广泛使用于品牌加盟手册、经营场所装潢、广告宣传等BMN品牌加盟体系中，以及生产、销售的服装、鞋、包等商品上，并在全国多个城市发展加盟体系、销售商品。

宝马公司主张德马公司、周乐琴、创佳公司的行为构成了商标侵权及不正当竞争。本案的争议焦点为德马公司、周乐琴、创佳公司在企业名称中使用宝马公司驰名商标的行为是否构成商标侵权及不正当竞争。

（四）案例分析

本案是典型的企业名称与注册商标权利冲突的案件。《商标法》第五十八条规定，将他人注册商标、未注册的驰名商标作为企业名称中的字号使用,误导公众,构成不正当竞争行为的,依照《中华人民共和国反不正当竞争法》处理。在司法实践中,此类案件通常适用《反不正当竞争法》第二条原则条款予以规制。

本案中,周乐琴使用"BMW"和"宝马"注册被告德马公司,德马公司和创佳公司在 BMN 品牌加盟体系中使用公司名称,具有主观恶意。其使用上述企业名称所进行的经营活动,易使相关公众产生其与原告宝马公司之间具有特定联系的混淆和误认,属于违反诚实信用原则和公认的商业道德的不正当竞争行为,违反了《反不正当竞争法》第二条规定,经营者在市场交易中,应当遵循自愿、平等、公平、诚实信用的原则,遵守公认的商业道德。

本案中,三被告通过分工合作、转让、注册商标、字号,全面模仿权利人标识、通过特许经营体系复制侵权等手段,立体地、全方位地实施侵权行为,侵权影响大,损害严重。其中被告出于搭便车的故意,将原告的权利商标登记为字号,并使用在相关的经营活动中,造成了相关公众混淆或者误认,构成不正当竞争,当事人有权请求判决停止使用或者变更企业名称。

三、类案应用

企业名称与商标均属于商业标识,二者在功能上存在重合之处,经营者在选择其企业名称时应遵循诚实信用原则,对他人在先具有一定知名度的注册商标做合理避让,避免因注册和使用含他人注册商标的企业名称而造成相关公众的混淆误认。以下援引部分假冒他人注册商标的不正当竞争案件为相关案例谨供参考。

附:"宝马股份公司诉创佳公司、德马公司、周乐琴侵害商标权及
不正当竞争纠纷案"案件类案检索表

时间	审理法院/案号	裁判要点
2016.09	广东省佛山市中级人民法院粤 06 民终 3137 号 2016 年中国法院 50 件典型知识产权案例	"微信及图"注册商标在计算机软件商品上已具有较高的知名度。 广东微信公司将"微信"注册为其企业字号,其主观上明显具有攀附腾讯科技公司商标商誉的故意。 腾讯科技公司在计算机软件等商品上注册的"微信及图"商标具有较高的知名度,广东微信公司在从事软件和信息技术服务相关的经营活动过程中,尤其是在提供与腾讯科技公司的"微信"软件相关服务的过程中,使用带"微信"二字的企业名称,容易使相关公众认为其所提供的服务与腾讯科技公司存在特定的关联关系,造成相关公众混淆或误认,其行为违反了经营者在市场竞争过程中所应遵循诚实信用原则,构成不正当竞争。 在广东微信公司将腾讯科技公司在第 9 类商品上注册的"微信"商标登记注册为其企业字号并予以使用,已足以造成相关公众的混淆或误认的情况下,腾讯科技公司未在第 42 类商品或服务类别上注册商标并不妨碍其依据在第 9 类商品上注册的商标主张广东微信公司的行为构成不正当竞争。

时间	审理法院/案号	裁判要点
2020.09	江西省高级人民法院（2020）赣民终619号 2020年中国法院50件典型知识产权案例	"华润"字号具有较强的识别性,经华润集团几十年的经营发展,已在全国乃至世界范围具有较高的知名度,"华润"字号应视为华润集团的企业名称予以保护。乐平华润公司作为一家经营范围为房地产开发等的公司,将华润集团企业字号"华润"文字注册为企业名称并在楼盘开发销售宣传等处使用的行为,容易使相关公众误认为其与华润集团有一定的关系,具有攀附华润集团企业名称知名度的恶意,其行为构成不正当竞争,应当承担相应的民事责任。 乐平华润公司抗辩称其公司名称于2009年经登记主管部门核准,2010年设立后一直沿用至今,其不存在主观恶意,且华润集团于2012年就对其公司予以知悉,现已超过诉讼时效。一审法院认为行政主管核准使用名称并不能对抗法律规定的侵权构成要件,乐平华润公司一直持续使用"华润"字号作为公司名称,华润知识产权公司起诉时未过诉讼时效,其不正当竞争行为成立,该项抗辩意见不能成立。
2017.12	最高人民法院民三终字第7号 2017年中国法院50件典型知识产权案例	菏泽汇源公司将与北京汇源公司注册商标中相同的"汇源"文字作为企业名称中的字号使用,足以使相关公众对其商品的来源产生混淆。并且根据菏泽汇源公司的工商登记材料,菏泽汇源公司在企业名称预先核准申请时,已知道北京汇源公司涉案商标的存在,且出具了"使用汇源字号如存有异议愿意更改字号"的说明,表明菏泽汇源公司在主观上具有攀附北京汇源公司涉案商标声誉的意图,客观上易使相关公众产生混淆或误认,违反了诚实信用原则及公认的商业道德,其行为构成对北京汇源公司的不正当竞争。

四、诠释法律

《中华人民共和国商标法》第五十八条规定:"将他人注册商标、未注册的驰名商标作为企业名称中的字号使用,误导公众,构成不正当竞争行为的,依照《中华人民共和国反不正当竞争法》处理。"

第八节　虚假宣传不正当竞争行为的认定标准

大健康公司诉加多宝公司虚假宣传案

作者:崔梦嘉
律师

一、裁判参考

认定是否构成《反不正当竞争法》规制的虚假宣传行为,应当根据日常生活经验、相关公众一般注意力、发生误解的事实和被宣传对象的实际情况等因素,对引人误解的虚假宣传行为进行认定,以是否易使相关公众产生误解为立足点。

二、案例说明

（一）案例来源

最高人民法院《民事判决书》(2017)最高法民再151号。

（二）案例认定

本案再审入选2019年中国法院50大典型知识产权案件。

（三）案情简介

广州医药集团有限公司("广药集团")系第32类"王老吉"商标的权利人,其曾通过授权链条许可加多宝(中国)饮料有限公司("加多宝公司")及其关联公司使用"王老吉"商标。经过加多宝公司长年经营,其经营的红色罐装"王老吉"凉茶产品成为市场上具有较高知名度和影响力的品牌,其红罐设计也被司法机关、市场主管机关认定为知名商品包装装潢。

2012年,上述商标许可关系终止,加多宝公司及其关联公司停止使用"王老吉"商标。同年,广药集团许可广州王老吉大健康产业有限公司("大健康公司")使用"王老吉"商标,并有权以包括诉讼在内的方式维护"王老吉"相关合法权益。

2012年开始,加多宝公司开始在其"加多宝"红罐凉茶产品的广告宣传中广泛使用宣传语"全国销量领先的红罐凉茶改名加多宝"。大健康公司认为,该宣传语会使消费者得出以前的红罐"王老吉"凉茶已经更改为现在的"加多宝"凉茶的结论,影响了消费者的购买决策,损害了大健康公司的合法权益,构成《反不正当竞争法(1993)》第九条规制的虚假宣传行为,遂向重庆市第五中级人民法院提起诉讼。

（四）案例分析

本案涉及《反不正当竞争法》意义上虚假宣传行为的判断问题,且本案由于背景事实复杂、相关纠纷众多而凸显出本案具体行为判断的复杂性。最高人民法院在本案再审判决中紧扣案件事实,以是否易使相关公众产生误解为落脚点,对涉案广告语的性质进行了全面分析:

1.涉案广告语是否符合客观事实

在案证据证明了加多宝公司关联公司取得"王老吉"商标许可的历史及其通过多年宣传经营使"王老吉"红罐凉茶产品取得了高知名度和高销量。同时,在案证据亦证明广药集团不生产和销售"王老吉"红罐凉茶产品,红罐凉茶产品的指向性明确。因此,涉案广告语"全国销量领先的红罐凉茶改名加多宝"是对销量和改名相关事实的客观描述。

2. 涉案广告语是否易使相关公众产生误解

最高人民法院认为,《反不正当竞争法》规制的虚假宣传其立足点在于引人误解的虚假宣传,如果对商品或者服务的宣传并不会使相关公众产生误解,则不是该法规制的虚假宣传行为。

本案中,加多宝公司在商标使用许可期间通过宣传经营显著提升了"王老吉"红罐凉茶的知名度,相关公众普遍认知的是加多宝公司及其关联公司生产的"王老吉"红罐凉茶。在加多宝公司及其关联公司不再生产"王老吉"红罐凉茶后,加多宝公司使用涉案广告语实际上是向相关公众行使告知义务,告知相关公众以前的"王老吉"红罐凉茶现在商标已经为加多宝,否则相关公众反而会误认为大健康公司生产的"王老吉"红罐凉茶为原来加多宝公司及其关联公司生产的"王老吉"红罐凉茶。因此,加多宝公司使用涉案广告语不存在易使相关公众误认误购的可能性。

3. 涉案广告语是否不正当占用他人商誉

大健康公司在本案中主张,"王老吉"商标之商誉广药集团贡献甚多,因此涉案广告语本身占用了本应由广药集团及大健康公司享有的商誉。对此,最高人民法院认为,涉案广告语的确占用了"王老吉"商标的一部分商誉。但是,"王老吉"商标的商誉很大程度上源于加多宝公司及其关联公司的贡献,因此这种占用具有一定合理性。并且,广药集团开始授权许可大健康公司生产"王老吉"红罐凉茶,也已经获得了"王老吉"商标的巨大商誉,一般消费者看到涉案广告语后也不会误认为"王老吉"商标已停用,凝结在"王老吉"商标的商誉仍为大健康公司享有。同时,在加多宝公司授权许可终止前大健康公司也未生产经营过"王老吉"红罐凉茶。因此涉案广告语并不能使大健康公司生产的"王老吉"红罐凉茶无形中失去了原来拥有的知名度和商誉。

4. 基于案件事实的利益平衡考量

最高人民法院指出,涉案广告语未完整反映"王老吉"商标变化的相关事实,确有不妥。但涉案广告语的使用是加多宝公司在许可合同终止后为保有其基于"王老吉"商誉贡献而享有的权益行使的事实告知,主观上无明显不当。即便部分消费者看到涉案广告语可能会产生"王老吉"商标已停用的认知,也属于商标许可使用关系中商标所有人与实际使用人相分离后,尤其是商标许可关系终止后,相关市场可能产生混淆的后果,但该混淆的后果并不必然产生《反不正当竞争法》上的"引人误解"的效果。

三、类案应用

虚假宣传行为是市场竞争中常见的侵权行为,也是我国《反不正当竞争法》自制订以来就予以规制的不正当竞争行为之一。自本案适用的《反不正当竞争法(1993)》第九条发展至现行《反不正当竞争法（2019）》第八条，随着市场经济秩序的发展完善，涉及纯粹虚假信息的行为在案件中已相对较少，涉案行为是否构成虚假宣传行为的核心在于结合案件事实对"引人误解"情节的分析。以下援引部分虚假宣传行为相关案例谨供参考。

附："大健康公司诉加多宝公司"案件类案检索表
——虚假宣传行为的分析判断

时间	审理法院/案号	裁判要点
2009.10	最高人民法院（2007）民三终字第2号 最高人民法院2009年公报案例	即使是对反不正当竞争法第九条第一款规定的引人误解的虚假宣传行为，也并非都是经营者可以主张民事权利的行为，也应当符合经营者之间具有竞争关系、有关宣传内容足以造成相关公众误解、对经营者造成了直接损害这三个基本条件。 对于引人误解和直接损害的后果问题……该二被上诉人在经营中对各自的身份表示确有不当之处……可能会造成相关公众对该二被上诉人身份的混淆或者误认。但是，不论相关公众是否会对该二被上诉人之间主体身份及其经营资质上发生混淆或者误认，上诉人并未举证证明该二被上诉人的有关行为包括上述误导性后果使上诉人自身受到了直接的损害，不能简单地以相关公众可能产生上述与上诉人无关的误导性后果而代替上诉人对自身受到损害的证明责任。 有关的宣传内容只要是对其实际经营状况和业绩的客观表述，不会引人误解的，就不构成反不正当竞争法第九条所称的虚假宣传行为。
2015.07	上海知识产权法院（2015）沪知民终字第161号 最高人民法院2019年公报案例	反不正当竞争法所规制的虚假宣传是"引人误解"的虚假宣传，只有宣传内容产生了引人误解的效果，才会损害公平竞争的市场秩序和消费者的合法权益。对于"引人误解"的虚假宣传行为的认定，应当根据日常生活经验、相关公众的一般注意力、发生误解的事实和被宣传对象的实际情况等因素进行综合判断。 本案中，对于两被上诉人使用的宣传用语应在整体上进行解读。消费者在接受商业宣传时通常是整体接受的，在就宣传内容是否会产生引人误解效果的判断上，应当以宣传内容在整体上是否可能给相关公众造成误解为准，不应将可能产生误解的某一词语或某几句话断章取义。因为即使部分宣传内容在隔离分析时会产生歧义，但消费者在整体接受后可以消弭有关的歧义内容，则实质上并没有产生引人误解的效果。
2016.09	湖南省高级人民法院（2016）湘民终545号 2016年中国法院50件典型知识产权案例	本案中，赠送家纺公司床上用品成为变相的宣传手段，不当地将家纺公司商标的知名度和商誉转借到家具公司的商品上，淡化家具公司商品与家纺公司商品在商标表象、来源及发展背景等方面的差异，混淆家具公司和家纺公司这两家不同的经营主体，足以让相关公众误认为"富丽真金"床垫等商品来源于家纺公司，或者家具公司与家纺公司有关联公司、授权生产等特定联系，家具公司由此不当获取了竞争优势和交易机会，违背了家纺公司商标使用意愿，损害了家纺公司的知名度和商誉，故家具公司销售自己商品时赠送家纺公司床上用品的行为属于"以其他引人误解的方式进行商品宣传"，构成引人误解的虚假宣传。

时间	审理法院/案号	裁判要点
2019.09	北京市高级人民法院(2019)京民终229号 2019年北京市法院知识产权司法保护10大案例	1993年反不正当竞争法规定的虚假宣传行为,其本质在于引人误解。真实是诚实商业行为的主要原则之一,禁止欺骗是公平竞争观念的应有之义。虚假宣传会使诚实的竞争对手失掉客户,会使消费者受错误信息的引导而花费更多的选择成本,会减少市场的透明度,最终会对整个经济和社会福利带来不利后果。经营者应当对一般消费者的普遍理解予以足够注意,尤其是在涉及他人商业信誉或商品声誉时,应当对相关事实作全面、客观的介绍,并采取适当措施避免使消费者产生歧义,进而造成误认。但同时,在认定某一宣传行为是否构成1993年反不正当竞争法所规制的虚假宣传行为时,不仅要对宣传内容的真实性、客观性进行分析,也要关注宣传行为的后果是否导致了相关公众的误认,造成了引人误解的实际后果或者可能性。 《龙门镖局》和《武林外传》至少存在剧情元素、拍摄场地、制作、叙事结构等方面的改变或提升。由于艺术作品本身的特性,以及观众欣赏需求的多样性,其水平和质量的高低往往缺乏客观的标准,相关公众对于一部影视剧的质量评判通常也不会仅依赖于他人的推介。单就观众这一市场受众而言,不会因为观看了一部被宣传为好的剧而当然地不再观看另一部被对比宣传为不好的剧,即对于电视剧的观众而言,不会像购买商品的相关公众那样,基于某一产品系另一产品的升级版的表述就选择一个产品并当然地放弃另一产品。电视剧与其他商品相比,对于观众而言,不同剧之间并不当然地具有替代性。就版权交易市场而言,在案证据无法证明上述宣传内容对联盟影业公司《武林外传》电视剧的版权授权市场带来了负面影响,也无证据证明联盟影业公司在《武林外传》电视剧的版权授权市场上因此遭受损失。

四、诠释法律

根据《反不正当竞争法》(2019年修订)第八条规定,经营者不得对其商品的性能、功能、质量、销售状况、用户评价、曾获荣誉等作虚假或者引人误解的商业宣传,欺骗、误导消费者。

本案例明确,根据该法条判断虚假宣传行为时,立足点在于第八条第一款后半段的"引人误解"。正如最高人民法院在本案中所指出,由于涉案广告语未完整反映相关事实,且在本案裁判时相关公众已基于宣传对授权许可终止、加多宝公司产品更名的事实有所了解,涉案广告语继续使用确有不妥,不应继续使用。这一判断基于加多宝公司作为商标被许可人对"王老吉"红罐凉茶商誉所做出的贡献,认可其有限度地正当行使事实告知的权利,并且也指出商标许可使用关系中商标所有人与使用人分离的情况下正常可能产生的混淆后果不必然等同于《反不正当竞争法》虚假宣传行为"引人误解"的后果,更进一步指明在相关事实已经得到消费者普遍知晓的现在不宜继续使用涉案广告语。这体现了在个案中结合案件事实与日常生活经验法则、商业实践对具体行为进行分析的思路,体现了法律适用与利益平衡的协调统一。

第九节　损害公共利益的商业标识保护认定

"特种兵生榨椰子汁"不正当竞争案

作者：韩瑞琼
律师

一、裁判参考

产品的包装、装潢以"具有不良影响"的商标作为显著识别部分，且包装装潢中的其他构成要素均与"具有不良影响"的商标及图形具有较高关联程度，易引发相关公众将包装、装潢的整体与"具有不良影响"的商标指向产生联想，不应当作为反不正当竞争法意义上的具有一定影响的包装、装潢进行保护。简言之，即若包装、装潢的显著识别部分是可能损害公共利益的商业标识时，则包装、装潢与该商业标识均不具有获得法律保护的正当性基础。

二、案例说明

（一）案例来源

最高人民法院《民事判决书》（2020）最高法民再 133 号。

（二）案例认定

本案再审判决入选最高人民法院 2020 年中国法院 50 件典型知识产权案例之一。

（三）案情简介

苏萨公司系"特种兵生榨椰子汁"产品包装、装潢的权利人，因认为南方果园公司未经权利人许可擅自在相同商品上使用与苏萨公司"特种兵生榨椰子汁"产品瓶贴都是以整体蓝白相间的迷彩图案作为背景，各要素排版布局相同，"生榨""椰子汁"等醒目文字的排列方式和颜色相同、字形相似，文字上部盾牌图案相似，二者的包装、装潢极为相似，足以构成相关公众混淆，已构成不正当竞争行为，故诉至法院请求停止该行为。

（四）案例分析

本案的争议焦点是"具有不良影响"包装、装潢的显著识别部分是否应当属于反不正当竞争法保护的合法权益。

此案历经两审,一审法院认为,苏萨公司主张权利的"特种兵生榨椰子汁"产品所使用的包装、装潢属于知名商品特有的包装、装潢,应当获得法律保护。二审法院认为,虽然有判决认定苏萨公司"特种兵"商标因具有不良影响而无效,但涉案包装、装潢起主要识别作用的系蓝白相间的迷彩图案,中部较为显著的"生榨椰子汁"字体、大小及排列方式以及各部分组合之后形成的整体标识形象,该些起主要识别作用的包装、装潢并不会使相关公众将该商品与军事物资联系起来而产生不当联想或误会,仍应依法得到保护。南方果园公司作为苏萨公司的同业竞争者,对涉案包装装潢的影响力应是明知的,但其仍使用与涉案包装装潢相近似的被诉侵权包装装潢,容易使消费者产生混淆,误认为其产品与苏萨公司存在某种关联关系。南方果园公司不服该判决,向最高人民法院提起再审,最高人民法院最终驳回了苏萨公司的全部诉讼请求。

最高法院认为,已有生效判决认定"特种兵"文字及盾牌图形作为商标注册将产生不良影响的情况下,涉案包装、装潢将与上述商标构成完全相同的文字及图形部分作为显著识别部分,且包装、装潢中的其他构成要素均与上述文字及图形具有较高关联程度,易引发消费者将包装、装潢的整体与"特种兵"产生联想,涉案包装、装潢同样不应当作为反不正当竞争法意义上的具有一定影响的包装、装潢进行保护。

具体的分析如下:

1. 关于涉案包装、装潢的构成要素,理清涉案包装、装潢是否包含可能具有不良影响的"特种兵"字样

苏萨公司据以请求保护的权利基础是含有特种兵商标元素在内的包装、装潢整体。事实上,发挥识别商品来源作用的也是涉案包装、装潢整体。从商标标志要素来看,"特种兵"文字及盾牌图形元素是涉案包装、装潢的显著识别部分。从包装、装潢的其他元素与特种兵标志的关系来看,涉案包装、装潢的其他元素与特种兵商标标志相同的元素难以分离。综上,在苏萨公司请求保护的涉案包装、装潢的整体中,与涉案商标标志构成完全相同的"特种兵"文字以及盾牌图形具有较为显著的识别作用,且蓝白迷彩等图案构成与上述文字及图形组合的关联程度较高,即实际上是以上述文字与图形组合含义为核心进行的设计构思,故作为包装、装潢构成要素的"特种兵"文字及盾牌图形,对涉案包装、装潢可保护性的判断具有重要影响。

2. 涉案包装、装潢能否获得反不正当竞争法的保护

包装、装潢整体实际上是以"特种兵"文字及盾牌图形为核心,故"特种兵"文字及盾牌图形的可注册性对涉案包装、装潢可保护性的判断具有重要影响。业已发生法律效力的判决已明确指出,特种兵标志作为商标使用具有不良影响,构成商标法第十条第一款第八项规定的情形。2001 年商标法第十条第一款第八项规定,有害于社会主义道德风尚或者有其他不良影响的标志不得作为商标使用。商标是否具有社会不良影响,是对标识本

身能否作为商标注册的一种价值判断,即不能有悖于社会公共利益或公共秩序。社会公众是判断有关商业标识是否具有不良影响的主体,社会公众的认知和价值判断标准在一定时期内应当是相对稳定的,且一般不因使用情况、商品类别等事实变化而变动不居。

综上,苏萨公司关于南方果园公司使用被诉侵权包装、装潢构成不正当竞争的主张不能成立,涉案包装装潢不受反不正当竞争法的保护。

三、类案应用

无。

四、诠释法律

2017 年修正的反不正当竞争法第六条第一项的规定,经营者擅自使用与他人有一定影响的商品名称、包装、装潢等相同或者近似的标识,引人误认为是他人商品或者与他人存在特定联系的,构成不正当竞争。反不正当竞争法司法解释第五条规定,商品的名称、包装、装潢属于商标法第十条第一款规定的不得作为商标使用的标志,当事人请求依照1993 年实施的反不正当竞争法第五条第二项规定予以保护的,人民法院不予支持。

第十节 违反诚实信用原则和公认的商业道德的不正当竞争行为

快乐阳光公司诉唯思公司不正当竞争案

作者:黄琪

一、裁判参考

若被诉行为违反诚实信用原则和公认的商业道德,且在关于技术创新与竞争秩序维护的利益衡量中,被诉行为对于技术创新不具有积极效果,将对消费者的长远利益产生负面的、消极的影响,则被诉行为违反《反不正当竞争法》第二条,构成不正当竞争。

二、案例说明

(一) 案例来源

广州知识产权法院《民事判决书》(2018)粤 73 民终 1022 号。

（二）案例认定

本案二审判决入选 2019 年中国法院 50 件典型知识产权案例、广州知识产权法院 2020 年知识产权民事十大典型案例。

（三）案情简介

唯思公司于 2013 年开始运营 720 浏览器,在其网站上以显著方式宣传该浏览器为 "看视频　无广告""独特的广告屏蔽技术　让您欣赏视频快人一步"。运行 720 浏览器 登录芒果 TV 网站时,使用者不需要进行额外操作选择便可以直接屏蔽芒果 TV 网站视频 的片头广告、暂停广告以及会员免广告功能按钮。快乐阳光公司指控唯思公司的行为构 成不正当竞争,诉请停止该行为。

（四）案例分析

一审驳回快乐阳光公司诉请,二审法院判决认为,唯思公司提供的 720 浏览器插件屏 蔽视频广告行为构成不正当竞争。

二审法院认为,该案被诉行为的实质是唯思公司将 AdblockPlus 插件内置于 720 浏览 器并根据唯思公司的意思选择、编辑过滤规则后拦截屏蔽芒果 TV 网站视频广告(含功能 按钮)的经营浏览器行为,而非单纯向用户提供 AdblockPlus 插件技术由用户按其需求安 装于浏览器并自行选择、编辑过滤规则的行为。双方竞争导致快乐阳光公司受损的结果 不能直接推导出唯思公司被诉行为的不正当性,应审查该种竞争行为是否属于违反诚实 信用原则和公认的商业道德的行为,以及评估该种竞争行为对于社会经济秩序产生积极 还是消极的效果,是否属于扰乱社会经济秩序的行为。

首先,审理法院先分析唯思公司的被诉行为是否属于违反诚实信用原则和公认的商 业道德的行为。因该案发生在互联网领域,因此公认的商业道德应该包括互联网行业惯 例、通行做法以及互联网相关公约等表现形式。根据《互联网广告管理暂行办法》第十六 条和《互联网终端软件服务行业自律公约》第三条的规定,上述关于互联网广告的部门规 章、互联网的行业公约,和互联网的行业惯例以及分析被诉行为的法律性质,唯思公司的 被诉行为属于违反了互联网领域公认的商业道德的行为。因唯思公司的拦截屏蔽视频广 告的涉案行为已包含对于快乐阳光公司的针对性和指向性,唯思公司对于芒果 TV 网站 视频广告的拦截屏蔽后果在主观上至少具有放任的故意。但是,由于没有法律明确规定 商业模式应作为权利或权益受到保护,因此,不应将快乐阳光公司主张的商业模式作为一 种具体权利或权益单独赋予快乐阳光公司。

其次,法院分析了被诉行为对于社会经济秩序产生积极还是消极的效果,是否属于扰 乱社会经济秩序的行为。具体而言,从评估被诉行为对于市场竞争乃至社会经济秩序产生积极还是消极的效果,从技术创新与竞争秩序维护、竞争者利益保护与消费者福利改善等方面审查其是否属于扰乱社会经济秩序的行为。法律应根据时代的发展现状来决定最优先保护的价值,让快乐阳光公司经营的芒果 TV 等视频网站保留消费者选择的多样性、为消费者继续免费观看视频提供可能,才更符合消费者的长远利益;而被诉行为从长期而言则有可能令网络用户无法实现继续观看免费视频的需求,也没有提供其他等效的替代解决方案,对消费者的长远利益将产生负面的、消极的影响。

三、类案应用

浏览器屏蔽视频广告案件,最早的判决是合一公司与贝壳公司猎豹浏览器案。① 该案中,法院认为"免费视频+广告"的商业模式未违反相关法律规定,亦未违反商业道德及诚信原则,属于合法经营活动,应受反不正当竞争法保护。被告抗辩点,如技术中立、片头广告过长无法且无法关闭属于恶意广告、过滤是行业惯例等主张均不成立。法院认为,广告过滤从短期、长期看均未有利于社会公共利益。最终法院适用《反不正当竞争法》第二条,判决被告构成不正当竞争。在"'极路由'路由器"案②、"UC 浏览器"案③、"飞视浏览器"案④、"乐视 TV"案、"火狐浏览器"案⑤、"乐网 APP"案⑥、"千影浏览器"案⑦中,审理法院均认为,"免费视频+广告"商业模式未违反相关法律规定,亦未违反商业道德及诚信原则,属于合法经营活动,应受《反不正当竞争法》保护。浏览器屏蔽视频广告行为,因被告主观存在过错,使原告丧失增加广告浏览量、增加会员等交易机会,最终可能损害网络用

---

① 北京市第一中级人民法院"(2014)一中民终字第 3283 号"《民事判决书》,合一信息技术(北京)有限公司与贝壳网际(北京)安全技术有限公司、北京金山安全软件有限公司不正当竞争纠纷案;合议庭:芮松艳、逯遥、周文君;判决时间:2014 年 9 月 12 日。

② 北京知识产权法院"(2014)京知民终字第 79 号"《民事判决书》,爱奇艺科技有限公司与北京极科极客科技有限公司不正当竞争纠纷案;合议庭:宋鱼水、杜长辉、张晓霞;判决时间:2015 年 2 月 13 日。

③ 北京市海淀区人民法院"(2015)海民(知)初字第 23772 号"《民事判决书》,爱奇艺科技有限公司与优视科技有限公司、广州动景计算机科技有限公司不正当竞争纠纷案;合议庭:曹丽萍、周溪、梁铭全;判决时间:2015 年 9 月 15 日。

④ 北京市知识产权法院"(2017)京 73 民终 282 号"《民事判决书》;乐视致新电子科技(天津)有限公司、乐视网信息技术(北京)股份有限公司与北京爱奇艺科技有限公司不正当竞争纠纷;合议庭:穆颖、何暄、宋堃;判决时间:2017 年 7 月 20 日。

⑤ 北京知识产权法院"(2018)京 73 民终 433 号"《民事判决书》;北京谋智火狐信息技术有限公司与湖南快乐阳光互动娱乐传媒有限公司不正当竞争纠纷;合议庭:兰国红、周丽婷、刘义军;判决日期:2019 年 5 月 28 日。

⑥ 杭州市中级人民法院"(2018)浙 01 民终 231 号"《民事判决书》;杭州硕文软件有限公司、优酷信息技术(北京)有限公司不正当竞争纠纷;合议庭:张棉、牟丹、黄斯蓓;判决日期:2018 年 5 月 4 日。

⑦ 宁波市鄞州区人民法院"(2017)浙 0212 民初 579 号"《民事判决书》;湖南快乐阳光互动娱乐传媒有限公司与宁波千影网络科技有限公司不正当竞争纠纷案;合议庭:周伟平、蔡雯晴、孙象伟(人民陪审员);判决时间:2018 年 1 月 10 日。

户的合法利益,最终判定构成不正当竞争。在"世界之窗浏览器屏蔽腾讯视频广告"案①
中,审理法院采纳了经济学分析报告,通过分析及测算相关数据,认为广告拦截软件可能
会对社会总福利产生的影响。②

附:"浏览器屏蔽视频广告"类案检索——违反诚实信用原则和公认的商业道德

判决日期	审理法院/案号	裁判要点
2014.9.12	北一中院(2014)一中民终字第3283号	认定违反诚实信用原则的两个构成要件:(1)行为本身构成对其他经营者的正当经营活动的破坏;(2)行为效果上被告不正当利用了其他经营者的竞争利益。被诉猎豹浏览器的提供行为既构成对合一公司正常经营活动的破坏,亦属于不当利用合一公司竞争利益的行为,该行为已违反诚实信用原则。
2018.05.04	浙江省杭州市中级人民法院(2018)浙01民终231号	硕文公司知道或应当知道其用户安装乐网软件后势必会屏蔽(拦截)优酷视频贴片广告,最终导致合一公司广告投放的预期效果以及广告收益受到了实际损害,从而降低合一公司对潜在广告投放商的吸引力。硕文公司主观上具有通过乐网软件屏蔽(拦截)优酷视频广告的故意,客观上损害了本应属于合一公司基于其商业模式所应享有的市场关注和商业利益,破坏了合一公司正常的经营活动。该行为违反了诚实信用原则和公认的商业道德,属于反不正当竞争法第二条规定的不正当竞争行为。
2018.12.28	北京知识产权法院(2018)京73民终558号	对于视频广告过滤行为的性质,虽然相关法律、法规并无明确规定,但由国家工商行政管理总局公布的《互联网广告管理暂行办法》一禁止性规定足以说明主管机关已将此类行为认定为违反公认商业道德的行为。 市场经营中,经营者的合法经营行为不受他人干涉,他人不得直接插手经营者的合法经营行为,此为最为基本且无须论证的商业道德。

四、诠释法律

本案涉案行为发生在 2018 年 1 月 1 日之前,应当适用 1993 年 12 月 1 日实施的《中华人民共和国反不正当竞争法》。该法对屏蔽视频广告的行为未予明确条文定性,故在判断唯思公司的行为是否构成对快乐阳光公司的不正当竞争时,依照此法第二条第一款:"经营者在市场交易中,应当遵循自愿、平等、公平、诚实信用的原则,遵守公认的商业道德。"

---

① 北京知识产权法院"(2018)京73民终558号"《民事判决书》,深圳市腾讯计算机系统有限公司与北京世界星辉科技有限责任公司不正当竞争纠纷案;合议庭:芮松艳、许波、刘炫孜;判决日期:2018 年 12 月 28 日。

② 影响因素为:十年内视频平台收入的变化趋势、十年内消费者福利的变化趋势、十年内视频平台的生产者福利与消费者福利的整体变化趋势、浏览器是否采用广告拦截对于总福利的影响、对实体产业的影响以及对消费者的间接影响。

第十一节　恶意投诉构成不正当竞争

亿能仕公司诉捷客斯商业诋毁案

作者:李艾玲

律师

一、裁判参考

对于《反不正当竞争法》第十四条商业诋毁,捏造虚伪事实的侵权者对其所述内容具有的事实依据承担举证证明责任,法律对"散布"行为并未限定具体的传播手段和方式,司法审判机关对侵权者对虚伪事实的源头性责任和行为效果的公众性特点进行重点关注。

二、案例说明

(一)案例来源

辽宁省大连市中级人民法院《民事判决书》(2019)辽 02 民终 1083 号。

(二)案例认定

本案再审入选 2019 年中国法院 50 件典型知识产权案例。

(三)案情简介

被告捷客斯公司于 2015 年 12 月 1 日在淘宝网上开设"引能仕官方旗舰店",销售"ENEOS 引能仕"品牌系列润滑油。原告亿能仕公司于 2017 年 7 月 10 日在淘宝网开设"亿能仕官方店"店铺,主要销售"新日石 ENEOS"等多型号原装日本进口机油等商品。2017 年 10 月 11 日捷客斯公司接受商标权利人委托对"引能仕、ENEOS、SUSTINA"等权利商标的侵权行为进行平台投诉,对涉嫌侵犯其委托人享有的知识产权的嫌疑商品进行购买并进行真伪鉴定等。

2017 年 7 月 11 日,捷客斯公司针对亿能仕公司淘宝店铺销售的商品因涉嫌出售假冒/盗版商品为由向淘宝网发起侵权投诉。亿能仕公司向淘宝网提供了其与案外人签订的《销售合同》、发票、海关进口货物报关单等用于申诉,以证明其销售商品的合法来源。

淘宝公司认定亿能仕公司的卖家申诉成立,将商品信息予以恢复。2017 年 8 月 15 日至 2017 年 11 月 3 日,捷客斯公司又多次针对案涉商品向淘宝网发出投诉,投诉结果均为卖家申诉成立。其间,亿能仕公司委托律师向捷客斯公司发出《律师函》,声明其销售的所有"ENEOS"品牌润滑油均为委托第三方在大连海关正规完税清关的原装进口产品,要求捷客斯公司停止恶意投诉行为。捷客斯公司未予答复。原告亿能仕公司遂以被告反复投诉是让原告方产品下架、清空所有好评降低网络排名,达到干扰和影响原告销售产品的目的,以构成商业诋毁为由提起诉讼。

(四) 案例分析

一审法院综合考虑捷客斯公司的权利人地位、主观过错程度,捷客斯公司的数次投诉不具有合理怀疑的基础,已明显超出了合理范围,且违反了诚实信用原则,扰乱了市场的正当竞争秩序,应认定为《反不正当竞争法》第二条规定的不正当竞争行为。二审法院认为一审判决认定事实清楚,适用法律虽有瑕疵,但裁判结果正确,维持一审原判。

按照最高人民法院司法政策要求,对于原则性条款应采取限制性适用的态度。本案原告以《反不正当竞争法》第十四条为法律依据提出诉讼,一审法院判决适用第二条原则性条款,虽然不够精确,但在本案司法定性上,并没有超出不正当竞争行为原则性条款的规制;在法律关系审查上,一审对被告不正当竞争行为的性质和责任承担方式的审查也未超出原告诉讼请求范围;在司法效果上,对原则性条款对于捷客斯公司的恶意投诉行为构成不正当竞争的性质认定并无实质性影响,亦不影响该判决实体结果的正确性,因此不构成法律适用错误。

对于本案责任承担的分配,因属于商业诋毁纠纷,所侵害的法益是原告亿能仕公司的商誉,原告对于被告作为同业竞争者,对其实施了恶意投诉行为,且该投诉行为损害了其商誉等案件事实负有基本的证明责任,相对地,被告捷客斯公司则负有对其投诉所称的原告销售假冒商品的事实承担举证证明责任,而非由亿能仕公司反证己方销售商品未侵权。本案被告在一审及二审中均未提供证据证明,其所投诉的产品确实属于假冒产品,仅依据其怀疑就进行多次密集的投诉,未尽到合理、谨慎的注意义务。

而被告捷客斯公司在未经调查核实,没有购买过涉案商品,也未做任何基础性比对工作,更没有任何国家有权机关认定亿能仕公司构成侵权的情况下,即自行认定亿能仕公司销售的案涉产品属于侵犯注册商标专用权的侵权产品,并且以其出售假冒商品为由在淘宝网知识产权保护平台对其发起投诉,该判断过于轻率武断,缺乏事实依据,其行为已属于捏造虚伪事实。而在原告多次申诉成功,被告作为同业竞争者,理应负有更高的注意义务,却仍进行合理确认,继续投诉,行为具有连贯性,具有追求亿能仕公司涉案商品无法正常上架销售的意图,主观过错明显。捷客斯公司向淘宝网的知识产权平台投诉的结果覆盖整个平台,直接切断了公众在淘宝网上接触亿能仕公司涉案产品的通道,较之传统的虚伪事实传播方式,影响范围更广,损害后果更大,产生的效果立竿见影,该行为的直接性、即时性和破坏性更为突出。因此,从举轻以明重的角度出发,捷客斯公司的屡次投诉行为具有散布行为所要求的公众性特点,已构成商业诋毁。

三、类案应用

本案将传统的商业诋毁法律规则创造性地适用于互联网商业模式下,精准有效地规制了这一新型商业诋毁行为。通过对国际品牌授权经销商和维权代表滥用知识产权的行为以民事责任的方式,维护了本地企业合法经营权,充分体现了司法在维护自由公平的市场竞争秩序方面的巨大作用。

附:"ENEOS 引能仕"类案检索表——恶意投诉构成商业诋毁

时间	审理法院/案号	涉诉商标	恶意情形	裁判要点
2020.10	最高人民法院(2020)最高法民申 3977 号		兰某授意张某伪造商标注册证,致阿里巴巴公司平台作出错误决定,对于某店铺进行处罚。	兰霞以他人名义,曾先后两次对于吉锋销售相关商品的行为进行投诉。兰霞虽称,其对张国林在本次投诉过程中伪造商标核准注册商品或服务类别的行为并不知情,但原审法院考虑到兰霞在前次投诉过程中,使用第 19448805 号注册商标进行投诉的行为并未成功的事实,从而合理推定其授权张国林再次以相同理由投诉,并试图达到使于吉锋店铺遭受处罚的结果是可以预见的,该结论具备事实与法律依据。在此基础上,原审判决认定涉案被诉侵权行为构成商业诋毁,并直接导致于吉锋的店铺遭受平台处罚,该结论并无不当。

四、诠释法律

《反不正当竞争法》第十四条的规定,经营者不得捏造、散布虚伪事实,损害竞争对手的商业信誉、商品声誉。随着互联网技术的不断发展,交易场景也发生了巨大的变化,也催生了各种新型的不正当竞争行为。因此,对法条的解读也需要适时更新。相较于传统的散布虚假事实,显然在大型网络平台中散布不实、捏造信息的影响范围更广,损害后果更大,对竞争对手的竞争利益的侵害效果也更直接。本案运用举轻以明重的法律原理,将传统的商业诋毁反不正当竞争行为的法律规则创造性地适用于互联网商业模式下,从而精准有效地规制这一新型商业诋毁行为,维护了竞争者合法权益,具有极高的类案参考意义。

第十二节　"经营者"的认定

恒大冰泉不正当竞争纠纷案

作者:赵晓星
律师

一、裁判参考

通过许可获得业务管理授权并以自己名义对外从事经营活动的独立法人应被视为符合《反不正当竞争法》规定的经营者资格。

二、案例说明

（一）案例来源

吉林省长春市中级人民法院《民事判决书》(2016)吉 01 民初 310 号。

（二）案例认定

本案判决入选《2016 年中国法院 50 件典型知识产权案例》。

（三）案情简介

原告深圳恒大是恒大集团的下属子公司,作为恒大集团在矿泉水业务运营的管理人及无形资产权益的管理人全权负责拥有极高的知名度和美誉度的"恒大冰泉"矿泉水的经营运作(含销售推广及广告宣传)和维权工作,"恒大冰泉"矿泉水不但拥有瓶身外观专利,还被多家法院及工商局认定为知名商品。而本案多个被告未经许可,擅自生产、销售模仿"恒大冰泉"知名商品特有包装、装潢的产品"长白山泉",且该产品本身与长白山没有任何关联,但却使用了"恒大冰泉"的水源地"长白山"作为该产品的名称。深圳恒大认为三被告的行为已严重违反了诚实信用原则,是明显地利用原告巨大的无形资产、商誉和"恒大冰泉"极高的知名度,恶意搭原告知名商品的便车,构成不正当竞争行为。该行为使原告的商誉受到损害,更损害了广大消费者的合法权益。故诉至法院,请求判令确认"恒大冰泉"矿泉水系知名商品并依法享有知名商品特有名称、包装、装潢的合法权益,判令确认三被告共同侵犯原告知名商品特有的包装、装潢合法权益,构成不正当竞争行为,并停止不正当竞争行为,包括生产、销售或许诺销售带有侵犯原告知名商品特有包装、装潢的商品,销毁包括库存在内所有侵权产品上的包装、装潢,并赔偿深圳恒大305万元。

（四）案例分析

本案争议焦点在于原告深圳恒大公司是否符合《中华人民共和国反不正当竞争法》第二条第三款所规定的经营者资格。

一审长春市中级人民法院认为,原告深圳恒大公司不是"恒大冰泉"产品的经营者,"恒大冰泉"生产者为原告母公司恒大长白山矿泉水有限公司;二公司间即使存在委托代理关系,也应以被代理人恒大长白山矿泉水有限公司名义向人民法院提起诉讼;即使二公司存在授权许可,也不符合《反不正当竞争法》规定的诉讼主体仅为被侵害的经营者。后原告深圳恒大不服,向吉林高院上诉,二审法院认为,恒大长白山矿泉水股份有限公司虽系深圳恒大的投资人,但深圳恒大公司为独立法人,以自己的名义对外从事经营活动,恒大长白山矿泉水股份有限公司以《授权书》的形式授权深圳恒大公司在矿泉水业务运营的管理人及无形资产权益的管理人,全权负责"恒大冰泉"矿泉水的经营运作(含销售推广及广告宣传)和维权工作;且深圳恒大公司提交的其为品牌推广、公关维护、营销渠道开发拓展、销售产品等所签订的合同等证据能够证明其开展了"恒大冰泉"产品品牌推广、公关维护、营销渠道的开发拓展、销售产品等业务,从事了"恒大冰泉"产品的经营活动,因此深圳恒大公司符合经营者资格。撤销了一审裁定,发回重审。重审法院在二审法院认定了经营者资格后,认为原被告存在竞争关系,"恒大冰泉"为知名商品,其包装、装潢属于知名商品特有包装、装潢,被告构成不正当竞争。

本案发生在现行《反不正当竞争法》修订前,因旧法对经营者的定义是从事商品经营或者营利性服务(以下所称商品包括服务)的法人、其他经济组织和个人,因此导致部分法院对于经营者的界定较为狭窄。目前现行《反不正当竞争法》已将经营者定义为从事商品生产、经营或者提供服务(以下所称商品包括服务)的自然人、法人和非法人组织,去掉了旧法对于营利性的描述。

《反不正当竞争法》作为行为法更多应侧重于对行为的规制,而非侧重于对某类主体予以特别保护或限制的主体法。本案一审错误地仅将商品的生产者及包装装潢的制造者认定为经营者,而疏忽了商品的品牌推广、公关维护、营销渠道的开发拓展、销售产品等业务也是经营活动,原告以自己名义从事上述经营活动,应被认定为合格的经营者。

在早期的司法实践中,对于经营者的身份有过不同认定,认定标准混乱不一。在艾志工业技术集团有限公司诉中国摩擦密封材料协会不正当竞争纠纷案[①]中,北京市海淀区

---

① 详见北京市第一中级人民法院"(2006)一中民终字第5251号"《民事判决书》。

法院及北京市一中院均认定,非营利性的行业协会可以构成反不正当竞争法意义上的经营者。但同期在北京中汇文化交流有限公司诉中国电器工业协会不正当竞争纠纷一案中,北京市海淀区人民法院及北京市一中院均认为确认为非营利性行业协会并不从事商品经营或提供营利性服务,并非反法意义上的经营者。① 而到了"手酿"黄酒案②已对经营者进行了相关的定义,与本案所区别的是,"手酿"黄酒案是因原告并非商品经营者而仅是商品特有包装、装潢的商品、专利所有权人,并已将权利授予了独立的子公司运营,并非直接利害关系的法人。

三、类案应用

目前对于经营者的认定较为明确。首先,《反不正当竞争法》是一种行为法而非权利法,在《武林外传》与《龙门镖局》案中,法院认为被诉行为经营者与是否为电视剧著作权人并无关系。其次,只要具有商品或服务经营行为,即可认定为经营者,清华大学与辰联知产代理公司案中法院认定是大学可以是经营者,谭双有、河南小李补胎服务有限公司案及澳大利亚思玲桐有限公司与黄旭东案中法院均认定个人可以是经营者。

附:"经营者资格"类案检索表

时间	审理法院/案号	是否认定经营者资格	裁判要点
2018.7	北京丰台区法院(2018)京0106民初5464号	是	第三款规定,本法所称的经营者,是指从事商品生产、经营或者提供服务(以下所称商品包括服务)的自然人、法人和非法人组织。清华大学是从事教学科研工作的事业法人,其虽然不在市场上直接从事商品或服务经营,但通过附属企业的经营活动间接从市场上获利,因此,清华大学的市场经营者资格应予确认。
2019.9	北京市高院(2019)京民终229号	是	结合壹影视公司提交的联合投资拍摄合同、小马奔腾公司及小马腾飞公司出具的著作权声明、《电视剧制作许可证(乙种)》《国产电视剧发行许可证》以及相关协议,可以认定壹影视公司为电视剧《龙门镖局》的著作权人。是否为本案不正当竞争纠纷的适格被告与是否为电视剧《龙门镖局》的著作权人并无必然联系,而应当以是否属于1993年《反不正当竞争法》第二条第三款规定的经营者进行判断。因此,海南电广公司、盟将威公司、盛达思公司仅以其并非电视剧《龙门镖局》著作权人而主张其并非本案适格被告之抗辩,缺乏事实及法律依据,对此不予支持。

---

① 详见北京市第一中级人民法院"(2006)一中民终字第2494号"《民事判决书》。
② 详见浙江省台州市中级人民法院"(2013)浙台知民终字第4号"《民事判决书》。

时间	审理法院/案号	是否认定经营者资格	裁判要点
2020.8	安徽高院（2020）皖民终 239 号	是	《中华人民共和国反不正当竞争法》第二条第三款规定：本法所称的经营者，是指从事商品生产、经营或者提供服务的自然人、法人和非法人组织。本案中，黄旭东以营利为目的，利用微信平台销售、经营束腰等商品，构成"经营者"。
2020.12	河南高院（2020）豫知民终 426 号	是	我国反不正当竞争法的调整范围主要调整市场经营主体之间的竞争行为和竞争关系。该法通过规范竞争行为来维护正当的市场竞争关系，从而达到促进经济健康发展、鼓励和保护公平竞争，制止不正当竞争行为，保护经营者和消费者合法权益的目的。商业诋毁的不正当竞争行为的主体是从事商品经营或者营利性服务的法人、其他经济组织和自然人。本案中，从经营范围来看，小李补胎是从事汽车维修行业的经营者，谭双有在一审庭审中当庭承认其从事汽车维修行业，其提交的证据显示其从事汽车维修行业 6 年，且谭双有是河南谭双有汽车维修服务公司的法定代表人和控股股东。小李补胎和谭双有均从事汽车维修服务和补胎行业，二者属于竞争关系。谭双有抗辩其不是经营者，不是本案适格被告的意见不能成立，一审法院不予采纳；谭双有是反不正当竞争法中的经营者。

四、诠释法律

《中华人民共和国反不正当竞争法》第二条第三款规定："本法所称的经营者，是指从事商品生产、经营或者提供服务（以下所称商品包括服务）的自然人、法人和非法人组织。"

《反不正当竞争法》中对于经营者的定义，目前不再局限于是否营利，也不再局限于个人或组织，只要具有商品或服务经营行为，即可认定为经营者。

第十三节　技术委托开发合同中受托方欺诈行为的认定

"钒钛磁铁砂矿"技术合同纠纷案

作者：赵晓星

律师

一、裁判参考

对于技术委托开发合同中受托方欺诈行为的认定,应当尊重技术开发活动本身的特点和规律,区分技术开发的不同阶段,以合同签订之时的已知事实和受托方当时可以合理预知的情况,作为判断其是否告知了虚假情况或隐瞒了真实情况的标准。

二、案例说明

（一）案例来源

最高人民法院《民事判决书》(2015)民三终字第 8 号。

（二）案例认定

本案二审判决入选 2016 年中国法院 50 件典型知识产权案例,以及 2018 年《最高人民法院公报》刊登的 13 篇知识产权案例。

（三）案情简介

北航大学经多年研究取得了钒钛磁铁砂矿综合利用技术成果并经权威机构鉴定,该技术可将东南亚滨海储量巨大且经济价值较低的钒钛磁铁砂,采用转底炉直接还原熔分生产高钛渣新工艺,有效分离为经济价值较高的铁、钛、钒化合物。香港锐丰公司为合作推进该技术工业化示范项目多次与北航大学洽谈沟通,并投资设立了一审原告钦州锐丰公司。随后,钦州锐丰公司与北航大学签订了《技术开发(委托)合同》,约定由钦州锐丰公司提供资金及试验基地,委托北航大学完成年产 30 万吨转底炉直接还原铁钒钛磁铁砂矿分离技术工艺和成套设备研制。合同签订两年后,某公司组织了钦州锐丰钒钛磁铁矿项目技术交流会并形成了《专家评审意见》,指出现有实验不足以证明转底炉的工业生产可行性,且项目成本及产品价格分析过于乐观,很难盈利。随后钦州锐丰公司起诉,主张北航大学采取欺诈手段与其订立《技术开发(委托)合同》,要求撤销涉案合同并退还技术开发费及赔偿损失。

（四）案例分析

本案争议焦点在于对于技术委托开发合同中受托方欺诈行为的认定。一审北京高院及二审最高院均认为,在判断合同订立过程中是否存在欺诈情形时,要注意区分合同的法律风险和商业风险,合同法仅能规范合同订立时的法律风险而无法规制合同履行过程的商业风险。本案技术早已经过权威协会的鉴定,后原被告双方在合同订立过程中进行了充分考察及磋商,北航大学已向钦州锐丰公司完整告知了半工业试验阶段技术的真实情况以及该技术工业化示范项目的真实规划。虽然第三方公司出具《评审意见》认为该项目在实施过程中存在缺陷，但不足以认定该技术存在致命缺陷，且钦州锐丰公司理应知晓半工业试验阶段技术与技术工业化示范项目工艺的区别，并在此基础上估算项目成本与产值。因此北航大学不存在欺诈。

委托人在技术委托开发合同纠纷中主张受托人欺诈，却因受托人有证据证明在订立合同前具有相关技术研发基础，而被驳回的案例，较早的有 2007 年 12 月江苏省高级人民法院审结的晶瑞公司与过程研究所技术合同纠纷①；本案与该案的不同主要在于两案所涉技术研发处于不同阶段，本案所开发的技术并非从无到有，而是从半工业试验阶段向技术工业化的转化，在转化过程中除了新技术成果的研发风险外，还会有因项目成本及盈利能力所带来的商业风险。这部分商业风险尽管离不开对技术和项目的理解，但本质上仍是一种商业判断，应由委托人承担。

本案的独特价值还在于，晶瑞公司与过程研究所技术合同纠纷案中委托人最终自己研发出技术成果，而本案项目可能存在缺陷无法达成合同目的，在此情况下对于欺诈的判断依旧要以技术委托开发合同订立时，受托人的基础技术是否存在已知瑕疵，受托人是否将完整事实告知委托人来进行整体评价。技术委托开发合同开发的标的是新的技术成果，具有一定风险，该技术成果是在当事人在订立合同时尚不掌握且不存在的，因此从技术委托开发合同的消极结果倒推合同订立时受托人主观欺诈，是很难得到法院支持的。

本案虽为技术委托开发合同纠纷，但在合同一方欺诈的判断上，与其他类型合同相似。本案后，北航大学以未能按约交付钒钛铁生产线导致本案被诉等理由将本案案外人新冶高公司诉至法院②，并在二审中及三次再审申请中主张新冶高公司欺诈，请求撤销合同，该案二审法院及再审法院均认为北航大学与新冶高公司曾向锐丰公司出具过多个报告，对于新冶高公司的制造能力及资质有充分了解，新冶高公司不存在欺诈行为。

三、类案应用

本案虽连续入选典型案例及公报案例，但本案的核心审判精神是合同法中较为传统的观念，即意思表示应以合同订立的事实和各方可合理预期的情况进行判断，因此各地法院在同类案件的审判中在未直接借鉴任何在先案例的司法观点的情况下，审判结果均较为相近，如 2014 年 12 月最高院审结的湖南地源与兰州理工大学合同纠纷案；与本案存在类似情形，即虽然有了一定技术成果，但在经济效益上未能达到订立时预想结果，合同效力不应因此发生改变，如同样 2018 年最高院公报案例天宝与裕源公司技术合同案；与本案存在类似情形，应根据技术合同特点判断合同一方是否存在欺诈行为，如 2015 年 5 月

---

① 详见江苏高院"（2007）苏民三终字第 0057 号"《民事判决书》。
② 详见北京高院"（2019）京民终 221 号"《民事判决书》。

南京中院审结的新华乾通公司与金思维公司 ERP 项目技术合同纠纷。

附："钒钛磁铁砂矿"技术合同纠纷案类案检索表——欺诈、技术合同纠纷

时间	审理法院/案号	原告主张欺诈行为	裁判要点
2014.12	最高院（2012）民二终字第 43 号	受托人违反合同约定使用虚假研发成果进行欺诈。	技术开发合同是指当事人之间就新技术、新产品、新工艺等及其系统研究开发所订立的合同，是在未知领域不成熟的试验，存在一定的研发风险，因此不能仅因最终技术产业化未获成功而否定科研项目的真实性和必要性，更不应简单地把实施技术达不到预期效果即推定为提供技术的一方存在技术欺诈。
2015.5	南京中院（2015）宁知民终字第 31 号	委托人诉称完成的第一阶段软件内容与受托人共同拥有知识产权所有权，任何人未经双方的共同允许不得使用，而受托人却在 2012 年 5 月 3 日又与第三方公司签订了技术开发合同，并使用了双方共同开发的技术。	受托人是否采取欺诈手段应以拟研发技术的特点进行判断。本案所涉的系统需针对客户不同的需求进行开发，不能因受托人曾为第三方研发过类似系统就认定为现有技术。
2017.1	最高院（2016）最高法民再 251 号	受托人未能证明使用涉案技术能够生产出合格产品。	一、能否产出符合合同约定的产品，与该产品能否上市销售、是否适销对路、有无利润空间等并非同一层面的问题。技术合同领域，尤其是涉及技术工业化的合同中，如果当事人之间没有明确约定，不应将产品商业化认定为技术合同的目的。二、投资方应审慎签订涉及技术工业化的合同，在技术指标的设置和产品合格标准的选择上，应当尽可能贴近市场对产品的要求，尤应避免在市场竞争较为激烈或者相关公众要求较高的领域，仅以市场准入标准作为合同项下的产品合格标准，从而陷入产品合格而商业失败的窘境。

四、诠释法律

2021 年 1 月 1 日实施的最高院《关于审理技术合同纠纷案件适用法律若干问题的解释》第九条："当事人一方采取欺诈手段，就其现有技术成果作为研究开发标的与他人订立委托开发合同收取研究开发费用，或者就同一研究开发课题先后与两个或者两个以上的委托人分别订立委托开发合同重复收取研究开发费用，使对方在违背真实意思的情况下订立的合同，受损害方依照民法典第一百四十八条规定请求撤销合同的，人民法院应当予以支持。"

根据上述规定,技术开发合同的标的不应为任何现有技术成果,也不可一"研发"二卖,除此之外的技术合同欺诈行为应按《民法典》第一百四十八条的原则性规定为准。

第十四节　互联网专条兜底条款的适用

"陆金所金融服务平台"不正当竞争案

作者:曹阳

律师、专利代理师

一、裁判参考

网络抢购服务利用技术手段,为目标平台的用户提供不正当抢购优势,破坏目标平台既有的抢购规则并刻意绕过其监管措施,对目标平台的用户黏性和营商环境造成严重破坏的,应认定构成不正当竞争。

二、案例说明

（一）案例来源

上海市浦东新区人民法院《民事判决书》(2019)沪 0115 民初 11133 号。

（二）案例认定

本案入选 2020 年中国法院 10 大知识产权案件、2020 年上海法院知识产权司法保护 10 大案件。

（三）案情简介

原告上海陆家嘴国际金融资产交易市场股份有限公司、上海陆金所互联网金融信息服务有限公司(以下合称"两原告")均开设有金融服务网站及手机应用,债权转让产品交易是其中的热门服务。被告西安陆智投软件科技有限公司(以下简称"陆智投公司")系"陆金所代购工具"软件的提供者,用户通过安装运行该软件,无须关注两原告平台发布的债权转让产品信息即可根据预设条件实现自动抢购,并先于手动抢购的会员完成交易。两原告诉请法院判令被告停止涉案不正当竞争行为、消除影响并赔偿原告经济损失及合理费用共计 50 万元。

一审法院认为,被告提供的抢购服务利用技术手段,通过为两原告平台用户提供不正当抢购优势的方式,妨碍两原告债权转让产品抢购业务的正常开展,对两原告及平台用户的整体利益造成了损害,不正当地破坏了两原告平台公平竞争的营商环境,构成《反不正当竞争法》第十二条第二款第四项所规制的不正当竞争行为。一审判决后,原、被告均未提起上诉。

（四）案例分析

本案涉及的是外挂软件的正当性评价问题。外挂程序原本是指为增加程序的额外功能而附挂的追加部件,由于最常见之应用情形系游戏外挂程序,其中某些游戏外挂程序包含了影响游戏公平性的功能,而被游戏公司认定为不当行为予以打击,连带地使人产生了外挂程序必然违法的误解。外挂程序对被挂接程序必然会产生影响,但并非应一概予以否定性评价。本案判决在适用互联网专条兜底条款对涉案外挂软件所实现之抢购服务进行评价时,除了考量涉案外挂程序对目标平台及用户是否造成损害外,也对涉案外挂软件对于被挂接程序的公平性所产生的负面影响及规避被挂接程序监管机制进行了审查。

本案中,被告运营的"陆智投"抢购服务,实质是由软件系统代替人工方式为用户抢购两原告平台的债权转让产品。法院认为,债权转让产品的抢购实质上属于平台用户间的利益竞争,被告通过运营抢购服务介入其中并为部分用户提供抢购优势的行为,已造成以下三方面的损害后果:(1)平台流量利益的减损,抢购服务导致用户对两原告平台的访问频度下降,客观上减少了两原告其他金融产品的展示机会;(2)用户潜在交易机会的剥夺,抢购服务改变了债权转让产品在两原告平台用户间的收益分配,造成了大量用户机会利益的减损;(3)平台营商环境的破坏,抢购服务将冲击两原告平台最为依赖的投资者信心,导致用户黏性降低、投资者与资本流向其他投资渠道。同时,涉案抢购服务行为明显具有不正当性:一方面,抢购服务对两原告平台规则的颠覆破坏了产品抢购的公平基础。抢购成功率整体上向使用抢购服务的用户严重倾斜,用户间公平竞争的基础丧失殆尽。另一方面,涉案抢购服务刻意规避两原告的监管机制,反映了被告对该行为所持的主观故意。因此,被告提供的抢购服务利用技术手段,通过为两原告平台用户提供不正当抢购优势的方式,妨碍两原告债权转让产品抢购业务的正常开展,对两原告及平台用户的整体利益造成了损害,不正当地破坏了两原告平台公平竞争的营商环境,构成不正当竞争,该行为应给予反不正当竞争法上的否定评价。

三、类案应用

游戏外挂软件、视频刷量软件、广告屏蔽插件等均为外挂程序或曰第三方辅助软件,此类软件不会篡改受著作权法保护的计算机软件,不属于著作权法所规制之范畴,需要通过反不正当竞争法进行评价。在适用互联网专条兜底条款或第二条原则性条款对外挂软件进行正当性评价时,现有判决往往结合涉案外挂软件所实现的功能、技术原理,分析被挂接程序的商业逻辑,考量涉案行为对于被挂接程序经营者、用户、市场竞争秩序是否造成了损害。例如,在"一起来捉妖"虚拟定位外挂诉前禁令案中,法院认为,涉案虚拟定位插件通过改变涉案游戏正常运行的生态环境,导致其以地理位置为核心的功能玩法难以实现,游戏经营者的合法权益因此受损,遵守游戏规则的正常游戏玩家的合法权益也难以保障,被申请人基于涉案游戏谋取利益的主观意图明显,涉嫌构成对申请人的不正当竞争,最终支持了游戏经营者的诉前行为保全申请。又如,在 DNF 飞机团外挂组团代打案中,法院认为,利用外挂提供有偿带打服务的行为不仅损害了原告作为游戏运营商的合法权益,也破坏了游戏本身的平衡性、竞技的公平性及正常的游戏环境和游戏秩序,降低游戏玩家的游戏体验和游戏兴趣,损害了游戏普通玩家的合法权益及正常的游戏秩序,有违公平、诚信原则和商业道德,构成不正当竞争。

附:案件类案检索表——外挂软件的正当性判断

时间	审理法院/案号	裁判要点
2018.12.28	北京知识产权法院（2018）京 73 民终 558 号 ＊2018 年度北京法院知识产权司法保护十大案例	视频网站的商业模式主要包括两种:免费视频加广告模式;收费模式。其中,免费视频加广告的模式是视频网站最为主要的商业模式,在这一模式下,用户需要支付一定时间成本观看广告,但无须支付经济成本。视频网站之所以允许用户免费观看视频,并非因为视频网站不具有营利目的,而是因为广告收入可以在一定程度上抵消网站购买视频的费用以及其他经营成本,故如果法院对于提供具有视频广告过滤功能浏览器的行为合法性予以确认,则很可能意味着视频网站难以获得广告收入,从而使得其主要商业模式由免费视频加广告变为收费模式。这一变化将使得用户观看视频所支付的对价由原来的可选择性地支付时间成本或经济成本变为只能支付经济成本,这一变化很难说对用户有利。……无论是从消费者、视频平台、广告投放者,还是浏览器经营者角度进行分析,广告过滤功能的放开只可能会损害社会总福利。
2019.08.27	上海市浦东新区人民法院(2019)沪 0115 行保 1 号民事裁定 ＊2019 年上海法院知产司法保护十大案例	被申请人谌洪涛提供、推广的虚拟定位插件通过改变涉案网络游戏正常运行的生态环境,导致涉案游戏以地理位置为核心的功能玩法难以实现,玩家时间、金钱的投入和产出方面的平衡性被打破,由此导致申请人通过增值服务获得游戏收入的交易机会降低,申请人的合法权益因此受损。同时,使用虚拟定位插件的游戏玩家相较于未使用的玩家将获得明显的竞技优势,遵守游戏规则的正常游戏玩家的合法权益难以保障。而且,被申请人谌洪涛基于涉案游戏牟取利益的主观意图明显。故被申请人谌洪涛的上述行为涉嫌构成对申请人的不正当竞争。

时间	审理法院/案号	裁判要点
2019.09.06	天津市滨海新区人民法院（2019）津 0116 民初 697 号民事判决 ＊2019 年中国法院 50 件典型知识产权案例	首先,被诉行为损害了原告作为游戏运营商的合法权益。被告理应知晓原告与涉案游戏用户之间存在服务许可协议,……不仅自身违反了其与原告的协议约定,还有意教唆、帮助普通用户违约,干扰了普通用户和原告之间的合同,这将直接影响原告交易机会和经济利益,破坏涉案游戏的规则和秩序。……其次,被诉行为损害了游戏普通玩家的合法权益及正常的游戏秩序。使用外挂或者接受飞机团带打服务的玩家,在通关升级速度、挣钱数量、获取顶级装备的几率上会远胜于正常通关的普通游戏玩家,这不仅破坏了游戏本身的平衡性、竞技的公平性及正常的游戏环境和游戏秩序,还会降低游戏玩家的游戏体验和游戏兴趣。……从长远看,被诉行为还会给游戏产业的发展带来不良影响。
2020.06.22	深圳市南山区人民法院（2019）粤 0305 民初 15313 号	被告的"捉妖定位助手"手机软件,从技术上改变了涉案游戏对于地理位置的设定,违背了涉案游戏真实与虚拟相结合、倡导玩家走出去的理念。虽然涉案游戏本身也存在不受地理位置限制的"神行"玩法,但基于整个游戏系统的体验考虑,该玩法会受到时间、金钱和玩法上限制,而不像涉案"捉妖定位助手"手机软件在一次付费之后便可无限制地无视地理位置的限制。如果任由此类经营行为发展,大量玩家会选择成本更低、限制更少的外挂软件,势必改变涉案游戏正常运行的生态环境,导致其以地理位置为核心的玩法难以实现,打破玩家时间、金钱的投入产出方面的平衡性以及游戏资源区域投放方面的平衡性,进而破坏涉案游戏带给玩家的良好体验,导致涉案游戏的口碑下降,玩家数量减少,并最终导致涉案游戏运营周期提前结束。从长远来看,也将损害了整个网络游戏行业和广大游戏玩家的利益。
2020.08.18	江苏省高级人民法院（2019）苏民终 778 号 ＊2020 年江苏法院知识产权司法保护十大典型案例	爱奇艺公司通过采集正常运营数据并基于这些数据制定经营策略、支付视频版权费、收取广告费,飞流公司的刷量行为污染了爱奇艺公司采集到的运营数据,对其网站正常经营服务产生了较大影响,故一审法院认定飞流公司的刷量行为违反了《反不正当竞争法》第十二条的相关规定,属于经营者利用技术手段,通过影响用户选择或者其他方式,实施其他妨碍、破坏其他经营者合法提供的网络产品或者服务正常运行的行为,该认定具有事实和法律依据。

四、诠释法律

《中华人民共和国反不正当竞争法》（1993 年 9 月通过,2019 年 4 月修正）第十二条第二款规定:"经营者不得利用技术手段,通过影响用户选择或者其他方式,实施下列妨碍、破坏其他经营者合法提供的网络产品或者服务正常运行的行为:（四）其他妨碍、破坏其他经营者合法提供的网络产品或者服务正常运行的行为。"

无论是互联网专条实施前后,利用外挂软件所实现的竞争行为,往往不属于《反不正当竞争法》所明确列明的行为类型,需适用互联网专条兜底条款或第二条原则性条款。而此二条款之适用,为避免过度泛化,应受到《反不正当竞争法》立法目的和诚信原则的限定,主要以诚实信用原则及公认的商业道德为标准对行为本身进行评价。

第十五节　市场流通商品所载商业秘密的保密措施如何认定

"气体测试仪"商业秘密侵权案

作者:戈晓美

律师、专利代理师

一、裁判参考

商业秘密权利人所采取的技术秘密应当与商业秘密及其载体存在对应性。技术秘密的载体为市场流通产品的,权利人所采取的"保密措施"应能对抗不特定第三人通过反向工程获知该技术秘密,此种对抗至少可依靠两种方式实现:一是根据技术秘密本身的性质,他人即使拆解了载有技术秘密的产品,亦无法通过分析获知该技术秘密;二是采取物理上的保密措施,以对抗他人的反向工程,如采取一体化结构,拆解将破坏技术秘密等。

二、案例说明

（一）案件来源

最高人民法院(2020)最高法知民终 538 号《民事判决书》。

（二）案例认定

本案二审判决入选 2020 年最高人民法院知识产权法庭 55 个典型案例之一。

（三）案情简介

原告思克公司主张其产品 GTR-7001 气体透过率测试仪使用的技术即为本案的技术秘密,包含的技术秘密点包括:(1)智能模式测试;(2)储气罐储气保压,储气罐直连测试腔;(3)电磁阀控制电动阀,电辅生热抗温度波动技术;(4)储气罐扩容检测技术;(5)金属管塑料管混合使用,90 度金属弯管工艺;(6)真空泵自动启停控制技术。

原告思克公司为证明其为涉案技术秘密采取了合理的保密措施,向原审法院提交了《公司保密管理制度》《劳动合同》《企业与员工保密协议》《竞业限制协议》《合作保密协议》以及罗欣公司与思克公司签订的《设备购销合同书》,该《设备购销合同书》涉及技秘密的条款为，需方有义务确保供方货物的技术机密信息安全，所有技术机密信息不得提供给任何第三方，违约须承担不低于总价50%的经济赔偿及连带法律责任。思克公司的产品 GTR-7001 气体透过率测试仪后盖中部位置贴有一标签，其上载明"危险！私拆担保无效！"字样，测试仪的后盖与底部结合处还贴有一标签，其上载明"SYSTESTER 思克品质保证撕毁无效"字样。

二审中，思克公司确认：通过拆解设备，可直接观察到秘密点 2、3、4、5，本领域技术人员对于秘密点 1 和 6 的技术信息"通过常理是可以知道的"。

（四）案例分析

秘密性、保密措施和价值性构成商业秘密的三要件。关于"相应保密措施"要件，最高人民法院《关于审理不正当竞争民事案件应用法律若干问题的解释（2020 修正）》第十一条及《最高人民法院关于审理侵犯商业秘密民事案件适用法律若干问题的规定》第五、六条均进行了解释，列举了认定权利人是否采取保密措施时应当考虑的因素，并明确了应当认定权利人采取了保密措施的七种具体情形。最高人民法院发布的典型案例对于"保密措施"要件曾多次释义，例如，在最高院（2011）民申字第 122 号民事裁定书中指出：单纯的竞业限制约定不构成作为商业秘密保护条件的保密措施；在最高院（2012）民监字第 253 号民事裁定书中指出：派生于诚实信用原则的保守秘密合同的附随义务不能构成作为积极行为的保密措施；在最高院（2014）民三终字第 3 号民事判决书中指出：商业秘密共有人均应采取合理保密措施。

然而，何为"相适应的合理保护措施"在司法实践中仍存有很大争议，各地各级法院的判断标准不统一，甚至同一案件的一二审程序关于"是否采取保密措施的认定"也常常出现互相冲突和矛盾。例如，在广东省中山市中级人民法院"（2020）粤 20 民终 6958 号"《民事判决书》中，一审法院认为：保密协议内容为格式条款，且实际已包括了保密及竞业禁止条款，所列商业秘密范围广而杂，而工作手机及电脑、安装监控软件等，也不足以证明其对本案所主张的涉案客户名单信息、项目信息采取了具体、有效、有针对性的，与其商业价值相当的保密措施；二审法院则认为：联力公司所采取的上述保密措施应当认定为系采取了与其要求保护的商业秘密相适当的保密措施，具备商业秘密构成的保密性要件。

本案件的特殊价值在于，该判决全面地阐释了"保密措施"与涉案技术信息及其载体应当存在对应性：技术秘密的载体为市场流通产品的，因该产品在物理上脱离权利人的控制，权利人为实现保密目的所采取的保密措施应能对抗不特定第三人通过反向工程获知该技术秘密。思克公司主张保护的技术秘密的载体是其产品 GTR-7001 气体透过率测试仪。虽然思克公司举出了大量的"对内保密措施"，如与员工签署包含保密条款的《劳动合同》《保密协议》，制定并施行《公司保密管理制度》，对研发厂房、车间、机器等加设门锁，限制来访者进出、参观等等，但均与其主张保密的涉案技术秘密及其载体不具有对应性。思克公司还举证了"对外保密措施",如与客户签订的外销设备合同列有保密条款,外销设备粘贴有严禁私自拆卸的防撕毁标签,并附有包含保密要求的《产品说明书》,但这些对外保密措施,或仅具有约束合同相对人的效力,或未体现出思克公司的保密意愿,故不属于反不正当竞争法规定的"相应保密措施"。

三、类案应用

因"气体测试仪"商业秘密侵权案为最高院公布的典型案例,后续案件中密点载体涉及市场流通商品的情形时,虽未明确援引该案案号,但是其裁判观点与该案是一致的。例如,最高人民法院2021年11月审结的北京零极中盛科技有限公司与周洋等侵权技术秘密纠纷系列案的二审案件[案号为(2021)最高法知民终1281、1302、1440号《民事判决书》]。

在该系列案中,零极公司主张为技术秘密的涉案技术信息,其内容主要记载在零极公司提供的ZD300-24S220N技术指标书等图纸资料中。零极公司针对其涉案技术信息主张了13个密点,包括电路布局、元件的选择、参数、位置及连接方式、特定元件的材料构成及工艺要求等信息。零极公司确认,根据技术图纸制造的产品均已在市场流通,且该等产品市场流通的时间在2007年、2008年,更新产品在2012年开始公开销售。

对此,北京知识产权法院一审认为(案号为(2018)京73民初1065、1070、1071号):所属领域的相关人员通过已经被公开销售的电源产品获取涉案技术信息的过程应基本同庭审勘验过程一样,即去胶、拆解、观察和测量。结合勘验过程以及零极公司基于其产品照片与被诉侵权产品照片进行比对的具体情况,所述领域技术人员同样能较为容易地根据零极公司在被诉侵权行为发生前已经公开销售的电源产品获得涉案技术信息。因此,涉案技术信息在被诉侵权行为发生时,已为公众所知悉,不构成商业秘密。

最高人民法院二审法院则从"技术秘密的载体及其相应保密措施"探讨开来,认为:根据零极公司主张保护的技术秘密,其载体包括两方面内容,一是产品技术图纸,二是根据该产品技术图纸制造的产品。接着,该二审判决援引了"气体测试仪"商业秘密案的裁判要旨:市场流通产品属于外部载体,零极公司为实现保密目的所采取的保密措施,应能对抗不特定第三人通过反向工程获取其技术秘密。此种对抗至少可依靠两种方式实现:一是根据技术秘密本身的性质,他人即使拆解了载有技术秘密的产品,亦无法通过分析获知该技术秘密;二是采取物理上的保密措施,以对抗他人的反向工程,如采取一体化结构,拆解将破坏技术秘密等,并据此维持了一审判决。

四、诠释法律

《最高人民法院关于审理不正当竞争民事案件应用法律若干问题的解释》第十一条第一、二款规定:

第十一条　权利人为防止信息泄漏所采取的与其商业价值等具体情况相适应的合理保护措施,应当认定为反不正当竞争法第十条第三款规定的"保密措施"。

人民法院应当根据所涉信息载体的特性、权利人保密的意愿、保密措施的可识别程度、他人通过正当方式获得的难易程度等因素,认定权利人是否采取了保密措施。

《最高人民法院关于审理侵犯商业秘密民事案件适用法律若干问题的规定》第五条:

第五条　权利人为防止商业秘密泄露,在被诉侵权行为发生以前所采取的合理保密措施,人民法院应当认定为反不正当竞争法第九条第四款所称的相应保密措施。

人民法院应当根据商业秘密及其载体的性质、商业秘密的商业价值、保密措施的可识别程度、保密措施与商业秘密的对应程度以及权利人的保密意愿等因素,认定权利人是否采取了相应保密措施。

市场流通商品所载商业秘密的保密措施如何认定?

商业秘密权利人所采取的技术秘密应当与商业秘密及其载体存在对应性。技术秘密的载体为市场流通产品的,权利人所采取的"保密措施"应能对抗不特定第三人通过反向工程获知该技术秘密,此种对抗至少可依靠两种方式实现:一是根据技术秘密本身的性质,他人即使拆解了载有技术秘密的产品,亦无法通过分析获知该技术秘密;二是采取物理上的保密措施,以对抗他人的反向工程,如采取一体化结构,拆解将破坏技术秘密等。

本项"保守商业秘密的要求",当权利人主张的技术信息以市场流通产品为载体的,权利人有义务设置能够对抗不特定第三人通过反向工程获知该技术秘密的保密措施,否则将无法以商业秘密进行保护。

第十六节　拒不披露被诉源/目标代码时商业秘密侵权责任认定

"帝王霸业"侵害商业秘密纠纷案

作者:王荣

律师、专利代理师

一、裁判参考

侵害网络游戏案件诉讼中,被诉游戏源代码或者目标代码由被诉侵害人掌控,权利人难以直接取证,导致权利人在诉讼中所负担的"被诉游戏软件源代码与商业秘密实质性相同"等证明责任难以完成。基于原告方已经穷尽举证途径且已经证明待证事实具有较高可能性,而被诉一方拒绝履行披露证据的诚信义务,法院判令由其承担举证不利后果,为本案判决结果获得公正性支点。

二、案例说明

(一)案例来源

广东省高级人民法院《民事判决书》(2019)粤知民终 457 号。

(二)案例认定

本案二审判决入选 2020 年中国法院 50 件典型知识产权案例之一,同时入选 2020 年度广东省知识产权审判十大案件之一。

(三)案情简介

原告仟游公司、鹏游公司是涉案"帝王霸业"网络游戏的开发、运营者,其对该游戏软件源代码的商业秘密享有权利。徐某、肖某曾经是仟游公司、鹏游公司的员工,在职期间参与开发、运营前述游戏。二人离职后不久即成立策略公司,并与其关联企业南湃公司共同经营"页游三国""三国逐鹿"游戏。仟游公司、鹏游公司遂起诉徐某、肖某及其两家关联公司侵害仟游公司、鹏游公司游戏软件商业秘密权利,要求对方赔偿经济损失 2550 万元。一审阶段,法院责令原告和被告提交涉案游戏和被诉游戏的源代码及相关文档,双方均提交了源代码。但被告的源代码文件修改日期均为一审庭审后,且所有源代码文件的修改时间均显示相同。且在一审阶段,法院根据原告的申请作出保全被诉游戏软件源代码的裁定,在法院已经释明拒不配合保全后果的情况下,被告仍未依照该裁定向法院提供被诉游戏软件源代码。

因此,徐某、肖某、策略公司和南湃公司持有证明该待证事实的直接证据,但其无正当理由拒不提供,该行为有违诉讼诚信原则。依据《最高人民法院关于民事诉讼证据的若干规定》第九十五条"一方当事人控制证据无正当理由拒不提交,对待证事实负有举证责任的当事人主张该证据的内容不利于控制人的,人民法院可以认定该主张成立"之规定,推定仟游公司、鹏游公司主张的待证事实成立,即被诉游戏软件源代码与涉案商业秘密构成实质相同。

(四)案例分析

网络游戏源代码或目标代码大体分为服务器端和客户端,对于正常运行的网络游戏客户端可以较为容易地获取,而对于下架的网络游戏,在被告均不提供的情况下,若原告没有充分地完成举证责任,则原告有可能会面临举证不能的不利后果;若原告穷尽了举证手段,但仅有初步的侵权证据,仍无法得到被告源代码或目标代码的情况下,需要从诚信诉讼和法益保护角度考虑对原告主张的支持。

本案涉及网络游戏类软件技术秘密纠纷,技术秘密的载体通常是软件源代码,相对于其他例如工艺、图纸等载体来说,软件源代码载体中代码行较多,包含海量的技术信息。因此,权利人根据软件源代码来确定技术秘密的保护范围更为困难。

本案中,人民法院认定原告主张的技术秘密保护范围是"仟游公司、鹏游公司在本案一审中已明确其主张的商业秘密为'帝王霸业'游戏软件服务器源代码,在二审中进一步明确了其主张的服务器源代码的秘密点包含在其提供的鉴定意见书附件第 1 页至第 39 页记载的 1891 个文件当中"。很明显,原告主张以涉案游戏的服务器源代码整体作为技术秘密的保护范围。此种主张方式一方面很难有证据破坏其秘密性;但另一方面会面临较大的风险,即在同一性比对时,面对海量的源代码载体,如果被告的代码与原告相比有些许不同,可能就不构成实质相同。而原告之所以能够如此主张,很可能是确信被诉游戏的源代码是全部来自原告源代码,即使作为源代码整体进行比对,被诉游戏的源代码仍然可以构成相同或实质相同。

计算机软件的源代码和目标代码为同一作品。在权利人无法掌握被告源代码的情况下,如果目标代码是公开发行的,则可以借助反编译工具将目标代码进行反编译后查看其反编译的结果代码,部分语言是可以直接反编译后得到源代码的,即使得不到源代码,也可以根据反编译结果查看其中的逻辑或函数等。据此推测出被告源代码中是否采用了原告的技术秘密信息。当然,在确定被告完全复制技术秘密源代码载体的情况下,技术秘密范围的主张会较为容易一些。

三、类案应用

涉及游戏软件源代码的技术秘密保护范围需要基于被告可能的侵权行为来确定,若是源代码整体的复制、使用等,主张技术秘密的方法可能就会灵活和简单一些。若仅是部分地复制、使用或者修改,则主张的技术秘密保护范围和方式通常会有所限制。在福建省高级人民法院审理的"厦门凤凰创壹软件有限公司诉徐素文商业秘密纠纷案"①中,被告在职期间复制源代码备份,并在离职后一直持有,原告主张的商业秘密即源代码及相关文档。

---

① 福建省高级人民法院"(2019)闽民终 424 号"《民事判决书》,徐素文、厦门凤凰创壹软件有限公司侵害商业秘密纠纷;合议庭:蔡伟、孙艳、曹慧敏;裁判日期:2019 年 5 月 30 日。

附:"源代码技术秘密范围"类案检索表

时间	审理法院/案号	诉讼情况	裁判要点
2019.5	福建省高级人民法院(2019)闽民终 424 号	被告立即停止侵害厦门凤凰创壹软件有限公司商业秘密的不正当竞争行为,彻底删除个人及所属公司电脑、移动存储设备上的"web3D 可视化编辑工具"源代码及其技术文档。	徐素文在凤凰创壹公司工作期间,作为具体负责研发工作的经理,知悉并掌握涉案商业秘密,其在离职后擅自将其参与开发的软件项目(包括"web3D 可视化编辑工具")源代码复制备份并存储在其个人电脑中,后经凤凰创壹公司投诉,厦门市市场监督管理依法认定徐素文离职后擅自将其参与开发的"web3D 可视化编辑工具"源代码复制备份,构成盗窃权利人商业秘密的行为,并作出责令删除擅自复制备份"web3D 可视化编辑工具"源代码及罚款的行政处罚决定,该决定已生效。

四、诠释法律

《最高人民法院关于民事诉讼证据的若干规定(2019 修订)》第九十五条一方当事人控制证据无正当理由拒不提交,对待证事实负有举证责任的当事人主张该证据的内容不利于控制人的,人民法院可以认定该主张成立。

原告已经穷尽举证手段并且有初步证据证明被告侵犯原告商业秘密,被诉源代码或目标代码处于被告控制之下且被告拒不提供的情况下,无法基于源代码或目标代码对待证事实作进一步的认定,被告的行为明显不符合诚信诉讼原则。因此,基于原告方已经穷尽举证途径且已经证明待证事实具有较高可能性,而被诉一方拒绝履行披露证据的诚信义务,法院判令由其承担举证不利后果,为本案判决结果获得公正性支点。

第十七节 公司法定代表人或者实际控制人与公司共同侵权的认定

"香兰素"技术秘密侵权案

作者:张秋林

律师、专利代理师

一、裁判参考

被诉侵权企业系其法定代表人或者实际控制人专门为从事侵权而登记设立,该被诉侵权企业的生产经营主要系实施被诉侵权行为,且该法定代表人或者实际控制人自身积极参与侵权行为实施的,可以认定该法定代表人或者实际控制人与该被诉侵权企业共同实施了侵权行为,并应当依法承担连带法律责任。

二、案例说明

（一）案例来源

最高人民法院知识产权法庭《民事判决书》(2020)最高法知民终 1667 号,最高人民法院《民事裁定书》(2021)最高法民申 3890 号。

（二）案例认定

本案入选人民法院 2021 年十大案件之一,最高人民法院知识产权法庭 2020 年十大技术类知识产权典型案例之一。

（三）案情简介

嘉兴市中华化工有限责任公司(简称"中华化工公司")与上海欣晨新技术有限公司共同研发了通过化学氧化的方式乙醛酸法生产香兰素的全套设备和工艺,并将其作为技术秘密予以保护。中华化工公司等认为王龙集团有限公司(简称"王龙集团公司")、宁波王龙科技股份有限公司(简称"王龙科技公司")、喜孚狮王龙香料(宁波)有限公司(简称"喜孚狮王龙公司")、傅祥根、王国军未经许可使用其香兰素生产设备和工艺,涉嫌非法获取、披露、允许他人使用和使用涉案技术秘密,故诉至浙江省高级人民法院,并要求赔偿经济损失及合理开支 5.02 亿元。在作出一审判决的同时,浙江省高级人民法院还作出了行为保全裁定,责令王龙科技公司、喜孚狮王龙公司立即停止使用涉案技术秘密。中华化工公司等不服一审判决,上诉至最高人民法院知识产权法庭,并将索赔金额确定为 1.77 亿元。最高人民法院知识产权法庭考量如下八个方面因素,参考经济学分析报告所示的价格侵蚀导致中华化工公司遭受损失达 7.9 亿元之巨,改判王龙集团公司等赔偿经济损失及合理维权支出 1.59 亿元:(1)现金加股权直接收买的非法获取涉案技术秘密的手段非常恶劣;(2)非法获取和使用的涉案技术秘密数量较多;(3)明知对其构成侵害仍使用涉案技术秘密生产香兰素;(4)涉案技术秘密具有较高商业价值;(5)王龙科技公司和喜孚狮王龙公司以侵权为业;(6)侵害涉案技术秘密的行为对全球市场形成严重冲击;(7)存在侵权和赔偿证据举证妨碍以及不诚信诉讼情节;(8)拒不执行一审法院颁布的生效行为禁令。该案是人民法院史上判赔额最高的侵害商业秘密案件。

（四）案例分析

一审法院认为,法人人格独立是公司法的基本价值取向;王国军以王龙集团公司和王龙科技公司的名义获取和使用涉案技术秘密,并未明显超出其法定代表人职务行为的范畴;两原告关于王国军构成共同侵权的主张依据不足,不予支持。

二审法院改判王国军应就上述1.59亿元判赔承担连带责任。具体而言,二审法院认为:"如果特定法人是其法定代表人或者主要负责人专门为从事侵权而登记成立,客观上该法人的生产经营本身主要就是实施侵权行为,且该法定代表人或者主要负责人自身积极参与侵权行为实施,则该侵权行为既体现了法人的意志又体现了其法定代表人或者主要负责人的意志,该法人事实上成为其法定代表人或者主要负责人实施侵权行为的工具,此时可以认定该法定代表人或者主要负责人与法人共同实施了侵权行为,并应依法承担相应的法律责任。"具体到本案,一方面,王龙科技公司专为使用涉案技术秘密生产香兰素而创设,且在案证据表明,其主要经营活动均围绕香兰素而展开,已经沦为王国军的侵权工具,以侵害涉案技术秘密为业;另一方面,作为王龙科技公司的法定代表人,王国军积极实施侵害技术秘密的行为,例如参与以现金加股权直接收买的方式非法获取涉案技术秘密。此外,喜孚狮王龙公司只涉及生产和销售香兰素,以侵权为业,且王国军亦为其法定代表人。综上所述,王龙科技公司、喜孚狮王龙公司与王国军构成共同侵权,王国军应与王龙科技公司等一起承担连带赔偿责任。分析可知,适用上述裁判规则应满足如下两个要件:(1)公司以侵害技术秘密为业;(2)法定代表人积极参与实施侵害技术秘密的行为。在满足上述两个要件的情况下,公司的实际控制人或主要负责人也应类似地承担连带赔偿责任,因为实际控制人或主要负责人在利用公司作为侵权工具和积极参与实施侵权行为这两个方面与法定代表人并无二致。

需要注意的是,上述裁判规则并非刺破公司面纱追究股东责任,即便在本案中,王国军的身份还在于王龙科技公司的股东。此外,这也与侵害技术秘密案件如下典型情况不同:前员工离职后成立新公司,并出任新公司的法定代表人,该前员工非法获取、披露和允许他人使用技术秘密,该新公司明知而获取和使用技术秘密,二者主观上存在意思联络,客观上共同实施了侵权行为,彼此构成共同侵权。

三、类案应用

作为最高人民法院知识产权法庭2020年十大技术类知识产权典型案例之三,"卡波"案系最高人民法院作出的首例惩罚性赔偿案件,最终确定了5倍的最高惩罚性赔偿倍数。除此之外,该案也认定了安徽纽曼精细化工有限公司以侵权为业,其法定代表人刘宏应为公司的全部赔偿数额3000万元承担连带责任。不过,该案并没有对此进行具体论述,而是主要基于已经生效的刑事判决认定的刘宏在侵犯技术秘密犯罪中的作用。《刑法》第二百二十条规定:"单位犯本节第二百一十三条至第二百一十九条之一规定之罪的,对单位判处罚金,并对其直接负责的主管人员和其他直接责任人员,依照本节各该条的规定处罚。"从这点看,侵害技术秘密刑事案件和民事案件二者存在一定共通之处,即在前者中,对单位以及直接负责的主管人员和其他直接责任人员实行双罚制,在后者中,可以要求公司以及法定代表人和实际控制人承担连带赔偿责任,只是前者要求侵害技术秘密达到构罪的非常严重程度,后者要求侵害技术秘密达到侵权为业的较高严重程度。

附:"香兰素"类案检索表——公司法定代表人或者实际控制人与公司共同侵权的认定

裁判时间	审理法院/案号	涉案信息	法院认定
2020. 11. 24	(2019)最高法知民终 562 号	技术秘密	侵权为业公司的法定代表人、实际控制人全程参与生产经营活动,在侵权活动中起主要作用的,应对公司的全部赔偿数额承担连带责任。

四、诠释法律

《民法典》第一千一百六十八条规定:"二人以上共同实施侵权行为,造成他人损害的,应当承担连带责任。"

第十二章　反垄断司法案例应用研究

第一节　横向垄断协议案件中举证责任的分配

姜丙林诉北京水产批发协会横向垄断协议案

作者:马栋

一、裁判参考

《反垄断法》第十三条第(一)至(五)项规定的横向垄断协议,一般情况下都具有严重的排除、限制竞争效果,故各反垄断司法辖区都将其认定为"本身违法"。我国也不例外,根据最高人民法院《关于审理因垄断行为引发的民事纠纷案件应用法律若干问题的规定》第七条,被诉垄断行为属于反垄断法第十三条第一款第(一)至(五)项规定的垄断协议的,被告应对该协议不具有排除、限制竞争的效果承担举证责任。所以,在反垄断民事案件中,原告对上述横向垄断协议不具有举证责任。

二、案例说明

(一) 案例来源

北京市高级人民法院《民事判决书》(2013)高民终字第 4325 号。

(二) 案例认定

本案入选 2008—2018 年中国法院反垄断民事诉讼 10 大案件。

(三) 案情简介

北京市水产批发行业协会在其《北京市水产批发行业协会手册》中规定:"禁止会员

向本协会会员所在的市场向非会员销售整件扇贝""禁止会员不正当竞争,不按协会规定的销售价格折价销售扇贝"。水产批发协会于 2011 年 9 月 29 日登记成立之后,多次组织会议对于不同种类的扇贝产品的销售价格、禁止不按规定价格折价销售以及相应处罚等进行讨论并做出相应的决定,通过固定和变更价格减少甚至消除会员之间的竞争,提高销售利润,损害了消费者的利益。娄丙林退出水产批发协会后无法获得獐子岛扇贝供货渠道,无法销售獐子岛扇贝。娄丙林认为水产批发协会的上述行为侵害其合法权益,遂起诉。

（四）案例分析

在行为认定方面,本案是《反垄断法》实施以后,法院确认横向垄断协议的全国第一案,也是行业协会组织会员达成横向垄断协议的全国第一案。两审法院皆认定水产批发协会促使具有竞争关系的经营者达成了变更和固定商品价格的协议,且水产批发协会未能证明协议不具有排除、限制竞争的效果,所以其行为构成反垄断法所禁止的横向垄断协议。在证明依据方面,法院依据的证据包括水产行业协会的协会手册、会议记录、传真和财务报表等,这无论是以后对于垄断协议的执法还是司法认定,都在证据类型上提供了明确的指引。在损害赔偿方面,由于还存在其他替代进货渠道,法院认为娄丙林无法证明其遭受的损失与行业协会的垄断行为有直接因果关系,所以未支持其损害赔偿。但是法院最终将《北京市水产批发行业协会手册》中违反《反垄断法》的条款认定为无效,这对于行业协会组织行业内经营者共同影响市场价格的行为具有警示意义。

三、类案应用

2012 年广东高院审结的"深圳有害生物防治协会案"中,虽然深圳有害生物防治协会与会员单位签订的《自律服务公约》中涉及固定价格条款,但是一审法院认为原告未能证明《自律服务公约》具有排除、限制竞争的效果,所以不构成横向垄断协议,二审法院予以维持。2014 年南京中院审结的"南京混凝土协会案"中,南京混凝土协会多次组织会员召开会议,固定和变更混凝土价格,并形成会议纪要下发各成员单位的行为也被法院认定为是行业协会组织本行业的经营者达成垄断协议的违法行为。在 2018 年合肥中院审结的"舒城县商品混凝土协会案"中,法院认为舒城混凝土协会组织六家会员单位划分舒城混凝土市场,限制各会员单位混凝土的销售价格和生产、销售数量的行为,因被告并未举证证明上述协议不具有排除、限制竞争的效果,故上述协议因违反《反垄断法》的强制性规定,应当认定无效。可以发现,在《最高人民法院关于审理因垄断行为引发的民事纠纷案件应用法律若干问题的规定》(以下简称"规定")未颁布之前,深圳中院认为协议具有排除、限制竞争效果的举证责任属于原告方。但鉴于横向垄断协议一般具有较为严重的排除、限制竞争效果,通常适用"本身违法"原则,所以《规定》颁布后就采用了举证责任倒置的模式,由被告对协议不具有排除、限制竞争的效果承担举证责任。

时间	审理法院/案号	裁判要点
2012.7	广东省高级人民法院(2012)粤高法民三终字第155号	广东省高级人民法院认为,第一,关于深圳市有害生物防治协会与其会员签订的"自律公约"是否构成固定服务价格的行为的问题。原审判决根据现有证据,认定深圳市有害生物防治协会与其会员签订的《自律公约》不属于垄断协议并无不当。第二,关于深圳市有害生物防治协会的行为是否具有正当性的问题。尽管深圳市有害生物防治协会与其会员签订的《自律公约》一定程度上限制了会员企业的服务行为,但竞争并未被实质性削弱。因此,原审法院认定深圳市有害生物防治协会与其会员签订《自律公约》的行为具有正当性并无不当。原审判决认定事实清楚,适用法律正确,应当予以维持。上诉人深圳市惠尔讯科技有限公司上诉理由不能成立,应予驳回。
2014.6	南京市中级人民法院(2014)宁非诉行审字第54号	法院认为,南京混凝土协会多次召集协会成员单位开会,确定调价幅度,就混凝土销售价格进行协商并达成一致意见,固定或变更混凝土产品销售价格,形成会议纪要,并下发各混凝土企业。该行为已违反《中华人民共和国国家反垄断法》第十六条、第四十六条规定,有组织本行业的经营者达成垄断协议,操纵混凝土市场价格,限制市场公平竞争的行为。江苏省物价局对其违法行为作出行政处罚,认定的违法事实清楚,处罚内容具体明确,处罚作出的程序合法,适用法律正确,符合法律规定的强制执行条件,法院予以支持。遂裁定准予强制执行。
2018.4	安徽省合肥市中级人民法院(2017)皖01民初163号	反垄断法禁止具有竞争关系的经营者达成固定或者变更商品价格、限制商品的生产数量或销售数量、分割销售市场等垄断协议。根据《最高人民法院关于审理因垄断行为引发的民事纠纷案件应用法律若干问题的规定》,被诉垄断行为属于反垄断法第十三条第(一)项至第(五)项规定的垄断协议的,被告应对该协议不具有排除、限制竞争的效果承担举证责任。本案中,舒城混凝土协会组织六家会员单位签订《关于舒城县混凝土协会重组协议》以及《舒城县商品混凝土协会关于加强自律、共同维护市场秩序的决议》,划分了舒城混凝土市场,限制各会员单位混凝土的销售价格和生产、销售数量。被告并未举证证明上述协议不具有排除、限制竞争的效果,故上述协议因违反反垄断法的强制性规定,应当认定无效。

四、诠释法律

《反垄断法》第十三条第(一)至(五)项规定的横向垄断协议,一般情况下都具有严重的排除、限制竞争效果,属于"本身违法"行为,故原告无须对此类协议的排除、限制竞争效果进行举证。根据最高人民法院《关于审理因垄断行为引发的民事纠纷案件应用法律若干问题的规定》第七条,被诉垄断行为属于反垄断法第十三条第一款第(一)至(五)项规定的垄断协议的,被告应对该协议不具有排除、限制竞争的效果承担举证责任。

第二节　横向垄断协议实施者损害赔偿请求权的认定

"砖瓦协会"垄断纠纷案

作者:马栋

一、裁判参考

横向垄断协议实施者要求其他实施者赔付其因实施该横向垄断协议遭受的损失,本质上是要求在横向垄断协议实施者之间对垄断利益作重新分配。本案中,张某某参与实施横向垄断协议,属于垄断行为的实施者,而非反垄断民事救济意义上的受害人。如对其施以救济,有违反垄断民事救济的制度目的。

二、案例说明

(一) 案例来源

最高人民法院《民事判决书》(2020)最高法知民终 1382 号。

(二) 案例认定

本案入选 2018—2020 年人民法院反垄断和反不正当竞争典型案例。

(三) 案情简介

张某某主张其系在宜宾市砖瓦协会的发起人四川省宜宾市吴桥建材工业有限责任公司(以下简称"吴桥公司")、宜宾县四和建材有限责任公司(以下简称"四和公司")、曹某某等的胁迫下,加入该砖瓦协会,签订《停产整改合同》,并因该合同被迫停止生产。宜宾市砖瓦协会及其发起人通过广泛签订上述合同,迫使宜宾市部分砖瓦企业停产,通过减少砖瓦供应量,实现提高砖瓦价格,赢取不当利益,上述行为明显具有排除、限制竞争的目的,且在特定时间内实现了排除、限制竞争的效果,构成反垄断法规定的横向垄断协议。但宜宾市砖瓦协会和仍维持生产的砖瓦企业支付了少量停产扶持费后不再依照约定付款,其行为排除了张某某参与竞争,构成对反垄断法的违反,故诉至法院。

(四) 案例分析

一审法院认为,被诉行为构成对反垄断法的违反,侵害了张某某的权益,故判决吴桥公司、四和公司、曹某某、宜宾市砖瓦协会连带赔偿经济损失 33.6 万元、合理开支 5000 元。吴桥公司、曹某某、宜宾市砖瓦协会不服,向最高人民法院提起上诉。最高人民法院二审认为,该案核心问题是,张某某作为该案横向垄断协议的实施者之一,是否有权要求该垄断协议的其他实施者赔偿其所谓经济损失。鉴于横向垄断协议实施者主张损害赔偿,实质上是要求瓜分垄断利益,故判决撤销一审判决,驳回张某某的全部诉讼请求。

横向垄断协议实施者要求其他实施者赔付其因实施该横向垄断协议遭受的损失,本质上是要求在横向垄断协议实施者之间对垄断利益作重新分配。该案阐明了垄断民事救济的宗旨和导向,明确了请求损害赔偿救济者,其行为必须正当合法的基本原则,揭示了横向垄断协议实施者要求其他实施者赔偿所谓损失的瓜分垄断利益本质,对于打击横向垄断行为、维护公平竞争秩序、引导行业协会良性发展具有重要意义。

三、类案应用

无。

四、诠释法律

《反垄断法》第五十条规定:经营者实施垄断行为,给他人造成损失的,依法承担民事责任。

本案中,张某某所主张的因垄断行为所受的“损失”,实质上是要求根据垄断协议关于垄断利益分配的约定瓜分群体垄断所得,并非是《反垄断法》第五十条规定的损失。如果支持张某某的上述请求,一方面无疑是变相对垄断利益进行重新分配,从而实际形成对垄断协议的鼓励;另一方面会加强垄断协议的稳定性。

第三节　RPM 案件的司法分析路径

锐邦诉强生垄断协议案

作者:马栋

一、裁判参考

限制最低转售价格的协议、决定或其他协同行为,具有排除、限制竞争的效果,才能构成垄断协议。分析评价限制最低转售价格行为的经济效果,可以从相关市场竞争是否充分、实施企业在相关市场是否具有很强的市场地位、实施企业是否具有限制竞争的行为动机、限制最低转售价格行为的竞争效果四个方面进行综合判断。

二、案例说明

(一) 案例来源

上海市高级人民法院《民事裁定书》(2012)沪高民三(知)终字第 63 号。

(二) 案例认定

本案入选 2008—2018 年中国法院反垄断民事诉讼 10 大案件。

(三) 案情简介

2008 年 1 月,强生公司与锐邦公司签订《经销合同》及附件,约定锐邦公司不得以低于强生公司规定的价格销售产品。2008 年 3 月,锐邦公司在北京大学人民医院举行的强生医用缝线销售招标中以最低报价中标。2008 年 7 月,强生公司以锐邦公司私自降价为由取消锐邦公司的经销权,并完全停止了缝线产品、吻合器产品的供货。锐邦公司遂诉至上海一中院,主张强生公司在经销合同中约定的限制最低转售价格条款,构成反垄断法所禁止的纵向垄断协议。

(四) 案例分析

该案是国内首例纵向垄断协议纠纷案件,也是全国首例原告终审判决胜诉的垄断纠纷案件。该案里程碑意义在于为法院在今后审理转售价格维持案件时确认了"合理原则"的分析路径。本案一审法院从体系解释的角度出发,首先确认对于《反垄断法》第十四条所规定垄断协议的认定,不能仅以经营者与交易相对人是否达成了固定或者限定转售价格协议为准,还需要进一步考察此等协议是否具有排除、限制竞争效果。本案二审法院则进一步明确了排除、限制竞争效果的四个评估要件,即从相关市场竞争是否充分、实施企业在相关市场是否具有很强的市场地位、实施企业是否具有限制竞争的行为动机、限制最低转售价格行为的竞争效果四个方面进行综合判断。

三、类案应用

自锐邦案后,各地法院在转售价格维持案中均采用了"合理原则"的分析路径。如2018 年广东高院审结的"格力空调案"、2018 年合肥中院审结的"君乐宝奶粉案"、2020 年上海高院审结的"韩泰轮胎案"和 2020 年杭州中院审结的"登士柏案"中,法院都认为原告对于《反垄断法》第十四条规定的纵向价格垄断协议具有"排除、限制竞争"的效果负有举证责任,并且在分析时都遵从了锐邦案的分析框架。

值得注意的是,反垄断行政执法机关和我国法院在审理转售价格维持案件时,目前仍存在较大分歧。法院是依据"合理原则"分析路径判断转售价格协议是否具有排除、限制竞争的效果,而反垄断执法机关则是依据"原则禁止+例外豁免"的分析原则判断转售价格协议是否违法。主要分歧在于,行政机关认为,对于《反垄断法》第十四条规定的纵向价格垄断协议,行政执法推定其具有排除、限制竞争的效果并予以禁止,除非经营者能够证明其符合《反垄断法》第十五条的豁免情形。

这一分歧在"海南裕泰再审申请"一案中,虽有所缓和,但并未实际解决法律适用不统一的问题。具体来说,最高院虽然在当前的市场体制环境不完善、反垄断执法处于初期阶段、为降低执法成本和提高执法效率等背景下,认为反垄断执法机构经过调查证实经营者存在转售价格维持情况,即可认定为垄断协议,无须对该协议是否符合"排除、限制竞争"这一构成要件承担举证责任。但又从民事诉讼的角度出发,认为给原告造成损失是垄断行为排除、限制竞争效果的直接体现。该垄断协议不仅要达成而且要实施并产生损失,此时的垄断协议当然具有排除、限制竞争的效果。因此,在反垄断民事诉讼中,法院审查垄断协议是否具有排除、限制竞争效果,并在此基础上进而判定是否支持原告的诉讼请求,并无不当。

时间	审理法院/案号	分析路径	裁判要点
2018.5	安徽省合肥市中级人民法院(2017)皖01民初260号	本院认为,《反垄断法》第十三条第二款规定,本法所称垄断协议,是指排除、限制竞争的协议、决定或其他协同行为。虽然第十三条第一款规定的是横向垄断协议的情形,但根据《反垄断法》的立法技术作体系解释,横向垄断协议的危害性要高于纵向垄断协议,故《反垄断法》第十四条所规定的纵向垄断协议应以具有排除、限制竞争效果为必要条件。	本案中,原告提供的证据仅能证明被告通过格式条款的奶粉配送合同确定了一个区域内的"益生智慧"奶粉的最低零售价,而并未举证证明该固定转售价格或者限制最低转售价格的行为产生了限制竞争的效果。而被告提供的证据可以证明该产品投放市场时间较晚,且奶粉市场竞争已经较为充分,君乐宝公司的产品市场地位并不足够强大,故原告主张涉案的奶粉配送合同中固定转售价格的条款构成纵向垄断协议的请求不能成立,本院不予支持。

续表

时间	审理法院/案号	分析路径	裁判要点
2018.7	广东省高级人民法院（2016）粤民终 1771 号	本院认为，由于纵向协议对市场影响的效果一般不如横向协议直接和明显，所以不宜类推适用《最高人民法院垄断纠纷审理规定》第七条对横向协议的规定，即由被告对协议不具有排除、限制竞争的效果承担举证责任。在无法律、法规和司法解释明确规定的情况下，应当遵循民事诉讼法"谁主张、谁举证"的原则，由原告对本案限制最低转售价格协议是否具有排除、限制竞争效果承担证明责任。但是考虑到原告的举证能力有限，而纵向垄断案件涉及对市场竞争秩序的规范，关系到社会公共利益，人民法院在审理涉及纵向垄断协议案件时，对举证问题不宜像审理普通民事案件一样处于被动地位，可以根据案情需要，主动依职权调取证据。但如果经原告举证和法院调取证据，仍无法收集到相关证据的情况下，举证不力的法律后果仍应当由原告承担。	在对限制最低转售价格行为性质的分析判断中，相关市场竞争是否充分、被告市场地位是否强大、被告实施限制最低转售价格的目的及后果等均是考量因素。
2018.12	最高人民法院（2018）最高法行申 4675 号	《反垄断法》第十三条第二款明确规定："本法所称垄断协议，是指排除、限制竞争的协议、决定或者其他协同行为。"该条关于垄断协议的定义当然同样适用于第十四条对纵向垄断协议的规定。根据《反垄断法》第四十六条的规定，反垄断执法机构可以对达成并实施垄断协议以及达成但未实施垄断协议的经营者进行处罚，但不论哪种处罚，前提仍然是建立在已达成"垄断协议"的前提下。虽然达成但未实施垄断协议的行为不会构成"排除、限制竞争"的效果，但如果该协议一旦实施必然构成"排除、限制竞争"的效果，也就是未实施的协议仍然具有"排除、限制竞争"的可能性。因此，不应将"排除、限制竞争"的构成要件，等同于"排除、限制竞争的效果"，更不应等同于"造成实际损失"。	在当前的市场体制环境和反垄断执法处于初期阶段的情况下，如果要求反垄断执法机构在实践中对纵向垄断协议都进行全面调查和复杂的经济分析，以确定其对竞争秩序的影响，将极大增加执法成本，降低执法效率，不能满足当前我国反垄断执法工作的需要。反垄断执法机构经过调查证实经营者存在上述两种情况，即可认定为垄断协议，无须对该协议是否符合"排除、限制竞争"这一构成要件承担举证责任。当然，这种认定是可以由经营者通过提交证据进行抗辩予以推翻的。参照《反垄断法》第十五条中经营者对豁免情形举证责任倒置的规定，即使反垄断执法机构通过调查确认存在纵向垄断协议的事实，经营者还可以提交证据证明其签订的协议不符合"排除、限制竞争"，或者属于《反垄断法》第十五条规定的豁免情形，以此主张对其不

续表

时间	审理法院/案号	分析路径	裁判要点
			适用《反垄断法》第十四条的规定。反垄断民事诉讼中原告诉讼请求得到支持的前提，也就是经营者承担民事责任的前提，是经营者实施反垄断行为给原告造成损失。而给原告造成损失是垄断行为排除、限制竞争效果的直接体现。该垄断协议不仅要达成而且要实施并产生损失，此时的垄断协议当然具有排除、限制竞争的效果。因此，在反垄断民事诉讼中，法院审查垄断协议是否具有排除、限制竞争效果，并在此基础上进而判定是否支持原告的诉讼请求，并无不当。
2020.7	上海市高级人民法院（2018）沪民终475号	我国《反垄断法》第十三条虽然是针对有竞争关系的经营者之间横向垄断协议的条款，但其却在第二款规定"本法所称垄断协议，是指排除、限制竞争的协议、决定或者其他协同行为"。根据法律解释方法，首先从文义解释角度，该定义使用了"本法所称"之限定，故应适用于整个《反垄断法》，即只有排除、限制竞争的行为才会构成我国《反垄断法》所禁止的垄断协议。其次，从体系解释角度，在《反垄断法》中，"本法"一词在第一、三、十二、十三、十五、十七、三十一、四十六至四十九、五十三、五十五至五十七条等条款中多次出现，因此根据立法术语统一性的原则，在这些条款中重复出现的术语，除特别说明外，其含义应当一致，即在《反垄断法》对第十三条之"本法"并无限缩解释或除外解释的情况下，其对垄断协议的定义，应当适用于整部法律。最后，从目的解释角度，《反垄断法》第一条总则阐明的立法目的是为了预防和制止垄断行为，保护市场公平竞争，提高经济运行效率，维护消费者利益和社会公共利益，促进社会主义市场经济健康发展。而在第二条进一步明确，《反垄断法》不但适用于我国境内的垄断行为，也适用于对境内市场竞争产生排除、限制影响的境外垄断行为。由此可见，即便适用于境外的垄断	本案中，根据《反垄断法》所禁止达成的限定最低转售价格协议的构成要件、最高人民法院第78号和第79号指导案例以及本院（2012）沪高民三（知）终字第63号民事判决所确定的司法原则，对本案双方当事人达成的"限定向第三人转售商品的最低价格"协议，应当从相关市场竞争是否充分、被诉经营者在相关市场的市场力量是否强大、被诉经营者限定最低转售价格是否具有限制竞争动机以及限制转售价格行为竞争效果之四个方面，以中国大陆地区为地域范围，从包含初装市场与替换市场的乘用车轮胎市场、包含批发市场与零售市场在内的乘用车轮胎替换市场、乘用车轮胎替换市场中的批发市场三个层次的相关市场作为维度进行分析。

时间	审理法院/案号	分析路径	裁判要点
		行为,《反垄断法》亦要求该行为具有排除、限制竞争的效果,故可以推知该法规制的境内垄断行为理应亦具备排除、限制竞争之要件。同时,相对于横向协议而言,纵向协议对竞争造成损害的可能性较低,举重以明轻,如果排除、限制竞争效果较为严重的横向协议依照《2012年垄断纠纷司法解释》第七条的规定须具备排除、限制竞争效果之要件才能构成垄断协议,而如若排除、限制竞争效果相对较轻的纵向协议反而无须具备反竞争效果要件即可被认定构成垄断协议,则显然存在法律解释中的逻辑悖论。	
2020.10	浙江省杭州市中级人民法院（2019）浙01民初3270号	在垄断协议民事诉讼中,原告应当承担所主张垄断协议具有排除、限制竞争效果的举证义务。	对于本案所涉限制转售价格型纵向垄断协议而言,其排除、限制竞争的效果一般应以经营者在相关市场内具有支配地位或至少具有较强的市场控制能力,该相关市场缺乏不同经营者间的竞争或竞争不充分为前提。在此情形下,经营者才可能以限定转售价格这种反竞争手段来牟取垄断利益。否则,限制转售价格只能弱化品牌内的竞争,不能削弱相关市场的整体竞争、产生反垄断法所欲规制的排除限制竞争的效果。

四、诠释法律

《反垄断法》:

第十八条禁止经营者与交易相对人达成下列垄断协议:

(一)固定向第三人转售商品的价格;

(二)限定向第三人转售商品的最低价格;

(三)国务院反垄断执法机构认定的其他垄断协议。

对前款第一项和第二项规定的协议,经营者能够证明其不具有排除、限制竞争效果的,不予禁止。

可以看出,修正草案解决了司法和行政执法之间的分歧,明确将固定和限定最低转售价格协议直接推定其具有排除、限制竞争效果,原告无须再对协议是否具有排除、限制竞争的效果而进行举证。

第四节　纵向垄断协议案件中法院可以依职权调取证据

横沥国昌与晟世欣兴格力、合时电器纵向垄断协议纠纷案

作者：马栋

一、裁判参考

原告对本案限制最低转售价格协议是否具有排除、限制竞争效果承担证明责任。但是考虑到原告的举证能力有限，而纵向垄断案件涉及对市场竞争秩序的规范，关系到社会公共利益，人民法院在审理涉及纵向垄断协议案件时，对举证问题不宜像审理普通民事案件一样处于被动地位，可以根据案情需要，主动依职权调取证据。但如果经原告举证和法院调取证据，仍无法收集到相关证据的情况下，举证不力的法律后果仍应当由原告承担。

二、案例说明

（一）案例来源

广东省高级人民法院《民事判决书》(2016) 粤民终 1771 号

（二）案例认定

本案入选 2008—2018 年中国法院反垄断民事诉讼 10 大案件。

（三）案情简介

东莞市横沥国昌电器商店（以下简称"国昌电器商店"，合同丙方）与东莞市晟世欣兴格力贸易有限公司（以下简称"晟世公司"，合同甲方）、东莞市合时电器有限公司（以下简称"合时公司"，合同乙方）签订 2012 年度、2013 年度《东莞地区格力电器家用空调销售三方协议》，明确约定：丙方必须遵守甲方市场管理规范的相关制度及要求，终端销售过程中最低零售价不得低于甲方每期的最低零售价，不得产生任何形式的低价行为。2015 年初，国昌电器商店拟解除与晟世公司和合时公司的合作关系。合时公司以国昌电器商店在 2013 年 2 月期间违反约定以低于最低零售价格销售产品，被晟世公司按约定罚款 13000 元为由，未全数退还国昌电器商店缴纳的"维护诚意押金"，国昌电器商店遂诉至法

院。国昌电器商店主张,晟世公司作为格力空调在广东省东莞市的总经销商控制销售价格,限制国昌电器商店作为经销商不得低于其制定的最低零售价格售卖格力空调商品,属垄断行为。

(四) 案例分析

本案延续了上海高院对纵向垄断协议的裁判思路,即认为排除、限制竞争效果是纵向垄断协议的构成要件,原告对此负有举证责任。本案一审法院认为,东莞地区空调电器市场竞争充分,且格力品牌在该地区空调市场并未占据绝对优势的份额,由此可以证明涉案协议不是出于排除、限制竞争的目的,也没有产生排除、限制竞争的效果。二审法院在审理后,对于涉案协议不具有排除、限制竞争的目的做了进一步的论述,判断协议的目的,不能仅依据当事人的陈述,还要根据具体案情判断,由于本案相关市场竞争充分,格力不具有市场支配地位,消费者可选择的替代产品众多,被告不可能通过排除和限制竞争而获取高额垄断利润。可以发现,对于转售价格维持协议的主观目的判断,法院是通过市场结构来推定的。

该案的重大意义还在于举证责任的分配。广东高院认为,纵向垄断协议应当由原告对本案限制最低转售价格协议是否具有排除、限制竞争效果承担证明责任,举证不力的法律后果由原告承担。但是考虑到原告的举证能力有限,而纵向垄断案件涉及对市场竞争秩序的规范,关系到社会公共利益,人民法院在审理涉及纵向垄断协议案件时,对举证问题不宜像审理普通民事案件一样处于被动地位,可以根据案情需要,主动依职权调取证据。近年来,我国反垄断私人诉讼的胜诉率极低,主要是因为原告的举证责任过高,反垄断案件一般都需要界定相关市场和分析市场支配地位,这两个步骤不仅需要大量的市场数据,还需要翔实的经济学分析。然而,私人原告与大企业相比,无论是在经济实力还是专业背景方面,都无法与大企业抗衡。所以,广东高院这一举措,不仅有利于对社会公共利益的维护,也减轻了私人原告的举证责任。

三、类案应用

自锐邦案后,各地法院在转售价格维持案中均采用了"合理原则"的分析路径。如2018年合肥中院审结的"君乐宝奶粉案"、2020年上海高院审结的"韩泰轮胎案"和2020年杭州中院审结的"登士柏案"中,法院都认为原告对于《反垄断法》第十四条规定的纵向价格垄断协议具有"排除、限制竞争"的效果负有举证责任,并且在分析时都遵从了锐邦案的分析框架。

时间	审理法院/案号	分析路径	裁判要点
2018.5	安徽省合肥市中级人民法院（2017）皖01民初260号	本院认为,《反垄断法》第十三条第二款规定,本法所称垄断协议,是指排除、限制竞争的协议、决定或其他协同行为。虽然第十三条第一款规定的是横向垄断协议的情形,但根据《反垄断法》的立法技术作体系解释,横向垄断协议的危害性要高于纵向垄断协议,故《反垄断法》第十四条所规定的纵向垄断协议应以具有排除、限制竞争效果为必要条件。	本案中,原告提供的证据仅能证明被告通过格式条款的奶粉配送合同确定了一个区域内的"益生智慧"奶粉的最低零售价,而并未举证证明该固定转售价格或者限制最低转售价格的行为产生了限制竞争的效果。而被告提供的证据可以证明该产品投放市场时间较晚,且奶粉市场竞争已经较为充分,君乐宝公司的产品市场地位并不足够强大,故原告主张涉案的奶粉配送合同中固定转售价格的条款构成纵向垄断协议的请求不能成立,本院不予支持。
2018.7	广东省高级人民法院（2016）粤民终1771号	本院认为,由于纵向协议对市场影响的效果一般不如横向协议直接和明显,所以不宜类推适用《最高人民法院垄断纠纷审理规定》第七条对横向协议的规定,即由被告对协议不具有排除、限制竞争的效果承担举证责任。在无法律、法规和司法解释明确规定的情况下,应当遵循民事诉讼法"谁主张、谁举证"的原则,由原告对本案限制最低转售价格协议是否具有排除、限制竞争效果承担证明责任。但是考虑到原告的举证能力有限,而纵向垄断案件涉及对市场竞争秩序的规范,关系到社会公共利益,人民法院在审理涉及纵向垄断协议案件时,对举证问题不宜像审理普通民事案件一样处于被动地位,可以根据案情需要,主动依职权调取证据。但如果经原告举证和法院调取证据,仍无法收集到相关证据的情况下,举证不力的法律后果仍应当由原告承担。	在对限制最低转售价格行为性质的分析判断中,相关市场竞争是否充分、被告市场地位是否强大、被告实施限制最低转售价格的目的及后果等均是考量因素。

续表

时间	审理法院/案号	分析路径	裁判要点
2018.12	最高人民法院（2018）最高法行申 4675 号	《反垄断法》第十三条第二款明确规定："本法所称垄断协议，是指排除、限制竞争的协议、决定或者其他协同行为。"该条关于垄断协议的定义当然同样适用于第十四条对纵向垄断协议的规定。根据《反垄断法》第四十六条的规定，反垄断执法机构可以对达成并实施垄断协议以及达成但未实施垄断协议的经营者进行处罚，但不论哪种处罚，前提仍然是建立在已达成"垄断协议"的前提下。虽然达成但未实施垄断协议的行为不会构成"排除、限制竞争"的效果，但如果该协议一旦实施必然构成"排除、限制竞争"的效果，也就是未实施的协议仍然具有"排除、限制竞争"的可能性。因此，不应将"排除、限制竞争"的构成要件，等同于"排除、限制竞争的效果"，更不应等同于"造成实际损失"。	在当前的市场体制环境和反垄断执法处于初期阶段的情况下，如果要求反垄断执法机构在实践中对纵向垄断协议都进行全面调查和复杂的经济分析，以确定其对竞争秩序的影响，将极大增加执法成本，降低执法效率，不能满足当前我国反垄断执法工作的需要。反垄断执法机构经过调查证实经营者存在上述两种情况，即可认定为垄断协议，无须对该协议是否符合"排除、限制竞争"这一构成要件承担举证责任。当然，这种认定是可以由经营者通过提交证据进行抗辩予以推翻的。参照《反垄断法》第十五条中经营者对豁免情形举证责任倒置的规定，即使反垄断执法机构通过调查确认存在纵向垄断协议的事实，经营者还可以提交证据证明其签订的协议不符合"排除、限制竞争"，或者属于《反垄断法》第十五条规定的豁免情形，以此主张对其不适用《反垄断法》第十四条的规定。反垄断民事诉讼中原告诉讼请求得到支持的前提，也就是经营者承担民事责任的前提，是经营者实施反垄断行为给原告造成损失。而给原告造成损失是垄断行为排除、限制竞争效果的直接体现。该垄断协议不仅要达成而且要实施并产生损失，此时的垄断协议当然具有排除、限制竞争的效果。因此，在反垄断民事诉讼中，法院审查垄断协议是否具有排除、限制竞争效果，并在此基础上进而判定是否支持原告的诉讼请求，并无不当。

时间	审理法院/案号	分析路径	裁判要点
2020.7	上海市高级人民法院（2018）沪民终475号	我国《反垄断法》第十三条虽然是针对有竞争关系的经营者之间横向垄断协议的条款，但其却在第二款规定"本法所称垄断协议，是指排除、限制竞争的协议、决定或者其他协同行为"。根据法律解释方法，首先从文义解释角度，该定义使用了"本法所称"之限定，故应适用于整个《反垄断法》，即只有排除、限制竞争的行为才会构成我国《反垄断法》所禁止的垄断协议。其次，从体系解释角度，在《反垄断法》中，"本法"一词在第一、三、十、十二、十三、十五、十七、三十一、四十六至四十九、五十三、五十五至五十七条等条款中多次出现，因此根据立法术语统一性的原则，在这些条款中重复出现的术语，除特别说明外，其含义应当一致，即在《反垄断法》对第十三条之"本法"并无限缩解释或除外解释的情况下，其对垄断协议的定义，应当适用于整部法律。最后，从目的解释角度，《反垄断法》第一条总则阐明的立法目的是为了预防和制止垄断行为，保护市场公平竞争，提高经济运行效率，维护消费者利益和社会公共利益，促进社会主义市场经济健康发展。而在第二条进一步明确，《反垄断法》不但适用于我国境内的垄断行为，也适用于对境内市场竞争产生排除、限制影响的境外垄断行为。由此可见，即便适用于境外的垄断行为，《反垄断法》亦要求该行为具有排除、限制竞争的效果，故可以推知该法规制的境内垄断行为理应亦具备排除、限制竞争之要件。同时，相对于横向协议而言，纵向协议对竞争造成损害的可能性较低，举重以明轻，如果排除、限制竞争效果较为严重的横向协议依照《2012年垄断纠纷司法解释》第七条的规定须具备排除、限制竞争效果之要件才能构成垄断协议，而如若排除、限制竞争效果相对较轻的纵向协议反而无须具备反竞争效果要件即可被认定构成垄断协议，则显然存在法律解释中的逻辑悖论。	本案中，根据《反垄断法》所禁止达成的限定最低转售价格协议的构成要件、最高人民法院第78号和第79号指导案例以及本院（2012）沪高民三（知）终字第63号民事判决所确定的司法原则，对本案双方当事人达成的"限定向第三人转售商品的最低价格"协议，应当从相关市场竞争是否充分、被诉经营者在相关市场的市场力量是否强大、被诉经营者限定最低转售价格是否具有限制竞争动机以及限制转售价格行为竞争效果之四个方面，以中国大陆地区为地域范围，从包含初装市场与替换市场的乘用车轮胎市场、包含批发市场与零售市场在内的乘用车轮胎替换市场、乘用车轮胎替换市场中的批发市场三个层次的相关市场作为维度进行分析。

时间	审理法院/案号	分析路径	裁判要点
2020.10	浙江省杭州市中级人民法院（2019）浙01民初3270号	在垄断协议民事诉讼中,原告应当承担所主张垄断协议具有排除、限制竞争效果的举证义务。	对于本案所涉限制转售价格型纵向垄断协议而言,其排除、限制竞争的效果一般应以经营者在相关市场内具有支配地位或至少具有较强的市场控制能力、该相关市场缺乏不同经营者间的竞争或竞争不充分为前提。在此情形下,经营者才可能以限定转售价格这种反竞争手段来牟取垄断利益。否则,限制转售价格只能弱化品牌内的竞争,不能削弱相关市场的整体竞争、产生反垄断法所欲规制的排除限制竞争的效果。

四、诠释法律

根据最高人民法院关于适用《中华人民共和国民事诉讼法》的解释第九十六条,民事诉讼法第六十四条第二款规定的人民法院认为审理案件需要的证据包括:

（一）涉及可能损害国家利益、社会公共利益的;

（二）涉及身份关系的;

（三）涉及民事诉讼法第五十五条规定诉讼的;

（四）当事人有恶意串通损害他人合法权益可能的;

（五）涉及依职权追加当事人、中止诉讼、终结诉讼、回避等程序性事项的。

第五节　互联网行业中滥用市场支配地位行为的反垄断认定

奇虎360诉腾讯案

作者:马栋

一、裁判参考

如果通过排除或者妨碍竞争的直接证据,能够对经营者的市场地位及被诉垄断行为的市场影响进行评估,则不需要在每一个滥用市场支配地位的案件中,都明确而清楚地界定相关市场。

互联网即时通信服务的免费特征使用户具有较高的价格敏感度,采用价格上涨的测试方法将导致相关市场界定过宽,应当采用质量下降的假定垄断者测试进行定性分析。

在互联网领域中,市场份额只是判断市场支配地位的一项比较粗糙且可能具有误导性的指标,其在认定市场支配力方面的地位和作用必须根据案件具体情况确定。

在相关市场边界较为模糊、被诉经营者是否具有市场支配地位不甚明确时,可以进一步分析被诉垄断行为对竞争的影响效果,以检验关于其是否具有市场支配地位的结论正确与否。

二、案例说明

(一)案例来源

最高人民法院《民事判决书》(2013)民三终字第 4 号。

(二)案例认定

本案入选 2008—2018 年中国法院反垄断民事诉讼 10 大案件。

(三)案情简介

奇虎公司于 2010 年 10 月 29 日发布扣扣保镖软件,对腾讯公司的 QQ 软件及其服务的正常运行造成不良影响。2010 年 11 月 3 日,腾讯公司发布《致广大 QQ 用户的一封信》,在装有 360 软件的电脑上停止运行 QQ 软件。11 月 4 日,奇虎公司宣布召回扣扣保镖软件。同日,360 安全中心亦宣布,QQ 和 360 软件已经实现了完全兼容。2010 年 9 月,腾讯 QQ 即时通信软件与 QQ 软件管理一起打包安装,安装过程中并未提示用户将同时安装 QQ 软件管理。2010 年 9 月 21 日,腾讯公司发出公告称,正在使用的 QQ 软件管理和 QQ 医生将自动升级为 QQ 电脑管家。奇虎公司诉至广东高院,指控腾讯公司滥用其在即时通信软件及服务市场的支配地位,请求判令腾讯公司立即停止滥用市场支配地位的垄断行为,赔偿奇虎公司经济损失 1.5 亿元。

(四)案例分析

本案是中国反垄断法实施以来,互联网领域最有影响力的反垄断民事诉讼案件。本案的争议焦点:(1)对于以"在一边市场提供免费服务"为特征的互联网行业,相关市场如何界定;(2)腾讯公司在相关市场上是否具有支配地位;(3)腾讯公司是否滥用了市场支配地位的行为。

针对相关市场界定,最高人民法院在二审判决中的两个观点对之后的案件具有非常重要的指导意义。

第一,最高院认为,在滥用市场支配地位的案件中,界定相关市场是评估经营者的市场力量及被诉垄断行为对竞争影响的工具,其本身并非目的。如果通过排除或者妨碍竞争的直接证据,能够对经营者的市场地位及被诉垄断行为的市场影响进行评估,则不需要在每一个滥用市场支配地位的案件中,都明确而清楚地界定相关市场。值得指出的是,2020年《国务院反垄断委员会关于平台经济领域的反垄断指南(征求意见稿)》中,也采用了这一观点。但是2021年正式指南出台后,明确规定"调查平台经济领域垄断协议、滥用市场支配地位案件和开展经营者集中反垄断审查,通常需要界定相关市场。"而且在实践中,3Q案之后法院在互联网反垄断案件中都没有跳过界定相关市场这一步骤。

第二,假定垄断者测试是普遍适用的界定相关市场的分析思路。在实际运用时,假定垄断者测试可以通过价格上涨(SSNIP)或质量下降(SSNDQ)等方法进行。互联网即时通信服务的免费特征使用户具有较高的价格敏感度,采用价格上涨的测试方法将导致相关市场界定过宽,应当采用质量下降的假定垄断者测试进行定性分析。基于互联网即时通信服务低成本、高覆盖的特点,在界定其相关地域市场时,应当根据多数需求者选择商品的实际区域、法律法规的规定、境外竞争者的现状及进入相关地域市场的及时性等因素,进行综合评估。基于此,二审法院将相关市场界定为中国大陆地区即时通信服务市场。

在市场支配地位的认定方面,最高院认为,在动态竞争下的互联网领域中,市场份额只是判断市场支配地位的一项比较粗糙且可能具有误导性的指标,其在认定市场支配力方面的地位和作用必须根据案件具体情况确定。虽然在本案中,腾讯的市场份额超过80%,但是法院最终根据以下几点理由认为腾讯不具备市场支配地位。(1)即时通信领域的竞争格局正在日渐多元化,创新较为活跃,正处于蓬勃发展时期,市场竞争比较充分;(2)由于功能用途差异不明显,即时通信产品的替代性较高,即时通信服务经营者通常不敢轻易拒绝提供服务或者变更交易条件;(3)在中国大陆地区即时通信领域的多个竞争者均有雄厚的财力和技术条件,被上诉人的财力和技术条件对其市场力量的影响非常有限;(4)网络效应和客户黏性等因素并没有显著提高用户对被上诉人提供的即时通信服务的依赖性,用户的转换成本并不高;(5)实际发生的成功进入实例有力地证明,被上诉人所在的即时通信服务市场进入较为容易;(6)腾讯实施"二选一"行为仅仅持续一天即导致其竞争对手用户数量增长,这一事实比较有力地说明被上诉人在即时通信服务市场上并不具备显著的市场支配地位。

一般而言,如果被诉经营者不具有市场支配地位,则无须对其是否滥用市场支配地位进行分析,可以直接认定其不构成反垄断法所禁止的滥用市场支配地位行为。但是最高法为了检验其认定腾讯不具有市场支配的结论是否正确,认为在相关市场边界较为模糊、被诉经营者是否具有市场支配地位不甚明确时,可以进一步分析被诉垄断行为对竞争的影响效果。最终,关于不兼容行为,最高法认为:(1)行为并未对消费者利益造成重大影响;(2)排除限制竞争的动机不明显;(3)行为对安全软件市场的影响是极其微弱的。关于搭售行为,最高法认为:(1)行为未导致奇虎在安全软件市场的市场份额发生显著下降或腾讯安全软件市场份额显著上升;(2)且搭售不具有强制性;(3)将QQ即时通信软件与QQ软件管理打包安装具有一定的合理性。所以最高法认为腾讯并未实施滥用行为。

此外,最高法明确了关于举证责任的分担问题。在滥用市场支配地位案件中,被诉垄断行为的受害人对被诉经营者具有市场支配地位承担举证责任,被诉经营者对其行为正当性承担举证责任。被诉垄断行为是否具有正当性与其是否具有排除、限制竞争的效果并不完全一致,两者既有联系,又存在区别。对正当性承担举证责任并不等同于对行为不具有排除、限制竞争的效果承担举证责任。还需说明的是,被诉垄断行为排除、限制竞争效果的存在有助于证明被诉经营者具有市场支配地位。一审法院在现有证据不能证明被上诉人具有市场支配地位的情况下,要求上诉人举证证明被诉搭售行为产生了排除、限制竞争的后果,并无明显不当。

综上,本案的亮点在于法院在相关市场界定和市场支配地位认定时充分考虑了互联网行业特殊的市场特征(如高度动态变化、双边市场)以及经济学特征(如间接网络效应、多栖性)。同时,本案也留下了一些待实践检验的问题,如互联网领域中市场支配地位的认定应当采用何种指标?何为排除或者妨碍竞争的直接证据?

三、类案应用

2018年最高法在审结的"徐书青案"中,再次表明互联网环境下的竞争存在高度动态的特征,相关市场的边界远不如传统领域那样清晰,在此情况下,更不能高估市场份额的指示作用。此外,对于判断被诉垄断行为是否属于反垄断法所禁止的拒绝交易行为,除首先需要分析被诉垄断行为人是否在相关市场上具有支配地位外,还可以综合分析如下因素:垄断行为人是否在适当的市场交易条件下能够进行交易却仍然拒绝交易;拒绝交易是否实质性地限制或者排除了相关市场的竞争并损害了消费者利益;拒绝交易缺乏合理理由。可以发现,相较于传统市场的反垄断案件,最高法进一步明确了审理互联网垄断案件时,即便作出了不具有市场支配地位的结论,仍然要对"滥用行为"进行分析,保证前述结论正确。这实际上是对被诉垄断一方施加了更进一步的举证责任,尤其是在我国反垄断私人诉讼胜诉率极低的现状下,该种思路实际是给了原告另一条路径,即通过直接证据证明被告行为排除、限制了市场竞争,从而认定其具备市场支配地位。但截至目前,尚未出现成功案例。当然,对于法院而言,该种思路对于法院本身而言,可以在一定程度上假阴性错误或者假阳性错误。

表1

时间	审理法院／案号	裁判要点
2018.9	最高人民法院（2017）最高法民申4955号	反垄断法第十九条规定了市场支配地位的推定规则，即经营者在相关市场的市场份额达到二分之一的，可以推定其具有市场支配地位，但是这一推定可以被推翻。可见，市场支配地位是多因素综合评估的结果。关于市场份额与市场支配力的关系。市场份额在认定市场支配力方面的地位和作用必须根据案件具体情况确定。一般而言，市场份额越高，持续的时间越长，就越可能预示着市场支配地位的存在。尽管如此，市场份额只是判断市场支配地位的一项比较粗糙且可能具有误导性的指标。在市场进入比较容易，或者高市场份额源于经营者更高的市场效率或者提供了更优异的产品，或者市场外产品对经营者形成较强的竞争约束等情况下，高的市场份额并不能直接推断出市场支配地位的存在。特别是，互联网环境下的竞争存在高度动态的特征，相关市场的边界远不如传统领域那样清晰，在此情况下，更不能高估市场份额的指示作用。判断被诉垄断行为是否属于反垄断法所禁止的拒绝交易行为，除首先需要分析被诉垄断行为人是否在相关市场上具有支配地位外，还可以综合分析如下因素：垄断行为人是否在适当的市场交易条件下能够进行交易却仍然拒绝交易；拒绝交易是否实质性地限制或者排除了相关市场的竞争并损害了消费者利益；拒绝交易缺乏合理理由。前已论及，本案证据不能证明腾讯计算机公司和腾讯科技公司在相关市场具有支配地位。对于可能影响判断的其他因素，本院分析如下：首先，关于腾讯计算机公司和腾讯科技公司拒绝交易时的交易条件。腾讯计算机公司和腾讯科技公司对于微信表情推广平台制定了多项管理规则，包括《服务协议》《制作指引》和《审核标准》等。微信表情投稿人在阅知上述《制作指引》和《审核标准》后，通过同意《服务协议》，可以注册成为微信表情开放平台投稿人。上述《服务协议》《制作指引》和《审核标准》等约定了关于微信表情投稿的交易条件，包括如下内容：表情应充分考虑微信用户的聊天场景，适合会话中使用；表情不得包含与表情内容不相关的其他信息及任何形式的推广信息；作品不允许含有任何组织机构、产品或服务的名称、标识、产品包装、吉祥物及其他推广相关信息；作品不允许含有用于任何应用程序、组织机构、产品、服务等推广等。徐书青投稿的"问问"表情包所体现的形象系用于推广其法律服务的标识，且部分表情包含广告语，因此徐书青投稿时实质给出的交易条件是，希望腾讯计算机公司和腾讯科技公司接受其用于商业广告的微信表情包投稿。显然，这一交易条件不符合腾讯计算机公司和腾讯科技公司所设定的交易要求。其次，关于拒绝交易对竞争可能造成的实际或者潜在影响。拒绝交易行为违法性的关键在于，被诉垄断行为人的拒绝交易行为对相关市场上的竞争产生了实质性的排除或者限制效果，并因此损害了消费者的利益。仅仅排除某个具体经营者的特定交易的行为，通常不会对相关市场上的竞争造成实质性不利影响。本案中，被拒绝交易的对象仅仅是徐书青的涉及商业推广目的的"问问"表情包这一特定微信表情投稿。徐书青完全可以通过制作符合微信表情推广平台投稿条件的其他微信表情，与其他投稿人进行竞争。显而易见的是，腾讯计算机公司和腾讯科技公司的涉嫌拒绝交易行为完全不会对微信表情投稿人推广其作品的竞争造成实质性不利影响。对于此类明显不会对相关市场竞争造成实质影响的合同纠纷，应该优先在合同法框架下解决，而不是直接诉诸反垄断法。最后，关于拒绝交易行为的理由。对于任何平台经营者而言，合理规制平台使用者的行为，防止个别使用者的对平台整体具有负外部性的不当行为发生和蔓延，有利于提升平台经营者的利益和平台用户的长远利益。因此，平台经营者有权设定合理的平台管理和惩戒规则，以实现良好的平台管理。腾讯计算机公司和腾讯科技公司设定关于微信表情不得包含与表情内容不相关的其他信息及任何形式的推广信息等投稿要求，其目的显然在于保证微信投稿表情纯粹用于增加用户在微信聊天中的乐趣，防止微信表情开放投稿平台被用于商业推广的微信表情所充斥，进而影响用户的聊天体验。而徐书青投稿的"问问"表情包所体现的形象早已被用于推广其法律服务，且部分"问问"表情包还包含"问律师强势登场""记得付律师费哦"等广告语，明显不符合腾讯计算机公司和腾讯科技公司约定的投稿要求。腾讯计算机公司和腾讯科技公司对徐书青投稿的"问问"表情包不予审核通过，具有正当理由。二审法院关于腾讯计算机公司和腾讯科技公司不构成滥用市场支配地位行为的认定正确，徐书青的相应申请再审理由不能成立，本院不予支持。

四、诠释法律

《反垄断法》：

第二十二条　禁止具有市场支配地位的经营者从事下列滥用市场支配地位的行为：

……

（五）没有正当理由搭售商品，或者在交易时附加其他不合理的交易条件；

……

本法所称市场支配地位，是指经营者在相关市场内具有能够控制商品价格、数量或者其他交易条件，或者能够阻碍、影响其他经营者进入相关市场能力的市场地位。

第二十三条　认定经营者具有市场支配地位，应当依据下列因素：

（一）该经营者在相关市场的市场份额，以及相关市场的竞争状况；

（二）该经营者控制销售市场或者原材料采购市场的能力；

（三）该经营者的财力和技术条件；

（四）其他经营者对该经营者在交易上的依赖程度；

（五）其他经营者进入相关市场的难易程度；

（六）与认定该经营者市场支配地位有关的其他因素。

根据《禁止滥用市场支配地位行为暂行规定》第十八条，搭售是指：

（一）违背交易惯例、消费习惯或者无视商品的功能，将不同商品捆绑销售或者组合销售；

（二）对合同期限、支付方式、商品的运输及交付方式或者服务的提供方式等附加不合理的限制；

（三）对商品的销售地域、销售对象、售后服务等附加不合理的限制；

（四）交易时在价格之外附加不合理费用；

（五）附加与交易标的无关的交易条件。

第六节　免费的互联网服务能否构成反垄断意义上的相关市场

人人诉百度滥用市场支配地位案

作者：马栋

一、裁判参考

搜索引擎服务商向用户提供的免费搜索服务不能等同于公益性的免费服务,它仍然可以通过吸引用户并借助广告等营销方式来获得现实或者潜在的商业利益,因此可以构成《反垄断法》意义上的相关市场。

二、案例说明

（一）案例来源

北京市高级人民法院《民事判决书》（2010）高民终字第 489 号。

（二）案例认定

本案入选 2008—2018 年中国法院反垄断民事诉讼 10 大案件。

（三）案情简介

唐山人人公司是全民医药网的实际经营者。百度搜索的结果排名方式有两种:自然排名与竞价排名。唐山人人公司认为,由于其降低了对百度搜索竞价排名的投入,百度公司即对全民医药网进行了全面屏蔽,从而导致全民医药网访问量的大幅度降低,北京百度公司的行为构成滥用市场支配地位强迫唐山人人公司进行竞价排名交易的行为。

（四）案例分析

本案是《反垄断法》颁布以后,法院本案是《反垄断法》正式实施后,我国法院较早受理的互联网滥用案件。由于本案涉及当时新兴的搜索引擎技术,所以大大增加了案件的审理难度。

相关市场界定法方面,百度主张其提供的搜索引擎服务属于免费服务,因此不存在《反垄断法》意义上的相关市场。对此,法院指出,搜索引擎服务商向用户提供的免费搜索服务不能等同于公益性的免费服务,它仍然可以通过吸引用户并借助广告等营销方式来获得现实或者潜在的商业利益。事实上,本案涉及的正是双边市场背景下相关市场界定的问题。法院显然已经意识到本案既存在搜索用户,同时也存在广告商,且两边相互依赖,实际上也就是存在目前经济学意义上的"间接网络效应"。

市场支配地位认定方面。唐山人人主张百度在中国搜索引擎服务市场占有超过二分之一的份额,因此具有市场支配地位,并提供了网站文章、CNNIC 研究报告等证据予以证明。但北京高院认为,无法确定 CNNIC 研究报告调查的市场范围与本案相关市场范围一致;《中国证券报》等相关文章与缺乏应有的经济分析过程的内容,不足以确信该调查结论的科学性和客观性。

本案中,北京高院还进一步确认了滥用案件的举证责任分配。北京高院指出:"尽管在本案中唐山人人公司为证明北京百度公司在相关市场的支配地位做出了很大努力,但在现行民事诉讼证据制度中并未针对垄断案件作出举证责任方面的特别安排,因此在举证责任的分配上仍应遵循'谁主张,谁举证'的基本原则。"

此外,本案实际还存在两个重要的潜在问题。第一,法院以"鉴于目前尚不存在形成需求替代关系的相关服务"的理由将相关市场界定为搜索引擎服务市场。由于新兴技术的稀缺性,所以本案跳过了 SSNIP 分析步骤。但是,SSNIP 是以传统价格机制为基础的替代性分析工具,放在免费的互联网市场中,就会失去作用,这在之后的"3Q 大战案"中就显现出来了。第二,本案中以销售额为标准的计算方法在搜索引擎市场失去了可行性,但是法院没有进一步说明应以什么标准计算互联网企业的市场份额。

三、类案应用

2014 年最高法在"3Q 大战案"中,将相关市场界定为"中国大陆即时通讯市场",并认为利用免费的基础服务吸引和凝聚大量用户,利用巨大的用户资源经营增值业务和广告以实现盈利,然后以增值业务和广告的盈利支撑免费服务的生存和发展,已经成为互联网服务提供商通行的商业模式。"唐山人人案"和"3Q 大战案"对于之后的互联网垄断案件产生了深远影响,免费的互联网服务并不是排除《反垄断法》适用的理由。

此外,最高法明确了关于举证责任的分担问题。在滥用市场支配地位案件中,被诉垄断行为的受害人对被诉经营者具有市场支配地位承担举证责任,被诉经营者对其行为正当性承担举证责任。被诉垄断行为是否具有正当性与其是否具有排除、限制竞争的效果并不完全一致,对正当性承担举证责任并不等同于对行为不具有排除、限制竞争的效果承担举证责任。当现有证据不能证明被告具有市场支配地位的情况下,可以要求原告举证证明滥用行为产生了排除、限制竞争的后果。

四、诠释法律

根据《国务院反垄断委员会关于相关市场界定的指南》第七条,界定相关市场的方法概述,界定相关市场的方法不是唯一的。在反垄断执法实践中,根据实际情况,可能使用不同的方法。界定相关市场时,可以基于商品的特征、用途、价格等因素进行需求替代分析,必要时进行供给替代分析。在经营者竞争的市场范围不够清晰或不易确定时,可以按照"假定垄断者测试"的分析思路(具体见第十条)来界定相关市场。

反垄断执法机构鼓励经营者根据案件具体情况运用客观、真实的数据,借助经济学分析方法来界定相关市场。

无论采用何种方法界定相关市场,都要始终把握商品满足消费者需求的基本属性,并以此作为对相关市场界定中出现明显偏差时进行校正的依据。

第七节　标准必要专利权人市场支配地位的反垄断认定

华为诉 IDC 案

作者:马栋

一、裁判参考

每一个标准必要专利构成一个独立的相关市场;标准必要专利领域垄断高价的认定可以平行对比标准必要权人对其他方的许可费率;拥有市场支配地位的标准必要专利权人利用禁令救济迫使被许可人接受不公平高价或其他不合理条件构成垄断;一揽子许可并不必然违反《反垄断法》。

二、案例说明

（一）案例来源

广东省高级人民法院《民事判决书》(2013)粤高法民三终字第 306 号。

（二）案例认定

本案入选 2008—2018 年中国法院反垄断民事诉讼 10 大案件。

（三）案情简介

美国交互数字技术公司、交互数字通信有限公司、交互数字公司（以下将该三公司统称为 IDC 公司）参与了全球各类无线通信国际标准制定,在 2G、3G、4G 领域标准中拥有大量标准必要专利。华为公司为获得相关标准必要专利授权许可,与 IDC 公司进行了持续多年的谈判。在谈判期间,美国 IDC 公司突然以华为公司侵犯其标准必要专利权为由,于 2011 年 7 月 26 日分别向美国特拉华州和美国国际贸易委员会（ITC）提起诉讼和"337 调查",要求禁止华为公司在美制造、销售被控侵权产品,并要求颁发禁令禁止相关产品进口美国。

2011 年 12 月 6 日,华为公司以 IDC 公司滥用市场支配地位为由向广东省深圳市中级人民法院提起反垄断民事诉讼,认为 IDC 公司滥用其在 3G 无线通信技术标准下的必要专利许可市场中的支配地位,在专利许可谈判过程中对华为公司实施了不公平高价、搭售等行为,华为公司请求法院判令 IDC 公司停止民事垄断侵权行为,并赔偿损失人民币2000 万元。

（四）案例分析

本案是自《反垄断法》实施以来,我国法院审理的第一个标准必要专利反垄断民事诉讼。本案对于反垄断领域标准必要专利的司法和执法主要有以下四个方面的贡献:

第一,对于标准必要专利涉及的相关市场界定和市场支配地位认定的贡献。本案中,一审法院基于 3G 标准每一个必要专利的唯一性和不可替代性,认为每一个标准必要专利构成一个独立的相关市场。交互数字在 3G 标准中的每一个必要专利许可市场均拥有100% 的市场份额,因此其在相关市场内具有阻碍或影响其他经营者进入相关市场的能力。二审法院在审判时,对于相关市场的界定进行了进一步的解释,其依照《反垄断法》和《国务院反垄断委员会关于相关市场界定的指南》的规定,基于必要专利的基本属性与特征,从需求和供给替代分析的不同角度分析了界定本案相关市场的理由,并对一审法院对相关市场和市场支配地位的认定予以支持。这对于之后对发改委查处高通案件提供了极大的司法指引。

第二,对于垄断高价认定方法的贡献。垄断高价的认定对于执法和司法机关而言都存在认定上的困难,原因是对于成本价格的计算。本案中,法院则通过对比被告公司与苹果、三星、RIM 和 HTC 等公司的费率报价相比原告而言高出数十倍,最终认定被告实施了垄断高价。

第三,明确拥有市场支配地位的标准必要专利权人利用禁令救济迫使被许可人接受不公平高价或其他不合理条件构成垄断。本案中,法院认为,IDC 在美国针对华为提起的专利禁令之诉,在性质上虽不属于拒绝交易行为,但是属于逼迫原告接受过高专利许可交易条件之手段的行为,会对原告出口产品产生排除、限制性影响,所以属于《反垄断法》约束。

第四,明确反垄断意义上一揽子许可构成搭售的必要条件。本案中,法院认为,与一般财产权利相比,知识产权通过搭售和捆绑的销售实际成本更低,一揽子许可可以改善效率,除非该一揽子许可是强迫型的,违反公平贸易原则且缺乏正当理由,才应该受到《反垄断法》的规制。

三、类案应用

在西斯威尔滥用市场支配地位纠纷案中(2020)最高法知民辖终 392 号,最高法从域外管辖的角度以反垄断法第二条规定的域外适用原则为依据,对垄断纠纷的域外管辖问题进行了探索。案件既涉及双方主体在全球不同司法辖区平行的标准必要专利侵权纠纷对我国法院管辖垄断纠纷的影响,又涉及垄断纠纷的相关案件事实发生在国外应否适用不方便法院原则的问题。最高人民法院二审认为,鉴于标准必要专利许可市场的特殊性,结合西斯威尔国际有限公司已在其他国家提起专利侵权诉讼,可能对 OPPO 公司等参与国内相关市场的竞争造成直接、实质、显著地排除与限制竞争效果,OPPO 公司住所地广东省东莞市可以作为本案侵权结果发生地,广州知识产权法院对本案具有管辖权。

四、诠释法律

根据《反垄断法》第五十五条,经营者依照有关知识产权的法律、行政法规规定行使知识产权的行为,不适用本法;但是,经营者滥用知识产权,排除、限制竞争的行为,适用本法。

根据《国务院反垄断委员会关于知识产权领域的反垄断指南》第二十七条,标准必要专利是指实施某项标准必不可少的专利。认定拥有标准必要专利的经营者是否具有市场支配地位,应依据本指南第十四条进行分析,同时还可以考虑以下因素:

(一)标准的市场价值、应用范围和程度;

(二)是否存在具有替代关系的标准或者技术,包括使用具有替代关系标准或者技术的可能性和转换成本;

(三)行业对相关标准的依赖程度;

(四)相关标准的演进情况与兼容性;

(五)纳入标准的相关技术被替换的可能性。

拥有市场支配地位的标准必要专利权人通过请求法院或者相关部门作出或者颁发禁止使用相关知识产权的判决、裁定或者决定,迫使被许可人接受其提出的不公平高价许可费或者其他不合理的许可条件,可能排除、限制竞争。具体分析时,可以考虑以下因素:

(一)谈判双方在谈判过程中的行为表现及其体现出的真实意愿;

(二)相关标准必要专利所负担的有关承诺;

(三)谈判双方在谈判过程中所提出的许可条件;

(四)请求法院或者相关部门作出或者颁发禁止使用相关知识产权的判决、裁定或者决定对许可谈判的影响;

(五)请求法院或者相关部门作出或者颁发禁止使用相关知识产权的判决、裁定或者决定对下游市场竞争和消费者利益的影响。

第八节　搭售行为的反垄断认定

吴小秦诉陕西广电捆绑交易纠纷案

作者：马栋

一、裁判参考

认定搭售行为需考虑三个要件，一是搭售是否符合交易习惯；二是将搭售的产品或服务分开销售，是否会损害这些产品或服务的性能和使用价值；三是有无正当理由。

二、案例说明

（一）案例来源

最高人民法院《民事判决书》（2016）最高法民再98号。

（二）案例认定

本案入选2008—2018年中国法院反垄断民事诉讼10大案件。

（三）案情简介

陕西广电公司是经陕西省政府批准，陕西境内唯一合法经营有线电视传输业务的经营者和唯一电视节目集中播控者。吴小秦通过广电公司客户服务中心咨询，广电公司节目升级增加了不同的收费节目，有不同的套餐，其中最低套餐基本收视费每年360元，用户每次最少应缴纳3个月费用。之后，吴小秦获悉数字电视节目应由用户自由选择，自愿订购。吴小秦认为，广电网络公司属于公用企业，在数字电视市场内具有支配地位，其收取数字电视节目费的行为剥夺了自己的自主选择权，构成搭售，故诉至法院，请求确认广电公司2012年5月10日收取其数字电视节目费15元的行为无效并返还其15元。

（四）案例分析

纵观我国反垄断民事诉讼，私人原告胜诉率较低，本案是消费者个人胜诉的典型，这对于《反垄断法》实现其维护消费者利益的立法宗旨具有重大的示范意义。而且，本案对司法机关适用《反垄断法》第十七条第五项认定"搭售"行为给予了较为明确的标准。

第一,在本案相关市场界定方面,一审法院认为本案被诉垄断行为所涉的相关市场是有线电视传输服务市场,该相关市场的地域范围是陕西省地区,对此二审法院及再审均认可。在市场支配地位认定方面,由于广电公司是经陕西省政府批准,陕西境内唯一合法经营有线电视传输业务的经营者和唯一的电视节目集中播控者,所以法院均对此予以认可。

第二,在搭售行为的认定方面,二审法院对行为的具体认定与一审和再审法院产生了一定分歧。一审法院认为,广电公司在与吴小秦进行交易时,未向吴小秦告知其有相关电视节目服务的选择权,而直接要求吴小秦缴纳包含数字电视基本收视维护费和数字电视付费节目费在内的全部费用,实际上是将数字电视基本收视服务和数字电视付费节目提供服务捆绑在一起向吴小秦销售,行为属于反垄断法所禁止的搭售或者附加其他不合理交易条件的行为。然而,二审法院认为,广电网络不仅提供了组合服务,也提供了基本服务,存在两种以上的选择,选择权既然存在,就不符合搭售行为的构成要件。对此,最高法持否定态度,指出:虽然广电公司在二审中提交了其向其他用户单独收取数字电视基本收视维护费的相关票据,但存在客户服务中心说明的套餐之外的例外情形并不足以否认广电公司将数字电视基本收视维护费和数字电视付费节目费一起收取的普遍做法。现有证据不能证明普通消费者可以仅缴纳电视基本收视维护费或者数字电视付费节目费,即不能证明消费者选择权的存在。

对于搭售行为的构成要件,最法认为,广电网络未证明将两项服务一起提供符合提供数字电视服务的交易习惯;同时,如将数字电视基本收视维护费和数字电视付费节目费分别收取,现亦无证据证明会损害该两种服务的性能和使用价值;广电网络更未对前述行为说明其正当理由,在此情形下,广电网络利用其市场支配地位,将数字电视基本收视维护费和数字电视付费节目费一起收取,客观上影响消费者选择其他服务提供者提供相关数字付费节目,同时也不利于其他服务提供者进入此电视服务市场,对市场竞争具有不利的效果。

三、类案应用

2013年最高法审结的"3Q大战案"中,最高法认为搭售应当符合如下条件:搭售产品和被搭售产品是各自独立的产品;搭售者在搭售产品市场上具有支配地位;搭售者对购买者实施了某种强制,使其不得不接受被搭售产品;搭售不具有正当性,不符合交易惯例、消费习惯等或者无视商品的功能;搭售对竞争具有消极效果。2013年青岛中院审结的"徐亮案"中,由于原告未能证明被告在相关市场内占有支配地位,故法院无须另行分析搭售问题。2015年西安中院审结的"李卫国案"中,法院认为搭售的构成条件是:搭售产品和被搭售产品是各自独立的产品;搭售者在搭售产品市场上具有支配地位;搭售者对购买者实施了某种强制,使其不得不接受被搭售产品;搭售不具有正当性,不符合交易惯例、消费习惯等或者无视商品的功能;搭售对竞争具有消极效果。相比于吴小秦案,法院进一步明确了搭售行为需要具有排除、限制竞争的效果。

时间	审理法院/案号	裁判要点
2013.4	山东省青岛市中级人民法院（2013）青知民初字第2号	本院认为,本案所指的商品范围应当是指广汽本田飞度轿车所用的机油滤清器及机油。就地域范围而言,原告作为一名青岛本田飞度轿车车主,其购买机油滤清器及机油的目的是为其车辆进行保养,一般情况下,保养行为应当是在本地区进行,难以要求其至外地进行车辆保养,故本院认为,本案的地域范围应当是指青岛地区,因此,本案所指的相关市场应当是青岛地区广汽本田飞度轿车所用的机油滤清器及机油市场。 关于被告是否在本院确定的相关市场内占据支配地位的问题,本院认为,第一,《反垄断法》第十九条第一款第一项规定"有下列情形之一的,可以推定经营者具有市场支配地位:(一)一个经营者在相关市场的市场份额达到二分之一的",本案中,原被告双方均认可在青岛地区除本案被告外,还有多家广汽本田4S店,均能提供广汽本田飞度轿车所用的机油滤清器及机油,而原告未能提供证据证明本案被告所占市场达到法律规定份额;第二,虽然原告认为其保养车辆需要正厂出品的产品,但原告未能证明其所需机油滤清器及机油是市场上其他产品所无法替代的,也就是说其未能证明其车辆保养仅能使用正厂出品的产品,因此,本院认为,被告在青岛地区广汽本田飞度轿车所用的机油滤清器及机油市场未能占据支配地位。
2015.9	陕西省西安市中级人民法院（2015）西中民四初字第261号	所谓搭售行为是指经营者在提供商品或者服务的交易过程中利用自己取得的市场支配地位,违反购买者的意愿搭配销售或者提供购买者不需要的另一种商品或者服务的行为。搭售的构成条件是:搭售产品和被搭售产品是各自独立的产品;搭售者在搭售产品市场上具有支配地位;搭售者对购买者实施了某种强制,使其不得不接受被搭售产品;搭售不具有正当性,不符合交易惯例、消费习惯等或者无视商品的功能;搭售对竞争具有消极效果。搭售行为在特定情况下可以提高产品质量、降低成本、促进销售、确保安全,从而提高效率,但搭售也可能使得在搭售产品市场上具有支配地位的经营者将其竞争优势延伸到被搭售产品市场上。《中华人民共和国反垄断法》第十七条第一款规定:禁止具有市场支配地位的经营者从事下列滥用市场支配地位的行为:(五)没有正当理由搭售商品,或者在交易时附加其他不合理的交易条件。本案中,陕西电信、西安电信在提供宽带网络服务时,是否存在搭售行为,应以本案查明的事实为依据。根据本院查明的事实,西安电信为李卫国在纬二十九街小区住宅办理了固话、宽带业务后,李卫国以资费过高为由在西安电信办理了固话、宽带拆机业务,并将其住宅开通了长城宽带网络服务有限公司提供的宽带网络服务。2012年12月23日李卫国为其位于银河坊小区的住宅安装了电信宽带,缴纳入网设备费300元,宽带开户费80元。李卫国称其在为银河坊小区内的住宅安装宽带时,被告知除电信宽带外其他运营商的宽带无法接入,且必须使用电信提供的中兴ZXHNF660光纤猫,其遂前往各市场进行咨询,又被告知各省的入网许可证有所差异,只能用电信提供的中兴ZXHNF660光纤猫,故其认为陕西电信、西安电信在办理宽带业务时,违背交易人意愿强制搭售光纤猫,属于垄断行为。因李卫国对陕西电信、西安电信在搭售产品市场上具有支配地位及搭售者对其实施了某种强制,使其不得不接受被搭售产品的主张未能提供证据证明,且陕西电信、西安电信对李卫国的上述主张不予认可,同时李卫国曾将在西安电信办理的宽带业务,更换为长城宽带网络服务有限公司提供的宽带网络服务,并提交了淘宝网销售的中国电信各省、自治区、直辖市所用光纤猫的价格单,可用于电信宽带的光纤猫有华为、中兴、华勤等多个品牌、多种型号,故李卫国认为陕西电信、西安电信违背交易人意愿强制搭售光纤猫的主张,事实依据不足,本院依法不予支持。

四、诠释法律

《反垄断法》:第二十二条 禁止具有市场支配地位的经营者从事下列滥用市场支配地位的行为:

......

(五)没有正当理由搭售商品,或者在交易时附加其他不合理的交易条件;

......

本法所称市场支配地位,是指经营者在相关市场内具有能够控制商品价格、数量或者其他交易条件,或者能够阻碍、影响其他经营者进入相关市场能力的市场地位。

第二十三条 认定经营者具有市场支配地位,应当依据下列因素:

(一)该经营者在相关市场的市场份额,以及相关市场的竞争状况;

(二)该经营者控制销售市场或者原材料采购市场的能力;

(三)该经营者的财力和技术条件;

(四)其他经营者对该经营者在交易上的依赖程度;

(五)其他经营者进入相关市场的难易程度;

(六)与认定该经营者市场支配地位有关的其他因素。

根据《禁止滥用市场支配地位行为暂行规定》第十八条,搭售是指:

(一)违背交易惯例、消费习惯或者无视商品的功能,将不同商品捆绑销售或者组合销售;

(二)对合同期限、支付方式、商品的运输及交付方式或者服务的提供方式等附加不合理的限制;

(三)对商品的销售地域、销售对象、售后服务等附加不合理的限制;

(四)交易时在价格之外附加不合理费用;

(五)附加与交易标的无关的交易条件。

第九节 互联网垄断案件中相关市场的界定方法

微源码公司诉腾讯公司滥用市场支配地位案

作者:马栋

一、裁判参考

涉互联网服务发生的垄断纠纷,对相关市场的界定应当从被诉造成竞争损害的具体行为着手,以涉诉行为所具体指向的商品出发,从需求者角度进行需求替代分析,根据需求者对商品功能用途的实际需求对发生在互联网环境下的活动进行准确区分,才能更为准确反映商品市场的范围。

二、案例说明

(一) 案例来源

广东省深圳市中级人民法院《民事判决书》(2017)粤 03 民初 250 号。

(二) 案例认定

本案判决入选 2018 年度深圳法院十大知识产权典型案例、最高人民法院发布的中国互联网司法典型案例。

(三) 案情简介

从 2015 年 10 月起,原告微源码公司在被告腾讯科技公司、腾讯计算机公司(统称"腾讯公司")运营的微信平台上注册"数据精灵分销平台"等 26 个微信公众号。因涉案公众号推广的外挂软件明显超越微信所允许的功能范畴,违反微信服务协议及运营规范等多项规定,腾讯公司封禁了微源码公司运营的公众号。故微源码公司诉至法院,请求法院判令腾讯公司停止滥用市场支配地位行为,提出包括解封其注册的公众号并赔偿损失等九项诉讼请求。

(四) 案例分析

本案的三个争议焦点为:(1)被告腾讯公司是否具有市场支配地位;(2)被告封禁原告微信公众号的行为是否构成滥用市场支配地位的行为;(3)针对原告的诉讼请求,被告封禁原告微信公众号的行为是否具有正当理由。

首先,根据原被告的主张及举证,法院界定了本案涉及的相关商品市场。法院在本案中认定,原告微源码公司并非使用微信即时通信及社交服务的普通用户,而是在平台上以自媒体形式营销推广软件产品的商业主体,其需求为在线推广宣传,故本案"相关商品市场"应为互联网平台在线推广宣传服务市场。原告微源码公司对"相关商品市场"认知错误,亦未能提供证据证明被告腾讯公司具有滥用其微信即时通信及社交服务市场支配地位的行为。作为微信平台运营方,被告腾讯公司依据双方事先达成合意的服务协议及运营规范,对原告微源码公司违规行为进行必要管理并无不当,不构成滥用市场支配地位。

其次,法院分析了被告封禁原告微信公众号的行为是否构成滥用市场支配地位的行为。因法院已认定被告在本案相关市场中国大陆在线推广宣传服务市场不具有市场支配地位,也未产生任何排除、限制竞争的效果。法院主要分析被告是否对原告实施了"拒绝交易"和"歧视待遇"的滥用市场支配地位行为。被告腾讯公司对微信平台负有治理责任,应保护广大微信用户不受垃圾信息的反复骚扰,维护微信公共秩序的职责所在。被告对原告涉案微信公众号的封禁,不仅没有产生排除、限制竞争动机和效果,还有利于保障广大微信用户的用户体验和健康良好的微信使用秩序,具有积极意义。此外,即使原告运营的 26 个微信公众号被封禁后,其也确认其运营的其他公众号仍然能够正常使用,也仅说明微信平台仅针对公众号的使用是否违规进行判断,而非将公众号运营主体身份作为判断是否封禁的依据,故两被告在运营微信平台的行为中不存在原告起诉中所称的设置黑名单或区别对待的行为。

最后,法院认定被告封禁原告微信公众号的行为具有正当理由,具体是:原告微源码公司知道和应当知道使用微信公众号服务需遵守《运营协议》和《服务协议》的约定,原告实施了推广"外挂"软件、发布大量色情图片等违规行为;前述两个约定未违反法律规定或损害社会公共利益;被告制定并依据《服务协议》和《运营协议》对微信公众号运营主体进行管理有利于保障广大微信用户的利益和互联网公共秩序。

三、类案应用

在"徐书青诉腾讯案"中,最高人民法院进一步详细分析了互联网行业中相关市场界定的方法:

第一,关于相关市场界定的目的与方法。相关市场界定的目的是确定被诉经营者与其他经营者之间进行竞争的市场范围及其面对的竞争约束。该市场范围由各个竞争者提供的服务之间的紧密替代关系所决定,往往不限于某种具体的某一种服务。相关服务市场的界定,原则上应从受到被诉垄断行为直接影响的范围较小的服务出发,运用假定垄断者测试的方法进行分析。易言之,在假设其他条件不变的前提下,通过受到被诉垄断行为直接影响的服务某个变量的变化来测试其与其他服务之间的可替代程度。一般认为,相关服务市场是根据服务的特性、用途及价格等因素,由需求者认为具有较为紧密替代关系的一组或一类服务所构成的市场。因此,界定相关服务市场,一般主要从需求者角度进行需求替代分析,根据需求者对服务功能用途的需求、质量的认可、价格的接受以及获取的难易程度等因素,确定不同服务之间的替代程度。在某些情况下,如果供给替代对被诉经营者产生的竞争约束不亚于需求替代时,在确定相关服务范围时还应该考虑供给替代。

第二,关于本案相关服务市场的具体分析。首先,关于本案的被诉垄断行为。本案中,徐书青作为微信表情开放平台投稿人,就其由"问问"美术作品演绎的 24 个微信表情包向腾讯计算机公司和腾讯科技公司投稿但未获审核通过,故指控腾讯计算机公司和腾讯科技公司滥用市场支配地位,构成反垄断法所禁止的拒绝交易和限定交易。可见,徐书青指控腾讯计算机公司和腾讯科技公司滥用对微信表情开放平台的支配地位,对其实施拒绝交易和限定交易。其次,关于受被诉垄断行为直接影响的服务及其特点。本案中,与被诉垄断行为直接相关的是腾讯计算机公司和腾讯科技公司提供的微信表情推广平台服务。该平台一端联系着提供微信表情的创作者和投稿人,另一端联系着下载和使用相关微信表情的广大用户。这一被诉垄断行为直接影响的服务是向微信表情投稿人提供的微信表情推广服务。最后,关于相关市场的具体分析。从需求替代的角度看,如果受到被诉垄断行为影响的微信表情投稿人可以合理选择其他微信表情推广服务,其他微信表情推广服务应该纳入本案相关服务市场范围。此外,根据本案事实,没有任何证据表明提供微信表情和提供其他互联网表情之间存在明显的技术或者法律障碍。因此,从微信创作者和投稿人的角度而言,提供微信表情和提供其他互联网表情服务之间不存在转化的困难。微信表情的投稿人可以很容易地转为其他互联网表情的投稿人。从供给替代的角度看,受到被诉垄断行为影响的微信表情投稿人可以轻易地转而选择提供其他互联网表情,提供其他互联网表情推广服务的提供商显然会对微信表情推广服务带来竞争压力。此时,这种来自供给角度的其他互联网表情推广服务对微信表情推广服务形成的竞争约束非常类似于来自需求角度的竞争约束,故其他互联网表情服务亦应纳入本案相关服务市场范围。因此,结合需求替代和供给替代两个角度可知,本案相关服务市场范围显然不限于微信表情推广服务市场,而是涵盖了更大范围的互联网表情推广服务市场。二审法院将本案相关市场界定为互联网表情包服务,并无明显不当。

时间	审理法院/案号	裁判要点
2014.10.8	最高人民法院(2013)民三终字第 4 号	最高院在对相关商品市场的界定中,首先从需求替代的角度出发,基于商品的特性、用途、质量、获取的难易程度等因素进行替代分析。(1)从商品特性的角度来看,只具有一种功能或者两种功能的即时通信服务与综合性即时通信服务具有几乎完全相同的特性:基于互联网、可以检测用户在线状态、即时交流、隐秘交流、免费等。(2)从商品的可获得性角度来看,三种服务均可以非常容易地从互联网上免费取得。(3)从商品功能用途的角度看,它们均具有至少一种完全相同的功能,但在能否实现音频或视频通信上存在区别通信。不过,用户对不同功能的使用频度或者偏好实际上可能弱化了综合性即时通信服务与非综合性即时通信服务的功能用途差异。

续表

时间	审理法院/案号	裁判要点
2018.9.14	最高人民法院（2017）最高法民申4955号	认定互联网等新经济业态经营者具有市场支配地位时，可以考虑需求可替代性。从需求替代的角度看，如果受到被诉垄断行为影响的微信表情投稿人可以合理选择其他微信表情推广服务，其他微信表情推广服务应该纳入本案相关服务市场范围。根据本案事实，没有任何证据表明提供微信表情和提供其他互联网表情之间存在明显的技术或者法律障碍。因此，从微信创作者和投稿人的角度而言，提供微信表情和提供其他互联网表情服务之间不存在转化的困难。微信表情的投稿人可以很容易地转为其他互联网表情的投稿人。

四、诠释法律

互联网行业的竞争具有跨界竞争的特点，一款基础产品亦衍生多样服务或产品，因此，界定相关商品市场具有一定难度。在滥用市场支配地位民事案件中，原被告双方、法院根据《国务院反垄断委员会关于相关市场界定的指南》第五条和第八条的规定，常用需求替代性分析方法界定相关商品市场。

第十节　垄断协议的可仲裁性

壳牌公司与昌林公司垄断纠纷案

作者：马栋

一、裁判参考

反垄断法具有明显的公法性质，纵向垄断协议的认定超出了合同相对人之间的权利义务关系，使争议不再限于"平等主体的公民、法人和其他组织之间发生的合同纠纷和其他财产权益纠纷"，不再属于仲裁法规定的可仲裁范围。

二、案例说明

（一）案例来源

最高人民法院《民事裁定书》（2019）最高法知民辖终46号、47号。

（二）案例认定

无。

（三）案情简介

2012 年 11 月 5 日,壳牌公司与昌林公司签订了《经销商协议》,该协议第 22.2 条约定:"因本协议引起的任何争议应提交壳牌和经销商的高级管理层,双方高管应会面解决上述争议。争议无法解决时,双方同意将争议不可撤销地提交给北京的中国国际经济贸易仲裁委员会;双方放弃以地点为由或以法庭不合适为由对上述法院的程序提出反对意见的权利。"后昌林公司先后向呼和浩特中院起诉,请求确认壳牌公司实施了横向垄断协议和纵向垄断协议行为。壳牌公司以当事人之间存在仲裁条款为由提出管辖权异议,呼和浩特中院认定当事人之间的仲裁条款不能否定法院对本案具有管辖权。随后,壳牌公司向最高法提出上诉,最高法裁定维持原判。

（四）案例分析

早在 2016 年江苏高院审结的"三星案"中,法院就认为在垄断纠纷涉及公共利益,且目前我国法律尚未明确规定可以仲裁的情况下,本案嵩旭公司与三星公司之间的仲裁协议尚不能作为本案确定管辖权的依据,本案应当由人民法院管辖。

两案分别涉及汇力公司与壳牌（中国）有限公司之间的横向垄断协议纠纷、纵向垄断协议纠纷。在两案的管辖权异议二审裁定中,最高院认为,虽然壳牌公司和汇力公司在经销商协议中约定了争议解决的仲裁条款,但反垄断法具有明显的公法性质,是否构成垄断的认定超出了合同相对人之间的权利义务关系。因此,两案的争议并不限于"平等主体的公民、法人和其他组织之间发生的合同纠纷和其他财产权益纠纷",不再属于仲裁法规定的可仲裁范围。

此外,《最高人民法院关于审理因垄断行为引发的民事纠纷案件应用法律若干问题的规定》第四条规定,"垄断民事纠纷案件的地域管辖,根据案件具体情况,依照民事诉讼法及相关司法解释有关侵权纠纷、合同纠纷等的管辖规定确定";《民事诉讼法》第三十四条规定,"合同或者其他财产权益纠纷的当事人可以书面协议选择被告住所地、合同履行地、合同签订地、原告住所地、标的物所在地等与争议有实际联系的地点的人民法院管辖……"但是,最高法在论述,垄断民事纠纷不属于仲裁法覆盖的纠纷类型时,明确论述了垄断民事纠纷不属于仲裁法第二条规定的合同纠纷,但未论述垄断民事纠纷与仲裁法第二条中的"其他财产权益纠纷"之间的关系。所以就产生了如下问题,垄断纠纷是否属于其他财产权益纠纷?是否能够适用《民事诉讼法》第三十四条关于其他财产性权益纠纷的管辖规定?

三、类案应用

但是,在壳牌公司与昌林公司在北京高院涉及的另一起滥用市场支配地位纠纷管辖权异议案中,北京高院却作出了完全相反的认定,且昌林公司向最高法申请再审后,最高法在 2020 年维持了北京高院的裁定。具体来说,北京高院认为,昌林公司与壳牌公司签订的《经销商协议》第 22 条约定的仲裁事项为"因本协议引起的任何争议",该约定有效,据此,无论壳牌公司在履行《经销商协议》中是否存在昌林公司所主张的垄断行为,该仲裁条款符合仲裁法第二条规定,双方纠纷应受该仲裁条款的约束。因此,最高法前后两次截然相反的裁判,使得垄断民事纠纷的可仲裁性又产生了争议。

随后,在 2022 年白城鑫牛公司垄断纠纷一案中,最高法再次确认,涉案合同约定的仲裁条款不能当然排除人民法院的管辖权。根据鑫牛公司的诉讼请求,本案属于垄断行为受害人提起的确认垄断行为之诉。因合同签订、履行引发的确认垄断行为或同时请求损害赔偿之诉与因一般合同关系发生的当事人可以选择的合同之诉或者侵权之诉不同。在一般合同关系中,如果当事人一方的违约行为侵害对方人身、财产权益,该侵权行为通常也是合同约定的履行行为,该侵权行为原则上不会超出合同范围或者合同当事人可以预想的范围。与此不同的是,在因合同签订、履行引发的垄断纠纷中,受害人与垄断行为人之间缔结的合同仅是垄断行为人实施垄断行为的载体或者工具,合同中涉及垄断的部分才是侵权行为的本源和侵害发生的根源,对垄断行为的认定与处理超出了受害人与垄断行为人之间的权利义务关系。因此,因合同的签订、履行引发的垄断纠纷所涉及的内容和审理对象,远远超出了受害人与垄断行为人之间约定的仲裁条款所涵盖的范围。如前所述,反垄断法具有明显的公法性质。在垄断行为的认定与处理完全超出了合同相对人之间的权利义务关系的情况下,本案当事人在合同中约定的仲裁条款不能成为排除人民法院管辖垄断纠纷的当然和绝对依据。

当然,鑫牛公司提交了其与林甸伊利公司等签订的涉案两份合同等证据,认为涉案两份合同有多处限制竞争的垄断条款,林甸伊利公司、齐齐哈尔伊利公司及伊利集团公司构成滥用市场支配地位,损害了鑫牛公司的合法权益,经初步审查涉案两份合同,合同签订主体、合同约定的生鲜乳购销数量、价格、交易方式等主要内容明确,应当认定鑫牛公司已经提交了其与本案有利害关系的初步证据,且提起本案诉讼有明确的被告、具体的诉讼请求、事实和理由,至于鑫牛公司认为涉案两份合同违反反垄断法应属无效,并要求赔偿损失的诉讼请求能否成立,应当立案后经过实体审理,根据反垄断法等相关法律和司法解释的规定,依法裁判。

时间	审理法院/案号	裁判要点
2016.8	江苏省高级人民法院（2015）苏知民辖终字第00072号	本案纠纷不仅仅涉及嵩旭公司与三星公司，还涉及公共利益。本案中，嵩旭公司指控三星公司滥用显示器经销商市场的支配地位，实施以不合理高价将产品销售给嵩旭公司和其他经销商，给经销商制定极高的销售目标，搭售商品等行为，损害了市场的公平竞争，侵犯了嵩旭公司和其他经销商的合法权益，并请求停止滥用市场支配地位的垄断行为，包括定价权控制、以不合理高价向经销商销售商品、强行搭售等行为；停止纵向协议垄断行为，包括但不限于划分区域市场、进行区域外销售罚款等行为。嵩旭公司的诉讼请求不仅涉及嵩旭公司与三星公司两者之间的纠纷，还涉及三星公司与所有经销商之间的销售关系，也直接影响到所有三星公司产品消费者的利益。因此，虽然嵩旭公司与三星公司之间在两份协议中有仲裁条款，约定协议执行过程中产生的任何争议或与本协议本身有关的争议提交仲裁，但该约定具有合同相对性，只是双方之间履行合同发生纠纷时的争议解决方式，而本案所涉垄断纠纷争议因涉及第三方及消费者利益，已突破双方合同约定，故不能据此约定确定本案纠纷应当仲裁解决。
2020.6	最高人民法院（2019）最高法民申6242号	本案争议焦点是二审裁定驳回昌林公司的起诉是否存在适用法律错误的问题。根据昌林公司起诉状的内容及壳牌公司在原审中提出的意见，昌林公司提出的有关请求确认壳牌公司实施并请求其停止滥用市场支配地位行为等诉讼请求及理由与双方之间签订的《经销商协议》约定的特许销售权利义务内容存在密切关联，双方纠纷实质仍属于因履行《经销商协议》而产生的争议。昌林公司与壳牌公司签订的《经销商协议》第22条约定的仲裁事项为"因本协议引起的任何争议"，该约定有效，据此，无论壳牌公司在履行《经销商协议》中是否存在昌林公司所主张的垄断行为，该仲裁条款符合《中华人民共和国仲裁法》（以下简称"仲裁法"）第二条关于"平等主体的公民、法人和其他组织之间发生的合同纠纷和其他财产权益纠纷，可以仲裁"的规定，双方纠纷应受该仲裁条款的约束。二审法院基于该有效仲裁条款的约定，裁定驳回昌林公司的起诉，符合仲裁法第五条"当事人达成仲裁协议，一方向人民法院起诉的，人民法院不予受理，但仲裁协议无效的除外"的规定，并不存在适用法律错误的情形。昌林公司的此项申请再审理由不能成立，本院不予支持。
2022.2.9	最高人民法院（2021）最高法知民终924号	因合同的签订、履行引发的垄断纠纷所涉及的内容和审理对象，远远超出了受害人与垄断行为人之间约定的仲裁条款所涵盖的范围。如前所述，反垄断法具有明显的公法性质。在垄断行为的认定与处理完全超出了合同相对人之间的权利义务关系的情况下，本案当事人在合同中约定的仲裁条款不能成为排除人民法院管辖垄断纠纷的当然和绝对依据。当然，鑫牛公司提交了其与林甸伊利公司等签订的涉案两份合同等证据，认为涉案两份合同有多处限制竞争的垄断条款，林甸伊利公司、齐齐哈尔伊利公司及伊利集团公司构成滥用市场支配地位，损害了鑫牛公司的合法权益，经初步审查涉案两份合同，合同签订主体、合同约定的生鲜乳购销数量、价格、交易方式等主要内容明确，应当认定鑫牛公司已经提交了其与本案有利害关系的初步证据，且提起本案诉讼有明确的被告、具体的诉讼请求、事实和理由，至于鑫牛公司认为涉案两份合同违反反垄断法应属无效，并要求赔偿损失的诉讼请求能否成立，应当立案后经过实体审理，根据反垄断法等相关法律和司法解释的规定，依法裁判。

四、诠释法律

垄断行为,通常会排除或限制市场竞争,造成整体经济效率低下,破坏社会生产力发展,降低资源的有效配置,最终损害社会整体福利和消费者福利。因此,《反垄断法》第一条立法目的就强调,为了预防和制止垄断行为,保护市场公平竞争,提高经济运行效率,维护消费者利益和社会公共利益,促进社会主义市场经济健康发展,制定本法。

第十三章 其他司法案例应用研究

第一节 布图设计保护范围的确定

苏州赛芯诉深圳裕昇侵害集成电路布图设计专有权纠纷案

作者：党丽
律师、专利代理师

一、裁判参考

在确定布图设计的保护范围时，一般应根据复制件或图样的纸件进行，若存在复制件或者图样的纸件放大倍数尚不足以完整、清晰地反映布图设计内容的情况时，在样品与复制件或图样的纸件具有一致性的前提下，可以采用样品剖片，提取其中的三维配置信息，用以确定布图设计的内容。布图设计专有权的产生上实行的是登记保护主义，即对布图设计的保护以登记作为前提，而不是以公开布图设计为对价而获得专有权保护。

二、案例说明

（一）案例来源

最高人民法院《民事判决书》（2019）最高法知民终 490 号。

（二）案例认定

本案二审判决入选 2020 年中国法院 10 大知识产权案件。

（三）案情简介

苏州赛芯电子科技有限公司（以下简称"赛芯公司"）申请登记了"集成控制器与开关管的单芯片负极保护的锂电池保护芯片"的集成电路布图设计专有权,登记时提交了布图图样的纸质复制件以及芯片样品。

赛芯公司认为裕昇科技有限公司等（以下简称"裕昇公司""被告"）存在侵害其专有权,诉至广东省深圳市中级人民法院。赛芯公司提供的鉴定机构出具的《司法鉴定意见书》（以下简称"意见书"）提及,由于登记备案的纸件模糊不清,便基于其备案样品的剖片进行与被诉芯片的比对,并得出结论:被诉芯片中的布图设计与涉案布图设计中的独创点5相同,独创点1—4、6实质相同,且独创点1—6具有独创性。一审法院确认采信了鉴定意见,认定裕昇公司所实施的复制、销售行为构成对原告布图设计专有权的侵犯。裕昇公司等提起上诉称:采用赛芯公司备案的芯片样品与被诉芯片进行比对不当;应当将登记图样与被诉侵权芯片进行比对,否则将违反"公开换保护"的立法本意;涉案布图设计不具有独创性。

最高人民法院经审理认为,在样品与复制件或图样的纸件具有一致性的前提下,可以采用样品剖片,提取其中的三维配置信息,用以确定布图设计的内容;集成电路布图设计的保护并不以公开布图设计的内容为条件;对于独创性的证明,不能过分加大权利人的举证责任,权利人初步举证后,应由被诉侵权人提供相反证据,进而综合判断是否具有独创性。故驳回上诉,维持原判。

（四）案例分析

该案例中涉及了布图设计的保护范围确定以及独创性判断等布图设计专有权侵权案件中的核心问题。

在该案中,鉴定报告中采用了登记时提交的包含有布图设计的芯片样品确定保护范围,并与被诉芯片做侵权比对,被告主张要以登记时提交的纸件所公开的范围来确定保护范围。而布图设计登记的同时也提交了相应的芯片样品,在样品与复制件或图样的纸件具有一致性的前提下,可以采用样品剖片确定纸件中无法识别的布图设计细节,用以确定布图设计的内容。此外,布图设计的保护是以登记作为前提,不同于专利的公开换取保护的保护规则,布图设计的登记是确定保护对象的过程,是获得布图设计专有权的条件,而不是公开布图设计内容的过程。因此,登记时提交的布图设计的复制件或纸件、样品都可以用于确定保护范围,并不仅以复制件或纸件所公开的内容确定保护范围。

该判决厘清了集成电路布图设计登记行为的性质,明确了集成电路布图设计保护范围的确定依据,认定在确定布图设计的保护范围时,一般应根据复制件或图样的纸件进行,若存在复制件或者图样的纸件放大倍数尚不足以完整、清晰地反映布图设计内容的情况时,在样品与复制件或图样的纸件具有一致性的前提下,可以采用样品剖片,提取其中的三维配置信息,用以确定布图设计的内容。该判决明确了集成电路布图设计保护范围确定的基本原则,对司法实践中的难点问题给出了具体指引,有力地维护了集成电路布图设计权利人的利益。充分体现了人民法院加大对关键领域、重点环节知识产权司法保护力度,促进自主创新,提升核心竞争力的使命担当。

三、类案援引

自《集成电路布图设计保护条例》2001年10月1日实施以来,我国法院审理的涉及侵犯集成电路布图设计专有权的案件并不多,以判决结案的更是少之又少。该类案件中,专有权保护范围的确定以及独创性的认定,是判定侵权的基础和难点之一。在确定专有权保护范围时,登记时的纸件/复制件、芯片样品都可以作为确定保护范围的依据,例如在2010年3月深圳中院审结的布图设计专有权侵权案件、2014年9月江苏高院审结的布图设计专有权侵权案件,2018年11月深圳中院审结的布图设计专有权侵权案件,都采用了上述确定保护范围的依据。

附:"苏州赛芯"类案检索表——专有权保护范围的确定、独创性判断

时间	审理法院/案号	涉诉专有权	涉诉情形	裁判要点
2010.03	深圳中院/(2009)深中法民三初字第184号	集成电路布图设计专有权	纸质图样以及电子版本所呈现的版图,都不能清楚完整地反映出布图设计的全部细节	调取权利人登记时提交的芯片样品,由专业机构提取布图信息,确定布图设计保护范围
2014.09	江苏高院/(2013)苏知民终字第0181号	集成电路布图设计专有权	申请登记时提交的图样纸件并不清晰	在样品与复制件或图样中的布图设计一致的情况下,必要时也可以用样品来辅助确定复制件或者图样中布图设计专有权的保护内容
2018.11	深圳中院/(2012)深中法知民初字第398号	集成电路布图设计专有权	原告选择A、B、C、D、G、H、M、E、I九个布图设计区域作为涉案专有权保护范围的依据,但备案芯片中缺少G区域	备案的布图设计复制件、图样是确定保护范围的根本依据,而复制件或图样的电子版本,以及样品等,只有在其包含的布图设计与复制件、图样中的一致时,才能辅助确定保护范围

四、诠释法律

《集成电路布图设计保护条例》第十六条规定:"申请布图设计登记,应当提交:(一)

布图设计登记申请表;(二)布图设计的复制件或者图样;(三)布图设计已投入商业利用的,提交含有该布图设计的集成电路样品;(四)国务院知识产权行政部门规定的其他材料。"

《集成电路布图设计保护条例实施细则》第十四条规定:"按照条例第十六条规定提交的布图设计的复制件或者图样应当符合下列要求:(一)复制件或者图样的纸件应当至少放大到用该布图设计生产的集成电路的 20 倍以上;申请人可以同时提供该复制件或者图样的电子版本;提交电子版本的复制件或者图样的,应当包含该布图设计的全部信息,并注明文件的数据格式;(二)复制件或者图样有多张纸件的,应当顺序编号并附具目录;(三)复制件或者图样的纸件应当使用 A4 纸格式;如果大于 A4 纸的,应当折叠成 A4 纸格式;(四)复制件或者图样可以附具简单的文字说明,说明该集成电路布图设计的结构、技术、功能和其他需要说明的事项。"

第二节　"繁殖材料"的认定标准

"三红蜜柚"植物新品种侵权案[①]

作者:彭晓明

律师、专利代理师

一、裁判参考

繁殖材料,应当是具有繁殖能力的活体,且能够繁殖出与授权品种具有相同的特征特性的新个体。

授权品种的保护范围不受限于申请植物新品种权时采取的特定方式获得的繁殖材料。当不同于授权阶段繁殖材料的植物体已为育种者所普遍使用时,该种植材料应当作为授权品种的繁殖材料,纳入植物新品种权的保护范围。

二、案例说明

(一)案例来源

最高人民法院《民事判决书》(2019)最高法知民终 14 号。

_____

① 最高人民法院"(2019)最高法知民终 14 号"《民事判决书》,蔡新光、广州市润平商业有限公司侵害植物新品种权纠纷;合议庭:周翔罗霞焦彦;判决日期:2019 年 12 月 10 日。

（二）案例认定

本案二审判决入选"2019 年中国法院 50 件典型知识产权案例""2020 年农业植物新品种保护十大典型案例"。

（三）案情简介

蔡新光因广州市润平商业有限公司（润平公司）侵害其"三红蜜柚"品种权，向广州知识产权法院（以下简称"一审法院"）提起诉讼。涉案品种为其享有品种权的柚子植物新品种"三红蜜柚"。

2018 年 1 月 5 日、6 日、7 日和 12 日，曾木荣分四次在大润发超市购买"三红蜜柚"，由润平公司开具发票，标明"三红蜜柚"及价格。蔡新光拍摄了大润发超市销售"三红蜜柚"的照片以及相关视频，认为润平公司未经品种权人许可销售"三红蜜柚"果实的行为构成对"三红蜜柚"品种权的侵权。

（四）案例分析

被诉蜜柚果实是否属于繁殖材料是本案争议的关键问题。

一审法院认为：根据蔡新光申请植物新品种权时提交的材料，证实"三红蜜柚"是通过芽变分枝上采穗嫁接及采穗高接的方式进行繁殖，在侵权诉讼中判定繁殖材料时所坚持的标准应与此保持相对一致。如果被诉侵权蜜柚果实并非用于嫁接繁殖的材料，一般不宜判定为繁殖材料，否则超出权利人培育其植物新品种所付出的创造性劳动成果的范围，与权利人申请新品种权过程中的应当享有的权利失衡；其次，实际生产中将采用成本低廉且易于操作的嫁接方式对三红蜜柚进行扩繁，收获材料的籽粒或汁胞不会被用作繁殖材料；再次，润平公司所销售的柚子果实，主要用于食用；最后，蔡新光未提供证据证明润平公司所销售的蜜柚果实是未经品种权人许可培育获得的收获材料，也没有证据证明润平公司将该蜜柚果实作为繁殖材料进行销售，因此判定蜜柚果实不是繁殖材料，润平公司销售蜜柚果实没有侵害蔡新光的品种权，判决驳回蔡新光的诉讼请求。

蔡新光不服一审判决，上诉至最高院，最高院二审判决驳回了蔡新光的上诉，维持原判。关于"三红蜜柚"是否为繁殖材料的问题，最高院认为，判断是否为某一授权品种的繁殖材料，在生物学上必须同时满足以下三个条件：一属于活体，二具有繁殖的能力，三繁殖出的新个体与该授权品种的特征特性相同。涉案植物品种"三红蜜柚"通常采用枝条、芽条、砧木或者分株进行繁殖，很难通过籽粒或者果实内汁胞进行繁殖，"三红蜜柚"果实（籽粒及其汁胞）不属于"三红蜜柚"的繁殖材料。但同时认为，随着科学技术的发展，不同于植物新品种权授权阶段繁殖材料的植物体可能成为育种者普遍选用的种植材料，即除枝条以外的其他种植材料也可能被育种者们普遍使用，在此情况下，该种植材料作为授权品种的繁殖材料，应当纳入植物新品种权的保护范围。一审法院认为侵权繁殖材料的繁育方式应当与该品种育种时所使用的材料以及繁育方式一一对应的观点存在错误,应当予以纠正。

本案作为无性繁殖材料典型意义在于:

确立了繁殖材料的认定的三条客观标准:现有的法律体系中,对于某一具体品种如何判定植物体的哪些部分为繁殖材料,并未明确规定。本案从繁殖材料作为品种权的保护客体的理论依据出发,指出植物新品种权的保护范围和专利权的保护范围不同,不同于公开换保护的核心思想,植物品种是活体,品种的全部遗传特性都包含在品种的繁殖材料中,也是衡量品种是否具备新颖性、特异性、一致性和稳定性的载体,用繁殖材料确定品种权的保护范围最为完整和准确。据此推论出作为品种权保护客体的繁殖材料认定的三条客观标准,否定了依据细胞全能学说不加区分地将具备"繁殖性"的植物部分认定为繁殖材料的主张。

此外,厘清了品种权的保护范围,在前述分析的基础上,本案的合议庭进一步侵害品种权的现实出发进行的衡量,提出了从对于采取了不属于育种者普遍所采取的繁育方式,而是花费巨大的繁育成本获得的授权品种繁殖材料,由于巨大的繁育成本势必导致该品种的繁殖材料的生产停留在实验室阶段,难以进行规模化的生产,因此,不宜也不必将其认定为是侵权品种的繁殖材料。因此,提出品种权的保护范围不受限于育种技术。

最后,本案还提出了在对于既可作繁殖材料又可作收获材料的植物体,在判断是否为繁殖材料时还需要考虑销售者的真实意图。

三、类案应用

本案为首例确认判断繁殖材料规则的案例,判断是否为繁殖材料三条标准和对品种权不受限于育种条件的观点的确立,为同类案件起到了标杆性的作用。在此之后,在最高院在"中黄13"案①中判断被销售的大豆是否为繁殖材料的问题中,也同样考虑了销售者的主观意图。

附:"三红蜜柚"类案检索表——繁殖材料的认定

时间	审理法院/案号	涉诉品种	相关事实	裁判要点
2020.11	最高院/(2020)最高法知民终290号	"中黄13"大豆	(1)孔祥根作为个体工商户,不具备主要农作物种子生产经营的行政许可,也未获得"中黄13"品种权人授权许可;事前洽谈的交易中意思表示指向繁殖材料; (2)实际交易的"中黄13"大豆包装物为旧饲料袋,收款数据记载"中黄商品豆"与包装物及标签标识不符,具有规避种子交易的嫌疑。 (3)孔祥根等的销售行为与大豆种子的审定及引种区域属于同一适宜生态区。	粮食经营者收购、储存、运输和销售具有双重属性的主要农作物授权品种初级产品时,应当规范经营,避免侵害品种权,遵守有关农产品质量安全的法律和行政法规。因此推定本案粮食经营者,违反国家标准中强制性规定经营授权品种大豆的行为针对的是繁殖材料,而非收获材料。

① 最高人民法院"(2020)最高法知民终290号"《民事判决书》,孔祥根、杨梅侵害植物新品种权纠纷;合议庭:焦彦、钱建国、魏磊;判决日期:2020年11月25日。

四、诠释法律

《最高人民法院关于审理侵害植物新品种权纠纷案件具体应用法律问题的若干规定（二）（征求意见稿）》第 3 条规定："受品种权保护的繁殖材料应当具有繁殖能力，且繁殖出的新个体与该授权品种的特征、特性相同。前款所称的繁殖材料不限于以品种权申请文件所描述的繁殖方式获得的繁殖材料。"

责任编辑：洪　琼

图书在版编目(CIP)数据

知识产权司法案例应用研究/宋北平等 编著. —北京：人民出版社，
　2023.12
ISBN 978－7－01－026089－1

Ⅰ.①知…　Ⅱ.①宋…　Ⅲ.①知识产权法-案例-中国　Ⅳ.①D923.405

中国国家版本馆 CIP 数据核字(2023)第 215980 号

知识产权司法案例应用研究

ZHISHICHANQUAN SIFA ANLI YINGYONG YANJIU

宋北平　薛　琦　余　晖　等　编著

人民出版社 出版发行

(100706　北京市东城区隆福寺街 99 号)

北京中科印刷有限公司印刷　新华书店经销

2023 年 12 月第 1 版　2023 年 12 月北京第 1 次印刷
开本：787 毫米×1092 毫米 1/16　印张：42.75
字数：810 千字

ISBN 978－7－01－026089－1　定价：199.00 元(上、下卷)

邮购地址 100706　北京市东城区隆福寺街 99 号
人民东方图书销售中心　电话 (010)65250042　65289539